悟义 编著

至宝坛经

（上）

文匯出版社

图书在版编目(CIP)数据

至宝坛经：全2册 / 悟义编著. — 上海：文汇出版社，2015.10
ISBN 978-7-5496-1613-8

Ⅰ. ①至… Ⅱ. ①悟… Ⅲ. ①禅宗－佛经－中国－唐代②《六祖坛经》－研究 Ⅳ. ①B946.5

中国版本图书馆CIP数据核字(2016)第080582号

至宝坛经 上

著　　者 / 悟义
插　　画 / 雪山静岩
责任编辑 / 戴铮
校　　对 / 灵一　灵和　灵禧
策　　划 / 茶密学堂
装帧设计 / 张瑛

出 版 人 / 桂国强

出版发行 / 文匯出版社
上海市威海路755号
(邮政编码200041)
经　　销 / 全国新华书店
印刷装订 / 启东市人民印刷有限公司
版　　次 / 2016年5月第1版
印　　次 / 2020年5月第3次印刷
开　　本 / 787×1092 1/16
字　　数 / 280千字
印　　张 / 33
印　　数 / 5001-6000
书　　号 / ISBN 978-7-5496-1613-8
定　　价 / 120.00元(上下册)

本书经上海民族和宗教事务委员会审定

悟义老师

"中国禅"修养导师

主要著作：

禅养生系列:《茶密人生》、《茶密功夫》

禅文化系列:《茶密禅心》、《禅者的秘密·饮食》、

《禅者的秘密·禅茶》

禅与生命系列:《本能》、《生存》、《禅》

禅修系列:《莲花导引》(香港出版)、

《莲花太极》上下册(香港出版)

禅艺系列:《雪山静岩不二禅画释义》(香港出版)、

《不二禅颂》(香港出版)

"北大、复旦生活禅智慧"讲座光盘

禅法系列:《中国禅》、《至宝坛经》上下册

至宝坛经悟道诀

行由品第一

开缘说法　愿闻法要　菩提自性　本来清净
一闻经语　心即开悟　惟求作佛　不求余物
自性若迷　福何可救　本来无物　何处尘埃
求道之人　为法忘躯　善自护念　广度有情
不思善恶　本来面目　一十五载　随宜说法
风动幡动　仁者心动　智者了达　其性无二

般若品第二

心念般若　波罗蜜多　只缘心迷　不能自悟
般若智慧　不在口念　迷人口说　智者心行
前念迷凡　后念悟佛　如此修行　定成佛道
若无尘劳　智慧常现　自用智慧　不假文字
去来自由　通达无碍　大善知识　直示正路
发愿受持　终身不退　烦恼暗中　常生慧日

决疑品第三

造寺设斋　实无功德　功德在法　不在修福

见性是功　平等是德　修性是功　修身是德
愿生西方　去此不远　说远下根　说近上根
迷人念佛　悟人心净　身中净土　便睹弥陀
佛性中作　莫身外求　若欲修行　在家亦得
心平行直　定生红莲　菩提心觅　何外求玄

定慧品第四

定是慧体　慧是定用　心口俱善　定慧即等
自悟修行　不在于诤　灯是光体　光是灯用
行住坐卧　常行直心　直心道场　直心净土
迷人著法　障道因缘　心不住法　道即通流
迷人渐修　悟人顿契　无念无相　无住为本
不识法意　自迷不见　若有所得　妄说祸福

坐禅品第五

此门坐禅　元不看心　若言看心　心元是妄
若言看净　人性本净　起心看净　却生净妄
作此见者　却被净缚　迷人不动　与道违背
心念不起　自性不动　离相为禅　不乱为定
心不乱者　是真定也　外禅内定　是为禅定
菩萨本性　元自清净　自修自行　自成佛道

忏悔品第六

诸善知识　皆共有缘　五分法香　各自内熏
无相忏悔　三业清净　忏其前愆　悔其后过
自性自度　是名真度　自性三宝　常自证明
三身如来　从自性生　性本清净　此名法身
念念圆明　此名报身　自性变化　此名化身
自悟自修　是真皈依　心除罪缘　自真忏悔

机缘品第七

诸佛妙理　非关文字　定慧等持　双修是正
心迷法转　心悟转法　性具三身　明成四智
法无四乘　人心等差　无上涅槃　圆明寂照
汝当化方　无令断绝　汝既如是　吾亦如是
因看维摩　发明心地　生死事大　如是如是
应用无碍　无不定时　达摩大师　正法眼藏

顿渐品第八

法即一种　见有迟疾　法无顿渐　人有利钝
一具臭骨　何为立功　自性起用　真戒定慧
应用随作　应用随答　正剑不邪　邪剑不正
吾久念汝　汝来何晚　柱杖打三　是痛不痛

二边生灭　自性不见　心迷问路　心悟自见

吾有一物　无名无字　实性立门　言下自见

护法品第九

密受忍法　传佛心印　师表辞疾　愿终林麓

道由心悟　岂在坐也　无所从来　亦无所去

一然千灯　明明无尽　道无明暗　相待立名

烦恼菩提　无二无别　无二之性　即是实性

不生不灭　性相如如　本自无生　今亦不灭

湛然常寂　妙用恒沙　托疾毗耶　谈不二法

付嘱品第十

说一切法　莫离自性　一十八界　从性起用

无情五对　法相十二　自性起用　此十九对

三十六对　贯一切法　依法修行　无相法施

二道相因　生中道义　能善分别　第一不动

一相一行　定证妙果　有道者得　无心者通

自性真佛　无生无灭　端坐迁化　普利群生

前 言

五年前的冬天，恩师传我《坛经》，此后，我逐渐发现参究《坛经》，修习“中国禅”能得到多种不可思议的能量。“禅”之于生命能产生无法言说的各种影响，这些影响虽看不见，但如同万有引力一样无时无刻不在：影响着生命体所处的多维时空；影响着生命内外的各种有形、无形的链接；影响着生命体的思维、行为、习惯、运气。在深刻感觉到这种无时不在的能量存在后，我一直在体悟这种“随风潜入夜，润物细无声”的能量是怎么形成的。

佛法讲因缘，因是主因，缘是助缘。主因变化了，助缘随之而变，在“主因”影响下，禅者的价值观、信仰观、健康观、饮食观、物质观、世界观、时空观、社会观等等皆于前有了显著不同，由此，人的气质发生了根本变化，心量广大如同虚空，乃化天地之气为可见之质，以至于“命由己造”，最终改变因果、业报和命运！

这四年多来，我日夜不辍劳作，将心中对“中国禅”的体悟多角度、多方式形于文字，呈现给各位真正想了解禅门智慧、真正想寻找无形能量源泉的有缘人。其间，有不少朋友疑惑地问我：现代人没时间看书，读书也缺乏耐心，许多人看书是随便翻翻，因此心灵鸡汤之类的“佛法”书、“禅意”书大行其道。你这么写书既不畅销，更不赚钱，你日夜不停玩命地写到底为什么？

这些朋友们不理解，写作的目的不能为了畅销，畅不畅销不是现有市场、现有阅读人群说了算的。鲁迅先生有篇《老子出关》的小说，夸张地写到当年老子讲道时，听者彼此面面相觑，手足失措。一本五千字的《道德经》最后只换了一包盐，一包胡麻，十五个饽饽，据说这还是作为对老作家的优待。文章最后描写老子独身出关时：“不多久，牛就放开了脚步。大家在关口目送着，去了两三丈远，还辨得出白发，黄袍，青牛，白口袋，接着就尘头逐步而起，罩着人和牛，一律变成灰色，再一会，已只有黄尘滚滚，什么也看不见了。”

有趣的是，前几年，《纽约时报》做过一个关于世界上销量最大的图书调查：《道德经》是仅次于《圣经》的世界第二大畅销书。书的畅销与否有其时间性，现时的畅销不能作为判别作品成功的唯一标志，在浮躁的社会中畅销的未必是真正有生命力的作品。

有生命力的著作，通常由内在的哲理、文学性、情节性等部分构成，但凡是可以反复阅读的文字一定是哲理性强，而文笔优美在其次，至于情节性则在最后。现代的畅销书往往颠倒过来，首重情节的刺激有趣，再重文字的锋利新颖、出言奇特，或重文藻华丽、妙笔生花，或重编辑好看，繁花似锦……

笔者甘于闭门写作的原因，是希望读者可以从书中领悟到“禅”法之妙，发起自修的心，利他的心，慈悲、智慧、包容的心，从容面对生活的磨难，宽容面对诸多的不公，又或者能帮助大家在现实人生中减轻炙热的欲望之苦，解开各种自我束缚，便已足够了。有许多读者告诉我，读书后尽管对书中的内容还不能完全理解，但反复阅读后，心宁静了、宽广了、豁达了、柔和了，生活中少了许多纠结，也有人说，感觉自己的洞察力大大提高了，逐渐不被现象迷惑了，听到这些感悟，再苦再累的写作都是值得的。

曾有人疑惑地问我，书的内容太深奥，看不懂怎么办？还有就是感觉和自己生活没关系。其实“禅”的要旨，是超越哲理和玄学的，只在“点睛”，并非为了“画龙”。“点睛”绝非世人以为的学问、哲理、神通、文化……佛法最讲实践，其中尤以禅门为盛。整本《坛经》的“顿悟”法是“点睛”，不是逐渐形成的，而是顿超。如《法华经》云：“佛法不现前，不得成佛道”，“顿悟”一法，远在天边，近在眼前。书只要坚持看，随着读者自己的心量一点点打开，能理解的也就必然越来越深刻，而感觉和生活没关系，并非真没关系。生活中有智慧和没智慧不仅仅表现在生意上，一点一滴的生活智慧，如亲人、朋友的相处之道、事业职位的高低起伏、生离死别、爱恨情仇……哪一样不需要智慧？有智慧的人处乱而不惊，处迷乃不惑，处危可转机，有独立的思考能力，有严谨的自律能力……这些，您说和生活有没有关系？有僧问大珠禅师：“什么是智慧？”大珠禅师答曰：“什么不是智慧？”

宋以来无数文人、禅客误以为“画龙”是禅法真谛，书上的文字是“禅”，于是文字禅、知解禅、口头禅盛行，要清楚任何语言、文字都是在“画龙”，宋以后的禅风或浮夸、或深奥，公案语录、机锋转语，立“看话头”、“默照禅”、“破三关”、著“禅颂”、“禅诗”……各种颜色层出不穷，令人目不暇接。然则这一切皆是方便，万不可执著。如必须“破三关”才能悟道，顿悟岂非变渐修？如“看话头”、“唯有打坐”才能入门，无门岂能是禅门？既然不可说，又不可妄想执著，就成了无门而入，岂不知，这个无门，便是法门，无一不是门，祖师语录、公案，本自随性、随机、随缘、随时而发，如果立个解，立个知见，立个门，正如头上安头。禅门之师如同佛经上说的：“应以何身得度，即现何身而为说法。”

黄檗希运禅师云：“我此禅宗，从上相承以来，不会教人求知求解，只云学道，早属接引之辞。然道亦不可学，情存学解，却是迷道。道无方所，名大乘心。此心不在内外中间，实无方所。第一不得作知解。只是说汝如今情量处，情量若尽，心无方所，此道天真，本无名字。”文字、语录本无实性，“禅”之道本自天真，本无名字，一切文字、语言皆如水中花、镜中月，虽逼真，实非真。

如龙牙居遁禅师在师父洞山处悟道后，言：“学道无端学画龙，元来未得笔头踪；一朝体得真龙后，方觉从前枉用功。”又言：“在梦那知梦是虚，觉来方觉梦中无。迷时恰是梦中事，悟后还同睡起夫。”人往往身在迷梦中，不知人生是梦是幻，唯有觉醒了，从梦幻中醒来后才知梦境的虚无。

中国历史上，曾遭遇“三武一宗”的排佛运动，唯有禅者既不根据教典行事，又没有可遵循的轨迹，在摒弃教典文字的同时，禅既独立也不孤立，内与其他佛理相通，外又自开一门，自宋后，禅密、禅教、禅净、禅道、禅瑜伽、禅太极、禅丹、禅理等各种修法并行不悖，禅者的云水禅心，以无形变万形，以无相应万相，大乘佛法在人类历史能够生生不息，大放异彩，是因为有了“禅”。

“禅”在紧张、浮躁的现代社会必将再次唤醒人们的内在能量，我们都知道在全世界范围内已经发生了两次世界大战。第一次世界大战后，许多西方的思想家就开始了反思，人类怎么会发生这样一个惨剧呢？于是开始反思西方文化中是不是有它存在的问题。当时许多地域文化受到了神本主义的束缚，但是从神本的束缚中冲出来以后，人类的理性高度发展、科学的高度发展以后，人类要去主宰自然、去改造自然，从自然界索取财富。在这个过程中，人类再一次发生了异化。之后，又是科学至上，西方的许多思想家看到了无论神本、物本，还是科学本，都是有局限的，因此提出要振兴人文、人本精神。但要建立新的人文精神、人本主义，这个资源到哪去寻找？他们意识到只有去东方寻找。“禅”恰恰是东方文化或者更准确地说，是中国传统文化的根本“人文精神”，这种精神不是一种绝对的方法、理论、认识、逻辑，而是充分展示出人的自性、本性、自信、自觉和自律，这种能充分调动人内在的不可测量、不可琢磨、不可计算、不可限量的能量，是中华传统智慧的殊胜之处。

“中国禅”可以说是佛法中最积极和最有活力的派别之一，“禅”不是禁欲主义、悲观主义、苦修主义、神秘主义、神本主义、唯心主义、形式主义等一切可定义的。其殊胜之处，是令到普罗大众、芸芸众生中各阶级、各种族、各文化、各年龄、各语言、各宗教、各性别、各区域的不同人，可以忽略其时空的局限性，有机会瞬间找回自己的本性，一念成佛！这是“顿悟”法对人类的贡献！

“中国禅”的许多祖师，不论出家、在家，皆能将“禅”的观念和方法，用之于日常生活，纵然处身于万丈红尘之中，也会体验到安定洒脱又活泼自然的人生境界。我们反复强调“中国禅”不是宗教信仰，不是哲学理论，不是逻辑思辨，不是闭关苦修，更不是神奇古怪的法术，而是生活的智慧、身心的修养，是开发精神领域的指导原则，是净化心灵的清凉心药。它不以神迹显灵做号召，不以身心的异象为着眼，不以急功近利作目标，乃以平实的人生为基础，以转烦恼为菩提为宗旨，实现人世间生活的轻松自在、游刃有余。对于过去，无怨无悔；对于未来，随缘自在；对于当下，积极面对：这便是以《坛经》为准则的正统“中国禅”，也是我们现代人更加需要的传统人文精神。

但是，虽然《坛经》只有两万多字，读起来也通俗易懂，但其真正的禅门智慧理解起来殊为不易，因此笔者在《坛经》中，每一品依据原文提炼了12句精华，共提炼成120句的“悟道诀”，这独特的“至宝坛经悟道诀”便于每一位修者在日常生活中时时记忆、背诵、体悟、契合“中国禅”的根本智慧。笔者自身深刻体悟到，如果修者、世人每天生活时，心中念念契合“悟道诀”，自然而然会智慧显现，清净心显现，遇事易洞见其本质，不慌乱，并时时常有灵感迸发，这是禅者能量的源泉。

除此之外，为了便于现代人更好地参究、理解《坛经》，我们将每一品依据“悟道诀”分为12小节，每一节由原文、会论、会通、会诀、祖师云五部分组成。会论部分根据笔者在茶密学堂三次为学生讲述《坛经》的课堂内容修改整理完成；会通部分是针对原文的延伸理解；会诀部分是禅者修行时如何契合“悟道诀”的心得感悟，最后的“祖师云”部分，是各位祖师还有什么相关说法需要读者领会。读者在参读本书的过程中，如果某些内容暂时难以理解，不必死记硬背，跳过去即可，以后在反复参究的过程中，会自然领会的。

《至宝坛经》是宗宝本《六祖法宝坛经》的解读本，读者、修者解读书文是方便，从书契道是根本，书以载道，道以书显。因此虽然笔者为了写好这本书，经历了五年的辛勤准备，但禅者如执著在文字解读上，便如一只通灵的乌龟，在爬行时，边爬边想用尾巴扫除爬过的痕迹，结果是越扫越显出痕迹。心法是无痕的，如果执著在知解里，则距离心性之门，愈来愈远。

此书之最终问世，笔者是为传承师门心愿？为正法驻世传承？为禅者正本清源？为迷途世人知返？为无尽心灯不灭？还是……实，“为无为、事无事”，本何“有”于我乎？

感恩“中国禅”的各位祖师，百千三昧，无量妙义，心灯无尽，千年不灭。

感恩师公、恩师，驱耕夫之牛，夺饥人之食，随缘赴感，应机说法。

感恩灵一老师根据课堂速记，整理会论部分内容。

感恩一起弘扬、修习“中国禅”的各位善知识，举头攀南斗，回身倚北辰，荡荡全无碍，谁是我般人？

感恩各位读者的耐心阅读，不足之处，请多批评指正。

2015年1月10日于山村

無我歌

無来無去怕什么
無始無終留什么
無前無后争什么
無生無死了什么

目　录
CONTENTS

般若品第二

决疑品第三

定慧品第四

《至宝坛经》下册目录索引

坐禅品第五

忏悔品第六

机缘品第七

顿渐品第八

护法品第九

付嘱品第十

概论

作为笔者“中国禅”系列，更准确地说应该是“中国禅”祖师语录系列丛书的开篇，首选惠能祖师的《坛经》是毋庸置疑的。

惠能祖师是中国思想界的伟人，虽然我们今天距离祖师灭寂已有一千三百多年了，但《坛经》历久弥新，祖师的真身至今依然端坐在宝林山上，为我们证言“中国禅”的种种不可思议。

现代社会科学技术虽然日新月异，物质生活可谓丰富多彩，但人心中却充斥着前所未有的浮躁不安，由此，在今天，我们能再一次发掘出《坛经》的现代价值，细心体悟《坛经》中密语密意的现代作用，使得“中国禅”这一剂清凉大法药，能够帮助当代人重新获得安心自在，是尤为必要的。

“禅”是奇妙的，像白云和流水一样，似乎从它出生开始，就在不停地变化着，随着云、水流过的地方，“禅”因时、因地、因人而不停地变化着，当“禅”好像停留在某地的时候，在这一段时间内，人们似乎感觉到它随顺因缘的样子，似乎觉得这就是“禅”了。但是，就像河水不能代表水，河水的样子只是河床的样子，“禅”表现出来的所谓“样子”，只是它随顺因缘的“样子”而已。云是怎么随风飞舞的，水是怎么顺河流动的，“禅”就是怎么时时变化着的，你无法人为地计算下一刻云的形状，一切的短暂停留只是它的方便展现，“禅”本身是没有什么“样子”的。

“禅”时时在“变”，就有人害怕它变，希望它“不变”，水停则成死水，“变”才是“禅”的“不变”！但“变”中有“不变”活生生地存在着，“变”与“不变”都不会以某些人的意志为转移。如是，至大唐盛世时，已经传来中国积累和孕育了四百多年的佛法，从量变到质变，终于在惠能祖师身上被融会贯通,《坛经》不是被创造出来的什么作品,而是如同风吹散了挡住太阳和明月的乌云,原本的日月瞬间大放光明,这光辉不仅照亮了中国大地,同时也照亮了世界。

说起惠能祖师的伟大之处,我们需要先思考一个问题:汉武帝时董仲舒为适应君主专制的需要,提出了“大一统”的思想和“罢黜百家,独尊儒术”的建议,儒家逐渐成为封建社会正统思想。为什么印度传来的佛法可以被以儒家为正统、黄老之学为方略的中国接受,并在后世广为流传? 中国人的思想中包含了儒家积极的世界观,也包含了道家消极的世界观,这两种奇怪的元素放在一起提炼,则产生出中国人性格的不朽。读者看到消极就可能以为有什么不好,反过来想想积极就一定好吗?

中国的知识阶层往往在成功时是儒家,失败时则变成道家,“采菊东篱下,悠然见南山”。入世的儒家“学而优则仕”,在仕途中积极奋斗,宦海起伏,而悠闲的道家在冷眼旁观。因此中国知识阶层习惯于在位时说道论德,落魄时退居山野,赋诗作词。他们进而用儒家,退而变道家,骨子里向往出世逍遥的道家理想有时更甚于儒家思想。那么在这么进退有余的思想环境下,佛法又是怎样在中国生根发芽的呢?

那么让我们从佛法进入中国的十个历史转变开始讨论吧:

一、儒家之变

春秋时期的儒家,严格意义上是中国的顶级知识分子,也就是现在说的精英阶层为主的儒生们自己的修养、学问。儒生们积极入仕,以百姓心为心,秉信“仁、义、礼、智、信、温、良、恭、俭、让”的个人修养准则,早期的儒生的志向是做正人君子，为人的标准是克己复礼，心怀天下，仁义无畏，坦坦荡荡。

但自汉朝开始，在政治的影响下，儒家逐渐有变化成儒教的倾向，儒家具备了自有经典，儒生们确定了儒家“五经”，即：《诗经》、《书经》、《礼经》、《易经》、《春秋》，作为儒学最根本的经典。儒家也有基本的教义，还有儒生作为传播这些教义的传教者，儒生们除了入仕之外，就是办私塾从事传播教育，儒家也不乏专门的仪式、音乐、礼节，这些直接影响了社会的道德标准、民俗文化、生活方式，此时儒家已经从只是精英阶层自己修养的学问，走进了政治、家庭、社会的方方面面，其对社会所起的稳定作用，相当于西方传统宗教的作用，从宗教的性质来看，儒家变化成儒教好像已经条件具足。

但我们仅仅可以说儒家在汉朝经历了宗教化的过程，或者说仅仅具备了宗教化的趋势。在这个过程中，孔子被抬高到教主的地位，被称为“素王”，素王就是没有王位的王，他被赋予了各种异象，他奉天承运，眼看就变成了神。可惜的是，汉武帝虽然接受了董仲舒的建议“罢黜百家，独尊儒术”，但他的治国理念是黄、老之学，汉朝人很少把老子和庄子并称，他们只说“黄、老”不说“老、庄”。

到了汉末，孝和廉是朝廷选拔人才的基本条件。于是社会上出现了很多沽名钓誉的假“孝廉”，这些人重形式，欺世盗名，这一大批伪君子、假道学，使人们非常痛恨。另外，“五经”涌现了许多注解，“五经”中的一个字就有上万字的解释，人一辈子读经都读不完，被称为“皓首穷经”。

汉末学风上有了很大的变化，再到了魏晋时期，玄学家们活跃时期方才开始把老子和庄子并称，自他们开始学人只说“老、庄”，不说“黄、老”了，早期的王弼、何晏把《周易》和《老子》作为玄学的经典。魏正始年间(公元240年—249年)，嵇康、阮籍、山涛、向秀、刘伶、王戎及阮咸七人常聚在当时的山阳县(今河南辉县、修武一带)肆意酣畅，世谓“竹林七贤”。此时佛法已经逐渐传入，当时的精英阶层比附内典，以儒、道之学“格义”佛经的风气盛行，所谓“竹林”乃取天竺释迦牟尼佛说法的“竹林精舍”之名，加于“七贤”之上，成为魏晋名士之代表的“竹林七贤”。“七贤”中的阮籍加了一部《庄子》，《老子》、《庄子》、《易经》这三部书被以后的玄学家们称为“三玄”，又名“玄学”，意在摆脱儒生假“孝廉”的各种人为伪装，恢复人的自然本性。

二、鸠摩罗什

由此儒家宗教化的进程被遏制了，中国也进入了历史上政权更迭最频繁的时期：魏晋南北朝(公元220年—589年)。

由于连绵不断的战争，这一时期中国文化的发展受到特别严重的影响。五胡乱华，朝代更替，加上玄学的兴起、佛法的输入、道教的勃兴及伊斯兰、希腊文化的传入，农耕、游牧两种文化的融合，诸多新的因素互相影响，交相渗透。

这期间西域、印度、中国本土的不少高僧大德，不畏艰险，远渡重洋，舍身求法或传法，他们除了需要抵御路途遥远，还要克服语言的障碍。此时传来中国的经书，有些在途中丢失，失去完整性，还有些因为翻译不准确，令人费解。

佛法刚进入中国时，由于佛经的道理深奥难懂，高僧们为了更好地为民众解释，就运用"格义"法来解释佛法和佛经内容。"格义"其实是两种文化初遇时互相理解的一个必然过程，就像一个人初学外语时，必然习惯先把一句外语对应地翻译成一句母语，然后才容易理解。来自于印度的深奥佛法，曲折传到中国，也经历了类似的过程。

当时的高僧们讲佛法、佛经，通常用道家、儒家常用的术语来解释，以今释古、以古释今、以中释佛、以佛释中。这些做法虽然让一部分人接受了佛法、佛理，但其中对佛法、佛理有相当程度的曲解，好些名词几家共用，但内涵有所不同，差之毫厘，失之千里。这种现象一直到公元401年，后秦王姚兴派兵将鸠摩罗什法师迎请入长安翻译诸经之后才得以解决，罗什法师新译的经文精审畅达，前无古人，为译事之绝诣。

于此，那些对佛法、佛理"格义"者始知新义非如旧时解释的模棱两可，含混不清，牵强附会，罗什法师带来的全新般若"色、空不二"诸说逐渐盛行。直到罗什门下弟子僧肇、道生提出"终日道法，终日凡夫"、"顿悟成佛"等佛法新意，此时，方算是迈出了佛法中国化的第一步。

罗什法师的译经中创造出的许多优美的汉文词汇至今还在影响着我们，例如"觉悟"、"解脱"、"出离"、"净土"、"往生"、"清净"、"烦恼"、"究竟"等等，他传译佛经重视保持佛经原来的语趣和语境，重视唱诵法言，他不仅通晓梵、汉语言，还了解当时双方文体的内涵和奥妙，他在翻译过程中，从胡文转译的梵文拼音跟汉字读音的对比中通悟了拼音原理，于是用双声叠韵法来分析汉字字音，由此发明了“反切”，开创了中国文字音韵字母拼音“反切法”的先河，对汉语的发展起到了深远的影响。《鸠摩罗什法师通韵》是现存最早反映双声叠韵的汉语文献，对汉语四声之发明及北传产生了深远影响。

综合来说，罗什法师在长安译经讲道，使佛法不再是少数人的佛法，也不再等同于原来大家理解的神仙之术，真正的佛法开始在中国生根，这在中国是具有划时代意义的一个历史事件。他不仅纠正了前人对佛法理解中文义舛杂的弊病，还对二百年后中国佛教宗派的形成、佛法的兴盛乃至“中国禅”的出生，以及整个东亚文化的流变起到了重要的影响。

三、玄奘法师

提到玄奘法师，在中国可谓无人不知，无人不晓，许多人称他是真正意义上中国本土最伟大的译经师。但请注意玄奘法师对社会的贡献，除了他伟大的译佛经事业外，他的其他成就也绝不在译经之下。

要论及玄奘法师的成就，首先需要认识到他这次西行的意义：对于佛弟子、上至宫廷、下至百姓带来的心灵震撼；对于中国高僧真正意义上成为沙门领袖；他应太宗皇帝要求，和弟子辩机一起整理完成的《大唐西域记》一书，对中国的意义，甚至现代世界学者研究唐代西域历史和文化的意义；对于中亚地区国家之间的交流；对于不久后佛法在印度消亡，因为法师及时求法，带动佛法东移，而免其毁于一旦的时间性……

当然，法师译经的价值是令人赞叹的，但我们尤为需要重视的是法师亲往印度寻根、求法给世人坚定的信心，促进了中国及中亚地区文明的交流，这个贡献无疑是玄奘法师最了不起的成就。

公元626年，玄奘法师于长安遇到马鸣菩萨所造《大乘庄严经论》的译者：来自中印度的波罗颇密多罗（那烂陀寺戒贤法师的弟子），以此因缘而坚定了西行求法之志。公元629年，玄奘法师偷出国界，孤身西行，最终经历千难万险，致使佛法东移，大兴于中国。

佛法在印度的衰亡自公元600年开始，当时在印度佛教僧团和佛法修行逐渐受到印度教的各种压制，至公元九、十世纪，伊斯兰教占领印度，佛法在印度遂殆绝迹。玄奘法师适时远赴印度求法，使佛法大盛于中国，可谓功不可没。并且由玄奘法师开始，唐朝宫廷风气渐转，由道教为国教、儒家为治国根本的形势，渐渐转化为佛、儒、道并行，再后来唐朝大部分时期以佛教为主流。

玄奘法师西行之路，源自公元前139年，张骞首次从长安出使西域，到达楼兰、龟兹、于阗等地，其副手更远至安息国等，踏出的一条后世称之为“丝绸之路”的“国道”，这也是自汉朝起中外经济及文化交流的最重要通道。而法师整理完成的《大唐西域记》一书，正是详细记录了这条“丝绸之路”沿途各个国家的地理、历史、文化、国力、民俗等情况。

人类的历史虽然悠久，但影响深远的古文明只有四个：中国、印度、希腊、伊斯兰，这四个古文明汇流的区域却只有一个：西域！而横贯西域，承载着这些文明流通的通路便是这条“丝绸之路”。强国，除了经济的强盛，文化和文明的繁荣是必不可少的因素，“丝绸之路”不仅是东、西方贸易往来的交通枢纽，也是东、西方文化交流和传播之道。

此时，宗教作为人类精神的载体，很早就沿着“丝绸之路”开始了由西向东或由东往西的相互传播。玄奘法师沿着这条道路西行求法，并描述了各宗教、各文明、各文化在这条道路上相互融合和渗透的情况。他身后处于贞观时期的唐朝，经济发达、文化繁荣、国力强盛，国际地位超迈往古，唐朝的帝王太宗，远见卓识，集天时、地利、人和的大唐，继汉代出现了中华文明的又一鼎盛局面，史称“强汉盛唐”。

在玄奘法师之前，佛法虽已传来中国四百多年，但弘扬佛法的高僧几乎都是外国人，鸠摩罗什法师也是龟兹人，此间，虽中国本土屡有高僧弘法，但其影响力都没有超过归国后的玄奘法师。法师亲至佛法的根地求法，他的法通过戒日王举办的盛大辩经而被称颂，以玄奘法师为论主，连续十八日几千与会者无人敢发论辩驳。大乘僧众称玄奘法师为“大乘天”，小乘僧众称他为“解脱天”，他为推动佛法中国化进程又迈了一大步。这一点，对于社会各界，尤其是在太宗心中，甚至比他翻译的佛经更重要。

太宗登位之初，心中并不崇道，也不喜佛法，贞观二年（公元628年），正值壮年的太宗批评梁武帝父子惟好佛而致国破家亡，故足为鉴戒。据《贞观政要》记录，他曾言：“朕今所好者，惟在尧舜之道、周孔之教，以为如鸟有翼，如鱼依水，失之必死，不可暂无耳。”

太宗认为儒家积极入世，学以致仕，是政治道德、社会伦理，不是宗教，儒家规定人们各自的社会位置，规定君臣、父子、夫妻、家族的家庭、社会关系和责任，用以经邦济世，协调社会等级，是治国之宝。而佛、道之流是方外之道，消极出世、遁世，只追求个人的解脱和久视长生，不承担社会责任和义务，无法用以治理国家，也无法奉为治国指导思想。因此，道教虽被李唐皇帝尊老子为始祖而奉为国教，地位显赫，但太宗同样未予选择，他既没有冒犯圣祖不敬道教，但也没有研读道法，修炼道术，或服用道士的丹药来颐养天年。

据《大慈恩寺三藏法师传》记载，贞观二十二年（公元648年）五月，49岁的玄奘法师，完成了他西行求法的主要目的，也是他拜在戒贤三藏法师门下求得的最关键法宝《瑜伽师地论》的翻译，他将此论呈太宗御览。唐太宗仔细阅读后，大加赞叹：

朕观佛经譬犹瞻天望海，莫测高深。法师能于异域得是深法，朕比以军国务殷，不及委寻佛教。而今观之，宗源杳旷，靡知涯际，其儒道九流比之，犹汀滢之池方溟渤耳。而世云三教齐致，此妄谈也。

此次见解，已经与过去大相径庭了。

太宗当即下令，将《瑜伽师地论》抄写九份，分发到全国各最重要的寺庙保存，供人阅读传抄。并且他还应法师请求，亲自撰写了《大唐三藏圣教序》。《大唐三藏圣教序》中云：

“弘济万品，典御十方。……大之则弥于宇宙，细之则摄于毫厘。无灭无生，历千劫而不古；若隐若显，运百福而长今。……微言广被，拯含类于三途；遗训遐宣，导群生于十地。”

故太宗愿“兹经流施，将日月而无穷；斯福遐敷，与乾坤而永大”。

次年太宗去世，据《大慈恩寺三藏法师传》记载，太宗临终前依然同玄奘法师谈玄论道，问因果报应，多次感叹："朕共师相逢晚，不得广兴佛事。"

四、惠能与《坛经》

如果说玄奘法师的西行求法是促使佛法中国化的关键一步，那么惠能祖师便是真正实现佛法中国化的第一人。

在惠能祖师之前，无论是玄奘法师，还是于隋朝时创立的中国第一个佛教宗派"天台宗"，都不算完成真正意义上的佛法中国化。

一直以来，中国的僧人们只能依靠印度传来的佛法、佛经作为修行指引，这也就是说，无论怎么学，佛经、佛学、佛法都是印度高于中国，毕竟创立佛法的释迦牟尼佛在印度，创立中观大乘佛法的龙树菩萨在印度，玄奘法师虽然创立了"法相唯识宗"，但根源也是在印度的无著、世亲二位菩萨那里。

一切佛法、佛经的解释权不在中国僧人手里，印度翻译来的佛经是标准，虽然"天台宗"作为具有中国特色的佛教宗派，门风有一定的中国化现象，但"天台宗"依靠的根本经典是《法华经》，"天台止观禅法"也没有超越印度佛法的修行框架。"华严宗"也是一样，只能算具有一定中国色彩的宗派，其所依靠的根本经典是《华严经》。

因此，中国的佛法、佛教、佛理、修行都是处于印度的领导之下的，这不能不说是中国思想界、佛法修行界的遗憾。中国人的生活方式、思维方式、文化表现方式、语言表达方式和印度社会是有极大区别的，如果仅仅是生硬地把印度体系搬来中国，势必水土不服。鸠摩罗什法师便是深谙此理的大智者，法师在姑臧的十六年精通中文，他的中文比当时绝大多数中国文人都好，而且他的佛经存于心间，他没有带一本经书过来，千万文字存在胸中，翻译时得意忘言，出口成章，文字精妙绝伦，这是法师的伟大之处，可是，这依然是印度佛法，不是被汉化了的本地之法。

惠能祖师的《坛经》，以其直指人心的大白话，简易平实的禅法把几百年来学佛人身上那些繁重的文字语言、深奥哲理、海量经书、庄严仪式的担子统统卸下，无疑于雷霆万钧的霹雳，劈开了中国思想界、修行界心头的乌云，真正属于中国人自己的佛法，一本属于中国人自己的佛经诞生了！

思想、学问、修行皆有两种方式：一曰加，一曰减。加是积累，减是消化。过去四百多年，佛法在中国是积累的过程，不停地加入来自印度的各种思想，万事万物都必须处在由积累到消化，再由消化到积累的过程中。一积一消，一加一减犹如一阴一阳，须臾不离方为之道。一本两万字的《坛经》把过去令人目不暇接、浩如烟海的佛经消化得淋漓尽致！这是个彻底的减法，所谓“至道无难”，所谓“大道至简”，这次消化的转化，好像人进食的目的，从嘴里吃进去多少不重要，可以被消化和吸收的营养才是关键。

惠能祖师灭寂后一百年内，几乎汉地的全体佛弟子，统统汇入“禅”一门，整个汉地社会几乎全接受了“禅”的思想、学问、修法和表现形式。可以说，惠能禅真正融入到中国文化、思想、修行界，真正融入中国社会的各个阶层，将印度来的佛法形成自己的特色、体系，对佛法形成独特中国化的理解，真正继承了释迦牟尼佛的根本精神，这种开天辟地的佛法革新自惠能祖师始。

说到佛法，我们要理解重点在“法”，不在学、理、教，更不在文化，“法”是构成这一切的核心。释迦牟尼佛说的话叫“经”，是法中至宝，最尊贵，最不可替代的，其他僧人们写的，只能称之为“论”。“论”是观点、论述。而《坛经》以其各种无与伦比的创见，创立了中国人自己的佛法，故，同样称之为“经”，从思想的角度看，这是中国人自己的佛法和印度的佛法平等的含义。至此，“中国禅”的修行者终于可以不再依附在印度佛法修行者之下了！另外我们要注意，佛法自印度传入中国、南亚、东亚各国，大乘、小乘、密乘中高僧倍出，但是各修行团体在这一千多年来，真正意义上的著述，可以称“经”的，唯有这一部，再进行额外评论，都是画蛇添足。

《坛经》是佛法大革命、佛教大革命、信仰大革命。而这场波澜壮阔的佛法革新的创导者，仅是个一字不识的“草根”。他深谙逆境、慈悲智慧、宽以处世的人生仿佛就是野火烧不尽的离离原上草，他所创立的“中国禅”，在他灭寂后的几百年，逐渐成为中国、日本、韩国各家各派思想的主要来源，唐末开始，中国内地的寺庙十有八九皆属禅寺或禅院。

惠能祖师的伟大之处，在于他留下了《坛经》，注意：《坛经》是法宝，是用语言、文字构成的，并非后世理解的简单化的“不立文字”。惠能祖师在《坛经》中的说法是“诸佛妙理，非关文字”，而非“不立文字”，这一点容易被人混淆概念。所谓“不立文字”的不立，是立足、依赖之意，但往往被人曲解为不要，不建立。

《坛经》不仅仅是惠能祖师的个人成就，这是法的成就，是在立功、立德、立言的基础上，立下了“中国禅”的根本。

“中国禅”自宋开始传去日本、韩国，之后开花结果，和当地的文化、环境、风俗融合，流变演化成了当地人乐于接受的各种“禅”。近一百年来，来自印度的坦特罗瑜伽、上座部观禅、日本曹洞、临济禅、韩国曹溪禅、西藏金刚乘密教以及天主教禅、超然定、嬉皮禅等等各种流派的“禅”逐渐在美国、德国、法国、英国等各个西方发达国家发芽，大批禅修中心如雨后春笋般兴起，修止观、修禅定等等，这些已渗透到西方的哲学、艺术、医学、心理学、社会学和管理学等各个领域。但总的来说，西方人依然是知其然不知其所以然，“禅”要么被误解为一种非理性主义的肤浅直觉、或者是一种简单复归自然，再或者就理解为泛神论，有的干脆就认为是肤浅的禅文化表象。

西方人不理解的是，建立在超越思与不思的“无思”是什么？离念而无念基础上的“无念”是什么？“悟道”和直觉是什么关系？怎样才能够在自我证悟的基础上，激发出超越时空的智慧和深切的缅怀众生的悲情？……他们常问，“禅”既然不是学问、哲学、逻辑、辩论、仪式，也不神秘，那么是什么呢？这些问题如果仅仅建立在经文、义理、思辨、哲学性上，却忽略了禅的实修实证，实乃大谬，“禅”的境界，是非语言可以解释的。日本的禅师在此方面做了不少努力，在此种努力下，禅文化产业在西方一路猛进，但究竟什么是“禅”，西方人还是不甚了了。

现代人对古人灵活的东西有诸多不理解，就好像西方把中医的“穴位”翻译为“point”。何为“穴”？我们可以理解为洞穴，这就是个立体空间，西方人简单理解为平面的“点”是不全面的。气脉、经络好比人体的江河，而“穴位”是溪、池、海、谷、冲、关等，是河水可以停留的空间，无论气脉、经络还是穴位，首先是立体多层次的，涵盖了周边微血管分支、神经分支、淋巴管分支和交通支，这个洞穴是个由皮至骨的立体结构，而绝非一个平面的“点”。除了立体空间，“位”通常理解为位置，但其实还代表了“移位”、“时位”等时间因素，不到那个节点就没有那个穴，这个穴也就没有相应的作用，人身之气血周流出入“穴”皆有定时，因此穴的作用是刚柔相配，阴阳结合，气血循环，时穴开阖。血气应时而至为盛，血气过时而去为衰，逢时而开，过时为阖。那么，用“泄法”则乘其盛，用“补法”则随其去，按照这个是所谓的“机”和“关”。

西方人听到这些，无论如何都难以理解。气脉、穴位、气血这些究竟算是什么性质的物质？为什么属于人体的物质还需要考虑时间问题？怎么会时有时无？再往下说，有的人就会往神秘主义方面去思考，有的人就认为是“不科学”。尚不算复杂的“穴位”和“气脉”的解释都已经令到现代人如此费解，更何况“禅”？其实，你用解剖刀去解剖云、水，或者磁场、气场、光线，怎么分解呢？这些究竟算是什么性质的物质呢？

所幸西方人虽然不甚理解“禅”的本质，但他们接受了由“禅”衍生出来的各种丰富的文化，无论是禅乐、禅茶、禅养生、禅建筑、禅香、禅武、禅服装，还是禅画、禅舞、禅箫、禅颂、禅瑜伽、禅太极，可以说，再找不到什么能比“禅”具有更多的神秘感、多义性、文化兼容性、超越国界性和丰富内涵的文化内容了。

我们刚才讲《坛经》是佛法大革命、大革新。不少读者不太理解什么是佛法，提到佛法便想到佛教。佛法是无相的，佛教是佛法的传播途径之一，或者说是主要传播途径，佛经是佛法的载体之一，佛教、佛经不能代表整个佛法，就像河水、海水不能完全代表水一样。更何况我们现在大多数人对“佛教”理解得也并不全面，不少人不清楚“佛教”的本质是什么，误认为进寺庙烧香、拜佛、开光、水陆法会、火供、放生、念佛等等这些仪式，就等同于“佛教”。

笔者常常笑谓身边某些人：你们喜欢浑身都戴着“开光”的法器，但有没有想过，什么是“开光”？什么人可以给佛开光？给法器开光？佛需要人来开光吗？具足了什么资格的人才有能力真正“开光”？自己都没“光”的人拿什么给佛、给法器“开光”？这种具足的开光资格和其社会地位、宗教身份有关还是和他自身内在的能量有关？身份和能量成正比吗？如果某物、某地开了光就有佛，那么没开光的地方是不是就没佛了？如果十方世界不开光也处处皆有光、处处皆有佛，那么请问“开光”的意义何在？如果你干了害人的事情，全身上下都戴着开了光的“法器”就能逃过因果律了吗？如果逃得了因果律，那就说明某人的能量可以修改因果律，如果修改不了因果律，你戴着一堆开了光的“法器”又为什么？……

当然，喜欢戴的人，尽可以做自己喜欢的事情，不要理会笔者在这里的胡问胡说。宗教、信仰、修行、学习都免不了需要一定的仪式。仪式的庄严感，本为提高学人的信心，只要我们理解这些不是根本就好了。就像在学校里学习，早上的早操、课间活动、作业、同学聚会、甚至毕业证书能等于学校、等于教育本身吗？

佛教的教义中佛是人不是神，佛以人身证得大觉悟，佛教的内涵在于以相应的佛法教化众生，要修者往自己内心求，心外求法，无法可求。佛教徒们是以宗教的形式有效传播佛法，佛教是不以神为中心的宗教，强调以人为本，如果背离了佛教“以人为本”的根本精神，变成以佛像、菩萨像、法器、仪式为本的“佛教”，还是原来的佛教吗？

就像学校教育的本来目的是培养学生的品德，树立起正确的人生观、价值观和世界观，广其志、培其才、开其眼界、导其自主，教育的根本是为了每个生命的绽放，如果教育和生命脱节，只关心谋生之术，那还是原来教育的目的吗？学生在学校里学会的是如何做个堂堂正正的人，“己欲立而立人，己欲达而达人”，一个自己都没有搞明白的学生，遇到人生挫折何以自立？

我们再谈谈关于“革命”的话题，一提到“革命”，读者脑海中通常会出现战争、流血、冲突等等印象，因此笔者写到《坛经》是佛法大革命时，心里有些惶然，唯恐读者误解。这里我们来解释清楚，我们的“革命”是指《坛经》中的创见，将修者从累世累劫的修行中解放，从复杂繁琐的仪式中解放，从无明中解放，从自我捆绑中解放，因为这种发自心底的解放，而得大自在。

读者千万不要又误以为这样好啊，干了坏事反正一念忏悔就消业了，这又是大妄想！一切的自由、自在都建立在自我约束的基础上，没有自我约束就不存在自由！就像万物在春天重生是基于冬天的萧瑟，《坛经》中传授的无相戒是无形、无相的，无形、无相的戒律比有形、有相更加需要智慧，就像孩子在幼小时需要家长约束，而成人后需要的是自我约束，如果以修禅之名，以无相戒为借口为所欲为，这种人根本不配谈“禅”！

我们的生命体甚至是微小的细胞体好似有三条归途：或得大自在证得不生不死；或以自、他的方式复制；或灰飞烟灭变成另一种体态在天地中循环。

禅者的“革命”是先革除妄想、执著，杀死心中之贼，然后见性顿至佛地，证得不生不死的本性。有些人不太理解第二种方式是什么？什么是自、他复制？克隆算吗？对！克隆也算一种复制方式，不过现在克隆人还没出来。就连平常生孩子也算人的一种自我复制啊！细胞会自我复制，人内心中希望血脉延续就是想着复制自己，但是，我们要清楚，复制的不是原作，你的孩子有你的骨血，但你的思想、精神、智慧能复制给他吗？他能替你活吗？你能替他活吗？说到底，自、他的复制也是妄想，每一个生命体，哪怕微如细胞都是独一无二的，也是独立于天地之间的。

《坛经》的革命就在这里，破除人的一切幻想，除此之外，《坛经》还帮助社会大觉醒、宗教大觉醒、神秘化信仰大觉醒、因果轮回大觉醒、消除业力方式大觉醒、出家在家大觉醒、人间神界大觉醒、文字语言大觉醒、修行方式大觉醒等等。因此我们可以说《坛经》不仅仅是佛教、佛法、思想界的革命，根本是人的革命。

革了谁的命？革了迷信的命！《坛经》就这么通俗易懂地用大白话把人的自性唤醒了！在这里，自心、自性和佛平等不二；烦恼、菩提平等不二；人间、净土平等不二；大、小根器平等不二；顿法、渐法平等不二……《坛经》的核心在“无念行”，什么是“无念”？就是“平等”！你的心像虚空一样的无边无际你才能够平等。《坛经》把人身上堆砌的伪装、盔甲毫不留情地劈开，使你赤裸裸地立于天地间，回归自己的本来面目，从这些意义上来说，称之为“革命”，不为过。

唐宋八大家之一，唐代著名文学家、哲学家、散文家和思想家柳宗元，在其赐大鉴禅师碑中提到：

“孔子无大位，没以余言持世。更杨墨黄老益杂，其术分裂。而吾浮图说后出，推离还源，合所谓生而静者。梁氏好作有为，师达摩讥之，空术益显。六传至大鉴，大鉴始以能劳苦服役，一听其言，言希以究，师用感动，遂受信具，遁隐南海上，人无闻知。又十六年，度其可行，乃居曹溪为人师，会学去来尝数千人。其道以无为为有，以空洞为实，以广大不荡为归。其教人始以性善，终以性善，不假耘锄，本其静矣。中宗闻名，使幸臣再征，不能致，取其言以为心术。其说具在，今布天下，凡言禅，皆本曹溪。”

大鉴禅师就是惠能祖师，由此我们可以大致看出，惠能祖师创立的“中国禅”在唐人心目中的地位。

五、盛唐之盛

《坛经》是在中华文明的兴盛时期出生的，那个时期到底兴盛到什么地步呢？

大唐盛世自太宗李世民始，我们前文提到，他不仅是卓越的政治家、军事家，由于他丰富的施政经验、以民为本的思想，广开言路、虚怀纳谏的胸襟，唯才是任的准则，铁面无私的气度，造就了唐第一个太平盛世：贞观之治。贞观之治的纲领《贞观政要》一书，成为日本和朝鲜半岛帝王们的必学教材。

太宗驾崩后，其子高宗继位。高宗最显要的功绩便是打败高句丽和百济，助新罗统一朝鲜半岛，稳定了中国的北方地区。当时高句丽居于中国东北，多次出兵骚扰中国，隋炀帝杨广曾三次出兵征讨。第一次在公元611年，出兵百万，由炀帝御驾亲征。出发时各军首尾相接，鼓角相闻，旌旗相连长达千里，史称“近古出师之盛，未之有也”，结果呢？生还者不过数千人。随后公元613、614年，隋炀帝又密集发动了两次攻高句丽之战，皆以失败告终，可以说隋朝间接亡于此三役。

唐太宗深知隋亡的原因，但于贞观十九年，太宗还是决定御驾亲征高句丽，可见不打实在不行，不幸的是精于战事的唐太宗也没有打赢这场仗。

公元666年，高句丽内乱，赶上这天赐良机的高宗借机发兵，消除了朝鲜半岛长期分裂割据的局面，唐代的版图，以高宗时为最大。

说到高宗，读者们马上就会想起他那天下第一的皇后：武则天，她先与高宗并称二圣，后又自立为武周皇帝（公元690年－705年），是中国历史上唯一的女皇，公元705年退位以后，又成为唯一的女太上皇。

我们现在文艺作品中被戏剧化的武则天是个阴谋家，心狠手辣，荒淫无耻，这里，我们对于武则天的私生活和如何篡位的手段不必花时间来讨论，毕竟每位帝王上位都需要一定的手段，武则天也不会例外。但从她在位的政绩来显示，相比于中国历史上绝大多数的平庸皇帝，她无愧是位卓有见识的领袖。

她统治时期，创立了殿试和武举，选拔了一批杰出的人才，成为武周政权的中流砥柱，如狄仁杰、姚崇、宋璟等人。北宋史学家司马光亦认为，武则天“政由己出，明察善断”。因而那种认为武则天只有手段和权谋，只会重用酷吏、外戚、男宠，她统治时期政治上一片黑暗的观点，是值得商榷的。此外武则天的又一大政绩是她重视农业，独掌政权的21年里，她批准的地方水利工程有19项。在治国安邦方面，她继承了唐太宗的民族怀柔政策:“降则抚之，叛则讨之”，对吐蕃、契丹、突厥等族的侵扰和叛乱，采取了坚决不妥协的态度，其后大破吐蕃，一举收复“安西四镇”（龟兹、于阗、疏勒、碎叶），置安西都护府于龟兹。

武则天本人信佛，但也尊重儒、道，她在位时期，继承了贞观之治的繁荣，并为后来的开元盛世奠定了基础。关于这位女皇和禅门东山一脉的缘分，笔者在《茶密禅心》和《中国禅》中均有提及，我们这本《至宝坛经》的第九品中还会补充介绍。

最后来到了盛唐的顶峰:开元盛世。我们首先来说说人口，当时全国人口7000万，那么，世界上其他国家同期的人口是多少呢？公元8世纪，东法兰克福王国从塞纳河到莱茵河之间的人口是200万－300万。而直到16世纪，地中海地区的总人口才增至5000万－6000万。在以农业经济为主的时代，人口就是生产力，就是国力，由此可见当时中国的总实力是独步天下的。

惠能祖师是玄宗即位第二年圆寂的，玄宗在位时期，儒、禅、道合流成为潮流，公元734年，玄宗亲自为《孝经》、《老子》、《金刚经》作注，并颁布天下。

杜甫《忆昔》诗曰:

忆昔开元全盛日，小邑犹藏万家室。

稻米流脂粟米白，公私仓廪具丰实。

九州道路无豺狼，远行不劳吉日出。

齐纨鲁缟车班班，男耕女桑不相失。

唐玄宗在位四十三年，他当政前期的励精图治开创了中国历史上的全盛时期。盛唐之盛，不仅仅在于物质，国力的强大一定伴随着文明的输出，此时的中国，手握着文明的解释权、审美权，每一小步发展皆引领着世界的前进，正因为如此，日本、朝鲜及各个藩国数量宏大的遣唐使蜂拥而至，巍巍中华海纳百川，屹立于世界之巅！

可惜后期唐玄宗改元“天宝”后，志得意满，纵情声色，疏于国事，乱用权谋，国家形势急转直下，最终导致八年安史之乱，陷黎民百姓于倒悬。

历史的真相是什么？就是人心的变化，人心怎么变化，历史就怎么变化，大唐之盛，盛极一时，从盛至衰，在人心的一念之间。

六、顿与渐

《坛经》是以“顿悟”法著称的，“顿悟”是“中国禅”提倡的根本法门。“顿悟”一词虽非起源于惠能祖师，但以“顿悟”为根本法门，并以“惟传顿教法”为标帜者，则在惠能祖师之前并未出现过。

谈到“顿悟”，我们可以追溯到魏晋时期的道生法师，道生先师从庐山慧远法师，待鸠摩罗什法师入长安后，道生投罗什门下，他以解慧著称，和以解空著称的僧肇法师等人并称“什门四杰”。

自罗什法师处得法后，道生依据他自己的修证经验，提出了“顿悟”便可成佛及众生皆有佛性的思想。他认为修行的入手，固然有等级之分，可是当修者亲证到本性时，其所体验到的自性，与佛在菩提树下所体验的，乃是完全相同的。可惜的是这些观点被众僧认为是邪说。当时《涅槃经》只有部分译出，在前部分佛经中明确说明除断绝一切善根的人外皆有佛性，换言之断绝一切善根的恶人是不能成佛的。唯有道生认为人人皆得成佛。

据《梁高僧传》“竺道生传”载，道生法师：

“潜思日久，彻悟言外。……于是，校阅真俗，研思因果，乃言‘善不受报’、‘顿悟成佛’，又著《二谛论》、《佛性当有论》、《法身无色论》、《佛无净土论》、《应有缘论》等。”

又说：“(道)生剖析经理，洞入幽微，乃说一阐提人皆得成佛。”这些论点招致当时僧人们的激烈反对，遂即将道生驱出僧团。

关于道生法师的“顿悟”之意，在他的《注维摩诘经》中可以看到：

“见解名悟，闻解名信，信解非真，悟发信谢。理教自然，如果熟自零。悟不自生，必借信渐。”

道生法师提出修者可渐次精进而到豁然大悟，最终“悟发信谢”。他的观点是“悟不自生，必借信渐”，读者们要了解，道生法师的“顿悟”和《坛经》中惠能祖师的“大顿悟”是有区别的，因此后世禅门凡提“顿”法，不会引用道生法师的“顿”说，同名而理有异。

据《佛祖统纪》记载，道生法师被逐后，入吴中(今苏州)虎丘山，他在山中聚石为徒，为石头说法。有一次讲《涅槃经》，当说到人人有佛性，群石皆为点头。道生法师在逆境中坚持说一阐提亦得成佛，当时来看是大逆不道的言论，但他却说，若我错了，死后应入拔舌地狱；若我说不错，则死后仍将坐狮子座宣扬正义。过了几年昙无谶法师译出的全本《涅槃经》，经中果然讲到人人有佛性，皆可成佛，证明道生法师当时说的正确，众人这才佩服他的卓越见识，因而道生法师的“善不受报”和“顿悟成佛”的思想也受到了认同。此时距离达摩祖师来中国，尚早了一百年。距离惠能祖师公元676年法性寺说法，尚早了二百多年。

其实在天台、华严等宗派的判教理论中也都分判出一“顿”教来，如华严大师智俨也有“一念成佛”之说。智俨法师等人的“一念成佛”等论说，与《坛经》中的“大顿悟”也不同，除了这些，达摩传至五祖弘忍的禅法，后经神秀禅师发挥的北禅中也包含了“顿悟”的成分，我们据此可以看到，“顿悟”法不是惠能祖师发明的，它有其深厚的背景和源流。

《坛经》中的“顿悟”，必不在外面求悟，实由内心中生起，悟了就悟了，没有什么悟一半，或者一点点悟。惠能祖师不但说修者可以“顿悟”的理，更说了修者也可以“顿修”的事，这就好像人的出生，生了就生了，哪有什么生一半，过几个月再生一半的道理?“忽如一夜春风来，千树万树梨花开”，等待春风是需要积累的，但春风来了，因缘际会之时，该开花的就自会开花。如是境界则法即是心，心即是法，一真一切真，万境自如如，此境界乃始谓“悟”，悟到了此境界，即心即佛，又非心非佛，于是“听法人”就不知不觉转化成了“说法人”。

“顿悟禅”宗旨的真正确立和广为传播，并不在惠能祖师一人，祖师是曹溪“顿悟”禅法的创立者，但“顿悟”一法被世人广泛接受则是在祖师灭寂后，经过其弟子神会（公元668年-760年）多年舍生忘死的竭力斗争才得以实现的。因此，当我们谈论曹溪顿悟法门时，神会禅师是无法越过的，对于神会禅师我们需要给予充分的尊重。

开元二十年（公元732年），神会禅师于河南滑台大云寺设无遮大会，与崇远法师论战，指斥神秀一门“师承是傍，法门是渐”，确立南宗顿悟一脉之宗旨。当时的危险境地我们从菏泽宗四祖圭峰宗密禅师的《神会传》中可以看到：

“然能大师灭后二十年中，曹溪顿旨沉废于荆吴，嵩岳渐门炽盛于秦洛。普寂禅师，秀弟子也，谬称七祖。二京法主，三帝门师，朝臣归崇，敕史监卫。雄雄若是，谁敢当冲。”

也就是说，惠能祖师灭寂后二十年左右，神秀禅师的弟子普寂以及再传弟子义福、降魔藏等人位居国师之尊；北禅的势力在洛阳、长安生根，被称为“二京法主，三帝门师”，在教内他们也已经内部推举神秀禅师为禅门六祖，普寂禅师为第七祖，其他弟子们也都主持着长安、洛阳各大寺庙，“两京法席”均在北禅一门，他们人多势众，势不可挡。

在《坛经》里我们可以看到，无论是惠能祖师黄梅受法后藏身猎户的十五年间，还是定居宝林，为众开缘说法后的岁月，北禅一众门下，并没有放过他，刀刀要见血，处处不留情，必取祖师性命而后快。我们来看两段《坛经》中的描述，感受一下当时祖师的危险境地：

“师住九月余日，又为恶党寻逐，师乃遁于前山，被其纵火焚草木，师隐身挨入石中得免。石今有师趺坐膝痕，及衣布之纹，因名‘避难石’。师忆五祖‘怀会止藏’之嘱，遂行隐于二邑焉。”

又：

“僧志彻，江西人，本姓张，名行昌，少任侠。自南北分化，二宗主虽亡彼我，而徒侣竞起爱憎。时北宗门人，自立秀师为第六祖，而忌祖师传衣为天下闻，乃嘱行昌来刺师。师心通，预知其事，即置金十两于座间。时夜暮，行昌入祖室，将欲加害。师舒颈就之，行昌挥刃者三，悉无所损。师曰：‘正剑不邪，邪剑不正，只负汝金，不负汝命。’行昌惊仆，久而方苏，求哀悔过，即愿出家。师遂与金，言：‘汝且去，恐徒众翻害于汝。汝可他日易形而来，吾当摄受。’行昌禀旨宵遁，后投僧出家，具戒精进”。

那么，可以追杀惠能祖师二三十年的北禅诸位大师们，会把一个区区神会放在眼里吗？但何谓大愤心？便是明知不可为而为的大决心，好似玄奘法师只身求法，宁向西天一步死，不愿东土半步生。此时，势单力薄的神会禅师认为惠能一脉虽弟子众多，但“岭南宗徒，甘从毁灭”，大家隐居在山林自得其乐，仿佛走回早期楞伽师的老路一般，曹溪一脉眼见式微，于是乎，禅师无畏权贵，孤身北上，直入中央，力挽狂澜，以示师门正法。可以说，神会禅师明知山有虎偏向虎山行，早已将生死置之度外。

神会禅师开无遮大会论辩的主要论题有二：一、北宗神秀、普寂等人没有祖传袈裟，不是禅门正统；二、北宗禅法主张渐悟，南宗主张顿悟，顿悟才是正法。他提出南禅是：

内传法契，以印证心；外传袈裟，以定宗旨。

并且神会郑重地宣告此次无遮大会的目的是:“今日说者,为天下学道者辨其是非,为天下学道者定其宗旨。”

神会的激烈言辞,使对手崇远法师大惑不解,他道:“普寂禅师名字盖国,天下知闻,众口传为不可思议。如此相非斥,岂不与身命有仇?”面对此种言论,神会禅师当即答道:“我自料简是非,定其宗旨。我今为弘扬大乘,建立正法,令一切众生知闻,岂惜身命?”

这位应战的崇远是法师,不是禅师,也不是北禅门下。唐代时法师、律师和禅师是有严格的分野的。法师以讲经为主,律师则以持戒修行为主,只有禅师才参禅说法。北禅不派人出席辩论,笔者认为绝非怯战,而只是由于不屑。果然,无遮大会后不久,神会禅师就屡屡受到迫害,圭峰宗密的《圆觉经大疏钞》曾说到此事:

“侠客沙滩五台之事,县官白马。卫南卢郑二令文事,三度几死。商旅缞服,曾易服执秤负归。百种艰难,具如祖传。达摩悬丝之记,验于此矣!因淮上祈瑞,感炭生芝草,士庶咸睹,乃尽今命,建立无退屈心”这段话虽语焉不详,但神会禅师遭受迫害几乎险些丧命则是很清楚的。

敦煌本《坛经》中,惠能祖师灭寂前,曾云:

“吾灭后二十余年,邪法撩乱,惑我宗旨。有人出来,不惜身命,定佛教是非,竖立宗旨,即是吾正法。”

屡受迫害的神会禅师,并没有向北禅妥协,他于天宝四年(公元745年)著《显宗记》,定南、北顿渐两门,以南能为顿宗,北秀为渐教,“南顿北渐”之名由是而起。神会在洛阳没有外援,独自扛起了师门旗帜与北禅殊死相搏。《圆觉经大疏钞》说他:“直入东都,面抗北祖,诘普寂也。龙鳞虎尾,殉命忘身。”

可以说神会禅师对于“中国禅”的传承扮演着承上启下的角色,惠能祖师弟子虽多,但具备说通、心通,饱览儒道群书,深入三藏教诲,更兼辨明顿渐实要又一腔热血、不畏权贵势力的迫害、不畏皇上的责骂并于逆境中位卑尚忧国、积极筹款帮助朝廷平息安史之乱的,唯神会一人而已。

时,正值安史之乱,忧国忧民的神会禅师,一边与普寂、义福、敬贤、惠福等四位北禅大师分庭抗礼,另一边四处筹款助力政府军平定安史之乱,在禅师的不断坚持下,终于守得云开见月明。大乱平息后唐肃宗诏请禅师入大内供养,并敕令在他曾住过的荷泽寺中建禅宇给禅师居住,所以后人称神会一脉为“荷泽宗”,他为师门在朝廷中奠定了不可改变的位置,其后,南禅大盛而北禅渐衰。

可惜神会一脉,仅传承到四代至圭峰宗密禅师便被华严宗融会了,其中原因笔者在《中国禅》“一花五叶篇”中有讨论,有兴趣的读者可以参考。后世禅者提起惠能顿悟禅,如果仅着眼于南岳一系的洪州宗,以及青原一系的石头宗,误将荷泽宗视为旁出,这是不公平的。从神会禅师遗作如:《神会和尚语录》、《顿悟无生般若颂》等上面可以得知神会禅师的思想及禅风,最像师父惠能。

神会禅师所著的《显宗记》,以《坛经》的“无念为宗”为宗旨,以般若、解脱、法身之涅槃三德做贯串,向世人呈现《坛经》顿悟法门的根本,因此,神会禅师乃师门杰出的龙象,我们不应该忽略他的杰出贡献。

提到《坛经》或许许多读者都不陌生,曾有朋友告诉我,毛主席逝世后,在他的床上找到一本《坛经》，这事真假我不清楚，但毛主席自青年时期就反复研读《坛经》。且由于他的建议，在中国最有代表性的十本哲学著作中列入了《金刚经》和《坛经》。关于他重视《坛经》的事，我曾经见过一篇对赵朴初老先生的采访：有一次毛主席到广东视察工作的时候，省里的领导干部在一起开会，他就出了一个题目来问大家：广东在唐朝出了一个最大的唯心主义的哲学家，你们知道是谁吗？所有在场的领导干部都说不出来，只有时任省委书记的陶铸说那是六祖惠能。接下来主席又问：他有一本著作把主观唯心主义的哲学发展到顶峰了，你们知道是哪一本书吗？大家依然不知道，也还是只有陶铸知道，说是《坛经》。

可惜的是，读《坛经》的人虽多，真正理解《坛经》的人太少了。听过“顿悟”法门的人虽多，相信可以“顿悟成佛”的人太少了。大家总是以为成佛是多么高不可攀的事情，我们来看看《坛经》中，一字不识的惠能祖师是怎么和五祖弘忍大和尚过堂的：

祖问曰：“汝何方人，欲求何物？”惠能对曰：“弟子是岭南新州百姓，远来礼师，惟求作佛，不求余物。”

“惟求作佛，不求余物”便是学习《坛经》的全部意义，佛乃觉者，觉悟了生命、宇宙实相的人，不是天上的神仙。《坛经》的伟大即在于每个人都可以通过“顿悟”法门，明心见性，见性成佛，而经中所用的方法直入本心、简易平实。

“顿”和“渐”不是矛盾的，是相辅相成的，关于这一点，我们在《至宝坛经》下册第十品中有详细讨论。“禅”的根本在于“见性”，“顿”、“渐”皆方便，皆为助学人悟道而设。

七、四古本

目前传存于世的《坛经》异本甚多，但真正被认可的《坛经》，目前只有四种，即：唐敦煌本、晚唐惠昕本、北宋契嵩本以及元宗宝本。其余，都不过是这四种本子中的一些不同翻刻或传抄而已。

在前言中我们已经知道本书使用的版本是宗宝本《坛经》，关于《坛经》的几个不同版本，由于内容看起来似乎有矛盾之处，有读者问我，为什么不选择最原始的敦煌本《坛经》来讲解？而使用元朝才出的宗宝本？首先我们要理解，现有的最原始本，本非一定就是最原始本的。敦煌本确实给我们提供了较早的资料，但是，此后的其他版本，成书虽迟，但其中包含的思想和精髓就一定迟吗？真正的最原始本《坛经》是法海原本，成书约于惠能祖师灭寂后第二年（公元713年）至神会禅师无遮大会的公元732年左右，现该本早已丧失。

我们现在所提到的敦煌古本也有两种：其一是斯坦因本，这是1916年、1923年，日本佛教学者矢吹庆辉先后两次到伦敦大英博物馆调查敦煌古文书，发现了《坛经》等大量"中国禅"文献，并摄影带回日本的。后经他校写后，于1928年收入《大正新修大藏经》，此本称斯坦因本，也普称为"敦煌本"。

敦煌一系还有另一种版本是"旅博本"，是1911—1912年，日本探险队进入敦煌，获得敦煌遗书五百多部，藏在关东厅博物馆（旅顺博物馆）内，日本投降后，这些文献来不及带走，被日本人搁置在偏僻处，近年偶被发现的。2010年旅顺博物馆重新确认了馆藏“南宗顿教最上大乘摩诃般若波罗蜜经”，即是敦煌《坛经》的另一写本，普称“旅博本”、“敦博本”。该本由于保留完整，具有极高价值。其余的敦煌版本也有零星几本，北京图书馆还有两个残本，但价值不大。

在日本学者于伦敦大英博物馆中发现敦煌本《坛经》以前，学者们不知道还有这么个古本。此本成书时间约在唐开元二十一年（公元733年）至贞元十七年（公元801年）。惠昕本与敦煌本内容大致相同，我们发现，《坛经》内容真正发生重大变化的是在北宋契嵩本。我们现在通用的宗宝本则是在契嵩本的基础上增衍出来的，从敦煌本到宗宝本，《坛经》文字增加了一倍，内容也有很大的变化。元代以后，市面上流行的《坛经》均以宗宝本为主。

近代有学者推论《坛经》是神会一系为了七祖的位置而伪造的，依据是《坛经》和《神会和尚语录》内容相似；又批评《坛经》几个版本内容看上去前后矛盾，于是认为是契嵩禅师上了当，编著了伪经……

关于《坛经》和《神会和尚语录》内容近似的观点，就像儿子和爸爸长得很像，这有什么问题吗？神会禅师十三岁开始跟随师父惠能修行，挨打、挨骂最多，他的禅风、禅语和师父最接近，根据这一点不应该得出什么结论，如果《坛经》真是神会一系伪造的，那么《坛经》中关于神会的篇幅就应该不止现在这么少，并且神会禅师的形象应该更加神奇、伟大、神秘，唯有这样才可以与曹溪其他弟子区别开来，可惜的是，我们没有看到这一点，《坛经》中那个神会小师又挨打、又挨骂，只有最后惠能祖师即将灭寂时，有这么一小段话算是嘉许了：

“法海等闻，悉皆涕泣；惟有神会，神情不动，亦无涕泣。师云：神会小师，却得善不善等，毁誉不动，哀乐不生。余者不得，数年山中，竟修何道？汝今悲泣，为忧阿谁？若忧吾不知去处，吾自知去处，吾若不知去处，终不预报于汝。汝等悲泣，盖为不知吾去处。若知吾去处，即不合悲泣。”

这段话的核心在于后面几句：“吾自知去处，吾若不知去处，终不预报于汝。汝等悲泣，盖为不知吾去处。若知吾去处，即不合悲泣。”祖师嘉许神会不过是过场：

一日，师告众曰：“吾有一物，无头无尾，无名无字，无背无面，诸人还识否？”神会出曰：“是诸佛之本源，神会之佛性。”师曰：“向汝道无名无字，汝便唤作本源佛性。汝向去有把茆盖头，也只成个知解宗徒。”

都被骂成是“知解宗徒”了，神会一系伪造这样的《坛经》意义何在呢？

另外，针对《坛经》几个版本内容有矛盾或差异便是伪经这种指责，笔者觉得我们有必要花些时间来了解一下，被近代一些学者批评的《坛经》主要内容关键性变化的发生地：北宋契嵩本。

宋仁宗明道年间(公元1032年—1033年)，以大文豪欧阳修为首的文人学士们崇拜唐代大文学家韩愈，也学着韩愈一样排佛尊儒，欧阳修撰《本论》三篇，对韩愈《论佛骨表》、《原道》、《原性》等所述的观点大加发挥，说：“佛为夷狄，去中国最远。”由于这些大文人、学士的排斥，佛法在世间的传播受到极大的阻力。

被欧阳修等人敬仰的韩愈(公元768年—824年)，与柳宗元是共同倡导中国唐代古文运动的大文学家，合称“韩柳”。他不仅文采斐然，更是一位坚决排佛的儒生。他提出排佛时，正是唐代宗派佛教发展最昌盛的时候，崇佛的唐宪宗一怒之下，差点要处死他。后经他人说情，才留下一命，贬为潮州刺史。韩愈受此“夕贬潮州路八千”的打击后，他一路在深刻反思，在潮州灵山寺他结识了石头希迁的弟子大颠禅师，相见恨晚，于是每日与大颠品茗论道，促膝长谈，至此始解佛法真谛，有了向佛之心，后韩愈著《心性论》称赞佛法。宋哲宗年间，苏东坡写下了《韩文公庙碑》，称赞韩愈“文起八代之衰，而道济天下之溺，忠犯人主之怒，而勇夺三军之帅”，这碑文至今仍在。

可惜欧阳修们当时均在迷惑中，和韩愈早年一般尚不明佛法究竟为何物。时，契嵩禅师为杭州灵隐寺住持，他眼见佛法危难，于是花了几年的时间，写了《辅教编》上《原教》、《劝说》、《辅教编》中《广原教》、《辅教编》下《孝论》、《坛经赞》、《真谛无圣论》等书，近三万言，几乎是欧阳修《本论》上、中、下三篇字数的六倍，予以批驳。

在《辅教编》中，契嵩禅师从理论上说明了忠、孝的一致性、对父母尽孝的必要性，着重指出佛之道亦有益于社会安定、和谐、规范、和平的道理。

此外，契嵩禅师很重视《中庸》，他说：“中庸，道也。道也者，出万物也，入万物也，故以道为中也。”这个“道”相当于理学家所说的“理”。他说：“中庸之道也，静与天地同其理，动与四时合其运。”“中”在佛法中是“中观”、“中论”，是不二，禅师援儒入禅，解释“中”是和谐社会的基本原则。在社会意义上说，“中”还是立人之道，由“中”而修仁义五常，格物、致知、正心、诚意、以正修身，最后方可达到齐家、治国、平天下。

《辅教编》呈至仁宗御览，朝廷内外的文人、士大夫无不为其佛理、文采所倾服，然进京呈书的契嵩禅师在一文成名后，丝毫不贪恋富贵荣华，不顾仁宗皇帝的挽留，独自去南岳衡山闭关修行。不久后，他出关回到灵隐寺，又撰写出《正宗记》和《禅宗定国图》两文。宋仁宗再次大为赞叹，下诏编入大藏，并赐契嵩紫袍，尊为“明教”禅师。

契嵩禅师在中国思想史上的突出事迹和贡献共有两点：

（一）《辅教篇》阐明儒、佛两教虽然为人处世的方法有所区别，儒家治世，佛法治心，但万法归一，根本目的相同。他把佛的“五戒”与儒的“五常”等同起来，提出了“孝为戒先”的重要命题。说明了佛之孝重在理，儒之孝重在行，两者不可分割。

（二）契嵩禅师最重视《坛经》，他写的《六祖大师法宝坛经赞》开文便道：“赞者告也。发经而溥告也。坛经者。至人之所以宣其心也”，但在禅师手中的《坛经》，可惜“患其为俗所增损，而文字鄙俚繁杂，殆不可考”，所以禅师发愿修订。不久，他得曹溪古本《曹溪大师别传》，校之成三卷。

我们现在称之为《曹溪原本》的《坛经》，全称是《六祖大师法宝坛经曹溪原本》，即“契嵩本”，是由元朝僧人德异于至元二十七年(公元1290年)的再刊本。“契嵩本”中有许多变革，其中为了纠正天台宗《法藏传》24祖之说，禅师专门修订了禅门天竺28祖，后来成为禅门祖系传承定论载入史册，对禅史意义深远。

那么，此时我们的焦点来到了被契嵩禅师得到的，又广受质疑的《曹溪大师传》，这又是一本什么样的书呢？近代有学者认为，此书本身毫无历史价值，有许多荒谬的错误，又说契嵩禅师上了当，把此传认作“曹溪古本”，在书中汲取了不少素材加入《坛经》，遂使此书继续流传后世欺骗世人，此说未免过当。

我们不能否认《曹溪大师传》中确有一些错误，例如有的历史年号次序颠倒、有些事件先后和敦煌本有出入等。但是，我们不能就依此简单地认定它就是一本“毫无历史价值”的书。

契嵩禅师乃北宋大文学家、大禅师，古人治学之严谨非今人可比，禅师的学识前文已经表述，除此之外禅师还兼具一身惊世骇俗的功夫修为。宋神宗熙宁五年（公元1072年）六月初四早晨，契嵩禅师于杭州灵隐寺召集弟子门人，说：“后夜月初明，吾今独自行；不以大梅老，贪随鼯鼠声。”言毕在法座上结跏趺坐深度禅定，一众弟子及当时任杭州通判的苏东坡等人，周围护持。

午夜时分，禅师示寂，安然坐化。僧众为禅师荼毗时发现，火化后禅师六根不坏者有三，顶骨结出许多红白相间、晶莹明洁的舍利子，而且禅师常持在手的木佛珠亦火烧不坏，后弟子们再以烈火重炼木佛珠，居然愈炼愈坚。

这种定慧等持的禅师是普通的文人吗？他是人云亦云之辈吗？是沽名钓誉之徒吗？智慧如禅师，之所以会采录《曹溪大师传》中大量明显看似矛盾的材料增入《坛经》，必是有其所见及有其用意的。并且，从后来《坛经》中可以看到，禅师所选有其远见卓识，禅师的这种增订不是记录历史，不是复制知识，不在于所谓的世间合理性，也不是逻辑推论，更没有什么模式可参考，禅师的心不是用学术思维可以理解的，我们来这里学习《坛经》，不是为了妄加推测，或者轻易下什么推论，任何一本禅门语录都是为了令学人体悟“禅”的智慧，而非猜谜、考古、辩论、妄断、比较。

笔者认为，敦煌本《坛经》和《曹溪大师传》，两者在思想内容上虽然存在着很大的差异，但正是这些差异，让我们可以全面理解“惠能禅”的空、有不二的本质，两本书的思想互为补充，相得益彰，现在看来更是缺一不可。

敦煌本《坛经》的全名为“南宗顿教最上大乘摩诃般若波罗蜜经六祖惠能大师于韶州大梵寺施法坛经”，《曹溪大师传》的全名为“唐韶州曹溪宝林山国宁寺六祖惠能大师传法宗旨并高宗大帝敕书兼赐物改寺额及大师印可门人并灭度时六种瑞相及智药三藏悬记等传”。如果把附加的文字去掉，前者简称为“六祖惠能大师施法坛经”，后者简称为“六祖惠能大师传法宗旨”。由此可见，两者虽角度不同，但具有同样的性质。契嵩禅师融汇了敦煌本《坛经》和《曹溪大师传》，把它们作为一个统一的思想体系来理解，现在看来，是为后世禅者之福。

如果我们头脑中一开始即带有先入之见，例如：认为只有敦煌本《坛经》才是最有权威的思想作品，或者认为敦煌本才是最能代表惠能禅思想的，最原始的就是最正确的……那就可能会和某些偏激的人一样，把《曹溪大师传》看作是编造出来与敦煌本《坛经》抗衡的粗劣伪作，没有历史价值。

然而，只要我们较为深入地理解初期“中国禅”的思想，就可以看到，在“中国禅”这里，思想是可以兼容的，两本书背后代表的不同思想本来就是《坛经》中的两个重要的组成部分，“中国禅”是以“方便取证”称著的，在《坛经》中空性和佛性如鸟之双翼，这二者都是禅“见性成佛”的前提，并无矛盾。

在契嵩本上，后世最广为流传的惠能祖师悟道偈为：

菩提本无树，明镜亦非台。

本来无一物，何处惹尘埃。

惠能以此"无相"偈颂得弘忍大和尚的印可，而落败者神秀禅师因为著在"菩提树"和"明镜台"这些相上，又设了一个需要拂拭的"尘埃"之境和立了一个"勤拂拭"的修法，故不得最上乘禅门而入。

"勤拂拭"的修法是生灭法，终不究竟，而立了"尘埃"和"清净"对立的二境则更是为"中国禅"所不取，同样把"般若空性"和"涅槃佛性"对立，也不是"不二之法"，"中国禅"的核心在不二。

我们翻看敦煌本《坛经》，可以发现记录惠能悟道偈的有两首：

菩提本无树，明镜亦无台。

佛性常清净，何处染尘埃。

又偈曰：

心是菩提树，身为明镜台。

明镜本清净，何处染尘埃。

契嵩禅师将二首偈合二为一，其中最明显的变化是"佛性常清净"，改成了"本来无一物"。"本来无一物"一句来自于黄檗希运禅师的《宛陵录》，希运禅师是马祖道一的再传弟子，他以"本来无一物"来诠释"佛性本清净"或"诸法本性空"的道理，实际上是把般若性空的理论贯彻于南禅顿悟法门的一种表现。

希运禅师尝谓："凡人多不肯空心，恐落于空，不知自心本空。"又说：

"凡夫取境,道人取心,心境双忘,乃是真法。忘境犹易,忘心至难。人不敢忘心,恐落空无捞摸处。不知空本无空,唯一真法界耳。"

除了"本来无一物",契嵩本中还加入了另一句,惠能对为夺衣钵而匆匆追来的惠明禅师道:"不思善,不思恶,正与么时,那个是明上座本来面目?"其来源也在黄檗希运禅师的《传心法要》。

作为唯一一部诞生在中国本土的佛经,《坛经》无疑有比印度佛经更大的阐释和修改空间。广为流传的各个版本都体现了不同时代的禅门祖师的心得体悟,《坛经》的这些修订,正是见证了"中国禅"思想的流变,其中,禅、儒合流也是重要的一环。

敦煌本《坛经》的成书时期正值开元盛世,此时朝野上下共论"三教合一",唐玄宗御注《金刚经》、《孝经》、《道德经》三经颁行天下,以示三教均等,《坛经》的各个版本都是唐宋"三教合一"大潮流的见证者和亲历者。

宗宝本《坛经》,成书于元世祖至元二十八年(公元1291年)。元以后流通最广的《坛经》版本即为宗宝本。元以前,周敦颐援禅入儒(见拙作《中国禅》一花五叶篇),当时一众儒家大学士皆与禅门有所契会,力当然有作用力和反作用力,禅门于此也同时受到儒家各方面的影响。

宗宝本《坛经》成书的元初,正处在和宋朝新理学互相影响的禅儒合流思想、禅教合一思想、禅密双修思想、禅净双修思想等诸思想并行期,以及未来衍变为以儒为中心的明代"三教合流"保守思想的交感时期,从这种意义上说,宗宝本《坛经》成书的时期是沉淀期:在近五百年儒、禅汹涌的大浪潮中,什么被沉到了海底?什么浮上了水面?

宗宝本《坛经》中，进一步结合了儒家思想，其中对“孝”道有明显放大。敦煌本《坛经》描述惠能黄梅求法是这么说的：

“惠能闻说，宿业有缘，便即辞亲，往黄梅冯墓山礼拜五祖弘忍和尚。”

宗宝本《坛经》，是这么说的：

“惠能闻说，宿昔有缘，乃蒙一客，取银十两与惠能，令充老母衣粮，教便往黄梅，参礼五祖。”

这么一来，儒家思想中为求法而舍弃老母离家出走的不孝之举被软化，填平了禅与儒在秉承孝道方面的鸿沟。

“中国禅”思想本源于印度，在敦煌本至宗宝本《坛经》衍变的过程中，不但进一步融会贯通了两个版本般若性空思想和涅槃佛性思想的偏重，同时又结合了中国社会上传统儒家思想，宗宝本《坛经》中，我们可以看到儒家的痕迹，还可以看到老、庄的影子。但读者们要了解，痕迹和影子只是方便，不是本体，《坛经》虽然融会了各种思想，但它既不同于积极入仕的儒家，又不同于避世逍遥的老、庄，这些我们正文中还有讨论。

八、世出世间

《坛经》中虽变革甚多，但世出世间的革新是最根本的。

《坛经》中讲：“即心即佛”、“佛向性中作，莫向身外求”、“自性能含万法，万法在自性中”、“故说万法尽在自心，何不从自心中顿见真如本性”、“但于此心常起正念，烦恼尘劳常不能染，即是见性”、“能识自心见性，皆成佛道”，这是《坛经》将“以人为本”的佛法根本思想发挥实现的伟大之处。

由此基础，引发的是佛法之世间化，而非神界化、净土化、理想化、迷信化，《坛经》中说“万法皆由人与”、“三藏十二部皆因人置”、“若无世人，一切万法本自不有”、“欲求见佛，但识众生，不识众生，则万劫觅佛难逢”，又说：“恩则孝养父母，义则上下相怜，让则尊卑和睦，忍则众恶无喧”、“若欲修行，在家亦得，不由在寺”、“在家能行，如东方人心善，在寺不修，如西方人心恶”，中国大地上首次发出了这样振聋发聩的呐喊！

“中国禅”认为：成佛就在心中，不摒弃人间红尘，不要脱离物役世俗；不妄求清净，不碍修者在世间孝悌仁义、修身齐家、治国平天下。谁能想到一个来自于岭南化外之地的一字不识、得法时并未出家的獦獠，引发出了这么一场中国佛法之大变？发出了这样震撼人心的呐喊？

“中国禅”启发了儒家宋明理学、阳明心学、道教全真派等诸教变革，惠能祖师无疑是中华文明一大转折中之关键人物。

说起呐喊，我们忘不了公元前五百年，释迦牟尼佛在菩提树下成佛时，首先发出的“一切众生皆具如来智慧德相，只因妄想执著，不能证得”那一声惊天动地的呐喊！这个声音，直接冲击了当时不可一世的婆罗门教中诸如神界、因果轮回、种姓制度、庄严、神秘、苦修、神通等教理、教条，佛开悟后讲法四十九年，传的是他的肺腑之言，教化众生要智信而非迷信。

释迦牟尼佛灭寂后，弟子们根据对其所讲法之不同理解，形成了不同佛法学派，再后逐渐形成佛教，佛教一直以来是佛法的主要传播途径，但并非唯一传播途径。

宗教之所以成为宗教，是因为包含了三个层面，其一为思想和观念及感情体验(教义),其二为崇拜行为及礼仪规范(教仪),其三为教职制度及社会组织(教团)。

教义主要分为“观念”和“体验”两类:观念的类型,包括了灵魂、神灵、神性、生死、善恶、天堂地狱等等;体验则包括,神秘感、依赖感、惊异感、罪恶感、救赎感、崇拜感、愉悦感等等。而获得体验的类型则包括教理、教道,以及仪式、仪轨等等。

宗教的教义即:人的神观及对无上众神的敬畏和对超脱不确定性的、令人惶恐的死亡的渴望,是整个宗教的内在因素及核心所在,故“对神的敬畏”和“死后归属”乃是一切宗教的根本。

无论是一神还是多神的宗教,都是在显示神力、精灵、众神、至高一神,或抽象的绝对者、永恒者、至高无上者、自有永有者、无限存在者、超越时空者、救世主的超能力。这种能力即神力被视为万物的起源和归宿,是一切存在的根基及依据。虽然各宗教对神的理解不尽相同,有的是“众多而有序”、“单一而排他”,有的以“超在”或“内在”的形式存在,由此构成多神教、主神教、单一主神教、二元神教等,也有超泛神论、泛神论、万物有灵论等不同的神论。

宗教对神灵观念的解释为“神学”,神学在宗教传播、历史演进、人类进步中不断被调整修证。有其理论化及系统化的神学是自觉宗教与自发宗教的最大分别,以原始信仰为主的自发宗教是不具神学体系的。

正因为产生了对高高在上的神是否“存在”的怀疑,先是希腊的哲学家们提出因无法感知神的存在,而对是否有“神”持怀疑态度。紧接着,世界的理论体系围绕着证实有神、无神而形成了“唯心”、“唯物”两大阵营，在此漫长的斗争中直接或间接催生了现代科学的蓬勃发展。

这世上到底有没有神？什么叫“神”?“神”是某个人，还是某种力量？如果是某种力量，那么宇宙拥有如此无限的星球，而每一星球按照某一轨道运行无间，此种安排运行的力量是不是“神”？佛法中说，我们人类具备眼、耳、鼻、舌、身、意这六根，也叫六门；六根对色、声、香、味、触、法六尘，对应形成六识，这叫“十八界”；再加上色、受、想、行、识这五蕴，“十八界”和“五蕴”构成了人的心理、生理、物理存在，由此，你在意识上可以感觉到自己的存在了，“我”就形成了。

可是这些感觉真实吗？我们的视觉、听觉、嗅觉、味觉、触觉五种感官是极其有限度的，例如声音，只有在20赫兹到20000赫兹范围内的波长，我们才能听到……视觉也是一样，人只能看到可见光，而可见光仅仅是电磁波大家族的一个微小的波段。现代宇宙学用动力学方法研究星系得到的星系总质量，远远大于所有可见的星系质量之和，宇宙中暗物质远远超出了看得见的物质，暗物质才是宇宙的主宰，它们几乎主宰了宇宙中的运动和演化。再留意一下我们周围的世界，一切是那么精确而有序。一切自然常数如电子电量、质子的质量、相互作用力的耦合常数等等，若稍有一点不同，原子就不会聚在一起，恒星就不能燃烧，行星、地球、生命都无法存在。你再留意一下太阳、地球、月亮的公转和自转时间、大小、距离……就会发现自然界的规律都是不可思议地精密地协调，那么，你会不会恰巧产生一种疑问：这个宇宙是碰巧存在的吗？一切是随机发生的，还是某种力量有意创造的？这种力量是什么呢？还有，现在科学无法解释的此类现象，那么到底是科学还是不科学呢？科学是真理吗？还是寻找真理的方法之一？科学把“无”、“空”作为那种毫无意义的东西来否定；科学无法从“无”、“空”那里得到什么，所以科学不研究“无”、“空”。但“空”“无”真是一无所有、一无所能吗？如果有，是能量吗？那么能量又是什么？时有时无、可以转换成物质、充满在宇宙间的能量是“科学”还是“不科学”呢？

“禅”的思想中不存在“神”这一概念，这是“唯心”“唯物”思想分水岭之所在。许多人问这也是东、西方思想的分水岭吗？笔者认为这种划分不应该按照地域来，可以说世界的四大宗教都起源于东方，诞生了三大宗教的耶路撒冷是西方吗？

现在引导人类精神世界的宗教大体有两种：一种是犹太教以及从其衍生出来的基督教、穆罕默德教、天主教、东正教等在中东的沙漠地带开始的崇拜唯一神的宗教；另一种是遵循释迦牟尼佛教诲，以教化众生为任的佛教。佛教的主旨在于教化众生，自己领悟自我和宇宙本质而觉悟。四大宗教都源自于东方，东方人为世界创建了精神文明的心灵家园，而西方人为世界搭建了物质文明的新世界。

犹太教作为基督教的源头可以说是约三千五百年前由摩西建立了其体系，其经典是历经几个时代，许多作者所写的文章的集合。佛教的经典则是释迦牟尼佛涅槃后弟子们根据记忆记录下来的，一切的记录都不会完整，一定会将记录者的想法或当时普遍的价值观等加入进去，我们这里所要学习的《坛经》当然也不会例外。只要我们的学习能够与经典里语言、文字背后隐藏的真理契合，形成一种切实的自我体悟，这就是我们的收获，而非纠结、沉浸在古人的世界中无法自拔。

在禅者看来，不仅是“神”、“菩萨”，甚至“佛”这一概念在当下也必须超越，照见自身深处的自性“佛”并加以超越，方为禅门的中心课题。换言之，如果在实实在在的日常生活中不带着执著、妄想地如实生活，这便是“觉悟人生”。

哲学、宗教中，学者们不断争议的话题之一就是“存在”与“非存在”的含义，就像物理专家们打了一百多年的“波粒战争”一样，笔者认为，如果深陷于“存在”与“非存在”的争论之中会把人搞得迷迷糊糊。“存在”的一定能被感知吗？那，不能被感知的“存在”是“存在”还是“非存在”？这些不能被人类感知的“存在”宇宙中是多数还是少数？真理、道、法算不算？人体的气脉、精神算不算……

现在东、西方不少学者以亚里士多德的“存在”、康德的“应当”和龙树菩萨的“空”以及惠能祖师的“无”四种思想为代表，用以理解人类在“思想”和“存在”上为解决事与理、常与非常的根本范畴。笔者认为禅者最好不要被一些名词包围，西方哲学界从康德以来，经历了一条曲折徘徊的道路，尼采与海德格尔试图在“存在”与“应当”之外另辟蹊径，开始对“非存在”、“空”与“无”进行探讨，这些显然是为了回应着禅门中的“无”。

但他们仍摆脱不了西方形而上的路径，仍摆脱不了“存在”和“应当”这两个范畴所体现的实体性和二元论思想束缚。如果我们真正理解了《坛经》中“三无”的内涵，就可以摆脱哲学思辨的“存在”和“非存在”，消除逻辑思维中无法摆脱的“存在”和“应当”的实体性、二元论，从而进入另一番境界，这里才是真正的新天地。

可是读者不要以为哲学家们的研究和自己没关系，为什么要研究“存在”的问题？因为“存在”带动着人的欲望、追求、价值观、世界观、人生观……从“存在”入手，可以使人明白生命。但是，究竟什么是人们心目中传统意义的“存在”？通常来说人活在“此地”，此地是肮脏的、痛苦的、有遗憾的、不完美的。在此地，人才可以感觉自己活着，因此传统意义上大家普遍认为，“此地”就叫“存在”，所以又叫“此岸”、“此在”。在“此地”生活的人，是凡人，凡人生活的地方当然叫“人间”、叫“世间”。但在这种传统的思想中“存在”只包含了空间概念。

海德格尔首次将时间引入传统意义的“存在”中，使“时间”、“空间”、“物自体”三者结合在了一起，从而提出了“非存在”，由时间的引入否定了“不存在”，宇宙中没有“不存在”这个东西。由于加入了时间“存在”和“非存在”概念的确立，意识层面的“存在”形式也就由此确立了。

由于时间的加盟，传统的只从“存在物”、“存在地”的角度来思考“存在”就显得很幼稚，“存在”因时间的加入而成为一种“在场”，但我们不能忘了“时间”的特性是消逝，“时间”之“在”，就是流逝的持续不断，“时间”永远“处在”流逝之中，因此“时间”，是一种“处在”。

“时间”不是“存在物”，而加入的时间因素的“存在”当然也不会是一种“存在物”。“存在物”主要以看得见、摸得着的形式存在，不同于“存在物”的是，“存在”的本质是看不见、摸不着的。例如家是一种“存在”，家里有人

"在"做饭,有人做饭的家是一种"存在物"。但家的"存在"和"物"有什么关系呢?我们在家里,怎么去找"在"呢?在"物"中,我们怎么找得到"在"呢?故,笛卡尔的"我思故我在"即是他"认识论"的起点,同时也是他"怀疑论"的终点。我们换一种方式理解的话,"我思故我在"可否变成"我在故我思呢"?

为什么在这里要讨论"存在"?因为我们的语言、文字是思想"存在"的家,语言、文字记叙了很多过去似乎"存在"的东西,我们在学习这些语言、文字时又一次加入了我们自己诸多的判断、意识,使很多我们不愿遗忘的东西得以加工后被保留,最终,"存在"存在于"非存在",而"非存在"又存在于"存在"。结果是,由文字而入,形成自己思想的人驾驭了语言、文字,这种悟道"非关文字",而仅仅停留在表面,学了些知识的人似是而非,背诵了一堆语言、文字的片段记忆,这些人"死于句下"。

居于神界的神,西方称"上帝",印度婆罗门称"神"、穆斯林称之为"真主"、瑜伽称之为"梵"……这些神由于凡人看不见,均以"非存在"的方式"存在",因此他们也叫"彼在",神住的地方叫"彼岸"。以往的各个宗教、修行团体追求离开此岸去往彼岸,但是去彼岸未必就是解脱,凡离开此岸都是彼岸,例如西方的"天堂"、"地狱"。因此印度修行者一直苦苦追求通过修行方法脱离人间去往神界,达到"梵我合一","三摩地";小乘佛教中追求无余涅槃,脱人间火宅,离六道轮回;中国的儒家也有"真、善、美",有学者认为"真"可以理解为天人合一,"善"可以理解为知行合一,"美"可以理解为情景合一,这种论点已经将传统的儒家思想大大推进了,除此之外,道家追求逍遥自在，“天人合一”，但无论怎样，这些思想都没有离开“合一”，只不过，各家追求“合一”的地点、方法、内容、对世间疾苦、对人性等的理解和修行方法是有区别的，但基本上，这些思想的核心都是向往着离开痛苦的、有遗憾的此岸去往逍遥自在的彼岸。

《坛经》最大的革新就是人间和神界、此岸和彼岸的不二圆融，如果修者可以离开人间去神界，去极乐净土，都自顾自走了，人间怎么办？所以“中国禅”是回来，回来人间，回来生活，不仅人回来，修者的修法从神仙之法回来了！固有的坐禅被否定了，坐的时候有禅，不坐了就没禅了吗？就像惠能祖师的弟子南岳怀让禅师对当年迷在坐禅的马祖道一说的话：

“你是在学‘坐禅’，还是在学‘坐佛’？若学‘坐禅’，禅非坐卧之相。若学‘坐佛’，佛无定相。于无住法，不应取舍。你若坐佛，即是杀佛。若执坐相，非达其理。”

入定也跟着被否定了，有入就有不入，修者心中分别了入和不入，这不是不二法……行、住、坐、卧不离禅，不离定，这才叫“一行三昧”。禅者世出世间自在逍遥，心净则国土净！菩萨们个个神通广大，但如果只在天上，对人间有什么用？对现代人有什么帮助？因此，只有不离人间济度众生，帮助众生觉悟成佛的才是“中国禅”的菩萨，为了防止大家混淆，或者迷信，“中国禅”中这些佛、菩萨们叫“祖师”。

“祖师”们不离俗，不顺俗，祖师们的重点在世间的人，落脚点在人间！释迦牟尼佛在哪里成佛？不是在人间吗？成佛之后离开人间了吗？他老人家辛辛苦苦、不知疲倦地在人间弘法四十九年！因此，在“中国禅”，释迦牟尼佛也是“祖师”，和各位禅门祖师一样，平等不二。这是祖师们继承的释迦牟尼佛法的根本精神，不以人为本则无以为本，不以人为本的一切修行、修法都是空中楼阁。

天、地伟大吧，如果没有人，天地就是个虚空，人是天地、宇宙的核心！是根本！许多修者认为来这个滚滚红尘中是消耗，好不容易脱离了，何必回来受苦？禅门三祖僧璨在《信心铭》中讲“欲趣一乘，勿恶六尘”，你想得到最上乘的佛乘，想得到最上乘的禅法，就不可以厌恶色、声、香、味、触、法这六尘。为什么呢？你一厌恶，就生有了一颗厌恶的心、就有了所厌恶的境，你修的法就不是不二法了。

有些修者在修不净观、苦观、空观、无常观、无我观，而这些不净、苦、空、无常、无我，远离了色、声、香、味、触、法。什么是观自在菩萨？观自在就没有厌恶什么，这样方能自在。看到社会上脏、乱就想跑，可躲进山里也有蚊子、跳蚤啊，你越想逃，心就越小。离开了“六尘”，不会见本性。

释迦牟尼佛曾说：天上地下，唯我独尊，这个“我”不是五蕴加十八界那个“假我”，这个“我”是见性！是本来面目！“中国禅”是活法，“活”不仅是鲜活的“活”，也是活泼的“活”，更是生活的“活”，修的就是你与自我、与身边所有善恶因缘之间的永续乐活。

佛是觉者，禅者发愿做个成为佛一样觉悟的人！这个叫“成佛”，通过得到禅门的智慧而成为一个不为境迷的人！成为一个不自欺、欺人、被人欺的人！成为一个能见诸法实相、宇宙实相的人！当你觉悟时就会发现再也没有什么东西超过你，宇宙不比你大，原子也不比你小，其大无外，其小无内，世出世间，不二圆融。不离开人间，超越了此、彼的存在，方能不依靠脱离人间，而真正天地与我同在，万物和我等齐。

不要认为这条路，现代人走不了，西方人走不到。《坛经》中惠能初见师父弘忍时说：“人虽有南北，佛性本无南北。”我们可否将此理解为：东、西方的区域虽有东、西之分，但佛性岂有东、西之分？赵州禅师也曾以“东门、西门、南门、北门”，表明何为“赵州”？赵州不仅是赵州禅师，还表示了禅法智慧，习禅求道的大门，永远向着普天下人士敞开。

人不拘南北，地无论东西，禅的精髓是明心见性，无远弗届。既然来自岭南化外之地的一字不识的“獦獠”可以成佛，那么西方人、现代人为什么就不能见性？不二皆同，舍离一切固执的理智化的偏见，达到对终极存在的觉悟。现在，是使现代文明和传统精髓分道扬镳的外求与内证这两条寻求真理的道路，重新会合的时候了。

九、非关文字

后期禅门喜欢引用惠能祖师不识字这一点作为证明“禅”不需要文字，不依经教的证据，但我们要注意到惠能祖师是闻《金刚经》悟道，《坛经》中也并非离弃经教，前后引用了《涅槃经》、《维摩诘经》、《法华经》、《菩萨戒经》等相关经典。

“中国禅”的早期有几部重要文献，笔者择期会一一讲述，如《神会禅师语录》、《顿悟入道要门论》、《传心法要》、《宛陵录》、《马祖语录》等。仔细研读这些早期禅门的经典可以发现，早期祖师们并没有像后期某些禅师一样，说话天马行空。

我们以《祖堂集》和《传灯录》中，列在马祖道一坐下诸位大善知识之首的大珠慧海禅师为例。大珠慧海禅师的《顿悟入道要门论》和《诸方门人参问》两文，在阐发“中国禅”的顿悟理论方面有其独到精辟的见解，其在表达形式上大量征引经典以为理据，是早期禅门禅师们的论述方式。

大珠禅师引用的经典包括：《金刚经》、《楞伽经》、《禅门经》、《涅槃经》、《法句经》、《佛名经》、《思益经》、《楞严经》、《维摩诘经》（《净名经》）、《华严经》、《遗教经》、《菩萨戒经》、《大律》、《起信论》等。早期祖师的这种大量征引经典以论证顿悟之理的风格，对于后世禅者来讲是不易理解的，然他们又不得不承认大珠禅师以经典证禅理，进出随心，契合无间。

佛陀在灵山“拈花微笑”的公案，宋以前的文献中未见记载。但“拈花微笑”是为禅门第一公案，在宋以后依此确立了禅宗的禅风为“以心传心”、“不立文字”、“教外别传”，我们要注意，《坛经》中关于文字的说法是“诸佛妙理，非关文字”。

“非关文字”和“不立文字”是两个概念，就像惠能祖师不识字是事实，但不识字和不闻经典是两个概念一样。这些基本概念经过分渲染后，给人们留下的印象是“中国禅”排斥经教，轻蔑经论。正如不少人把《坛经》中强调的行、住、坐、卧、动、静、语、默无非是禅的一行三昧，理解为完全排斥坐禅一样。

我们前文说道，“中国禅”的根本精神是贯彻于一切日常生活行为之中，破除对宴坐、禅定等各种形式和仪式的执著，而并非完全否定坐禅和禅定，只不过，否定的是：禅需坐才能得；定需要入才有定、不入则“不定”，这和完全排斥是两个概念。

同样，“非关文字”是为了反对教条的、只求字面意义的讲经、解经，孔子曾说：“记问之学，不足以为人师。”惠能祖师当年闻经悟道，注意闻不仅仅是听，闻是心闻，听是耳听。“非关文字”之意是要破除人们对经典的盲从，用心体会经典、文字背后的深意，用心去闻经、契经，而非靠听。

禅对佛教修证方法进行了简化和多样化。修证是佛教最根本的内容，要悟理就要修。认为悟道证道不由经教，不主张教条式地背诵教典。

黄檗希运禅师说：“三乘教法，只是应急之药，随宜所说，临时施设，各各不同。”不仅是禅门，孔子回答学生什么是“仁”的提问，随学生不同，回答也不一样。

有僧问大珠慧海禅师，何故禅门不许诵经？大珠慧海禅师曰：“如鹦鹉只学人言，不得人意。经传佛意，不得佛意，而但诵，是学语人，是以不许。”他还说：“得意者越于浮言，悟理者超于文字，法过语言文字，何向数句中求？”

惠能大师创始的“中国禅”在修证上主张顿悟、顿修，不由阶渐，不是一步一步地证悟。顿悟最主要的意义是对法的整体把握，不是分散地去分析它。禅门传法常用喝法，“喝”是用音声摄入心地，以接引学人的一种方便，摄入心地叫“闻”。禅师是具眼宗匠，学人至前时一望便知其在何境。为什么用“喝”？用“棒”？皆为令学人不要分析、琢磨、判断、解释。

《坛经》中屡次提到“闻”，无论是言下顿悟或一闻便悟，都是因声入心，触发心地之觉醒而开悟的。禅门中的禅师，悟道也多是闻声而悟，如百丈会中有僧闻钟声而悟，百丈禅师即曰："俊哉！此乃观音入道之门也"。因此禅的"闻"，是观世音菩萨的耳根圆通法门。

后期有些禅者不读经典，不立文字，玩什么"提举公案"、"互斗机锋"、"兼施棒喝"等形式，乃至"骂佛焚经"等的过激行为，加深了世人对禅的误解。

禅门自当年达摩祖师来东土，祖师曾传《二入四行法》留世，入禅门的方法有两种："理入"和"行入"。其中的"理入"是"藉教悟宗"，"教"不是宗教而是教理，"宗"也不是宗教而是宗旨。《坛经》也没有脱开此二门，可惜后世禅者自认为已经超越传统意义的达摩禅、如来禅了，行为、思想趋于偏激。

教理是"有为法"，凡是可以写出来、生出来、讲出来、甚至修出来的法都是"有为法"，《金刚经》云："一切有为法，如梦幻泡影，如露亦如电，应作如是观。"就是在说一切有为法都是事物变现的现象，是空幻的、生灭无常的。如泡如影，好像下雨的时候，雨水打在河水上，就好像起了一个一个的水泡一样起灭无常，又好像镜子里面所现的影子一样，影子是因为你而产生的，但影子并不是你。所以有为法，说有，只是暂时有，转眼就变化了。但不要以为"有为法"就低级，没有"有为"，"无为"的落脚点放在哪里？

你从影子里看到的自己是变了形的自己，那么你从文字里读到的东西，也是经过了再加工了的东西，文字不可执著。文字、语言只有在认识到自己的局限之处，才会意识到它本真的存在与力量，才会摆脱掉其工具性的存在而触及到真实内心，从而打开自己面向自我与世界的新维度。文字、语言至此才不再是一个任人打扮与使用的婢女和工具。

《坛经》目的是为了开启学人智慧，而非让学人执著在文字的工具中。

文字不过是给你一张地图，目的是带你找回自己，因此，关键时刻，你能够摆脱文字、语言的执著，有力量如鲤鱼跃龙门，这全在于自己，平日里如果定慧等持，修行得法，关键时自有纵身一跃之力。但如果时刻想着依赖，害怕独自行走，那么你就像偎在妈妈怀里的老头，永无自救的可能。

法是什么？是众生心，心生一切法，我们知道天地能生万物，妈妈能生孩子，但天地生万物与妈妈生孩子不同。妈妈是人，孩子也是人，人不会生出一条鱼来，那叫同类相生。但天地和万物不是一类，天地能生万物，为什么非同类之间可以生？这个“生”是什么生？生的力量是什么？即使是母生子，母、子是同类，但是母、子是一样的吗？我们要理解法由心生，心生出来的法和天地万物和母子一样，可能是同类，可能非同类，是不可琢磨和计算的。不可琢磨就是别瞎琢磨，以及不是可以靠琢磨研究出来的，这要靠悟性，你不学会放手，不学会纵身一跃，你的修禅、学禅的境界永远只能停留在知识范围，禅法的特点是:法无自性。

经文是什么？经文是表法，表法是禅法大树的树叶，四季交替，表现不同。表法是工具，就像一把刀，切水果的时候叫水果刀，行凶的时候就是凶器，看你怎么用。法的最大的作用在于触动你。什么是触动？触有外触，如用文字、语言通过眼耳、棍棒通过外力触及你的思想、观念，这是外触；那么内触是什么呢？你过去不知不觉吸收入内心的思想和观念，在某一时刻由内而生被触发，好像心中的种子发芽一样。

触的目的为了动，动是什么？是频率，振动的频率，在某种力量下，这个振动就发生了。当这个振动频率和天地、祖师共振时，也就是见性、悟道。

禅法是一套体系，它是灵动的，它是活的，如果光拿文字、学问研究禅法，是片面的，不究竟的。禅法是伴随着人心理不断变化而变化的，法无自性、法无定法，一切有为法皆是方便法，善用方便是禅者的智慧，抱着方便不舍就是禅病。

一部经文是先圣智慧的体现，但古时与现实社会区别很大，这需要现代人用现代心去发扬古智慧，我们要学习的是祖师们文字后面的智慧，而非一成不变地死读书。笔者常常说：华佗再世也未必可以治好现代人的病，现代人的身体已经变异了，吃了那么多复合的、复杂的食物、药物，思想里的杂念和欲望是古人的数倍，这些精神和身体的复合病，绝非表现出来的小小感冒、发烧、腹泻那么简单，所以背诵古方或许有用，但治疗现代人的病，全靠古方也不行。时代变迁了，医道也需变，禅法当然也要变，取其精华，舍其不足，现代人需要现代人的禅师，而在这浑然一体的精华与不足之间取舍，靠的是智慧。

许多人不理解“中国禅”为什么有那么多不可思议的境界，大珠慧海禅师曾和源律师有一段对话，源律师请问禅师：“禅师常谈‘即心是佛’，无有是处。且一地菩萨，分身百佛世界，二地菩萨增于十倍。禅师可否示现神通给我看看？”禅师曰：“和尚，您自己是凡是圣？”答：“是凡。”禅师曰：“您既是凡僧，怎么能想象得出菩萨境界？”

《坛经》是问答录，其中有徒问师答、师问徒答，也有答非所问，还有陷阱谜团、命题考试、口试答辩……即使后世禅门常用的棍打棒喝，在《坛经》中也可见端倪。

从《坛经》中可以看到，惠能祖师苦口婆心，老婆心切，恨不得一朝一夕把徒儿们养壮了，能够自己出巢翱翔。但了生脱死，谈何容易？等你经历万劫千生，跨越千山万水来悟道要等多久？祖师只好趁热打铁引徒儿们走"顿"路，纵使徒儿万般不信，也要助其顿悟顿修，直入佛地。

这条路，寻常人不敢走，寻常路也通不到，因此祖师必须在方法上下大功夫，于是煞费心机地机锋、诱导、直言、偈颂，最后留下了千年不腐肉身……唯恐学人不契。后世禅门子孙虽然也在学，但模仿的只能是技术，智慧是模仿不出来的，惠能祖师灭寂约二百年后，就出现了各种稀奇古怪、绝大部分不着边际的机锋、话头、三关……禅门说话越来越像猜谜，动作则像行为艺术，这些是否能够助学人悟道？答案无疑是肯定的，因为人和人不同，古人的根器、性情、决心和学识都和现代修者不同，无论这些匪夷所思的"常"与"非常"的万般手段如何古怪，唐宋之期，该破的有人破了，该传的毕竟传了，车载斗量，一筐筐的见性悟道的大禅师载入禅史。

但是，毕竟悟道者的比例在整个禅门内还是少数，于是乎，各个禅师的教学特点就变成了本家禅风，它有个大优点，别人看着，自己觉得，有时候会有"只此一家，并无分号"的特点。自沩仰宗后，一花五叶，五家七宗相继成立，几位祖师的子孙们，禅风各异，有的活泼凛冽，有的阴柔幽冥，此时，外界方始称此五家七宗为"禅宗"。这时候，禅门内唱的、跳的、打的、闹的、砍的、烧的、不说话的、跳水的、拆房子的……真是色彩斑斓好不热闹，可惜的是，大多数究竟还是不明究竟的，把好好的禅话逐渐变成了话禅。

禅门传法有两招：先杀贼，就是"破执"，此时师父要想方设法，破学人之执，执著妄想一破，方可“传心”。执是世间的知见和情欲，传的“心”是禅悟后的心体湛然、不为物移、不为境迷的(主观)意境。

破执，不容易，用常法破执，势比登天还难！那传心呢？比破执更难！因为到了传心之境，是不可说、不能说，也说不出来的，即使说了，学人如果还没有升到同样境界的时候也无法领会。因此，这确是传禅之最难处。

普通的法虽然传起来不易，但毕竟有章可循：无论是讲经、论辩、法事、打坐这些都有依据，而想要传以“三无”为核心，传这个“无念”、“无住”、“无相”的“中国禅”，是最困难的。读者们想想，我们用嘴在说“无”这个字时，“无”已经变成了“有”；说“当下”这个词时，“当下”已成“过去”；说“空”时，早已不是“空”了。这个没办法说的“法”怎么才能使学人契合呢？如果仅仅是传授知识，这个好办！照本宣科，见字解意，再分析解剖，可，这样的讲授还是“禅”吗？这样的“禅”是人为地再为学人加入一层“禅知识”，告诉你什么是“无”和“空”，除了背出一些名词、增加一些概念，对于修禅没任何用处。

“中国禅”的禅师，以此能见苦不退、难行能行、难忍能忍的传法精神，以师徒间究竟成佛的决心来说，称其为“祖师”是无愧的。《坛经》中五祖谓弟子惠能“不识本心，学法无益。若识自本心，见自本性，即名丈夫、天人师、佛”。

但破执，不一定全部用 “非常法”，《坛经》中“常”与“非常”不二，一味执著在“非常态”也是病。惠能祖师以前，汉朝传来的佛法，四圣谛，二入四行，以及天台、华严、法相、净土等宗的谈空说有，皆是常语和常法。惠能祖师的《坛经》，传法也基本用常语，可是往后的禅门却执著在反常了，说话大多是快刀斩乱麻，一刀断葛藤，好像破执唯有在常语、常法、常见之外才能做到。

苏东坡是修禅多年的大文豪，他应金山寺佛印了元禅师之请，为《楞伽经》写序，序中，他深有感慨地说：“近岁学者，各宗其师，务从简便，得一句一偈，自谓了证。至使妇人孺子，抵掌嬉笑，争谈禅悦。高者为名，下者为利，余波末流，无所不至，而佛法微矣。”

惠能祖师说“诸佛妙理，非关文字”，非关文字并非不要文字，如果偏重在不立文字，只管打坐上，容易变成“狂禅”、“枯木禅”；如果偏重在文字，容易变成“文人禅”、“诗歌禅”、“戏剧禅”；如果偏重在义理上，容易走进曲解法义的“野狐禅”深渊，这是宋以后禅门盛极而衰的遗憾。

凡此种种，皆非“中国禅”的不二法，禅门自四祖道信开始的“念佛禅”和五祖弘忍的“十六观”，都主张“守一”与“守心”，而我们在《坛经》中可以看到，惠能祖师对此持相反的意见，以“看心看净”为迷人不悟，障自本性，他主张“于一切时中，行住坐卧，常行直心”，这便是一行三昧。此乃将禅法用于日常生活之中，而不限于盘腿打坐之时，将原本神秘的禅法普用在了人间社会中。虽其内容精深，运用却极简单，这也正是芸芸众生喜闻乐见的禅法，更是“中国禅”可以遍地开花的原因。

如果如宋朝一些禅师们的教法把禅理、教义、修法分割开来，使惠能祖师原本平实、清晰、简易、明白的禅法变得玄虚难测，说话变成猜谜，公案变成天书，这些流弊使“禅”脱离了民间，有情变成了无情，禅师变成了禅“士”，高高在云端上，远离世俗红尘，弄得处处可闻禅语，打坐念经，玄之又玄，实际上却是断章起义、不明所以、弄几本“公案”来练嘴的禅客。以“口耳之学”谈禅，无疑是回归清谈误国之弊，至此，“中国禅”哪有不衰之理？

十、不二之法

《坛经》传的是最上乘禅，是针对大根器人讲的法。许多人一听这个，就有误解，自己是不是大根器啊？有没有可能悟道啊？《坛经》中惠能祖师对看不起他的张别驾言：

“欲学无上菩提，不得轻于初学。下下人有上上智，上上人有没意智。若轻人，即有无量无边罪。”

惠能祖师无疑是社会的最底层，他参五祖时，别人见他是来自岭南化外之地，貌不惊人，称他为“獦獠”，就连小小童子也轻他，但祖师绝不自轻，正言道：

“人虽有南北，佛性本无南北。獦獠身与和尚不同，佛性有何差别。”

又言道：

“惠能启和尚，弟子自心常生智慧，不离自性，即是福田。未审和尚教作何务？”

笔者一向认为，轻唯有自轻，他人是无法看轻你的，没有自信的人内心总是在自轻、自卑，却又往往表现出来拒人于千里之外的自傲模样。真正的强者绝不会盛气凌人，识不足则多虑，威不足则多怒，信不足则多言。

古语说“嗜欲深者天机浅”，机，是根机、是机缘。根机浅，缘分薄都是由于人的欲望太重，迷住了心眼，故此既契合不了真理、闻不到正法、也错过了许许多多的好因缘。因此贪欲重的人是很难修禅的。还有一句是“是非交争者未通”,喜欢争执是非的人,论人长短的人,于事、理均未通达,这种人也难以建立正信。

那么究竟不二之法是什么呢?禅法中不思善、不思恶,大家听着不理解。笔者常比喻:热恋的人看月亮是皎洁的天使,心怀鬼胎的人看月亮是阴森恐怖的巫婆,饥肠辘辘的人看月亮就是个大饼,你说月亮是美还是不美?是善还是恶?美与不美、善与恶在人的心中,我们契合了《坛经》的根本:不二法时,我们的生命就超越时空进入了不生不灭的不朽之境。

一说超越时空,有的人就糊涂,时空怎么超越?用时光穿梭机吗?人们一直认为:时间的性质是一维的长度,时间的单位应该用“小时”或“秒”来表示,事实真是如此吗?笔者常常会问一些莫名其妙的问题,有学生跟我讲:老师,为什么我们看不到问题?我就回答道:当年法眼祖师带着弟子们在寺院门口挖井,井水被沙子堵住了,法眼禅师问弟子:“井水不通被沙碍,法眼不通被什么碍?”弟子们回答不出来,于是禅师说:“被眼碍。”我们看不到问题是由于“心”不通,“心”不通被什么碍?因为“嗜欲深者天机浅”呗!一些莫名其妙的欲望就把你障到了,因此显示出来根机浅薄。怎么样能让“心”无碍?一本《坛经》全篇都在苦口婆心告诉大家让心无碍的方法,但凡有所障碍,心就不能通达,就不能明察秋毫,就不能无所不到,内在具有的智慧就无法显现。所以要万物成、天下归、海内服,最根本的是修成不被眼碍、欲碍,要心通,达到这种心通,需要“禅”的功夫智慧。

我们继续讲这个时、空问题,时、空问题其实是一个问题,搞懂了一个,另一个就迎刃而解了。我们先从时间开始举例，大家不感觉奇怪吗？常人心目中的时间是根线，是长度单位，如果时间真是长度单位，它为什么不能用长度单位“米”来表示而非要用“小时”来表示？为什么不用尺子来计算而是用表示面积的钟来计算？“小时”和“分”是什么单位？是长度，还是面积？如果是长度单位它们与米是什么关系？如果是面积单位它们与平方米是什么关系？能换算吗？反之，如果不是长度、面积干吗要用它们来表示我们感觉中只有前后长度的时间？

我们今天使用的时间概念是含混不清的，其中存在着许多明显的矛盾，应该说这完全是人类自身的理论有矛盾，与时间本身无关。因此，古印度人早就意识到时间的不统一性，他们没有那么精确的时间概念，佛经中凡称时间，皆称：“一时”。

“一时”是既包含了“此时”，也包含了“彼时”；既包含了“存在”，也包含了“非存在”，十方世界的时间是不同的，“天上一日，地上千年”，即便是同在一个地球上，我们的时间和短命如蚊子、长命如乌龟的时间等同吗？佛讲法时，十方世界芸芸众生均可以同时闻法，此三界众生闻法的因缘聚合之时，便是“一时”，我们现在为什么又局限在这个一维时间里，有什么不能超越的呢？

月球绕地球转，地球等绕太阳转，太阳绕银河中心的黑洞转，银河系呢？绕着什么转？如果按照通常的概念来思考，越外围的速度越快，那么，究竟什么在外围？什么在内核？再如果把月球与地球的连线、地球等与太阳的连线、太阳与银河系核心的连线等等，看作宇宙中的计时指针，宇宙中的运动过程是怎样计时的呢？我们常态下用的钟，指针的绕轴相对指针是不动的，但地球、太阳等“绕轴”相对“指针”的远端却是运动着的。地月系、太阳系、银河系、各星系就像不同的钟面，但大钟面整体自转时，局部形成小钟面，小钟面也在整体自转。宇宙就像“分区自转钟”。那么顺时针和逆时针运动如何分别呢？什么是顺？什么是逆？银河系内的运动和外星系的运动相关吗？整体宇宙的运动相关吗？这些互相之间的关系是怎样的呢？

有史以来，由于人们对于时间概念的局限性理解，导致我们自己画地为牢，至今无法真正建立起一个完整的、统一的、合理的宇宙理论，以及解释“运动”和“时间”的关系，事实上“至道无难”，如果难的就不是“至道”！笔者深信解释宇宙的理论必然是简单的而不是深奥复杂的，如果把宇宙想象得越复杂、越神秘，你就越无法把握宇宙本质；假如你可以接受宇宙没有那么复杂，你就会惊奇地发现，宇宙原来是透明的，除了能量场的不同分布以及能量与物质之间的不停转换以外，什么也没有。

一旦破解时、空之谜，时、空可以被超越就不再是想象和神话，而这个前提是我们先要接受传统“时空观念”是有待完善的这个思想。我们可以发挥一下想象吗？宇宙里的“时间”，我们感觉的只是某一个现象，可能并不是我们原以为那样的“一维长度”，是否可能是有着长、宽、高的“三维体积”？时间的单位“秒”、“分”、“小时”、“日”，是否可能并不代表时间单位而只代表显示时间的一个“角度”？

那么，我们是否再假设一下，时间是否会是静止的？是一切物体在静止的时间中被什么推动？时间、物体、能量到底是什么在流动？

我们从鸠摩罗什三藏的大弟子僧肇法师，他的那篇在佛法中国化进程中占有重要地位的论著《物不迁论》中寻找一下答案吧，若从佛法“刹那实在，相依缘起”的角度来理解，以上问题则豁然贯通。

因，只有刹那实在，故诸法，即诸实在，只有存在之刹那方为实在，方为存在，这个刹那，“中国禅”称之为“当下”，此便是“法无去来，无动转者”。

我们所面对的一切现象，即色、相从人为的角度看，似是同一个实在的变化发展，但，从佛法的理论角度来说，这些只是我们的幻觉，它们的产生是“相依缘起”的，而产生不同刹那的、新的、不同的实在。孔子对颜回说：我和你错身交臂之顷，已是新新非故了。这样看来，事物不相互往来再明显不过了。既然过去、现在、未来的事物没有丝毫往返的迹象，还有什么实在的变动呢？僧肇法师从而得出了“物不迁”的推论。

“夫生死交谢，寒暑迭迁，有物流动，人之常情。余则谓之不然。”法师首先谈到人的生死、四季寒暑交互出现，似乎有东西在变动，但这是人们通常的看法，法师则认为不是这样。

为什么呢？论中说：“何者？《放光》云：法无去来，无动转者。寻夫不动之作，岂释动以求静，必求静于诸动。必求静于诸动，故虽动而常静。不释动以求静，故虽静而不离动。然则动静未始异而惑者不同。缘使真言滞于竞辩，宗途屈于好异。所以静躁之极，未易言也。”

因为所谓不变，不是离开了变化去寻求不变，而是教人在变动中去认识不变。必须在变动中去认识不变，才能发现一切虽然在变动着，而实际却是不变的。不在变动之外去追求不变，才能说虽然是不变的，但又不脱离变动。那么,变和不变本来没有区别,糊涂人才认为它们有区别。从而使真理陷于相互辩论中,“至道”被学说歪曲。可见变与不变的道理不是容易讲得清楚的。

再说:“何者?夫谈真则逆俗,顺俗则违真。违真则迷信而莫返,逆俗则言淡而无味。缘使中人未分于存亡,下士抚掌而弗顾。近而不可知者其唯物性乎。然不能自已,聊复寄心于动静之际,岂曰必然?”

只要涉及真理,智者就会与世俗之见不合;如果顺从了世俗之见,则违反了真理。一旦违反了真理,会使人迷惑本性以至丧失本性。但问题在于如果与世俗之见不合,人们听了会不感兴趣,从而开始怀疑,甚至诽谤,从而那些有中等根器的人也开始将信将疑,那么那些下等根器的人更加嘲笑真理。真理就在眼前,却又搞不清楚。

看到这里,相信不少人会问:为什么时间、物体会静止?宇宙中有绝对的静止吗?问得好!宇宙中没有绝对的静止!时间之所以可能静止,有没有可能是和空间无缝连接了呢?

我们现在意义上的“时间”不过是人为根据地球的自转原理而设定的,人类目前使用秒、分、时、日、月、年等计时,这些单位之间有些为整数倍关系的主要原因是人为规定了进率,有些为非整数倍关系的主要原因是人类用地球自转和公转周期这两个自然运动过程分别作日和年。年数很长的,有的用元素半衰期度量。不同事物的运动过程不管是周期的还是非周期的都参照上述计时方法。人们发明了各种计时器来计时。运动过程和计时过程的反复再现让人闭目塞耳仅凭意识也能感受过程的时间性。似乎时间要靠运动来体现。但如果人深度睡眠、或者昏迷、再或者在定中的修者等人，意识运动停止或减缓时，意识不到究竟过了多少人为设定“时间”的。我们人为等分计算出来的时间，就是真正意义上的时间吗？

真正意义上的时间会不会既不是长度，也不是面积，而是体积呢？如果时间是体积，并且与空间统一，它们统一于一，那么，时、空就有可能是一个时、空隧道，当然，这个隧道不是直的，因为天地、宇宙中就没有什么是直的，你看河流走的是什么路线？可以称之为半圆形、螺旋形，宇宙中没有什么是直线。时、空隧道因为扭曲而产生黑洞，黑洞产生内吸力，物体围绕着黑洞而旋转产生动的感觉，注意，笔者说的是动的感觉，好比你停在一个旋转木马前，你不动，却感觉自己跟着在旋转，黑洞中吸的力通过宇宙振动产生能量。能量在一定的范围推动内、外旋转，通过速度形成各种物体的变化，无论是原子、质子、地球、太阳系还是宇宙。能量和被能量转化成的物体在其中围绕着无处不在的大、小黑洞而或真、或假地运动着。

如果这样，假设宇宙中一切物体的运动都非随着时间而动；动的是能量，不动的是时、空，那么时间没有长短、没有快慢，也无始无终，既然时间无始无终，那么包含了同样大小时间体积的空间也就无边无际。现代物理学泰斗霍金教授说宇宙是无始的，其实这话他的前辈希腊哲学家亚里士多德也说过，但他说宇宙只有一个，这个宇宙是永恒的，它不是生成的，也不会消灭，因而这个宇宙是无始的。关于宇宙究竟是怎样的，释迦牟尼佛在菩提树下则更早证悟到了更加详尽、圆满的宇宙观、生命观，这里面当然包含了时、空的无始无终，无来无去，因此佛也称如来佛，如来如去，这个“如”

字，便是“不真”，僧肇法师称“空”为“不真空”，连“空”都是“不真空”，那么世人信以为真的那些财富、物质、名誉、地位、感觉……其实不过是“如”，这是佛和佛所说法较之世间法的殊胜之处。

当你不再感觉时间有长短、前后，内在的能量可以超越时间的局限时，这叫“无量寿”，寿是流动的时间，你的时间不动，故你的时间无始无终。众生之所以称为众生，因为生而为人，凡事不由己，无法脱离生死苦海，只有淹没在时间的长河中。

证得无量寿的同时，人这种发光生物，你的心光便涌现出来，这光明可以遍及宇宙无限深、广、远、大，充满天地间又超乎天地间，超越了空间的光，叫“无量光”，佛法中原只有八地以上的大菩萨可以不在时间、空间中。

而《坛经》中说，任何修者皆有机会顿悟成佛，顿至佛地。那么我们怎么才能拥有这种能力？这需要修者的愿力、信力、念力、心力、慈悲力、智慧力、精进力和天地交感的感应力，一念顿悟，不再迷惑时，便有了感知宇宙、生命实相的能力，凭此力便可顿超时空的局限。要知道凡是可以看得到、算得出的区域，都是有限的，例如地球的直径是一万二千六百三十公里，光速是每秒三十万公里，一光年的距离是九万四千六百亿公里等等，这些都有限，都不是无量寿、无量光。

证悟到了无量寿、无量光的时候，你就会发现，这个无量的寿、光虽然无相、无形，却是实在的，你并非变成了超级火箭在宇宙中飞来飞去，而是就在这个人间，你不动却能和宇宙共振。这种光不在外界，它就是你心中常寂清净的不灭心光，这心灯，灯灯无尽，宛如星辰海，这无量光，是慈悲之光、智慧之光，无边无际，无在不在，无穷无尽，理解了这一点，不二禅心中的常寂光便即豁然呈现。

说起圆光，我们看看太阳就是一个大圆光球，宇宙是一个旋转的光体……为什么一切都以圆或半圆作为流转的动力呢？圆形的密码是什么？现在人们终于发现了一点点端倪，“π”这个神秘数字出现在公众视野。

笔者经常用宇宙分形、全息理论提醒大家，祖师们讲的“一即一切、一切即一”的内涵，对任何一个大小不等的圆，用周长除直径便可得出同样的密码。在古代世界，那时候不知道“π”，但古人实际上长期知道3这个数值的神奇。老子说“三生万物”，东汉时官方明文规定圆周率取3为计算面积的标准，后人称之为“古率”。

不仅中国人，如古埃及人应用了约四千年的3.1605。公元前的古印度，曾取 $\pi=\sqrt{10}=3.162$。“三”可以生万物，万物的雏形是由三形成的“圆”，那么圆的推动力又是什么呢？

佛法中有个右旋的“卍”字符，我们再看看银河系的正面图，通常情况下，透过望远镜我们只能看到银河系的侧面图，由于视角的局限性，我们在观测其他星系时，形状能够一目了然，而对于我们本身所在的银河系却没法看到全貌，因此只能通过观测加推测来确定其形状。科学家们确定了银河系的形状，即银河正面银河系的四条旋臂是漩涡星系，从里向外伸出了四条旋转的手臂：人马臂、猎户臂、英仙臂、三千秒差距臂，每条“手臂”都由难以计数的恒星和星云组成。我们的太阳系就在猎户臂内，仔细观察，我们会发现银河系的四旋臂与佛法的“卍”字符非常相似。四臂旋转，形成一个滚动的圆，这个圆微小如原子，大如宇宙，天地生命的完美状态是圆形，因为圆，宇宙能量滚滚不息、周而不殆、方生方死、循环往复。天空下雨，天空有减少吗？花、叶凋零，树木有死亡吗？河流每时每刻奔腾入海，河水会因此消减吗？天地因无住而成天地，云水因无相而成云水，禅心因无念而成禅心，“中国禅”的奥妙便在圆融中呈现。

禅门以“圆相图”表无相之禅，圆相图是禅门独创的至宝，可惜能领悟“圆相”智慧的人极少。当年惠能祖师法嗣之一南阳慧忠禅师将禅门六代祖师的九十六（一说九十七）个圆相图传弟子耽源，九十六个圆相图是禅门的密法。

有的人听了奇怪，禅门也有密法吗？这是基于对禅不甚了了的人问出来的话。任何修门都有密法，但禅门的密法不是什么武穆遗书、功夫秘笈，更没有什么咒语真言，禅的密法是心法。例如《坛经》，“坛”为何意？普遍理解为“坛”是戒坛的“坛”，而笔者的理解是：“坛”既是戒坛，也是讲坛，还是坛城……可以说从“世间、出世间”的角度来讲，“坛”指环境，指人间，指现象，“经”指出世间般若智慧；而从“人、法”的角度讲，“坛”是人，“经”是法，是真理，是人心中的净土，是去往净土的修法；再从“内、外”的角度理解呢？笔者认为，“坛”是密，是内；“经”是显，是外。由此可见，“中国禅”是外显内密之法，“中国禅”的大秘密尽在《坛经》中。

“中国禅”的思想经五代祖师萌芽，再经惠能祖师实现，最后由马祖、石头等法孙弘扬，诸多禅法不可思议皆有“外显内密”之体用，非实证者无以窥其全貌。这九十六个圆相图也是禅门密法之一，可惜圆相图的原本已经被沩仰宗始祖之一仰山慧寂禅师烧却，禅史中记载了这一段典故：

一日，耽源和尚告诉慧寂禅师："国师（南阳慧忠）当时传得六代祖师圆相，共九十六个，授与老僧。乃曰：'吾灭后三十年，南方有一沙弥到来，大兴此教，次第传授，无令断绝。'我今付汝，汝当奉持。"说完便将记有九十六个圆相的本子交给慧寂禅师。

慧寂禅师接过后，看了一遍，便将本子烧掉了。

后来，耽源和尚有一天问慧寂禅师："前来诸相，甚宜秘惜。"

慧寂禅师道："当时看了便烧却也。"

耽源和尚道："吾此法门无人能会，唯先师及诸祖师、诸大圣人方可委悉（洞悉、看破），子何得焚之？"

慧寂禅师道："慧寂一览，已知其意。但用得，不可执本也。"

咱们讲了这么多时间、空间、圆相，读者们肯定想问，究竟什么是不二之法呢？如果用佛经上现成的答案回答各位，何必笔者这么辛辛苦苦地伏案劳作？

说了这么多，笔者就是为了告诉各位：不二之法是超越时空之法，无论是过去浩浩然已经证悟了的诸多祖师们，还是今天深谙科学之道的现代学人，有心之人，人人皆可觉悟到这无上菩提。而这个法的表象是圆融的：地球是圆的，水滴是圆的，原子是圆的……"中国禅"更是没有前后、高低、上下、善恶、是非、顿渐的圆，如果当下破除了心中的固有观念，有缘之人就可以顿见万丈光明。

"中国禅"以"不二"为"法"，以"圆"为"相"，"法"和"相"如同"光"和

"影"。"光"是空性,是能量,是灵悟,是信心,是灵光;"影"是幻影,是无常变化,是色相五蕴,是患得患失;影子如净土,不同时空下时时显现不同,"光"和"影"色不异空,空不异色时,便是"禅"的"空亦空",便是"顿悟"。因此禅门中修者参究《坛经》,可以"看圆相"、"破圆影"最后至"应圆光",好了,言归正传,下面让我们一起去打开《坛经》之圆门吧!

行由品第一

1.开缘说法 愿闻法要

经文

时，大师至宝林，韶州韦刺史（名璩）与官僚入山，请师出，于城中大梵寺讲堂，为众开缘说法。

师升座次，刺史官僚三十余人，儒宗学士三十余人，僧尼道俗一千余人，同时作礼，愿闻法要。

会论

学生一：老师，《坛经》是六祖惠能大师花了多长时间讲完的？

悟义：这本《坛经》是六祖大师一生说法的精华，由弟子法海禅师收集整理，所以叫集录。“录”的含义很清楚，为什么叫“集”？这里不仅是集中，还有编辑的含义，所以法海禅师不仅是像阿难尊者一样，凭记忆整理佛陀的言、语、行，《坛经》是六祖大师的语录，法海禅师用自己的文笔、辅以对禅法的理解加以编辑成文，当然这些都是得到惠能大师认可的。《坛经》是惠能大师三十五年弘说禅法的集合和集中。

学生二:《坛经》是用什么语言讲的?大师是岭南人,是用粤语讲的吗?唐朝的官方语言是什么?

悟义:唐朝的官方语言的古音应该以闽南语、粤语的南方发音为主。

学生二:唐朝定都陕西,我还以为讲陕西话呢。

悟义:官话、国语未必会因为定都何地,就讲当地的语言。

学生二:那为什么会是闽南语、粤语这些南方语系呢?

悟义:汉文化起源自三千多年前的商代,商朝的文字是甲骨文,今日的闽南语,即是当时商代的河洛话衍变出来的,河洛话是商朝的官话。目前我们流行的北方诸语,乃是在魏晋南北朝时逐渐形成的。以唐诗为例,唐诗的发音,主要是粤语、闽南语,其中粤语最接近唐代的西安地区方言。以上方言其中最明显的共同点,就是保留了p、t、k尾音,这些在普通话里完全消失了。可是这些尾音在现今韩国语的汉字发音里仍然保留着。现在的韩国汉字发音跟现在的闽南语、粤语接近。我们现在的北京话是在南宋时期定型的,后辽、金、元、明、清等五个朝代均定都北京。清朝时满人入关精习汉语,使得北京话成为清朝官话,西人称为Mandarian。但清代官话与唐代汉语相比已经走样,音调大变,字句的意义亦多不同。因此我们今天学习古文,有些词语读、解都比较吃力,还有不少通假字,清代尚且如此,更不要说现代汉语,古文与现代汉语比较,二者中有重叠、脱节、意义的蜕变。因此我们今天读古文、古诗词,有些发音要用古音读,例如“唧唧复唧唧,木兰当户织”用普通话读不押韵,用闽南语读就押韵了,“织”读作“jī”。古人怎么读古文,我们已经不能十分清楚了,由于汉字是象形文字，没有表音功能只能表意。但幸而古人并不是没有留下线索。鸠摩罗什法师发明的“反切”是一个重要的表音线索，诗歌押韵的韵部也是。

学生二：哦，我明白了，为什么我读不顺许多古诗，例如洞山禅师的悟道偈：“切忌从他觅，迢迢与我疏，我今独自往，处处得逢渠，渠今正是我，我今不是渠，应须恁么会，方得契如如”，我的发音不对，所以不押韵。那么佛经是用什么语言讲的？

悟义：佛法的身、语、意功德中，语功德排在第一，这是由于说法最能利益众生。佛陀一生都在北印度地区说法，那时的语言很复杂，百个小国有上百种语言，人之间尚且如此，更不要说听经的六道众生了。因此《维摩诘经》中说道：“佛以一音演说法，众生随类各得解。”这里面有两个层面的理解：

一、佛以自己修行的证悟，达到了通晓一切众生语言、方言甚至以心相应的不可思议境界。《法华经》中云，佛、菩萨具有“解一切众生语言三昧”的能量，众生的沟通方式佛悉皆领悟，能用相应的语言为众生说法。“一音中具演，一切诸言音，众生语言法，随类皆能作”。

二、佛法代表了人类究竟的生命智慧和领悟境界，超越了国家、民族、语言的界限。无论任何国家、民族、语种的人，都可以随各自根器，用自己的语言、文字去体会佛法，获得觉悟。《坛经》中，惠能大师以其最朴实无华、最方便简洁的语言演说禅法，这些禅法的部分内容我们可能觉得容易理解，但有些却一时很难领会，这些都没有关系，您用心时总有一天能契合到祖师的心,但如果不用心,任何经、书、文、要,看多少遍也没有用。解的过程是你和祖师心心相印的过程,否则,祖师讲祖师的,和自己一点关系也没有。佛说法四十九年,他为什么最后说他无法可说?因为语言、文字是表法,只能代表他证悟的一部分,法性是空的,是不可说的。言下的部分是需要学人自己去领悟的,所以惠能大师当时用什么语言讲《坛经》这个问题不重要,重要的是你从中领悟到了什么。智慧是动态的,文字是静态的。不要执著在静态的文字里找动态的智慧,而是我们的内心可以在静态的经文里和文字产生动态的相应。

学生:《坛经》是经还是语录?

悟义:名字叫经,内容是语录。“语录”是禅门的特有语言体,里面没有逻辑性,随学人所执、所困、所惑、所需而方便说法。禅门“语录”,灵活机动,有时锋芒毕现,有时不知所云,有时曲径通幽……这些独特的说法是因时、因人、因地而权宜的方便法。

会通

我们今天学习的这本《坛经》选用了宗宝本,第一品有的版本叫“行由品”,也有叫“自序品”的,主要是记录惠能大师得法缘由。

在参学《坛经》之前,我们首先要了解这个时期的历史背景。一切思想皆不可脱离产生这种思想的社会环境。根据记录,《坛经》是惠能大师公元677年开始讲的,公元676年大师脱离猎人队伍而至广州法性寺,我们根据经中记载，他隐身猎户的时间为十五年，可以大致推算出应该是公元661年得法，我们先来了解一下，公元661年至676年这段时期，大唐王朝发生了什么事情。这些变动和五祖黄梅山的东山法门有没有什么联系呢？

公元661年，史称显庆六年，唐朝在唐高宗治下处于繁盛阶段，国富力强。然高宗的健康却越来越差，后来他得了风眩病，目不能视，部分政务交给皇后武则天处理，自此，武则天正式参政，时年三十七岁，大权在握，春风得意。

此时，东山法门法席盛化，已经很热闹了，可是你说它很热闹吧，也才一千多人，咱们看到这里的时候，一定要起疑问，什么疑问呢？当时唐朝的国教是道教，尽管我们在概论里已经介绍，由于玄奘法师的原因，唐太宗晚年颇为亲近佛教，但道教为国教的地位并没有因此改变。那么，我们试想一下，正值盛年的当权皇后武则天心中对此会有什么想法？

武则天是亲佛的，除了她做皇后之前曾经削发做了四五年女尼，从内心角度讲，她对佛法的亲近不仅表现在形式上。她虔信佛法，一直在自修自证，也精通佛理。她为《华严经》做了一首赞叹佛法的开经偈："无上甚深微妙法，百千万劫难遭遇；我今见闻得受持，愿解如来真实义。"这首偈充分地表达了迷途众生有幸见闻佛法时的欢喜，数百年来虽有许多人曾经试图修改其中的文字，但都不比原作，可见这首偈之精妙。

从政治角度讲，作为当权皇后，她需要有属于自己的信仰根基。采用已经被钦定为国教的"道教"，显然不会。而佛教中国化的第一个宗派团体是"天台宗"，始祖智者大师是隋炀帝杨广的师父（见拙作《茶密禅心》）。唐灭隋后，天台宗发展受到一定影响。那么作为大唐沙门领袖玄奘法师创立的“法相唯识宗”呢？由于理论过于繁杂，不适合民间传播，更由于唯识一系中众生不平等、菩萨有菩萨种性、其并非人人皆可成佛的理论，对于出生并没有那么高贵，历经各种艰辛而至圣位的武则天来说，看法一定也是微妙的。

那么在大乘中含有部分小乘思想的南山律宗？以一切皆空为主的三论宗？深奥的华严宗？抑或人人可修的净土宗……

排除一下后，发现小小的“东山法门”虽只有千余人，但达摩祖师流传下来的“如来藏清净思想”，以“人人皆有佛性”的究竟佛理，以深刻内涵不离通俗方便、以外显内密、究竟平等为特点，在各个宗派内一跃而出。

其实不仅是武则天关注禅门，贞观年间，唐太宗就曾仰慕四祖道信禅法，派使臣前往迎请，希望道信大师进京说法。

谁知使臣到了黄梅山，向道信大师宣旨，大师听后，淡淡地说：请为我感谢皇上盛意，我年老了，过惯了山林生活，不愿再入繁华的城市。使臣无奈，回京如实禀告，太宗不死心，第二次再派使臣来黄梅。道信大师再次回绝。太宗见道信大师一而再再而三地推辞，心中不悦，九五之尊面子何存？但尽管如此，求贤若渴的唐太宗仍然派遣使臣第三次恭敬地迎请大师进京。哪知，第三次还是被道信大师拒绝了。

太宗终于发怒了，“一之为甚，其可再乎？”这次令使臣带刀前往，言：“再不应诏，当取首级！”使臣领命时，贤德的太宗想想自己这样没道理，如果加害了大修行人会损自己的功德，于是吩咐使臣，吓唬吓唬即可，万不可真的伤害大师。

使臣第四次来到黄梅山宣读了圣旨，对道信大师言及，如再违旨便取首级，谁知大师神色俨然引颈就刃。使者见此情景心中惘然失措，哪里敢真的动刀？正犹豫间，猛然听到大师一声大吼，吼声地动山摇："还不动手？"惊得使臣钢刀落地，匆匆返京向太宗回禀。太宗听了，对大师愈加钦慕，赐以珍缯，以遂其志。

道信大师虽未赴京，但黄梅山的大名也随之传遍九州，有了这一段因缘，在皇宫内黄梅山的影响可以说已经留下了深深的印记了。

我们在概论里谈到了唐太宗，他是个文治武功都了不起的人，他为什么了不起？关键在于一旦发现自己不足他会立即修证。亲近玄奘法师后，他从内心里已经开始了解佛法甚深，于是为《瑜伽师地论》写"圣教序"；被道信大师四次不给面子的拒绝后，他还是赐以珍缯，以遂其志，这就是唐太宗。

唐朝不久便到了武则天时期，她当然也是一个了不起的政治家，此时她虽然说还没有当上女皇，但早已权倾天下，各位想想，杨广为什么拜师天台智者大师？主要是因为大师在社会上的影响力，武则天想登基同样需要奠定自己的信仰根基，此时，"东山法门"就彰显出重要性来了，这也就是为何公元700年神秀大师入京，五祖先后有四位弟子出任国师的根源。

有人问，武则天登基，不是依靠伪和尚薛怀义为他杜撰的《大云经》吗？和禅门有什么关系？我们要理解，《大云经》是武则天登基需要的理论依据，理论依据不是活生生的法，更不是弘法之人。《大云经》中讲述净光天女曾听《涅槃经》，释迦佛在世的时候她以凡胎降生到了人间，并且再次听闻了佛法深义。虽然她身为女人，但后来成为国王，得到了转轮王所统领的四分之一的疆土，并且教化所属的民众排除各种邪见，广做菩萨事业。《旧唐书·则天皇后本纪》、《新唐书》等指出，《大云经》系薛怀义等为了迎合武则天而杜撰的伪经。

《大云经》真是伪经吗？也未必，由于武则天以女身称帝，有违中国传统儒家文化观念，所以逼得她只能给自己寻找理论根据，《大云经》里女身为王的记载正好适合她。事实上《大云经》和《涅槃经》都出自天竺，经由于阗国传入汉地，敦煌石室内曾发现的《大云经疏》残卷，是昙无谶法师于公元422年左右在北凉时译出的。现代学术界也已考证了《大云经》在晋代十六国时就已译为汉文的说法，薛怀义不过是依据旧译，附以新疏，借此阐发新义，说其人为增益经义是真，说其伪造则未必，薛怀义等人还不具备伪造佛经的本领。

那么武则天除了需要登基的理论依据外，为什么需要迎请大修行人拜为国师呢？皆因国师是人，这个人身上具足的能量便是法，人法不二，法由人弘，皇帝迎请国师入宫随时点化，和其登基时对外宣传的理论依据是两回事。

那么国师的能量有什么作用？主要有两个方面：对外带动社会和谐，国师是精神领袖，皇帝是政治领袖，这是不同的，各代很少帝王会身兼二职；国师对内则是保证皇帝本人的思维清晰，判断尽量不失误，对于皇帝个人修行方面也需要特别指导。

我们开篇为什么要花时间讲这些？因为不理解这个渊源，我们就无法说通后面发生的事情。为什么当时五祖大师那么着急要传法脉？惠能大师得法后三年，五祖才灭寂，他没那么快圆寂却如此着急找传人是为什么？有什么因素在给他施加传法的压力吗？压力来自于哪里？

再例如，为什么东山法门里这么多人发疯一样抢衣钵，追杀惠能大师？其他宗派的得法人有这么危险吗？整部《坛经》中我们可以屡次看到，这些剃了头的出家人，夺衣夺位，刀刀要见血，处处不留情，这是违背常理的，这些出格的行为的背后究竟是什么？什么利益可以让这些人忘乎所以到这种地步？仅仅是黄梅山千余人的小小祖位吗？仅仅是在意东山这个小山头吗？这些抢夺之举是神秀上座的本意吗？那么如果杀了惠能大师，夺回法衣会给神秀上座吗？这些举动和神秀上座的未来有什么联系？……

诸如这些疑点，我们在后文会一点点发掘出来，供大家思索，历史没有答案，更没有标准答案，因此，我们只是切换一个角度去考虑另一种可能性。多一种解读，多一种理解，或许会对参究《坛经》中蕴含的智慧有所裨益。

好了，背景我们粗略介绍到这里。我们可以观察到自公元660年武则天初涉政权，至公元700年神秀大师入京这四十年间，东山法门和外界环境息息相关。自神秀大师入京后，二京之间，北禅盛极一时，再之后由惠能弟子神会禅师经二十余年努力，定“南顿北渐”，南禅顿悟法门普行天下，最后以至“凡言禅者，皆本曹溪”。这中间顿悟禅法大兴天下的过程，与五祖弘忍大师智慧地付衣、传法不可分割，因此我们必须细细了解，黄梅山当时究竟发生了些什么事？这些事情真如大家原本理解的那么简单吗？

我们现在正式进入经文理解。

“时，大师至宝林”。

什么是“时”？佛经里面没有具体时间，但也不叫“时”，佛经里叫“一时”。

佛每次讲经多少“人”来听法？经中记录，少则成千，多则上万。这些全是“人”吗？十方法界的芸芸众生都是来听法的“人”，其中有天人、菩萨，也有地狱恶鬼，当然佛弟子们也在听法，这些有形、无形的众生，由于所处的法界不同，时间能一样吗？地球没有形成之前有时间吗？人类没有之前有时间吗？时间和个人健康有关、和感觉有关、和年龄有关、和环境有关、和区域有关、和修行境界有关、和种类有关、和认识程度有关、和定力有关……我们在概论中已经解释了时间的局限性，因此，佛经中称说法为“一时”。

此时和彼时，在佛经中被统一为“一时”，众生的时间于此平等无二。那为什么《坛经》开篇就不用“一时”而用“时”呢？“一时”还有一个“一”在。一开篇，便是“破”！“万法归一，一归何处”？

其次，讲到“大师”至宝林。我们现代人见到出家人称“和尚”，见到一些有名气的人便习惯称“大师”，这些都是现代人不懂称呼的内涵。以前什么人有资格称“和尚”？什么人可以称“大师”？从修行的角度讲定慧功夫等持的才是“大和尚”；从学问的角度来讲，通晓经、律、论三藏的才可称

“大师”，如鸠摩罗什大师、玄奘大师、智者大师等等这些是大师；从众生的角度讲，如释迦牟尼佛是“天人师”，孔子是“圣师”，这些人才能称为“大师”。

“韶州韦刺史与官僚入山，请师出，于城中大梵寺讲堂，为众开缘说法”。

韶州刺史是官僚，刺史这个官位不同时期情况不一样，唐朝时的刺史相当于现在的省长。汉武帝时，全国分为十三部（州），元封五年（公元前106年）初置部刺史，根据六条规定监察各州，称“六条问事”。本为监察官性质，其官阶低于郡守。成帝时，改刺史为州牧。哀帝初又改旧制。不久复称州牧。东汉灵帝时，各地农民起义爆发，朝廷为加强镇压力量，于中平五年（公元189年），改刺史为牧，往往派朝中大臣出领州牧，其权势至大，地位较郡守为高，掌握一州的军政大权。自三国至南北朝，各州亦多置刺史，一般以都督兼任。隋以后，刺史为一州的行政长官。其间惟隋炀帝及唐玄宗时两度改州为郡，改刺史为太守，但不久均复旧称。清代以刺史作知州的别称，和前代的刺史不相同。

我们可以看到，惠能大师自公元676年广州法性寺出山后，仅仅一年时间，已经影响到了当地最大的行政长官率领官僚入山，请师开缘说法。

“师升座次，刺史官僚三十余人，儒宗学士三十余人，僧尼道俗一千余人，同时作礼，愿闻法要”。

这一段，敦煌本为“僧尼道俗一万余人，韶州刺史韦琚及诸官僚三十余人，儒士余人，同请大师说摩诃般若波罗蜜法。刺史遂令门人僧法海集记，流行后代，与学道者，承此宗旨，递相传授，有所依约，以为禀承，说此《坛经》”。

无论是宗宝本的一千余人还是敦煌本的一万余人，这种说法方式都是极其不可思议的。古代没有麦克风，怎么保证一众人等可以同闻法要？并且同时容纳千万人的法堂需要什么规模？因此，《坛经》一开篇，就气势如虹，令人无限遐想。

学人解读经文，不要忽略一些细节，例如“僧尼道俗，同时作礼”，这几个字就常常被忽略。仔细理解其中的含义时，会发现：一、为什么僧、尼、道、俗同时要来听法？二、同时作的是什么礼？

惠能大师会要求大家统一作礼吗？规定大家应该以合十为礼？如果是这样，就应该记录为“僧尼道俗，同时合掌”或“同时合十作礼”，为什么没有这么记录呢？是否说明大家作的不是一种礼？儒生长揖，道士稽首，女士万福……大家各行各礼才叫“同时作礼”。那么为什么宝林寺的法堂可以这么随意？惠能大师这么不讲究威严，允许这么多不统一的礼节来作礼呢？细细解读了这几个字，就能体会到“中国禅”的法要：“不二皆同，无不包容。”

中华文明的精髓在于行“中和之道”。儒、道两家都讲中、和，儒家的中心思想是中庸，“喜怒哀乐之未发谓之中，发而皆中节谓之和。中也者，天下之大本也；和也者，天下之达道也。致中和，天地位焉，万物育焉”。《坛经》中的各个细节之处，都体现了这种至仁、至善、至诚、至道、至德、至圣的中和之道。道家的思想的核心也是“和”，和光同尘、天人合一。只有不同的声音交融在一起，才能融合出美妙的乐章，所以"同时作礼"是什么？是"中和"，正是基于这种基础，才会有不同信仰的"僧尼道俗"同处一地、愿闻法要的盛事。

会诀 开缘说法 愿闻法要

禅者修行时

机缘成熟时，师者应缘为学人应机说法。

修者为什么会修行？首先发现了人生变化"无常"，进而发觉色身"无我"，进一步发现法也"无法"，从而寻求"寂静空性"的永恒。发了寻求见性菩提心的修者、发了利益众生的慈悲心的修者们会寻找各种途径求法。有些如永嘉玄觉禅师一般先自修自悟，也有些修者自经书中寻找方向，这些人都会在机缘成熟时，寻找各自相应的明师印证。

什么叫"开缘说法"？随其学人所请、所问、所执、所难、所需、所困而说。

开缘说法——说法的明师具足了功夫和智慧，等待说法的机缘成熟时，为求法者因人、因地、因时演说法要。

愿闻法要——听法的学人具足了信心和愿力，等待明师授业、传法、解惑、破执、印心。

《无我颂》颂曰：

无来无去，怕什么？

无始无终,留什么?

无前无后,争什么?

无生无死,了什么?

祖师云:

佛有三身,法身说自性虚通法,报身说一切清净法,化身说六度万行法。

法身说法,不可以言语音声形相文字而求,无所说,无所证,自性虚通而已。故曰无法可说,是名说法。

报身化身皆随机感现,所说法亦随事应根以为摄化,皆非真法。故曰报化非真佛,亦非说法者。

——黄檗希运禅师《传心法要》

2.菩提自性 本来清净

经文

大师告众曰：善知识！菩提自性，本来清净，但用此心，直了成佛。

会论

学生一：老师，佛经上称呼大众通常是“善男子、善女人”。为什么惠能大师称呼大众为“善知识”？“善知识”是“善众”的意思吗？

学生二：我觉得这是大师对来听法人的一种真诚，“善知识”就是求法的人。

学生三：“善知识”是博学的学者。

学生四：“善知识”是具备了慈悲心的人。

学生五：“善知识”是善良的知识分子。

悟义：你们说得都很好，但还是没有体悟到《坛经》的殊胜，惠能大师为什么不称呼大众为“善男子、善女人”？因为男、女还是有分别。你们说菩萨是女人还是男人？男人这个称呼到底是身份呢，还是一种状态呢？修者的“丈夫”不仅仅是“男人”这种身份。菩萨现出来的相有男有女，这些都是方便，因此古天竺有“非男非女”的性别，神是“非男非女”的，但中国文化中没有这种说法。当时在宝林听法的一众僧尼道俗，你们说怎么称呼？某道人？这有门派局限；某男子？这有性别局限；某长者？这有年龄局限；某官人？这有地位局限；某法师、某上人？这有宗教局限……“中国禅”是无分别的，这些地位、年龄、性别、门派、修法的局限全部统一，故称“善知识”。

学生六：“善知识”是一种无分别的名称。

悟义：如果仅仅认为“善知识”是一种名称，那还是有局限！“善知识”不仅是名称，更是一种和法相应的状态。什么叫“善”？善有善众、善法、善地、善缘、善时等等，一切和您相应的都叫“善”。“善”的第二层意思是什么？符合一切世间标准的行为、心态，符合世间道德标准，尊重其他生命，不破坏、不打扰别人的行为和心态叫“善”。“善”的第三层意思是什么？是十善。何为十善？一不杀生，二不偷盗，三不邪淫，四不妄言，五不绮语，六不两舌，七不恶口，八不悭贪，九不嗔恚，十不邪见。“身业”为前三；中间四个名“口业”；后三名“意业”。所谓“业”，就是事，若持而不犯，则为十善。若犯而不持，则为十恶。

学生七：什么是“知”？

悟义：佛出世，菩萨出世为了什么？皆为一大事因缘，这个因缘是什么？为了“开佛知见”，什么叫佛知见？就是人的认知程度。不迷即觉，觉即等佛，这叫作洞见。心瞬间被打开，见地、心量，正见具足，这叫“佛知见”。

学生七：那“识”是指什么？

悟义：一方面指我们后文会详细讨论的“八识”。另一方面这个“识”也有明心的意思，明心即“识”，“识自本心”的意思。因此，我们说这里的“善知识”不仅是平等的称呼，更是一种状态，是在善时、善地、善缘具足的情况下，与开佛知见、明心见性的求法之人相应的善法。

学生一：老师，如果“善知识”是一种状态的话，是不是六祖大师在告诉大家，听了法后，大家会处在一种“善知识”的状态？

悟义：您就是善知识啊！不是大家会处在善知识的状态，而是您当下就是“善知识”！已经是这个状态了。

学生二：很多人没有在这个状态怎么办？

悟义：称呼有一种唤醒的作用！例如被人称呼某某老总，是唤醒他的责任和义务。那么，这里是在唤醒听法者生命中的“善知识”。被称为“善知识”最主要的原因是平等，六祖大师本身是“善知识”，他也会自称为“识主”，什么是“识主”？就是意识的主人，佛、菩萨也是“善知识”。所以“善知识”这个名称一开口就已经惊天动地了，“善知识”的名称没有地域性、民族性，它包容一切，任何人都可以被称为“善知识”。任何人都可以通过参悟《坛经》获得圆满人生，所以我们把六祖大师的老婆心理解了，就能真正体会在中国大德们浩如烟海的论著中，为何《坛经》被称之为“经”。

会通

“菩提自性，本来清净，但用此心，直了成佛”。

这十六个字就是整本《坛经》的精华，六祖大师一上来，就把最核心的精髓跟大家讲了。

菩提自性是人人都有的，也是本来清净的。既然是本来清净的，就不存在被污染、被破坏等情况，但为什么我们看不见呢？因为不会用心。心怎么用？首先是“调伏”，我们修行是为了学会伏心，但我们降伏的仅仅是心之相，也就是“受、想、行、识”这些心的表相，真心不存在什么调伏，这是心法的内行相。

学会调伏妄心了，一念即至佛地。“中国禅”的法，是心法，心所法，伏心法，这个法就叫“但用此心”。这个“用”也有“使用”的意思。在生活中自由无碍地“用心”生活，黄檗希运禅师曾说：“终日吃饭，未曾咬著一粒米；终日行路，未曾踏著一片地。”这话表面上看来似乎是悖论，实际上“终日吃饭，未曾咬米”表示了禅者行事不著“相”，这种境界就是《坛经》中所说的“不立”一切相，“若悟自性，亦不立菩提涅槃，亦不立解脱知见。”连“菩提涅槃”和“解脱知见”都“不立”了，还“有何可立”？所以“不立一切法”，这是心法的外行相。

这里的“用”，还有“应用”之意，应用不是使用，应是相应，和自己的念头相应，和芸芸众生相应，大乘菩萨的六度万行，便是“应用”此心，我愿意和我的烦恼共处，不为烦恼所迷，转烦恼为菩提；我愿意为迷途众生花时间，花能量，愿做一切利益大众的事情，转人间为净土……这些都是心的“应用”，这是心法的不二相应行相。

关于“菩提自性”，《法华经》中有这么一个比喻：从前有个人家里很穷，于是跑到一位有钱亲戚家里去打秋风。亲戚非常热情，拿出美酒佳肴招待他。穷人开怀畅饮，喝得酩酊大醉，倒地而卧。此时亲戚正有公务要出远门，为了让这位穷亲戚衣食无忧，特意留下一颗无价宝珠，又怕他给弄丢了，所以把宝珠牢牢地系在他的衣服里。亲戚走后很久，穷人才醒过来。他无依无靠，四处漂泊。有一天，穷人在街上遇到那位富人亲戚，亲戚见他这样穷困潦倒，不由惊讶地说：“天哪，你怎么过成这样？我当初为了让你丰衣足食，特意把一颗无价宝珠系在你的衣服里。你怎么身有宝珠而不自知？”穷人翻检自己的衣服，果然发现了宝珠。

会诀 菩提自性 本来清净

禅者修行时

人能够和自己的念头相应时，会用心时，就能契合本性，见到本来面目，否则一切外境都是通过镜子显现出来的“幻象”。我们内在本有的清净自性，不是什么通过学习、体悟以后发明生产出来的新产品。

清净自性在哪？就像宝珠一样在我们自心中。这个“心”是“心地”或说“心海”。

禅者修行时，和禅法相应、和宇宙万物相应、和自己内心相应的心叫

"禅心"。禅心是和"迷"相对的,是"悟"的心。

颂曰:无生无死,了什么?

祖师云:

心若清净,一切妄念不生,能度生死苦海。

——惠能大师《六祖金刚经注》

3.一闻经语 心即开悟

经文

善知识！且听惠能行由得法事意。

惠能严父，本贯范阳，左降流于岭南，作新州百姓。

此身不幸，父又早亡，老母孤遗，移来南海，艰辛贫乏，于市卖柴。

时，有一客买柴，使令送至客店，客收去，惠能得钱，却出门外，见一客诵经。惠能一闻经语，心即开悟。

遂问：客诵何经？

客曰：金刚经。

复问：从何所来，持此经典？

客云：我从蕲州黄梅县东禅寺来，其寺五祖忍大师在彼主化，门人一千有余。我到彼中礼拜，听受此经。大师常劝僧俗，但持金刚经，即自见性，直了成佛。

惠能闻说，宿昔有缘，乃蒙一客，取银十两，与惠能，令充老母衣粮,教便往黄梅参礼五祖。

会论

学生一:念到这一段经文时我一直就有疑问,为什么惠能大师一听经就能开悟呢?我也天天听啊,每天开车时,车里放的碟都在念经,我怎么不开悟呢?

学生八:我也是,天天都听,《金刚经》背得很熟但为什么就是不开悟啊?

悟义:惠能大师是"一闻经语,心即开悟",不是一听经就开悟,听和闻不同,听是耳听,闻则心闻,心内被触动,叫"闻"。您能够背许多经文,但解不解经义呢?您在车里听经时有没有琢磨工作呢?悟没悟到经这些文字后面,佛想表的这个法有什么内涵呢?不明经义,嘴诵经文,还是身口不一,口是心非。

学生二:我认为这一段是惠能大师在表法。用自己的经历告诉大家开悟原来并不是那么困难,学会"但用此心",便可"直了成佛"。

学生三:我认为不是惠能大师在表法,而是那个诵经的人在表法。这个时候,诵经的不是在诵经,给银子的也不是莫名其妙来给银子的,这些人都在表法,都是禅门祖师通过时空转换,通过这些方式来点化惠能大师的,所以在这一时刻,他一闻就悟了,惠能大师有这个因缘。

悟义:您们都有丰富的想象力！其他还有什么人想继续发挥一下?

学生四:刚才的话让我想起了二祖慧可大师在打坐时,头疼不已,突然听到空中似乎有声音在指点他,他这才动身去往嵩山寻达摩祖师。这也是菩萨在表法吧?

悟义:看来大家意见很一致,菩萨化身卖柴的、诵经的、送银子的、空中诗朗诵的,统统在表法,点化诸位禅师?

众人点头称是。

悟义:大家都这么想也不是没道理,生命中出现的各种际遇,都有其因缘,但是我们不能由此产生判断,主观臆断成什么神迹。当然,这种情况有没有可能?有可能！比如您今天出门时突然碰到一个乞丐,他突然说了一句话,这句话让您幡然醒悟了,这个人有没有可能是菩萨在表法?

众人继续点头。

悟义:但要清楚这有可能是,也有可能不是。相对于个人来说,可能您就缺这么一个机缘,当机缘出现时,这个人、这件事可以被视作是菩萨化身,但仅仅是视作菩萨化身,不可以认定这就是菩萨！一切机缘都是因缘和合。因缘和合的条件是内外具备,内在没有具足能量时,无论遇到什么菩萨对着您诵经、唱歌、跳舞、说法也无用。刚才您们说到慧可大师见达摩祖师,要知道,他们师徒见面时,此时无论是面壁九年的达摩祖师还是求法心切的慧可大师:一位来中国唯有传法一件大事,一位心中已准备了舍身求法的大愤心,这才具足了立雪断臂的因缘。

学生一:慧可大师在去面见达摩祖师前已经是顶级水平的大法师了,

他为什么还不安心？所以我在考虑究竟什么才是真正的安心？

学生二：是啊，我们其实根本不知道什么是真正的安心，可能都以为不无聊的时候就是安心吧？这比较可悲。另外达摩祖师在洞中默言九年，谁知道这个外国老头子究竟有没有正法？慧可大师下着大雪在洞外立跪，他的这种毅力和决心实在是非常人可比！

学生三：对啊，他找一个一言不发的人去求什么？跪了几天，好不容易等到大胡子老头讲话了，还是不相信他，结果他把自己的胳膊砍掉，我看到这里就在想，他当时心里怎么就不犹豫？如果砍错了怎么办？如果出血过多死了怎么办？另外达摩祖师也真够狠心的，收个弟子是独臂，那以后练功夫多困难啊？

悟义：您的这种心叫“小见狐疑”。佛过去生中为求半偈而舍身，禅门祖师重法轻生，一分真诚得一分收获，十分真诚得十分收获。独臂和悟道有什么关系？慧可大师虽是独臂，但功夫、智慧是寻常法师可比的吗？为什么平常人没有这种决心和毅力呢？大家没有这种渴望安心的需求，难道是大家已经安心了吗？不是。不迫切的原因，首先是不知道什么叫究竟安心状态，也不知道得到大安心给生命带来的意义和价值，因此得过且过，混日子。有人说安心不能当饭吃，求安心有什么用？真正有慧眼的人，具足正知正见：虽然我目前没有得到安心，但是我有一颗真诚的向法之心，知道没有安心的生命如浮萍，如蚂蚁，如泡影一样卑微和无常。现代社会上那么多人有精神疾病而不自知，每日在惶恐、焦虑、无助、失眠、担心中打发岁月，这些人居然还说安心有什么用？没有心的人，不过是行尸走肉，是一具活着的尸体而已，您说人的生命仅仅就是不死吗？

学生一：老师，我认为还是有许多真心求法之人的。您看真正有道的道场里，大家赶不走、打不走，无论条件怎么艰苦，都不会离开。可是有些道场，环境优美、条件优越，大家的生活都被照顾得很周到，可为什么还是留不住人？因为，道场无道！光有环境、条件有什么用？道场有道，人是打不走的。

悟义：对，所以慧可大师有一双慧眼，不怕白砍一条手臂。如果带着试试看的心，琢磨琢磨的心，攀缘的心，比较的心，这种心能见至道吗？内心中信心不发起来，就算“道”在眼前，也不会信。

会通

“善知识，且听惠能行由得法事意。

“惠能严父，本贯范阳，左降流于岭南，作新州百姓。

“此身不幸，父又早亡，老母孤遗，移来南海，艰辛贫乏，于市卖柴”。

“范阳”在历史上所辖区域多有变动，约在今北京市和河北省保定市北部。从唐大历四年(公元769年)起，“范阳”则仅限于今河北涿州范阳县。那么，在惠能父亲时期，范阳应该是指保定北部附近。

“左降”和“流人”是两个概念，左降是贬官的名称，是在唐玄宗以后大量出现的一种贬官形式，左降官特指因罪而被贬至边远地区任员外官的官吏。左降官不仅集贬官的三种形式即降职、贬为闲职和至边远地区任职于一身，而且还具有流放的性质。在唐代皇帝的诏令中，常常将左降官与流人相提并论。

唐朝的法律制度较完备且影响深远。流放是五刑中的重要刑种，仅次于死刑，高于徒刑。根据《唐律疏议》规定：一等流放三千里，二等流放二千五百里，三等流放二千里。从保定至新州的距离为四千里，这里可以看到惠能父亲是一等流放，应该是犯了重罪，才会来新州作百姓。惠能和母亲相依为命，“艰辛贫乏，于市卖柴”。

“时，有一客买柴，使令送至客店，客收去，惠能得钱，却出门外，见一客诵经。惠能一闻经语，心即开悟”。

此段的重中之重是“一闻经语，心即开悟”，我们在概论中反复强调了这一点，这里不再重复。

接下来的一段，我们要关注几个要点：

1.《金刚经》第一次出场了，《金刚经》属于佛法中般若法系的佛经，了解禅史的人都知道，达摩祖师传慧可大师《楞伽经》及《二入四行法》（见拙作《茶密禅心》、《中国禅》），自四祖道信开始，黄梅山的修法加入了《文殊般若经》。

“般若”在佛法中的地位殊胜，《坛经》第二品是般若品，“般若”的重要性毋庸赘言。整个庞大的般若法系经、论，都在宣说般若的功德与重要，佛法的根本与核心，就是般若，离开般若，佛法依何建立？禅的“正法眼”如何彰显？佛说法四十九年，讲“般若”花了二十二年，“中国禅”便是般若中开出的禅花，不过大家一直误以为“禅”凸显的是般若“空”的一面，而唯识等其他宗派体现的是般若“不空”的一面，其实空与不空，恰是“中国禅”甚深般若境界的一体两面。

四祖道信重视《文殊般若经》，在道信大师的著作《入道安心要方便法门》中引用最多的是这部经，实际上，“一行三昧”、“守一不移”这些四祖禅法的核心，都源自这部《文殊般若经》，这部经讲空比《金刚经》更彻底，但是这部经的受众，明确讲是以文殊、弥勒、舍利弗等为上首的“不退转菩萨”。由此，五祖弘忍慈悲地改提倡以《金刚经》来印心，但《文殊般若经》的核心“一行三昧”在《坛经》中也是极为重要的一部分内容，可见高深的《文殊般若经》禅法被惠能大师用了更加适合、更为普及的方式传承。

有学人误解《金刚经》只讲空，其实《金刚经》中，不但说空，更在破空，破得很彻底：“佛说第一波罗蜜，即非第一波罗蜜，是名第一波罗蜜”，再看这段：“无有定法名阿耨多罗三藐三菩提，亦无有定法，如来可说。何以故？如来所说法，皆不可取，不可说，非法，非非法。所以者何？一切圣贤，皆以无为法而有差别。”佛不可思议，佛法不可思议，法界不可思议，凡夫亦不可思议……了义透彻，境界甚深，此《金刚经》之所以为五祖大师选为东山禅寺僧众的印心法宝。

2.什么是“宿昔有缘”？

从开缘说法后，“缘”字再次凸显其重要性。我们假设没有这个宿昔有缘的客人，给年轻的卢惠能安置老母，一贫如洗的家中，母亲该如何活下去？那么这个宿昔的缘是哪里来的？是惠能一家做了新州百姓之后结的缘呢，还是累世修行积累的功德所致呢？经中没有交代，学人可以自己参悟。

3.“取银十两”。

这句话也是容易被忽略的，十两银子可不是现在的十块钱，随便就有人会为您取来。唐太宗贞观年间，物质极大丰富，一斗米的价格约是5文钱，一两银子可以折1000文钱（又称一贯），可以买200斗米，10斗为一石，即是20石，唐代的一石约为59公斤，十两银子约可以买到23600斤大米。以老母一年消耗大约200斤米来粗算，十两银子，可供老母活近一百年。因此，十两银子是笔大财富，果然是宿昔的缘所致。

会诀 一闻经语 心即开悟

禅者修行时

大家普遍认为不同人有不同根器，但“中国禅”更强调的是一个人身上同时具备了各种根器，因为不同机缘而来显现、发掘。因此，对境的当下会产生相应的反应（生心），每个当下反应都不同，这就是“禅机”。

那，什么是各个根器的当下反应呢？

最上根器——一闻经语，心即开悟

上根器——一闻经语，心即欢喜

中根器——一闻经语，心即散乱

下根器——一闻经语，心即不信

下下根器——一闻经语，起而谤之

这五种根器心是同时具备的，也是根据不同环境、状态、机缘而时时转化的，关键在于修时的当下一念，如何契合最上根器的禅心。

颂曰：无始无终，留什么？

祖师云：

大象不游于兔径，大悟不拘于小节。

——永嘉玄觉禅师《证道歌》

问：泯绝无寂，境智俱空，是祖佛指归，圣贤要路。若论有作，心境宛然，凭何教文，广陈万善？

答：诸佛如来，一代时教，自古及今，分宗甚众，撮其大约，不出三宗：一相宗，二空宗，三性宗。若相宗多说是，空宗多说非，性宗惟论直指，即同曹溪见性成佛也。如今不论见性，罔识正宗，多执是非，纷然诤竞，皆不了祖佛密意，但徇言诠。如教中或说是者，即依性说相；或言非者，是破相显性。惟性宗一门，显了直指，不说是非。

——永明延寿禅师《万善同归集》

4.惟求作佛 不求余物

经文

惠能安置母毕，即便辞违，不经三十余日，便至黄梅，礼拜五祖。

祖问曰：汝何方人，欲求何物？

惠能对曰：弟子是岭南新州百姓，远来礼师，惟求作佛，不求余物。

祖言：汝是岭南人，又是獦獠，若为堪作佛？

惠能曰：人虽有南北，佛性本无南北，獦獠身与和尚不同，佛性有何差别？

五祖更欲与语，且见徒众，总在左右，乃令随众作务。

惠能曰：惠能启和尚，弟子自心常生智慧，不离自性，即是福田。未审和尚教作何务？

祖云：这獦獠根性大利，汝更勿言，著槽厂去。

惠能退至后院，有一行者，差惠能破柴踏碓，经八月余。

祖一日忽见惠能，曰：吾思汝之见可用，恐有恶人害汝，遂不与汝言，汝知之否？

惠能曰：弟子亦知师意，不敢行至堂前，令人不觉。

会论

学生一：什么叫成佛？

学生二：找回自性就是成佛。

学生三：我认为必须先觉醒，醒不了怎么成佛？

学生二：五祖已是成佛之人，为何初见惠能时称呼他“獦獠”？高僧大德见面讲出这样的话，令人费解。

学生四：老师，您让我们背的三祖僧璨的《信心铭》，我认为最重要是前面八个字，“至道无难，唯嫌拣择”，这个“至道”应该就是成佛，我认为这句话的意思是成佛不难，难就难在拣择上了。因为所有人都不相信成佛不难，所以，您经常讲不是“至道”难，而是“非至道”难，从三十七道品一路修下来，需要累世累劫的修行，我因此理解了所谓修行难，就是在修“非至道”难，八万四千法门，怎么修得完啊？

悟义：很好，很好！你们都想修至道，顿悟成佛，那需要先发愿，愿力是修行的推动力，没有愿力修什么？不畏艰难、向死求生、上求菩提、下化众生的愿心先要发出来。现代很多人不相信有顿悟成佛一说，《维摩诘经》云，修者需“闻深法而不惧”，闻深法为什么会害怕？因为越听越不相信：不信法；不信师；不信自己可以成就；不信宇宙、生命的实相，一旦发现爱人、孩子、房子、票子这些抓不住，甚至连想依赖的修法也抓不住，心里就越来越害怕，不断开始怀疑，先怀疑自己，我是大根器吗？我还是当个凡人比较踏实，如果能真踏实就好了，实际上是鸵鸟政策。自我麻醉这不叫踏实，您都不相信自己，谁还能帮您呢？您不信，您不发愿，也不想吃苦修行，不想利益众生，这样永远也不可能安心。

学生五：我是真的佩服惠能大师，这么一个卖柴的草根，来到黄梅山大法堂，面对五祖的故意嘲讽，能有这么大的自信！对答如流，不卑不亢，真大丈夫！

学生六：我也有同感，并且，五祖把他打发去干杂活，一干八个多月，也没有再见他，他居然一点没有起抱怨心、疑心！这对于我们来说，就是不可思议！

学生九：老师曾讲过，如果心中想着不抱怨，其实已经是抱怨了。我认为惠能大师是真的没想什么公平啊、待遇啊、难受啊，他就是活在当下，让我做什么便做什么，不猜测，不怀疑，不判断，所以才能自在地过好每一天。

学生四：对，他应该也没计算着来黄梅多久了，为什么弘忍大和尚还没来找我聊聊啊？什么时候传法给我啊？这样下去什么时候能成佛啊？我认为这些顾虑，惠能大师没有。

会通

“不经三十余日，便至黄梅”。

惠能大师从新州（今广州番禺）出发至湖北黄梅山的距离是一千公里，中间山路崎岖，但他不经三十余日就到了，可想惠能大师当时求法心情之迫切，行路必是日夜兼程。

从“祖问曰：汝何方人，欲求何物”开始，禅门特有的机锋顿现：“远来礼师，惟求作佛，不求余物。”讲到这里，我们可以学习一段公案：一日，王常侍来到临济义玄禅师的僧堂，看到这里的和尚们没有像其他寺庙的和尚们一样做功课，王常侍颇为疑惑，于是问临济禅师道：“这一堂和尚还看经吗？”禅师答：“不看经。”王常侍再问：“还学禅吗？”禅师答：“不学禅。”王常侍说：“既不看经，也不学禅，那他们究竟在干什么？”禅师答道：“都叫他们成佛作祖去！”如果没有成佛作祖的心，在禅堂里混什么日子？修禅之人，“惟求作佛，不求余物”！如果是惟求养生，不求余物；惟求功夫，不求余物；惟求加持，不求余物；惟求神通，不求余物等的诸位，何必修禅？

“祖言：汝是岭南人，又是獦獠，若为堪作佛？惠能曰：人虽有南北，佛性本无南北，獦獠身与和尚不同，佛性有何差别？”

这几句问答是屡屡被人引用的。“獦”是“猎”的俗字，“獠”是夷蛮之人，多以渔猎为生，“獦獠”又读为“猎獠”，应为“猎头獠人”或“猎头之獠”，不是打猎的人。

“猎头”是獠人的一种文化习俗，即取人头以祭祀神灵，是来源于发祭或血祭的巫术行为，这些野蛮人有的还吃人肉，北方人认为南方是教外之地，人和动物一样野蛮无礼，五祖一见面即用此骇异可怕之习俗来称谓，可见是给惠能大师下马威，看看他如何应对。谁知，貌不惊人的小居士居然说出了“獦獠身与和尚不同，佛性有何差别”这么令人吃惊的话，黄梅山虽有千余徒众，但五祖知道无一人可以说得出来这么彻底响亮、明白清楚的回答。

这里出来一个重要的概念，什么是“佛性”？作为佛临终说法的重要经典《涅槃经》，经中的核心宗旨是“一切众生皆有佛性”，那佛性是什么？佛性作为佛体性，通于凡圣，从中诠显出众生与佛之间在本质上的平等。换言之，佛性之“因”是“众生性”与佛性之“果”为“如来性”，这两种性是“佛性”在因位与果位的体现，平等无别。

从众生角度看佛性是众生之本质，亦是众生成佛之内在依据，这是成佛的根本因。由于佛性从“无常”的角度看是“恒常性”，从“恒常”的角度看又具有“无常性”，因此，佛性非常非无常。在大乘佛法中，佛性一般是指佛体性，是凡圣间之通性。因此，惠能大师此处回答可谓画龙点睛。

“五祖更欲与语，且见徒众，总在左右，乃令随众作务”。

此时五祖心中喜忧参半，还想说话，却顾忌左右徒众。大家有没有看出疑点来？我们前文已经说过当时的社会背景，黄梅山都是出家修禅的禅僧，为什么见到大根器的人，五祖却有这么多顾忌？是这种反应呢？我们要理解，五祖是智慧、功夫均深不可测的高僧，好比四祖道信，面对太宗的尚方宝剑，怡然引颈而受，那么，作为四祖的法嗣，这样日日“不倒单”的高僧，必是既不怕死，也不畏权，更不爱财，连皇帝都不在意的禅师，为什么会这么在意左右徒众呢？这一点，需要大家好好参悟，不要随便这么翻过去。

五祖已知这位惠能居士是法器，便欲遣他先干杂活去，谁知惠能又说出了一番更加令他刮目相看的话来：“惠能启和尚，弟子自心常生智慧，不离自性，即是福田，未审和尚教作何务？”

五祖于是不得不云：“这獦獠根性大利”，这句笑骂或者说笑赞，完全是由心而发，这样的根器，哪里寻去？

会诀 惟求作佛 不求余物

禅者修行时

“作佛”是指“成佛”，“成佛”的含义是成就佛的无上正觉，一切禅修目的在于“成佛”。不为“成佛”而修行，这种心易退转，易迷信，易邪见，易偏离。

成佛有两种：

1.不离世间烦恼，在人间即能成佛；

2.脱离世间、断除烦恼，方能成佛。

“中国禅”是不离世间的修行法，禅者在世间各种磨难中，即能“成佛”。禅修的路径有许多，其中既有各种形式的行脚禅修法，例如玄奘法师取经行脚、赵州从谂禅师、僧肇法师等拜师行脚修法，也有维摩大士、傅大士这样的在红尘中修行的大菩萨的人间修法。

“赵州八十犹行脚，只为心头未悄然，及至归来无一事，始知空费草鞋钱”。曾有一学僧向赵州禅师参问：“宇宙有成住坏空，要是有一天，风吹初禅，水淹二禅，火烧三禅，世界毁坏时，我们的肉身还会不会存在呢？”禅师对曰：“随他去。”但回答完，禅师对此回答自己并不满意，故出外行脚寻师访道，因此有“一句随他语，千山走衲僧”的说法。禅师行脚生涯一直持续到了八十岁，为什么呢？只为心头未悄然，内心还不究竟，生从何来？死往何处去？尚未悄然，难道说不明白的，就真的可以“随他去”吗？

真正的禅者，必是觉悟了然生命实相的人，什么是本来面目？我在生活，但生活者谁？我在睡觉，但睡觉者谁？我是谁？谁是“我”？我为什么生活？

生命的意义何在？都要有个究竟的觉悟，果真明白了，才算是找到本来面目，才是真明白人，才能够真正安心。所以赵州禅师出外行脚多年，寻师访道，“及至归来无一事，始知空费草鞋钱”，到了八十才真正明白生命的自觉只在方寸之间，不劳营营外求。找到自己，是真正的菩提！

颂曰：无前无后，争什么？

祖师云：

问：何者是佛？

师云：汝心是佛。佛即是心，心佛不异，故云即心即佛。若离于心，别更无佛。

云：若自心是佛，祖师西来如何传授？

师云：祖师西来，唯传心佛。直指汝等心本来是佛，心心不异，故名为祖。若直下见此意，即顿超三乘一切诸位，本来是佛，不假修成。

云：若如此，十方诸佛出世，说于何法？

师云：十方诸佛出世，只共说一心法。所以佛密付与摩诃大迦叶，此一心法体，尽虚空遍法界，名为诸佛理。论这个法，岂是汝于言句上解得他，亦不是于一机一境上见得他，此意唯是默契得，这一门名为无为法门。

——黄檗希运禅师《宛陵录》

5.自性若迷 福何可救

经文

祖一日唤诸门人总来:吾向汝说,世人生死事大,汝等终日只求福田,不求出离生死苦海,自性若迷,福何可救?汝等各去自看智慧,取自本心般若之性,各作一偈,来呈吾看,若悟大意,付汝衣法,为第六代祖。火急速去,不得迟滞。思量即不中用。见性之人,言下须见。若如此者,轮刀上阵,亦得见之。

众得处分,退而递相谓曰:我等众人,不须澄心用意作偈,将呈和尚,有何所益?神秀上座,现为教授师,必是他得。我辈谩作偈颂,枉用心力,诸人闻语,总皆息心。咸言:我等已后,依止秀师,何烦作偈。

神秀思惟:诸人不呈偈者,为我与他为教授师,我须作偈将呈和尚,若不呈偈,和尚如何知我心中见解深浅?我呈偈意,求法即善,觅祖即恶,却同凡心,夺其圣位奚别?若不呈偈,终不得法,大难大难!

五祖堂前，有步廊三间，拟请供奉卢珍画楞伽经变相，及五祖血脉图，流传供养。神秀作偈成已，数度欲呈，行至堂前，心中恍惚，遍身汗流，拟呈不得，前后经四日，一十三度呈偈不得。

秀乃思惟：不如向廊下书著，从他和尚看见，忽若道好，即出礼拜，云是秀作；若道不堪，枉向山中数年，受人礼拜，更修何道。

是夜三更，不使人知，自执灯，书偈于南廊壁间，呈心所见。偈曰：

身是菩提树，心如明镜台，

时时勤拂拭，勿使惹尘埃。

秀书偈了，便却归房，人总不知。

秀复思惟：五祖明日，见偈欢喜，即我与法有缘，若言不堪，自是我迷，宿业障重，不合得法，圣意难测。

房中思想，坐卧不安，直至五更。

祖已知神秀入门未得，不见自性。

天明，祖唤卢供奉来，向南廊壁间绘画图相，忽见其偈。报言：供奉却不用画，劳尔远来。经云："凡所有相，皆是虚妄"，但留此偈，与人诵持，依此偈修，免堕恶道，依此偈修，有大利益。

令门人炷香礼敬，尽诵此偈，即得见性。

门人诵偈，皆叹善哉！

祖三更唤秀入堂，问曰：偈是汝作否？

秀言：实是秀作，不敢妄求祖位，望和尚慈悲，看弟子有少智慧否？

祖曰：汝作此偈，未见本性，只到门外，未入门内，如此见解觅无上菩提，了不可得。无上菩提，须得言下识自本心，见自本性，不生不灭。于一切时中，念念自见，万法无滞，一真一切真，万境自如如，如如之心，即是真实，若如是见，即是无上菩提之自性也。汝且去一两日思惟，更作一偈，将来吾看，汝偈若入得门，付汝衣法。

神秀作礼而出，又经数日，作偈不成，心中恍惚，神思不安，犹如梦中，行坐不乐。

会论

学生一：这个“前后经四日，一十三度呈偈不得”，如此详细准确的数字从何而来？

学生二：对啊，惠能大师怎知神秀上座的行与思？

学生三：惠能大师究竟识不识字？如不识字，为什么可以写出这么高深的偈语？

学生四：我认为，惠能大师的偈是在看了神秀上座的偈语后受启发写的，是否可以这样理解：神秀上座在某种程度上成就了惠能大师？

学生五："望和尚慈悲，看弟子有少智慧否？"这句话和前文惠能大师的"人虽有南北，佛性本无南北，獦獠身与和尚不同，佛性有何差别？"境界差别实在太大，神秀上座在祖位面前，禅门弟子的自信已经荡然无存，二位大师的胸怀高下顿现。难怪五祖不传位给神秀上座，我要是五祖也不传给他，这么没自信。

学生六：法海禅师集录的《坛经》经过惠能大师认可了吗？这些描述是大师本人说的吗？

学生七：五祖在碓房已经见过惠能大师了，通过对话是否已然心有所属，心中确定了传人，才有后来的"唤诸门人总来"，宣布传法等等一幕幕大戏？

学生八：五祖堂前有步廊三间，本来打算请著名的画师画《楞伽经》变相和五位祖师血脉图。这里虽然是一个句号，但是下文有一个铺垫，五祖说我们现在有宝物了，不需要再画了，这是什么意思？这宝物是指神秀上座的偈颂吗？

学生二：什么叫变相？什么叫血脉图？

学生一：血脉图应该是从达摩初祖到五祖的法脉吧。

学生八：我认为这个血脉是指禅门自达摩祖师这一路传下来，每一位祖师的经历都是惊心动魄，祖师们用生命在传法，所以这个脉叫血脉。

学生九：你们说的都有道理，但我在这里看到神秀上座还是很有气节的，他认为如果体悟不真切，就枉在黄梅山中受人礼拜数年，我感觉他不愧为上座。

学生十：我感觉神秀大师的偈颂写得也很好，对仗公整，琅琅上口，但是和惠能大师的偈语比,他把自己的身和心分开了,他后来这两句话让我想起《维摩诘经》中舍利弗在林中宴坐,维摩大士让他不断烦恼而入涅槃,有这个“时时勤拂拭”的念头,又加了一个“拂拭”的烦恼出来,是想断烦恼而入涅槃。

学生九:我虽然觉得神秀上座很有气节,但他似乎太在乎祖位了,我不太理解这个祖位,对于大修行人为什么也这么重要?他不是要时时勤拂拭吗?自己心中的想得祖位的欲望也没有拂拭掉,那拂什么呢?

悟义微笑不语。

会通

现在我们的五祖大师终于要选法嗣了,本来是欢喜的事情,被五祖这几句“火急速去,不得迟滞。思量即不中用。见性之人,言下须见。若如此者,轮刀上阵,亦得见之”。搞得气氛不仅是紧张,而且怪异起来。

仔细想想,这哪里像禅门大宗师的口气?像要传法?什么火急速去,不得迟滞,再什么轮刀上阵,亦得见之!这不像是师父欢喜地选出得意门人传祖位,倒像是大家要马上上战场冲锋一般。

五祖这段话的重点在“思量即不中用,见性之人,言下须见”,但大家不要忽略了五祖当时说话的语气和急迫之情,这些令人不解的语气和行为,都是反常的。高僧们通常在灭寂时选法嗣,也有提前选定的,但像五祖这么急的,少见。所以他显然有什么心事,不仅五祖的表现反常,黄梅山的修行气氛也甚是古怪,神秀上座是众望所归,但他自己显然信心不足,黄梅山已经没人超过他了，他的信心不足明显来自于自己对法的领悟程度，更奇怪的是其他人似乎对竞争祖位也兴趣不大，就等着上座接位大家依止他，但是这些连写偈颂都没兴趣的僧众，为什么过了几天就突然性情大变，百余人下山抢衣杀人呢？他们都是神秀上座的铁杆粉丝为上座而抢夺法衣吗？如果不是神秀上座指使，那么背后的力量是什么？

禅门的修者，放弃写偈颂的机会，心照不宣地静等神秀上座接班，这种现象也是异常的。这些人，还是修者吗？即使不为祖位，呈上自己的偈颂请五祖印可也是分内之事啊，如果修者已经失去人人平等的基础，失去自修自悟的根本，写个偈颂难道怕神秀上座以后报复吗？如果这么思来想去，他们还在黄梅山出家修行做什么？这些参禅悟道的禅者到底参了些什么？每日读诵《金刚经》，自经中领悟到了什么？五祖能够容忍这种徒众在黄梅山修行又为了什么？

带着这些疑问，我再次翻看五祖的《修心要论》，其中一段话，引起我的注意，摘录如下：

“不肯发至诚心，求愿成佛，受无量自在快乐，乃始轰轰随俗贪求名利，当来堕大地狱中，受种种苦恼，将何所及。奈何奈何！努力努力！但能著破衣飱粗食，了然守本真心，佯痴不解语，最省气力而能有功，是大精进人也。世间迷人不解此理，于无明心中，多涉艰辛，广修相善，望得解脱，乃归生死。若了然不失正念，而度众生者，是有力菩萨。”

其中“但能著破衣飱粗食，了然守本真心，佯痴不解语，最省气力”，不知各位看了是否和我一样有所触动？

接下来，我们再回到《坛经》，五祖告门人明明是“思量即不中用”，那么神秀上座是如何表现的呢?“神秀思惟”、“秀乃思惟”、“秀复思惟”、“前后经四日，一十三度呈偈不得”、“房中思想，坐卧不安，直至五更”……难怪各位刚才提出这么多疑问，确实这些描述是大奇，也是大疑。

黄梅山的上座弟子神秀大师不是普通人，其时，五祖弘忍门下，人才济济，如资州智诜，随州玄约，潞州法如，高丽僧智德等等，皆是了不起的高僧。五祖灭寂后，这些弟子分头弘法，以长江沿岸的大别山为中心，将东山法门教线扩充北至长安，西至剑南，东至越州，南至岭南，一时大江南北，禅帜高扬，而在这些弟子中，最具德性和见地的当属神秀上座。那么除了神秀上座之外，这些未来霍霍有名的大禅师们，此刻不会全部不在山上吧?但怎么都销声匿迹了呢?

神秀上座少年博学，宋《高僧传》卷八《神秀传》说他“少览经史，博综多闻”。他曾“游问江表，老庄玄旨，书易大义，三乘经论，四分律义，说通训诂，音参吴晋”。五十岁时，他来黄梅东山寺参礼五祖弘忍，一见即服，深得五祖器重。干了六年杂活后，被尊为上座。神秀上座的禅法继承了五祖的“守土真心”，以妄心不起，真心不失为解脱，以“一切善恶，皆由心发”为基础，强调观心的重要性。他认为：心既是“众善之源”，也是“万恶之主”，因此心有“净心”和“染心”两种，一切诸法，唯心所生，若能了心，万法俱备。若随染造恶，则沉沦三界，受种种苦；若观心修行，除染还净，了悟本觉真心，即得解脱。由此他提出，观心的根本要求就是看心看净，摄心守净，去恶离染。染心中贪、嗔、痴“三毒”是种种烦恼和邪恶的根本，由六根而起的六识是损真心的“六贼”。修者求解脱，就是除三毒，净六根，以灭除一切苦，这也是修行要达到的目标。

根据这种思想，他的偈颂：“身是菩提树，心如明镜台，时时勤拂拭，勿使惹尘埃”，时时拂拭“染心”中的尘埃，好似儒家每日三省吾身一般，这个思想并没有背离东山禅法。因此，五祖谓众人曰：“依此偈修，免堕恶道，依此偈修，有大利益。”

五祖此语非妄语，但免堕恶道是禅门的根本吗？儒、道修者免堕恶道，皆可得大利益，禅者修行的根本是免堕恶道有大利益吗？显然又不是。

刚才大家对神秀上座思维、复思维、前后经四日一十三度呈偈不得等个人行为为什么会写入《坛经》而心存疑问，我个人认为我们不要忽略“祖三更唤秀入堂”这句话，神秀上座是品德高尚的大德，师徒之间一定有一番恳切交谈，这些思维活动，作为神秀上座亲自向师父如实报告。那么弘忍大师知道的事情，惠能禅师又可能是如何得知的？为什么要在《坛经》中讲出来？是为了打击神秀上座吗？如果这样我们就是以世俗之心去揣度惠能大师，但是此处留下这个明显的疑点是为什么？请大家自己认真参悟。

此外，五祖对神秀上座再次的叮咛十分重要，这段话，是五祖思想的根本：“无上菩提，须得言下识自本心，见自本性，不生不灭。于一切时中，念念自见，万法无滞，一真一切真，万境自如如，如如之心，即是真实，若如是见，即是无上菩提之自性也。”

我们在这个社会上生存，无可避免地涉及人际关系、各种行为、思想观念、现代科学、深浅哲理、阴阳变换、养身养生、物理生理、心理意识，出世入世，各种立场不同的学问、理论搞得人晕头转向，喜欢看书的人看了若干大师的书，结果往往是头脑中还是一堆疑问，还有人嘴巴上道理可以讲一堆，真正遇到事情时依然妄念顿生。不少人喜欢看风水，我见过有人用奇门遁甲预测风水，不用去现场就可以知道这个房子适不适合用。风水的核心在气，气的产生主要是风、火、水三者相互作用的结果。水是生命的源泉，气是生命的延续，火是二者之间变化的媒介。气的变化有阴阳之变，气之阳者，御风而行；气之阴者，从水而动。

现在人简单地理解所谓风水变化就是受外界的环境、山脉、河流、道路、建筑物、桥梁、朝向等条件影响，忽略了人是天地阴阳所生，本身禀受阴阳之气，人的气场才是决定性的风水之本！人内在的气与天地之气谐和，不相冲突、悖逆，这是安康顺达、和谐兴旺的关键点。

如果人本身气场不良，住再好的环境里也会疾病缠身，灾殃不断，然则隐微者难知，显著者易见。人体内在的气是无形的，而外在环境如天地、山川、河流、建筑物等是有形的，人们往往就忽略了内在的决定因素，而盲目追求外在条件。真正的风水不是可以通过各种勘测方法来判断、改变的，即使改变也是暂时的，什么改变内部结构、布局，什么中门的开设，卧室、家私、厨房的位置等等，这些外在条件的吉凶优劣变化，对人内在的影响微乎其微，人本身的能量是决定性的因素。想用咒语、巫术、神通来改变命运的人，无疑是给自己加盖了一个监狱，难道施法者的能力高过阎王？什么人可以修改因果律？

会诀 自性若迷 福何可救

禅者修行时

自性迷时，人的心中如同一摊浑水，发出想要利众的慈悲心，想要爱护家人孩子，结果反而是伤众，伤亲人。自性悟时，人的心中如同明镜一样的清澈，随宜做事，随缘自在，嬉笑怒骂，皆是在利益众生。所谓做好事，这些世间的福报，并不具备带动自己念头清净以及与自性契合的能量。

颂曰：无生无死，了什么？

祖师云：

希求福利，得福虽多，而于识心见性了无所得。

——惠能大师《六祖金刚经注》

6.本来无物 何处尘埃

经文

复两日，有一童子，于碓坊过，唱诵其偈。惠能一闻，便知此偈未见本性，虽未蒙教授，早识大意。

遂问童子曰：诵者何偈？

童子曰：尔这獦獠不知，大师言，世人生死事大，欲得传付衣法，令门人作偈来看，若悟大意，即付衣法，为第六祖。神秀上座于南廊壁上书无相偈，大师令人皆诵，依此偈修，免堕恶道，依此偈修，有大利益。

惠能曰：我亦要诵此，结来生缘。上人，我此踏碓八个余月，未曾行到堂前，望上人引至偈前礼拜。

童子引至偈前礼拜。

惠能曰：惠能不识字，请上人为读。

时，有江州别驾，姓张名日用，便高声读。

惠能闻已，遂言：亦有一偈，望别驾为书。

别驾言：汝亦作偈，其事希有。

惠能向别驾言：欲学无上菩提，不得轻于初学，下下人有上上智，上上人有没意智。若轻人，即有无量无边罪。

别驾言：汝但诵偈，吾为汝书，汝若得法，先须度吾，勿忘此言。

惠能偈曰：

菩提本无树，明镜亦非台。

本来无一物，何处惹尘埃。

书此偈已，徒众总惊，无不嗟讶。

各相谓言：奇哉！不得以貌取人，何得多时使他肉身菩萨。

祖见众人惊怪，恐人损害，遂将鞋擦了偈，曰：亦未见性。

众以为然。

会论

学生一：我感觉五祖让黄梅山门人们高诵神秀大师偈，这是让人给惠能大师发暗号。这个小和尚便像个信使一样，把五祖的信号传到惠能大师耳朵里，于是他便根据暗号来到廊前。

学生二：我也是这么认为，五祖在传递信息给惠能：是时候了！你可以出来了。

学生三：对！惠能大师跟五祖之间心有灵犀，我现在才理解为什么五祖让大家把神秀的偈颂留在那儿唱诵，这样的话惠能大师就能得到这个信息了。

学生四：我认为五祖的想法，不用发暗号，惠能大师也能感应到。即使没有把偈颂留在墙上让大家参拜，惠能大师也快到出头的时候了。

学生五：大家说的怎么跟谍战片一样？地下党通过报童传递信息？我不这么认为，各位是电视看多了。

学生六：黄梅山东山法门里每天的功课是诵《维摩诘经》、《金刚经》，现在突然改诵这首偈。小沙弥们走来走去，口中高诵此偈，而且他们彼此当然会聊，大和尚说什么什么啊，所以说五祖有意传递这个信息给后院杂房的惠能大师，应该是有极大可能性的。功课改了，小沙弥嘴里念念有词，惠能大师一听就知道未见性，他应该知道这是一种召唤。

学生八：童子说"尔这獦獠不知"，这黄梅山从上至下的和尚、沙弥看上去怎么都没修养？张嘴就损人呢？连个童子都叫惠能大师"獦獠"，这也太没礼貌了，完全不像修行人。

学生七：我认为小沙弥们进佛门都有教育的，行、住、坐、卧四威仪，包括穿什么衣服，如何称呼等等，这些都是有教育的，可是这位小沙弥一张嘴就是"獦獠"，说明了黄梅山现在都已经到了什么地步了。五祖居然恐恶人加害，说明山上可能已经非五祖可以控制了，就是老师开始时讲的问题，我在想这乱怎么来的？

学生八：小沙弥一张嘴都叫惠能大师"獦獠"，可是大师却称呼沙弥为"上人"，这个对比太明显了，人贬我三级，我抬了他八级，佩服啊！惠能大师的修养不是一般人可以做到的。

学生一:对下下人才需要捧。

悟义:大家讨论得很热闹啊!说到捧的话题,当年赵王拜访赵州禅师,禅师躺在床上没有起身迎接,赵王亲到床前问候。禅师说:"赵王!我年老力衰,没有力气起来迎接你,请原谅!"

赵王一点都不见怪,两人谈得非常投契。赵王回去后,想着禅师年纪大了,就派人送来数车礼物作为供奉。谁知,赵州禅师一听来送礼的是赵王府大管家,立刻起床,披上袈裟,隆重地出山门迎接。徒众们看到师父这种行为,不由十分讶异:咦?赵王到时,您在床上不起来,而如今不过是个管家,您却要亲自大开山门迎接,这不是舍本逐末吗?禅师答道:我迎接客人分三种。上等人来,我示以真面目;中等人来,我示以客礼;下等人来,我示以俗礼。因为这段典故,宋朝苏东坡去金山寺访佛印禅师时,就写了一封信,希望禅师尽管躺在床上睡觉,不要费心接待我。可是当苏东坡到达金山寺时,佛印禅师却早已候在山门外了,苏东坡一见哈哈大笑:我就知道你的功夫不及赵州。佛印禅师笑着说了一段偈语:"昔日赵州少谦光,不出山门迎赵王,怎知金山无量相,大千世界一禅床。"佛印禅师是把整个大千世界都当作自己的禅床了。

学生二:老师,您的意思是不是觉得惠能大师在不同时候对不同人的称呼是因为他的本性。就好像他说法时称呼大家为"善知识",听法的人能听得懂,他如果把小童子叫"善知识",小童子未必能听懂。但小童子肯定明白"上人"是什么意思,所以这个称呼是惠能大师的方便法。而不是因为童子贬低他，他更有抬高童子之意。

学生九：不对，老师说了“善知识”是一种相应的状态，称呼是为了唤醒学人内心中的这种状态，更重要的是“善知识”是平等的，而“上人”是不平等的。他为什么喊童子“上人”呢？我认为就是因为童子叫他“獦獠”，所以他才喊童子“上人”。如果童子当时没有喊他“獦獠”，喊师兄什么的，他可能就称呼他“小师父”等等，就因为别人辱了他，才这么称呼，这就是惠能大师，他真能忍啊！

悟义：如果人心中想着我要“忍”，这个“忍”已经不是忍了，而是“嗔”！起了忍心都是忍不久的，如果因为别人贬低自己，而故意抬高别人，这心中还是存在不平等，您心中有个“我认为”在，所以就理解不了惠能大师的心。

学生一：惠能大师对童子说我也要诵此偈，而且要“结来生缘”，这句话我不明白。

学生二：他的目的不是“结来生缘”，他是借此出山。

悟义：这是您们的想法，不是惠能大师的想法。您们已经习惯了用阴谋论来理解事物，禅者的用心也变成了现代人的“用心计”。什么叫“结来生缘”？惠能大师见五祖时说的话是何等光明磊落？五祖打发他去干杂活，他心中有分别吗？这样的人会想着别人在辱我，我要忍辱吗？无分别的人心中有什么前生后世吗？什么叫来生？什么叫“来生缘”？什么是禅者的轮回？当下一念就是轮回，一呼一吸之间就是重生。那大师莫名其妙讲了这样一句“结来生缘”是什么意思？我们需要往前文看，五祖说大家要诵神秀上座的偈，这个偈可以让你“免堕恶道”，惠能大师此时的这一句“结来生缘”和师父如出一辙，师徒二人虽然没见面，但出来的话那么有默契！惠能大师说要结来生缘，他到哪里去结来生缘？免堕恶道便是当下的“来生”啊，所以从这里可以看出五祖和惠能师徒之间实在是心心相印。

学生三：我看这位江州别驾，也是一个很有智慧的人，比刚才的童子高出甚多，童子是俗人，大家叫惠能大师“獦獠”，他也跟着叫“獦獠”，没有自己的见解。而江州别驾不一样，他一开始也是轻惠能大师的，他说你也能写偈？此事希有。然后他听了惠能大师说下下人有上上智，莫轻初学等话后，马上就转变了态度，说明此人有智慧。

学生二：对，他居然还说“汝若得法，先须度吾”，说这话的时候，惠能大师的偈颂还没写呢。

学生十：我还注意到惠能大师跟这位张别驾说的一句话，言“欲学无上菩提”，怎么惠能大师这句话和前面五祖对神秀大师讲的“无上菩提”那句话这么呼应？

学生八：对，再次和五祖对上了，一个一个暗号都对上了。

学生一：举一个简单例子，我们当中，有人是初来听讲，诸位刚才的发言，我发现虽是初学，但提出的问题已经很有见地了，我就想起“若轻人即有无量无边罪”这句话，真的是这样啊。

悟义：《维摩诘经》第十品“香积佛品”中云：“时，彼佛与诸菩萨，方共坐食，有诸天子皆号香严，悉发阿耨多罗三藐三菩提心，供养彼佛及诸菩萨，此诸大众莫不目见。时，维摩诘问众菩萨言：诸仁者，谁能致彼佛饭？以文殊师利威神力故,咸皆默然。维摩诘言:仁此大众,无乃可耻。文殊师利曰:如佛所言,勿轻末学。”这段经文中讲到,上方世界有诸天神,他们都叫作香严,已经发了无上正等正觉之心,只是还没有证佛果而已,这些天人都在恭敬供养香积佛和诸位菩萨,一切供养中最上品的供养是法供养。法供养就是每部佛经中的最后一句:“信受奉行。”维摩大士此时现了神通,让他们看到香积佛正带弟子们在吃饭,又香又好。维摩大士故意问众菩萨,哪一位可以去香积国拿饭过来吃?文殊菩萨是领头的菩萨,他不表示意见,其他的菩萨们,包括观世音菩萨等,也都不答话。其实这些菩萨们都可以去,但菩萨们和维摩大士唱双簧,来教化众生。看到大家都不说话,维摩大士就骂道,在座诸位太可耻了吧?这时文殊菩萨说,佛教导我们千万不要轻视任何一个人、一个众生,乃至一条虫、一头牛,都不该轻视,不可轻视初学。如《瑜伽师地论》的大乘菩萨戒,第一条就是戒自赞毁他,这是根本重戒。大乘菩萨道要绝对的谦虚,不轻视任何一个人。换言之,不轻视任何一个人,也就是平等尊重任何人。维摩大士故意在这里犯戒骂人,而文殊菩萨和诸菩萨则故意被神通压住,文殊菩萨和维摩大士一问一答地表演,以此引导在座的菩萨、罗汉,由此我们可以领会到,惠能大师说“莫轻初学”源头在《维摩诘经》经中。

会通

这一段的要点,集中在惠能大师悟道偈上:“菩提本无树,明镜亦非台。本来无一物,何处惹尘埃?”

刚才几位同学私下里悄悄讨论,说看不出来惠能大师偈颂比神秀大师的偈颂高在哪里?还有同学说,惠能大师的偈颂是在神秀大师偈颂的基础上完成的,是神秀大师成就了惠能大师。

他们二位大师偈颂最大的差别在于:神秀大师的偈颂是以修法角度来讲的:染心需要勤拂拭,莫使惹尘埃。

圭峰宗密禅师在《中华传心地禅门师资承袭图》中说:

“北宗意者,众生本有觉性,如镜有明性;烦恼覆之不见,如镜有尘暗。若依师言教,息灭妄念,念尽则心性觉悟,无所不知。如摩拂昏尘,尘尽则镜体明净,无所不照。故彼宗主神秀大师呈五祖偈云:身是菩提树,心如明镜台,时时勤拂拭,莫遣有尘埃。”在《禅源诸诠集都序》中,禅师将北宗归于“息妄修心宗”,述其意曰:“息妄修心宗者,说众生虽本有佛性,而无始无明覆之不见,故轮回生死。诸佛已断妄想,故见性了了,出离生死,神通自在。当知凡圣功用不同,外境内心各有分限,故须依师言教,背境观心,息灭妄念,念尽即觉悟,无所不知。如镜昏尘,须勤勤拂拭,尘尽明现,即无所不照。”

由此可见,神秀上座对本性清净的理解是将本净和客染一分为二来看待的,强调息灭妄念才能显得清净。这种离染求净的“本性清净”观,照宗密禅师的说法接近于唯识宗,它与般若法系的“本性清净”观存在一定的差异。不仅如此,神秀上座的“拂尘”说,还包含着把染尘和觉净的身心都执为实有而修之,这也正是惠能大师极力反对的,如《坛经》中云:

"若言著心，心元是妄，知心如幻，故无所著也。若言著净，人性本净，由妄念故，盖覆真如，但无妄想，性自清净。起心著净，却生净妄，妄无处所，著者是妄。净无形相，却立净相。言是工夫，作此见者，障自本性，却被净缚。……若著心著净，即障道也。"

惠能大师认为心也好、尘埃也好、拂拭的方法也好，这些都是本来无一物的，"自性清净"怎么拂拭呢？哪有尘埃呢？尘埃是幻是空，而净本身就是自性空寂之意。因此，自性需不离染而悟净、证净。我们首先从"空"的角度来理解一下这首偈。

"空"是佛法的根本。佛法是缘起法，"缘起"是由因缘所构成的这个世界万物，皆由于"因缘"和合而有聚、有散，聚呈现出当下的各种现象，散则现象消失，所以有聚有散。普通人因为不识"空"，故执著妄想，烦恼不断。佛法中不仅讲此身幻有，人是空，最后连法都要放下，因为任何一个因缘所生的法，它不可能是永恒的，这叫作"无常"。但"无常"不能代表"空"，"无常"是佛法中"空"之初门，好比儒家的"爱"不能代表"仁"一样，"爱"是"仁"的初门。

既然一切人、事、法都由因缘所生，有生就有死，有聚就有散，"无常"是因缘所生法的根本特征。那么这么无常的因缘，有没有"因缘"的本性呢？是"受"？"想"？"行"？"识"？显然不是，那是不是"色"？是不是地、水、火、风呢？显然也不是，可以说没有一个是"因缘"的本性。也就是说，所有的因缘所生法，没有一个独立的本性和自性，由于这个没有独立自性的特点，佛法里面叫"无我"。

“无我”不仅仅单指“人”。“无我”是指一切“因缘”所生的人、事、物、境，宇宙万物都是因缘所生。物质怎么产生，爱因斯坦证明了是由能量转换成的，那么宇宙中只有两种：物质和能量。而物质又是能量转化成的，因此宇宙中只是“能量”构成，而能量随着因缘在不停转化，这具足了因缘所生法的两大特点：“无常”、“无我”。

从现象的角度讲，天地万物变化是“无常”，从本体角度讲，天地万物是“无我”，这个因缘所生的世界，充斥其中的法，即“真理”，并无自性，这便是“空”，或者叫“清净”，简单理解指的都是：“无常”、“无我”。

又有人误以为现象消失了叫“空”，现象存在叫“有”，其实不是这个意思。关于“空”和“有”的解释，我们会在后文进一步展开。惠能禅师创立的最上乘禅，它的第一条特性就是自性本来清净，无常无我。既然无常无我，哪来的什么烦恼？哪来什么尘埃？哪来什么拂拭了尘埃才可以清净？因此，这叫“本来无一物”，《坛经》中称之为“自性清净”。

针对神秀上座的“时时勤拂拭，勿使惹尘埃”说，惠能大师提出了“本来无一物，何处惹尘埃”。此外，经中还有诸如“本性自净自定”、“世人性本自净”、“自性常清净”、“菩提般若之智，世人本自有之”、“识自本心，是见本性”、“若识本心，即是解脱”等种种说法，可谓是俯拾皆是，惠能大师以“自性清净”为“中国禅”的理论根据。

然而，原始佛教之教理中，尚无“自性清净”或“本性清净”的教义，从佛初期所说的“四圣谛”、“八正道”等佛法来看，可以说是把染、污、苦、垢看作“人间”或“婆娑世界”的主要特征。“众生”由于执著在“假我”这个五蕴和合体中，受爱欲、财色等蒙蔽，需通过勤修、持戒获得禅定，从而解脱，脱离这个此岸世界，去往美好的彼岸。这个在原始佛教内称为“清净道”，主要是指戒行的清净，并非本性的清净。在原始佛法那里，虽然并没有得出染污是众生性，清净是佛性这样的结论，但众生充满了染污，只有佛、阿罗汉是获得了清净，这层意思是表达得十分明确的。

到了部派佛教，心性本质是染还是净，成为诸派探讨、争议的重大问题之一。这一问题，关涉到心是否可解脱烦恼污染而得净化，对佛教的解脱论和修行实践来说，尤为重要。诸学派各执一端，但各自都看到了心性的一个方面，均是以“心相”论“心性”，将心看作有自性的实体来判其本性的染净，未能从实相着眼揭示心本具不变、不易的本性，各种论点皆较显粗糙，还停留在人性论、伦理学的层面。从人性论而言，说心性本净、本不净或亦净亦不净、非净非不净各有其理由，正如孟子、荀子的性善、性恶、性非善恶之诤，各有其据，很难说谁绝对正确。

心若无本净心性，藉由拂拭而得净，则由此所证涅槃，岂不是成了有修为造作的有为法？故神秀上座此说是有为法，不究竟。

大乘诸宗主要从体用论着眼，说心性本空、不生不灭故，本来清净，不但心体本净，即客尘烦恼，也缘起无生，本来清净，其中多以虚空比喻心性。惠能大师依心性本净义进行灵活发挥，做出了“本来无一物”的偈颂，以明心见性为解脱成佛的枢机，此偈颂不仅说心性本净本寂，更说心性本觉。其心性论显然比原始佛教、部派学派的心性论更为彻底。

神秀上座的偈颂并没有脱离佛说法之本意，只是境界没有超脱原始、部派佛教的范畴,五祖说依此偈修,免堕恶道,有大利益当然不是妄语。原始、部派佛教以各种缘起论来说明“无常”、“无我”、“涅槃”等出世法。即众生由无始无明,不明诸法皆由缘起,故无常、无我,从而妄生颠倒执著,沦于无尽的生死轮回。而大乘般若学极大地发展和丰富“空”,乃至成为统摄缘起论,以及“无常”、“无我”、“涅槃”、“苦”等出世法的核心理论。因而,“自性清净”一论也就很自然地被大家纳入到“空”的理论范围中去了。

以上我们是从“空”的角度理解“本来无一物”,下面我们再从“妙有”的角度理解一下:这里讲的“无一物”,无的是物,物是什么? 有形、有相、有名、有体的叫物体。“无一物”的另一层含义还可以理解为,无的是器物,尘埃是物,但并没有说物以外全无。孔子说“君子不器”,何谓“器”?《易·系辞》:“形乃谓之器。”“器”就是“形”;何谓“形”? 就是有“相”。何谓“君子不器”? 就是“君子不相”。这和“本来无一物”的说法非常接近,君子不住相,不代表就没有君子啊。

天空是“空”的吗? 我们的色身是哪里来的? 是从本性中来的,因缘所生法,生了以后是有的,所以色身是本性的一部分,尘埃是清净自性的一部分,既然尘埃是清净本性的一部分,怎么拂拭呢? 大家如果觉得这个不好理解,我们举个例子,譬如镜子里的影子,是镜子自体的一部分吧? 影子如果离开镜子还会存在吗? 如果影子是尘埃,怎么拂拭? 把镜子打碎了影子只会更多。因此《心经》中讲“色不异空,空不异色”之后,有一句特别重要的转语就是“色即是空,空即是色”,“真空”、“妙有”不二,“无一物”既是“真空”,也是妙有,这个就是“不一不异”。我们从“妙有”的角度来理解时,会发现,“色”中含有全体“空”,“空”中含有“全体色”,因为“无一物”所以“生万物”,故佛法是“不二之法”。

一般修行求解脱的人,大多以分别见设想有一个另外的彼岸、菩提、涅槃,神秀大师的修法是勤拂拭尘埃,以此求得菩提、涅槃,修者们通过修行到彼岸去。以般若类诸经和大乘《维摩诘经》等经认为,一切法的实相是空,色即是空,空即是色,即空即色,非色非空,强调不离烦恼而得菩提,不离生死而得涅槃,要在烦恼里求得菩提,在生死中证得涅槃。“本来无一物”是指求菩提没有得到菩提,求涅槃没有得到涅槃,无一物所得,无一物需得,无一物可得。

神秀禅师的禅法要观尘,要看心,要拂拭,要清净,惠能大师的禅法连观也不要。本来无一物,怎么观? 神秀上座的法需要观察分析:某个东西依赖什么条件可存在,条件一旦不存在,这个清净就不存在。而惠能大师则直接把握:一切不染,离诸法相,本来自性空寂,何来拂拭尘埃?

五祖是见性的人,他一眼看出神秀上座对最上乘禅的根本精神没有真正把握,把尘埃和清净一分为二,“看心看净”只是方便,依此修行虽可以免堕恶道,但不是最上乘。

而惠能大师的得法偈则表明,清净和尘埃是两个相对的东西,不是绝对分别的,它们是二而不二的关系,这才是最上乘禅。比如,我们说身上脏了,这是相对干净的时候来讲的。如果把脏东西洗掉,此时所谓的“干净”也就无从说起了。这首偈颂的高明之处,是把自性空、本性空的思想发展到了一个新高度。

惠能大师之前的印度禅以及传来中国的早期禅，禅被单纯理解为“禅定”、“静虑”等修行方法，其作为各个宗派及宗教的重要修行方法，非常强调形式。而自惠能大师开始，他着重强调了“禅”的根本精神：诸法皆空、法无自性。乃至由他开始在整本《坛经》、及后世法子、法孙等诸位大禅师语录中少见具体修行法，如道家如何修通气脉，其他佛教宗派如何修止、观，修脉轮、拙火、明点等各种功夫在禅门经典中几乎不见，那么难道禅门没有这些气脉功夫吗？恰恰相反，几乎每位大禅师都是禅定功夫了得的人，自四祖始，禅门祖师留下肉身的、灭时显示各种神迹的也最多，比于密教的大圆满、大手印等功夫，禅门祖师灭寂时玩得更加花样百出，游戏三昧的这些祖师们为什么不留下功夫秘笈呢？惠能大师的《坛经》中只字不提怎么修气、修定、修身，看上去似乎惠能大师没有身体功夫，但为什么他留下的肉身在一千三百年后依然端坐南华呢？《坛经》中提出了“无念为宗、无相为体、无住为本”的“三无”法门，许多人误以为“三无”是“中国禅”提出的名相和概念，其实这是大师留下的禅修方法，“三无”法门既是禅心法的门，也是禅修法的门，请各位有心人自己参悟其中的奥妙。

自五祖开始，禅门以《金刚经》印心，而《金刚经》的核心思想就是“无我相、无人相、无众生相、无寿者相”。菩萨观诸法如幻如化，虽志求无上菩提，广行一切善法，愿度尽一切众生，但不见有一法可得，有一众生得度，惟有如此，才能融入般若性海，成就无上菩提。而要做到这一点，就须“于自念上离境，不于法上生念”。也就是惠能大师一闻经语，心即开悟，这是“应无所住”，无住于我、无住于法、无住于境，之后不可忘了还有一句：“而生其心”，如忽略生心，便是个自了汉，生什么心？慈悲心、功德心。

“中国禅”的禅法有着丰富的内涵：禅是智慧的象征，是心性的把握，是生命的安顿，是自我的超越。禅破除了对外在一切神圣权威的迷信，追求对自我本性的根本认识，是对自我能动性的最大发挥，是对本来面目的真正认识，这是对常人误将佛法仅限于佛教、“中国禅”仅限于禅宗这些思想局限性的超越。

佛教是释迦牟尼佛圆寂后弟子们逐渐发展起来的，其发展轨迹有二：一是把佛神化。原始佛教里原只有一位佛，即释迦牟尼佛。大乘佛教出现后，随之出现的十方无数的佛、菩萨，诸佛、菩萨都被神化了；教内的许多理念具形化了，如智慧具形为文殊菩萨，大慈具形为观音菩萨，大愿具形为地藏菩萨，大行具形为普贤菩萨等。西方极乐世界也由一种理想发展为一种非常具体的区域净土，净土宗的诸经中对那里的环境和人都做了非常具体而美妙的描写。

另一个轨迹，即把原始佛教“空”的思想充分发挥，原始佛教兴起时就反对婆罗门教的有神论。原始佛教和部派佛教通过对四谛、十二因缘的认识，以及通过三十七道品的实际修行，达到涅槃境界。大乘佛教包含了“空”、“有”二系：

“空”一脉中分出了“般若”和“中观”二系，皆主张色即是空，空即是色，诸法实相是“毕竟空”，领悟及此，就证得实相涅槃，空系的认识论是缘起性空。

“有”一脉有“法相唯识宗”，修者领会到三界唯心，万法唯识，因缘所起都是八识的显现，八识是轮回的种子，但从本质上来说无我无法，我法皆空。有部分观点把“华严”、“天台”也放在“有”系，原因是这些宗派的认识论都是真如缘起或佛性缘起、法界缘起。

无论性空缘起还是佛性缘起、法界缘起，我们要理解空、有二系目的皆是一样，都是要证空，只不过途径和方法不同。

由于对“自性清净”心的理解差别，神秀上座提倡起心修心，拂尘看净，以“清净”心为可得；惠能大师则以起心修心为妄念，认为本无尘埃，诸法性空，即使“本净”心体，亦了不可得。由此，又有人认为“禅”是把“空”发展到了极致，故把“禅”也归在大乘“空”系里。

这样理解当然是不全面的，惠能大师创立的“中国禅”主张自作主宰，自性自度，又主张唯心净土。这是对宗教形式、对空、有二系的超越，这种精神和中国传统文化中重要的人文精神吻合了，“中国禅”之所以能在惠能后百年内，获得普遍认同，获得巨大成功，此为主要原因。

中国传统文化，不管是儒还是道，都富有人文精神，既不为神役，也不为物役。这种人文精神，在西方曾两度被重视。一次是在启蒙运动时期，当时伏尔泰、狄德罗等都推崇儒家的人本精神，并据此来批判神本主义。第二次是在本世纪，如海德格尔等发现西方文明在摆脱神本主义以后，又过分地被技术、知性、物质所统治，因此他们又想回到中国传统文化中寻找摆脱物役的文化资源，从而挣脱神役。因此，“禅”也就格外地受到西方的重视，西方哲学家尝试用西方的“存在论”释“无”，今天的世界，现代和传统、东方和西方都在重新整合之中，基于此，“中国禅”也必将被现代人发现其独一无二的价值。

“书此偈已，徒众总惊，无不嗟讶。

“各相谓言：奇哉！不得以貌取人，何得多时使他肉身菩萨。

“祖见众人惊怪，恐人损害，遂将鞋擦了偈，曰：亦未见性。

“众以为然”。

对于这一段的理解，前面两句话是众人见偈后惊讶，真是不能以貌取人啊，“何得多时使他肉身菩萨”，这句话有人解释为要不了多久，他就成肉身菩萨了啊！可是，也可以认为是大家诧异地想：为什么到黄梅山不到一年，这个貌不惊人，口音不正的卢居士已经变成肉身菩萨了呢？

下一句，五祖曰：“亦未见性。”通常大家认为五祖为了保护惠能大师而说的妄语，是出于一种保护。其实不然，如果惠能大师此时已经完全具足了，还需要后来三更传付什么法？付衣就可以了。

那么，为什么如此精妙的“本来无一物”也还没有见性呢？因为心性除了“本来无一物”之外，还有个特性就是《涅槃经》中说的心性“非净非不净”，心可随不善因缘而染，也可能随善因缘而净，也可能随善因缘而不净。凡夫不修行，其心常随贪、嗔、痴三毒生灭，心共毒则烦恼顿生，心不共毒则似乎烦恼顿灭，因此从心相上说，心性是染净不定、随因缘生灭的，《心经》上说的不垢不净便是。

心既然是不垢不净的，那为什么还要说“清净”呢？《大智度论》中说道，那是因为：“以人畏空，故言清净”，立了一个“清净”的假名而已。关于心性非染非净说，《涅槃经》中云：

“善男子，诸佛菩萨终不定说心有净性及不净性，净不净心无住处故。从缘生贪，故说非无；本无贪性，故说非有。善男子，从因缘故，心则生贪；从因缘故，心则解脱。善男子，因缘有二：一者随于生死，二者随大涅槃。……善男子，以是因缘，心性非净亦非不净。”

天亲菩萨的《佛性论》中，解释了佛法为什么要说净不净：

“不可得说定净不净。若定净者，则一切众生不劳修行，自得解脱故；若定不净者，一切众生修道即无果报。若定净者，则无凡夫法；若定不净者，则无圣人法。何以故？净不净品，皆以如为本故。若其定净，不即无明；若其不净，不即般若。此两处如性不异故，此真如非净非不净。何以故？欲显真如异眼等诸根，异禅定心等故。异眼等诸根者，诸根既不被染，亦应得同如理清净，而不然者，以有漏业为因故，从本不净。真如不尔，在于佛地本性清净，无有从本是不净义，故异诸根。异定心等者，定体本性自净，可得同真，而为四惑所啖故，转成不净，真如之理本来清净，则不如是，虽复在无明中，终不为彼所污。”

所谓自性非染非不染，是就“自性清净”的角度说的；所谓非净非不净，是就“客尘所染”的角度说的。而说“心性非染非不染，非净非不净”，则从“诸法性空”的角度说。

五祖自己对“自性清净”的观点如何呢？五祖在《修心要论》中提到：

“夫修道之本体，须识当身；心本来清净，不生不灭无有分别，自性圆满，清净之心，此是本师，乃胜念十方诸佛。问曰：何知自心本来清净？答曰：十地经云：众生身中有金刚佛性，犹如日轮，体明圆满，广大无边；只为五阴黑云之所覆，如瓶内灯光，不能照辉。譬如世间云雾，八方俱起，天下阴暗。日岂烂也，何故无光？光元不坏，只为云雾所覆；一切众生清净之心，亦复如是。只为攀缘妄念烦恼诸见，黑云所覆，但能凝然守心，妄念不生，涅槃法自然显现。故知自心，本来清净。”

可见，五祖说惠能大师当时的偈颂未见性，不是妄语。

那为什么要说“亦”呢？不是指跟神秀上座的偈颂比。五祖前几天只是说：依此偈修，有大利益。但神秀上座见没见性他并没有向徒众表示，那么说“亦未见性”，是指惠能现在和你们大家都差不多，围着那么多的人呢，只有没见性，跑百米的没有到达终点，差一米和差五十米，都是“亦未见性”。祖师们印可的核心不在于语言游戏，就在于师徒间的“心心相印”。

会诀 本来无物 何处尘埃

禅者修行时

人为什么不见性？就在于执著。

没修的人执著在世间的财色、名利、权势、家庭、身体上，修的人又执著在修行的相上，如外在的仪式感、宗教性、庄严感、神秘感、福报、瑞相、苦修相、戒律、戒条、法器……

佛有三身，修行时应证得清净法身，但法身无相，修者无法看到，因此庄严佛堂上的报身、化身佛便用来代表法身佛，要知道此两种身是方便的表法，不真实。

“中国禅”以自修自悟为根本宗旨，因此修时要破除各种外在的执著，庄严、外相、名誉、地位、价值、历史、净染、是非、对错、好坏……统统要放下，才能进入寻找清净法身自性佛的路。这条路不在平行线上来回徘徊，而唯有向上一路。

有了正见，才能有机缘遇到大善知识指引正法，如果眼中全被外相庄严、各种修行相所障，即便惠能大师出现在眼前，也只是“獦獠”。

我们的本性是不生不灭的，因此并不约束于时间和空间的局限，唯有本性可以超越时空，所谓见性之人，是和本性契合的禅者，禅者明白身体是无常生灭的，会跟着时空、外境的变化而变化，一味追求身体的神通、神迹、长生不死是妄想。那么见性之人死不死呢？南华寺至今端坐的几位肉身菩萨死没死呢？请各位自己参悟吧。

颂曰：无始无终，留什么？

祖师云：

问：既受实报，云何言一切空？

答：分明云众生自妄认为实，其性常空，虽受苦乐，厌爱情生，人法俱空，一无所得。犹如梦见好恶，欣感盈怀，及至觉来，豁然无事。觉来非有，梦里非无。既习颠倒之因，不无虚妄之果。

——永明延寿禅师《万善同归集》

7.求道之人 为法忘躯

经文

次日,祖潜至碓坊,见能腰石舂米,语曰:求道之人,为法忘躯,当如是乎!

乃问曰:米熟也未?

惠能曰:米熟久矣,犹欠筛在。

祖以杖击碓三下而去。

惠能即会祖意。

三鼓入室。祖以袈裟遮围,不令人见。为说金刚经,至"应无所住而生其心",惠能言下大悟,一切万法,不离自性。

遂启祖言:何期自性,本自清净;何期自性,本不生灭;何期自性,本自具足;何期自性,本无动摇;何期自性,能生万法。

祖知悟本性,谓惠能曰:不识本心,学法无益。若识自本心,见自本性,即名丈夫、天人师、佛。

会论

学生一：我感觉东山禅寺现在像被丢了一颗原子弹，惠能大师的偈，其实比原子弹还原子弹，五祖虽说“亦未见性，众以为然”，但大家还是惊呆了。为什么神秀大师的偈颂出来，没人说他是肉身菩萨？说明东山禅寺里，一众人等还是心知肚明的。

学生三：我觉得“次日”，应该引起重视，前面经文中出现最长的时间是复两日，经八月余等等，五祖为什么不再过两天，等大家平静了再去找惠能大师呢？可以看出当时这颗原子弹爆炸以后，东山禅寺的形势特别紧急。紧接着下面还有一个“潜”字，跟“次日”一样，将五祖当时情况的紧急性勾勒出来，五祖在自己道场里，跟特务似的“潜”入米房，是不是他还去了什么别的地方溜了好几圈，把身边跟随的弟子全甩掉了？

学生四：对，这个“次日”是应该注意，看到偈颂的当天五祖怎么没有去找惠能呢？既然形势如此危机，五祖心里应该很焦急才是，等到“次日”，应该就是为了等到大家在禅堂打坐，或者都忙的时候，他能“潜”。五祖进米房时，看到惠能大师在舂米，由于他个子矮小，所以腰间绑了一块大石头增加重量，自己心无旁骛地在舂米，似乎昨日写出的偈颂已经忘了一样。

学生五：“祖以杖击碓三下而去。惠能即会祖意”。我看着这句话心里觉得挺玄的，要是惠能大师会错意了怎么办？

悟义：那是您吧？您们前边已经都屡次三番地挖掘出了这师徒之间的默契啊，相应啊，为什么到这里反而不相信惠能大师的悟性了？您们都发现了这个“次日”的重要性，为什么选在次日？惠能大师写完偈颂干什么去了？继续回去舂米了。他有没有考虑我这首偈写完之后神秀上座会怎么想？僧众们有什么反应？会不会有人把偈颂擦掉？大和尚会不会看不到我写的偈颂？大和尚看到后会有什么反应？我可不可能超过神秀上座拿到这个祖位？……我告诉您们，这些思虑惠能大师一定不会有！

学生一：如果他如此这般地思量了，他就不是惠能大师了。

悟义：“禅”是思量即不中用，触目皆真的时候才能够随缘自在。一旦产生比较心、分别心、攀缘心，这种人进不了真正的禅门，能够随缘自在的人，一定是心无挂碍，无挂碍故，无有恐怖，远离颠倒梦想的人，是不怕砍错胳膊的人，是惟求作佛的人，很多人会误解随缘自在的含义，把混日子、不求上进、得过且过当作随缘自在，随缘自在的人是时时刻刻心能转境。但凡心中产生判断、分析、计划，行为就会人为地改变，惠能大师心中有大信心、大愿力，剩下就需要等，但这个等是随缘等，不是计划地等，五祖该来时自然就会来，所以惠能大师绝对不会去思量。

学生八：老师，惠能大师是否当时心中并没有想过祖位？他只求成佛。

悟义：如果他心中想求祖位，根本就不可能得到祖位了，他当时只是拜见大善知识，请五祖点化。他心中惟求成佛，佛都成了，要什么位不位的做什么用？但那为什么他不求位，五祖给他位，这么危险，这么大责任，他毫不犹豫地受了呢？

学生八：一来不违师命，二来得了之后更有影响力去利益众生。

悟义：您们来这里修“中国禅”的禅法，有没有人让您们脱离社会？脱离家庭来修？在您们原来的岗位上修行，在亲密关系中修行，在行住坐卧中修行，在烦恼尘劳中修行，这才是禅者的修行。大树向上长得越高，它的根就需要向下扎得越深。

学生五：老师，既然“中国禅”这么好，那为什么还需要那么多别的修法？

悟义：森林里面为什么要那么多不同种类的树？大河为什么有那么多支流？

学生五：嗯，明白了！这是自然法则，五祖说了：“求道之人，为法忘躯”，学到这里我突然有更加深刻的体会了。

悟义：求道之人，为法忘躯。您现在的体会还停留在外在，舍身求法是具备大愤心，现代许多人像狐狸一样，一点点小的风吹草动马上就警觉，就怀疑，我们习惯了“阴谋论”，凡事总喜欢往不善的一面考虑。可是，您看大象像狐狸一样警觉吗？不是大象不敏感，而是不在意。如果生活中处处小见狐疑，各种猜测不断，不停在计算和比较的话，您的心永远是小聪明的狐狸，不可能变成龙象。只有没有能力保护自己的食草动物，才格外警觉和敏感，心量大时，鸡毛蒜皮的事情，根本不放在眼里。第二是发愿，以慧命精神带动愿的时候，一切东西都不在话下，困难不在话下、金钱不在话下、时间不在话下、身体不在话下、吃苦不在话下。人生当中全力以赴地去做一件事情都未必能成功，更何况您三心二意做事情？人生的智慧不够圆满时，您能够时刻保持独立思考吗？机遇好、运气好的成功只是暂时的，带动生命的能量一定是智慧和功夫等持的力量，我们叫“悲智双运”，这种能量推着生命向前行，让您在什么时候都无惑、无畏、制变、应机，这样的生命才是发光的。此时,时时是好时,日日是好日。此地,处处是净土,时时见光明。所以哪怕您只是一个小小的萤火虫,都能在黑暗中带来光明,仅仅是那么微小的光,就足以照见前行的方向了。

学生九:我应该和老师一样。

悟义:每个人要活成你自己,不是活成老师,或活成“我”。

学生一:老师,“欠筛”应该怎么理解?

悟义:禅师们的每一句话都不是随便说的。“欠筛”,筛是什么?是师父印可,师父没有印可的时候,学人不知道自己的米熟得如何,所以恳请师父慈悲,您得给我筛一筛。因此祖以杖击碓三下而去,“筛”的时间便出来了。

学生二:什么叫“袈裟遮围”?

悟义:就是用袈裟把惠能大师包裹在袈裟里,这里有两层含义,一来大家想想这个法是怎么传的?可怜到什么地步?传法在什么地方?是入室,入到哪个室?入到方丈室!即使在方丈室还要用袈裟遮围!三更天是子时,徒众们早已入睡,可五祖还是不放心,把惠能大师婴儿一样包在袈裟里密传《金刚经》,这个场景用电影拍出来都不会有人信。大家不觉得很可怜吗?五祖有那么多弟子门人,可怜传法还需要这样像贼一样,半夜唤徒儿入室,还要拿袈裟包围起来,当时的为难情况从这里就可以清楚看出。另一方面,我们可以从菩萨饶益众生的角度去理解“袈裟遮围”这句话,什么是饶益?菩萨像包裹孩子一样把众生包在怀里,不如同五祖用袈裟包住惠能大师一样吗?

会通

“三鼓入室。祖以袈裟遮围，不令人见。为说金刚经，至‘应无所住而生其心’，惠能言下大悟，一切万法，不离自性。遂启祖言：何期自性，本自清净；何期自性，本不生灭；何期自性，本自具足；何期自性，本无动摇；何期自性，能生万法”。

不少人开始学习《坛经》时，总有这样一个疑惑，为什么惠能大师讲来讲去，反反复复，全是围绕“自性”、“本性”、“心性”呢？他虽然不识字，却句句话都像把钢刀一样直插人心，他是真正抓到了佛法最核心的大秘密——人为什么会不安心？

尤其是现代人，更加不如古人，管不住心，安不住心，欲念太重、幻想太多、以妄为真、愚痴贪著。我们看到五祖以袈裟遮围，为其秘传《金刚经》时，有人想，五祖就是念一遍经文吗？还是有什么《金刚经》中的其他秘密？存在这些问题的人是因为没有听过法。禅门的听法不同于普通的讲课，听法时师徒之间的气场、心念、语句等是否契合，决定了同样的法，不同的人听了，有天地悬隔的差别。就好比经书，您的心和经书相应时，看到的、领悟到的也完全不同。所以不要误解禅门有什么真言、密语，能“与汝说者，即非密也”，说法是师者的方便，目的是为了开学人之悟、导其正见、开其心量，因此，如同《坛经》中的经文，看上去好像反反复复地重复，其实不然，大家自已用心体会便知。

五祖直至说的“应无所住，而生其心”时，惠能大师如醍醐灌顶，情不自禁大声惊叹了五个:“何期自性!”

那么这五个“何期”的境界和之前的“本来无一物”有什么区别呢?可以说此时惠能大师方才真正彻悟心源,心中既有本来清净的自性,更有生机盎然的妙有,彻悟了在这无限、活泼泼的自性中如何生出万法。

“心”的秘密也是中国传统文化中的大秘密,中国传统中,宗教性是相对少的,战国后期礼崩乐坏,社会秩序乱作一团。当时的思想家们针对这个局面,纷纷就如何降低人“心”中的贪欲形成了各自的观点,这些观点由后人发展出门派。道家的老、庄提出的是“无为”,儒家孔、孟则是“仁义”、“中庸”、“明明德”。惠能大师此时还没有意识到,他已经在不知不觉中将印度传来的佛法与中国本土思想融会贯通,这五个“何期”是“中国禅”发出的第一声呐喊。所以,我们在参究《坛经》时,常会从中看到老子、孔子、孟子、庄子等圣贤的影子。

前文已经谈到,“中国禅”之所以能够在中国盛唐时期大兴天下,和中国传统文化的“人文精神”相契合是一个重要因素。什么叫中国传统的“人文精神”呢?就是充分体现天、地、人平等,唯有人能和天与地的能量相应,积极发挥和凸显人的主体性、能动性是“人本”的核心。

中国古代的圣人们一直认为天生万物是一个自然的过程,不是神在主宰,天之阳气和地之阴气相合,万物就化育而成了,因此人和万物不是一个有意志的神来创造的,而是一个自然化生的过程。这是中国文化的一个基本看法。由此天地生万物,万物又生成各种各样的类物,每一类生命也都有每一类自己的源头。这个源头在哪里呢?就是自己的祖先。所以在中国的文化中间，有时候就把“天”称之为“大父母”。但这个“天”是没有意志的，是生命的来源，所谓“天生地养”，是一个自然而然的过程。

那么原始印度的佛法是怎么理解“天地”的呢？释迦牟尼佛当年在古印度传法的时候，婆罗门教盛行，婆罗门教讲生命的来源是梵天，佛就对这个观点提出质疑。他认为生命的来源不是这个生命体之外的力量决定的，生命的来源是生命体自身的原因决定的。这个生命体本身的力量叫“业”，人在世间造了怎么样的“业”，那么就有怎么样的一个对应状态出现。所以生命是自己的“业”的延续，因此叫“自作自受”。自己的“业”不消，这个生命就永远延续下去，因此是“业”在轮回。

传统的中国思想中没有这些东西。中国讲生命的延续是通过“类”延续，不是“自作自受”，所以中国的观点是“一人得道，鸡犬升天”、“母凭子贵”、“父债子还”，是作为“类”的生命互相作用影响，作为个体的生命来讲，当然有生必有死，但个体的生命死了以后，这“类”的生命并不终结。就是说，以“类”为主的生命重视自我复制，在子女身上延续，在家族身上延续，这叫 “薪传”。中国人重“类”的“薪传”是以血缘为主的传递、承接，这和佛法中的“传灯”不同，“传灯”重视的是思想、精神的传承，是法的传承，和血缘无关。

正因为这样，相对西方文明，中国文化中的宗教性成分相对较少，我们现在意识中的“宗教”概念，主要受到近百年西方“宗教”思想的影响，其“宗教”的认识表现为：一、有一个或多个神的信仰；二、有彼岸世界存在；三、灵魂由神主宰……但是中国传统文化中没有至高无上的神这种信仰，禅门原来所讲的“教”不是宗教的意思，而是教化之“教”，“宗”是指宗旨，佛教的源头也是无神的信仰，佛是大导师，现在这样的烧香、法事、拜佛、超度来生等做法都是后来的事情。

释迦牟尼佛针对婆罗门教认为梵天决定人的命运的观点而说佛法，主张人的命运是由自己来决定的，是"命由己造"。佛灭寂后，弟子们发展出了佛教，在发展过程中，开始逐渐出现了神化的过程。

本来"佛"的含义是"觉者"，"菩萨"也是觉者，只是尚未至佛地。但是后来受到印度教和其他宗教的影响。佛多了，十方世界十方佛，菩萨就更多了，其实这个世上凡是慈悲做人、智慧做事的都是"菩萨"。所以《坛经》里清楚地讲到"释迦者，能仁也"，释迦牟尼佛就是能、仁的意思，佛留下来的是能够行仁爱的人本精神。惠能大师后世的弟子们发展出的门派，世称"禅宗"，"禅宗"原来的含义也是以"禅"的精神为根本，宗乃宗旨，非指宗教，它的社会功能其实跟儒家一模一样，是教化社会民众，有助于人们安心的。

在中国的人文精神里面，对于拜神教看得是比较淡漠的，不是那么强调神能起决定作用，而是强调人起决定作用的，所以《坛经》的精神就是中国传统文化的精神，就是要找回自我，这个自我的"性"便是包含了身体、意识、灵性，三位一体的统称。不能解决主体精神的问题，人如何得到安心？

那么既然在中国传统文化中，人的主观能动性这么重要，那是不是由此可以藐视天地呢？恰恰相反，传统中国人是非常尊重天地、自然的，《庄子》里面有个寓言，讲到大冶，一个大的炉子里面，通过熔炼可以制造出许许多多种东西、各种各样的东西。这个大炉里面炼出来一块金子，这块金子一出来就不断地跳啊跳，说我是最高的，我是最了不起的，我是纯金，你们都是铁、铜,我是最宝贵的。庄子说大冶必为不祥之物。如果你感觉自己最了不起时,天地、万物一定会把你看作最不祥的东西。所以,人虽然是天地创造出来的一个金子一样宝贵的东西,但是你不要把铜、铁、锡看作是低等的,应该等齐观之,中国文化中并不是因为人的能动性而把人放在天地之上,要去支配天地。人之力,在于补天地之不足,人和天地万物是一体的,这里的五个“何期自性”正是包含了儒、道中国传统的人文精神与和谐思想,惠能大师把心中所悟在此充分表达出来了,这也就是《坛经》开篇所说“善知识！菩提自性,本来清净,但用此心,直了成佛”,即包含了如何实现此种“人文精神”的修养。

这时候最高兴的莫过于五祖,于是他说“若识自本心,见自本性,即名丈夫、天人师、佛”,佛有十大称号,为什么这里只举出三个？五祖讲话都有含义的。从佛的十大称号来看,每个称号都是平等的,但角度不同。

“丈夫”是从什么角度讲？是从人间、社会、伦理、道德的角度讲,大丈夫一词,原出自《孟子·滕文公下》。战国时期,纵横家盛行,他们凭着口才和机智,朝秦暮楚,合纵连横,游说诸侯,取得高官厚禄,所以时人认为这些人是了不起的“大丈夫”。孟子的回答很冷隽,他说:“富贵不能淫,贫贱不能移,威武不能屈,此之谓大丈夫。”这几句话,对后世有深远影响。

佛之所以称“调御丈夫”,因为佛大慈大智,能以种种方便调御修行者的心性,“调”是对情绪来说的,我们凡夫没有能力调伏情绪、烦恼,调不是断除,而是化解,能够把情绪化解为智慧,这就是转烦恼为菩提。“御”则如“十牛图”牛童御牛一样,是伏心。“丈夫”的含义可以从社会的角度讲,伦理角度讲,个人角度讲,家庭角度讲,小我的角度讲。古时候是男性为主导的社会,丈夫在家庭中是领导地位。

第二个称呼是"天人师",不仅仅是人间的众生,包括天龙八部、地狱恶鬼、畜生野兽,各个环境下他都是导师,这个导师不见得就是说法,行为举止、言行思想够不够做一个表率,有没有具备"天人师"的德性也是考量。口是心非者"不识本心,学法无益"。

第三个称呼是:"佛"。"丈夫"是从我、人的角度讲,"天人师"是从众、寿者的角度讲,而"佛"是从觉悟的角度讲,佛是十方世界的觉悟者,了知宇宙、生命之实相。"佛"这个字为什么这么写? 首先左边是一个人,这个人走了很多很多的弯路最后悟出了成佛之道,所以佛由人成,不由神成。

会诀 求道之人 为法忘躯

禅者修行时

"求道"是禅者修行主观意识上的表现人法不二的禅境。

"为法"是禅者修行客观意识上的表现人法不二的禅境。

原先的佛法修行中,修者先领会"诸行无常",再进入"诸法无我"境界。"中国禅"修者是同时成就"诸行无常"和"诸法无我"禅境,在此无常和无我中引申出"知行合一"的修为。

诸行无常=人

诸法无我=法

颂曰：无来无去，怕什么？

祖师云：

文殊师利言：居士！是疾何所因起？其生久如，当云何灭？

维摩诘言：从痴有爱，则我病生，以一切众生病，是故我病，若一切众生得不病者，则我病灭。所以者何？菩萨为众生，故入生死，有生死则有病，若众生得离病者，则菩萨无复病。譬如长者，唯有一子，其子得病，父母亦病，若子病愈，父母亦愈。菩萨如是，于诸众生爱之若子，众生病则菩萨病，众生病愈菩萨亦愈。又言，是疾何所因起，菩萨疾者以大悲起。

——鸠摩罗什译《维摩诘经》

尔时，舍利弗见此室中无有床座，作是念：斯诸菩萨大弟子众，当于何坐？

长者维摩诘知其意，语舍利弗言：云何，仁者为法来耶？为床座耶？

舍利弗言：我为法来，非为床座。

维摩诘言：唯，舍利弗！夫求法者，不贪躯命，何况床座？夫求法者，非有色受想行识之求，非有界入之求，非有欲色无色之求。

唯，舍利弗！夫求法者，不著佛求，不著法求，不著众求；夫求法者，无见苦求，无断集求，无造尽证修道之求。

所以者何？法无戏论，若言我当见苦、断集、证灭、修道，是则戏论，非求法也。

——鸠摩罗什译《维摩诘经》

8.善自护念 广度有情

经文

三更受法，人尽不知，便传顿教及衣钵。

云：汝为第六代祖，善自护念，广度有情，流布将来，无令断绝。

听吾偈曰：

有情来下种，因地果还生；

无情亦无种，无性亦无生。

祖复曰：昔达摩大师，初来此土，人未之信，故传此衣，以为信体，代代相承。法则以心传心，皆令自悟自解。自古，佛佛惟传本体，师师密付本心。衣为争端，止汝勿传。若传此衣，命如悬丝。汝须速去，恐人害汝。

惠能启曰：向甚处去？

祖云：逢怀则止，遇会则藏。

惠能三更领得衣钵，云：能本是南中人，素不知此山路，如何出得江口？

五祖言:汝不须忧,吾自送汝。

祖相送直至九江驿,祖令上船,五祖把橹自摇。

惠能言:请和尚坐,弟子合摇橹。

祖云:合是吾渡汝。

惠能云:迷时师度,悟了自度。度名虽一,用处不同。惠能生在边方,语音不正,蒙师传法,今已得悟,只合自性自度。

祖云:如是,如是。以后佛法,由汝大行。汝去三年,吾方逝世。汝今好去,努力向南,不宜速说,佛法难起。

会论

学生一:“有情来下种,因地果还生”,这是讲因果吗?

学生二:他们师徒两个人是不是在做能量传递?能量交接?

悟义:啊?这么神奇?五祖“唰”地一下就把能量传递给惠能大师了?

学生二:哈哈,我也就这么一想,应该是五祖直接就把法脉传给惠能大师了,然后师父祝福徒弟一定要把法护好,广度有情,流布将来。

学生三:师父跟徒弟说:乖徒弟,为师临别传你的使命就是你发了那么多感言说明你见了本性,你要善自护念,不仅仅是为了你自己,最重要是广度有情,度一切有情众生。你的责任包括流布将来,不能让咱们这一脉断了。

悟义:您们是在演话剧吗?

悟义：五祖在您们嘴巴里又变成一个空口说白话的人了，禅师们的一言一行不是世间人想象的那样，世间人习惯讨价还价，所以什么都喜欢嘴巴说说，反正先说了以后负不负责任再说。这里五祖对弟子提要求，这个要求不是口头承诺，你得法后要流布将来，无令断绝，要及时传法，这是对法脉传承的要求，那么这个使命是要善自护念，时刻不忘的。这是整个第一品的转折点，包含三段，第一段交代了得到衣法的过程，五祖说了以后别再传了，法衣到你为止。第二段是师师密付本心。第三段是预埋了下一步的发展，恐有人要害你，你快走吧。

学生八：这里说了一个非常关键的问题，五祖面对已经见性的弟子，把禅门改革和流布将来的任务托付与他。过去是以衣为信，到你这儿以后就不要再传衣了，以后怎么办我现在告诉你。然后就说了偈颂，但这个偈颂我看不懂，我看了其他书上的翻译，也还是没懂，请老师讲解一下。

悟义：大家请注意不要说衣钵，传的是衣法，衣是法的表信。这个衣是达摩祖师传下来的，但是一直被人偷，光在五祖这里就被偷了三回，所以这个衣究竟还是不是西天祖师们传的衣，不需要我们关心和执著，只是一个表信而已。为什么五祖说以后别再传这个衣了呢？在没有人知道你的能量时，你需要靠外界物质来抬高身份，例如开奔驰，戴名表，显示自己的地位财富，这些奢侈品都是表信，表明了我不是一个穷人。当你不需要这个表信的时候，你的自信才能出来，什么时候人的自信可以出来呢？内在功夫、智慧具足的时候。你们想想，传法那天惠能大师还只是一个居士，身份是从原来卖柴的转成了碓坊碓米的杂工，都是低微的。五祖是什么人？大和尚、大禅师，却可以把法传给这么个要钱没钱、要权没权的人，而且还不让他继续传衣了，大家想想五祖是什么样的信心？身份这么低微的惠能，一个字也没有怀疑自己的传承能量，对师父说我没钱、没地位、没弟子，我受了这法传布不出去怎么办啊？一句苦也没有诉。这师徒二人具备的是什么样的信心？这都是我们现代人太欠缺的东西。我们总是特别注重外在条件，一切的条件都是人创造的。我们难道不是赤裸裸来到这个世界的吗？我们在抱怨吃得不好时不要忘了还有人没有饭吃。当自信心起来的时候，一切都敢受，都能受，五祖突然把大任交给惠能大师，可是应该在什么地方弘法呢？用什么方法弘呢？师徒二人没人去寻思，去商量。师父只是说这里不能留，那里不要去，也没有问你有没有信心做好啊？而徒弟也没有说师父我没有弘过法，这个法该怎么弘？我们今天再次学习至此时，需要在当时的情境下体悟大师们的大胸怀、大气魄，而不是随便翻翻，或者看电影一样地看过去就算了。

学生三：自古"佛佛惟传本体，师师密付本心"。老师，请问这句话怎么理解？

悟义：师等于佛，本心等于本体。这个体是体用的体，本体的体。"用"来显"体"，"体"来照"用"。禅有这么多文化的表现方式，这是用。体是智慧，是我们的心，所以法传的是心，不是用，不是技术、知识，法是心法，随用随弃，无所住相，抱着不放是执著，活生生的东西是留不住的。

学生二：五祖交代"逢怀则止，遇会则藏"。他怎么知道到那儿就藏，到那儿就止呢？五祖是不是有神通？

悟义：整本《坛经》内有不少涉及神通的内容，有人说这是迷信，我们这里说几点：

1.“神通”就是迷信吗？什么是最大的神通？难道天上飞来飞去、穿墙而过、隐身变化就是大神通吗？隐身术这些小法术，龙树菩萨没学佛法时就会。在禅门中，“一闻经语，心即开悟”，是最大的神通，开悟即等佛，低微如同惠能一样的百姓，不识字的人，可以一闻经语，心即开悟，这难道不是最大的神通吗？不仅仅是惠能大师，如同玄奘法师等人，一双草鞋翻越戈壁、沙漠、雪山、冰川，这些难道不是神通吗？因此，愿力是神通、行力是神通、念力是神通、心力是神通、精进力是神通、心开悟现是神通……

2.“神通”究竟是什么？所谓“神通”，从“中国禅”的角度理解，就是具足了功夫、智慧，而见宇宙、生命之实相，用现代科学的话讲可以感应到宇宙间充满的各种信息，得到天地间的各种能量，这种能量取之不尽、用之不竭，以这种能量带动身心的人便是有神通的人。因此，定慧等持是神通，平等不二是神通。

3.“神通”对个人有什么用？有神通的人，可以相应天地万物，谁见了都感觉亲切，仿佛多年失散的亲人一般。举个例子：孝养父母也是神通，为什么呢？因为没有神通，你如何读懂父母的心，从而推己及人，知晓众生心、宇宙心？连最亲近人的心都读不懂，光会天上飞来飞去有什么用？因此，心心相印是神通。

4.善用“神通”能带来什么？许多人首先误解神通是个人的事情，其次误解神通是迷信，再误解神通和普通人没有关系……我们今天已经讲了，神通是一种能量，和天地交感的能量，我个人相信许多大学者、科学家、成就者都是有神通的，他们能够从天地中汲取养分，滋养生命，得到无穷无尽的灵感和活力。善用神通可以给部分需要依靠的人带来希望，神通是法，是方便，如同《坛经》说的：正人用邪法，邪法是正法；邪人用正法，正法是邪法一样。

会通

一、法衣

“中国禅”传统中传宗制度是十分重要的，由于禅的特点是“以心传心”，但心看不见，所以达摩祖师来中国后，以法衣为信，辅以传宗。

付法传衣不是自达摩祖师始，据《杂阿含经》记载：“佛告迦叶，汝当受我粪扫衣。”《坛经》中，这件达摩传下的法衣之曲折经历可谓惊心动魄。先是五祖在密室私传，并叮嘱惠能大师：“衣为争端，止汝勿传，若传此衣，命如悬丝！”接着百余僧众追夺，惠明在抢衣不成后拜师求法；再后惠能大师在广州法性寺出山，印宗法师请法衣示众；再以后行昌在宝林欲刺杀大师，最后洗衣遇方辩等等。

惠能大师圆寂后，开元二十年(公元732年)，弟子神会在河南滑台召开无遮大会，声称“经今六代，内传法契以印证心，外传袈裟以定宗旨。从上相传，皆与达摩袈裟为信，其袈裟今见在韶州，更不与人”。可见，法衣之重要。

据《坛经》第九品记录，神龙三年(公元705年)，唐中宗宣召惠能大师入京，唐《召曹溪惠能入京御札》中亦有记载：“朕请安、秀二师，宫中供养。万机之暇，每究一乘。二师并推让云：南方有能禅师，密受忍大师衣法，可就彼问。”“安”是道安大师(公元581年—709年)，“秀”即神秀大师，二位国师均是五祖弟子，由此可见，惠能大师受五祖法衣是共识。神会禅师的《南宗定是非论》中，也有关于盗衣之说：景龙三年(公元709年)，神秀大师弟子普寂国师之友，西京清禅寺广济法师，到韶州来，夜半溜进六祖内室，欲偷法衣，被惠能大师喝了出去。论中还云“因此袈裟，南北僧俗极甚纷纭，常有刀棒相向”。圭峰宗密禅师的《圆觉经大疏钞》中也谈道:“法信衣服,数被潜谋”。

惠能大师灭寂后法衣曾被请入宫内供养。上元三年(公元761年),上(岐王)命曹溪山六祖传(法)袈裟,及僧、俗弟子(五人)赴京,袈裟在京总持寺安置了七年。唐代宗永泰元年(公元765年)“敕杨镒:卿久在炎方,得好在否?朕感梦送能禅师传法袈裟,归曹溪。寻遣中使镇国大将军杨崇景,顶戴而送。传法袈裟,是国之宝,卿可与能大师本寺如法安置”。

法衣后来为什么不再传了,表面上是止息争端,但这只是外在形式,自惠能大师创立“中国禅”,“禅”与中国传统文化内在真正融合起来,固有的一脉单传已不能适应“禅”快速发展的需要。起源于东山法门的禅法,经五祖智慧分化,传法明单密对,两条弘法途径霍然而出:一条路径经由神秀大师,在玉泉寺开山传渐修法门,后经武则天迎请入大内,此脉再经弟子普寂、义福等人,迅速壮大,雄峙二京,高不可攀。另一条路径则经惠能大师黄梅受法,在岭南化外之地开出南禅顿悟法门,如离离原上草,野火烧不尽,春风吹又生。

这两条路径,走的弘法路径虽方向全然不同,但哪一条不是五祖亲传的正法呢?有什么谁真正合乎正统呢?合乎正统以什么为标准呢?显然,法衣不能成为唯一的标准。

正因为法衣止传了,单脉相传的传承模式被打破了,破这个模式的人,其实不是惠能大师,自四祖开始,内传五祖弘忍,外传牛头法融,五祖开东山法门后,他精心孕育出了“中国禅”百花齐放的种子。惠能大师灭寂后五十年,南禅在神会禅师舍身忘躯的奋斗下,以非主流的形式变革,之后大行天下,此后北禅渐衰,南禅一统,再之后,五家七宗各领风骚数年,各家各宗虽禅风不同,但均以《坛经》传宗，这是佛法中国化的必然结果。

法衣传宗属单传，以《坛经》传宗是分弘，这种以《坛经》传宗的变革为"中国禅"在中国社会的生存、流传和普及起到了不可磨灭的重要作用。但我们不要误解，禅的宗旨是心法，是"以心传心"，以《坛经》付法传宗对内来说是禅者不离惠能祖师自性自度的核心精神，对外是师徒相传的必要形式。但如果和其他宗派一样过分强调形式，则背离了"中国禅"的根本。

二、有情、无情

五祖除了法衣交付惠能大师外，还有一首容易被人忽略的偈颂："有情来下种，因地果还生。无情亦无种，无性亦无生。"

通常的理解是在讲因果，一切有情众生来此婆娑世界都具备了成佛的种子，佛果还从此而生。后两句离相，即相离相，"圆满菩提，归无所得"，也就是"本来无一物"。在"无一物"中，不碍有情来下种，因地果还生也。用这种理解，前两句是有为，后两句是无为；前两句是慈悲普度，后两句是清净平等。

通常一首偈颂，随众生心，应所知量，只要不离法，怎么解释都可以，个人会根据自己的理解来解释。在这里，似乎"有情来下种"和"无情亦无种"也可以理解为未来弘法的途径。

菩萨是觉有情，"情"是成佛的必要条件，菩萨心中是大爱，是圣情，因为爱一切众生才会在这个凡尘种下种子，不离人间，教化众生，这就是悲智双运，"悲"是拔苦，就是菩萨对众生的怜悯心，愿救拔众生痛苦、愿助众生得菩提之心，所以悲不入涅槃。"智"是甚深般若，智不离三界。"运"是方便、运用。何为如来?“如”是大智,是真如、不动、平等、不生不灭,这是佛、菩萨的自证境界,无法与一切有情分享。佛证得这些究竟解脱的甚深般若,体悟到了诸法皆如,本不生灭。“来”是大悲,有情来入世,“不来而来”度化众生;又“来而无来”,不见有一众生实灭度,亦不见自己在度众生,亦不作是念:我在度众生;彼为我所度。悲智双运的有情来下种境界非凡夫所能达到,凡夫修行的起点是福慧双修为自利。菩萨在因地历劫“福慧双修”的必然结果就是悲智双运,自利的出发点和落脚点还在于利他。

“因地果还生”,因有这种大情、圣情,故种下菩提种子,但先要有地,有个地方才会结果,生出菩提的果。“无情亦无种”,如果谁都只顾自利,而不知有情利他,或即便如梁武帝一般,“南朝四百八十寺,多少楼台烟雨中”又能怎么样? 也还是“人天小果,有漏之因”的无情之法,“无性亦无生”若离了自性、本性,积累了甚多无情的世间福报,终究还是无用。无情造佛像,亦如木石之类,并无佛性。无情中无生佛果之望。

我们这么来看,五祖是在传惠能大师今后弘法的途径,果然,惠能一脉自曹溪发芽,方便万行,广度有情,这点是没有违背师父旨趣的。

我们现代人的习惯思维就是主流一定好,主流才有保障,因此大多数人认为神秀上座入京弘法是“有出息”,惠能大师这种草民非主流。但实际情况往往需要我们反向思维,神秀大师这一脉虽是主流,但热闹了不过五十年,惠能大师虽是草民,但最后却万法归禅。再有弟子神会禅师在夺了南禅的统治地位后,也入了主流,入宫内应供,其荷泽宗走的皆是主流弘法路线,结果仅仅四代,就在圭峰宗密禅师那里被华严宗融合了。我们要意识到,心里瞧不起的非主流往往是产生变革的发生源，变革总是发生在多数主流不想待的地方。其中一部分原因就是你越成功，你就越觉得在这种地方待着很难受，因为主流是通过优化自己所擅长的领域来逐步发展壮大的。而非主流的角落，像惠能大师一样外人看上去一切条件都很不入流，正因为如此，那些自认为“高尚”的人在这种情况下呆不住，低不下高贵的头，虚荣心令到自己眼盲、心盲、法盲，跟着现象走。我们不要忘了，野草的生命力比尊贵的兰花要强千万倍。在攀缘高贵的圈子里，虽然如同北禅一样，看上去发展方向是一直在往上走，但是真正的破坏性危机是产生在另一个方向的。人因为看不见自己的局限才会盲目，因为爬得太快太高了，就不屑往下看，不知道自己起身已经悬在半空，摇摇欲坠了。

三、九江驿

惠能大师三更受法，五祖亲送能至九江驿，那么从东山禅寺至九江驿的距离是多少呢？我们设想一下惠能大师受法的时间，从进入内室，袈裟遮围开始传法，至师徒二人连夜起身逃离东山禅寺，这个时间是什么时间？僧众们通常几点早课？五祖送完惠能大师是否连夜赶回内室？

五祖的东山禅寺位于湖北黄梅县，九江驿在今江西省的九江市。从黄梅到九江直线距离近五十多公里，来回即是一百多公里，正常人小跑的速度是一小时六至七公里，那么如果五祖将惠能大师一直送至九江，先走山路再步行最后坐船，需多长时间？当时的形势允许吗？因此，师徒二人如何连夜离开东山禅寺，五祖又是如何连夜回归内室，隐秘到连侍者和早课僧众尽不知的？以东山禅寺当时的情况，如果五祖没有当夜赶回，老人家失踪几日，想必早已是人仰马翻了吧？可是，众皆无觉，直到几日后，五祖确认惠能已安全，方才对众人一语双关："能者得之"。这些细节大家可以自己认真参悟，历史没有答案，有时候许多现代人认为不可思议的传说，往往就是答案本身。就像几十年前的人，怎么可以想象出今天人的生活状态？同样，古人的智慧和功夫也非我们可以用现代观念去判断的，所以我们只可以从中去体会、参悟，而非妄下断言。

四、三年方逝

"惠能云：迷时师度，悟了自度。度名虽一，用处不同。惠能生在边方，语音不正，蒙师传法，今已得悟，只合自性自度。

"祖云：如是如是。以后佛法，由汝大行。汝去三年，吾方逝世。汝今好去，努力向南，不宜速说，佛法难起"。

这一段经文不难理解，五祖和惠能师徒二人语含机锋，以"渡"为"度"，一来一去，心中了然。但是通常容易放过的"汝去三年，吾方逝世"这句话，我们前文说道，五祖并没有立刻圆寂，为什么那么急着三更传法？送法衣离开黄梅山？为什么这么急着定六祖？

常理说，他对惠能居士了解的也不够，这么冒险付法，是否太轻率？为什么不再留他一年半载在身边考察一番？五祖是生死自由的人，为什么付法已毕，不立即灭寂？根据经文记载，五祖回东山禅寺后，再也没有公开说法，这三年里，五祖在做什么？……

带着诸多疑问，我遍翻经书，行脚当阳，逐渐才真正多一些理解了当年祖师们的深心。

在湖北当阳玉泉寺东七里的度门寺，曾有座和尚塔，当地人称之为国师坟，这座国师坟下埋藏的是神秀大师的舍利子。《坛经》中，神秀大师为一首偈颂百般思量，又被五祖斥为没有入门，似乎是不堪禅门重负之人。事实上，神秀大师少年便精通儒、道之学，觉得终不究竟，唐武德八年（公元625年）出家受具足戒，五十岁时求法于黄梅东山，师事五祖。他先服杂役六年，不舍昼夜揣摩禅门精义，甚得五祖器重。祖曾感叹道“吾度人久矣，圆解妙语无如秀者，东山之法尽在秀矣”，东山法门以他为“教授师”，尊为上座弟子。

五祖于三更传惠能大师顿悟之法，密授法衣，并亲送他离开东山，但并没有让他立即弘法，为什么？因为此时，机缘不成熟，一方面惠能大师自己还需要进一步证悟，另一方面，外界条件也不具备。惠能大师遂混迹于猎户十五年，后于法性寺出山，再后至宝林讲见性成佛的顿悟法门。

五祖灭寂后，神秀大师来到荆州当阳，蓄发结庐于度门寺东的楞伽峰近十年，闭关十年后在玉泉寺住持弘法，近三十年，从者众多，四海倾仰。武则天甚仰慕，下诏请其入京，大师婉言谢绝。而武则天再三迎请，大师不得已来到东都洛阳，此时他已经九十岁了，武则天特许肩舆上殿，她本人则屈万乘之尊而跪迎，可谓传圣道者不面北，有盛德者无臣礼。

此后神秀一脉，出普寂、义福等国师，被誉为两京法主，三朝帝师。

各位想想，为什么五祖灭寂后神秀大师结庐闭关近十年？又为什么在黄梅呈偈是尚未入门，出山后却名满天下？这中间的差别何止千里？我们可否理解为，五祖送走惠能大师的这三年，虽没有在黄梅寺公开说法，但暗地里抓紧培养几位法嗣，五祖心中非常清楚弟子们的根器，因此历时三年再次重点教化以神秀为主的几位弟子,以至于每位大师均有各自的成就。此时,惠能大师藏身猎户十五年,依师父教诲韬光养晦,神秀大师也遵师命日夜修行,这才有之后禅门的南能北秀,同放光华。

明代瞿汝稷的《指月录》道:"秀公为黄梅上首。顿宗直指。纵曰根器不逮,然亦饫闻饱参矣,岂自甘为渐宗徒耶! 盖祖道于时疑信半。天下不有渐,何以显顿哉。至于纷争者,皆两宗之徒,非秀心也。便谓其道止如是。恐非通论。"

从中我们可以看出端倪,神秀大师作为黄梅法席的上首,纵使根器不如惠能大师,然而在东山门下多年,不可能不知道师父弘忍的顿悟法门。只是五祖知道顿悟法门在当时修者们难以信服,须借渐门对比方能显扬于天下,故此神秀大师或尊师命或自己明白需固守渐门。但若是众人认为神秀大师的道法低一级,恐怕是以世间凡夫之心妄加揣测禅心。至于后来门人挑起南、北两宗的纷争,一来并不是神秀大师的本意,二来争一争也不是什么坏事,纷争从另一种意义上来说,也是间接推动了"禅"门的兴旺。

让两条弘法路径先后出山,东山之法对传,一条主流,一条非主流,恐怕才是五祖的真正用意吧! 五祖心中是要把"禅"传出去,他等到了惠能大师,传了衣法,真正了不起的顿悟法门有人弘扬了。可是,惠能大师有局限,一来他是岭南化外之人,不识字,是个老百姓,要皇室、士大夫们接受他,目前还不够。神秀大师相貌英俊,谈吐高雅,儒道皆通,如果不是他及时为惠能大师打开了皇室之门,曹溪顿悟之法,需要走多少弯路? 每个人都有每个人相应的弘法途径。没有神秀一脉这么大的推动能量,禅的影响力能有多大呢? 而神秀大师甘愿固守渐门,推行小法,是见性之后大师的慈悲。法无高下,人有利钝,对于钝的人，非渐修不可。对神秀大师的非议起自于近代，现代人见识浅薄，我们可以不解禅师的心怀，但以轻狂态度对古人妄加忖度与评议，是需要注意的。

会诀 善自护念 广度有情

禅者修行时

“护念”是禅者的慧命精神，好好地护持自己的思想、心念、意念，护持什么呢？和本性契合。譬如禅者打坐、修行，守一不移，一心不乱，也不过是“善护念”的一个法门。打坐时，和自己的杂念友好相处也是“善护念”；生活时，心中常起利他的悲心，这也是“善护念”。

慧命精神是超越时空局限身相的法宝，慧命精神越强，心就越无挂碍，心越无畏，无畏心中会产生念头与本性契合相应的清净能量。

颂曰：无生无死，了什么？

祖师云：

问：诸佛如何行大慈悲，为众生说法？

师云：佛慈悲者，无缘故，名大慈悲。慈者不见有佛可成，悲者不见有众生可度。其所说法，无说无示。其听法者，无闻无得。譬如幻士为幻人说法，者个法，若为道我从善知识言下领得，会也悟也。者个慈悲，若为汝起心动念学得他见解，不是自悟本心，究竟无益。

——黄檗希运禅师《宛陵录》

9.不思善恶 本来面目

经文

惠能辞违祖已,发足南行,两月中间,至大庾岭。

五祖归,数日不上堂,众疑。诣问曰:和尚少病少恼否? 曰:病即无,衣法已南矣。问:谁人传授? 曰:能者得之。众乃知焉。

逐后数百人来,欲夺衣钵。

一僧俗姓陈,名惠明,先是四品将军,性行粗糙,极意参寻,为众人先,趁及惠能。惠能掷下衣钵于石上,曰:此衣表信,可力争耶? 能隐草莽中。惠明至,提掇不动,乃唤云:行者! 行者! 我为法来,不为衣来。

惠能遂出,坐磐石上。惠明作礼云:望行者为我说法。

惠能云:汝既为法而来,可屏息诸缘,勿生一念,吾为汝说。

明良久。

惠能云:不思善,不思恶,正与么时,那个是明上座本来面目!

惠明言下大悟。复问云:上来密语密意外,还更有密意否?

惠能云:与汝说者,即非密也。汝若返照,密在汝边。

明曰:惠明虽在黄梅,实未省自己面目,今蒙指示,如人饮水,冷暖自知。今行者即惠明师也。

惠能曰:汝若如是,吾与汝同师黄梅,善自护持。

明又问:惠明今后向甚处去?

惠能曰:逢袁则止,遇蒙则居。明礼辞。

会论

学生一:经老师这么一说,我才幡然醒悟许多事情,原来我一直认为五祖不立即灭寂是不放心惠能大师的安全,怕人害他,所以为了牵制敌人的火力。好像说:徒儿,我在这儿坐着保证你三年的安全,三年后你那边稳定了,我再走。

学生二:谁说三年后就安全了?

学生三:我认为五祖不让惠能大师马上出来弘法,有两层意思。第一:黄梅山这边还没有稳定下来,有人会害他,此时大师势单力薄无法跟这些势力抗衡。第二惠能大师此时自己还需要进一步修行。自己没有稳定时,不知道大道在哪里,就像飞行时如果没有明确的方向,什么风都会是逆风。所以惠能大师自己稳定了,自然知道该什么时候出山,怎么弘法。

学生五:对,五祖为什么没有告诉惠能大师藏多久?我认为开悟的人自己会知道时机，时机成熟了惠能大师自己会随机应变的，这就是密付的本心，如果连这种时机自己都把握不了，还称什么禅师？

学生八：黄梅山一共多少出家众？居然有几百个人下山去夺衣，这些出家人真够勇猛的，可是，夺这法衣给谁呢？每个人是为自己夺，还是夺回来给神秀上座？神秀上座赞同他们去夺宝吗？

学生一：这确实是很奇怪的，一旦知道了这个法衣被别人拿走以后，几百个人可以立即集合成一个夺宝团。可以说一夜之间黄梅山绝大部分的僧人都忙着下山去夺宝了，有没有策划者？我感觉神秀上座并没有参与，所以他也很难，但他一定会去找师父请示该怎么办的。其实如果他当时接了六祖就更难了。

学生十：这一点间接证明了，"禅"已经受到广泛的关注了。

学生九：对，这背后的势力肯定不会是神秀上座的粉丝团，否则没那么大胆子，几百个人轰地一声就都走了，连五祖都控制不了。

悟义：各位老师的思维越来越打开了，禅本是无善无恶的。因此，我们要深刻理解五祖的智慧，惠能大师去了曹溪，南宗发芽了，神秀大师去了当阳，北宗入大内了，一南一北遥相呼应。红花一定要绿叶，才开得旺盛。

学生二：惠能大师得衣法之后第一次度的人很厉害，功夫高，是一个将军，但没想到这么个性情暴躁的人居然是一个大根基，提不动衣钵马上就变成求法，而且一说法能够顿悟，这真的了不起。

学生三：老师，是不是见本性的人都有神通？衣钵能有多重？四品将军都拿不动？惠能大师没有见性之前有神通吗？他知道自己有神通吗？我觉得他有可能自己都不清楚，否则他见惠明追来，不会藏身一边，看到他拿不动衣钵愣在那里，这才现身。

学生四：如果惠能大师不相信自己有神通，就不会把衣钵放在路边让惠明拿。否则拿跑了怎么办？

学生六：我也认为此时此刻的惠能大师还不确知自己有怎么样的功夫，所以说他看到惠明赶过来的时候，他把衣钵一放，然后藏身一边，想看看到底发生什么。但他有自信，知道惠明拿衣钵是不如法的，所以肯定拿不走。等到发现惠明提不动的时候，他应该在此时才确切明白自己不仅是智慧通达了，身体已非凡人之身。这时候他出来要度惠明，惠明为什么称呼他“行者”而不是“师兄”呢？因为惠明瞧不起他，拿不起衣钵可能是神通，但有神通的人在佛、道里面多的是，就连巫婆都有可能有神通，这并不代表有法，所以惠明还称呼他为“行者”。

学生一：我看这一段字字珠玑，惠明在受惠能大师法后，言下已经大悟了，大悟了他还问说师父传你这些法之外还有没有更密的？还有没有什么杀手锏，也给我传授传授。惠能大师说能给你用嘴巴讲的，还叫秘密吗？所以“汝若返照，密在汝边”，秘密就在你自己那里。惠明又讲了，我以前没有醒悟自己的本来面目，今天蒙大师所指示“如人饮水，冷暖自知”，这八个字是禅之境界。“今行者，即惠明师也”。他刚才叫“行者”，他现在还称“行者”，但“行者”即惠明师也，说明身份已经被忽略了，你就是我师父。可是惠能大师却说我不是你师父，我们是师兄弟，同是五祖的弟子，你以后要善自护持。

学生八：“密在汝边”，我们老是想往外求、往回找的时候就发现密就在里面，被老师稍微一点化就出来了，为什么还没出来？因为百般思维，千般思量，思量即不中用。怎么样我们可以不思量？因为个人的业障，障在那里我们就只有思量。

学生九：老师，我听您讲课时，每次看到的、听到的东西不一样，一时悟一时迷的状态。

悟义：您是“不时佛”。

学生九：老师，怎么才能消业？时时觉悟？

悟义：见地、修证、行愿。

会通

一、不思善，不思恶

不少人抱怨说佛经看不懂，其实这不仅是语言文字新旧的问题，这主要是思维问题，我们习惯了点式思维法，我们的思维是一个一个的点，点之间互不联系，串不起来。然后在这个点里，某人是专家，所以看似一个问题解决了，实际上另一个问题、多个问题又同时出现了，用这种思维模式，攻开一个点，但还有其他更多的点，如果这样学习，永远都是被知识带着满地跑。

不要说出世间的圣人，即使是世间的大哲学家、思想家，他们的思维方式是线式思维，思维是成体系、系统的，一环套一环，中间不会出现漏洞，若有漏洞，整个思想体系连接不上，又变成了点式思维法，这样思想就成了知识，思想家成了专家，这不究竟。

今天大家参悟《坛经》，不能局限在语言文字上，我们通过《坛经》打开自己的思维局限，修正我们的思维方式、方法，先从点到线，再到禅师们的圆融不二，这是脱开思维牢笼的根本。

前文已经提到四品将军惠明在大庾岭追上了惠能大师，他见衣钵居然就这么放在路边，心下吃惊，然全力提取，却提不动小小衣钵，惠明法师在黄梅山修行日久，此次追赶本不全为抢衣钵。一旦提不动衣钵，他的本性马上和法相应，内心中求法的精神当下显现，被衣钵迷惑的状态立即改善，于是惠能大师让他先“屏息诸缘，勿生一念”。

有不少人认为惠明法师是因为惠能大师显了神通，他提不动衣钵才改变态度的，这样理解对法师不太公平。试想世间之人，有哪一个见了宝物可以轻易放弃？一旦提不动时，世人的凡心总是琢磨琢磨，不会甘心，想尽办法也要得到衣钵。但惠明法师却能在惠能大师言下顿时入静，坐“良久”后，惠能大师突然问他：“不思善，不思恶。正与么时，那个是明上座本来面目”。如果他的心还停留在抢衣钵上，惠能大师讲这番话能管用吗？因此，我们万不可误解惠明法师的求法精神。

这里所说的“那个”，有人理解为肯定词，理解这句话应该是：你看，不思善、不思恶的这个心就是明上座您的本来面目啊！但我们结合前后情景来看，用反问句似乎更加妥切。也就是惠能大师问道：当您在本性中不思善、不思恶的时候，哪一个才是您明上座的本来面目呢？

参究《坛经》，不是普通的学习，万不可把这本《坛经》当作普通的知识来看，没有切实禅修过的人，很容易忽略“良久”一句的意义，为什么要“良久”才说？如果是学问，早就说了，等良久干吗？但是禅修不是，人的心不定时，说了也听不懂，说了也白说，谈什么和本性契合？那是妄想！

为什么有人把"那个是明上座本来面目"的"那个"理解为肯定句呢？这样理解不是不对，"禅"就不存在什么对不对，每个人都可以有自己的理解方式，我们只是从我们的角度来解读。如果是肯定句，那么会因此误以为此心在"不思善，不思恶"的时候，便是心性的本来面目，所以才会认为"无善、无恶"便是心性本体了；倘使真是这样，植物人、愚笨人、傻子、善良的老好人、心理障碍者，这些内心也都是无善、无恶、无分别的，那么这些都是能和本性契合的禅者吗？仅仅是心中无善、无恶、无分别的境界就是活泼泼的禅境吗？因此我们多一种理解似乎更为妥切。

参禅的目的是明心见性，心怎么"明"？关键在"歇即菩提"的"歇"字上，什么是"歇"？就是这里的"良久"。如果万缘缠绕，念念生灭，心被念头覆盖，怎么"明"？"万缘放下，一念不生"是明心的先决条件。所以惠能大师等了惠明法师"良久"，让他先"歇"了这颗欲夺衣的心，再歇这颗欲求法的心，但我们既然知道了"歇"的重要性，但是如何才能"歇"呢？如达摩祖师对二祖言："外息诸缘，内心无喘，心如墙壁，可以入道。"这就是"歇"的方法，先屏息诸缘，方能契合自性。谈到这里，还要注意，达摩祖师是说这样方"可以入道"，因此有些禅者把"外息诸缘，内心无喘，心如墙壁"理解为入道的唯一方式，这又是误解。

禅者需要了知自性本来清净，烦恼菩提生死涅槃，皆是假名，原与我的自性毫不相干。事事物物皆是如梦、如幻、如泡、如影，四大、五蕴在自性中如海里的波浪一样，随起随灭，无碍本体，不应随一切幻事的生住异灭，而起欣厌、取舍。身体的痛痒苦乐、饥寒饱暖、荣辱生死、祸福吉凶、毁誉得丧、安危险夷，一概随缘自在。

近代复兴“中国禅”的虚云老和尚，十八岁在福州鼓山涌泉寺出家。光绪二十一年乙未(公元1895年)，虚云大师五十六岁那一年，他去扬州高旻寺安居。没想到在大通荻港时，忽遇江水暴涨，无法行走。不得已，虚云大师只好沿江而行，后失足落水，随江流浮沉了一昼夜。漂至采石矶附近，幸亏被渔民救起，抬到附近的宝积寺。醒来之后，静养了几天，大师径赴高旻寺。在高旻寺，虚老丝毫不提自己落水和患病之事，知事僧令他代任禅堂职事，大师因为体力不支，没有答应。高旻寺的家风甚严，凡请职事拒不就者，被视为慢众，大师尽管负有盛名也没有逃过一顿香板。挨打之后，大师病情益加严重，血流不止，但他默然顺受，毫无辩解。禅堂里，大师昼夜精进，澄清一念，坐禅良久以至不知身是何物。经过二十多天的精进用功，病居然痊愈了。

一次，首座例行给坐禅的法师们上茶水，结果不小心，开水溅在大师手上，茶杯随即掉在地上，便是这个“噗”地一声，大师顿断疑根，如梦初醒。于是作悟道偈云：“杯子扑落地，响声明历历。虚空粉碎也，狂心当下息。”

这个“狂心当下息”便是惠能大师当时让惠明“歇”的啊，所以不是说“不思善，不思恶”就是禅，所谓“善恶路头相次绝”，“相次绝”是“言语道断，心行处灭”。善恶是相对的、相次的。“绝”是当中的空灵、自性灵明现出来了。“无想定”不是正定，佛在觉悟前已经证得“无想定”了，然后呢?“知非即舍”，佛知道这种境界不究竟。

除此之外，我们还不能误解“不思善，不思恶”就是指念头里也没有善恶，善恶是相对的，世人本性清净，万法从自性生。《坛经》中云："思量一切恶事，即生恶行；思量一切善事，即生善行。"人在因位上，念一动，就有行、识，行、识就会有产生善、恶的念和行为了。正如天本来是清净的，日月本来是明的，但浮云一来，就遮住了，天也不清，日月也不明了；忽然风把浮云吹散，天还是清的，日月还是明的。所以，自性是本来清净的，无善无恶的，就像狮子吃羚羊，狮子是恶的吗？由于无明遮障了自性，所以起了善恶的分别，禅者若用功修行，烦恼转菩提，本来面目现了，自性清清净净，连动都未动一下。哪里还有什么善恶？这个清净自性是妙不可言的，是能生万法的，能善能恶，能大能小，逍遥自在。如果自性只能善，不能恶；或只能恶，不能善，那么这个自性就不完满，就不自由，就是一个有缺陷的东西。

二、密语密意

"与汝说者，即非密也"这句话是惠能大师从体悟的角度来讲的。

"汝若返照，密在汝边" 这句话是惠能大师从实践的角度来讲的。

一般人都会像惠明法师一样，听了法，感觉悟了，但还是想再多问问老师，究竟还有什么没说的密语密意吗？

唐代有位船子禅师名德诚，师从药山惟俨禅师，他在师父处修禅三十余年，尽得药山禅法之妙。一天他对两位师兄道吾、云岩说：你们将来应各据一方，立药山宗旨，我呢？野人一个，率性疏野，唯好是山水，所以今后你们如果遇到有灵性的子弟，就别忘了给我指一人来，我将平生所得，传授给他，以报师恩。

于是他便从药山出发，渡洞庭、鄱阳，涉长江、钱塘，东行到了朱泾，终日在芦苇丛中驾一叶扁舟，出没在烟波之间，随缘度日。

一晃多年过去，两位师兄始终在为他寻找好弟子。其时，有位夹山和尚是颇有名气的法师，唯识、中观、净土、般若诸经样样都会讲，道吾禅师听说后，就跑过去听夹山和尚讲经。

这一天恰遇夹山讲完经后，有学人问："如何是法身？"夹山答："法身无相。"再问："如何是法眼？"夹山回答："法眼无暇。"这回答在教下来说，可谓标准答案。可在禅门，这算"八股"，道吾禅师听了，忍不住"嗤"地一声冷笑。

夹山是大根器，当即下座，虚心地问道："我刚才的回答必定有什么不对的地方，望不吝指教。"道吾看他是个法器，便指点他去找船子禅师。

夹山果然不是凡夫，为求正法放下了现成的一切，只身去了朱泾。船子禅师此时已七十岁了，正悠闲地坐在小船上钓鱼，突然看见一位年轻的和尚，器宇轩昂地走过来，当即便知这是师兄们送宝贝来了。

于是便问："大德住什么寺？"

夹山回答："寺即不住。住即不似。"

船子："不似，似个甚么？　"

夹山："不是目前法。"

船子："甚么学得来？"

夹山："非耳目之所到。"

船子："一句合头语，万劫系驴橛。"夹山脑子还在不停转，刚想开口再跟船子禅师绕几句。船子禅师大声喝道："垂丝千尺，意在深潭。离钩三寸，子何不道?”

夹山还没开口,没想到船子禅师一桨将他打翻落水。夹山和尚不会游泳,手忙脚乱呛了一肚子水,好容易探出头,船子禅师又说:“道! 道! ”夹山正准备开口说话,船子禅师又打他入水,如此三般,夹山方才豁然大悟,乃点头三下。

船子禅师接着说:“丝悬渌水,浮定有无之意。”

夹山答:“语带玄而无路,舌头谈而不谈。”

船子叹道:“钓尽江波,金鳞始遇。”

也就是到了此时,船子禅师才认可他,意思说啊,我钓了几十年的鱼,今天才算是钓到一条龙了!

谁知这么一番赞扬的话,夹山和尚却掩耳不听,船子禅师见他如此,笑道:“如是,如是。”

这算是真正印可了。

于是嘱咐他:“汝向去,直须藏身处没踪迹,没踪迹处莫藏身。”

什么意思? 交代弟子以后的藏身处,船子禅师自己就是这样藏身的,天天划船渡人过江,谁知道他是位大禅师? 所以藏身的地方叫“藏身处没踪迹”,而“没踪迹处莫藏身”这一句则是让徒弟切莫贪恋深山幽静不入红尘、做个无情道人。

夹山领师命后辞行,边走边回顾。船子禅师怎会不知道他心中在琢磨什么:禅真的这么简单吗? 这已经传法完了? 还有没有什么其他秘法了? 是故,船子禅师当即自翻船入水,至于禅师是入水亡了,还是行水遁走了,说实话，谁也不清楚。

我们看看，船子禅师对高谈阔论的夹山和尚是如何传法的？满腹经纶的夹山只要一开口，就被打入水中，头刚一冒上来，想说话？继续打！直打到喘不上气来，如是三番，夹山和尚才豁然大悟。呛水之时，气都上不来，一肚子的佛经、知识早跑去了九霄云外了，大脑前后际断，什么妄念都没有了，当下契入密语密意。

夹山和尚悟道了，但还是如同我们这里的惠明法师一般，想着还有没有什么秘法？贪嗔痴慢“疑”的“疑”又出来了！船子禅师当然明白夹山和尚的这点小心思，于是就把船弄翻，自落水中。夹山和尚这回死心塌地了，头也不回地走了。

为坚定弟子的信心，船子禅师可以连命都不要，这是禅门独有的风范，为法捐躯。明代憨山大师对此曾有拈提说：“假如夹山那时还停留在文字知解上，船子如何为他舍得命来？”因此，船子禅师舍命是成就了夹山的悟，此后，夹山和尚独自在山中闭关十多年，长养圣胎，刻苦修行，然后才出来弘法。

道吾禅师在他出关后，再次问他：“如何是法身？”夹山答：“法身无相。”再问：“如何是法眼？”夹山答：“法眼无暇。”道吾禅师大笑而回。为何同样的回答，前面是冷笑？后面是赞许呢？请大家自己参悟。

会诀 不思善恶 本来面目

禅者修行时

本来面目=佛性=真如=法性=自性……本性

生命体可以分为三：本性、身体、气脉

“心”属于本性，念头属于心。

心与身相应合一时，叫“生命”，身心分离时，叫“渐死”状态。

气脉是使心与身合一的能量，失去气脉能量时，人的身心分裂，处在极其痛苦的状态下，不自知这种分离的是精神病，自知这种分离的却又无法解决，于是产生焦虑、紧张、不安、痛苦、疑惑、恐惧……

我们在念头中分别善恶，这种分别善恶的基因，长期在心中积累，与身体关系最紧密的心，叫“大脑意识”。“大脑意识”是遮住本来面目的第一障碍，因此，想要契合本性，先要净化“大脑意识”。

颂曰：无前无后，争什么？

祖师云：

一切万法，皆从心生。心无所生，法无所住。不住法者，谓照见身心法相空也。

——惠能禅师《六祖金刚经注》

10.一十五载 随宜说法

经文

惠能后至曹溪，又被恶人寻逐，乃于四会，避难猎人队中，凡经一十五载。

时与猎人随宜说法。

猎人常令守网，每见生命，尽放之。

每至饭时，以菜寄煮肉锅。或问，则对曰：但吃肉边菜。

会论

学生一：老师，根据您的要求，我回去看了几种《坛经》的版本，发现有的书上说惠能大师在猎户躲了三年，还有说五年，这里又说十五年。这应该怎么理解？

悟义：我们学习《坛经》的目的不在于考古，历史上关于惠能大师的经历本来就有多种说法，这些说法的矛盾集中在惠能大师去黄梅山之前是否已经学过佛经？到底在山中隐身了多少年等等，我认为，这些不是《坛经》的核心，所以无论三年也好，十五年也罢，我们关心的重点在禅法上。

学生二：他隐身在猎户里，真的特别隐蔽，一般人不会想到他去猎人那里。

学生三：我看的几本书上都提到，后来追杀惠能大师的人，除了黄梅山的人外，其他门派，还有一些刺客、游侠也加入了，黄梅山找他的僧团居然花钱请了好多专业的人来。

学生三：雇佣军都出现了，这是有组织的找吗？

学生二：当然有组织。

悟义：法衣可以表信，就像抢皇上的玉玺一样。藏身猎户真是高，首先猎人是杀生的，惠能大师虽说尚未出家还是一个行者，但怎么说也是五祖传人，混在杀生的队伍里，很少有人能想到。而且猎人也很少下山，打猎的猎物一般都有专门人上山去收。

学生五：他"与猎人随宜说法。猎人常令守网，每见生命，尽放之"。他要这样做，猎人不烦他吗？

悟义：呵呵，放心。见性的禅师们说法是随宜说法，放生也是随宜放生，不会令人讨厌的。

会通

"每至饭时，以菜寄煮肉锅。或问，则对曰：但吃肉边菜"。

这一段话，我们需要理解的是戒律问题：受戒、破戒、守戒、开戒等。

刚才大家已经提到了，惠能大师回到南方后，为了躲避追杀他只能往深山处走。长期在深山里居住的,主要有三种人:采药的、砍柴的、打猎的。

采药人大部分自己是医生,靠药吃饭,不愿意陌生人参与,更不愿意灵药的采摘地点被发现。因此一般都是父子、师徒这样的亲密关系在一起采药。而砍柴人不需要什么特殊的技能,当然也没有什么秘密地点,但柴必须去集市上卖,这就免不了跟人打交道,被"通缉"的惠能大师,哪敢跟着他们去集市卖柴? 所以就只有跟着猎人队伍了。

刚才大家提到,打猎的人有一个特点,就是居无定所,这正是惠能大师想要的,而且打猎的人有自己的圈子交易猎物。更加有利的是打猎和修行完全是两个世界,一个杀生一个吃素,追杀的人怎么也想不到他会和杀生的猎人混到一块去。

以惠能大师当时的修行境界,他完全可以像一些瑜伽士一样,在时机未到时,自己在深山结庐自修,这样被人发现的可能性更小。大师不在深山逍遥结庐自住,而是选择跟着杀生的猎人进山,由此可见,惠能大师的心就是慈悲的菩萨心。自己身在危境还想着度化众生,由于他不愿意打猎杀生,所以就帮猎人做饭。他当时的身份虽只是居士,但也吃素。但猎人的饮食当然以肉类为主,那该怎么办呢? 山上哪有那么多素食? 不吃肉没东西吃,而且又不能告诉别人他吃素,这就需要智慧了。于是大师每天在炖肉的汤里放些野菜来煮,没有蔬菜的时候就只喝汤,其他什么都不吃。

许多人会以为,高强度的体力需要吃肉来保持能量,其实不然,修行人心静,体内具有转化身体内食物的能量,肉汤里的野菜,也是干净自然的食物,帮助代谢和排除身体内的垃圾。我们的饮食分为气、液、固三种。惠能大师吃的野菜是固食，喝的肉汤是液食，深山里有丰富的氧离子，这些纯净的空气是他的气食。饮食对人体的营养吸收不在于是偏重吃肉还是吃素，关键就在于如何和自己相应。吃素的关键是心中不断大悲的种子。

修者在修行过程中，常会遇到比较实际的问题，饮食方面的问题会首当其冲，例如打坐一天、一周、一月，感觉身心越来越欢喜，感觉到了身体气场的转化，能量越来越大。这时候，如果吃了一点不合适的东西，比没有修行过的人更容易消化不良，如果东西不干净更容易腹泻、腹胀、嗳气、泛酸，刹那间长时间打坐修持聚集的能量就消耗了，所以越进入深层禅修的修者，越需要知道自己和什么饮食相应，不能随便乱吃乱喝，但为什么有一些禅师，可以心无挂碍，看上去随心所欲地吃喝呢？您修到这个境界自己就明白了。

修者如果想找到和自己相应的食物，就需要了解自己的性格、习气，了解自己的口味、偏重，了解自己每餐进食的相应分量等等，根据这几点来调节自己的饮食，例如性格急躁的修者需要避免刺激性食物，如辣椒、酸性食品等。但大部分修者在内观时会发现，平时的饮食和性格有许多矛盾关系，急性人反而更喜欢吃辣椒、重口味的食物，慢性子人喜欢口味清淡，这些内在的饮食矛盾关系需在准备进入禅修前改善，从而不影响禅修的效果。每个人的习惯和习气受社会、家庭、教育、社交圈的影响，潜移默化地形成，是可以改善的。

修者下定决心改善习气和习惯时，这时候需要进入一段时间的专修。例如：想改变爱发脾气的习气、爱喝酒或暴饮暴食的习惯时，最好去一个有人可以时刻提醒自己的环境，有明师带动转化，什么样的习气和习惯，都是可以转化的，关键看自己下多大的决心。懂得了这些道理，每个修者都会找到自己相应的时间、地点进入禅修，同样也会找到和自己相应的食物。

说到“肉边菜”，古印度僧人没有素食的习惯。僧团托钵乞食，施主给什么比丘们吃什么，没有选择的余地。佛陀虽然允许僧人吃肉，但不许比丘们向施主求美食。另外有三种“不净肉”不可以吃，即见为我杀者、闻为我杀者、有为我所杀之杀念者，不许为了自己口腹之欲而杀生。佛法中：“天地之大德曰生，世人之大恶曰杀生。”

佛教传入汉地后慢慢和本地文化融合，儒家以仁爱为本，对动物，所谓：“见其生不忍见其死，闻其声不忍食其肉。”饮食最低的目的是为了温饱，最高的目的是食欲，而在温饱与食欲之间，其相去何止百千万里？我们的味觉由入口到咽喉，只有十数公分，过了咽喉，食物变成什么了？有些修者如果吃了肉食，心里便惶恐不安，破戒了是否要遭果报？是否会下地狱？是否多年白修行了？因此有人会出现恐惧、失眠、恶心、难过、焦虑等症状。

中国僧人食素有几个主要原因：

1.公元511年，梁武帝颁布《断酒肉文》，令天下所有僧尼不得食肉。由于皇帝的推动，加上中国寺院自耕自食，广大的庄园便成为提供素食的来源。

2.佛教宣扬的“慈悲戒杀”与儒家传统的观点“仁”相契合，吃素之风让佛教更加容易被中国文化接受。

3.教初传入中国，僧人还保留着乞食的生活方式，对食物也没特别的要求。但中国文化和印度不同，对乞食的人心存轻视，后来经过社会的变迁，僧人放弃托钵，由俗家弟子供养，僧人对食物依然没有所求。当僧人的人数逐渐增多过着集体生活时，俗家弟子供养负担加重。育养几万僧人的丛林，除了戒杀等戒律要求之外，客观条件不允许大量饲养、宰杀和食用牲畜，僧人自耕自给时，吃自己所种植的庄稼，以蔬菜为主，是僧人从自我生存利益考虑下作出的理智决定。

4.吃素是悲悯众生、大乘菩萨慈悲的表现。

5.吃素的不仅仅是人，像牛、马、大象、骆驼这些动物也都吃素，这些动物不但力量大，并且有耐力，吃素不但能使心变得柔软，充满仁慈，戒除贪欲，也能增加耐力、体力。

6.吃素者安贫乐道、好仁不杀及回归自然的行为和道家清静无为的思想吻合。

惠能大师在山中吃“肉边菜”的这些年，可以说是真正体会禅法精神的时间，以此，后世的“中国禅”祖师们对待戒律和其他佛教宗派，如净土宗、天台宗、律宗等有所不同，可以说灵活性强。这一点我们在后文有详细介绍，禅师们更加重视当下的情况、现象。

这种思想来源于《维摩诘经》关于善巧方便的说法，以及《菩萨戒经》关于无相戒的说法，大师于此融会了这二者说法。禅者对于当下情景是否遵守戒律的灵活性就在于是否具备“开遮智慧”。“防非止恶曰戒；处断轻重，开遮持犯曰律”。每一条戒律都是活的，持戒的方式不一样、不相同罢了。佛对于一切众生依根性不同，开遮持犯的范围、浅深、广狭都不一样。正如教学生，小学生、中学生、大学生、博士的管理方法自然完全不同，随着本人的知见不同，能辨能力不同，当然以自己带动为主。

“开遮”的“开”是开缘，缘是因当下的机而变化的，开戒不是破戒。在某种情况下,禅师们觉得这个戒开了是合理的,那就不叫破戒,叫“开戒”。开戒没有罪,不但没有罪,还有功德。佛在《佛说未曾有因缘经》上举了一个例子,有一个国王,脾气很大,为了厨师做的菜不好吃,要把这个厨师杀掉。皇后那天正好是持八关斋戒,看到这个情形,为了救人,她化妆得很漂亮,吸引国王去唱歌跳舞,引导国王转移念头,忘掉杀人,那天她的八关斋戒全都破掉了。她为了救人,那样做属于开戒,不但没有罪,还有大功德。

“开遮”中的“遮”是禁止的意思,决定不能够违犯。懂得“开遮”才会持戒。应当开的时候不开,固守戒条,叫犯戒;应当遮的时候不遮,也叫犯戒。可见持戒谈何容易?戒律是活泼泼的。要是不懂佛为什么列这些戒律,佛戒的原始用意何在,道理何在,在日常生活当中要怎样去灵活应用,就离禅心太遥远了。我们日常生活当中,有顺境,有逆境,有顺缘,有违缘,反复无常的环境里,怎样运用戒律?那就是“开遮智慧”了。“开遮智慧”应用得圆融不二,自利利他,叫持戒。

会诀 一十五载 随宜说法

禅者修行时

一十五载=命似悬丝=苦中苦

随宜说法=随缘自在=乐中乐

身相最苦最难时,心相会最自在。

“中国禅”最关键是在日常生活中体现出来的大自在。这种“禅境”便是

"生活禅"。永嘉禅师的《证道歌》中写道:"行亦禅,坐亦禅,语默动静体安然。纵遇锋刀常坦坦,假饶毒药也闲闲。"

颂曰:无来无去,怕什么?

祖师云:

问:夫如来法身,湛然清净。一切众生,只为客尘所蔽,不得现前。如今但息攀缘,定水澄净,何须众善,向外纷驰,反背真修,但成劳虑?

答:无心寂现,此是了因,福德庄严,须从缘起,二因双备,佛体方成,诸大乘经无不具载。净名经云:"佛身者,即法身也。从无量功德智慧生,从戒、定、慧、解脱、解脱知见生,从慈、悲、喜、舍生,从布施、持戒、忍辱、柔和、勤行、精进、禅定、解脱、三昧、多闻、智慧诸波罗蜜生,乃至从断一切不善法,集一切善法,生如来身"。又云:"具福德故,不住无为。具智慧故,不尽有为。大慈悲故,不住无为。满本愿故,不尽有为。"此乃自背圆诠,不遵佛语,拟捉涅槃之缚,欲沈解脱之坑。栽莲花于高原,植甘种于空界。欲求菩提花果,何由得成?所以云:入无为正位者,不生佛法耳。乃至譬如不下巨海,不能得无价宝珠。如是不入烦恼大海,则不能得一切智宝。

——永明延寿禅师《万善同归集》

11.风动幡动 仁者心动

经文

一日思惟:时当弘法,不可终遁。

遂出至广州法性寺,值印宗法师讲涅槃经。

时,有风吹幡动。

一僧曰:风动。

一僧曰:幡动。

议论不已。

惠能进曰:不是风动,不是幡动,仁者心动。

一众骇然。

会论

学生一:惠能大师真是了不起,一出山便是一众"骇然"。

学生二:是啊,惠能禅师一开口便是惊天动地,我前几天坐在家里阳台上看《坛经》,边打坐边读书内心非常静,此时阳台上挂着一件衣服,突然吹来一阵风，那个衣服动了一下，结果风越来越大，那个衣服就要吹掉了，我发现我的心就跟着那个衣服转了，就坐不住了，想站起来取衣服，我取衣服一瞬间就想，这是风动？衣动？还是心动？还是衣不动风也不动呢？

学生三："一众骇然"，我还有一个体会，比如说我们工作中经常争论，就像今天他说是风动，他说是幡动，我们习惯落入二边思维，解决问题不是你对就是我对，其实在这个层面不能解决的问题，是否还有另一种可能呢？如果带着这种心去看待问题，就不会非要争个你死我活了。

学生四："一众骇然"，就是一大群人被吓坏了，大家都惊讶，那么多人在一起听经，经中明明讲"心生则种种法生"，但为什么遇到事情时，就没有人能说是心动？

学生五：法性寺里面僧众挺多的，我认为有一部分人修行境界在"风动"，有一部分人修行境界在"幡动"，见性的人才了悟是"心动"，因此是境界不同。

学生六：心生则风动幡动，心不生风和幡就不动了吗？也就是刚才说到阳台上的衣服，难道心不生了，不动了，阳台上就没风了，衣服也不动了，或者连衣服也没了吗？

学生二：不是。我的意思是，因为心动了才能观照到这些动，心不动这些跟自己没有关系。

悟义：您们现在有两种观点：第一种是心里不动的时候风不动幡不动。第二种观点是心不动的时候风、幡照样动，只是这种动和自己没有关系，你不随之所动。外在的风、幡在动，这个"动"是境，你的心跟着境起反应，产生的识叫"所"，而识带动了心动起来的"行"，这是"能"，那么惠能大师是什么意思呢？是两种观点的其中一种呢，还是都不是呢？

学生八：老师，究竟何为动？何为静？动和静什么关系？

学生九：地球转得很快，但我们为什么没有感觉到动？惠能大师说“心动”，这个心有多大呢？风动、幡动皆由心动，心动的时候看一切万物都是在动的。

学生三：我打坐的时候身是不动的，可是内心一直在开运动会，动得比平时还厉害，所以老师您说的静和动我特别有体会，越静其实越动。

学生八：对，我跑步的时候就知道呼吸，喘不上气，脑子里面什么杂念也没了，还有打坐的时候如果时间长了会疼，疼得厉害也没杂念了，脑袋里僵化。可是一旦舒服了，静了，脑子就开始动。

悟义：古人为什么了不起？比如说现在有人说旁边的窗帘在动，有人说是风在动，突然有一个人进来说大家别闹了，是你们俩的心动，根本就没有人在意这个说法，哪里会“一众骇然”？可能连听都没听懂他在说什么，就转移话题聊股票、房子去了。我们的心太散乱了，看什么都习以为常，根本也不会有人有什么深刻的讨论，似乎那些是科学家、专家的事情，跟自己离得很遥远。

学生一：我们天天讲废话的时候，就算有人讲真理，也会当它是废话，根本不会“骇然”。

悟义：只有心中追求真理的人，才会发现真理，好像牛顿被苹果砸了，他能发现万有引力，我们被砸了也就砸了，可能觉得今天有苹果吃了，挺好！

学生二：哈哈，可能还有人迷信，为什么我走过就有苹果砸下来呢？是什么暗示呢？我是不是要请大师算一算呢？

悟义："云驰月驶，岸动舟移"，您们能说谁在动？谁在静？

会通

地球是怎么动起来的呢？宇宙是无限的，但为什么宇宙会井然有序地运动着，有没有什么力量在后面组织这些运动呢？什么是究竟的万有引力？而每个星球都有质量，有了万有引力有了质量，便有了使物体运动的加速度，物体便运动起来，那么引力可以穿越时、空吗？ 每个星球都有南北极，都有磁场，两个星球的斥力让两个星球保持一定距离，所以宇宙中星球不会相撞，但每个物体都有他本质的规律，任何物体都在运动，静止是相对的。那么磁场是怎么产生的呢？动从哪里开始？又从哪里结束？

"禅"原始的翻译是"静虑"，是"知止"，知止而后有定，因此"禅"修的基础是先知止，"止动归止"的"止"与"动"，是一不是二。《楞严经》里说有六界三空。六界里面第一个是动，第二是静，"止动'就是动静不二，一般人不理解动静一如，错误认为一定要把"动"止住了，才能够静。"动"止得住吗？怎么止？

动愈止愈乱，"止更弥动"。我们内心的这颗真心是本来就有的，起妄念的妄心是虚妄的，不是本来的真心，由于妄心作用，产生妄想、妄见。妄见里头最根本的就是分别和执著，这两种心是一切妄念的根源，是妄就不会碍真，真正的真心如果能受到外面的妨碍还能够叫真心吗？就像您真爱一个人的话，流言蜚语可以妨碍您吗？为什么会有妨碍？因为被迷了。所以想用人为方式把妄念止住，愈想止住妄念愈多，同样心里越想静则心动得越厉害。

修炼有两种常见的境界，一种是没有妄念，但精神根本提不起来，昏沉瞌睡，这些是无明的现象。

另一种是妄念很多，叫“掉举”，你愈是想止，愈动得厉害。真正的静从哪里找？真正的静是动静一如，动静不二，静是心的本体，动是心的作用，体用是一不是二，有体一定它有作用，有作用就可能产生两种结果，一种迷，另一种悟。

怎么是迷？把止、动看作两桩事情就迷了，叫“二见”。如果能明白止、动是一回事，动也没有动相，静也没有静相，动静二相了然不生，心不再向外面世界去攀缘，两种现象在你心里面一样，这个时候的心是真正的清净，才可能会悟。能有机缘修禅的人，千万不要强制性地让本来平静的心不动，不起伏，不分别，这样想结果只能适得其反，你会更烦躁，比原先更不稳定。这就像是看到湖里的水面有些波纹，你就想把水波吹平，结果吹的风越大，波纹越多，如果想用手把水抚平，你有那个本事抚吗？

静和定到最深处时，就是最大的动，跟宇宙一起动，宇宙动不动？为什么不觉得它动？

南北朝时期的维摩禅大居士傅大士曾有首著名的禅颂曰：“空手拿锄头，步行骑水牛，人在桥上走，桥流水不流。”我们初看时，肯定糊涂，这说什么呢？想不明白啊！但放大空间，换角度、换参照物、换速度、换时间去思考一下呢？这偈颂本是可以从现象和本体两个角度来置换思维模式的。所谓现象，是事物化显出来的状态、应用、体现，现而象之，所呈显之界，非事物的真实本体。

如正常人看东西为五颜六色，色盲看东西即分辨不清，蛇看东西即为红外线。人得到的现象皆为有分别、有条件、有前提、有限制、有时限、有能所、有主客、有内外、有环境的，如你看事物时，你为能，为智，事物为客、为境。即眼、耳、鼻、舌、身、意六根对色、声、香、味、触、法六尘。

本体不是现象，是现象背后的本质。本体无条件、无前提、无限制、无时限、无长短、无内外、无善恶乃至无形无相，是能所双泯、无有分别的，无色、声、香、味、触、法，亦无时间和空间的局限，此相即为“如相”。真如，佛性为能性，如相为所性。

那么从现象角度上来看，“空手把锄头，步行骑水牛”时，在现象角度理解，空手当然不可把锄头，行走则或者步行，或者骑水牛，没有既步行又骑水牛的。

“人在桥上走，桥流水不流”，也是不通，水可以流，桥怎么流呢？但是禅颂是什么？不是抒情诗，是通过对现象反观而产生对本体，或者说本性的觉悟，禅颂的目的在于破执！

我们普通人的思维局限性太大，不打破禁锢思想的监狱，就无法真正理解风动、幡动、心动的问题，动是哪里动？你能说谁在动？谁在静？即便人在睡眠中地球也围着太阳在一路狂转，谁不在动中？

我们在概论里讲到了时、空之间的关系，风动、幡动都可以讲，但又都不能成立。诸法缘起生，缘起后结合在一起就动了。我们再回到僧肇法师的《物不迁论》中，时间是链状的联系，每个时间点上都有相应的东西，而且根本上没有动的。这一点现在量子物理学已经有了新的认识，量子之间每个点都是相对独立的，僧肇法师认为：“旋岚偃岳而常静，江河竞注而不流，野马飘鼓而不动，日月丽天而不周。”这一点，现代科学的“弦”论给我们很深的启示，宇宙是由震动而来的。那么震动又是由什么产生的呢？惠能大师此刻是一语道破宇宙中一切现象的根源：万法源于心动，这里的“心动”，非“能”、非“所”。

《指月录》中，有则评论，写得也甚好，大家参悟一下：

“天台韶云：古圣方便，犹如河沙。祖师道，非风幡动，仁者心动，斯乃无上心印法门，我辈是祖师门下客，合作么生会祖师意，莫道风幡不动汝心妄动，莫道不拨风幡，就风幡通取，莫道风幡动处是什么。

“又云：附物明心，不须认物。

“又云：色即是空。

“又云：非风幡动，应须妙会。

“如是解会，与祖师意旨，有何交涉，既不许如是会，诸上座合如何知悉，若于这里彻底悟去，何法门而不明，百千诸佛方便，一时洞了，更有甚么疑情，所以古人道，一了千明，一迷万惑。上座岂是今日会得一则，明日又不会也。”

会诀 风动幡动 仁者心动

禅者修行时

“幡”是物质中的有形；

“风”是物质中的无形；

“心”是生命中的无形。

“风动”、“幡动”、“心动”，实际上，这三个说法是在不同的角度上所说的。无风，“幡”如何动？无幡，“风”动以何彰显？无论心动还是不动，风、幡会自动，但“心”不动谁知道风来幡动?“风动”和“幡动”是现象，“心动”乃是根本。

禅修者，领悟到了“风动”，已经超越了“幡动”现象；

禅修者，领悟到了“心动”，已经超越了“风动”现象；

禅修者，领悟到了“自性”，已经超越了“心动”现象。

何为领悟到了“自性”？永嘉禅师言“善于分别诸法相，于第一义而不动”。

颂曰：无始无终，留什么?

祖师云：

问：所修万善，以何为根本乎？

答：一切理事，以心为本。约理者，经云：观一切法，即心自性，成就慧身，不由他悟。此以真如，观真实心为本。约事者，经云：心如工画师，能画诸世间，五蕴悉从生，无法而不造。

——永明延寿禅师《万善同归集》

12.智者了达 其性无二

经文

印宗延至上席，征诘奥义，见惠能言简理当，不由文字。

宗云：行者定非常人。久闻黄梅衣法南来，莫是行者否？

惠能曰：不敢。

宗，于是作礼，告请传来衣钵。出示大众。

宗复问曰：黄梅付嘱，如何指授？

惠能曰：指授即无。惟论见性，不论禅定解脱。

宗曰：何不论禅定解脱？

惠能曰：为是二法，不是佛法，佛法是不二之法。

宗又问：如何是佛法不二之法？

惠能曰：法师讲涅槃经，明佛性是佛法不二之法。如高贵德王菩萨白佛言："犯四重禁，作五逆罪，及一阐提等，当断善根佛性否？"佛言："善根有二：一者常，二者无常，佛性非常非无常，是故不断，名为不二；一者善，二者不善，佛性非善非不善，是名不二。蕴之与界，凡夫见二，智者了达，其性无二，无二之性，即是佛性。”

印宗闻说，欢喜合掌言：某甲讲经，犹如瓦砾；仁者论义，犹如真金。

于是，为惠能剃发，愿事为师。

惠能遂于菩提树下，开东山法门。

惠能于东山得法，辛苦受尽，命似悬丝。今日得与使君官僚僧尼道俗同此一会，莫非累劫之缘，亦是过去生中供养诸佛，同种善根，方始得闻如上顿教得法之因。教是先圣所传，不是惠能自智。愿闻先圣教者，各令净心。闻了各自除疑，如先代圣人无别。

一众闻法，欢喜作礼而退。

会论

学生一：印宗大师挺了不起！一听就能说出来：“行者定非常人。久闻黄梅衣法南来，莫是行者否？”这么有慧眼！

学生二：是啊！不但一听就知道惠能大师的境界，为惠能大师剃发后反拜他为师，不愧是大师所为。

学生三：有这样心胸、见地的和尚实属难得，老师，这位印宗大师是修什么宗派的？

悟义:印宗大师也曾师从五祖弘忍。

学生一:怪不得,一听到惠能大师开口,便知高低,而且说久闻黄梅衣法南来,一眼就认出来惠能大师可能是六祖。

学生二:他既然从黄梅山下来,为什么不讲《金刚经》而讲《涅槃经》呢?

悟义:《涅槃经》是佛在涅槃时最后讲的一部经,由昙无谶法师译成中文,共40卷,13品。魏晋时对中国佛法的形成影响很大。《涅槃经》如来藏学说中蕴含的一切众生皆有佛性、一阐提皆得成佛、涅槃具常乐我净四德等旗帜鲜明的主张,以及对本心迷失的哲学思索、中道思想是"中国禅"思想的源头。"中国禅"理论体系中的本心论、迷失论、开悟论、境界论深受涅槃妙有思想的影响,形成了独特的生命体悟。"中国禅"思想的两大重要源头是般若中观和涅槃妙有。最能体现般若特色的是《金刚经》,惠能大师得五祖亲授《金刚经》要旨而豁然见性。但是,般若类经典讲空固然能使人生起对俗界的厌弃,却难免使人生的追求与期望无所栖泊,而生起茫然失落之感。因此在"色即是空"的后面,还必须下一转语,这就是"空即是色"来表法。涅槃之学是侧重妙有的理论,从大乘佛法的发展看,《涅槃经》出现在般若、法华、华严等大品类经之后,也就是说,佛法学术界普遍认为,大乘经典中以《般若经》、《维摩诘经》为代表性的"空"观思想出现在前,"有"的思想出现在后,从真空到妙有是大乘佛法发展的两个阶段。《涅槃经》是阐释妙有思想最具代表性的一部经典,由于此"有"不是对立的现象之有,故称"妙有"。般若和涅槃,经虽非一,理无二致。《般若经》破相,《涅槃经》表真。正是般若"真空"与涅槃"妙有"的完美融合,才使"中国禅"的思想圆满不二。

学生五:高贵德王菩萨是谁?

悟义:为光明遍照高贵德王菩萨之略名。《涅槃经》中第二十二至二十六卷,即《高贵德王菩萨品》。

学生七:什么是"四重罪"?

悟义:淫、盗、杀生、妄语。

学生九:什么是"一阐提"?

悟义:原指集五阴炽盛之苦欲望强烈的人,这些人执于名、利、势、权、位,贪图虚荣,贪生怕死,这些人除了名誉地位其他什么也不信,故又叫"断善根"、"信不具"。藏语中称为大欲或多欲之人,贪乐生死、不求出离故多贪。《楞伽经》中将"一阐提"分为两类,即断善根阐提、菩萨阐提。前者谓不信或诽谤菩萨乘者,故不能成佛,后者则怜悯众生,因而发愿不入涅槃,故不能成佛,菩萨知一切法本来涅槃,自已决定不成佛。故名菩萨阐提。

学生八:老师,唯识学中不是人人可以成佛,是否就是指"一阐提"?

悟义:唯识学中说有三种阐提,即断善阐提、大悲阐提、无性阐提。断善阐提是欲太重的人,他们虽无成佛之期,但若逢机缘发菩提心仍可入涅槃。大悲阐提则是发愿度尽众生之大悲心具足的菩萨,菩萨们为芸芸众生有情不尽,故成佛无期,名为阐提,但菩萨由于具足大智和不断善根之力,终亦得成佛。和其他宗派不同的是,唯识宗有无性阐提之说,他们认为无性阐提是缺乏本来解脱之因的人,也是毕竟不能成佛者。

学生八:老师,这些说法都是说无论主动还是被动,都存在毕竟不成佛者吧?

悟义：对，故这些称之为“定性阐提”，也就是这里说的“一阐提”，这些人不许成佛。但我们想想没有善根的人是不是自性变现出来的？当然是的。心外无法，法外无心，哪里说是心外还有一法能建立？因此，佛在不同阶段说的法不同，为什么？因为受法者的根性、程度不同，如果说了令受法者怀疑，不能接受，不能如法修行，所以不说。佛临终时在《涅槃经》谓“一阐提”也有佛性，以佛性不断故，众生皆得成佛。

会通

“惠能曰：指授即无。惟论见性，不论禅定解脱。

“宗曰：何不论禅定解脱？

“惠能曰：为是二法，不是佛法，佛法是不二之法”。

这段话是我们重点要理解的内容，何为“惟论见性”？前文已经讲到，见性之“见”不是起心动念的见，而是心地法眼中“见”，起了想见性的心这个念即是妄念。所以先明心，有人说明白起心动念之心即妄心，便能见性，这个理解可以，还有一种理解是明白了真心是“本来无一物”、清净本然的，便能够见性，这样理解也可以。“明心”是禅的方法，“见性”是禅的本体。

那么什么是“不二之法”？

可以说，惠能大师创始的“中国禅”的核心是“不二”，此“不二之法”是在继承了罗什、僧肇师徒以《金刚经》为代表的般若中观思想的基础上，加入了《涅槃经》的妙有，及进一步发挥《维摩诘经》不二法门思想而形成的。

般若中观思想，特别是龙树菩萨在《中论》卷首所提倡的“不生不灭，不常不断，不一不异，不来不出”等八不中道思想对“中国禅”的思想影响很大，中观思想主张宇宙万法皆由因缘聚散而有生灭等现象发生，此即“无常”，但实则无生无灭。如谓有生或有灭，则偏颇一边；离此二边而说不生不灭，则为“中观”。

所谓“空观”是指观想一切诸法皆空之观法，即观诸法实相。一切诸法，尽为因缘所生，因缘所生之法本无自性而空寂无相，观此空寂无相之理即为“空观”。佛教各宗派皆因阐说“空”性，随之即立观空之法门，虽有浅深之别，然皆悉以舍遣对实有之执著为目的。也就是说，小乘修习我空观，断除烦恼障；大乘修习我、法二空观，离烦恼、所知二障。

“中国禅”延续鸠摩罗什法师的空、有不二思想，罗什法师在他的《注维摩》中说空、有之间的互换关系是《维摩诘经》：“上已说有，故今明空门也”，即《维摩诘经》的第六品“不思议品”是“有门”，紧接着的第七品“观众生品”则是“空门”。他进一步解释道：“前品说有，故次说空门”，再接下来第八“佛道品”是“有门”，第九品“入不二法门品”是“空门”。

罗什法师把佛法分为“有”和“空”二门，认为空、有迭用，不偏执任何一边才能真正理解佛法的精妙之处。所以他说：“佛法有二种：一者有；二者空。若常在有，则累于想著；若常观空，则舍于善本；若空有迭用，则不设二过，犹日月代用，万物以成”、“有无迭用，佛法之常。”法师又认为，佛法虽然有“空”、“有”两种，但是根本则归于诸法性空，他说：“若直明法空，则乖于常习，无以取信，故现物随心变，明物无定性；物无定性，则其性虚矣。菩萨得其无定，故令物随心转，则不思议，乃空之明证。将显理宗，故以为经之标也。”

从中我们可以理解为什么惠能大师一开口即说佛法不论禅定解脱，论禅定和解脱是二见，禅定解脱本来是一不是二，因此佛法是不二之法，通过禅定的方法来获得解脱是“二见”，不是佛法。

“中国禅”入门之处不从现象入，不从止、观入，不从神通入；一入手处便是“真心”，真心中没有什么定不定、解脱不解脱的情况。惠能大师自《金刚经》悟道后，藏身猎户，随宜说法十五年，终于通达无碍，继承的是空、有不二的顿悟之法，所谓“不二”，就是从性空上泯灭一切分别对待和执著。如《维摩诘经》中 “心净则国土净”和“烦恼是菩提”的说法，并在此基础上，惠能大师进一步宣扬现实净土思想，即“不舍道法而现凡夫事”，“不断烦恼而入涅槃”的“世间与出世间不二”真正人间解脱法门，此思想打破了出家和在家的界限，不仅提出了世间也是出世间的真理，还提出出世间不能脱离世间而存在的法要。

从本质上看，各家的中观思想都是讲无分别之不二之法，但是它们的侧重点有所不同。例如龙树菩萨的八不中道说主要从实体、时间、空间和运动等四个方面来把握现象，否定相对事物的永恒性，破除对诸法的错误观念，把握不偏于一边的中道精神；罗什法师的空、有不二思想则主张在理解或者解释佛法时，一定要保持“空”、“有”平等精神，不能偏执任何一边，这样才能真正领悟或者符合佛法的真理。而《坛经》的不二法门的核心所在是一切都平等对待的无分别精神，尤其强调世间与出世间不二的精神。

这一句“佛法是不二之法”是出于《维摩诘经》入不二法门品，其他对《维摩诘经》的多处引用列举如下：

1.般若品云：“净名经云：即时豁然，还得本性”；

2.疑问品云:“所以佛言,随其心净,则佛土净”;

3.定慧品云:“如净名经云:直心是道场,直心是净土”;

4.定慧品云:“只如舍利弗宴坐林中,却被维摩诘诃”;

5.定慧品云:“故经云,能善分别诸法相,於第一义而不动”。

由此可见《维摩诘经》不二法门思想对《坛经》影响之大。《坛经》中继承的维摩思想主要是顿悟,般若品中的“即时豁然,还得本性”就是顿悟。惠能大师在《坛经》中有五处以上用到“顿教”来形容他的法门,又提到“顿见真如本性是顿悟菩提”,这些思想的来源在《维摩诘经》。此外还有净心、直心、行、住、坐、卧的日常生活就是修行,动静一体等等,可以说,惠能大师的“不二之法”是在将《维摩诘经》“不二法门”思想进一步中国化和升华。

《维摩诘经》“入不二法门品”中包括文殊菩萨在内的三十二位菩萨曾提出各种不同的观点来说明什么是“不二法门”,但都是用两个相对的观念和事物来说明既非一亦非二的道理。世间的一切学问,不论是由哲学、宗教和科学等任何立场来看世间的现象和观念,都不出相对的或二分法的观点。这还是在“禅定解脱”的范围内,既是讲一元论也是二分法,因为讲二是对立的,讲一也是等于二,单独的一不能成立也不可能出现,只有从多才能见到一,或者从一切的现象而看全部的本体。如果要讲一,一定是二或是多,所以不管站在哪个立场,总有它的矛盾之处。

《维摩诘经》中维摩大士最后以“一默如雷”宣讲“不二法门”这个“不二”不等于一,也不等于二。也可以说,二是一的两面,一是二的全体;有一一定是与二同在,有二一定不离一。此即《坛经》所说定慧不二、动静不二、善恶不二、众生与佛不二、世间与出世间不二、念与无念不二等等。因此,《坛经》最后动用三科、三十六对来应对相对的观念和事相;所谓动用,是从清净的自性而取智慧的功用。要大家能够出离两边而通达地运用,实际上也就是“中国禅”最核心不二之法的应用和延伸。

特别要指出的是,惠能大师“中国禅”的不二之法与“八不中道”思想是有所差别的。虽然二者都是说在对诸法的理解上,不要偏重于一边,不能偏执其一。但是,从论证形式方面看,“八不中道”采取的是否定的方式来破除偏执一端的观念:“不生不灭”、“不常不断”等用的都是佛法中常用的双遣法。

惠能大师的不二之法则主要是把两边沟通起来,融会贯通起来讲两面不可分离的关系,会通否定和肯定的思维方式,得到的是无漏的大肯定,例如僧俗不二、本迹不二、出家在家不二等等都是如此。

从理论产生背景来看,“八不中道”观点的产生原因主要是针对小乘佛教和外道对名相的执著,主要是关于认识论方面的;而惠能大师的不二之法主要是针对出家、禅定、解脱、拂尘看净等修行状态的执著,主要是关于修证论的。

“八不中道”针对于名相执著,其目的是要进一步摆脱执著,向出世的方面,也就是彼岸去努力;而惠能大师的不二之法则是针对过分执著于出世,因此是往入世方面引导,是促进世俗化。当然二者都是平等清净心。不过背景不同的时候,圣人们推动的重点不同,圣人本无高下,“一切贤圣皆以无为法而有差别”。

“惠能曰:法师讲涅槃经,明佛性是佛法不二之法。如高贵德王菩萨白佛言:‘犯四重禁,作五逆罪,及一阐提等,当断善根佛性否?’佛言:‘善根有二:一者常,二者无常,佛性非常非无常,是故不断,名为不二;一者善,二者不善,佛性非善非不善,是名不二。蕴之与界,凡夫见二,智者了达,其性无二,无二之性,即是佛性’”。

如果大家理解了上面一段内容,那么这一段就容易理解了,整本《坛经》多次提到了《涅槃经》,除了这一次为印宗法师讲解涅槃妙义外,惠能大师还曾为无尽藏比丘尼解释《涅槃经》“诸佛妙理,非关文字”,以及为弟子志彻讲“常与非常”……可见惠能大师当时所处的环境,《涅槃经》中佛性论思想非常普遍。

普通人对佛性的理解始终在二见的范畴内,惠能大师此时讲得十分清晰明了,“无二之性,即是佛性”,佛性是不可思议的,不可以分谈佛性的本质或现象,僧肇法师曾讲到“不可思议”是“眇莽无为而无不为,罔知所以然而能然者”,这正同于表现在《维摩诘经》的维摩大士“一默如雷”宣讲不二法门的终极之理。可是,有些迷惑的人又把“不可思议”执著为修行的最高境界或者一种实在的神秘现象。

“道之极者,岂可以形、言、权、智而语其神域哉”? 佛性既“非常非无常”,又“非善非不善”,普通人纠结的是这到底是“常”还是“无常”? 一有这个想法,就不是“无二之性”了。例如看上去,《维摩诘经》中讨论什么是“不二法门”的三十二位菩萨和维摩居士在见解上有高低之分,前三十一位菩萨各抒己见是“措言于法相”,到了文殊菩萨总结的时候,是“有言于无言”,可是最后维摩大士“无言于无言”宣讲不二法门,大家都认为还是维摩大士高明啊,但实际上不二之法是诸法平等，无有高下的，佛法皆因受众的根器不同，故此法演示出三种深浅不同的宣讲之路。

佛法之要，谓一切法略说有两种，即“有为法”和“无为法”。“有为法”的特性是无常、苦、空、无我，“无为法”的特性是常、乐、我、净，寂灭不动，寂灭不动又叫涅槃，“涅”为不生，“槃”为不灭。修行者较容易在心中产生高低之分，想扫除有为法而追求涅槃无为之境，或者认为有为低级，无为高等，把两种法对立起来看待，结果违背了佛法的本意。“有为”和“无为”如同日月，日月和合才是“明”呢。

修者应该以平等心来对待诸法，因为诸法的本性没有“有为”和“无为”的差别，法的本质是不二的。那么也就是说，我们这一品中神秀上座的时时勤拂拭的看心看净之“有为法”和本来无一物的“无为法”，在本质中也是不二的，那高低差别还有没有？有！区别是在修行方法上。

能够理解这些道理，您就可以理解五祖大师为什么在送走付法弟子后，继续留在黄梅山三年不灭寂，住山培养这些好像不太究竟的“渐修”法；也可以理解为什么东山法门这么混乱，而五祖以”不二皆同，无不包容“的大悲心处世；还可以理解为什么五祖心中神秀大师和惠能大师并无差别，还可以理解神秀大师和惠能大师二者心中并无对峙，还可以理解为什么法衣自六祖后不再为传宗信物、改由《坛经》传宗的含义；最重要的是，我们在第一品结束，开始进入“中国禅”核心法要：不二之法。

时，大师至宝林，为一众僧尼道俗演讲的法要，现在不就豁然呈现了吗？远在天边，近在眼前。

会诀 智者了达 其性无二

禅者修行时

“中国禅”强调人只有迷和悟两种生命状态，也就是人有“智者”和“迷人”的区别。

一旦说自己正在修禅，好像应该处在身心相应的“智者”状态，但不少人，身相虽在“打坐”，心中却昏沉散乱，表面上像个“智者”，实在上是一个“狗披象皮”的“迷人”。

“智者”无为，在日常生活中，自然而然自利利他。

“迷人”有为，在日常生活中，自然而然自欺欺人。

颂曰：无前无后，争什么？

祖师云：

然幽关难启，圣应不同，非本无以垂迹，非迹无以显本，本迹虽殊，而不思议一也。

——僧肇法师《注维摩》

般若品 第二

13.心念般若 波罗蜜多

经文

次日,韦使君请益。

师升座,告大众曰:总净心念摩诃般若波罗蜜多。

会论

悟义:我们上个月在山庄讲完了《坛经》第一品,大家回去的这段时间,再次参悟《坛经》,有些什么心得体会?

学生一:我开始会读经了,也看到了许多疑问,以前是跳着看书,翻翻就过去,现在开始思索了。我发现我的生活也改变了,以前很粗心,踩着风火轮一样走路,有一天早晨,我突然发现了路边的花,花的颜色那么好看,再看花蕊又是不同颜色,再看,居然看到一只小蜜蜂在花蕊里采蜜,那一天我都在想,为什么我以前从来没有注意过细节?生活中的美不就在细节中吗?这以后我开始细心观察,发现孩子、爱人的细微变化,家里小狗的细微思想变化等等,突然之间,我发现我更加了解他们,爱他们了。

学生四：我的疑问来自《坛经》，我也是发现了许多细节问题，例如惠能大师在南海听到《金刚经》后，不经三十余日就来到了黄梅山，那么他从南海是怎么去的？为什么深夜受法后他回去不走原路？他回去的路是怎么走的？为什么走了这么长时间？惠明法师等人怎么追上他的？

悟义：哦，您喜欢徒步，爬雪山，所以尤为关注路途。

学生二：我关心的问题和大家有些不同，我没有钻在细节里，开始考虑历史背景和禅法的关系了，老师说修禅要从疑开始，如果时刻觉得一切都是应该的，就修不了禅。我就在想敦煌本到底有几本？什么时候发现的？为什么各个版本不一样？几个版本为什么差距这么大？我还想五祖是怎么修行的？为什么五祖灭寂的时间史书上记的不同？我就根据老师的要求带着疑问去参悟，不把这些疑问一个一个理解清楚的时候，老师讲归老师讲，我听归我听，这样没用，还是二。其实《坛经》里埋了很多的伏笔我们没有看出来，我们过来听老师说《坛经》，一定要想办法把智慧变成自己的东西，这就需要学会如何去思考。我认为老师在这里并不是传授我们《坛经》在说什么，如果我们学会了思考，就可以举一反三，《坛经》参究明白了，那么其他语录也就可以读了。这样我们和禅的各位祖师们就可以对话了，所以我认为首先要学会生疑。

学生三：我回去也是和大家一样反复读经，也发现许多问题，例如神秀上座把偈颂写在南廊，可是惠能大师的偈颂写在哪儿呢？五祖禅堂的门往哪儿开？往南开，南廊是画血脉图的地方，神秀上座为什么写在这么显眼的地方？表明什么？惠能大师写在西间，为什么写在西边呢？西边和南边在古时地位不同，可是神秀上座写的时候很没信心，惠能大师说的时候随心所欲，所以我在体会当时两位大师写偈颂时的地点和心态。

学生五：我通过参究《坛经》，回家后突然领悟到一个道理，所谓顿悟真的是可以的。以前我总是认为修炼是一步步来的，所以老给自己找借口，那些修了几年的师兄还没悟道，我着什么急？结果有一天我读完经走出家门，看到阳光明媚时，突然领悟到我们见到阳光的时候，没有说见阳光的百分之一然后再见到全部，见到就是见到了。就像孩子出生，没有说先生出来一条腿，过几天再生两只手，悟道就是新生，悟了就是刹那重生。所以惠能大师当时也就差一点，经五祖一点拨，一筛他就见性了，就见到真正的阳光了。

学生四：老师，第一品中讲了两个由来，一是惠能大师得法的由来，二是讲传授《坛经》的由来。现在有些人说宗宝本《坛经》不实，敦煌本的《坛经》更权威，但是我想敦煌本的《坛经》一定就是最早的《坛经》版本吗？可不可能也是很多《坛经》分支里的一支呢？惠能大师之后，南宗依《坛经》传宗，我认为这点特别重要，南宗弟子肯定个个抄《坛经》，这样如何能保证这些手抄本内容不变样？我回去后仔细比较了敦煌本和宗宝本的内容，深奥的内涵虽然不理解，但我感觉宗宝本文字优美、内容丰富，自元朝开始以宗宝本为《坛经》正传肯定有一定道理的。老师反复说，我们看历史书的不要去判断真假，后来我发现不仅历史没有真假，即便最需要辨别真假的自然科学中也不存在真假。什么叫真实？连自然科学都没有真实。人怎么来的？进化论说是猴子变来的，猴子从哪儿来的？鱼变来的，鱼哪儿来的？

为什么有寒武纪生命大爆发？所以连这些我们都是推论而无法证实时，我们妄谈古书的真假是可笑的。我们目前连生命的来源都不确定，不知道从哪里来，当然不知道死后往哪里去，“未知生，焉知死”？那么如果自然科学都没有真实的话，社会人文会有真实性吗？历史其实是你说一个版本，他说一个版本。所以我不再纠结惠能禅师去黄梅山之前究竟有没有去过宝林山学经，遇到无尽藏尼是在去黄梅山前还是之后，五祖是哪一年灭寂的……我终于放下了探究历史年代真实性的想法，历史就是从说者的立场、角度来叙述的故事。

学生五：对，我也是同样感受，我理解既然历史是故事，我们为什么必须要听故事呢？因为这个故事对自己有启发，有帮助，所以要听，至于这个故事谁讲的，怎么讲的，这些不重要。可以一个时期的故事多听听，不是为了辨别真假，而是为了多角度思考。古代没有印刷机，禅门弟子手抄《坛经》时根据自己的领悟增加几个字，这很正常。所以我们在这里只需要记住通过学习，得到什么智慧就行了，否则你们越探究历史越糊涂，带着什么是“真假”这个伪命题会妨碍我们的参悟。由此我还领悟到，不同老师解释出来的就是不同的版本。我们这儿解读《坛经》，可能和别的老师解读得有区别，这同样没有什么真假、对错，大家领悟不同。老师在这里讲《坛经》，不是叫我们变成考古者、历史学家，更不是让我们变成古人，是教我们如何用现代方式在日常生活中去运用《坛经》智慧，我以前禅修时总喜欢想着断食、打坐、减肥什么的，现在理解修禅也就像减肥，减肥减的是身体的肥肉和垃圾，禅修减的主要是思想上的欲望、垃圾、杂念，找回自己的本来面目。

学生八：我上一次听老师讲《坛经》时，其实一直很自卑，因为很多名词我听不懂，回家后我释然了，因为我理解了老师根本没有叫我记这些名词，而是要理解这些名词，因为名词不是禅，我又进一步理解了，老师为什么要说这些名词呢？就像小学生首先要认字，不认字怎么沟通？所以我先要大致理解佛经、《坛经》中的这些词分别代表什么意思。否则就是每一个字我都认识，但放一起就都不认识了。

学生九：我回去后开始想，既然“思量即不中用”，是不是一想就不中用了？那以后怎么考虑问题？老师既让我们学习独立思考，又不让我们思量，这到底应该如何把握？

学生十：老师的意思是修禅不是学习，独立思考也不是让大家反复思量，禅要的是当下一念清净，这个清净的一念中会自然生出智慧让禅者保持独立思考的能力。但如何令到这一念清净是需要修的，否则是杂念不是清净念，现代人的思量主要是逻辑、分析、比较、琢磨，和老师说的独立思考是两回事，思考是思想，比如说释迦牟尼佛当年在菩提树下也有思想，没思想了叫“无记空”，如果没有思想惠能大师的禅从哪里出来？所以“思量即不中用”的思量是杂念，思想是当下的灵光一现。

学生九：那这个灵光一现和直觉有什么区别？

悟义：普通人的直觉大多是一种自我感觉，自我感觉往往不可靠，产生的因素很多，这并不是清净心带动的灵光。清净心带动下的灵光一现是智慧，是思想，是自性和念头相应，不是拍脑袋。

学生九：我怎么能让自己的直觉变成灵光一现的智慧呢？

悟义:通过修行转化。

学生一:我收获最大的是,进一步理解了"不思善,不思恶",以前最不容易理解的就是这一点,怎么可能没善恶呢?现在明白了,就像看月亮,月亮美不美?心美的时候看月亮美,心恶的时候月亮就是阴暗的,穷人看月亮是个挂在天上的大饼,善恶是我们人为地区分出了垢和净。

学生八:神秀上座把身当作有,把心当作明镜台,所以他才需要时时拂尘埃,但尘埃从哪里来?心上的尘埃怎么拂?尘埃在心的什么地方?必须先把尘埃找出来才能拂,可是找尘埃的心不也是尘埃吗?老师讲过所谓的垢和净是根据参照物来定的,禅和悟是没有参照物的,没有参照物的东西我们无法再用一分为二的思想去理解。

学生七:我回去后遇到一些活动,以前很自然就会去参加,最近我理解了,我为什么逢叫必到,逢酒必醉,主要是心里怕被圈子落下,怕人家忘了我,常常在不同场合露个面安全,正是这个潜在的严重的不安全感,导致手机不响就心慌,不出去参加活动就感觉少了什么。神秀上座问五祖:"和尚看我有少智慧否?"这也是他不自信的表现,可是惠能大师见五祖说什么?"惟求作佛,不求余物",用今天的眼光看,一个饭都吃不饱的人,不关心吃饭问题,关心作佛问题不是有毛病吗?但实际上谁有毛病呢?一心成佛的草根成佛了,明明不会饿死的我们天天考虑吃饭问题。我们怎么就说不出来这么顶天立地的话呢?在佛性面前是人人平等的,惠能大师心中自信充满,这种人,谁也羞辱不了他。而神秀上座满腹经纶,这两个人的身份、学历太大不同了,但是表现出来的境界也太大不同了。所以我进一步理解了人与人的区别不在地位、知识、学历、物质、权力，而在于心量上。神秀上座因为有所求，所以反复思量，唯唯诺诺，而惠能大师坦坦荡荡。

学生二：他也求，求作佛。

悟义：佛不是求来的，是自然而然生发出来的觉悟，没有什么特定的东西叫“佛”。

学生六：我回去后对“有情来下种，因地果还生”的理解更加深刻了，有情和无情的问题一直是修者的核心问题，结合到梁武帝和达摩祖师的对话，武帝问我造寺度僧有功德否？达摩祖师毫不留情地如实告知“人天小果，有漏之因”，佛像、佛殿无情，唯有人才是有情的，依靠无情的建筑、石像来带动是有漏的，以人为主的传法途径才是“有情来下种”。“因地果还生”是说惠能大师的弟子们像蔓草一样，以民间为传法途径，以人为本，以百姓为本，这是有情。我以前也是做了许多我自以为是的“功德”，我这才明白这些世间的“福德”不是“功德”，以后要做功德，见性是功，平等是德。

悟义：佛法以什么为本?

学生六：以人为本。

悟义：应该说佛法是以众生为本，一切众生皆具如来智慧德相。真正把“以人为本”提到根本地位的是惠能大师创立的“中国禅”，提倡众生之中人为根本。

学生六：怪不得老师说禅法是人法。

悟义：是“人法不二”，看来这一个月，各位老师都有很多感悟，“禅”的精要在于一切内求，内求之法叫正法；外求之法是外道，这个叫无情，有情来下种，布施正法是有情，把正法布施出去，帮助人们安心，这是正道。世间的“善”是不打扰别人，出世间的“善”是自见性以及帮助他人见性，一切帮助别人打开心量广大的法是善法，只要帮助他把心量打开就是善，所以有时候看上去把他往火坑里推也是在行善，这叫“顺逆皆方便”，怎样有资格行方便？必须自见性。没有见性的人往往不清楚自己行为的后果，所以叫“菩萨畏因，众生畏果”。五祖选法嗣的标准就是见性和没见性。禅门中师父找徒弟的标准不在外在条件，重点是弟子是否见性，见性之后是否有能力弘法，这是两种能力，五祖传惠能大师《金刚经》，可是《金刚经》在座的各位大部分都熟读过，为什么各位读了不见性呢？因为您心中的执还在，心结没有打开。禅的顿悟是但用此心，直了成佛。顿悟并不是惠能大师首创的，佛法中一直就有顿悟一说，神秀上座的北禅也没有否定顿悟，只是告诉修者需要渐修，从质变到量变。但我们要清楚，质变未必一定有量变，《坛经》里多次说到顿悟、顿修，没有说顿悟渐修，当下直了成佛，就这么快。我们通常认为这些事情是不可思议的，可是历朝历代的皇帝以前不都是平民吗？为什么可以当皇帝啊？这是世间的所谓不可思议。那么出世间的不可思议是什么？你本迷惑，但是有一天遇到了大善知识，但用此心，直了成佛。一念顿悟，即至佛地，这是出世间的不可思议。我们执著的原因是执著在“我”上面，我所有的，属于我的，但什么是“我”呢？又说不清楚，如果说人有三世、七世，“业”在流转，哪一世的“我”才是真正的“我”呢？还是哪一生哪一世都没有真正的“我”呢？我们现在的生活是在梦里吗？人做梦的时候不知道自己在做梦，什么时候知道自己做梦呢？当梦醒的时候。梦有的时候是睡着了在做,有时候是清醒的时候在做。修禅修什么?修的是对这个宇宙、生命的真实认识,阿罗汉修完知道人生如梦,身处梦境,于是要离梦涅槃。菩萨知道自己在做梦,但是不离梦中,为的是要令到更多众生觉悟。什么是“悟”?从字面意思来看,见自心叫悟。

学生一:老师,修从什么地方开始?

悟义:从行开始,从疑开始,从愿开始,从信开始,从心开始。在日本、韩国和世界其他国家,修禅不需要讲这么多课,大家聚在一起先修,修到一定程度了,问题出来了再讲。而大多数中国人习惯了多讲少行,自古都是喜欢义理而轻实修。因此我们需要从行开始,知行合一。禅是大法药,对生命来说什么宝最贵?法宝最贵。治心病什么药最管用?法药最管用,但是法药管一切用吗?不同人适合不同的法药,对于寻求自信、自立、自强、自主、自在人生的修者来说,“禅”是一剂清凉大法药,但医生开了药,患者不吃病能好吗?

会通

这一段惠能大师开始传授禅法的根本:“总净心念摩诃般若波罗蜜多”。

般若品是坛经的主旨所在。惠能大师在这一品用了二十四个善知识,他掏心掏肺对各位善知识讲了许多真心话,每及此,我都深深体会到祖师当年的“老婆心”。

“总净心念”的“总”是什么意思？有人理解为是总念着，总不离心念。也有人理解是总结，总结一下主要在于净心念。也有人理解是：总的来说必须先净心后开始念“摩诃般若波罗蜜多”。

究竟“总”是什么呢？“总想着、总结、总的来说”，这通常是没有实际修行的人的理解，“总”的含义应该是总摄，摄是摄心、摄物。而“总”是指一切时、空。在十方世界总摄一切心、物。

这里的“物”是什么？不是普通意义的“物”，十方世界中看得见的叫“物”，看不见的“物”叫什么？宇宙那么大，我们能看到的才多少？从时间角度讲，过去、未来的“物”看得到吗？从空间角度讲，不在身边的、无形的“物”看得到吗？从自身角度讲，身体里的细胞、病毒、原子、中子、电子，抑或是意识、思想这些“物”看得到吗？ 宇宙中，生命内外充有的能量叫不叫“物”？光子在动的时候就有，不动的时候就没有，那么这一类随着动静而时有、时无的是不是“物”？这些是“物”还是能量？物和能量有没有通性？没有通性如何转化？通性是什么？这个通性就是“总”法。

以“总”来“净心”，然后“念”，“念”什么？念总法，宇宙、生命、众生的通处、通性，这个大秘密的名称，便是：“摩诃般若波罗蜜多”。

什么是“摩诃”？通常的翻译为“广大”，这仅仅从空间的一个角度解释了，“摩诃”光理解为“广大”是不够的，只能大不能小的生命、空间能有弹性吗？能量体的放大一定是先收缩再放大，放大到极致再收缩，一张一弛间，产生生命力和活力。从变化角度讲，“摩诃”是无大无小、无内无外的。

除了空间上的大、小之外，“摩诃”是“和谐”，每一个生命体内都有无数细胞，每个细胞也都是有思想、有个性的，细胞之间如何相互作用，和谐共处，成为生命的完美状态？这个合在一起的万千亿细胞、生命由“谁”做主？无量生命中的和谐，叫“摩诃”。

例如：蚂蚁就像我们体内的细胞一样，看上去是没有独立思想的，那为什么微不足道的蚂蚁可以建成不可思议的蚁穴？蚂蚁可以盖出如此复杂蚁穴的能量好比我们几个人在这里能造出宇宙飞船一样不可思议。蚁穴的深度、功能远超人们的想象，蚁穴在地下四通八达，能够延伸到任何地方，有些可以容纳下数千乃至一万只以上的蚂蚁。蚁穴的防风、防坍塌、防水淹等功能的复杂和神奇堪比人类的金字塔。蚂蚁虽微小，集合起来力量却能如此巨大，它们能把大过自身百倍的蚯蚓拖到蚁穴活活吃掉，并且，人若在旷野迷失方向，找一下蚂蚁穴口便可辨认出方向，因为蚁穴的口永远朝南开着，难道蚂蚁有辨方向的功能？为什么个体没有的功能，将无数信息、心念和谐、整合后可以达到？从能量角度讲“摩诃”是汇集、生成、和谐、包容。

“摩诃”还有“无量”的含义，我们的障碍在于思想被主观意识所局限，被时空所局限，通常情况下，客观、主观不过是空间的两个维度，一个内一个外。受力学影响，时间的维度我们通常又理解成了前、后，以为时间是一条线，再进一步理解时，发现时间的维度不仅有前、后，还有“此时”和“彼时”。此、彼虽是时间的二维，但不仅包含了前、后的线性概念，这里又加入了空间性，这也是世间法目前理解的基本世界的四维，内、外、彼、此，这四维是目前“世界”，但实际上仅仅是真实“世界”的极小部分，从时、空的角度讲，“摩诃”是无量光、无量寿，无边无际，无始无终的。

佛法中并没有简单地说“世界”，世界这个名称还是有局限性的，世界是时空及有无的划分匡定，是对存在的生命范围的描述，是自然社会和人类社会一切事物的总和。但世界是有生灭的，其开始于地球生命出现的那一刻，没有生命出现的地球，只是以本源形式而存在着的宇宙的一部分。宇宙没有生灭、无始无终，但世界有起始，当一切生命结束的时候，就是世界结束的时候。因为世界有了起始，就有了时间，因为世界有范围，就有了空间这个界限。在生命的时、空概念里，人类就有了历史、文化、社会、民族、国家、语言、文字、有了地域范围内一切的概念区分。

宇宙里的时空不同于世间里人为的时、空观念，宇宙的时、空是循环、无量的，所以佛经中使用劫、阿僧祇、恒河沙、那由他等单位来体现宇宙中“无量”的时空，现在科学认为的“无限宇宙”也不过是佛法中无量宇宙的一粒微尘，而其实真正的一粒微尘里也具足了无量宇宙的全部信息，这就是我们说的“通性”。现代科学用了“全息”这个概念，就进一步接近了。一个细胞内包含了生命的所有信息和密码，否则单细胞如何克隆？

但我们现代人还是无法想象究竟什么叫“无量”，什么是“摩诃”？原因是我们“有”，其实我们的眼光太局限，我们以为世界很大，以为银河系很大，银河系的半径不过约5万光年，目前人类可推测的宇宙，半径到目前为止推算出大约在150亿光年。

光年是光以光速30万公里每秒的速度行驶一年的距离，但凡是“有”的，可推测的，可计算的，都不是“摩诃”，都不是“无量”，目前人类的宇宙概念也只能大略估算,其实微小的和巨大的,同形和不同形态的,皆是相似形,万物只是显性不一样,内在的通性一致,否则,天地如何生万物? 物种的进化不可能是一种物质缓慢进化而成另一种,地球上的时间等不到这么缓慢的基因变化,唯有同类可以转化,可以生育,外形不同就非同类了吗?

月亮围着地球转,地球围着太阳转,太阳围着银河系的中心大黑洞转,银河围绕银河系的引力中心转。银河系由大约3千亿个星星构成,太阳也是其中之一。那我们身体内的无量细胞呢? 目前知道的每个人身体内细胞大概有60兆,细胞的基本单位是原子,人体由63%的氢,25.5%的氧,9.4%的碳,1.4%的氮以及0.7%的其他原子构成。

几个原子结合在一起构成拥有物质特性的最小单位:分子,分子们聚在一起形成蛋白质、核酸等巨大分子,这些巨大分子们聚在一起形成细胞内形态学物质:核糖体、线粒体、细胞核、DNA等等。

原子的中心是原子核,其周围有电子在旋转,构成分子的原子在相互振动的同时在围绕其引力中心旋转。原子不是物质的最小单位,其内部有无数个基本粒子。由此可见,巨大的银河系、宇宙和身体内自有的银河系、小宇宙看上去是两个世界,其实不过是宏观世界和微观世界的变体分形而已,由此,我们进一步从“变体分形”的角度理解“摩诃”。

“摩诃”包含了无量、变化、旋转、分形、和谐等的含义,宇宙虽然无量,但我们不要忘了宇宙和微尘有通性,这就是“一即一切,一切即一”,“摩诃”还包含了交叉和立体,宇宙、生命体不仅在水平线上可以无量延续,在垂直线上也可以无量延续,你中有我,我中有你,故此,宇宙、生命得以保持恒常的循环，无始无终地延续。

简单来说，我们看一棵树，大树分杈形成树干、树杈，分枝再各自分成小细枝，这分枝再各自分成微树枝。以此类推，对于树来说，任意一片树叶、一根树枝，无论多微小也具有整个树一模一样的树性，折断一根树枝插在地上，不多久又是一棵树，但此树非彼树，此树乃由彼树生。

宇宙内含无量有形、无形的各类物质和能量，同样，微小的身体里面也包含了无量宇宙、物质和能量，从普遍性的角度看每个细胞内的“通性”或叫“宇宙性”，从佛法的角度称之为“佛性”，从个体的角度看每个生命体都有“自性”。

总摄后便可“净心”，净心来念什么？念“摩诃般若波罗蜜多”“摩诃”已经大致解释了，那么什么是“般若”呢？

《坛经》的核心在一个“悟”字，悟是一种境界，是相对“迷”来说的，指生起真智、开佛知见、扫却迷妄、转了烦恼、实证得佛法真理的状态。

“悟”包含了两方面的意义，从开悟角度讲，“菩提”是指能证的智慧，是开佛知见；从证悟角度讲，“涅槃”是指所证的真理，是佛知见。通常合两者而言“悟”。

《坛经》言“悟”，开悟叫“顿悟菩提”，“知本性自有般若之智”；证悟叫“识自本心，见自本性”或“识心见性，自成佛道”，惠能大师强调“菩提般若之智，世人本自有之”。因此，所谓“悟”即在于：“自性心地以智慧观照，内外明彻，识自本性。若识本性，即是解脱。”

“般若”是什么？是用以转化三毒、转化烦恼的出世间智慧，用般若观照自性，内外明彻。这种“般若之智”不同于世间的聪明、智慧。世间的聪明在佛法中说是“八难”中的一难，叫“世智辩聪”。

现代人知识太多，接触的事物多，信息量大，由此杂念多、观念多、选择多、论点多，遇事好辩解，在佛法里面这些都是“所知障”，叫作“世智辩聪”，不是智慧！更不是“般若”。现代人的聪明，对于该粗心的事物，如名、利、势、权、位、五欲、六尘，均感觉极其微细，稍有一点风吹草动，小见狐疑，妄念纷飞，煞费苦心地算计、分别、判断、分析、研究每一件事和每一个信息。而对于该敏感的凡和名利无关的身心和谐、能量变化却麻木无觉，因此本末倒置，颠倒梦想。

颠倒深源于何处？源于顽固的“我”执！

凡人生活中时时不离自“我”，凡事以“我”为中心，“己所不欲”或“己所欲”都强加于人，由于“我”执所障，近邪不知，入迷不觉，不信正法，量小德轻，自视聪颖，遇弱好辩斗勇，自命不凡；遇强左顾右盼，唯唯诺诺。执而有碍，争而有伤，不知悔改，这是因为智慧未开！

“世智”与“般若”的本质区别在于“世智”是入世的，有善恶，有正邪，有取舍，而“般若”是真实无漏的，以出世之心行入世之事。“世智”是躁动的、有欲的，而“般若”是转烦恼为菩提，不断不舍而得法。

世人遇事便执“我”：我的观点、我的想法、我的意见、我的子女、我的财富、我的静修、我的能量、我的境界、我的佛祖……孰不知这个假“我”，本是一个妄相！一切的烦恼、念想、伤痛其实都是因“我”而起，“我”相不破，烦恼不尽！在俗世的“贪、嗔、痴”中会生出“小聪明”，听得多、看得多、拜的名师多、见解多、分别多，可那是“记问之学”、“口耳之学”。这些小聪明是证得“般若”的大障碍，是“世智辩聪”，学佛不仅是把读经、看经、讲经也当成世间学问一样去研究，真正的学佛是学习佛的核心精神，实证实修，证悟生命，因此学佛和佛学是两回事。

惠能大师此时说的“般若”之智便是证得去妄归真的智慧。是从自性中自然流淌出来的，离一切妄想分别执著那才是“般若之智”！一般宗教大多重视信仰、仪式、生死，唯有佛法重慧，重“般若”，“般若”乃自度度人、自觉觉他、究竟解脱的智慧，三世诸佛都是因为证得“般若”而成就无上正等正觉，故“般若为诸佛之母”。

龙树菩萨在《大智度论》中说：“般若者，即一切诸法实相，不可破，不可坏。”唯有“般若”能助人认识到“缘起法”，进而能证悟宇宙、生命的实相而成就佛道，“般若”是菩提之“因”，没有“般若”何谈“菩提”？僧肇法师云：“道之极者，称曰菩提，秦无言以译之。菩提者，盖是正觉无相之真智乎！”

佛法中常提到“般若”有多种，如：实相般若、观照般若、方便般若、文字般若等。惠能大师说“世人终日口念般若，不识自性般若”，“般若”并非外来的，不是从阅读、博学的知识中得到的，而是人内在本具的清净光明本性，是本来面目，大师称之为“自性般若”，又说“一切般若智，皆从自性而生”。若能“识自本心，见自本性”，即得“般若”，这是人人本自具足的。

有人常说，修禅有什么用呢？有智慧有什么用呢？能帮我赚钱吗？有聪明即够了，这些实用主义者不知道“般若”有帮助人知苦灭苦、观空自在的妙用，没有“般若”的人生，欠缺正见，时时刻刻为外境所转，是这颗迷惑的心在“业”中生死轮回。有钱能灭苦吗？有钱能有幸福生活吗？物质满足和幸福成正比吗？有钱就能得到爱、健康吗？现在有钱能永远有钱吗？人活着就是为了钱吗？有智慧的人会担心自己饿死吗？古往今来哪一位有成就的修行人、智者，这些没有经商、不会赚钱的人是被饿死的？

佛住世说法四十九年当中，“般若”说了二十二年，玄奘法师圆寂时最后翻译的是六百卷《大般若经》，“般若”是“证真实以脱生死”解脱到觉悟彼岸的大法船，由此可见“般若”的不可或缺性。

凡夫的“般若”是正见，声闻、缘觉二乘修者的“般若”是缘起，菩萨的“般若”是空，佛的“般若”是究竟诸法实相。《大智度论》云：“般若者，一切诸智慧中最为第一，无上，无比，无等，更无有胜。”

最后一句“ 波罗蜜多”是什么意思呢？通常解释为“到彼岸”，通过般若的智慧去往彼岸等等。

我们需要进一步深刻理解“波罗蜜多”的含义，它不仅是脱离此岸到彼岸，“中国禅”的此岸就是彼岸，心净则国土净，这里是指人自身从迷惑的此岸到觉悟的彼岸，都在一念，因此一念中就有“般若波罗蜜多”。

在“中国禅”里，“波罗蜜多”是渡船到达觉悟彼岸的方法。那么，“般若”是能够远离分别、执著、妄想的智慧，“波罗蜜多”是令到修者见性的途径和方法，而“摩诃”则是宇宙、生命、诸法的实相：在这个无量无尽、无始无终、无穷变幻、无大无小的宇宙时空，证悟到的涅槃之实相，便是“涅”为不生，“槃”为不灭。“摩诃般若波罗蜜多”寥寥几字便讲清楚了诸法实相，修证自在。

会诀 心念般若 波罗蜜多

禅者修行时

初步禅修时，关键在“心念”。首先如何理解“心念”？许多修者看了几本修行方面的书，或者读了佛经，我们这里大多数人也是熟读《坛经》的，可为什么道理似乎懂了，就是进不去修门？为什么回去保持不了修时的发心？因为缺乏了三个心：

1.诚恳心

我们看菩萨名号前都有“南无”二字。什么是“南无”？这两个字读“那摩”，是“皈依”的意思，皈依谁？佛法叫皈依三宝，佛、法、僧为三宝。“中国禅”要皈依自性三宝，有了这种诚恳心，皈依自性三宝后，将此发心回向给众生，给天地自然，不仅和自己相关的要诚恳，和自己不相关的也要诚恳。这“心”在世间法角度讲，叫“诚恳心”，从禅的角度讲，便叫“直心”。《维摩诘经》中云：“直心是道场”，禅法是修一“直心”，那么修“直心”的关门在哪里呢？便在“口业”上，从修口业开始进入直心修炼。

“口业”有妄语、绮语、两舌、恶口四种。“妄语”指谎言，现代人习惯对于自己不知道的信口雌黄，这也属于“妄语”；“两舌”指两面三刀、挑拨离间之类的传谣、制谣，有些人无意中对自己不清楚的事情随意传播同样属于“两舌”；“绮语”指刻意哄骗、诱惑他人的语言，不要以为不主动骗人就没有口业，现代人的“绮语”尤其集中在商品推销上，自己并不了解产品的性能、副作用、危害、适宜人群等随意做广告即属“绮语”；“恶口”指爆粗口，骂人、羞辱他人的语言,这些在家庭中更为常见,夫妻之间、孩子教育时的“恶口”较为常见。许多人看上去有教养,对别人都客客气气的,可是对亲人则随意乱讲话,四种口业像杀人不见血的刀,如果天天如此造业,光念佛、学佛、修禅有什么用呢?说一套做一套,百无一用。

心念=发菩提心,道理上懂了没用,必须一步步开始实修,那么先从净化“口业”开始吧。

2.恭敬心

刚才讲的诚恳心是善待天地自然、万物众生。诚恳心是禅的本来面目,应该是自然发生的,是无为的,是从个人角度来修的。而恭敬心是从社会、生存的角度来修的,是从对待他人、众生的关系角度讲的,因此恭敬心是有为的。

恭敬从个人角度讲不仅是对长辈,对待孩子一样要恭敬,每个生命都是独立的个体,不存在谁给了谁生命,谁便是谁的主宰,一个救了另一个人命的人,就可以把对方当作奴隶吗?对待每个独立的个体都要敬。

而培养恭敬心,是以不伤害对方自尊心为前提的。由于我们已经太忽略什么叫“自尊”了,常常误以为“面子”是自尊,所谓的“面子”是虚荣,不是自尊,自尊的含义是个体的个性,尊重个体的习性爱好、生活方式、作息作法,不打扰,不伤害,不强迫,不以爱的名义约束和侵占对方。这些都是恭敬心的表现。

从社会角度讲,不仅对强者要恭敬,对弱者更要恭敬,儒家的观点也是如此，能对弱者“普行下心”的是“大人”，对强者点头哈腰、两面三刀的是“小人”。

3.精进心

有了无为的诚恳心、有为的恭敬心，会尊重众生，但自己不精进也只能做个好人，进不了出世间境界智者境界，六波罗蜜中的“精进”包含了诚恳心——布施；恭敬心——持戒，还有忍辱心，在此三心的基础下，才能进入禅定、智慧的圆满境界。

理解了禅门的“心念”后，我们要知道如何保持“心念”？这就是《金刚经》中常提到的“善护念”，然后，我们要知道如何进入“般若心念”？放下理解“心念”的念头，才能保持“心念”；放下保持“心念”的状态，才能进入“般若心念”。

般若心念是在生活中保持和提高的，无实修体悟的人很难理解和体会无为的般若心念是什么？打坐中心念跑来跑去，人为地想控制杂念这些都是妄想执著，唯有在生活中时时观照，自利利他，自觉觉他，才能放下人为的控制欲。这是“中国禅”不需要脱离生活的原因。

颂曰：无来无去，怕什么？无始无终，留什么？

祖师云:

何名波罗蜜?唐言到彼岸。到彼岸者,离生灭义。只缘世人性无坚固,于一切法上有生灭相,流浪诸趣,未到真如之地,并是此岸。要具大智慧,于一切法圆满,离生灭相,即是到彼岸也。亦云:心迷则此岸,心悟则彼岸。心邪则此岸,心正则彼岸。口说心行,即自法身有波罗蜜。口说心不行,即无波罗蜜也。

——惠能大师《六祖金刚经注》

14.只缘心迷 不能自悟

经文

复云：

善知识！菩提般若之智，世人本自有之，只缘心迷，不能自悟，须假大善知识，示导见性。

当知愚人智人，佛性本无差别，只缘迷悟不同，所以有愚有智。

吾今为说摩诃般若波罗蜜法，使汝等各得智慧，志心谛听，吾为汝说。

善知识！世人终日口念般若，不识自性般若，犹如说食不饱，口但说空，万劫不得见性，终无有益。

会论

学生一：老师曾说到参学《坛经》前必须具备几个基础，例如熟读《金刚经》、《心经》、《维摩诘经》、《涅槃经》。《维摩》和《涅槃》我读了看不懂，《金刚经》倒是背出来了，初步理解主要讲无相：无我相、无人相、无众生相、无寿者相，上次老师曾讲到无此四相可以从两个角度理解：

一种角度是：人、我指空间的内外；众生、寿者是指时间的维度，是此时、彼时。

另一种角度是人、我、众生是空间范围，寿者是时间范围，我们在四维世界里离此四相便解脱。我反复背《金刚经》的过程中一直在反复体会，此时我再读《心经》，就突然明白了《心经》的重点就是“般若波罗蜜多”，《心经》虽短，但还是有许多含义不甚了了，请老师再说说。

悟义：更方便理解的话，《心经》的重点是“自在”，从多方面说自在：个人怎么自在？观缘起怎么自在？宇宙、生命怎么自在？佛、菩萨怎么自在？如何得自在？

学生一：对，关键在我们如何通过《心经》得“自在”？

悟义：“自在”不是嘴巴上说的，想要得“自在”得先有“不自在”，修炼过程中就感觉“不自在”，持戒就感觉“不自在”，就像真正的“自由”是建立在高度自制的情况下的，否则叫“放纵”，不叫“自由自在”。《心经》是释迦牟尼佛在王舍大城时，观自在菩萨向佛请法，佛入了三昧为菩萨传授的一部重要经典，是观自在菩萨心行至甚深法界听佛在三昧中讲的无上心法，这个甚深法界便是“般若波罗蜜多”。

学生二：为什么菩萨名叫“观自在”？自在怎么观？

学生三：用心观。

悟义：“观自在菩萨”还有个名字叫“观音菩萨”，“自在”怎么观？那“音”怎么观？如果“音”不能观，就应该叫听音菩萨才是。“音”如果是平常这样的声音就不是“观”，而是“听”，观音菩萨观的音是心音，心音是本性中出来的，观音菩萨由耳根入道，修成了耳根圆通法门，故此可观心音。六根皆是菩萨的入道法门，《楞严经》中二十五位菩萨每位都有不同的入道法门，例如各位今天早课时的导引调息法是鼻根入道法，读经是舌根入道法，用音调和身心发生共振。观是什么？是返照，修行时想要伏心念，就非得从返照入手不可，好比建造大楼的地基，只有打稳地基，才可以在上面砌墙盖房。返照时，有些修者会出现光，身体越净化光越持久，有些人一听这个，马上误解这有什么神通，这从科学上理解人本来是发光生物体，平时的微弱光自己看不到，修行至一定深度时，有些人外观上可见红光满面，有些人明眸动人，但外光能量还不够，这种脸上、眼睛里可以看到的光不是返照的光，能返照的光外形上看没那么亮但很持久，叫“常寂光”。这些光让人回转内彻自己，看到自己的肉体好像空气一样，风可以穿过身体吹来吹去，皮肉筋骨都是透明的，空的，这才叫“回光返照”，是“内观”法。

学生一：对，老师曾说根是修门，修者相应的时候这些门能够自己打开，自己关闭。不修的人是想打开时打不开，想关上时却关不上。

悟义：观自在菩萨修到“般若波罗蜜多”这个甚深法界时，照见五蕴皆空，“照见”是内观、是在讲修法，“五蕴”包含了色、心二法，“自在”怎么观？需通过“照见”，用什么照？用般若之智照，照见内外通彻，来去无碍，这叫“自在”。照见内外通彻了以后发现原来五蕴皆空。五蕴是哪五蕴？色、受、想、行、识，什么是“色”？佛法里的“色”，主要是地、水、火、风四大，又分为有表色、无表色、极微色、极迥色。色法有十一种，可通过见、闻、觉、知来感受，先有“眼、耳、鼻、舌、身”、再有“色、声、香、味、触”这十法，宇宙、生命中大到无边无际，小到极微尘，凡此十色都叫“有表色”。另外还有“无表色”法，即于身体中恒转相续，具有防非止恶或与之相反的障妨善德之功能，而又因不可见，且无障碍性的特性，称为色法的“无表色”法。“无表色”法以身业与口业为缘，不显于外，以其具有防非或碍善德之功能，故以之为戒律中受戒之体；又以其乃身内地、水、火、风四大所生，故依然谓之色；不过虽属色法，却不如其他色法具有可见性、物质性、障碍性等，“无表色”法不是“心”法，由于心看不见，因此通过受、想、行，识四种心相的对治来伏心、观心、制心，这些和心相相关的法，叫“心法”。

学生八：老师，“照见五蕴皆空”，能照见五蕴皆空的修者、菩萨并没有空啊？照见五蕴皆空的“般若波罗蜜多”法也没有空啊！

悟义：您问得很好！“照见五蕴皆空”是五蕴空，五蕴是“假我”，也就是达到“人无我”境界了，那么谁能照见五蕴皆空？如果照的人空了还怎么照见空？知空者谁？如果没有了这个照空的人，为什么还要“照”？

学生八：呵呵，所以我没想通。老师说得对，如果五蕴皆空，菩萨也空，那还有什么照空？

悟义：对，因此“色即是空”，五蕴皆空是遮法，后来跟的是“空即是色”，一缘起了就是“有”，“有”是“色”，菩萨、修者这些身体是有的，照见的法也是有的，但这些都是无自性的，法性是“空”，因此“般若波罗蜜多”法也是无自性的。

《金刚经》中云：“若人言，如来有所说法，即为谤佛，不能解我所说故。

须菩提，说法者，无法可说，是名说法。”

学生九：老师，“般若”是本来面目。如果人做了坏事，业在轮回，下恶道了，是“业”的受体也就是“人”下恶道。那么“本来面目”也就是“自性”、“佛性”会不会跟着“人”受“业”一起下恶道？如果一起下，受不受苦？

学生一：当然不受，不下。般若、自性如明镜，能照万象，万象现其中但明镜不随像转。

悟义：很好，大家讨论的内容越来越有深度了，《神会禅师语录》中有关于您们这个问题的一段对话，大家体会一下：扬州长史问神会禅师：“佛性既在众生心中，若死去入地狱之时，其佛性为复入不入？”神会禅师答曰：“身是妄身，造地狱业，亦是妄造。”问曰：“既是妄造，其人者何入？”答曰：“入者是妄入。”问：“既是妄入，性在何处？”答曰：“性不离妄。”问：“即应同入否？”答曰：“虽同入而无受。”问：“既不离妄，何故得有入无受。”答曰：“譬如梦中被打，为睡身不觉知，其佛性虽同入，而无所受，故知造罪是妄，地狱亦妄，二俱是妄受妄，妄自迷真，性元无受。”

学生六：老师，本心、自性、佛性、本性、真如、般若有区别吗？

悟义：冰、水、云有区别吗？

学生五：“业”和“命运”有什么不同？

悟义：简单举例，每个人生下来都是人生这个大舞台的演员，给你一个剧本，按照这个剧本演就行了，这个剧本的名字叫“命运”，有人喜欢用生辰八字来算命，算的是“命运”，这是被动的。什么叫“业”呢？业和因缘有关系，每个人的剧本由自己编，自己每时每刻在编下一刻的剧本，命由己造，相由心生，自作自受，这是主动的。

学生八：《心经》里既然说了“色不异空，空不异色”。为什么还要加一句“色即是空，空即是色”？两句话什么区别呢？

悟义：观世音菩萨说：舍利弗尊者啊，“色不异空，空不异色”，说完之后接着马上来了一句转语“色即是空，空即是色”，有了这句转语菩萨就拉回大乘佛法的境界了，一是遮法，一是表法，后面演变到“中国禅”的即心即佛，又非心非佛，也是这类转语，怕人执著。那么我们从另一个角度看，这也是佛给舍利弗讲观自在菩萨修行成就的过程。修空观的修者在《心经》中可以体悟到不是过去的佛在给舍利弗说法，而是当下自己的佛性在说。所以“禅”强调“唤醒”，心中自然而然出来的能量。自身怎么样可以出了“唤醒”的能量呢？保持正信和正道！智慧不够的人总以为有外在的佛、菩萨、神灵会“加持”和“唤醒”，因此惠能大师屡次说到“内求”，自心、自性、自身中样样具足，无需外求。被世人誉为“宇宙之王”的史蒂芬·威廉·霍金博士，是英国著名物理学家和宇宙学家，肌肉萎缩性侧索硬化症患者，全身瘫痪，不能发音。他主要研究领域是宇宙论和黑洞，提出了黑洞蒸发现象和无边界的霍金宇宙模型，在统一爱因斯坦的相对论和普朗克创立的量子力学方面走出了重要一步。霍金博士1942年出生于英国牛津，出生当天正好是伽利略逝世300年忌日。1963年年仅二十一岁的霍金被诊断患有肌肉萎缩性侧索硬化症即运动神经病。当时，医生诊断他只能活两年。他在手术过后的几天即写下了著名的《时间简史》，虽然他在往后数十年逐渐全身瘫痪并失去了说话能力，但他并没有被病魔吓倒。1988年他的《时间简史：从大爆炸到黑洞》被译成四十余种语言出版，发行逾一千余万册。近些年，年逾七十的霍金博士正与女儿合撰一套类似《哈利·波特》，但主题是理论物理学而非魔法的小说:《勇闯宇宙三部曲》。我们从中可以看到，生命的能量是不可思议的，所以一切都不要下定论。从古人角度看现在，和现在角度看未来都是不可思议的。

学生十:色、空其实都是空，所以我们说酒、色、财、气四大皆空。

悟义:不懂佛法的人才会这么说，四大是“地、水、火、风”，前面已经说到了，四大是“色”，是人类对于宇宙本体的初期探索而得的结果，中国传统中有“水、火、金、木、土”五行;印度古吠陀本集说“地、水、风、火、空”五种自然因素形成了世界;古希腊哲学家提出“气、水、土、火”为宇宙间不变的四大元素，这些都是指物理界的基本元素。从佛法角度讲地、水、火、风“四大性离”，互相抵克但是又可以混合在一起造出生命和宇宙间的万物，同等有力却又同等无力，最后终归于“空”，这叫作“不可思议”。“空”乃缘起法根本，四大由“空”所分出，终归于“空”，与“空”永不相离，所以“四大”中皆隐有无碍之性，由于有无碍之性存在，所以通过修行“般若波罗蜜多”法可以“照见”空，此时“中国禅”中能、所无分别之状态就呈现了。

学生七:是不是得到“般若波罗蜜多”法就可以“照”空了?

悟义:“般若波罗蜜多”是“无智亦无得”的。一般人理解的“得”是得法，得神通，得境界，得涅槃，得相，一切“得”皆从外得。《心经》上讲得很清楚，只有无所得的心，才会无挂碍，无挂碍时四大、五蕴就空了，四大、五蕴空了的人才会真正无有恐怖，无恐怖时远离颠倒梦想，这叫“究竟涅槃”，此时生命体进入没有任何条件的“大自在”!“大自在”的人不会厌弃人间,迷人不理解,杂念和烦恼、欲望和情绪都好比垃圾堆里的苍蝇,大家想想是苍蝇把垃圾带过来?还是垃圾把苍蝇带过来?如果一味执著在怎么灭苍蝇的方法上有什么用?这批苍蝇打死了,下一批就不来了吗?什么是因,什么是果?免疫系统强的人,体内各种病毒再多未必得病,有病毒不是得病的病因,体内免疫能力下降,身体失去了抵抗力才是真正的病因。我们为什么搞不清楚本末的关系?因为和颠倒梦想有关,社会上、环境、饮食、身心内有那么多脏东西,好像垃圾堆一样,用拍死苍蝇的方法去灭除杂念、勤拂拭尘埃,那么八万四千烦恼需用八万四千法门来对治,学几万辈子也学不完。如果人气场稳定、免疫力强、能量充足时,杂念还会是杂念吗?病毒还会转变为疾病吗?那时候烦恼还是烦恼吗?生死还是生死吗?颠倒和梦想是什么?都是虚幻的。梦不一定要睡着了才叫梦,浑浑噩噩颠倒着过日子就叫人生如梦,颠倒和梦想是一回事。有一个寓言说一群鱼在游泳,一条鱼对另一条鱼说别往那儿游,那儿有鱼饵,这条鱼说我不去吃就行了,能产生诱惑的叫“饵”,不能产生诱惑的叫什么?

会通

明白了“菩提般若之智,世人本自有之,只缘心迷,不能自悟”这个真理后,有些人便希望进入实际修行,但靠自己的能量修,发现习气重,自己根本带不动自己,那么怎么办?惠能大师说“须假大善知识,示导见性”。每个人都需要去寻找自己相应的导师和相应的弘法团队，以信、愿、行开始入门修行。

有些人总是对自己没有信心，先觉得自己根器不够，没有别人聪明、有智慧，等到好不容易有信心入门开始修行了，过不了多久，当修行中遇到困难时，身体转化难受时，又怀疑自己的导师、修法，有没有更好的？不痛苦的？更快速成就的？更神秘有能量的？更好玩的？更……“当知愚人智人，佛性本无差别，只缘迷悟不同，所以有愚有智”。

“愚”和“智”还是相，是因为迷悟不同而表现出来的相，从相的角度看，有愚有智的区别，人的“自性般若”也就是“摩诃般若波罗蜜多”这种能见性的智慧是没有差别的，所以都能够一念转化，即至佛地。

所以“善知识！世人终日口念般若，不识自性般若，犹如说食不饱，口但说空，万劫不得见性，终无有益”。

这一段解释一下“说食不饱”，阿难尊者是释迦族英俊的美男子，也是佛最喜爱的表弟，在众弟子中，佛陀将他列为多项第一:博学强记、仪表风度、善解人意……

佛陀五十五岁那年，阿难成了佛陀的常随侍者，尊者耳根天下第一，过耳不忘，所以，凡是佛讲述过的每一句话，无论经过多长时间他都能一字不差地复述出来。然而佛所说的佛法，只是认识真理的工具，不能代替修者自身对真理的觉悟。阿难虽然牢牢记住了佛的每一句教导，是所有比丘中熟记佛法最多的人，能背诵所有的佛语，但他并未因此而悟道。

有一次，他犯戒，佛为他开示了《楞严经》。阿难听后五体投地，虔诚顶礼，说道：“我虽多闻佛法，却并未实修实证。我总是想依靠佛的神力。不必自己辛辛苦苦地修行，佛会特别照顾我这个弟弟，将神通、佛法赏赐给我……”

佛问他：“您肚子饿了，我能替您吃饭么？”

“不能。”

“那么，我将写有美味佳肴的菜谱说给您听，您也都能背诵菜谱，这能解饥吗？”

“不能。”阿难说，“世尊，我已经知道了，我的身心和您的身心是不能相互替代的，所以，尽管我日夜厮守着伟大的佛陀，却并不能因此大彻大悟。我也明白了，我虽然听佛讲经最多，会背的佛经最多，但是，如果不按照佛说的法去实际求证，依然愚蠢无知，不能摆脱人生的烦恼。”

佛告诉阿难，因为他受多闻的障碍，自恃在多闻方面的成就，所以没有悟道得圣果，阿难听见佛这样讲，难过地哭了起来，一方面悔恨自己错过了许多光阴，另一方面又生出对佛的感激心。因此他说道：“今日乃知，虽有多闻，若不修行，与不闻等。如人说食，终不能饱。”阿难尊者此时终于明白了，虽然多闻，如果不修行，一点用处都没有，知道和不知道是一样的。有这么几句话说得好：“终日数他宝，自无半钱分；于法不修行，其过亦如是。”口念般若而心不行，便如同数他人的财宝一样，自己不实实在在去修行，是没有用的。

会诀 只缘心迷 不能自悟

禅者修行时

初禅者，容易执著在“禅事”上，什么是“禅事”呢？就是忘了修禅的根本在修心，心的解脱是根本。结果颠倒梦想的初入禅门者，执著在修禅的现象上，例如几点起床修行、怎么打坐、衣服应该怎么穿、经需要念多少遍、点什么香、听什么音乐、什么佛珠贵重、道场怎么装修、门朝哪里开……把自己约束在这些“禅事”里，本末倒置。

禅修本来是为了解脱，结果，越修束缚越多。执著在“修行相”里，是故，初禅者，通常自己看不到自己的执著，必须有禅导师带入禅门，修习正法，才能不为境所转。

颂曰：无生无死，了什么？

祖师云：

一切众生轮回生死者，意缘走作。心于六道不停，致使受种种苦。净名云：难化之人，心如猿猴，故以若干种法，制御其心，然后调伏。所以心生种种法生，心灭种种法灭。故知一切诸法皆由心造，乃至人天地狱六道修罗尽由心造。如今但学无心，顿息诸缘，莫生妄想分别，无人无我，无贪嗔，无憎爱，无胜负，但除却如许多种妄想，性自本来清净，即是修行菩提法佛等。若不会此意，纵你广学，勤苦修行，木食草衣，不识自心，皆名邪行。

——黄檗希运禅师《宛陵录》

愚人除事不除心，智者除心不除事。菩萨心如虚空，一切俱舍，所作福德皆不贪著。

——黄檗希运禅师《传心法要》

15.般若智慧 不在口念

经文

善知识！摩诃般若波罗蜜是梵语，此言大智慧到彼岸。此须心行，不在口念。口念心不行，如幻如化，如露如电。口念心行，则心口相应，本性是佛，离性无别佛。

何名摩诃？摩诃是大，心量广大，犹如虚空，无有边畔，亦无方圆大小，亦非青黄赤白，亦无上下长短，亦无嗔无喜，无是无非，无善无恶，无有头尾，诸佛刹土，尽同虚空。

世人妙性本空，无有一法可得，自性真空，亦复如是。

善知识！莫闻吾说空便即著空，第一莫著空。若空心静坐，即著无记空。

善知识！世界虚空，能含万物色像，日月星宿，山河大地，泉源溪涧，草木丛林，恶人善人，恶法善法，天堂地狱，一切大海，须弥诸山，总在空中，世人性空，亦复如是。

会论

学生一：什么叫心迷？迷是怎么迷的？

学生二：迷就是迷惑，或者在无明的状态下。

学生三：迷就是颠倒梦想。

悟义：迷是一种心的状态，悟的相对是迷，这二者都是心相，迷有四迷，四样东西没搞清楚，就迷了。第一以无常为常，第二以苦为乐，第三以空为有，第四以垢为净。

学生八：什么是常？什么是无常？

学生九：常是无常，一切有即无常，所以一切有为法如梦如幻，一切有为的东西都是无常的。

学生六：什么是有为？真、善、美是有为还是无为？《道德经》的"道德"二字，"道"者路也，路是众生共通、共识、共有的东西。"德"者，得也，是个人的收获，道是大家的，德是个人的，那么道、德是常还是无常？

悟义："道"是真理，其有一些特性，诸如平易、变易、不易等，平易是大道至简，大音希声，至道无难；变易是随缘自在，境过不留，长空不碍白云飞；不易则是"性"常，故真理是无为的，既常也无常。"德"是得，得乃有为，有为便无常。

学生一：什么是以无常为常？

悟义：例如相信什么"海枯石烂"，"此心永恒不变"，相信这些情话、诺言，把愿望当真实，以为有什么恒"常"的、不变的东西可以抓，这能不苦吗？什么是苦？不仅是生、老、病、死等八苦是苦，菩萨眼中，无明是苦，愚痴是苦，安逸、娱乐是苦，一切的俗乐是消耗生命的，所有俗乐是苦的，如果吃、喝，安逸享受过得很舒服，身心就会麻木处在渐死状态下，其实是不安心的、焦虑的。现代人物质极大丰富，但就是不会笑，怕苦怕累，看上去什么都有，却什么都怕失去，系缚越多顾忌也就越多，怎么可能自在？所以叫以苦为乐。

学生六：什么是以空为有？

悟义：人体内几十兆细胞互相作用，细胞内部是蛋白质，蛋白质分子运动等于细胞运动吗？嘴巴吃得高兴等于消化系统高兴吗？

学生二：什么是垢、净？

悟义：大便是垢还是净？

学生二：当然是垢。

悟义：如果是蛆，会觉得大便垢吗？

会通

“何名摩诃？摩诃是大，心量广大，犹如虚空，无有边畔”。

永明延寿禅师巨著《宗镜录》上有段话，请参悟：“杜顺和尚依华严经，立自性清净圆明体，此即是如来藏中法性之体。从本已来，性自满足，处染不垢，修治不净，故云自性清净，性体遍照，无幽不瞩，故曰圆明。又随流加染而不垢，返流除染而不净，亦可在圣体而不增，处凡身而不减，虽有隐显之殊，而无差别之异，烦恼覆之则隐，智慧了之则显，非生因之所生，唯了因之所了。斯即一切众生自心之体，灵知不昧，寂照无遗，非但华严之宗，亦是一切教体。”诸佛、菩萨是法界身，可入一切众生心中，它无形无状，放之则弥六合，涵盖了整个宇宙、生命，卷之则藏于密，可以缩到无影无踪，这是“摩诃”的特性之一，随顺十方法界、六道轮回、三恶道、诸佛净土。

好比刮风下雨，虚空会不会被风雨影响？虚空会不会因此减少什么？虚空的清净是无漏的清净，无论随什么缘，都不染污，不增减，就像妄想、分别、执著不会染污我们的自性，外面境界比作“起用”，“起用”也不染着。自性般若是法性，外面境界是法相，性相是一不是二，所以法性没有染着，法相也不染着。由此可知，垢和净不是真的有，是相对而言，这个对立的参照物不存在了，垢和净也就不存在了。所以千万不要把妄想、分别、执著当作真的，这些都是一个抽象的概念，是念，不是事实。我们“摩诃”一样的自性是如如不动，是随流不垢、返流不净的。

我们感觉随流很辛苦，回过头来返流修行则更辛苦，修行是逆法，转烦恼、除习气当然更辛苦，色身转化都那么难，更何况念转、心转？但没有返流的了了分明，哪来顺流的万境如如？可是我们不要误以为随流、返流和明心见性有什么关系，自性不会因为顺和返变得更清净一点。

自性是不生不灭的，惠能大师说“本自清净”，从来没有染过，无论怎么修行，不会多干净一分，无论随什么缘，也不会被外面的尘境染污了一点。有人奇怪了，那为什么还要修呢？因为只有修才能见性，不迷！修是为了当下的自在，不是为了未来的计划。

自性“亦无方圆大小，亦非青黄赤白，亦无上下长短，亦无嗔无喜，无是无非，无善无恶，无有头尾，诸佛刹土，尽同虚空”，不垢不净。有些人因为虚空的不垢不净性，又开始“即著空”。所以我说啊，凡夫开正见最难，听了几句话,看了几本书，他老是自以为是明白了，不在这边就住那边，并且要命的是自己看不到，如果虚心常修的还好，有机会抓回来破一破，怕就怕那些固执的，以为自己懂了，四处做人导师，还说跟某某老师学的，明为弘法，实乃谤法，此乃大罪过。

禅法第一破的是执著，法是随取随用，随用随扫的，“静坐”本来挺好，但著在空心里，看心看净，错把空心无记当作本来面目“即著无记空”。

最后一段文字“世界虚空，能含万物色像”，惠能大师虚空含万像这一思想主要源于僧肇法师的《不真空论》、《般若无知论》等，僧肇法师被鸠摩罗什法师称为“法中龙象”，尤为擅长般若学，由于他幼年即精通老、庄之妙有思想，以道家妙有解空，被罗什法师称为诸弟子中“解空第一”。

僧肇法师的真空妙有说，受老子的“故常无欲以观其妙，常有欲以观其徼，此两者同出而异名”思想和王弼的“体用一如”、“妙有”思想影响，对佛法中“空”的概念，做了玄学化的阐释，成为了佛法中国化的先驱。法师云：“用即寂，寂即用，用寂体一，同出而异名。”又云：“然则万物果有其所以不有，有其所以不无。有其所以不有，故虽有而非有，有其所以不无，故虽无而非无。虽无而非无，无者不绝虚；虽有而非有，有者非真有。若有不即真，无不夷迹，然则有无称异，其致一也。”

有一则公案说的是一位弟子来见一休禅师：“师父，我不想活了，经商失败欠了许多债,唯有一死还债了!”禅师说:“难道就没有别的路了吗?”“没有了!已经山穷水尽了,家里只剩下一个小女儿。”禅师说:“你把女儿嫁给我吧,我有办法帮你解决。”弟子大惊失色:“这……这……这怎么行呢?开玩笑!您是我师父啊!”禅师挥挥手说:“你赶快回家向各位宣布这件事,迎亲那天我会过去,做你的女婿。”弟子素来相信师父,既然师父这么说,他只好照办。迎亲那天,看热闹的人把他家里挤得水泄不通。不过午时,只见禅师安步抵达,吩咐弟子在门口摆了一张桌子,上置文房四宝,围观的人更觉稀奇,一个个准备看好戏。禅师安安稳稳坐下来,轻松自在地画起了禅画,一会儿功夫就画了一桌子。大家看禅师的字、画实在好,争先恐后抢购一空,买画的钱堆成小山一样高。禅师于是问弟子:“够还债了吗?”弟子欢喜得连连磕头:“够了!师父您真是神通广大!”禅师轻拂长袖说:“好啦!问题解决了,我也不做你女婿了,还是做你师父吧!”

从这则公案中,请大家体悟什么是“恶人善人,恶法善法,天堂地狱,总在空中,世人性空,亦复如是”。

会诀 般若智慧 不在口念

禅者修行时

禅修目的在超越时空,进入不生不灭的本性清净心境,所以,禅修跟时间和空间没有直接的关系。

比如:日本的禅修者喜欢计算读多少遍经或念多少次佛来衡量用功程

度，韩国的禅修者则喜欢用读经读了多长时间或打坐打多久等等方式来衡量，其他不少门派的修禅者在意在什么地方读经或什么时间、地点念佛或打坐等形式：这些都是方便，不可执著，陷在这些形式里时，修行属于“口念”。

初禅入门者有时导师安排一些有为法，这只和提高忍辱心有关，在于培养修禅者的忍辱精神，和破除对世间安逸享受的执著。

真正出世间修行的功德和修行的时间、地点、次数等没有什么关系。为什么要求修者几小时双盘？几小时炼功？就是为了培养忍辱精神，提高精进心，由于现代人太缺乏这些所以才特意强调，例如有些人怕鬼，导师会安排他去黑暗的地方，甚至坟地打坐，但随着修者执著心起来，又会调整。有些人则误认为唯有苦修才是修行，着迷在苦相里，还有些人误认为修禅就是破，所以在没有见性的情况下，不尊法，不谦虚，我慢心起，以为不听话叫“破”，导师必须以各种方式破这些人的各种顽固的习气和迷惑。

颂曰：无前无后，争什么？

祖师云：

夫说法者，当如法说；法无众生，离众生垢故；法无有我，离我垢故；法无寿命，离生死故；法无有人，前后际断故；法常寂然，灭诸相故；法离于相，无所缘故；法无名字，言语断故；法无有说，离觉观故；法无形相，如虚空故；法无戏论，毕竟空故；法无我所，离我所故；法无分别，离诸识故；法无有比，无相待故；法不属因，不在缘故；法同法性，入诸法故；法随于如，无所随故；法住实际，诸边不动故；法无动摇，不依六尘故；法无去来，常不住故；法顺空，随无相，应无作；法离好丑，法无增损，法无生灭，法无所归；法过眼耳鼻舌身心；法无高下，法常住不动，法离一切观行。唯，大目连！法相如是，岂可说乎？夫说法者，无说无示；其听法者；无闻无得。譬如幻士，为幻人说法，当建是意，而为说法。当了众生根有利钝，善于知见无所挂碍。

——鸠摩罗什译《维摩诘经》

16.迷人口说 智者心行

经文

善知识！自性能含万法是大，万法在诸人性中，若见一切人恶之与善尽皆不取不舍，亦不染著，心如虚空，名之为大，故曰摩诃。

善知识！迷人口说，智者心行。又有迷人，空心静坐，百无所思，自称为大。此一辈人，不可与语，为邪见故。

会论

学生一：老师，通过修禅，我已经越来越清楚该如何时刻面对生命和事业、家庭、社会关系了，情绪起伏也有了很大改观，但有时还是忍不住，您觉得带动我们日常生活的应该是什么呢？

悟义：当下的智慧。

学生二：老师，我们在这里修什么？

悟义：广其志，通其才，转习气，悟达道，出世入世不二。

学生一：老师说的我特别认同，大海是辽阔的，可天空比大海还辽阔，还有什么比天空更辽阔的？就是人的心量。

学生五：我们在这里悟什么道？就是“摩诃般若波罗蜜多”，活得自在，无碍，心里无分别。老师说“通其才”，应该不是叫我们博学，而是要打通，什么事、境一观一闻便知核心所在，否则一本本书，一堂堂课，读了听了有什么用？而转习气，诸位想想，我们在老师这里干了什么大事？每天种菜，劈柴，做饭，哪一件是大事？哪一件又不是大事？各位都是成功人士，但这成功仅仅是事业成功，从生命的角度看是不圆满的，我来了以后就发现自己的习气，散乱、急躁，一会都静不下来，一静下来就慌。我再想想，我以前估计有精神病，每天焦虑、不安、抑郁、猜测、多疑、嫉妒、燥热，情绪一起来就呼吸困难，但诸位有几个人没有这种精神病？所以来这里修禅真是降火，我现在通体舒泰，舒服得很。

悟义：何为地狱？地狱是火宅。身处躁、急、忙、乱之时，便是身处地狱了。何为堕恶道？昏沉和急躁时，身心都在恶道里。

学生九：对，我们的精力已经提前透支，生命力、活力也消失殆尽了，每天忙、盲、茫地被外界环境推着生活，这样活着有意义吗？每天开会讨论怎么抓机会，怎么赚钱。

悟义：我听过您们的讨论会，实际上是有讨无论。

学生八：曾有人问爱因斯坦声速是多少？爱因斯坦告诉他我不知道。那人讲你这么大一个科学家怎么都不知道声速是多少？爱因斯坦说在书本上可以找到的答案我不要记。知识不能帮助我们获得身心健康，我的养生知识够丰富的了，吃了那么多补品，可还是“三高”，现在饭吃得那么少，补品完全不吃了，却很健康，天天很开心。

悟义：我们身处在这个世界，当然不能不做事，我绝对不赞成大家剃头出家去，现代社会和古时候不同，但是不躲进山里，在人世间生活，我们要明白自己究竟要做什么，生命的价值是什么。菩萨知道自己在做梦，知道世间是梦，但是菩萨还是和众生一起在人间，菩萨是游戏人间，众生是被人间游戏。

会通

关于摩诃、虚空、不善不恶、空心静坐等的解释，我们前文已经屡次表述，这里不再重复，这一段我们讲讲“邪见”。

我们通常容易产生的“邪见”有：

一、不相信自己。求佛、求菩萨保佑，念经天天念，但口念心不行，这叫“口是心非”，还误以为开光、做法事、放生行善、点灯供佛这些就代表“修行”。

二、有人佛法讲得头头是道，自己认为比任何人都高明，实际上的行为却是外道。

三、还有人认为不识字、不读佛经不要紧，反正惠能大师也不识字，他也能开悟。问题是，自己是不是惠能大师这样的上上根器呢？惠能大师有幸碰到了五祖，没有五祖点化，他悟的还是不究竟。

……

我们总认为菩萨是神，菩萨梵文名“菩提萨埵”。“菩提”是佛道；“萨埵”是有情，以有情之大心入佛道的人，名“菩提萨埵”。那么这样有情的觉者是生活在神界的吗？在世间济度众生的有情觉者，会自称为佛、菩萨吗？自称为佛、菩萨的会是什么人？

佛在《楞严经》里这么说：“我灭度后，敕诸菩萨及阿罗汉应身生彼末法之中，作种种形度诸轮转——或作沙门、白衣、居士、人王、宰官、童男、童女，如是乃至淫女、寡妇、奸偷、屠贩——与其同事，称赞佛乘，令其身心入三摩地，终不自言‘我真菩萨’‘真阿罗汉’，泄佛密因，轻言未学，唯除命终，阴有遗付。云何是人惑乱众生成大妄语？汝教世人修三摩地，后复断除诸大妄语，是名如来先佛世尊第四决定清净明诲。是故，阿难，若不断其大妄语者，如刻人粪为栴檀形，欲求香气无有是处。我教比丘直心道场，于四威仪一切行中，尚无虚假，云何自称得上人法？譬如穷人妄号帝王，自取诛灭，况复法王如何妄窃！因地不真，果招纡曲，求佛菩提，如噬脐人，欲谁成就？若诸比丘心如直弦，一切真实入三摩地，永无魔事，我印是人成就菩萨无上知觉。如我所说，名为佛说，不如此说，即波旬说。”

波旬是谁？就是大魔王。也就是说，不等到临命终时就通过明说、暗示、默认等方式表露自己是佛、菩萨的，大多是假的，属大妄语。

弘法的修者，显示了出家与在家这两种相，我们要理解对于修者，出家或者在家只是表相不同，出家的关键是心出家，而非形出家，这个问题我们在后文有详细讨论，《华严经》中善财童子寻访的五十三位大善知识中，有几人显出家相？

中国人信仰的四大菩萨，观音、普贤、文殊三位菩萨都是居士，修者显出家或在家相的目的都是为了方便，例如惠能大师后来为什么要受戒出家？他早已见性，受戒出家和他得法、见性并无关系。由于在唐朝时期，大家对出家人普行恭敬，惠能大师为了更好地教化众生，故而为了弘法而出家，那么现代环境和唐朝时期一样吗？现代人对出家人的认识和唐朝时期一样吗？

佛教导诸菩萨在世传法不可轻易显露身份是为什么？首先名气过大大多不利于法，通常会为名所累；其次名气大也会被外道关注和伤害；还有佛门内，名气和利益有一定关联，那些福德不具备的僧众为了得到这些利益，便会起加害心，好比黄梅山的那些僧众为了谋求衣法而屡屡加害惠能大师，并且我们在后文也会说到，大师的入灭时间是在朝廷宣诏后，因此他的入灭和强权压迫是否有关联呢？因此，菩萨弘法须有护法团，不显身份时能够离开名利、名气，有能力化解各种加害，必要显示身份时须有为法舍身的精神，这也是为佛法立信，例如玄奘法师、达摩祖师到惠能大师都是显身份的大菩萨，历朝历代被强权逼迫圆寂的高僧也不在少数。

《华严经》云:“菩萨大众，于一切众生心中，现其影像，随一切众生心乐，出妙言音。普入一切众会中，普现一切众生前，色相有别，智慧无异。随其所应，开示佛法，教化调伏一切众生，未曾休息。”

佛涅槃前，开权显实，说出实际情况。佛在无量劫之前早已成佛，佛之涅槃是留给人间的涅槃相，就好似惠能大师留了肉身相一样。隋朝天台宗始祖智者大师，他读《法华经》，读到药王菩萨焚臂，表示舍了断、常二见，经中说是真供养，是真精进。智者大师突然看见灵山法会俨然未散，佛还在灵鹫山说法，可见佛何尝涅槃？每个人心中一迷一悟有天渊之别，因迷造业，因业受报，在梦幻虚妄、颠倒梦想中枉受六道轮回之苦。

佛、菩萨都是凡人修行后即身觉悟之人，这些觉悟的人超越了时空的局限，而得到涅槃。初期佛教也只有释迦牟尼佛一位佛，然而，大乘佛教发展起来以后，佛、菩萨的称号被人为注入了某种神性，涌现出了三世十方诸佛和众多名称的菩萨，并成为人们崇拜的偶像和众生求离苦难、往生净土的救世主。

如在《佛说阿弥陀经》和《佛说观无量寿佛经》等经中就有大量渲染佛、菩萨神异的文字。例如《佛说阿弥陀经》中不仅描述了阿弥陀佛西方极乐世界的"功德庄严"，而且还有东、南、北、下、上等诸佛净土，引导众生发心往生。在《佛说观无量寿佛经》中，则更明白地描述了阿弥陀佛和观世音菩萨、大势至菩萨接引发心往生众生的情况。

大乘佛教的这种变化，原因是复杂的。用神化的佛、菩萨之神力救度众生，也许是佛法的一种方便法，这种方便法也许是不可避免和必须的。佛教自传入中国后，一直在探索自己的道路，在人本与神本、自力与他力、自性净土与他方净土等信仰并进共存的同时，由于文化环境的变化，以"中国禅"为代表，不断引导神本向人本回归，引导净土向自性净土回归，引导皈依、戒律皆往自性回归。

净影慧远法师是隋朝高僧，他博宗诸学，精通文理，世称"疏王"、"释义高祖"，是中国佛教界的集大成者。《大乘义章》被称为中国佛法百科全书。

公元578年，时值北周武帝灭佛，焚烧佛经，迫令僧众全部还俗。唯有慧远法师敢于在廷辩上发出了这样的怒吼："陛下如此，宁不畏天乎，不畏天则不畏地狱乎？岂不知阿鼻地狱不分贵贱乎？"武帝当场被气得勃然大怒，朝中有人提出要把法师"粉其身骨，煮以鼎镬"，法师大笑而退，之后回净影寺周边深山中结庐，自诵《法华经》、《维摩诘经》各一千遍，以期遗法之不堕。法师在《大乘义章》中云：

"佛者，就德以立其名。佛是觉知，就斯立称。觉有两义：一觉察名觉，如人觉贼；二觉悟名觉，如人睡寤。觉察之觉，对烦恼障。烦恼侵害，事等如贼，唯圣觉知，不为其害，故名为觉。故《涅槃经》云：如人觉贼，贼无能为。佛亦如是，能觉无量诸烦恼已，令诸烦恼无所能为，故名为佛。觉悟之觉，对其智障。无明昏寝，事等如睡，圣慧一起，朗然大悟，如睡得寤，故名为觉。既能自觉，复能觉他，觉行穷满，故名为佛。"

佛、菩萨等称号，原来是表示觉者和求觉者之意。"中国禅"许多人都喜欢称其为"禅宗"，禅宗原来的含义是以"禅"为宗，"宗"是宗旨、旨趣，后来逐渐衍变成一个宗派，主要以宗教的形式弘法。"禅宗"是"中国禅"的一部分，以宗教方式弘扬禅法是禅法推动的一种主要途径。

"禅宗"是"中国禅"五家七宗相继成立后产生的本土化的中国佛教宗派，在惠能大师及其法嗣、法孙们那里，"禅"不是现在看到的宗派，而是生活，是思想，是修法，是"摩诃般若波罗蜜多"。"中国禅"是惠能大师在中国独创的法，其和印度禅的修法、教化、思想、方式有很大区别，是惠能大师从人脉、法脉中继承和发扬了罗什、僧肇、达摩等祖师的禅法精髓，并结合中国传统文化交融后形成的，因此“中国禅”的教义、方法虽并未背离佛法的根本人文精神和传统，但在此基础上与中国本土文化精神融会贯通，从而使之更加适应中国本土的文化环境，乃至最终融入其中，成为本土文化的一个不可或缺的组成部分。

“中国禅”不仅包含了禅宗，还包括了禅学、禅修、禅文化等各方面，它秉承的是惠能大师的禅法和思想，否定了被神化的人、需外求的法，否定了离开清净自性的所谓彼岸世界的存在，否定了需要拂拭尘埃而得清净的执著，否定了离开人间才能修行的自在的幻想……“中国禅”之根本在于“以人为本”，佛法不是神本论，而是以“众生为本”的，佛教是“以法为本”的，而“中国禅”进一步明确了众生之中“以人为本”的核心精神，这正是中国传统文化的精要所在，也是“中国禅”可以流布将来，不令断绝的原因所在。

会诀 迷人口说 智者心行

禅者修行时

决心进入禅门的修者，初期看经书时内心会起欢喜，很想修行，可是一旦想要真正禅修时，发现入门实在太难。社会上有不少商业化的“禅修”班，参加后发现大多是另一种形式的养生班；也有不少人参加了寺庙里举办的“禅修”，却发现自己不适合太宗教化的修行形式，因此四处寻找；一部分人厌世想躲进深山修行，这些想修禅却不得其门而入的人尚处在“迷人口说”状态。

某些修者看经书时，欢喜而平静，很想寻找正法，寻求觉悟而不厌世间，某一天机缘和合进入真正禅修也能用平常心对待，听大善知识开示、听闻大善法时，心内平静欢喜，这些修者便进入“智者心行”的境界了。

颂曰：无始无终，留什么？

祖师云：

问：多闻广读，习学记持，徇义穷文，何当见性？

答：若随语生见，齐文作解，执诠忘旨，逐教迷心，指月不分，即难见性。若因言悟道，藉教明宗，谛入圆诠，深探佛意，即多闻而成宝藏，积学以为智海。从凡入圣，皆因玄学之力；居危获安，尽资妙智之功。言为入道之阶梯，教是辩证之绳墨。

——永明延寿禅师《万善同归集》

17.前念迷凡 后念悟佛

经文

善知识！心量广大，遍周法界，用即了了分明，应用便知一切，一切即一，一即一切，去来自由，心体无滞，即是般若。

善知识！一切般若智，皆从自性而生，不从外入，莫错用意，名为真性自用。一真一切真，心量大事，不行小道，口莫终日说空，心中不修此行，恰似凡人，自称国王，终不可得，非吾弟子。

善知识！何名般若？般若者，唐言智慧也。一切处所，一切时中，念念不愚，常行智慧，即是般若行。一念愚即般若绝，一念智即般若生。世人愚迷，不见般若，口说般若，心中常愚，常自言我修般若，念念说空，不识真空。般若无形相，智慧心即是，若作如是解，即名般若智。

何名波罗蜜？此是西国语，唐言到彼岸，解义离生灭。著境生灭起，如水有波浪，即名为此岸；离境无生灭，如水常通流，即名为彼岸，故号波罗蜜。

善知识！迷人口念，当念之时，有妄有非。念念若行，是名真性，悟此法者，是般若法；修此行者，是般若行。不修即凡，一念修行，自身等佛。

善知识！凡夫即佛，烦恼即菩提，前念迷即凡夫，后念悟即佛。前念著境即烦恼，后念离境即菩提。

会论

学生一：“般若者，唐言智慧也”，为什么叫“唐言”？难道以前的翻译“般若”不是“智慧”吗？

悟义：这里的“唐言”应该是指玄奘法师的翻译，由于玄奘法师当时是沙门领袖，他的翻译在当时是绝对权威的，他翻译“般若”为“智慧”，统一了之前的翻译，他的翻译叫“唐言”。惠能大师此处说既然统一了，这就叫“智慧”吧，纠结在文字里不是他的本意。

学生二：小根之人多疑，上根之人心开悟解，那么这些境界如何拿捏？如何平衡？

悟义：为什么要拿捏？咱们第一品上面有一句话“下下人有上上智”，首先您怎么知道自己是小根器还是大根器呢？根据自己的判断是没用的，拿捏是在枉费心机。第二，智和愚都在一念之间可以转化，如果一定要讲平衡，这种动态的平衡怎么平衡？一念迷则愚，一念悟则智。

学生三：我们学了那么多知识，但是每一个知识都停留在表面，既没有打通，也不起疑心。专家、老师说什么就信什么，这就被知识转了，本末倒置了。就像手机本来作用是方便沟通，结果我们现在变成手机的奴隶了。科学本来是为了让人类进步，现在人快变成科学的奴隶了。我们被别人的想法带着跑，被别人眼光带着跑，都本末倒置了。

学生四：大家都喜欢看科幻电影，但我发现科幻电影里面几乎没有描述人类的未来是幸福的、和谐的，要么外星人占领地球，要么我们自己毁灭，反正预测的未来都是大灾难。

学生五：如果世界上的人都在梦里，那么少数觉醒的人一定是被愚昧的人群吞噬。

学生九：我现在知道为什么菩萨一定要有护法，因为佛、菩萨是觉者，不随大流，讲真话必然遭人恨，会破坏某些人的利益。这个社会仿佛别人笨，你要比他更笨就最安全了。老师，那么笨的人眼睛看不到未来，只知道现在，禅者也活在当下，都是放眼当下，有什么区别？

悟义："当下"是"现在"吗？如果是现在，那么说活在现在好了，这种思想极容易转变成享乐主义的邪见。禅者活在当下心中清清楚楚，了了分明，对外界一切变化内心里如如不动，动的是现象。好比水，入河成河水，入海成海水，遇热成汽，聚散无常，但水性有什么变化？迷惑的凡夫被动地活在现象里，您说有什么区别？

学生五：是的，我们确实是活在现象里，没有思想了，人的心越来越小，只关心自己和自己周围的一切，人类为什么会进步，科学为什么会进步？就是由于不断好奇，不断提问，不断找答案，可是现在人呢？喜欢享受成果，却跟不上科学的思想和发展。科学成了专家的事情，每个领域有每个领域的专家，和普通人几乎没有关系，于是人在不断地享受中停止思考，随大流，习惯性地等待着专家给我们答案，社会分化也就越来越明显。

学生六：我们家门口原来有一个小吃点，以前两口子说什么时候关门就什么时候关门，现在变成一家连锁。有人投资了，于是不再是两口子说了算。变成股东利益为上，如果有一天上市的话，就是资本市场说了算，二级市场被谁带动？背后是什么？

学生十：我们再不清醒就只有死路一条了，如果一切以小我为标准的时候，总有一天会发现孩子们变成了一堆冷漠麻木的机器人，自私自利，并且不会思想。没有思想的人还能叫人吗？人失去灵性还能称为万物之灵吗？所以我们需要重新激发出生命的活力，否则商业大潮下，文明何去何从？

悟义：未来世界很可能是虚拟化的世界，西方文明现在几乎是一统天下了。在这种文明的冲击下，我们首先混淆了历史解释权，接着是价值观，然后道义观、审美观都随之更改，以前“道”和“义”是不可分割的，“道”和“义”一旦分开，“道”变成说教，“义”变成行为，口说心不行，这些变化伴随着各种形式对传统精髓的置换概念，渐渐地，我们就不知道过去究竟是怎么回事了，也不知道华夏文明的精髓在哪里了。只顾自己的人越来越看不清楚，被现象迷惑。私则蔽，蔽则狭，狭则碍，碍则不通，从身体角度不通即堵，堵则病，从思想角度不通即迷，迷则颠倒。

学生二：表面上人类因为互联网而联系紧密，实际上代沟已经不仅在年龄中了，纵横交错的以爱好、时间、身份、语言、游戏、节奏、癖好来区分……一个一个小圈子相继成立，分割是越来越狭窄了。

悟义："中国禅"之所以在宋朝以后逐渐变味，以至于今天说到"禅"，全世界都认为是日本禅，是"ZEN"，不少学者认为主要是因为"中国禅"还停留在宗教性、古代模式，不能运用西方的大规模复制的理念来推广，现在的大学也是西方教育的产物，东方原来是怎么教育的？孔子是伟大的老师，释迦牟尼是天人师，他们给弟子们教授有分天文、数学、物理、心理吗？东方讲究"通"，目标在"通"就无法分科，无法分科就意味着产量不高。那么大家说现在已经是什么社会环境了，如果"禅"还停留在古代模式，师父带弟子太慢，太不科学。那么如果用科学解释"禅"，用大学里分科方式理解"禅"的各方面，这样推广"禅"，行不行？我说其实也行！但可以这么做的只有禅学、禅文化，"中国禅"当然也要随着时代变化而变化，禅学、禅文化是可以融于现代方式来推广的。在禅学、禅文化的推广方面，日本人已经做得很出色了，以西方人能接受的形式和文化去传播东方传统，这些是可以被广泛商业化的，甚至"禅修"中也有部分是可以被复制和商业化的，但注意，"禅修"的核心却无法被商业化的。禅修的核心在"悟"，悟是偶发性的，不可分析、推测的，要想培养出一个通达无碍的禅者，这取决于师者能否把握当下的禅机，导其开悟，这些不可预测、揣摩、计算，又是偶发性的个人成就，只能通过师父带弟子的传统方式来传承。所以，"禅"可以说分为两部分，本体的禅悟、禅机、禅法是不可复制及大规模商业化的，但外在形式、学问、文化当然可以跟随时代脚步的变化而变化。

学生七:老师,西方文明的这种可复制,把一切都细分、拆分后细化的方法太有杀伤力了,培养一个通才太难,培养一个专才相对简单得多。

学生九:可是我现在才终于理解了,为什么专才的眼光会有局限性,专家之间也互相不合作,容易自以为是。

学生一:在西方的滚滚战车下,东方还有希望吗?

悟义:我没有您这么悲观,这几百年随着科学、技术的高速发展,确实西方文明在全球占有无可比拟的优势,我们现在进入了文明休眠期,休眠期比较危险,可能有一群人觉醒,但如果没有保护好觉醒者,就会被大多数的人吞噬。从现在的情况看,西方的不少思想者开始反思了,许多在科学里找不到的答案可能就蕴藏在东方文明中,东方文明是会复苏的,黎明前是最黑暗的时候,但没有黎明哪有朝阳?我坚信东方有智者懂得把握天时、地利、人和之机,而令到休眠期后的文明复苏的,如果再不复苏,可能就只有灭亡了。文明是看不见的,它无形、无相却又无处不在,因此东方人更要保护和重视传承,不过传统的东西有精髓,也有糟粕,这些精髓和糟粕混在一起,需要用智慧来带动,对传统万不可武断地全盘接受或全盘否定。“禅”非惠能大师自创,乃是先圣所传,是东方文明的根,各位能和祖师们心心相印时,他们会出现在各位的心里。

会通

我们来看这段经文有几个重点,何为善知识?须是“心量广大,遍周法界”，那么如何可以使得人的心量广大起来呢？需要般若之智，这种智慧“用即了了分明，应用便知一切，一切即一，一即一切，去来自由，心体无滞”。

心量广大使禅者可以安住、安心，如果心量不广大，是安住不了的。就像“自由”和什么有关？和时间、空间有关，如果被过去、未来、现在这三际时间局限住，被空间局限住，是不会有自由的。你心动，随着事情、现象而动时，就有烦恼。心量广大超越时、空局限时，就能够对境生心却不动心。

那么大到什么程度？遍周法界，所谓法界不仅仅指人间。遍周法界就是除了人间之外，还有四圣、六凡、十法界，也就是佛、菩萨、缘觉、声闻、天、人、阿修罗、地狱、饿鬼、畜生十法界。心如果周遍法界，整个虚空统统都包融了，心在法界去来自由，这叫如来如去，得大自在。我们生活中有烦恼是因为自己本身的心量小，所以才不明白，才有偏见。佛没有偏见，他看什么都看得很透彻，观照到实相。禅者对待人世间各种公平或不公平的事情，既不会太欢喜，也不会太悲伤。禅者的心无滞，没有阻碍，所以，这个时候是非善恶、高低前后无分别，修一个法，就能够通万法，这是真正的般若之智。

那么“一切般若智”从哪里生出的呢？“皆从自性而生，不从外入”，永嘉禅师的《证道歌》中写道“大象不游于兔径”，大象不走小兔子所走的道路，它所走的是大道。“大悟不拘于小节”，真正大彻大悟的人，无拘无束，无挂无碍，无人无我，因此不拘小节。悟者的行为举止皆观机应机，他看应该帮的就帮，该打的就打，该骂的便骂，这是“心量大事，不行小道”。

何为大事？对于禅者来说，了生脱死、弘法利生、自证自悟为大事。何为小道？坐而论道，嘴巴上天天讲，但口念心不行，以及本来可以修行证悟的时间去做一堆莫名其妙的事情，喝酒、逛街、闲聊、旅游等等。

中国文化中由于老子的原因特别重视“道”。僧璨禅师在《信心铭》开篇便说“至道无难，唯嫌拣择”，因此行大事便是通达“至道”、“大道”、“真理”，而“小道”则是斤斤计较，颠倒梦想，迷信外求之事。

中国字是象形文字，不是随便写的，“道”字，上边两点代表一阴，一阳，故《中庸》说“一阴一阳谓之道”，两点如把它一撇一捺，就是个“人”字；阴阳下边是“一”，一从〇字化出来的，〇字是无，故第一层意思可以理解为“天下万物生于有，有生于无”；第二层意思可以理解为“万法归一”，“一即一切”。〇中间一断是一，中间两断就变成一阴一阳，所以“一”是包含阴阳的，所谓“一生二”，阴阳不仅是二，阴中阳、阳中阴皆为“三”，于是“二生三”，由于“三”的加入，缘起法则就开始生起作用了，这就是“三生万物”。“一”下面的是自己的“自”，表明“道”在自己体内，莫向外求道。若和上面两点一横合在一起则为“首”，首就是头，即人生第一件大事是闻、思、修“道”，最后证道，悟道。但悟道的关键在自己，修行只有靠自己；首字旁边和下边加个“走”字边，走是行的意思，道不是嘴巴讲的，一定要实际修行，所以“口莫终日说空，心中不修此行”，另一层意思是道是无住的，不停变化的，无常无自性的，一旦执著了就不是“道”。

“道”字上面两点除了代表阴阳，也可以理解为人的两个眼睛，或两个耳朵、两个鼻孔，但这都是表法。不论眼睛、耳朵、鼻子，都在自体内，所以不要到外面用功夫。“道”有内外,外面看到的是有形的“道之用”,里面无形的是“道之体”;有形的道是有为的生灭法,明了这一点,便可以“一切处所,一切时中,念念不愚”,不为境转。无形的道是无为的涅槃之道,明白这一点时,“般若无形相,智慧心即是”。

“解义离生灭,著境生灭起”,当我们坐而论道讨论什么是生灭的时候,好像懂了什么是生灭一般,可是一遇到外境马上就糊涂了,被外境黏糊糊地一下给黏住了。例如知道烦恼伤身,这是“解义离生灭”;但一著境就有烦恼,遇到事情的时候还是道理归他道理,烦恼归我烦恼,知易行难啊。知道情绪不好,遇到事情想忍,这个忍的心,其实就是“嗔”,伪装了几天实在忍不住了,唉,好难受啊!不发脾气会死人的,这就叫“著境生灭起”。如水有波浪,即名为“此岸”。

心里面波涛翻滚,波涛翻滚就是烦恼的状态,就是不清醒的时候,就听不进去很多东西,也接纳不了很多东西,“我慢高山,法水不入”。贡高我慢、狂妄自大的心态像高山一样树立起来,法水流不进去了,被“所知”阻碍了。

什么叫“彼岸”呢?惠能大师说:“离境无生灭,如水常通流。”有境、无境、任何情况出现时心都经得起检验。一个人是不是真的清净,需要在红尘中检验,在情关、欲望、权力、顺逆境界里见功夫。

当他说我已经明白了,那就请个魔王来刺激刺激他,这刺激他的魔王有时候是老板,有时候是老婆,有时候是孩子,有时候是不相关的人,看他是否还可以像水一样虽表面有波浪,但水底很平静,可以随时随地不会被情绪的波浪所转，如果真的到了这样的状态，叫“彼岸”。

迷惑的状态为“此岸”，觉悟的状态为“彼岸”。生命的大道是“觉”，“觉”本是生机活泼的，在生活中对境应机，不取、不舍、亦不染著，这是“道须通流”。心不住法，道即通流，心若住法，名我自缚。如《金刚经》云：“若菩萨心住于法而行布施，如人入暗，则无所见；若菩萨心不住法而行布施，如人有目，日光明照，见种种色。”所以若执著在：定与不定、净与不净、乐与烦恼、常与无常等外相，皆为“自缚”。

佛可以转烦恼为菩提，如莲花出淤泥而不染，我们千万要记得，凡夫不会是永远的凡夫，“前念迷即凡夫，后念悟即佛。前念著境即烦恼，后念离境即菩提”。

会诀 前念迷凡 后念悟佛

禅者修行时

禅修入门是体会“无常”，执著的人是入不了禅门的，唯有破执才能体会到无常，不断执著时导师只好不断破执。初步禅修者是在时、空变化中，体会人生、万事无常，故渐渐不执著“色身”，而相对开始欢喜“佛身”。

佛身和色身是相对的，如果执著在色身，就进不去禅门，所以导师立一个佛身，需要修者欢喜佛身：神通、自在、清净，佛身是净土，佛身便是化、报身，为什么要立？因为初修者需要放下对色身的执著，只有起了法喜、法乐时，才不喜俗乐、欲乐。此时心中会产生寻找“佛身”的求法慧命精神，这就是"发菩提心"。在禅门中如果禅者对佛身最终领悟成"法身"时，是正信的禅法。如果禅者对佛身执著成庄严"报身"或无常"化身"时，这是迷信的外道禅，禅门的这个理解不同于其他宗派，可以说，在禅门，释迦牟尼佛、达摩祖师等统统是平等的禅门祖师。

颂曰：无生无死，了什么？

祖师云：

诸仁者！是身无常，无强无力无坚，速朽之法，不可信也。为苦为恼，众病所集。诸仁者！如此身，明智者所不怙。是身如聚沫，不可撮摩。是身如泡，不得久立。是身如焰，从渴爱生。是身如芭蕉，中无有坚。是身如幻，从颠倒起。是身如梦，为虚妄见。是身如影，从业缘现。是身如响，属诸因缘。是身如浮云，须臾变灭。是身如电，念念不住。是身无主，为如地。是身无我，为如火。是身无寿，为如风。是身无人，为如水。是身不实，四大为家。是身为空，离我我所。是身无知，如草木瓦砾。是身无作，风力所转。是身不净，秽恶充满。是身为虚伪，虽假以澡浴衣食，必归磨灭。是身为灾，百一病恼。是身如丘井，为老所逼。是身无定，为要当死。是身如毒蛇，如怨贼，如空聚，阴界诸入所共合成。诸仁者！此可患厌，当乐佛身。所以者何？

佛身者，即法身也。从无量功德智慧生。从戒、定、慧、解脱、解脱知见生。从慈、悲、喜、舍生。从布施、持戒、忍辱、柔和、勤行精进、禅定、解脱、三昧、多闻、智慧，诸波罗蜜生。从方便生。从六通生。从三明生。从三十七道品生。从止观生。从十力、四无所畏、十八不共法生。从断一切不善法，集一切善法生。从真实生。从不放逸生。从如是无量清净法，生如来身。诸仁者！欲得佛身，断一切众生病者，当发阿耨多罗三藐三菩提心。如是，长者维摩诘，为诸问病者如应说法，令无数千人，皆发阿耨多罗三藐三菩提心。

——鸠摩罗什译《维摩诘经》

18.如此修行 定成佛道

经文

善知识！摩诃般若波罗蜜最尊最上最第一，无住无往亦无来，三世诸佛从中出，当用大智慧打破五蕴烦恼尘劳。

如此修行，定成佛道，变三毒为戒定慧。

会论

学生一：什么叫"最尊最上最第一"？

学生六：怎么惠能大师突然不谦虚了？

学生二：惠能大师这么说，和五祖的《最上乘论》，有没有关系？

学生四：我认为这里说禅是最尊、最上、最第一的原因，是告诉大家禅法直入本性，但用此心，直了成佛，这是最尊贵的法，也是最难得的法，是诸法中最第一的，但修这个法的禅者需要最上根器。

悟义：所谓最上根器和社会地位、年龄、性别、语言有关系吗？

学生四：没有关系。

学生一:这是给禅者提出了一个要求。

悟义:除了《坛经》之外,哪一个宗教、门派里能听到有人跟学生们说这里未必适合您修?惠能大师在说最尊、最上、最第一时,为什么告诉大家禅是有局限性的?

学生九:因为禅师们都很清楚,"禅"是要质量不是要数量,带出来一个见性的禅师千难万难,比生一个孩子不知道难多少倍。

学生三:因为大家邪见特别重,所以不需要来那么多人,来多了不相应也没有用,惠能大师要的是上上根器,不受人欺的人。

学生二:好比龙象踏地,一踏下去大地都在颤抖,所以禅者叫"龙象"。

学生八:从《传灯录》上来看,这些禅师每一位都是屠夫手段,菩萨心肠,既是最高级的知识分子,也最有功夫、智慧。

会通

这一段我们重点理解什么是"无住无往亦无来","住"是指现在,"往"是指过去、过往,"来"是指未来。

《金刚经》说过去、未来、现在此"三心不可得",自牛顿开始,经典力学认为时间是绝对的,就像空间的直线一样,是朝向无限的未来伸展的方向性直线,没有任何事物可以改变时间的节奏。但爱因斯坦的相对论却认为时间的流动,取决于其中之质量与能量,也与意识状态有关。

佛法中的时、空观念是相对的,虽然宇宙间的事物只能依着时间进行的方向生住异灭，生老病死。但奇怪的是，生命的现象皆由于原子和分子运作。然而在原子的世界里却似乎没有方向和时间，也没有过去、现在和未来的分别。“诸法刹那生，诸法刹那灭，刹那生灭中，无生亦无灭”。

宇宙由无量的空间和无量的时间构成。为什么无量？因为根本无法计算，在佛法中时间即是无量长，可是无量长的时间其实也不过是刹那间。

宇宙中大、小星球，不同空间的时间不同，其时间流逝比和彼此的距离、空间成反比。也就是说，遥远的巨大星球生命体的1秒钟对于我们人类来说将会是巨大星球和细胞大小的比值那么长的时间，同样，我们的1秒钟对于生活在我们体内微小生命体来说也将是接近无量的漫长时光。更简单地说，对于刹那生灭的细胞来说，这个刹那生灭的时间可能就等于人类的百年寿命，细胞和细胞之间有它们的时间，细胞生灭的速度有多快呢？我们说它生的时候，它已经灭了。

17世纪形成了一种叫做单子论的理论，宇宙由无数个单子构成，每一个单子里面有一个完整的宇宙。这就和我们反复说的“一即一切，一切即一”思想近似，即，一个粒子如果在其里面又包含着一个完整的宇宙，那么，那个宇宙会由更小的无数个粒子构成，而在那每一个粒子里面又会有其他更小的宇宙，其实我们所属的这一巨大宇宙也可以被称之为是一个粒子，真正的宇宙像现在这样大小的宇宙粒子应该无量。

那么，各个宇宙粒子之外的巨大宇宙体又是什么？这个巨大生命体有没有终点？还是这个巨大生命体同样也只会是某个比他更巨大的宇宙生命体之一？又或者这个巨大宇宙粒子以什么方式在做分形？我们的身体由无数个小粒子构成。这些小粒子里面是否包含了大宇宙？每个微小生命体的身体里面还会有更加微小的宇宙在反复着。由此，宇宙、生命在循环往复？

无论答案是什么，“无量”才是生命和宇宙真正的答案，“无相”才是生命和宇宙真正的实相，对于科学界，这些说法仅仅还是推测，但对于佛法和禅法来说，这便叫“无住无往亦无来”。

会诀 如此修行 定成佛道

禅者修行时

初步禅修者，要从和最亲近的人关系和谐开始修行，在亲密关系中修行，在烦恼尘劳中修行，其间尽可能地多找时间亲近大善知识，亲近正信同修。

修行时，每天提醒自己行布施、持戒、忍辱、精进、禅定、智慧等六波罗蜜。这样会越来越增长不二信心，进入信心不二禅境。

颂曰：无始无终，留什么？

祖师云：

有即是无，无即是有。若不如是，必不须守。

一即一切，一切即一。但能如是，何虑不毕。

信心不二，不二信心。言语道断，非去来今。

——僧璨禅师《信心铭》

19.若无尘劳 智慧常现

经文

善知识！我此法门，从一般若，生八万四千智慧。

何以故？为世人有八万四千尘劳。若无尘劳，智慧常现，不离自性。

悟此法者，即是无念、无忆、无著。不起诳妄，用自真如性，以智慧观照；于一切法，不取不舍。即是见性成佛道。

会论

学生一：为什么会“从一般若，生八万四千智慧”？

学生六：心生则种种法生。

学生二：“三世诸佛从中出”是否就是从摩诃般若波罗蜜出？所以摩诃般若波罗蜜是佛母，从这一般若中生出的八万四千智慧。

学生三：为什么需要八万四千智慧？要那么多干吗？

学生二：用八万四千智慧对治八万四千烦恼。

学生四:烦恼是什么,尘劳是什么?烦恼和尘劳针对谁来说的?

学生六:八万四千法门对应的就是八万四千尘劳,一个尘劳对应一个法门。可是老师,这用八百辈子也修不完啊!

学生七:我太太的尘劳主要是嫉妒,用一个法门把嫉妒灭了,可不嫉妒了她又开始昏沉,昏沉完了又开始嫉妒,尘劳无穷,如果这样下去永无止境。

悟义:修八万四千智慧和法门来对治这些是渐修法。万法归一,一般若中生出的智慧可对应八万四千尘劳,这个法门的名字叫"至道",至道无难,"非至道"才难。什么是"非至道"?八万四千法门一个一个修过来,修累劫累世也修不完。为什么至道不难,却没几人修成呢?因为不信,至道需要大信心,走至道是走险峰,但别忘了无限风光在险峰,至道到底难在哪里?因为不信,所以拣择。

学生三:需要信、愿、行。

悟义:首先需要大信心,之后"悟生信谢",悟一定要从信心里出来,"悟"有以后"信"可以谢了,为什么?

学生一:因为悟了,见性了就不迷了,智慧生了。

悟义:因为此时,"信"在"悟"中了。

学生八:老师,没有烦恼、尘劳妨碍时,还需要智慧吗?

悟义:没有智慧时,人在社会上生活怎么可能没有烦恼尘劳?禅法就是大法药,一种病需要一种药,故此才有不同的方便法,没有病时,吃药干吗?但如何能够不生病?需要般若之智。

会通

这一段重点要讲:“无念、无忆、无著”。

惠能大师讲的“无念”,是于念而离念,我们在后文还有专门讨论,无念不是没有念,是不执著在自己的念头中,“无念”当然就“无忆”,过去的事情已经过去了,您说过去的照片中有自己,那个照片只是个影子,您由影子产生的一种幻觉,但影子不是您啊! 您和照片中的那个人仅仅是相似而已,细胞更新换代了,念头是念念迁流了,物是人非而已,有什么好念念不忘的?

“无著”是现在,不执著在过去的记忆,那么现在是什么? 说“现在”时,现在已经成为过去,您的身份、财富、地位、感觉等都是现在“我所”拥有的,这一切真实吗? 如果真实,还用照见“五蕴皆空”干吗?

谈到“无念”,谈到于念而离念,大家就会疑惑,念怎么离? 回答这个问题时,我们应该问:念怎么能不离? 我们看一段经文:

“佛即问弥勒:心有所念,几念几相识耶? 弥勒言:举手弹指之顷,三十二亿百千念,念念成形,形皆有识,念极微细,不可执持。”

人的心念速度有多快? 弹指之间有三十二亿百千念! 凡人是粗心粗身,自己根本觉察不出来,到了八地以上的菩萨,才能见到这种心念的微细震动。而且每一念头都会形成宇宙中的物质世界即“念念成形”和物质世界中的精神世界即“形皆有识”,生灭速度之快,根本无法认识到,这种念怎么能不离? 我们跟得上念的速度吗? 世界的变化由我们念头决定,一念善即是天堂,一念恶即是地狱。因此,惠能大师的“无念”并没有否认人有念头，是说没有必要执著在念头上。

一谈到“无”，不少人会自然想到道家的自然无为、无为而无不为，有些人更是把道家的“无”套用到解释《坛经》的“无”上来，其实“禅”的“无”和道的“无”虽有接近之意，内涵却进一步地升华了。

道家哲学的根本体现在自然“无为”上，“无为”既是天地万物的生成方式，也是作为万物其一的人的存在方式和行为方式。庄子在《知北游》中道：“天地有大美而不言，四时有明法而不议，万物有成理而不说。圣人者，原天地之美而达万物之理，是故至人无为，大圣不作，观于天地之谓也。”

人在“无为”状态才真正保持住人、自然、万物的本性、本真，因此要自然而然。但道家的“无为”实际上带有强烈的否定现实和批判色彩，这种“无为”是挣脱人间物役束缚后的有条件的“逍遥无为”，这和“禅”里“无”是有区别的。

老子之“道”涉及人间、政治的讨论，“无为”是老子的方法论，入世意味较重；庄子之“道”则评判俗世丑陋，“无为”是庄子的价值观，出世意味较重。在其《逍遥游》中有云：“至人无己，神人无功，圣人无名。”到郭象注庄子时，以“无待”一词来表示庄子的这种“无为”自由境界，摆脱客观世界的各种束缚，以无所期待获得精神层面的绝对自由。可是我们仔细想想，如果生活在人世间，这种理想的“无为”、“无待”能实现吗？只能当神仙去，神仙是只生欢喜不生愁的，但禅者是有愁的，愁众生苦，愁闻法者不开悟……只是不陷于愁中，禅者是以无为之法而达到“随缘而不变”，身处俗世，不厌俗，不离俗，不顺俗，终不为俗所染。

比起庄子的“自然无为”,“禅”的“任性合道、逍遥绝恼”更加放任不拘、无所凭借、无所局限、无所牵绊,更是要打破一切反自然的桎梏,包括反自然的出世、躲避、隐居,从而“不与物拘,始得自在”,这样才能“于一切法,不取不舍,即是见性成佛道”。

“不取”是不取什么呢? 不取相,不取境,不取静,不取法,这是“应无所住”。

“不舍”是不舍什么呢? 不舍众生,不舍红尘,不舍方便,这是“而生其心”。

有人不理解,既然不取法,那怎么不舍方便呢? 方便不是法吗? 这里不舍的是方便之用,不取的是对法之执。

会诀 若无尘劳 智慧常现

禅者修行时

什么是烦恼、尘劳? 外界起的压力是尘劳,内心起的情绪是烦恼。

禅修者的压力是什么? 执著!

无执著便无压力。如何可以不执著? 无智亦无得,一无所得。马祖大师曰:“道不属修,但莫污染。”放下了修道的心,自然即不执著了。

那么禅者决心“明心见性”算执著吗?

“明心见性”是自然显现的状态,不是刻意追求和从外界可以得到的。

颂曰:无始无终,留什么?

祖师云：

问：诸法实相，无善恶相，云何有现耶？

答：虽无我无造无受者，善恶之业亦不亡。诸法无相，能示有相。行者行道，不念有相，不念无相，但念念功成，其相自现。犹如盆水处于密室，虽无心分别，众像自现。

问：相现之时，真伪何辨？云何分别，而取舍耶？

答：若取，如取虚空；若舍，如舍虚空。

答：经云："众生心如镜，镜垢像不现。"

——永明延寿禅师《万善同归集》

20.自用智慧 不假文字

经文

善知识！若欲入甚深法界及般若三昧者，须修般若行。持诵金刚般若经，即得见性。当知此经功德无量无边，经中分明赞叹，莫能具说。

此法门是最上乘，为大智人说，为上根人说。

小根小智人闻，心生不信。何以故？譬如天龙下雨于阎浮提，城邑聚落，悉皆漂流，如漂草叶；若雨大海，不增不减。

若大乘人，若最上乘人，闻说金刚经，心开悟解，故知本性自有般若之智，自用智慧，常观照故，不假文字。譬如雨水，不从天有，元是龙能兴致，令一切众生，一切草木，有情无情，悉皆蒙润，百川众流，却入大海，合为一体，众生本性般若之智，亦复如是。

善知识！小根之人闻此顿教，犹如草木，根性小者，若被大雨，悉皆自倒，不能增长。小根之人，亦复如是。元有般若之智，与大智人更无差别，因何闻法不自开悟？缘邪见障重，烦恼根深。犹如大云覆盖于日，不得风吹，日光不现。

般若之智亦无大小，为一切众生自心迷悟不同。迷心外见，修行觅佛，未悟自性，即是小根。若开悟顿教，不执外修，但于自心常起正见，烦恼尘劳，常不能染，即是见性。

会论

学生一：我昨天晚上想起一位学者说过的话"欲想灭人国，必先灭其史"，我原来一直困惑，这个"史"怎么灭呢？昨晚突然就清楚了，这个"史"不是历史课上的史，灭史是指历史的解释权。

学生二：对，为什么我们现在理解的和古人说的有这么大距离？有些根本就是南辕北辙，关键在解释权，解释权在某些专家手里，偷换一下概念，很多东西就转换理解了。

学生六：还有就是思想和行为分离。古代无论儒生、道士、禅师都以修身为本，现在有的儒生变成儒学专家了，有的道士变神仙、拳师了，禅师也几乎绝迹了，本来活生生的思想变成了哲学知识，日常行为和思想分离，所以才说一套，做一套。

悟义：大家不要想有什么阴谋论，有什么看不见的手在操纵，我们今天的文明和文化衰落是有多方面的原因的。我们本身的问题也不少，例如把边缘文化中心化，中心文化边缘化。核心的价值没有足够重视，有些仅仅变成一种知识，有些被简单地商业化，还有些被宗教化，许多精髓思想被边缘化。我们看看，本来是边缘的文化被中心化了，我们老是喜欢关注娱乐新闻、网购享受，现代人普遍不重视独立思考，我发现您们在讨论问题时，有时候好不容易接近重点了，却很快转成形式化的只讨无论。

学生三：是的，因此老是抓不住重点，例如看经文，真的需要结合当时的历史背景来看，就像"若欲入甚深法界及般若三昧者，须修般若行，持诵金刚般若经，即得见性。当知此经功德，无量无边"，应该是当时社会上《金刚经》十分流行，唐玄宗还亲自注过《金刚经》。

悟义：唐玄宗在开元二十三年九月将《金刚经》颁行御注的。惠能大师藉由《金刚经》悟道，东山法门依《金刚经》印心，故此禅无论南、北两宗都重视《金刚经》，当时唐玄宗御注《金刚经》是受到了神秀大师《观心论》的启发。

学生五：我不理解的是既然大、小根器是可以互相转化的，不是命运安排的，那么人怎么才能知道自己的根器是大还是小呢？

悟义：所以需要大善知识指导见性。

学生五：是不是所有的小根器都可以转化为大根器？

悟义：本质上都可以，但关键取决于自己。

学生五：也就是说，如果个人没有强烈的需求，求法、求道、求师，是无法转化的。

悟义："比丘"的原意是乞士，上乞菩提之道，下乞众生开悟。

学生五："乞"不是外求吗？

悟义：修证在自己，找到和自己相应的正法，以自己的领悟去度化众生，这叫自利利他，自觉觉他，佛法和社会环境是我们脱不开的，如果只有自己成就，您又理解偏了。

学生五：老师，为什么我们老是有偏见？

悟义：不偏见时，便成佛了。

会通

“小根小智人闻，心生不信”。老子说：“上士闻道，勤而行之；中士闻道，若存若亡；下士闻道，大笑之，不笑不足以为道！”为什么下士、小根、小智之人心生不信？不笑不足以为道？因为至道无难，他们无法理解甚深的般若波罗蜜多法界。

我们回顾一下科技史，当时说地球是中心的人去了哪里？血液循环理论刚提出的时候很多人觉得好笑，细菌刚发现的时候人们觉得好笑，相对论诞生的时候人们更觉得好笑，这些科学道理都不信时，宇宙、生命的真相就更不信了。

这就像刮台风、下暴雨，城市里容易积水，如果台风、暴雨是落在大海里呢？还会不会积水？海里的水不增不减。小根器的人，就像浮萍，风怎么吹，他怎么飘，自己没有定性，而大根器的人如同大海，海纳百川，流进大海的河水都是污浊的，但大海为什么没有因为流入的污水而污浊呢？关键在于“容量”。

最上乘法的殊胜性和局限性成正比,因此有八万四千法门对应不同根器之人,对小根之人、顽固的人讲大法是有严重后果的,不仅他们不信,还会惹是生非,品头论足,影响同修。惠能大师说啊,小根之人的特性犹如草木一样的,一淋大雨就自倒,一刮风就随风摇摆,没有定性。因此佛度有缘人,那么有人问不是说大、小根器可以一念转化吗?为什么不要跟小根之人讲大法呢?万一小根转化了呢?

小根之人,如心中产生求法之心,只因乌云挡日,找不到求法的路,那么此类人等机缘到了,皆可转;如满足现状,心中并无求法的心,以自己小聪明妄加评论殊胜之法,这一类人,不可与语。

还有一句话要注意,"譬如雨水,不从天有,元是龙能兴致",通常大家会认为这句话在讲龙王兴雨,这么解释,就把法具象了。我们换个角度思考一下,龙一定是龙王吗?这里的"龙"并非指被物化了的某种生物。"龙"指龙性,龙性是灵动的能量,变化多端。

人类历史上有那么多次瘟疫、灾难,例如黑死病给欧洲带来的毁灭性打击,按照病毒扩散的速度计算,古时候还没有疫苗、药物控制恶性传染病,每一次大规模的瘟疫,似乎都应该导致世界末日。最起码也是某个国家、区域末日,但为什么世界、国家、区域依然存在呢?这些看上去能导致人类灭亡的流行病是怎么突然出现的?又是怎么突然消失的呢?宗教人士解释说这是上帝之手,是神力。

惠能大师这里说的"龙",不是指特定的神龙,而是自然之力,自然而然的力量。大自然中,有多少我们未知的力量,互相作用,像蚂蚁能造出不可思议的蚁穴一样，难道蚁穴也是上帝之手、某种神力显现的吗？

宇宙、天地间蕴含的各种能量变化法则，目前被人类感知的部分可以说是微不足道的。这种宇宙法则，许多人以为就是自然规律，自然规律其实是其中的一小部分，牛顿没有发现三大定律的时候，三大定律难道不在自然当中吗？只是没有发现而已。宇宙存在的法则让天地、自然有秩序地运行，我们现在的科技连培养一粒种子都做不到，我们可以转基因，但我们造不出一个新的生命，哪怕仅仅是一朵花。对比宇宙法则，人类可感知的实在太少了。

为什么我们的感知那么受局限？为什么“闻法不自开悟”？就因为“邪见障重，烦恼根深。犹如大云覆盖于日，不得风吹，日光不现”。那要怎么样才能开悟？唯有修行正法，“若开悟顿教，不执外修，但于自心常起正见，烦恼尘劳，常不能染，即是见性”。《坛经》里惠能大师讲的许多都是大白话，容易误解的地方搞清楚了，其他一读就能明白。

会诀 自用智慧 不假文字

禅者修行时

禅修者，善用文字时，文字是一种表达方式和工具；执著文字时，文字便是一种压力和束缚。

现代人为什么从古代的以思想为主体的人生退变成了以文字为主体的生活呢？主要受到现代教育和考试的影响，考试时习惯了选择题、对错题，文字被固定、定义，由此，人的是非观念特别清晰，凡事都用是非观来判断、选择。

古人很明白许多思想和道理是无法用文字、语言来阐述全面的，因此，也无法强定出是非。古人的生活感觉靠观察、听闻、思考、感知心内的波动和反应，读书是为了健全人格，丰富生命的内涵。

生命没有什么准确答案，因此古人读书，一本好书会读很久很久，几年、几十年读一本书，反复参究，而不是现代人这样，书房里全是书，可是读书的真正作用却没明白。

什么是对文字的善用？就是把文字不放在心里，心里留下的是对文字的理解和感悟，和书写者的智慧之光相应。

什么是对文字的执著？就是把文字当成不变律，心里留下的是死记硬背的文字和知识，被现象所绑架。

这个时代，人大脑意识是被文字格式化了的，有些人修禅把书上的内容当作真理一样，文字锁住了动态的智慧、真理、法，于是文字变成了真理。不要说现代的科学只是寻找真理的方法，便是佛经也不是真理，佛经是指向真理的路，真理是“道可道，非常道”的，不可说不可说的。

禅门不讲经是想为修禅者解开被文字格式化的、锁定了的大脑意识，说法和语录是灵活多变的，故称“应机说法”，但如果把这些说法和语录变成一成不变的公案来研究，那又变成另一种执著了，唯有破执和解锁，心中会自然而然涌现般若之智。

颂曰：无前无后，争什么？

祖师云：

问：和尚为什么说“即心即佛”？

马祖曰：为止小儿啼。

问：啼止时如何？

祖曰：“非心非佛”。

——《古尊宿语录》

21.去来自由 通达无碍

经文

善知识！内外不住，去来自由，能除执心，通达无碍。能修此行，与般若经本无差别。

善知识！一切修多罗及诸文字，大小二乘，十二部经，皆因人置，因智慧性，方能建立。若无世人，一切万法本自不有，故知万法本自人兴。

一切经书，因人说有。缘其人中有愚有智，愚为小人，智为大人。

愚者问于智人，智者与愚人说法，愚人忽然悟解心开，即与智人无别。

会论

学生一：愚人整天自己骗自己，自我催眠，自己哄得自己挺开心的，自欺之后便欺人，最终还是被人欺，在自欺、欺人、被人欺中循环。

学生四：什么是上根器之人？就是我要做一些事情了，至于有没有能力先不管，我的这个心出来了，这就是上根器，什么是下根器？这关我什么事？我自己好好过就行了。

悟义：有这么多“我”，还会是上根器？哈哈，想起唐朝兴善惟宽禅师，有僧问禅师：“道在何处？”答：“只在目前。”问：“我为何不见？”答：“因为你有‘我’的缘故，所以不见。”问：“我有‘我’的缘故，所以不见，和尚见到了吗？”答：“有你有我，更不见道。”又问：“如果无我无你，能见道吗？”答：“如果无我无你，谁想见道？”

学生六：老师，禅实在太精妙了，但这么精妙的思想，悟道的人毕竟还是少数，既然悟道的概率那么低，我们为什么还要修？

悟义：禅法并没有把“悟道”当成追求和目的，人生应该有目的吗？每个人一出生就被判了死刑，那么因为早晚要死，就可以得过且过了吗？人必定会死，所以死不是人生的目的，人生是一个过程，在这个过程中不断去寻找就是人生，寻找这个问题的答案本身就是这个问题的答案。

学生六：我比较愚钝，我还是没有明白为什么悟道的概率那么低，祖师们还要大力推行禅法呢？

悟义：您没有悟道，但通过修禅半年有没有脱胎换骨呢？

学生六：有啊！我的世界观、价值观、人生观翻天覆地大变化了，情绪稳定了，对许多事情感觉豁达了，身体也好转了。

悟义：呵呵，您学游泳就是为了当游泳健将，为了金牌吗？学习就为了考名校、当状元吗？难道考不上状元就不读书了吗？

学生六：啊！终于搞清楚了，我一直在本末倒置，修禅和学习是一样的，为了丰富人生，对无常的人生不迷惑，生活中有了“禅”的智慧，日日是好日。禅就是生活，生活就是禅。至于能不能悟道，什么时候悟道这不必刻意追求，如果我认真精进，有一天能去更高的境界，我就打开了宇宙之门。

悟义：打开了妄想之门吧？等什么明天去往更高的境界！当下悟了就悟了！

学生九：我现在倒回去看自己几年或者几十年的行为觉得很可笑。

悟义：小时候的衣服，现在还能穿吗？

学生五：大、小根器不是天生的，为什么我们自觉是小根器呢？业障，我们有障！如同惠能大师说的，心中乌云蔽日，这些什么烦恼障、所知障、业障、报障统统是障，以前我儿子特别聪明，三岁开始背唐诗，五岁开始学《论语》，我老想着十岁送他上大学，结果天天逼他读书，上了中学，他反而整天迷在游戏里。这可能就是报障，善相、聪明相都是障，人生必须有智慧！所以我理解了大小根器和聪明无关，和运气也无关，这些也不是天生的，是一念之间可以转换的，善恶、智愚本质上都是一样的。

悟义：要想在世间的浊流中不被湮没，得先自己会游泳，自己不被淹死才能跳到水里救人呢。人生有几种境界，第一种像一个纸片，必须依靠在某种物体上才能安立；第二种是一个立体三角形，比较稳定了，风吹不倒了，但是来了大风大雨时也能不倒？不倒的条件在于受的干扰比较小，第三种是一个球，球没有稳定着力点了，到哪儿都能滚，来台风、地震我还是一个球，但碰到了一块尖石你还是得破。第四种是如同云、水一样，可以成冰，可以成三角形，也可以变成清风，像蒲公英一样，随其所处洒下生命的种子。无相的人生没有中心，随其所处之地皆是中心。这便是："内外不住，去来自由"。

会通

我们先解释一下什么是"修多罗"。"修多罗"是梵文，本义是一切本经、一切论法，无论卷数多少，皆言"修多罗"。"修多罗"的原意是线，过去佛经是写在贝叶上的，写好之后两边打洞用绳子穿起来，所以叫作"线"。中国人认为"线"这个名称太不尊重，所以尊称为"经"。

"经"是个通题。我们尊称佛语为"经"，这是顺应中国传统文化而沿袭的习惯，佛法没到中国之前，中国人对于古圣贤的著作都称之为"经"。像《易经》、《黄帝内经》、《道德经》等，佛法传到中国来之后，中国人对佛法同样也称之为"经"。

"修多罗"还有一些含义，首先有"摄受"，佛法如同活力四射的太阳，义趣无穷，愈参悟愈有内涵，以智慧之光摄受人心，调伏心性。当接触到、读到这些光明时，越来越令人欢喜。这种法味经久不衰，愈深入愈浓厚，这是世间任何书籍都达不到的。世间文字即便是最优美的文字，就算是《红楼梦》，读到十遍、二十遍，也差不多了，可是殊胜的佛法正好相反，第一次看不知所云，可是如果静下心来，则越读越有收获，欲罢不能，并且每次读时感悟均不同，无论读多少遍都还是津津有味，意味无穷，此时，读者内心中产生的智慧也会如泉涌一样，喷流而出。

其次是“生育”，“修多罗”是佛的般若之智，能生出八万四千法门。另外还有“承接”之意，承接贯穿诸法，佛法自始至终一脉相承，思想体系有条不紊；最后还有“法则”的意义，“修多罗”是佛法的准绳。

惠能大师是怎么看待“修多罗”的呢?“皆因人置，因智慧性，方能建立，若无世人，一切万法本自不有，故知万法本自人兴”。由此，我们愈来愈清晰地感受到，“中国禅”是人之法，“以人为本”的命题在经中触目皆是。

我们反复强调，愚者和智人之间的状态是可以转化的，如何转化？首先愚者知道自己愚，真正知道自己愚的人其实已经不愚了，那么愚者希望求法，产生向道、求法的心时，便需要大善知识也就是智人开导说法，此时“愚人忽然悟解心开，即与智人无别”。这才是全宇宙最大的不可思议，也就是“中国禅”禅师的大神通！

会诀 去来自由 通达无碍

禅者修行时

初步禅修者要修两种“去来”，什么是“去来”？便是体会无常变化。一种是从修心入手的“心行去来”，另一种是从身体入手的“形体去来”。

钝根禅修者从“形体去来”开始修行，再进一步进入“心行去来”。

利根禅修者从“心行去来”开始修行，再进一步进入“形体去来”。

为什么钝根禅修者必须从身体入手呢？因为身体行为，包括修口业、持戒、布施都容易感觉到，大部分人看到身体的转化，容易接受，但身体入手的关键是，没有一个人可以根据书本修身体，身体在修时变化无常，因为自己不懂变化，无法分辨这些变化对身体的影响，因此多要依靠禅导师的关心。

利根禅修者从修心入手，以无为方式转化，这需要修者的信、愿、行具足，不受境风影响，坚定不移依靠师父的开示，拨开心头的迷雾。

颂曰：无来无去，怕什么？

祖师云：

马祖道一禅师云：道不用修，但莫污染。何为污染？但有生死心造作趣向，皆是污染。若欲直会其道，平常心是道。谓平常心无造作，无是非，无取舍，无断常，无凡无圣。经云："非凡夫行，非圣贤行，是菩萨行。"只如今，行住坐卧，应机接物尽是道。道即是法界，乃至河沙妙用，不出法界。若不然者，云何言心地法门？

——《景德传灯录》

22.大善知识 直示正路

经文

善知识！不悟，即佛是众生，一念悟时，众生是佛。故知万法尽在自心，何不从自心中，顿见真如本性？

菩萨戒经云：我本元自性清净。

若识自心见性，皆成佛道。

净名经云：即时豁然，还得本心。

善知识！我于忍和尚处，一闻言下便悟，顿见真如本性。是以将此教法流行，令学道者顿悟菩提，各自观心，自见本性。

若自不悟，须觅大善知识，解最上乘法者，直示正路，是善知识有大因缘，所谓化导令得见性。

一切善法，因善知识能发起故。三世诸佛，十二部经，在人性中本自具有，不能自悟，须求善知识，指示方见。

若自悟者，不假外求。

若一向执谓须他善知识方得解脱者，无有是处。何以故？

自心内有知识自悟，若起邪迷，妄念颠倒，外善知识虽有教授，救不可得。

若起正真般若观照，一刹那间，妄念俱灭，若识自性，一悟即至佛地。

会论

学生一：我认为愚者和智人可以一念转化真的是思想大革命！愚者不会恒愚，但遇正法、遇大善知识开导见性时，和智人无别，说得太好了！

悟义：这话也可以反过来理解，智人如果一念迷惑即是愚者，高高在上的说法者就一定是智人吗？未必！当心中起了贡高我慢之心，感觉自己是智人时，这已经是愚者了。所以真正的愚者不是清楚自己无知的求法者，而是不知道自己愚，反而自以为聪明、智慧的人。

学生八：老师，我越来越感觉人生如梦。

悟义：把梦拉长到百年，便叫“人生”，把人生压缩到几分钟，便是“梦”；然后再压缩压缩后在举手弹指之顷，有三十二亿百千个的那种梦，叫“念”，念即是微型“梦”，也是微型“人生”。我们的所谓人生、梦、念，便是“梦与梦中之梦”、“人生与念中之人生”、“念与梦中之念”等的相互关系。

学生八：什么人可以在人生、梦、念之间往来穿梭又不为所迷？

悟义：觉者、智者、禅者……

学生二：老师，人生、梦、念是一回事吗？

悟义：从禅者的角度，没有分别。“知万法尽在自心，何不从自心中，顿见真如本性”。

会通

上一段经文是惠能大师对说法者说的，这一段乃为受法者讲，现在的受法者，必将是他日的说法者。但是什么样的人有资格成为他日的说法者呢？是不是跟了明师修几天、几年的人都有资格说法呢？说法利众当然是法布施，行善之举，但当一个人并没有具备说法能量时，也就是自己对法的理解都在一知半解中时，为众说法，是好事吗？结果会怎么样？有良知者会越说越慌，不如教基础课来得安心，然后自己四处求法补充内在能量，期间免不了用一些庄严、神秘、宗教性的仪式来带动；而良知缺乏的人讲着讲着发现自己不太理解，就转变初衷，变成一个迷信门派，社会上有诸多的案例，也因为这些无知人的不良影响，导致传法更加艰难。

那怎么样才算具足了开门说法的资格呢？禅门又没有什么资格证书，其实不难辨认。首先是说法者自己得闻正法，并从此法中受益，从愚转智，切身从禅中得到根本转变。修者如果是瑜伽得益就讲瑜伽；从道得法的就讲道；从禅养生入门便传自己掌握的养生之法；喜欢禅文化的就推动禅文化。唯有得禅法真髓者以慧命精神为根本时方可在禅门说法。

古时候这些分得极其仔细和清楚，律师、法师、经师、讲师、论师这些统统不是禅师，禅师是修禅说法的师者，修禅不仅是坐禅、禅定、调息等修行方法，那些是各个门派修行的共法，禅的不共法是“摩诃般若波罗蜜多”，得了禅心法的禅师才可以说法，禅堂说法记录叫“语录”。

现在人身份混乱，什么好玩玩什么，什么时髦就推动什么，什么听的人多就说什么，看了几本禅学书，学了几年打坐、瑜伽，有人就敢带禅修，有些简单的禅修是可以商业化的，但还有人在禅修的过程中加入了禅密、禅净、禅道双修等等，一锅大杂烩，其实不要说双修，一修还没修彻底，各种思想、修法的契合点在哪里？修的时候需要注意什么？利弊各是什么？皆不知所谓，便急不可耐地给自己加入诸多颜色。

其二，说法者必须得到本师的印可，同意其在外面推动什么能量级别的法。惠能大师在《坛经》中把禅分为四个不同的层次。小乘禅是“见闻转诵”，只知道念经念佛，囫囵吞枣，不解其意。中乘禅是“悟法解义”，把握佛法的意义，不过也只是对表面意义的一种了解。大乘禅是“依法修行”，能按照正法进行实际修行。最上乘禅则是“万法尽通，万法具备，一切不染，离诸法相，一无所得”。

最上乘禅实质上是一种对佛法根本精神的全面把握，一般修行的人，大多以分别见设想有一个彼岸、菩提、涅槃，因此就想到彼岸去。大乘般若系经典，尤其是《维摩诘经》等经认为，一切法的实相都是空，色即是空，空即是色，即空即色，非色非空，强调不离烦恼而得菩提，不离生死而得涅槃，要在烦恼里求得菩提，在生死中证得涅槃。“一无所得”是指求菩提没有得到菩提，求涅槃没有得到涅槃，一切无所著。我们可以看出，惠能大师弘扬和推动的“中国禅”与前三种禅相比，已有很大的升华。

因此从禅门讲，说法者说的法，和自己内在的能量是否匹配是尤为关键的事情，不是师父吝啬，这和本人的条件、当时的社会环境等各种内外因素有关。五祖几位弟子就分别推动不同级别的法，神秀大师虽明白顿法更殊胜，但却一生只说渐修，这些是见了性的大师。不具足的人乱说法是危险的事情，以后怎么带领学人一步步深入？有人仅仅学了点皮毛就号称是某某传承，如果自己对法处于知其然不知其所以然的状态，而被名誉心带着，希望得人恭敬、供养，此种行为非弘法实属谤法。

第三，要成为说法者，除通晓本门经典外，还需通晓各种方便应用，应机接物，禅门以《坛经》传宗，其中禅师们应机的奥妙在“三科三十六对”，但这不是什么书上解释的名词，没有实际到这个层度的修者只能肤浅地解释文字的意义，“三科三十六对”的奥妙和应用完全没有领会，诸佛妙理非关文字，没有向导，能自己登上珠峰的有几人？

第四，说法者需有大悲心，不为小善所困。没有大心的禅者，往往行小道，关注某个人、某件事，眼界集中在某个点上面，自然有偏见，打开心量和眼界不是好高骛远，而是高高山顶立，深深海底行，爱行小道之人，必然发不出大心，最后是自己没修好，外界事情处理得也不圆满。

最后，说法者不仅需通晓出世间法，更需要清晰世间法的规则。世出世间、出入不二的禅者，绝对不会是理想主义者，不会是自恃清高、不食人间烟火的神仙，不会是知行分离的口是心非者，不会是奢欲唯利的小人，不会是自作聪明的强辩者……唯有具足了真正定慧功夫的说法者，才可以因材施教、因地制宜、因机而动，灵活运用各种点拨、开导、善诱、棒喝、默言、话头、观照、禅定等等善法、恶法、不善不恶法的种种方便之道，使得学人“识自心见性，皆成佛道”、“顿悟菩提，各自观心，自见本性”。

惠能大师遇到了大善知识，五祖的法门因各位出色弟子的传承而灯灯不灭。我们学习第一品时，很诧异为什么黄梅山如此之乱？僧众们能如此无法无天？但时间是最好的证明，五祖灭寂后五十年，东山法门享誉二京，四位国师光照大唐。一百年后，万法归禅。五祖难道不是真正的智者吗？我们现在有些“大师”却正好相反，在世的时候，门庭若市，看上去一切都有条不紊，一旦离世，推动之法如浮萍一般无所依。

法由人兴，非法弘人，禅门中能生出一位大善知识，即是本门最大的幸事！因此，禅门的特点向来都是从师者多，悟道者寡。这些悟道之人是禅门最大的法宝，无量珍宝也换不来。因此，师者为了这样来之不易的珍宝，有些可以不要身家性命，有些放弃名利供养，有些杀猫烧佛，有些如五祖般置身乱象而忍辱受气，父母是肉身父母，师父是法身父母。由此可见，弟子能寻到明师，明师能找到可传法的弟子，是世上最难的事情。一千三百多年来，有几人可以如马祖大师一般，一门涌现八十八位大善知识？不过五祖也可谓幸甚，除惠能大师外，他点化出了包括神秀大师在内的几位国师：

净众禅创始人智诜大师，先师从玄奘法师，后投黄梅山求法。神功元年(公元697年)先神秀大师奉诏入长安，被武则天礼为国师。

荆州慧安大师（公元582年—709年），先师从玄奘法师，后投黄梅山求法，证圣元年（公元695年），被武则天礼为国师。神龙二年(公元706年)，大师以一百一十五岁高龄再次被请入长安，被唐中宗再次礼为国师。

太原祁县玄赜大师(公元613年—704年),先师从玄奘法师,后惑于法相唯识之繁琐,遂至黄梅求直指人心之法。后被唐中宗礼为国师。

随州玄约大师(公元609年—709年),初学律宗,住五台山清凉寺弘法二十一年,后以当代高僧之尊拜在黄梅门下。

越州义方大师(公元579年—669年),自公元644年开始,大师从黄梅来到岭南弘法,为东山法门在岭南弘法第一人。其弟子曾在惠能大师卖柴时颂《金刚经》,成为惠能大师北上求法的契机。

莘州法藏大师(公元590年—680年),原为山东长清灵岩寺住持。遂于公元655年,率灵岩寺僧众一百二十人来黄梅求法,伺奉五祖至祖圆寂。

潞州法如大师(公元638年—689年),原惠明将军的弟子,后经惠明引见投身黄梅,学法十六年。五祖圆寂后,大师至嵩山少林寺住持弘法十六年。

除了这些大师外,还有高丽国智德大师,于贞观五年至黄梅山拜在五祖门下研习禅法,五祖圆寂后,大师返回高丽,创建韩国扶余定林寺,开高丽禅风。

这些大德,哪一位不是最顶尖的大善知识?若无明师化导,不知会在哪里被淹没,由于每位大师的弘法因缘不同,因此有些大师后世之人并不了解。禅门有云:"威音王以前,无师自通则可;威音王后,无师自通,即名天然外道。"为什么威音王佛以前,无师自通则可?因为威音佛,是空劫以前第一佛。空劫以前本无众生,没有众生哪里有佛?无佛无众生,谁求解脱?谁求证悟?所以无师自通则可,这就是禅的密意。世间父母生身父母,恩逾山岳;禅门师徒是法身相应,尤胜世间。故禅门师徒虽无特别的礼法仪轨，但内心情感、法脉心印逾于世间常情甚多。如永嘉禅师云："粉骨碎身未足酬，一句了然超百亿。"此实乃至情至性之言。

"若自不悟，须觅大善知识，解最上乘法者，直示正路，是善知识有大因缘，所谓化导令得见性"。什么是化导？从师者的角度讲是"导"，是因；从学人的角度讲是"化"，是果。大善知识是法的受体、载体，法是由大善知识发起的，一切般若智慧"在人性中本自具有"，由于人执著的东西不同，所以"不能自悟，须求善知识，指示方见"。当然，"若自悟者，不假外求"。但能自悟的人又有几人呢？

有些人因此又会产生另一种依赖，就像某些宗派，对导师强烈依赖，禅门中时刻提醒悟要自悟，不假他人，导师是指路人，路还需要自己走。那么禅门师父有没有密法传授？当然有！禅是外显内密之法，密法秘传，这个法不是什么武功秘笈，为什么要秘传？因为这个法不是说的，写的，心法传递过程以心为载体，以心传心是禅之密。心怎么才能传心？必须是同频、同振、同愿、同力、同气……师徒之间心心相印，此时，一触即发，触不是身触，是感触，感而遂通便可以发，发什么？发悟啊。

例如法眼宗家风的特点，是"啐啄"之机。"啐啄"是什么意思呢？好比老母鸡孵化鸡蛋，蛋壳中的小鸡孵化成了，它想出蛋壳，老母鸡感知后，就在蛋壳外部同时一起啐，母鸡和小鸡同时破壳，禅门将此称作"啐啄同时"。

法眼宗师徒问答喜欢简单重复来引导见性开悟之事，便是"啐啄同时"的禅法。

有一天，一个和尚问文益禅师："如何是曹源一滴水？"

禅师回答:“是曹源一滴水。”和尚听不懂,茫茫然地走了。

“曹源一滴水”是什么意思呢?就是法眼禅风中的“啐啄”,禅师用别人的问题作为答案去回答他,这又是什么用意呢?曹源就是曹溪,是惠能“中国禅”的发源处,所以曹源一滴水是指惠能大师传下的法。

法是化导见性的工具,如师者误传小根之人,心不善之人得密法,邪人用正法,正法是邪法;正人用邪法,邪法是正法。一般禅门确立法嗣即是观察品行、根器、悟性、愿力、耐力的过程,然从师者众,得法者微。

有些修者认为现在是末法时期,于是求法不求悟,想在修禅过程中依靠他力、神力、师力修些小善小福,另一方面,修者不自信,受了点压力、身体疼痛、旁人谣传、功夫没长进等等外境一生,便随时随地找借口放弃正信、正见,因此,惠能大师说这样根本就“无有是处”。

惠能大师多次强调禅法的局限性,也唯有他才会说自己的法有局限性,并且告诉修者不要依赖,说食不饱,“外善知识虽有教授,救不可得”。外善知识只是起到点化作用,最终必须是自心内的善知识自悟。佛说法四十九年,只是在告诉受众灭苦之道,他又帮助谁成佛了吗?只有自己“起正真般若观照,一刹那间,妄念俱灭,若识自性,一悟即至佛地”。

会诀 大善知识 直示正路

禅者修行时

利根禅修者也好,钝根禅修者也好,都需要禅导师的不同方便指导。

区别在一种是心心相应，另一种是心形相应。

一般情况，利根禅修者跟禅导师的心相应。

可是，钝根禅修者只能看到禅导师的语言或行为等外在现象，看不到心行，所以只能跟禅导师的形体相应。

禅导师的第一任务和能量，便是平等分别禅修者的应机根器，用平等不二心来引导正路，所以法无高下，人有利钝，只要发正心，起正信，修正法，行正道，利和钝的修为只存在快、慢的差异。

颂曰：无始无终，留什么？

祖师云：

问：无缘不强化，机熟自相应。若愚恶不信之人，如何诱度？

答：舍愚从智，平等理乖，弃恶归善，同体悲发。众生本妙，不可度量，忽遇因缘，机发不定，设未得度，亦作度缘。以此而推，应须等化。

——永明延寿禅师《万善同归集》

23.发愿受持 终身不退

经文

善知识！智慧观照，内外明彻，识自本心。若识本心，即本解脱。若得解脱，即是般若三昧；般若三昧，即是无念。

何名无念？知见一切法，心不染著，是为无念。

用即遍一切处，亦不著一切处，但净本心，使六识出六门，于六尘中无染无杂，来去自由，通用无滞，即是般若三昧，自在解脱，名无念行。

若百物不思，当令念绝，即是法缚，即名边见。

善知识！悟无念法者，万法尽通；悟无念法者，见诸佛境界；悟无念法者，至佛地位。

善知识！后代得吾法者，将此顿教法门，于同见同行，发愿受持。如事佛故，终身而不退者，定入圣位。然须传授从上以来默传分付，不得匿其正法，若不同见同行，在别法中，不得传付，损彼前人，究竟无益。恐愚人不解，谤此法门，百劫千生，断佛种性。

会论

学生一:什么是“无”?

悟义:无即无相,无相即诸法实相。

学生一:实相或诸法实相究竟是有是无?

悟义:对于诸法实相的认识,谓“般若”。您没有“般若”,自然会有这种问题,系缚在“有”和“无”里,“即是法缚,即名边见”。

学生一:诸法实相,既然是不可为知的对象。那么生了“般若”怎么就知了?

悟义:般若是“无知之知”。

学生一:老师不是说修禅需要“无知”吗?

悟义:我说的知是灵知,修禅要有灵知,灵知中产生知见,而不要的是“所知见”。

学生一:什么是“涅槃”?

悟义:涅槃和般若,是一体二面。涅槃是得般若的境界。般若是可以得到涅槃的智慧。有了般若就自然得到涅槃,所谓顿悟成佛。顿悟是得般若,般若是“开”;成佛是入涅槃,涅槃是“证”。

学生六:那么“无”既然不是有,也不是没有,“无”究竟是什么?

悟义:无不是什么,无就是“毕竟空”。空诸所有,又空其空。宇宙、万物、圣人皆与“无”同体,所以圣人心如虚空。非心非佛。

学生六:那“无”既然是毕竟空,怎么真空生妙有?

悟义:“无心”是能生诸法的心,心生则种种法生,心灭则种种法灭。法的生灭,就是心的生灭。众生的本心,就是在众生角度称本性,个体角度称自性,宇宙天地角度称佛性。这是“无”的另一面:即心即佛。

学生八:禅那么玄妙,我们应该怎么归纳总结?

悟义:只有世间法才需要归纳总结,禅法无需归纳,但可以有主张,例如:1.心净则国土净;2.禅在生活中;3.第一义不可说;4.饥来吃饭困来眠,道不属修;5.究竟无所得;6.佛法是不二之法;7.一即一切,一切即一;8.不二皆同、无不包容等等。

学生八:这些还是太多了,老师可以再提炼一下吗?

悟义:对内是“平常心是道”,对外是“本分事接人”,最后是“得大自在”。

会通

这一段进入了“无念”,惠能大师的修行法门是“无念行”,后文我们还会深入探讨。这个法门对现代人尤为重要,现在人的问题大多在“机”,机心太重,反复算计,尤其是中国人,在此方面的本领绝对处在世界领先水平,故此愈发不得安心。

早在庄子时期,就应该意识到这个“机心”问题对人的影响,他用寓言方式讲到猴子心机太多了,有个成语叫作“朝三暮四”,现代人误解成朝秦暮楚了,其实它原意不是这个,《庄子》里讲“朝三暮四”是讲一个猴子,养猴子的老人早晨给猴子四个橡子吃，晚上给它三个橡子吃。这猴子就琢磨了，早晨给四个晚上给三个，这不是在减少嘛，不行！于是不高兴，就愤怒。养猴子的老头一想，我改改，早晨给三个，晚上给四个，这下猴子高兴了，早晨给三个，晚上给四个，这就是“朝三暮四”的来源。于是庄子评论道：“名实未亏而喜怒为用。”早晨三个晚上四个，或早晨四个晚上三个，实际上都是七个，本质没有变啊，可是它的精神发生了很大的变化，一个愤怒，一个高兴。人要是心机少些才得自在啊，心念太多反复思量的人是修不成禅的，机关算尽太聪明，反误了卿卿性命。

惠能大师主张通过“现性”来“见性”，但无“能”、“所”之别，智与神为能，理与境为所，“禅”是“境由能境，能由境能”，“非思量处，实情难测”，这个“当下”即是，所以“言语道断，非去来今”。

若等到“现”后再“见”，拟思即乖，便是妄想分别，而非一切即一，一即一切了。同理，“明心见性”的“明心”是通过自性功用的彰显来体认的，明心的前提是心空，心如虚空，方可容万物，方可“明”。

这种通过自家心地上“明”的功用的展现来体认“明心见性”的禅法，深刻地影响了后来马祖大师的洪州禅。洪州禅法被概括为“无修即修”，是活泼泼自性的自我彰显。对于外人这便又是一种开示，一种功德无量的表法。这也正是禅师为众生福田的根本所在。凡有修之修，皆是有心的作为，就是“有为”。有为是生灭法，是有生有灭的，所以修成还坏，其所得亦是万法中之一法，不是超乎万法者。超乎万法者，就是禅所谓不与万法为侣者，不与万物为侣者，是不可说的。马祖谓庞居士：“待汝一口吸尽西江水，即向汝道。”即是说：说不能向你说，亦即是向你有所道。此即是“无修即修，不道之道”。欲说不与万法为侣者，须以“不道之道”。欲得不与万法为侣，才须用“无修之修”。

当然有为法修行，亦是一种“行”。有“行”即在缘起法的生死轮回中造因。造“行”即须受报。不造新业，所以无修。然此无修，正是修，所以此修是无修之修。不造新业，并不是不做任何事，而是做事无心。无心就是无念。

这一段说到：“无念”有两层含义：一是“知见一切法”，二是“心不染著”，从这里我们必须清楚地知道“无念”不是没有念，不是无记空，不是“百物不思，念尽除却”。若“百物不思，念尽除却”即是法缚。

首先我们要理解什么是“知见一切法”。“用即遍一切处，亦不著一切处，但净本心，使六识出六门，于六尘中无染无杂，来去自由，通用无滞，即是般若三昧，自在解脱，名无念行”。法是随取随用，随用随弃，不取一法，不舍一法，这样才能万法尽通，于法而离法。

什么是“心不染著”？经中说，便是“于诸境上心不染”、“常离诸境”。“于诸境上心不染”，即是“于诸法上念念不住”，此即是“无住”，亦即是“于相而离相”，亦即是“无相”。

所以，由此可以清楚地体会到，《坛经》所谓“无念为宗，无相为体，无住为本”，实则是一回事，“三无”法是惠能大师的方法论，以“无念行”为宗旨和前途，令禅者知道“前念著境即烦恼，后念离境即菩提”的“顿悟成佛”之义。所谓顿悟，就是一念相应，便成正觉，便至佛地。这个“悟”没有“能悟”

与“所悟”的对立。因其无参照物，可以说是“无知”，但悟亦并不是普通理解的“无知”，悟是非有知非无知，是所谓“无知之知”，即是“菩提之智”。

南泉禅师对赵州禅师道：“道不属知不知。知是妄觉，不知是无记。”禅之境如人饮水，冷暖自知。普通的知识，有能知、所知之分，故“知是妄觉”。道不属知。然人于悟中所得的能、所不分，亦不是不自觉的，若其是不自觉的，则即是一个混沌、一个原始的无知，所以说：“不知是无记”。道不属不知。人于悟时，以前积累的所有疑问、难题，均一时化解，会突然发现以前的困扰，根本就不是问题。好像大学生去幼儿园，看小朋友们为争小红花、抢板凳而烦恼一样。

圣人的境界，山还是山，水还是水，但人已不是过去的人，心也非过去的心了，从凡入圣的是“圣人”，从圣入凡是“禅心”。

会诀 发愿受持 终身不退

禅者修行时

当下念头，与法身相应，安心自在。

当下念头，与色身相应，起伏不安。

禅修者，念头与法身相应时，发愿、受持，会消除尘劳，坚定禅修信心。人活在世间，时时刻刻都有尘劳显现，都会有迷惑的时候，所以要日常观照，发现状态退转，凡夫心起时，此时净化身心最好的方法是发愿和受持。

发愿：发心和愿心。

发心是自利、自觉，指发菩提心。

愿心是利他、觉他，指愿净土心。

受持：传受和修持。

传受是指接受禅导师的开示。

修持是指导师传授的好好保持修行，也就是“善护念”。

颂曰：无生无死，了什么？

祖师云：

问：真源自性，本自圆成，何藉修行，广与动作。经云：见苦断集，证灭修道，名为戏论。若起妄修行，何当契本？

答：起信论云：“以有妄想心故，能知名义，为说真觉。”亦因真如内熏，令此无明而有净用。复因诸佛言教力，内外相资，令此妄心自信己身有真如性，能起种种方便，修诸对治。此能修行，则是信有真如。由未证真，不名无漏。妄念若净，真性自显。又虽修无性，不阂真修。从妄显真，因识成智。犹如影像，能表镜明，若无尘劳，佛道不立。

——永明延寿禅师《万善同归集》

24.烦恼暗中 常生慧日

经文

善知识！吾有一无相颂，各须诵取。在家出家，但依此修。若不自修，惟记吾言，亦无有益。

听吾颂曰：

说通及心通，如日处虚空；唯传见性法，出世破邪宗。

法即无顿渐，迷悟有迟疾；只此见性门，愚人不可悉。

说即虽万般，合理还归一；烦恼暗宅中，常须生慧日。

邪来烦恼至，正来烦恼除；邪正俱不用，清净至无余。

菩提本自性，起心即是妄；净心在妄中，但正无三障。

世人若修道，一切尽不妨；常自见己过，与道即相当。

色类自有道，各不相妨恼；离道别觅道，终身不见道。

波波度一生，到头还自懊；欲得见真道，行正即是道。

自若无道心，暗行不见道；若真修道人，不见世间过。

若见他人非，自非却是左；他非我不非，我非自有过。

但自却非心，打除烦恼破；憎爱不关心，长伸两脚卧。

欲拟化他人，自须有方便；勿令彼有疑，即是自性现。

佛法在世间，不离世间觉；离世觅菩提，恰如求兔角。

正见名出世，邪见名世间；邪正尽打却，菩提性宛然。

此颂是顿教，亦名大法船；迷闻经累劫，悟则刹那间。

师复曰：今于大梵寺说此顿教，普愿法界众生言下见性成佛。

时韦使君与官僚、道俗闻师所说，无不省悟。一时作礼，皆叹：善哉！何期岭南有佛出世！

会论

学生一："说通"及"心通"是什么意思？

悟义：辩才无碍是"说通"，见与佛齐是"心通"，

学生一："宗通"和"教通"是什么意思？

悟义："说通"超越语言文字相，也称"教通"。超越时、空相，心内万法皆通，通达无碍的时候，即叫"心通"，也称"宗通"。

学生一：为什么是"如日处虚空？"

悟义：永嘉禅师《证道歌》也有类似的偈颂："宗亦通，说亦通。"宗是禅，说是教，您说"宗通"一定就能"说通"吗？

学生一:未必。

悟义:自古“从禅出教”,是说通;“藉教悟宗”,是宗通。教是教义,宗是宗旨,《楞伽经》卷三所说的:“一切声闻、缘觉、菩萨,有二种通相,谓宗通及说通。”如果离开了禅的实修实证,一切的经教、教义、教理都只是学问和知识,佛法固然多从义理的解门入受,但是惠能大师更重视的却是修行与证悟的当下的“现”,许多没有修证的学者,受他们立场所限,对禅的理解有局限性。宗通了,说出来的话,便自然和教理相应,不会违背佛法。如同印宗法师讲《涅槃经》,和一字不识的惠能大师之间,一个如瓦砾,一个如真金。若不通宗,仅在知识中研究琢磨禅学,是说食不能饱。禅之法:真心为根本,言教为方便,若得根本的心法,便舍方便的言教了。所以禅者虽不立文字,却又不离经教,自达摩祖师的“二入四行论”起,即主张“藉教悟宗”;禅法非关文字,又与经、教相应。

学生一:“神通”是心通吗?有种神通叫“他心通”。

悟义:神通不仅是禅,外道也有神通,魔王也有“他心通”等诸神通。禅门中最大的神通是:遇大善知识开导见性,一念即至佛地。

学生三:我也一直以为“说通”和“心通”指某种神通。

悟义:禅修中多少会出现各种神秘现象,很多人对于禅、密、道三者修行中出来的神秘身心反应混淆不清,以致产生颇多似是而非的见解。重要关键在于是否能寻到一位宗、说兼通的明师,在每一个过程及阶段中,或在某种身心现象产生后,引导修者穿过迷雾,不致误入歧途。这个导师,未必是出名的明师,必须是自己实修实证的明眼人。

悟义：宗、说兼通的明师智慧如同泉涌一般，修法随取随用，信手拈来，什么叫“如日处虚空”？还有一种理解，太阳在天上，一天会有多少时间能看到？看不到的时候太阳在不在？说、心皆通的明师，无论看得见看不见，是否活在世间，但如同太阳一样在空中，不以人是否看见为存在。

学生六：老师，什么叫“唯传见性法”？见性法是什么法？不是说一切法皆是佛法吗？见不见性怎么区分呢？

悟义：一切法皆是佛法指的就是一切见性之法，不是说外道或者邪法都叫佛法，世间法、出世间法都有见性法，见性法就是心内求法。那么下一句“出世破邪宗”就容易理解了，什么是邪宗？追求心外求法，迷信之宗派。只要是建立在见性的基础上生出来的八万四千法门都叫见性法，都是佛法，建立在不见性的基础上生出来的法都是外道。

学生二：什么是“法即无顿渐，迷悟有迟疾”？

悟义：迷和悟是心的两种状态，随着人的智慧有迟疾的转换，而法立顿、渐的假名，其实是“说即虽万般，合理还归一”，这里的“一”是不二。

学生七：我不太理解什么叫“暗宅”。

悟义：此处有多层含义：一是乌云蔽日，指眼盲；二是如人入暗，指心盲；三是不明法义，指法盲；四是迷信外求，指修盲……

学生七：唉，我看我是全盲。

悟义：恰如东坡居士的诗曰：“人生到处知何似，恰似飞鸿踏雪泥；泥上偶然留指爪，鸿飞哪复计东西？”

学生五：老师“邪正俱不用，清净至无余”，就是无分别了吧？不思善、恶,到了这种境界没有邪正之分了。

悟义:“清净至无余”什么意思?就是也没有什么“清净”可以清净。只要心念一想“我要清净”,这就已经不清净了,就开始缘起了。缘起不仅是肉体的生死,每个念头都是缘起,所以转的是当下一念。

学生五:那么“净心在妄中”什么意思?

悟义:“无念”不是没有念,于念而离念,是在念里的,那么净心在哪里呢?在妄中,于妄而离妄,于妄不思妄,于妄不被妄缚。

学生四:为什么我们总是在妄中,却不净心?

悟义:主要因为“三障”。

学生四:哪“三障”?

悟义:身、口、意。由此三障生十恶,所以不净。

学生十:“色类自有道,各不相妨恼”是什么意思?

悟义:这有几层含义:一、观世音菩萨说得好“应以什么身得度即现什么身”,弘法需方便,应以受者相应的身度其人道。二、这个世界有十二类众生的存在,即使同一种人类,我们和白人、黑人,不同民族的人喜好、习惯、文化、思想均有差异,各安各道,既不要去妨碍别人,也不要去羡慕别人。各安其道,各行其道。三、各有各的信仰、哲学、理论,西方有西方的神灵,藏地有藏地的信仰,各个民族文化的发展有其深厚的渊源,没有独立思考的人,要么盲目崇拜别人,要么不尊重去打扰别人。

学生一:那我们去南极算不算妨碍?

悟义:严格意义上算是妨碍了企鹅、海豹的道。色类自有道,这个道指每种生物有特定的运动轨迹、地盘和生活习惯。就像许多人去异域旅游，却不尊重他人的习惯，这便是妨碍，是作“业”。

学生一：“离道别觅道”我就理解了，主要是道在自己这里，不要去别处寻找什么“道”。

学生二：“波波度一生”，就是随波逐流的人，跟着情绪的波浪起伏，所以“到头还自懊”。

学生八：老师，什么叫“暗行”？

悟义：就是修者修、念一些自己不懂、不理解、不计后果的暗法，念的、作的、想的、读的自己根本不理解，不了义的法，好像鹦鹉学舌一样，鹦鹉会说你好、再见，但是它知道说的是什么意思吗？修者傻乎乎地跟着一些神秘现象、仪式、经文修，叫“暗行”。

学生七：“憎爱不关心”是什么意思？对任何事情都不关心了？

悟义：不是教你任何事情不关心，而是爱、恨不放在心上，因、果也不放心上，随缘自在，缘来则应，境去不留。

学生四：“欲拟化他人，自须有方便”，就是说自己没有方便法，怎么去度化别人？自己功力不够的时候，搞不好被别人度化了才是，就像老师说的，得先学会游泳，才能跳水救人。

悟义：很好，大家已经越来越理解深刻了。“佛法在世间，不离世间觉”，佛法是在世间的教化众生之法，“中国禅”不是躲在深山里寻逍遥自在的法门，心中拥有正见、不迷时，时时在出世间得自在，自身等佛，当心里充满邪见的时候，哪里都是火宅。最后“邪正尽打却，菩提性宛然”，见性之后的禅者邪、正的观念都要打掉，用什么打？“无念、无住、无相”的“三无”法。

会通

这一段的主题是说在家修行的问题，这也是惠能大师推行的“中国禅”能大兴天下的原因。这里我们花些笔墨讨论一下惠能大师的不二法。

传统佛教认为，离俗才得真，断烦恼才能证菩提，超生死方能入涅槃。我们从《坛经》可以看到，惠能大师的思想源于《维摩诘经》中的不二法门思想。

从广义的角度来看，真俗不二思想包括其他三种不二思想。

从空间角度讲，主要是：世间与出世间不二，又称此岸与彼岸不二，也说在家与出家不二，又说众生与佛不二，垢与净不二，出与入不二；

从时间角度讲则是：生死与涅槃不二；

从心识角度讲是：烦恼与菩提不二，又为迷与悟不二、智与愚不二。

在《坛经》中这三类不二思想是互相连贯的。

例如《坛经》中有提到维摩大士诃舍利弗的“宴坐观”，原文在《维摩诘经》“弟子品”中：

（舍利弗）昔曾于林中宴坐树下，时维摩诘来谓我言：“唯，舍利弗！不必是坐为宴坐也。夫宴坐者，不于三界现身意，是为宴坐；不起灭定而现诸威仪，是为宴坐；不舍道法而现凡夫事，是为宴坐；心不住内亦不在外，是为宴坐；于诸见不动而修行三十七品，是为宴坐；不断烦恼而入涅槃，是为宴坐。若能如是坐者，佛所印可。”

这是说，所谓宴坐，是指不在三界之中显现打坐之身，也不在心中生出打坐的意念，无须刻意动念去克服诸种邪见并起心去追求三十七道品，也无须等待断除所有烦恼后才深入涅槃，只要不舍弃佛道的精神，能够真俗一观，立身处事表现得与凡夫无有不同，也就是宴坐了。关于宴坐的话题我们在后文还有详细讨论。

惠能大师不二的思想有如下特色：

一、是诸法平等，法无顿渐、法无高下，不过是受法者有利、钝之别而已。

二、是真、俗二谛不二，也即世间法与出世间法不二。禅者不是要刻意断除烦恼、淫欲、嗔怒、愚痴，而是净心自染中生，莲花自淤泥中盛开，禅者但取莲花不取淤泥，与他们相伴而行但不受其扰；不用等到身体坏灭才去追随万法等同的一相；不用等到愚痴贪爱灭尽，才可以得到心的解脱。哪怕是犯五逆重罪，哪怕是一阐提，同样也可以解脱。这当中既没有解脱也没有缠缚；既没有对苦集灭道的追求，也并非没有对这四谛的证悟；并非已得到证果，也非不能得到证果；自己已不在凡夫位，但又未离凡夫法；不离凡夫法，所以禅者不是圣人，这就是转圣如凡。但由于禅者的道行又超越时空，所以又并非不是圣人：这就是向上一路。虽然修行三十七道品而成就一切舍恶从善诸法，但禅法又远离或善或恶的法相。这是慧能大师不二法的法要，也是《坛经》最具代表性的思想。

三、佛法与外道不二。因为一切诸法的法性本空，非实在，一切语言文字也无自性，了悟一切诸法乃至语言文字实乃空无自性，这就获得了解脱。此解脱相，也就是诸法实相。

四、本迹不二。正是因为本迹不二才有了《坛经》中禅定和行、住、坐、卧之生活可以平等不二的不二禅观；也正是有了本迹不二，才顺理有将出家和在家平等不二看待的无为出家。

《维摩诘经》中主张“发菩提心是即出家”，据此，僧肇法师在《注维摩》中提出“无为出家”说。在家和出家的观念是从有为法和无为法为二的基础上产生的。维摩大士和僧肇法师的平等无为出家之义，都是从“有为法与无为法不二”思想和“中道平等不二实相”思想基础上发挥的。

佛教以戒定慧三学为修证的根本。其中严守戒律是出家的重要要求。按照《坛经》中的“无相戒”精神来看，戒律不是固定的教条，而是因人设置的方便法门。也就是说，是因为此土众生心性固执难以教化，所以佛说要守种种戒，并说种种毁戒之行要受种种恶报，但这些说法都不要执著为教条，从而又增加心的一种束缚。僧肇法师认为，贤智人听了以后，就接受这种无为义理，诸圣人实践这种无为义理而解脱，这才是真正出家的道路。所以说，出家的根本就在于无为。

僧肇法师进一步以生死、涅槃、生死与涅槃之中间等“三处”平等来阐述无分别平等的真出家义。真正的出家人完全是遣除种种的牵累，也就没有彼此的分别或者执著，没有是非之分别。由此，僧肇法师进一步提倡“终日道法，终日凡夫”之“道俗一观”生活禅思想。这个思想对惠能大师的不二生活禅思想具有重要的意义。

僧肇法师认为，小乘佛法执著于生死与涅槃的不同，认为生、死就是凡夫事，涅槃是头等大事，是超越生死的。所以小乘要超越生死，去追求无生、涅槃，因此把生死和涅槃看成两个事或者是对立的。所以他们主张在生死和凡夫事中就不可能求得涅槃寂静，要求得涅槃寂静就不可以在生死凡夫事里面。而惠能大师则同等看待，也不去区分这是道人，这是俗人，这是禅师，因此宝林山僧俗道尼可以同闻法要。

僧肇法师认为身体本来就是幻宅，虚幻的一个躯壳，怎么可以住内呢？万物也是一种虚幻，怎么可以住外呢？但是小乘的人都没有能够把这样一个在外的和在内的东西融汇起来，不能够用不二之法去看待身体和外境，他们总是想着怎样去克服对外在的追求，克服对物质的追求和欲望，来使得自己内心能够进入一个所谓的"清净"。《坛经》的智慧是告诉大家，内外都是虚幻不实的，万物都是虚幻的，所以要等齐观之，能够平等地看待内外。

我们可以把本迹不二思想进一步推延到菩提是本，烦恼是迹；涅槃是本，生死是迹等"中国禅"的不二之法。从概念的含义来看，菩提是入涅槃的前提条件，烦恼是生死轮回的原因。如果没有菩提，那涅槃也不能独立存在；如果没有烦恼，生死轮回也自然消灭。

惠能大师讲《坛经》的主要目的就是成就自性净土，而自性净土是不能脱离现实人间而证得菩提的，涅槃境界也不离人间世界而存在，离开了人们住的社会环境就无法建立佛国土，所以"心净"就是"自性净"，就是"国土净"。当然这主要是从阐述说法角度说的，说到需得意忘象、得意忘言领悟的根本精神，就无象、无言可求了，更不会在意世间和出世间、在家和出家之相的分别了。

会诀 烦恼暗中 常生慧日

禅者修行时

禅者生命存在于时空变化的世间中。

当心行跟不上时空变化时，世间是烦恼暗世界。

当心行不约束时空变化时，世间是智慧光世界。

禅者心行能量如何，人间便是净土或者地狱。

颂曰：无始无终，留什么？

祖师云：

眼对色谓之见，耳对声谓之闻，见闻是根，色声是尘。色声未对之时，我性常见常闻，未曾暂灭。色声相对之时，我性未尝暂生。

——惠能禅师《六祖金刚经注》

决疑品第三

25.造寺设斋 实无功德

经文

一日,韦刺史为师设大会斋。

斋讫,刺史请师升座,同官僚士庶肃容再拜。

问曰:弟子闻和尚说法,实不可思议,今有少疑,愿大慈悲,特为解说。

师曰:有疑即问,吾当为说。

韦公曰:和尚所说,可不是达摩大师宗旨乎?

师曰:是。

公曰:弟子闻达摩初化梁武帝,帝问云:"朕一生造寺度僧,布施设斋,有何功德?"达摩言:"实无功德。"弟子未达此理,愿和尚为说。

会论

学生五:大会斋是什么意思?

学生六:应该是僧、尼、道、俗,各方人等聚在一起吃了顿大斋,吃完了,请师升坐说法。

悟义:您们说得太随意了,缺乏求法的恭敬心,以为大家一起吃吃喝喝一番,然后吃完了抹抹嘴,好了!我们吃完了,请大和尚说法吧!要知道,能听闻殊胜的法这个机缘有多么不可思议?《四十二章经》中佛言:“人离恶道,得为人难;既得为人,去女即男难;既得为男,六根完具难;六根既具,生中国难;既生中国,值佛世难;既值佛世,遇道者难;既得遇道,兴信心难;既兴信心,发菩提心难;既发菩提心,无修无证难”。简单来说人有四难:人身难得,中土难生,明师难遇,佛法难闻。

学生六:人身难得大概能明白,是脱离恶道成就这个人身,实在太难了。

悟义:《杂阿含经》中对“人身难得”有个盲龟值木的譬喻。在一望无垠的大海中,住了许多的水族,它们有的身躯庞大如船舰,有的娇小如丸石;住了一只大乌龟,这只乌龟的寿命有无量劫,虽然寿命那么漫长,但是它却是个盲龟,它生活在永无止境的黑暗之中,每经过一百年,这只盲龟才有机会浮出广袤的海面上呼吸。白浪滔滔的大海中,飘荡着一根长长圆圆的浮木,浮木的中间挖有如龟头一般大小的孔洞。亘古洪荒以来,浮木就随着惊涛骇浪忽东忽西,载浮载沉。盲龟要凭借感觉,在茫茫的大海中,追逐浮木不定的方向。得人身的难度好比这个盲龟每一百年才浮出一次水面,出来海面时恰巧可以用头顶住浮木小小的洞穴。因此我们需要珍惜这个难得的生命,善加爱护运用。

学生六:从科学角度讲,男人一次射精约有三亿至五亿个精子,这些精子能和女人每月排出的那一两个健康卵子结合,也和盲龟钻木差不多啦,更不要说还需要第三种缘加入胎中,人身实属难得。那么"中土难生"是指咱们中国吗?

悟义:佛和达摩祖师皆曾讲过:中土是出大德的地方,并没有特指一个国家。正法的中心之地叫"中土"。中土难生,这个中土可不是指享受的地方,这里不是洞天福地,而是苦海的最深处,最迷惑的地方最需要正法,故生于中土者必身负大使命,是为芸芸众生造福祉而来,难忍需忍,难行能行。孟子曰:"天将降大任于斯人也,必先苦其心志,劳其筋骨,饿其体肤,空乏其身,行拂乱其所为。"那么之后怎么样?这点最重要,"所以动心忍性,增益其所不能"!这才是吃那么多苦的关键所在。黄檗希运禅师上堂法语云:"尘劳迥脱事非常,紧把绳头做一场。不经一番寒彻骨,怎得梅花扑鼻香。"有些人理解中土为"中国",佛怎么会讲某个特定国家呢?本身"中国"的含义也不仅仅就是一个国名,"中"乃中道、中和、中心,普天之下,四海之内,何处为"中国"?何处不能为"中国"?因此凡扬"中"道之土皆为"中土",皆为"中国"。

学生六:确实是正法实在太难听到了,讲正法的明师也实在太少了,四处充斥着名师,但"明师"难遇啊。

悟义:因此,宝林山众人得遇明师是多么殊胜、难得的机缘?可能会嘻嘻哈哈,评论一下今天的斋饭做得如何,尽兴大吃一顿然后抹嘴听法吗?古代人和现代人对于法的区别,缘于心中对法的理解变化了,现代人以为听法就是去学校听堂课,现在同学们和老师可以开开玩笑,也可以一起吃喝、K歌，师道尊严只能说不复存久矣。现代人自以为是惯了，生了病可以自己去药店，心里哪里不舒服了看点心灵鸡汤，看了本书就摘录些话，自己变成了智者、法师、医生。医生为什么叫医生？医是术，是行为，是医之道。生是生命的状态。医之道在悬壶济世，生命的状态在充满活力。古代真正的医者，有病了未必真正给病人吃药，更不要说吃贵药，关键查看病因，心病需用心药治，潜在病气未发还需激发。所以古代人明知各种方子还不敢自己乱抓药，即使抓的药也是三天一换，现代人往往一知半解就自己给自己买药，结果身体就被自己毁了。药有药性，药性之间的关系知道吗？什么时候吃知道吗？为什么一种药男人女人都能吃？同样的病得病的病因一样吗？不同人的身体内环境一样吗？对药的适应和排异反应一样吗？吃药后的忌讳知道吗？男、女、老、少、健康人、久病人对药的使用一样吗？现在几乎没有区别，一种感冒药，大家随便吃。

学生二：我大学里是学医的，现在想想有些后怕，自己真的不懂医啊。

悟义：生活中，我们不要学鸡、鹅，它们看见人不怕，因为它们的眼看出去人都缩小了，甚至比它还小，所以它不怕你，过低估计别人是被眼欺。但我们也不要学牛，牛看见人就怕，牛眼看出去，人被放大了，谁都比它大，过高估别人也是自欺。我们身边的大部分人，对待宇宙、万物、人事的态度不是缩小就是放大，无法如实观照。《论语》里，子贡问师曰："有一言而可以终身行之者乎?"子曰："其恕乎!己所不欲，勿施于人。"子贡是问有什么可以终身实践、永远受益的为人之道吗？孔子说：如果有那大概就是"恕"字吧。什么叫"恕"呢？"己所不欲，勿施于人"为"恕"，不仅己所不欲，连己所欲，也应勿施于人。“恕”字上为“如”,下为“心”,可理解为设身处地为他人着想、将心比心,宽大为怀,如心是禅门的直心,是如其所如的心,还是如来之心。

学生六:对,我们看是直线,鱼缸里的鱼看到的不是直线,所以这是人的偏见。

悟义:只要有角度就有偏见。

学生六:老师,那如何可以不带角度看现象?

悟义:“无”之一字,众妙之门。

会通

“和尚所说,可不是达摩大师宗旨乎?”这里惠能大师正面回答了这个许多人误解的问题,明确回答到我这一脉是达摩思想继承来的!

有些人看达摩祖师和梁武帝的对话,就想问,达摩祖师作为一个高僧怎么这么不会说话呢? 不会迎合梁武帝呢? 有了武帝这样一个菩萨皇帝的支持何须去少林面壁九年? 禅门或许不用走这许多弯路,早就大行天下了。

我听了只能说这些理解都是世俗的人不了解禅而引起的误解,我们前文一再说到禅的弘法途径,攀缘未必就能有好结果,禅门高僧当下的智慧绝对不是取决于受法者的地位和财富,而取决于受法者的根器、悟性、慧命,此所以五祖传衣法给惠能大师。

还有人问梁武帝为什么一见达摩大师就忍不住炫耀,我造寺度僧功德大吧? 我在《中国禅》一书中展开了对这段谈话的解释,对梁武帝一直有误解的读者们有机会可以去看看。梁武帝此人，不是简单地用信佛、学佛、爱佛事可以概括的，他不仅舍身入寺，还以国财布施穷人，供僧打斋供众，因此武帝认为自己这么认真应该是颇有功德了。武帝是什么都希望是第一，所以见到达摩祖师时，他一见面不是求法：您从天竺带来有什么正法可以了生脱死？而先炫耀功德，希望得到高僧的赞叹，因此自我介绍，我这个皇帝和他人不同，专做好事、专做功德。但是光自己说不行，因此询问高僧，您看我这样有什么功德呢？

好像我们现在有些人到处对人说：大家知道吗？我在某某地方修了一个大殿；给佛像涂了金身；我去哪座灵山转山回来了；我如何供养三宝……他就是没说他炒股、炒房、买豪车、乱投资花的钱更多，这些不讲，只讲他以为的“功德”，这便是颠倒。这些人必是梁武帝的徒弟，以为做“功德”将来可以享福。

因此见了性的达摩祖师听梁武帝这样颠倒梦想，自我陶醉，自我炫耀，自我广告，他才不会拍马屁说：啊，随喜功德、功德无量呢！我们普通人爱攀缘，祖师要是也攀缘，那见不见性有什么区别？如果为了弘法而攀缘，这个法一定是跟着所攀之缘走的，一定不是您初衷想弘的这个法。这一点往往不只是我们容易忽略的，禅门里神会禅师等诸位高僧就曾失手于此，法门一时的显赫不代表有生命力，达摩祖师深谙此理，故此不会起任何一点奉承的心，也正因为如此，才有少室山九年面壁，等来真正的不受人欺之弟子，将法脉流布广传下去，这点需要我们牢记。

又有人问我，梁武帝是一个很有修为的人，他对《金刚经》了如指掌，其子昭明太子更是为《金刚经》分品,《金刚经》中明明讲了菩萨应不住相布施,那么为什么武帝还会问出这么住功德相的问题?他《金刚经》岂非白参了?

我们往往是迷在这些相上,看过佛经的人有很多,每个人都成释迦牟尼佛了吗?读多少遍不是学、修的重点,重点在是否用心领会。所以武帝一方面熟读了《金刚经》的语言文字,一方面又在住相布施,不但自己住相,还希望达摩祖师这样的高僧可以赞叹他的功德,此一错再错也。

许多人喜欢对外讲述怎么布施、做了多少善事、帮助了多少孤寡老人、救助了多少失学孩子,做这些好事自然很有福报,但喜欢得到别人赞扬的这种心态就是炫耀,其实,本来做了好事积累的一些福报,就这么被自己说掉了。

我们做每一件事都是在造业,业有善和恶之分,有人想消业,以为转山能消业,磕大头能消业,转山、磕头这些仪式有没有用?有用!就和打坐一样,对身体都有好处。为什么古代人行礼是磕头?重要的是给别人磕头是为了自己放下我慢,佛、菩萨需要您的磕头吗?自己需要而已,磕头是为了自己磕的。

但无论转山、磕头都是方便法,是修行工具,帮助修者提高恭敬心、虔诚心、放下我慢,这些都是修行相,不是修行的根本。

禅门有一则公案说在一个寺院里有个小孩尿急,就在大殿对着佛像小便,执事和尚见了痛斥:"怎么可以朝着佛像小便?"小孩惶恐地说:"师父,请您告诉我哪里没有佛?我该向哪里尿呢?"执事和尚反而在孩子无心的言下大悟。其实藏地也有一则类似的公案:根登曲培大师在拉萨时,一次有几个黄教格西来与他辩论,他便拿烟袋锅敲金佛像,黄教格西一见之下非常生气地说："你已犯了菩萨戒，对佛陀不恭敬，不配做内道的弟子，连皈依戒都已失掉了。"根登曲培大师说："一切诸法无相，佛无有任何执著。"双方以此为始展开了针锋相对的激烈辩论，最终大师以无比的智慧挫败了黄教格西。格西们垂头丧气地回去说："我们学了二三十年经文、辩论，但今天没有辩赢，甚至现在还必须承认在佛像上敲烟袋锅也有功德！唉！"

佛是如来如去，无在无不在的，如果佛固定在哪儿一动不动的，那叫"住"。如果修者把佛像当作佛，其实不用拜，因为人人皆可成佛，都有佛性，因地的佛不用拜木头像，如果修者不把佛像当成不变的"佛"时，就随时可以拜。为什么？刚才说了，为生恭敬心、虔诚心，拜除我慢心，拜佛是方便法，利于修者敛心。

还有些人喜欢在寺庙给佛像脸上刷金，佛需要金干吗？若以为刷金可以消业，众生所造的业只有自作自受，别人是无法替代的，我们来看看释迦牟尼佛本人的一段经历。

释迦牟尼佛在五十五岁时，祖国迦毗罗卫被琉璃王侵略。迦毗罗卫国疆土略约两千六百六十六平方公里，王城周围十公里。由于国内血统纯正，具尚武精神，颇受邻国尊敬。玄奘法师曾到过此城，在《大唐西域记》中对此有所描述，但位置仍未确定，一说在今尼泊尔南部的提罗拉科特，另一说在今印度北方邦北部的庇浦拉瓦，临近蓝毗尼(lumbini)。

佛知道琉璃王和释迦族的宿怨是族人的定业，但当琉璃王军队即将到达迦毗罗卫城时，他还是坐在一株没有枝叶荫蔽的舍夷树下等着，琉璃王听说佛在树下，于是亲来问候。

印度天气非常炎热，琉璃王见到佛在炎热的中午坐于这完全没有树叶的枯树下，甚感惊讶。佛的回答很简洁：“亲里荫下乐。”这是在婉转地说，他即将失去祖国亲人的庇荫了，还有什么可乐呢？当琉璃王听佛说到“亲族之荫，胜余人也”时，心有所感，于是退军。

为什么佛特别在“舍夷树”下坐，释迦族亦名“舍夷”，又是梵文释迦族的女性称呼，所以坐在舍夷树下本身就有佛在释迦族“亲里荫下”的隐喻。佛族姓舍夷，又在没有遮荫的舍夷树下坐，一切都很符合佛当时的心境。

可是琉璃王第二天又带领军队来了，佛依然坐在枯树下，这一次琉璃王什么也没说，又退军了，第三天、第四天……释尊知道业力难以挽回，也就不再试图挽回了。

当琉璃王大军攻入迦毗罗卫国后，屠城三日，此时，琉璃王的外祖父摩诃男主动求见于他，说我只有一个小小的要求，请让我跳池而亡，在我的尸体浮上来之前，请军队暂时停止屠杀。琉璃王认为从死亡到浮起，间隔的时间无多，就答应了。但是过了很久，城里的人几乎跑光了，摩诃男的尸体都一直没有飘浮上来。琉璃王派人检查，这才发现，摩诃男竟然把头发绑在池里的岩石上，只为了能让城民有较多逃生的机会。这段悲惨的史实，在经典的结集中，还有补充，目犍连尊者是佛神通第一的大弟子，他眼见佛家乡被屠城，心有不忍，于是用钵保护五百人，但等到三日屠城后，把钵摊开竟发现五百人早已化成血水。屠城三日期间，佛也因此头痛了三日。

佛头痛、生病、中毒、灭寂等行为只是为弟子做示现，佛早已是业果中往来自在的觉者了，之所以做这些示现，是为了使弟子对因果生敬畏之心，莫造恶业，我们一定要理解并不是佛还在受因果的束缚。

会诀 造寺设斋 实无功德

禅者修行时

解脱悟道，超越轮回是委托不了别人的，无论是佛、菩萨、师父都无法替您吃饭、睡觉、消业，在佛法中，业只有靠自己转，自己修行到时，自己可以转，自己不修行，梦想花钱可以消灾，那么阎王也可以变贪官啰？

因为，成佛是在心中成就！不在神界，不在外界。那么“寺”是什么地方呢？从狭义上来说，是高僧、大善知识们住的环境。从广义上来说，“寺”是道场的一种形式，佛、菩萨也是大善知识，没有大善知识的道场是对修行作用不了的。那么，大善知识一定是出家僧人吗？

过去的大善知识的住地，如果没有了活着的大善知识那么就是普通的房子，就像家如果没有了爱，就是房子一样。道场没有了核心带动的大善知识，就是普通的建筑，有旅游的作用，对于修行有什么帮助？可以说帮助人们回忆当年大善知识住场的盛况，但对于实际修行并没有什么特别帮助。所以，去某某人的善地可以得到他的能量，或许一个失去大善知识多年的道场还有什么庇护作用，这样的想法是迷信。因为念念无常故，善地的关键能量在于当下的智慧气场和修行机缘。

颂曰：无生无死，了什么？

祖师云：

（维摩诘言：）以得一切智慧、一切善法，起于一切助佛道法。如是善男子，是为法施之会。若菩萨住是法施会者，为大施主，亦为一切世间福田。

世尊！维摩诘说是法时，婆罗门众中二百人，皆发阿耨多罗三藐三菩提心。我时心得清净，叹未曾有！稽首礼维摩诘足，即解璎珞价值百千而以上之，不肯取。

我言：居士愿必纳受，随意所与。

维摩诘乃受璎珞，分作二分，持一分施此会中一最下乞人，持一分奉彼难胜如来。一切众会皆见光明国土难胜如来，又见珠璎在彼佛上变成四柱宝台，四面严饰，不相障蔽。

时维摩诘现神变已，又作是言：若施主等心施一最下乞人，犹如如来福田之相，无所分别，等于大悲，不求果报，是则名曰具足法施。

城中一最下乞人，见是神力，闻其所说，皆发阿耨多罗三藐三菩提心。

——鸠摩罗什译《维摩诘经》

26.功德在法 不在修福

经文

师曰：

实无功德，勿疑先圣之言。

武帝心邪，不知正法。

造寺度僧，布施设斋，名为求福。

不可将福便为功德。

功德在法身中，不在修福。

会论

学生四：老师，如来有相吗？常常有些寺庙给大佛开光时，天空出现的佛、菩萨的瑞相是真的吗？

悟义：如来有相是凡夫的戏论。《中论》云："如来过戏论，而人生戏论。戏论破慧眼，是皆不见佛。"《金刚经》云："凡所有相，皆是虚妄。"根据佛经记载，佛有一次去忉利天为母亲说法后返回人间，众弟子都争先恐后地去迎接。比丘尼中神通第一的莲花色比丘尼欲抢先见佛陀，故以神变为转轮王排在队首；而须菩提则忆起佛言——“见法性即为见佛”，于是他以智慧入甚深法界，并未起身。当莲花色比丘尼于队首见到佛时，佛说：“须菩提已先你而见我。”禅法中语言、文字称为“戏论”，“相”则更是“戏论”，离一切戏论才是诸法实相，真正的佛是自心，见性即为见佛。

学生一：我太太学佛后天天戴着她从庙里请的极贵的玉弥勒佛项链，还给我请了个观音像，逼着我戴，我不戴她还生气，老师，所谓“男戴观音女戴佛”这个说法有道理吗？

悟义：正信的佛教里面，不建议任何人佩戴佛、菩萨雕像，古时候的禅师、法师、讲师凡真正的修行者、出家众谁会佩戴佛、菩萨形象的配件？《大藏经》一个字也没有写说可以随便佩戴佛、菩萨形象的经文。

学生五：那么手上戴菩提子佛珠可以吗？

悟义：佩戴佛珠原是为了帮助修行，有修者为了数念佛次数，有修者为了数息，有修者为了时时提醒自己108粒佛珠对应108个烦恼尘劳等等，所以这些都是无妨的。不过现代人戴佛珠多数为了装饰，都是些沉香、紫檀、砗磲、珊瑚，曾有人笑称，世界名表的竞争对象怎么也没考虑到会是佛珠。

学生一：我太太戴着开了光的玉佛，她把这个当护身符，怎么办呢？

悟义：您回去问问她，她把佛贴肉戴着，进厕所也不摘，洗澡也不摘，可能您们夫妻房事也不摘，佛不会追究其亵渎之罪吗？还妄想依此种福消灾，岂能如愿？！此流弊之泛滥，皆因愚昧和迷信，唯愿各位惜福，莫再造业！

会通

有人问我,“功德”一定要自己修学,没有办法给人,只有“福德”可以送给人,但我们又常说“愿以此功德,庄严佛净土”、“愿以此功德,回向某某某”,这个回向有没有用呢?

是的,佛法中提到“福德”包括了世间的福报、财富,这些可以给别人共享,社会上的地位也是“福德”也可以分享,安世高大师本来是安息国王子,他做了半年国王,发心出家,把王位让给他的叔父,这就是福德可以送人。

但是“功德”不行,功德是什么?从其他宗派角度理解是戒、定、慧,从“禅”的角度理解:见性是功,平等是德,这些都是无法赠与他人的。因此功德是自功德,但是我见性了,我可以将见性之法回向给众生,这种帮助我见性的方法会帮助众生见性,因此这种回向的功德也是看不见的,是法性。什么是没见性的人的功德呢?是行法布施!帮助众生打开心量,帮助他人获得能够见性的正法!愿以此功德,庄严佛净土,便是我愿意以此自见性及利他见性的功德,回向众生,回向众生在自心中得佛国净土。福德和功德一个重要区别在于,如果特别为谁做的什么事情,能令此人有所具体得到的,还是福德。由于功德是以见性、平等为特性,因此“无所得”是功德性。

理解了这些,惠能大师说武帝的这些行为实无功德就可以理解了,还有一点是现代人容易怀疑先圣之言。有人说科学进步就是建立在批评和怀疑的基础上,所以我要怀疑。是的,禅门入门就是让禅者起疑问,但这个疑不是怀疑先圣讲得对不对,而是怀疑自己首先为何不理解先圣之语所为何说？其次怀疑这个生命、宇宙的本质是否真如社会上说的那样？再怀疑一切流行的、习惯的，是否真的如此真、善、美？……我们要知道起疑，从自己的行为、举止、习惯，推及至社会、教育、思考方式，而非乱怀疑先圣之言，古代人依据先圣的教诲做自己的事情，很安心，很和谐嘛，我们还不够这个水平时，就先听从先圣教诲，切勿自以为是，心中不信的原因是和武帝一样心入邪道，不知正法。最后一句话是关键："功德在法身中，不在修福。"

会诀 功德在法 不在修福

禅者修行时

"中国禅"说的功德是出世间能量，福报是世间能量。

出世间能量才会对出世间的修行发生作用。

解脱轮回，随缘自在，行法布施，明心见性，见性成佛，都是出世间能量。

颂曰：无始无终，留什么？

祖师云：

诸学者各见自性无相之理，得见本源自心是佛，当知此人功德，无有边际，不可称量也。

——惠能大师《六祖金刚经注》

27.见性是功 平等是德

经文

师又曰:

见性是功,平等是德。念念无滞,常见本性,真实妙用,名为功德。

内心谦下是功,外行于礼是德。

自性建立万法是功,心体离念是德。

不离自性是功,应用无染是德。

若觅功德法身,但依此作,是真功德。

若修功德之人,心即不轻,常行普敬。心常轻人,吾我不断,即自无功;自性虚妄不实,即自无德。为吾我自大,常轻一切故。

会论

学生一:达摩大师是带着师父嘱托来震旦弘法,他是要找一个最合适的人传承此法,但是到别的国度来弘法,梁武帝是最有条件的人选,但大师为什么就凭武帝几句话，就决定离开了？大师没有慈悲心度武帝一下吗？

悟义：佛为何只能度有缘人呢？难道和佛无缘的人，佛即没有慈悲心了吗？《坛经》中惠能大师强调受法者需首先注意“传授从上以来默传分付，不得匿其正法”。受法者绝对不可以私匿其正法，但是，“若不同见同行，在别法中，不得传付，损彼前人，究竟无益。恐愚人不解，谤此法门，百劫千生，断佛种性”。您说惠能大师不慈悲吗？为什么不去度这些修别法的不同见同行者呢？

学生一：我明白了，不同见同行者不解正法，会谤法。

悟义：此种案例实在太多，因此即使不为名利所惑，该放下还是该度化，此中机缘全在说法者一念，这一念由般若带动。

学生一：那么未来如果机缘成熟，还是可以度这些人的吧？

悟义：当然，迷悟都是相，有时执著过甚时，放一放便是。达摩祖师一言之下便已知武帝的境界，而且大师到了南朝发现南朝的风气完全是世间佛教的风气，是神鬼佛教带动的气氛，那么他的这一套正法是很难接受的，所以他认为目前他和武帝以及武帝的境界不相应，所以言谈不契转身就走了。他没有什么留恋，更不会为了弘法而违心。大家不要以为行方便法是违心的，方便法的基础是直心。

会通

这一段我们来看惠能大师对功德的四种解释：

从体来看："见性是功，平等是德"；

从用看："内心谦下是功，外行于礼是德"；

从体用之体来看："自性建立万法是功，心体离念是德"；

从体用之用来看："不离自性是功，应用无染是德"。

那么修功德之人，有什么表现呢？便是心里不轻任何人，对上、对下都是常行普敬。心中如果我慢贡高，语言、行为时时轻人，自私自利，吾我不断，做了什么都是"无功"；不见自性即自"无德"。

会诀 见性是功 平等是德

禅者修行时

见性是指自利利他的自利成就，平等是指自利利他的利他成就。

"功"是安心自在的能量，"德"是随缘自在的能量。

颂曰：无来无去，怕什么？

祖师云：

（维摩诘言：）有慈悲心而不能普，舍豪富，从贫乞。

迦叶！住平等法，应次行乞食；为不食故，应行乞食；为坏和合相故，应取揣食；为不受故，应受彼食；以空聚相，入于聚落；所见色与盲等，所闻声与响等，所嗅香与风等，所食味不分别，受诸触如智证，知诸法如幻相；无自性，无他性；本自不然，今则无灭。迦叶！若能不舍八邪，入八解脱，以邪相入正法；以一食施一切，供养诸佛，及众贤圣，然后可食；如是食者，非有烦恼，非离烦恼；非入定意，非起定意；非住世间，非住涅槃。其有施者，无大福，无小福；不为益，不为损，是为正入佛道，不依声闻。

迦叶！若如是食，为不空食人之施也。

——鸠摩罗什译《维摩诘经》

28.修性是功 修身是德

经文

善知识！念念无间是功，心行平直是德。

自修性是功，自修身是德。

善知识！功德须自性内见，不是布施供养之所求也。是以福德与功德别。

武帝不识真理，非我祖师有过。

会论

学生一：老师，您总是提醒我们需常布施，这个布施是福德还是功德？

悟义：既是福德也是功德。

学生一：不理解。

悟义：如果您布施时心中带着："我"在布施、"我"布施给了"他"、"我"布施了许多财、物帮助他，这就是"福德"。如果您的心是禅心，就要"三轮体空"：没有布施的"我"，没有受施的对象，没有布施的财物，这是"功德"。

许多人行善不留名、不计回报皆为此。

学生一:如果是这种心,我怎么知道我应该布施? 对方需要布施?

悟义:禅的法是思量即不中用,又叫“拟思即乖”,一切事情该不该做、怎么做都是当下的智慧。

学生一:老师,功德布施对修禅有什么好处?

悟义:普行功德对修禅有特别大的助益,首先这是人通往内心净土之路;其次是人和人之间的善意桥梁,您今天布施不留名,受施者未来也会这么做,人间有大爱而无疆,是给自己种下福田。有土地才能有收成,收什么? 内心的善良、幸福、安心、自在,这是最大的法乐,您说有没有好处? 如果带着“得”的心行布施,就会计较,我对他这么好,他为什么不回报? 就像日常对爱人,对孩子,也是布施爱的过程,带着“得”心,就会变成,我爱你,你为什么这么没良心? 这么对我等等抱怨,因此,有“得”便是世间的“福德”。

学生六:“心性平直”是什么意思? 是正义、正直吗?

悟义:您说的正、直是两个概念,禅门的“正”的含义不是世间的道德、道义、伦理这些有为法中的“正”,这些是一分为二的看法,存在好人、坏人的脸谱,禅者的“不二”不仅是能入“八正道”,还要有能力入“八邪道”,正邪之中来去自如,不受其扰,方为“不二”。因此,惠能大师讲的“正”是内求。那么“直”是什么? 是直心。直心不能简单理解为“正义”和“正直”的意思,在这个含义方面,一方面大家偏向“以德报怨”是正直,别人欺负你了要用德去忍,这才是让人起敬的君子。孔子曾说:“以德报怨,何以报德? 以直报怨,以德报德!”就是如果别人欺负您,您以德报怨,那么当别人以德来待您的时候,怎么回报别人呢?孔子的“直”是无虚假的含义。禅者怒目是金刚,慈眉是菩萨,这个关键就在于“直”。直心是道场,直心为真人。以直道而行面对善恶是非,也不是对我好的我就一定对他好,对我不好的就不理他,这不叫“直”,叫“莽”,泼妇骂街不是“直”,而是“莽”,唯有智慧的心中才有“直”,以智慧来带动社会上的怨怼,这才是智慧和明辨的“直”。

学生六:道家有没有“直”?

悟义:道家的“直”在《老子》中说:“大成若缺,其用不敝。大盈若冲,其用不穷。大直若屈,大巧若拙,大辩若讷。”这样的人“冲气以为和”,是为“真人”。

会通

惠能大师在这里继续从不同角度说到两种功德:

从运用的角度看:念念无间是功,心行平直是德;

从修法的角度看:自修性是功,自修身是德。

会诀 修性是功 修身是德

禅者修行时

修性是指身心不二的修心成就;

修身是指身心不二的修身成就。

所以,“中国禅”的“功德”包含的身心两方面,是身心圆满的意思,即智慧与功德不二。

颂曰:无始无终,留什么?

祖师云:

文殊师利言:“居士!有疾菩萨云何调伏其心?”

维摩诘言:“有疾菩萨,应作是念:今我此病,皆从前世妄想颠倒诸烦恼生,无有实法,谁受病者!所以者何?四大合故,假名为身;四大无主,身亦无我;又此病起,皆由著我。是故于我,不应生著。既知病本,即除我想及众生想。当起法想,应作是念:但以众法,合成此身;起唯法起,灭唯法灭。又此法者,各不相知,起时不言我起,灭时不言我灭。彼有疾菩萨,为灭法想,当作是念:此法想者,亦是颠倒,颠倒者即是大患,我应离之。云何为离?离我我所。云何离我我所?谓离二法。云何离二法?谓不念内外诸法行于平等。云何平等?谓我等涅槃等。所以者何?我及涅槃,此二皆空。以何为空?但以名字故空。如此二法,无决定性,得是平等;无有余病,唯有空病;空病亦空。是有疾菩萨,以无所受而受诸受,未具佛法,亦不灭受而取证也。”

——鸠摩罗什译《维摩诘经》

29.愿生西方 去此不远

经文

刺史又问曰:弟子常见僧俗念阿弥陀佛,愿生西方。请和尚说,得生彼否? 愿为破疑。

师言:使君善听,惠能与说。世尊在舍卫城中,说西方引化经文分明,去此不远,若论相说里数,有十万八千,即身中十恶八邪,便是说远。

会论

学生一:什么是"十恶八邪"?

悟义:十恶分为身、口、意三方面。身有杀、盗、淫三恶,口有四恶,这口是最能造业的,所以占了四种恶:绮语、妄言、恶口、两舌;意有三恶:贪、嗔、痴;又有说贪心、嗔心、邪见。邪见是源于痴,若不痴,就不会有邪见,因此愚痴是意恶之首,这叫"十恶"。"八邪"指的是"八正道"的反面,包括邪语、邪见、邪思惟、邪业、邪命、邪精进(又叫邪方便)、邪念、邪定,这是"八邪"。

学生一:老师提到禅者可以入八正道,也能入八邪道是什么意思?

悟义:佛法中具足"十法行"者称为"真实福田",即:1.住于空、无相、无愿之解脱门而不入法位;2.见知四谛而不证道果;3.行八解脱而不舍菩萨行;4.能起宿住、死生、漏尽等三种智证明而行于三界;5.能现声闻形色威仪而不随音教从他求法;6.现辟支佛形色威仪而以无碍辩才说法;7.常在禅定而能现行一切诸行;8.不离正道而现入邪道;9.深贪染爱而离诸欲一切烦恼;10.入于涅槃而生死不坏不舍。

学生一:我明白了,是不离正道而入邪道,好像维摩诘大居士一样。

悟义:《维摩诘经》中大居士谓文殊师利菩萨:"菩萨能如是行于非道,是为通达佛道。"入邪道的"入"字要理解,是就凡人立场而立言,我们生活于现象界中,"入"是离开现象,慧远大师云:"舍相证会,名之为入。"相对世界才有"相",有"相"就有执,就落在现象界;当舍离"相执",便可契入本性。这种由相对世界进入本体世界的过程,称之为"入"。生命实践,就是要利用"入"的功夫,以契入本体世界中。

学生三:老师,"不二"究竟是什么? 是"一"还不是"一"?

悟义:既是也不是。

学生三:不理解。

悟义:是"一"是一切万法本自具足,自心能生一切法的"一",是"一"和"一切"互相转变的"一",不是"合一"的"一"。

学生三:我明白了,禅法里无定语、定法、定相、定理。

悟义:要想理解清楚不二,就必须先搞清楚什么是"二"?"二"是现象,是对现象界中人心识与其所对世界的描述,因此窥基大师说:"分别执为二。"人的心识,是由分别而起执的。对于外在世界会产生分别概念,有大小、好坏、美丑、善恶、是非、吉凶、穷达、寿夭、贫富、贵贱等的分别意识,由此产生好恶取舍,于是有苦乐循环交替往复。人的痛苦根源,便都产生于此。

学生三:这种对立便是"二"。

悟义:因为有语言文字的局限,所以惠能大师一直在用不同角度说一件事情,这件事情就叫"顿悟成佛",从根源上来说,成佛(涅槃)是"果",需要人人皆有"佛性"的"因"才能成佛,这种"佛性"由于在不同角度,所以叫"真如"、"自性"、"本性"、"如来藏",但其性不二。光有"因"还不够,需要找到这个"因"的智,这种见性的智慧叫"般若";那么从心性本体上来说,佛与众生其性不二;再从认识上说,自心与他心不二;从法相上说,染与净不二,愚和智不二,善与恶不二;从方法上说,无念无住无相不二,定慧不二;从成佛途径中说,顿与渐不二等等,因此您们看到各种不二眼花缭乱,其实是祖师从不同角度的说法,不要看变化无常的现象,而要体悟到其本质不二。

会通

这段涉及僧俗常念阿弥陀佛,愿生西方的往生净土问题,到底"得生彼否"是刺史和大家共同的疑惑。

中国的净土宗从庐山慧远大师始导净土思想和实修,历经北魏昙鸾、唐朝善导、道绰、慈愍等大师的推弘，随着时代的迁移，成为中国民间的主要信仰宗门。

狭义的净土主要指西方极乐净土，是阿弥陀佛的净土，中国及日本、韩国的净土宗依《阿弥陀经》为主要经典，在民间普遍弘扬弥陀净土。

从广义的角度讲净土是指清净国土、庄严刹土，也就是菩萨行者清净功德所庄严的处所。是诸佛菩萨为度化一切众生，在因地发广大本愿力所成就者。大乘佛教因为有十方三世一切诸佛菩萨，因此也就有十方无量的净土。例如弥勒净土、弥陀净土、药师净土、华藏净土等，我们常讲的维摩大士便是从东方妙喜不动世界来的如来。

“中国禅”的净土思想继承的是释迦牟尼佛四十九年弘扬佛法、示现成道的根本愿，便是建立人间净土，净化人间，而人间净土的基础在于自性净土。《维摩诘经》中所云：心净则国土净。因此师言想要去净土啊，如果身中十恶八邪，便是远。“禅”强调的是净土的“性”无差别，但在“相”上各种净土世界有差别。

现代世界人和人的关系越来越紧张，不同种族、国家的人有自己的语言、区域、文化、宗教，未来社会之所以可以圆融不二，最关键的一点是要理解，人类和谐的根在“自性净土”上。

会诀 愿生西方 去此不远

禅者修行时

这句有两种含义：

往生西方极乐世界是心去，不是肉身去。

往生西方极乐的门在于心，不在肉体上。

心是超越时空存在，所以地球人类和极乐世界之间没有距离。

颂曰：无来无去，怕什么？

祖师云：

是时，佛告舍利弗：有国名妙喜，佛号无动。是维摩诘于彼国没，而来生此。

舍利弗言：未曾有也！世尊，是人乃能舍清净土，而来乐此多怒害处。

维摩诘语舍利弗：于意云何？日光出时与冥合乎？

答言：不也。日光出时，则无众冥。

维摩诘言：夫日何故行阎浮提？答曰：欲以明照，为之除冥。

维摩诘言：菩萨如是，虽生不净佛土，为化众生，不与愚暗而共合也，但灭众生烦恼暗耳！

是时大众渴仰，欲见妙喜世界无动如来，及其菩萨声闻之众。佛知一切众会所念，告维摩诘言：善男子！为此众会，现妙喜国无动如来，及诸菩萨声闻之众，众皆欲见。

于是维摩诘心念:吾当不起于座,接妙喜国,铁围山川、溪谷江河,大海泉源,须弥诸山,及日月星宿、天龙、鬼神、梵天等宫,并诸菩萨、声闻之众,城邑聚落,男女大小,乃至无动如来,及菩提树,诸妙莲华,能于十方作佛事者;三道宝阶从阎浮提,至忉利天,以此宝阶,诸天来下,悉为礼敬无动如来,听受经法。阎浮提人,亦登其阶,上升忉利,见彼诸天。妙喜世界成就如是无量功德,上至阿迦尼吒天,下至水际;以右手断取,如陶家轮,入此世界,犹持华鬘,示一切众。作是念已,入于三昧,现神通力,以其右手断取妙喜世界,置于此土。

彼得神通菩萨及声闻众,并余天人,俱发声言:唯然世尊!谁取我去!愿见救护。

无动佛言:非我所为,是维摩诘神力所作。

其余未得神通者,不觉不知己之所往。妙喜世界,虽入此土,而不增减,于是世界亦不迫隘,如本无异。

尔时,释迦牟尼佛告诸大众:汝等且观妙喜世界无动如来,其国严饰,菩萨行净,弟子清白。

皆曰:唯然已见。

佛言:若菩萨欲得如是清净佛土,当学无动如来所行之道。

现此妙喜国时,娑婆世界十四那由他人,发阿耨多罗三藐三菩提心，皆愿生于妙喜佛土。

释迦牟尼佛即记之曰：当生彼国。

时妙喜世界于此国土所应饶益，其事讫已，还复本处，举众皆见。

佛告舍利弗：汝见此妙喜世界及无动佛不？

唯然已见，世尊！愿使一切众生得清净土，如无动佛；获神通力，如维摩诘。世尊！我等快得善利，得见是人亲近供养。其诸众生，若今现在，若佛灭后，闻此经者，亦得善利；况复闻已信解，受持读诵解说，如法修行。若有手得是经典者，便为已得法宝之藏；若有读诵解释其义，如说修行，则为诸佛之所护念；其有供养如是人者，当知则为供养于佛；其有书持此经卷者，当知其室有如来；若闻是经能随喜者，斯人则为趣一切智；若能信解此经，乃至一四句偈，为他说者，当知此人，即是受阿耨多罗三藐三菩提记。

——鸠摩罗什译《维摩诘经》

30.说远下根 说近上根

经文

说远,为其下根,说近,为其上智。

人有两种,法无两般。

迷悟有殊,见有迟疾。

会论

学生一:老师,上一段会诀文字里有几句话特别打动我。

悟义:是不是:维摩诘语舍利弗:“于意云何?日光出时与冥合乎?”答言:“不也。日光出时,则无众冥。”维摩诘言:“夫日何故行阎浮提?”答曰:“欲以明照,为之除冥。”维摩诘言:“菩萨如是,虽生不净佛土,为化众生故,不与愚暗而共合也,但灭众生烦恼暗耳!”

学生一:是的是的,我就是背不出来。

悟义:此段经文前面还有一句维摩诘说如何正观如来的话。

学生一:老师您不是说如来无相的吗?无相怎么观?

悟义:维摩大士说了:“我观如来前际不来,后际不去,今则不住”,三际托空,可观如来。

学生一:老师,我回去根据您的要求反复参究《维摩诘经》,说的这个三际托空,我想起了维摩大士对弥勒佛说的话,释迦牟尼佛要给弥勒佛授记,但维摩大士问弥勒佛:你准备用哪一生得佛给的授记呢?我看着就是稀里糊涂,不知道他们在说什么?

悟义:对,不理解“三际托空”就无法领会何为《金刚经》的过去心不可得、未来心不可得、现在心不可得,也无法理解时空为什么可以是“无量”的,所以您听不懂维摩大士为什么可以将弥勒佛问得哑口无言。刚才说的前际不来、后际不去、今则不住而观如来是怎么观的?您就不会理解。“授记”是佛印可弟子的规矩,现在藏传佛教中上师给弟子灌顶、给信众摸顶就是从佛“授记”中延伸出来的仪式,佛想要给弥勒佛授记,让他若干年后找大迦叶取佛衣钵,登上佛位,那时候天下太平,是最幸福的时候,而释迦牟尼佛的时候,是痛苦世界。

学生一:佛比弥勒先一生成佛。

悟义:维摩大士问弥勒佛,佛要为您授记,那么您是用过去生、未来生、还是现在生来受这个记呢?如果你是过去生,过去生已经去;如果是未来生,未来生没来;如果是现在生,现在生转眼成过去,也无从把握住。弥勒佛认为这番质问无解,故此他告诉佛,他也无法去维摩大士那里探病。这个问题同样适用于我们每个人,我们的荣誉属于哪一时呢?多数是执著在过去的幻影中无法自拔,《庄子》讲的“方生方死”也是这个道理,我们前文说过身上细胞、念头的生灭速度究竟有多快。您说生的时候，已经死了。用现代科学的方法说，身体的新陈代谢周期是十二年，全身细胞都彻底换了。觉得如生的时候其实也是如死，所以如梦如幻。僧肇法师在《物不迁论》里说："回也见新，交臂非故。"这是引用了《庄子》里孔子告诉颜回的道理，两人对面擦臂而过的一刹那，两人都变了，不是过去的两人了，生灭变化的速度实在太快。所以佛经是不记时的，《坛经》是不记时的，只有"时"，没有过去、未来、现在，只有当下，其他都了不可得。

会通

"人有两种"，哪两种？迷人和悟者。"法无两般"，什么法？渐法和顿法，为什么这么说？因为"迷悟有殊，见有迟疾"。

说下根、上根和说净土远、近一样，皆是方便法。修者往往想通过修行入净土，入定，入涅槃。这种想法是二见，不是不二之法，因为有"入"就有"出"，从禅法中"入"不是入净土，入定、入涅槃，而是指入本体，见性。

"出"有两种含义，一种是退行，由本体退回现象，这是堕落、退化的境界，这种形式的"出"是"二"；另一种是现行，由本体起妙用。当禅者由"二"入"不二"后，惠能大师将此由"不二"生出"二"的灵活妙用在最后一品的三十六对中一一呈现，这种妙用体用一如，二而不二，不二而二；所谓："双照二谛，名之为二。即是寂而双照，亦名为出。是则二不二，入之与出，皆就悟论。"

以此“不二”无分别的心体，落于社会红尘的各个角落中，此时所做之事，也许表相上与原先相似，但因心体、意识、能量已转换，此便称为禅者的“出世”。禅者行落的社会红尘便是“出世间”，也便是净土。

因此禅者的“入世”是可以涵盖“出世”的，因为“入”、“出”皆在自性清净的状态下，只是将自性清净的状态，以“本”为体时，称为“出世”；以“用”为体时，称为“入世”。出、入皆涵盖各种禅门的善巧方便，但我们要清楚的是，这些名称上的“二”分，远、近，下根、上根，出、入皆是相。

会诀 说远下根 说近上根

禅者修行时

下根器的人从时空概念来追求极乐世界，所以很远很远；

上根器的人超越时空来相应极乐世界，所以随时来往。

颂曰：无始无终，留什么？

祖师云：

问：庞居士云：“事上说佛国，此去十万里。大海渺无边，动即黑风起。往者虽千万，达者无一二。忽遇本来人，不在因缘里。”如何通会，而证往生？

答：若提宗考本，尚不说有佛有土，岂言达之不达乎？所以天真自具，不涉因缘，匪动丝毫，常冥真体。若约事论，故非一等，九品往生，上下俱达。或游化国，见佛应身；或生报土，睹佛真体。或一夕而便登上地，或经劫而方证小乘。或利根钝根，或定意散意。或悟迟速，根机不同。或花开早晚，时限有异。今古具载，凡圣俱生，行相昭然，明证自验。

——永明延寿禅师《万善同归集》

31.迷人念佛 悟人心净

经文

迷人念佛求生于彼,悟人自净其心。

所以佛言:随其心净,即佛土净。

会论

学生五:老师,我上次听您北大演讲中有学生问过一个问题,当时我没听懂,好像是净土里没有女性,这应该怎么理解?

悟义:净土宗的宗经《无量寿经》中云:“我作佛时,国无妇女。若有女人,闻我名字,得清净信,发菩提心,厌患女身,愿生我国,命终即化男子,来我刹土。十方世界诸众生类,生我国者,皆于七宝池莲华中化生,若不尔者,不取正觉。”可以说净土里不但没有女人,也没有男人。

学生五:啊? 那都有些什么人?

悟义:菩萨是男还是女?

学生五:嗯,非男非女,即男即女。

悟义:佛经上的净土从无始以来都是清净;没有女人,没有三恶道,净土里的都是各种修行得道的成就者,这些人不是世俗中的男女之相。佛经里多有提到妇女之身的问题,如《大菩萨藏经》:“妇女是众苦之本,是障害之本,是杀害之本,是系缚之本,是忧愁之本,是怨寇之本,是生育之本。应当知道,妇女是消灭圣慧之眼的。”《诸经要集》云:“在家的俗女多恚毒,近之则失国破家,触之则如遇蛇,其言如蜜,内心如鸩”等等,这些都是在说俗女的心胸狭隘,多嫉妒,女人有九恶法等等,各代东方各家都有类似观点。

学生五:那俗女能通过修行转化吗?

悟义:当然可以!《大毗婆沙沦》中佛陀双手捧着大生主的骨对比丘们说:“汝等谛听,一切女人其性多轻薄、多嫉妒、多谄媚、多悭贪,只有大生主虽是女人,却能脱离女人一切过失,作丈夫事,得丈夫所得,我谓此辈为丈夫。”所以从这里我们要理解,修行的女人名“丈夫”,不是俗女。佛有个称号为“调御丈夫”,为什么不说女人?《大智度论》说:“答曰:若说丈夫,二根、无根及女尽摄,故说丈夫。”佛经上讲的丈夫、大丈夫,不是只指男子的,女人也一样称丈夫,统统都包括在其中,都称之为大丈夫。因为修行,把俗世的习气断尽,都称为“大丈夫”。所以佛法中真正的净土是“人间净土”。

学生五:啊! 否则我一直误解,佛既然说人人平等,又说净土没有女人,这不是不平等吗? 这下我终于理解了,这个净土是人间净土,在这个净土里,所谓的女人是指俗女,就像佛经说的多嫉妒、多轻浮、多欲望、多愚痴,但是如果俗女转化,由愚转悟,便是“丈夫”,便身在净土。

悟义: 那么“中国禅”的净土叫什么净土呢?

学生五:人间净土!

悟义:“中国禅”的净土是自性净土! 净土不在外界,而在自性中,一念清净,便至净土,一念愚痴,便入地狱。

会通

“随其心净,即佛土净”的不二思想是惠能大师继承《维摩诘经》的主要思想之一,因此我们必须去源头理解“心净”与“佛土净”的真正内涵,“心净”与“佛土净”不二即“心”与“土”不二。

“心”是现代科学的能量,能生万法;“土”是现代科学的物质,能育万法。通过一定媒介,心和土在互相影响、转化、变化。

《维摩》中提到的净土,不仅包括显现的一些佛国净土,如香积佛国、阿閦佛国等,还包括了佛的住地(毗耶离城外的庵罗树园)、维摩大士家(毗耶离城内的维摩诘家方丈室)。

经中为什么将“佛国品”放在首品? 我们需要注意的是“庵罗树园”和“方丈室”是否也算佛国净土? 一般佛教宗派认为,净土是超越三界的,即西方净土或弥勒净土等彼岸世界。罗什法师认为“经,始终由于净国”,也就是现世与彼岸世界都是净土。经中舍利弗听到佛讲“众生即菩萨佛土”这一句时,就怀疑:若心净则佛土净者,我们现在的佛土不净,是因为您的意不净而导致的吗? 相信这个问题许多人也想问,为什么现实社会这么不净? 不是心净就国土净了吗? 我们来看看佛是怎么回答舍利弗这个问题的：

佛知其念，即告之言："于意云何，日月岂不净耶？而盲者不见。"对曰："不也。世尊！是盲者过，非日月咎。""舍利弗！众生罪故，不见如来佛国严净，非如来咎。舍利弗！我此土净而汝不见。"尔时，螺髻梵王语舍利弗："勿作是念，谓此佛土以为不净。所以者何？我见释迦牟尼佛土清净，譬如自在天宫。"舍利弗言："我见此土丘陵坑坎荆棘沙砾土石诸山秽恶充满。"螺髻梵王言："仁者心有高下，不依佛慧，故见此土为不净耳。舍利弗！菩萨于一切众生悉皆平等，深心清净，依佛智慧，则能见此佛土清净。"于是，佛以足指按地，即时三千大千世界，若干百千珍宝严饰，譬如宝庄严佛无量功德宝庄严土，一切大众叹未曾有，而皆自见坐宝莲华。佛告舍利弗："汝且观是佛土严净？"舍利弗言："唯然，世尊！本所不见，本所不闻，今佛国土严净悉现。"佛语舍利弗："我佛国土常净若此，为欲度斯下劣人故，示是众恶不净土耳。譬如诸天共宝器食，随其福德，饭色有异。如是，舍利弗！若人心净，便见此土功德庄严。"

这里阐述了这样一个道理：日月山河、现世世界本来清净庄严，有如自在天空本来明净一样，而有些众生之所以看到不净、污染，就像舍利弗看到的地方是"丘陵坑坎荆棘沙砾土石诸山秽恶充满"，是因为他自己的心存有高低、染净等种种分别，故只能看到现象，看不到本质，而非国土本秽，就如盲人不见日月之明洁，又如同食一碗，因各人福德不同，而感"饭色有异"。所以，这里强调的众生内心清净，而不再停留在观察外物的事相，从现象角度讲当然有垢净，从本质讲是不二的。

那么，有些人立即会问，怎样才能心净呢？还是《维摩》“佛国品”有云：

菩萨随其直心，则能发行；随其发行，则得深心；随其深心，则意调伏；随其调伏，则如说行；随如说行，则能回向；随其回向，则有方便；随其方便，则成就众生；随成就众生，则佛土净；随佛土净，则说法净；随说法净，则智慧净；随智慧净，则其心净；随其心净，则一切功德净。是故，宝积！若菩萨欲得净土，当净其心，随其心净，则佛土净。

这里提出了一条到达心净的修行之路。也就是惠能大师在这里引用的原文，菩萨由其质直之心而发愿行；由其愿行而得深厚道心；由其深厚道心而善调伏迷妄意念；能调伏内心则能践行；能践行则能将功德回向；能回向则因大乘道而行善巧方便；能善巧方便，则能帮助众生成就菩提正道；因众生尽皆成道，而秽土也成净土；随佛净土建立，说法也便清净；既有清净说法，即有清净智慧产生，也就有清净明慧的心；内心既然清净，一切功德无不清净。

所以若要得佛国净土，应先净其心，心净则成就禅定；心净则众生净；心净则佛土净。所以经文有云：“心净已度诸禅定”，僧肇法师注解说：“禅定之海深广无际，自非如来清净真心，无能度者。”即是说，没有清净真心是不能成就深广无际的禅定的，心净即得禅定。又“弟子品”中有云：“心垢故众生垢，心净故众生净”。在“入不二法门品”讲：

垢净为二，见垢实性，则无净相，顺于灭相，是为入不二法门。

这就是说，清净与垢染为二，但若能体悟垢染之性本空，也就不存在离垢得净的问题了，体悟了诸法无垢无净的寂灭相，这才是不二之法。

从上文中我们可以体会到《维摩诘经》中的人间净土思想，也许有人会问，维摩不是居士吗？为什么他的住处叫方丈室？因为后来大和尚们的住处称“方丈室”中可以看到《维摩诘经》对“中国禅”的影响，不仅在思想方面，还体现于禅门规则中，其中之一是“方丈（室）”名称。《维摩诘经》，在现存三本汉译版本中，对于维摩诘的居室，只是称为“室”、“小室”，并未标举为“方丈室”。然而中国历代以来，都称维摩大士的雅居为“方丈室”。

在吉藏大师撰《净名玄论》卷第七记载：“斯经（维摩诘经）二处四集，言二处者，一庵园处，二方丈处。”中国禅林制度也援用“方丈室”、“方丈”，称呼一寺住持的禅房，而住持也别称为“方丈”。于是，“方丈室”俨然成为禅门精神的标志，自唐末后，汉地寺庙几乎都归入禅门，因此“方丈”、“方丈室”便成了大和尚和大和尚住所的普遍称呼了。

有人又会问：当然啊！经中提到的两处住所是佛、维摩大士住的地方，这当然是净土啊！我们要理解，这两处地点不仅仅象征佛、维摩大士住的地方，还象征着有道之人的住地皆为道场，有道的地方就是净土。也就是净土和道相关，和地点无关、形象无关、气氛无关、装饰无关、历史无关，不代表以前佛住过的地方现在还是净土，净土和道一样是时时转换的，有道便有净土。

最后，我们要提醒大家注意，《坛经》中惠能大师提出的净土是“自性净土”，那么这个含义在“人间净土”思想上进一步升华了，也就是有道的道场内未必人人是净土，佛的精舍内多的是迷惑的弟子，他们在佛身边也没有安心自在。惠能大师说净土是在个人心中，由此，道就不仅仅和空间有关，见性的人走到哪里，哪里便是净土。净土只和个人的心、性有关，“中国禅”的特点就是什么都不能脱离心、性。

可以说现在我们有了三种净土概念：第一种是净土在西方、在神界，需要死后往生去往净土，因此，活着需念佛和菩萨相应，多行善积福德；第二种是净土在人间；第三种是净土不在外界，不局限于空间地点，只在自性中，只和见性有关。

会诀 迷人念佛 悟人心净

禅者修行时

“迷人念佛 悟人心净”有两种含义：

迷人因为不见宇宙、生命实相所以有恐惧，需要想念、依靠全能的佛祖、菩萨、神灵、上师来加持；悟人领悟到诸法性空，诸行无常，所以与历代、当代的大善知识随时随地心心相应，由此心无挂碍，无有恐惧，远离颠倒梦想。

禅修者，迷人状态时需要念佛、念咒、诵经、运动、看病等有为的辅助法来净化、带动身心；悟人状态时无为地与时空人事相应，随时随地利益众生。

颂曰：无前无后，争什么？

祖师云：

问：维摩经云，欲得净土，当净其心。云何是净心？

答：以毕竟净为净。

问：云何是毕竟净为净？

答：一切处无心，是净；得净之时，不得作净想，即名无净也。得无净时，亦不得作无净想，即是无无净也。

——大珠慧海禅师《顿悟入道要门论》

32.身中净土 便睹弥陀

经文

使君东方人,但心净即无罪。虽西方人,心不净亦有愆。

东方人造罪,念佛求生西方。西方人造罪,念佛求生何国?

凡愚不了自性,不识身中净土,愿东愿西。悟人在处一般。所以佛言:随所住处恒安乐。

使君心地,但无不善,西方去此不遥;若怀不善之心,念佛往生难到。

今劝善知识,先除十恶,即行十万,后除八邪,乃过八千。念念见性,常行平直,到如弹指,便睹弥陀。

使君但行十善,何须更愿往生?

不断十恶之心,何佛即来迎请?

若悟无生顿法,见西方只在刹那;不悟,念佛求生,路遥如何得达?

惠能与诸人移西方于刹那间,目前便见,各愿见否?

众皆顶礼云:若此处见,何须更愿往生?愿和尚慈悲,便现西方，普令得见。

会论

学生五：老师，我最近反复在研读《金刚经》、《维摩诘经》和您提到的各种禅学经典，我在家研读禅学的理论知识算不算修行呢？

悟义：禅学不等于学禅，更不等于实际修行，不实修实证，禅的知识还是戏论，生活的各种外境来了，还是迷惑。禅修有两个方面，一方面看经书参悟，一方面根据经典的道理实修实证，看依经典去修持，去证悟，证悟到了的才是真正的智慧，不是看看书、打打坐就可以出去讲经，讲知识。《大庄严经》里有这么一段记载：从前有兄弟二人同时出家修行，其兄精进修行，不久即证得阿罗汉果，神通具足，弟弟出家后，日夜精研教理，终成为著名的法师，到处讲经。有一天哥哥对他说："法师！你应该如法修持，不可只顾着空谈佛法啊！"弟弟回答说："尊者！我明天就开始修行。"哥哥再次向他说："法师！难道你没有听见佛说：修行要像救火烧头发那么急切吗？"他说："是！是！是！尊者说的确是真理。"但明天又过明天，弟弟始终没有如法修持。不久，这位法师忽然身患重病，恐命将终了，此时才后悔说："我信奉佛的教法，那是大光明的法灯，而我却是一位最无明的人，连自己都不能自顾了：以不能自顾的缘故，以后恐将永远沉没于生死苦海中。"不久即命终。

学生五：什么是死亡？

悟义:什么是活着?

学生五:我怎样才能在生活中修行?

悟义:修行怎样才能脱离生活而变成另一种称之为"修行"的"修行"?

学生五:古代儒生们修行吗?

悟义:儒家称之为"修养",把只学不修的学问知识称为"记问之学"、"口耳之学",孔子说"记问之学,不足以为人师"。

学生五:我们为什么从来不知道儒家也提倡修行?

悟义:《中庸》中提到"修身则道立",这里的"道"是指什么道?是为人之道。为人之道说起来简单,却是知易行难,我们是一介凡夫,习气重,欲望多,这些都会严重干扰精神,干扰工作和生活,形成种种意识障碍而不见道。因此,要想修好为人之道,必须有修身这一关。《大学》是儒家四书的总纲,其中便说到"自天子以至于庶人,壹是皆以修身为本"。如何修身?首先,从"格物、致知"开始。格物,是革除物欲;致知,乃开启智慧。所以《大学》中有著名的教诲:"古之欲明明德于天下者,先治其国。欲治其国者,先齐其家。欲齐其家者,先修其身。欲修其身者,先正其心。欲正其心者,先诚其意。欲诚其意者,先致其知,致知在格物。"所以,大学中的八目中先是:"格物、致知、正心、诚意",这四点是从个人角度谈的,第五条"修身"是本,不修身无以成就个人的"内圣","内圣"成就后开始"外王",也就是"齐家、治国、平天下",这三条是从社会角度讲的,格物、致知、正心、诚意这是一套严谨的修身体系,是关乎身心性命的修养,之后才有可能谈得上"道立"。

学生五:这么说儒家是渐修法。

悟义：除了惠能大师推动的“中国禅”，其他宗门几乎都是渐修入手。但渐修中大多数也没有否定顿悟。

学生五：老师这么说，我明白了，是宋明之后儒家变僵化了，八股文盛行，好像一只苍蝇在纸窗前一直飞钻，再怎么飞钻，也无法飞过那层薄薄的纸。一个人若只在纸上、嘴巴上下功夫，是绝对无法突破现状、解脱自在的。

悟义：明朝时推行儒、释、道三教合一，但虽是三教合一，却是有各自分配的任务，三教中以儒家为核心，负责一切世间法，如教育、社会制度、官员选拔、民间文化、道德习俗等，所以道、佛两家便给分配到出世间了，道教擅长炼丹、修气、武术、医术以及祭祀、占卜等，因此在个人出世间修炼方面，盛行以道教方法修炼；那么大家看看佛门还剩下什么？大多是念佛、超度、诵经、开光、打坐，所以从明朝开始佛门风气再次大变。佛教转向神本主义的路径是和朝廷分工、社会背景有密切关联的。

学生五：啊？分工合作制？这不太公平。

悟义：宋儒修禅之盛，明代黄绾说过一句话颇值得玩味，他说：“宋儒之学，其入门皆由于禅。濂溪、明道、横渠、象山由于上乘；伊川、晦庵皆由于下乘。”濂溪先生周敦颐师从东林常总禅师习修禅定，亦尝自称为“穷禅客”，二程、朱子喜坐禅，宋明理学之“理”、阳明心学之“心”皆和“中国禅”的心性论有至深的渊源。

学生一：唐、宋大儒们修禅蔚然成风。

悟义：以宋朝为例，赵抃师从佛慧法泉禅师，潘兴嗣师从黄龙慧南禅师，苏东坡师从东林常总禅师，黄庭坚师从黄龙祖心禅师，诸公于禅皆有契会。

学生一:老师之前也屡次提到契嵩大师和儒家的交集。

悟义:周敦颐初见祖心禅师时,问教外别传之旨。祖心禅师对他说:"只消向你自家屋里打点。孔子谓'朝闻道,夕死可矣'。毕竟以何为道,夕死可耶?颜子不改其乐,所乐何事?但于此究竟,久久自然有个契合处。"祖心禅师接引黄庭坚的是《论语》,此时又以孔子语为话头,逗引儒学大师周敦颐入道,一则显出其随机接引之高明手段,此所谓禅门的"胡来胡现,汉来汉现"的大圆镜智慧,宋代开始,禅、儒会通由此可见一斑。

会通

我们前文已经讨论了"中国禅"关于净土的思想,其根本思想就是 "人间净土",日常生活如果能"但行十善",活着安心自在,夜半不怕鬼敲门,"何须更愿往生"?但是如果"不断十恶之心",即使天天拜佛,定期做法事,没事就去放些鱼虾龟鳖的说是放生消业,再不然嘴巴念着佛号,手里拿着看不见的钢刀,控制欲极强,用爱杀人,用权杀人,用条文杀人,这样的人"何佛即来迎请"?

因此,想去佛国净土的路径是,依:"念念见性,常行平直"、"悟无生顿法"的修行,那么"到如弹指,便睹弥陀",瞬间便至佛地。

惠能大师说完,看到大家似懂非懂,似信非信,于是,突然说道:"与诸人移西方于刹那间,目前便见,各愿见否?"哈哈,居然有这等好事?立即带领各位移步至西方净土,目前便可见弥陀,怎么样?各位想去吗?

会诀 身中净土 便睹弥陀

禅者修行时

惠能大师说“身中净土，便睹弥陀”有几种含义：

1.不仅每个生命的本性清净不二，其实时、空世界也无差别，也是清净不二的。

2.故意这么说是为了预防禅修者执著在外在现象上，是为了破执。

3.为了预防禅修者心中产生不平等意识，还在心中幻想有个彼岸净土，厌弃世间污染。

4.为了破除凡与圣、善与恶、净与垢等时、空世间相对的观念。

颂曰：无始无终，留什么？

祖师云：

学者悟明心地，能行无相、无著之行，开发心中智慧光明，离诸尘劳妄念，共成无上菩提。当知此人负荷自性如来阿耨多罗三藐三菩提在于身内也。

——惠能大师《六祖金刚经注》

33.佛性中作 莫身外求

经文

师言：

大众！世人自色身是城，眼耳鼻舌是门。外有五门，内有意门。心是地，性是王，王居心地上。性在王在，性去王无。性在身心存；性去身心坏。

佛向性中作，莫向身外求。

自性迷，即是众生，自性觉，即是佛。

慈悲即是观音，喜舍名为势至，能净即释迦，平直即弥陀。

人我是须弥，邪心是海水，烦恼是波浪，毒害是恶龙。

虚妄是鬼神，尘劳是鱼鳖，贪嗔是地狱，愚痴是畜生。

善知识！常行十善，天堂便至。除人我，须弥倒；去邪心，海水竭；烦恼无，波浪灭；毒害忘，鱼龙绝。

自心地上，觉性如来，放大光明。外照六门清净，能破六欲诸天。自性内照，三毒即除，地狱等罪，一时消灭。内外明彻，不异西方。不作此修，如何到彼？

大众闻说，了然见性。

悉皆礼拜，俱叹善哉！

唱言：普愿法界众生，闻者一时悟解。

会论

学生一：我听了老师的讲解后，昨晚睡不着，脑海里翻来覆去总出现“说远为其下根”这句话，心里想啊，惠能大师真是老婆心，真是大慈悲，把这些秘密都给我们讲了，这些实话会得罪很多人的，怪不得当年那么多人想害大师，讲了实话许多依靠佛、菩萨吃饭的人，会没饭吃的哦。

学生五：不必担心，还是有许多下根的人以为净土在天上，佛法中说有上智和下愚两种人，能听闻正法，心中产生自信的上根人，哪里会行“十恶八邪”？这些人才明白时时是好时，日日是好日。

学生三：我在想，我以前每天在造业，然后去放生、转山、做法事，有空就念佛，幻想着灭业，死了以后往生西方极乐，现在看来这是莫名其妙的事情。当下都不解脱，哪有什么死后可以解脱的道理？

悟义：“心不净，亦有愆”，“愆”是什么意思？

学生六：罪过。

悟义：这里不仅仅是“罪过”的意思，还有“反”的意思。惠能大师问大家：东方人造罪，念佛求生西方，西方人造罪，念佛求生何地呢？是不是还会返来东方呢？这里的“东方”指哪里？是我们这个不完美的“婆娑世界”？还是地理上的天竺、震旦？

学生六：是婆娑世界。

悟义：呵呵，好，所以不要看有些人已经去了什么西方极乐世界，如果心不净，也会返来婆娑世界，这里说的西方人不是地理上的西方世界的人，而是西方极乐净土里生活的“人”，那么即使去了西方净土，如果心不净，瞬间就返回东方婆娑世界，正邪之间能转换，好坏之间能转换，净土也是瞬间一念转换的。

学生六：为什么惠能大师突然之间说可以带大家去西方呢？本来说法说得好好的，突然之间来这么一句：想去西方吗？我这就带大家去。

学生一：可能下面有人念佛念久了，听了大师的法心里不服气，大师很智慧地方便接引。

悟义：当时的环境下，念阿弥陀佛希望往生西方的人非常多，有些人听了一句法，看了一本经书就开始念阿弥陀佛，以为嘴巴上念佛就可以往生西方。这些人也不知道念佛是心念，口说心不行，念再多也没用。但是许多道理给许多人讲不通，这些人能念佛能行善总比干其他蠢事好，所以不少法师、经师明明知道念佛不是这么念，但也劝人嘴上不离念佛，或者每天念多少遍佛便有什么什么作用等等。这些下根的人听到正法时，心里是不信的，勉强坐在下面听法，心里却不相应，或百味杂陈或昏沉瞌睡或恐惧害怕，所以惠能大师突然说这么一句各位想去西方吗？本来困的、迷惑的、不信的、惶恐的，就立即两眼睁大，即刻以为可以升天，大师让这些迷信的人马上进入清醒模式中。

学生一：哈哈，我们今天也一样，老师说的内容有人听不懂，但老师如果问我们现在去不去西方？带我们见菩萨，去不去？我们肯定两眼立即放光，马上不困了。

学生二：我有一次去听某某法师讲经时，突然法会上现出舍利子来，当时我记忆特别深刻，大家激动得睡不着，都在讨论这是见了真菩萨了啊！最近听老师讲法，我就开始怀疑这些法会上现场出来的什么舍利子是真的还是假的？为什么用这种方式带动大家迷信？营造庄严气氛？所以心中开始不屑这些神秘化的行为，但此刻，我又进一步理解了，如果这位法师营造神秘气氛的目的在于提高名气、多取供养则是邪道，如果这位法师是真修行人，这么做是用的解人愚昧的方便法，就另当别论了。

学生六：如果真在用方便法，需要像惠能大师一样，说了就立即破，否则听法的人以后岂不更加迷信？同修之间口耳相传某某法师有神通，讲经时滚出舍利子等等，这样以讹传讹，虽然提高了法师的名气，但这种名气对传播智信的正法有什么好处？

学生二：对，“色身是城”就是说人的肉身是一个城，守城门的是眼、耳、鼻、舌、身，城门里面还有一个守卫是意识。意识不正就产生邪见。

学生六：惠能大师说心是地，能生一切法，性是王，王是指挥心的，王住在心里。“性”带动着我们的心念，可是我理解的也只是字面的意思，究竟什么是“性”？儒家说性善、性恶的“性”和这里“自性”的“性”是一回事吗？

悟义：儒家的“性”，“性善”和“性恶”论主要集中在“人性”层面，不是惠能大师说的“自性”和“本性”，“自性”是清净的，不存在“善”和“恶”。

学生六：这是我们大家一直都没有搞太清楚的。

悟义：儒家在汉朝达到顶峰，汉朝想要继承秦朝未竟的事业，建立一个政治与社会的新秩序是主要任务之一，董仲舒就是将这样的意图进行理论化的大儒。他提出“罢黜百家，独尊儒术”，发起了晋级的考试制度，在这个制度下，进入仕途的各级政府官员就有机会不靠出身，不靠财富，可以通过一系列的考试人选和晋级，这是第一个面向社会大众的晋级制度。但是，考试的内容主要是儒家之学。

学生六：于是儒家成了正统。

悟义：董仲舒阐释《春秋公羊传》中“大一统”的主张，重视《春秋》的“微言大义”，其目的就在于为当时政治、社会秩序的需要提供新的理论依据。儒家其时已与阴阳家融合，认为人是天的一部分，所以人的行为的根据，要在天的行为中寻找。

学生六：天的行为是什么？

悟义：我们传统的先秦思想中有阴阳和五行两条路线，这两条路线各自对宇宙的结构和起源做出了解释，这是天的行为路线，也就是中国传统的宇宙起源论。董仲舒将其进一步融合了，认为天有阴阳，人是天的部分，所以人心的行为也有阴阳，就是：“性”、“情”两个成分。狭义来讲，性与情分开而且相对；广义来说，性包括情，例如他说：“性者，质也。”人的这种性质，包括性（狭义）和情。狭义的性，相当于天之阳；情相当于天之阴。

学生六：这就涉及孟子、荀子争论已久的老问题了。

悟义：把“性”认为是人的“质”，是善是恶的问题，但董仲舒并不同意孟子的性善说，他说：“善如米，性如禾。禾虽出米，而禾未可谓米也。性虽出善，而性未可谓善也。米与善，人之继天而成于外也。非在天所为之内也。天所为，有所至于止。止之内谓之天，止之外谓之王教。王教在性外，而性不得不遂。”因此，他强调人为和教化的作用，只有教化才使人与天、地同等。他不认为人的质本来是恶的，善是“性”的继续，不是“性”的逆转。他还说：“身之有性情也，若天之有阴阳也。言人之质而无其情，犹言天之阳而无其阴也。”

学生六：汉朝独尊儒为什么儒家反而衰落了，以至于魏晋玄学兴盛？

悟义：董仲舒罢黜百家，独尊儒术，自此以后，汉朝选拔唯儒是道，以至于汉末伪君子比比皆是，以利禄之道辅以儒学，“天下英雄，尽入彀中”，春秋诸子百家的言论、思想极端自由之风气于是亡矣，于是天下学士开始偏向道家自然主义作风，玄学兴盛于魏晋，但玄学不仅仅是单纯的老、庄、易之道，其中也包含了儒家思想精华。

学生六：玄学和佛法有关联吗？

悟义：大有关联，尤其是和《维摩诘经》思想的关联性，总的来讲，有三方面相同：一、玄学谈论的方式与《维摩诘经》入不二法门品三十一菩萨提出的“入不二法门”的各种不同概念相当接近。二、玄学中也可以看到入世与出世的调和，如向秀在《难嵇叔夜养生论》曰：“天理人伦，燕婉娱心，荣华悦志，服飨滋味，以宣五情，纳御声色，以达性气，此天理自然，人之所宜，三王所不易也。”从人间社会中心的角度来看，这与《维摩诘经》中提倡的世间与出世间不二精神是有相同之处的。三、王弼著名的“得意忘言”思想，从内在含义来看，与《维摩诘经》中“维摩默然无言”不二法门思想有相似之处。

学生六：竹林七贤都是性情中人，那么性和情分别由什么表现？

悟义：性表现于外为“仁”，情表现于外为“贪”。《说文》云：“情，天之阴气有欲者；性，人之阳气性善者也。”

学生六：我们说的所谓性情中人，其实是误解成了讲义气的人，真是惭愧。

悟义：儒家将“仁、义、礼、智、信”谓五性，也叫“五常”；“喜、怒、哀、乐、爱、恶”谓六情。而佛法中的“六情”是：眼、耳、鼻、舌、身、意，也称“六根”。所以我们必须理清楚这些不同的说法，理解《坛经》中反复提到的“自性”“本性”和儒家说的“性”是有区别的。

会通

好了，现在僧尼道俗一众人等终于欢喜地要跟随惠能大师去净土了，没想到惠能大师为众开示了“自性佛土”。“佛向性中作，莫向身外求”，哪里是佛国净土？自性迷者所在之处即是众生婆娑世界，自性觉者所在之地即是佛的庄严净土。大师真最不愧“辩才无碍”这个称号，用各种善巧方便为众破执解惑。可见，佛与众生这两个假名，只是自性的觉与迷不同状态时的称呼而已。

大师在此特别举出几位菩萨作为表法的代表。观音菩萨代表“自性慈悲”，也就是如果自心中带着慈悲就是观音菩萨。“慈”是予人欢喜，“悲”是为众拔苦。为什么用“拔”这个词呢？因为众生在俗流漩涡里翻滚，自己无力跳出漩涡，将漩涡里的愚痴众生拔起来需要多大的能量？这能量需要愿力来滚动，而发动愿力则需大信心。信不立，愿何驭？愿不立，人行何方？人行何方不知时，怎么走都不顺利。无论赚多少钱、身居何位都难以产生归属感、安全感，所以由信心来普行为众生拔苦的愿。

众生的愚痴在什么地方？在于把现象世界当成真实不虚，因为误把它当真的所以才放不下，最根本的根源又在什么地方？就在于对“自我”的一种认识，把现象世界中的“我”，看作是真实不虚的，于是就产生了我执，总以这个假我为第一，这就产生了迷和惑，既看不起别人，也不自信，因此表现为一方面不懂“惜缘”，一方面不懂“放下”。

怎么建立自性净土呢？首先要宽容，宽容心是尊重和平等、理解和包容，这是佛法的“四无量心”：慈、悲、喜、舍。我们随喜别人，给予对方快乐时自己也快乐，帮助对方脱离愚痴的苦海时自己也在提高，这种包容心里面，也包括包容曾经伤害过自己的人，欺骗过自己的人，遗弃过自己的人，因为这些人磨炼了自己的心智，增加了自己的经历，增进了自己的见识，只要没能杀死自己的东西，都会使人更加坚强和自立，有这样一种宽容的心，来消除我们的嗔心。

悲还有“奉献”的含义，大乘佛法的根本精神是“悲智双运”，菩萨不为自身求安乐，但愿众生得离苦。智是自度，悲是用智慧度人，所以大乘佛法的根本精神就是自利利他，自度度人，自觉觉他。用现代语言来表达，叫作觉悟人生、奉献人生，这是佛法中的“和”的思想，可以落实到我们日常心态上面，来改变我们的人生。如果我们每个人都懂得“惜缘”，懂得放下“杂念”和妄想，每个人在生活中保持平常心、宽容心、感恩心、奉献心，这个心就能够净化，这就是自性净土，个人净化了推己及人，社会就能够净化，世界就能平和，就能和谐，这就是人间净土。

同理，大势至菩萨代表“自性喜舍”，“势”是势力、趋势、局势之势，“至”是此势达到最圆满的境界，唯有智慧究竟彻底圆满，才能真正做到离相的自性喜舍，这时候，自己便是“大势至”。

释迦牟尼佛代表“能净”。“释迦”是梵语，中文意思是“能仁”，就是能够仁慈、慈悲一切众生；“牟尼”是“寂静”，寂静是空，空又是净。“能净”必须具足般若之智，就是无漏的智慧。这种智慧从哪里来?从定生、从心生，定中可内观自心，无禅不智，非定不生，无漏慧根，非净不发，此为“能净”。

行、住、坐、卧时定心不散，便是“自性能净”，便生起长养功德的丛林，便能发出无漏般若智慧，尽苦源，转迷惑。心意散乱时，就是烦恼罗刹，永劫不能解脱出离。心既在定，如日当空，光明遍照万象，能知世间一切生灭法相，尽众苦根本。

弥陀即是“平直”，平是平等，直是直心。“阿弥陀”是梵语，中文意思是“无量”，我们在概论里讲到的“无量光”与“无量寿”就是超越了时空的佛、菩萨。大师在此处用“平等正直”来解释阿弥陀，平等的心是无量的；心不平等，这就是有量，就不是弥陀。行与自性相应就是“直心”，直心才能一行，“能”充满虚空法界，虚空法界即是“量”，“能”与“量”无二无别，这就是

"无量"。

我们为什么会产生不平等的心呢？源于我们总有自己的"看法"，我们平常讲的看法，是在自己的实际经历、经验中去"看"而产生的想法，这些是自我的判断，是在与事物的遭遇、打交道中去"看"，并非真正的心中"所见"。

"看"者有其自己的眼光、视野、境界，随着本人内心境界的不同，看的事物大小皆不同，"不知庐山真面目，只缘身在此山中"。例如：登高望远后胸襟开阔，于是一览众山小；再如，鹅眼看人，是以小眼看大事物，这叫"鼠目寸光"；还有以低卑看高贵，以小人心度君子腹，如"狗眼看人低"等等。

眼光、视野、境界不同，所形成的"看法"自然不同；而这种不平等的看法，并不来自于被看者、被看事物，而源于"看者"自身内心的不平等，这与看者自身的处境、角度、境界、智慧、心量相关。在他的"看"之中，也必然关系到他自己"所处"、"所在"的"周围世界"。从根本上来说，能作平等的"心见"，并与眼光、视野、境界无关的，《坛经》中称之为："心眼"、"心目"、"法眼"、"心地法眼"。

用心所见"自心地上"的"觉性如来"，会"放大光明"，我们说过这种智慧的光明叫"常寂光"，那么光怎么可以放大光明？就是无论外界环境是黑是白，无论眼器官是否正常，无论眼根是否损坏，自心中不离的光明，这叫"大光明"，此光明一出，便可"外照六门清净，能破六欲诸天"，便如同《心经》所云："照见五蕴皆空。"

那么"自性内照"的大光明既出，为何可以"三毒即除，地狱等罪，一时消灭"呢？时时听人讨论的因果、业报真的可以消灭吗？怎么灭？当然可以灭！就像俗话说真金不怕火，但真金真的不怕火吗？还是不怕普通火？

业障、三毒如同金子一样，普通的火是烧不化的，但是金一样也有熔点，接近熔点1063℃时，金就像铁一样融化，那么远远超过熔点的温度呢？还有什么金不能灭？这种灵光、灵火之大光明瞬间可灭业，灭罪。有人不信，说万法皆空、因果不空，唯因果律是定律不能更改的，这个观点本身有问题，业是自作自受的，自己做的“业”凭什么自己不能改？哪有什么只能造不能灭的事物？

有人继续问，老师您不是说释迦牟尼佛连自己祖国被屠城都没有保住吗？是的，因为业有“共业”和“别业”，自己的问题别人不能帮忙，哪怕佛祖也不行。那么自己的“业”为什么通常渐法灭得那么难？需要三大阿僧祇劫那么长时间？还是火力问题，修行的能量没有到达金子熔点时，金子还是金子，量变无法转为质变。因此在修行中，悟和不悟、迷和不迷是完全不同的两个层次和境界，到达熔点后，一切皆发生本质转变。

那么，这种熔点如何达到？光明之火怎么修？“中国禅”里为什么从来没有提到具体修法？但也从来没有离开过修法，修禅的密法需要修者自己先有体悟后，再寻找各自相应的大善知识实证实修才是。

有人说，这是禅门故作神秘吧！哪里是禅门如此？《黄帝内经》中，有什么具体的中医对治疾病的方法吗？《四书》中有教儒生如何修身、坐忘吗？《老子》、《庄子》中有教道者怎么练气吗？但凡真正传世的经典都是用整体的辩证的思维来看待生命体，这是东方传统思想的基点。

以最需要具体对症的中医为例，医者需要根据《内经》等医书中的

“道”，首先领悟到和自己相应的“医道”，于此，不同人会有不同领悟，由此产生不同的对治医术。其次，古医者将人看作是整体，生病不是某一个部位出了问题，所以治疗也不仅针对于某一实际的病，凡病之名皆是假名，医者会从饮食、起居、心理、哲理等各个方面，根据年龄、性别、性格、承受度、习惯等综合考虑后进行总体调节。在调节的过程中重视整体和局部的关系，生命体中的每个部分都息息相关。

《内经》中黄帝问岐伯：古代人治病，只需要通过移精变气，祷告一下就好了，现在的人为什么要吃那么多的药？扎那么多的针？病还是治不好？我们用现代语言解读一下岐伯的回答：古人是住在自然环境里的，跟野兽杂居，心地纯真，生活自然，不会时时念着这个，丢不下那个，没想过当官发财，生活很简单，这样邪气根本不能侵入体内，当然也就用不着吃药扎针。但当今之世，人们脑子里有各种各样的妄想执著，不到死时，票子、房子、孩子、妻子、位子哪一样也放不下。平时身体劳累到了极限，看病也要抽时间，常常开了药也忘了吃，还要挑三拣四嫌这个药苦，那个药见效慢，一切都想快速解决，不注重病的根本。更不要提顺从季节的变化，夏天贪凉开空调，冬天怕冷住温室，身体内部体温自调功能退化，自然会产生虚邪之气，对内逐渐侵蚀脏腑、骨髓，对外面则表现在五官、皮肤。这样的生活习惯光靠祷告怎么能治呢？我们可以说，只要能调顺身心的人，就可以不服药，这就叫“移精变气”。清代学者注解说：“不服药为中医。”

从中我们可以发现，古代的医书上是没有方子的，医道即是生命之道，没有明白生命的意义、价值的人，是没有资格行医的，因为如果不知道病的根本在哪里,怎么对患者负责?拆东墙补西墙能解决什么问题?医者尚且如此,那么禅者呢?惠能大师说得十分清楚,唯有:"内外明彻,不异西方。不作此修,如何到彼?"什么是内外明彻?五蕴皆空时,便是内外明彻,什么是不异西方?无内无外时,便是自性净土,不异西方。

会诀 佛性中作 莫身外求

禅者修行时

禅者为了破除用物质、仪式等来庄严外相佛的迷信行为,常常使用各种令人不解的反常语言和看上去疯癫的惊人举动,这些不是不恭敬释迦牟尼、阿弥陀、弥勒等十方世界佛、菩萨,或者不恭敬禅门祖师,而是为了破除修者的执著,佛性本在自心中,不在身外可以求到。

颂曰:无前无后,争什么?

祖师云:

问:受罪众生,有佛性否?

答:亦同佛性。

问:既有佛性,正入地狱时,佛性同入否?

答:不同入。

问:正入之时,佛性复在何处?

答：亦同入。

问：既同入，正入时，众生受罪，佛性亦同受罪否？

答：佛性虽随众生同入，是众生自受罪苦佛性元来不受。

问：既同入，因何不受？

答：众生者是有相，有相者即有成坏；佛性者是无相，无相者即是空性也。是故真空之性，无有坏者，喻如有人于空积薪，薪自受坏，空不受坏也；空喻佛性，薪喻众生，故云同入而不同受也。

——大珠慧海禅师《顿悟入道要门论》

34.若欲修行 在家亦得

经文

师言：善知识！若欲修行，在家亦得，不由在寺。

在家能行，如东方人心善；在寺不修，如西方人心恶。

但心清净，即是自性西方。

会论

学生一：到了这个关键问题了："若欲修行，在家亦得，不由在寺"，我记得佛法刚传入中国时，儒家激烈批评出家的行为是不孝。

悟义：对，出家触及到了儒家最重要伦理观念"孝"的实施，佛弟子出家这个问题源自印度的传统，在印度的社会中，大家特别尊敬出家人，在印度四姓中，最尊最胜的婆罗门，梵语是婆罗摩拏，意为外意，净行，梵志等。婆罗门人自谓从梵天的口而生，在释迦牟尼佛创立佛法前，惟婆罗门能修行，受人种种供养，余姓不得侵越。按婆罗门法：男子七岁以上在家学问，十五岁开始学婆罗门法，游方行脚，至壮年归家娶妻生子，后再入山修道。

学生五:其他宗教有出家这种形式吗?

悟义:各种"宗教"的核心都以"出世"为主,虽然对"出世"的定义和如何"出世"的方法各有不同,但提倡"出世"都是由于现实社会不完美,不平等,"宗教"的目的即是在彼岸世界中寻到极乐净土,但各个"宗教"中"出世"不等于要"出家"。西方的宗教,虽有出世却并不出家。既有出世又有出家理念的,始于"婆罗门教"。

学生四:道家是否也是这种思想?

悟义:道家原来是有"出世"的思想并无"出家"的行为,因此道家称为"隐士",后来因为佛教的影响,才逐渐有了"出家"修行的道士。

学生四:佛教的出家形式是继承婆罗门教的教义吗?

悟义:"婆罗门教"是印度的传统宗教,历史最悠久,影响印度文化最深远;后来产生的各种宗教如佛教、锡克教,虽教义和婆罗门教有别,但多少都受到了"婆罗门教"的影响。例如:同样都有出世的理念,同样都有出家的行为,只是用于达成出世的修法不同而已。佛法中的一些名词,像轮回、因果、业报、涅槃等,都延续自婆罗门教,只是内涵有别。目前导致现代人迷信的轮回、因果思想,不是佛法的内涵,大部分是原始婆罗门教的思想。佛教虽然继承了婆罗门教的出家,亦有区别。佛教的出家是不分种族也不必再还俗的。除此之外,释迦牟尼佛从姨母大爱道比丘尼开始,接受了女人出家,这在重男轻女、等级森严的古印度,是破天荒的大变革!

学生五:我上次去泰国时发现,佛教在泰国是国教,泰国人以能出家为荣,凡是男人,一生中都将出家一次,连国王亦不例外。出家后还俗,则身份提升，被认为已成人了。

悟义：但在中国情况就不一样了。先是“出家”被儒生批评，一旦“还俗”则被佛教人士蔑视。

学生一：两面不是人。

悟义：我们已经说了，在佛法里，生命是自己“业”的延续，佛法中人生命的根源不在父母，但在中国人的观念里面，生命的根源就在父母。佛法的基点在“业”，是自己前生的“业”延续下来的生命，这个基本观念是不一样的。因此佛法中并没有“不孝有三，无后为大”之类血缘相续的观念。

学生九：他们要向西方学习，西方人没有这个。

悟义：这是由于我们没有理解西方的生命观，西方人认为人的生命是上帝赋予的。佛法到了中国，一开始争论的重要的问题就是孝，你要出家，出家不生孩子断了后就是不孝。东晋时期庐山慧远法师写了很多文章，就是来说明佛法不是不讲孝的，佛法的孝是更大的孝。我们不是孝一个小家，而是孝一个社会、国家这个大家等等。佛法里面有许多传自印度的观念经各位法师的智慧解释，与中国传统文化重新寻找到了内在的契合点，也正因为如此，佛法才能在中国生根、开花、结果。可是当“出家”的观念被中国人接受了以后，又出现偏激了，就是好像只有“出家”才算修行。

学生八：现代社会弘法和出家的关系也没有古时候那么大了。但我不太理解，为什么大家的观念不是往这里偏就是往那里偏？

悟义：因为缺乏正见。惠能大师有鉴于此，在这里明明白白告诉诸位，“若欲修行，在家亦得，不由在寺”，他自己受法、悟道、证法时都是居士身份，身份和修行、悟道没有直接关系。维摩大士是在家修行者的典范，他虽身为居士，但持戒严谨清净；虽有万贯家产，但不执著于尘俗世事；虽有妻子，但常修清净行；虽身着华服，更以相好庄严见称；虽像常人一样饮食吃饭，但更以禅悦为食；虽出入赌场妓院，但以劝诫迷人为目的；虽涉足外道异端，但从来不会影响其对佛法之正信；虽通晓世典外书，但不会偏离佛法根本……正因为这样，维摩大士深受一切众生的崇敬，能普受众生尊敬是一切供养中最为殊胜的。

学生八：能做得这样真是了不起！

悟义：大家跟我一起念一遍原文："一切见敬，为供养中最；执持正法，摄诸长幼一切治生谐偶；虽获俗利，不以喜悦。游诸四衢，饶益众生；入治正法，救护一切；入讲论处，导以大乘；入诸学堂，诱开童蒙；入诸淫舍，示欲之过；入诸酒肆，能立其志。若在长者，长者中尊，为说胜法；若在居士，居士中尊，断其贪著；若在刹利，刹利中尊，教以忍辱；若在婆罗门，婆罗门中尊，除其我慢；若在大臣，大臣中尊，教以正法；若在王子，王子中尊，示以忠孝；若在内官，内官中尊，化正宫女；若在庶民，庶民中尊，令兴福力；若在梵天，梵天中尊，诲以胜慧；若在帝释，帝释中尊，示现无常；若在护世，护世中尊，护诸众生。"

会通

我在《茶密禅心》书中提到过的傅大士（公元497年—569年），是中国维摩禅的祖师，他与达摩祖师、志公和尚并称梁朝三大士。

傅大士悟道后便发大乘愿行，不走避世出家的隐士路线，他说“度生为急，何思安乐乎”？这是禅者的根本所在，他在云黄山下结庐修行七年，终于得“首楞严三昧，并得无漏智”。佛法中楞严三昧者只有十地菩萨才能得之，这一年正是梁大通元年，他三十一岁。

佛教要中国化，脱不开中国本土的“道”和“儒”，中国的知识分子大多习惯得意时崇“儒”，失意时尚“道”，一不如意便息心山溪重隐逸。似乎修行就可以不离人间烦恼逍遥出世，加上梁朝时期小乘之法的影响犹未能去，佛弟子们重个人解脱。而傅大士悟道后出入佛、老，并通三教，感化当世社会，惠及后世禅者，他提出上中下三善，即治国的三种对策，所谓上善般若（佛），中善“儒”，下善施政，也是基于当时实际情况出发。

傅大士的思想秉承罗什法系，受僧肇法师影响很大，如其唱《行路难》二十篇，非断非常、真照无照、心相实相、般若无净、本际不可得、三空无性等题，皆合什门旨要。

如傅大士有偈：“有物先天地，无形本寂寥。能为万象主，不逐四时凋。”宋朝大儒生、大学者、大哲学家、理学的创始人之一周敦颐曾师事寿涯禅师，禅师传了傅大士这首“先天地”偈于他。傅大士留下的禅偈，如《心王铭》、《还源诗》等，处处浸润着潇洒诙谐的活泼禅风，开禅门“机锋”、“转语”、妙趣横生的“中国禅”的先河。

“先天地”偈的禅意颇似老、庄，傅大士借道家语来阐明心中禅学意蕴。寿涯禅师精通太极，将其授予周敦颐。周敦颐于寿涯禅师处得受此偈，其对后来的重要著作《太极图说》，大有启发。

傅大士为什么是“维摩禅”的祖师呢？因为他是继承维摩精神，宣扬“僧俗平等”的先导者，他的这种僧俗不二思想来源于僧肇法师在《注维摩》中提倡的“无为出家”说和《维摩诘经》中宣扬的“发菩提心出家”说。

在傅大士心中，“僧”并不是我们普遍理解的与在家居士相对的出家僧众，而是指身、口、意三业皆无作的自心清净者。也就是说，只要是身、口、意三业无所作的才是“僧”，至于是否外形剃度并不是评定“僧”的标准。正如他如下所说：

僧者，复有三义：一者，意业无所作；二者，口业无所作；三者，身业无所作，名之为僧，亦名法师。

“僧”也称“法师”，傅大士谈到真正的“法师”时说：

法师者，复有三义：一者、履践如如，体一无相；二、能弘宣正典，晓真不二；三、能善巧方便，化彼群生，同归一源，名为法师。

从“法师”三义的解释中我们可以看出，“法师”首先要明白一切无差别，在本质上都是空，即诸法实相，并在现实生活中把这种精神付诸实践；其次，弘扬正法，通晓不二之真谛。从“晓真不二”可见，傅大士认为“不二”是佛法的根本所在；再次，行菩萨行，济度众生。

那么傅大士认为“出家”是什么意思呢？是指修行，发菩提心，行菩萨行，自利利他，证得佛果，而不是一般形式意义上的“出家”。傅大士把出家分为“形出家”和“心出家”。《坛经》第一品中黄梅山一众弟子虽然剃头受戒，但这些“形出家”的僧众们是“心出家”的禅者吗？傅大士云：

出家之法有二：一、形出家；二、心出家。形出家者，所谓剃除须发，同于法身；心出家者，出一切攀缘诸有结家。若就即世而论，形出家胜。何以故？不为公私所弘独脱无累，萧然自在；若就理而论，则无有二。

“形出家”是指处在与世间相对的出世间的寺院僧侣，从外在形象上来讲的出家，如剃度、着袈裟、持戒等。

而“心出家”是指“出一切攀缘诸有结家”。即是说，环境和外在并无变化，虽然依然如往昔一样地接触外在，但心中的所谓的诸多烦恼与心结已放下，外在的一切不会牵累于心，不会影响到心，心达到了逍遥自在。

从世间法来看，“形出家”比“心出家”尤胜，因为形出家后，没有了家庭和一般社会事物的挂碍，可以专心一意地修行弘法，显得一身轻松自在。但是从本质来看，形出家与心出家“则无有二”，无有差别。

除了形和心的区别外，傅大士又从“事”和“理”的角度把出家分为“事出家”和“理出家”。他对“事出家”具体解释为：

事出家者，出悭家，出贪家，出嗔家，出杀害家……出增上慢家，出多闻广知家，出持戒慢家，出禅定慢家，出师慢家，出僧慢家，出贵慢家，出富慢家，出端正慢家，出丈夫慢家，出势力慢家，出伎能慢家，出火宅慢家，出三界家，出一切有为诸结家，是名事出家。

“事出家”是指断除贪念与吝啬，不生气，不暴躁，戒杀生与傲慢；持戒、禅定、教化众生；更不执著于自己的师相、僧相以及禅定的坐相；不因为自己的富贵、权势、身份和能量而自以为是；也不可痴迷享乐或者因为根本没信心而不想超脱“三界”(色界、欲界、无色界)，脱离“火宅”(佛法认为人间充满苦，犹如火宅）。

值得留意的是这里还提到了“出丈夫慢家”和“出多闻广知家”。古代男尊女卑的思想是比较普遍的，“出丈夫慢家”，即是要破除大男子主义，包含了男女平等的思想。再说“出多闻广知家”，这有两种意思：一是说自己已经博学多闻，但执著在学问里；二是一心追求博学多闻，执著在此追求上。此两种皆须“出”，皆须破除，所有这些都能做到了才算“事出家”。

从有为法和无为法的角度来看，“事出家”即是超脱一切有为法，在“事出家”里已经不分僧俗了，可见，“事出家”属于上面讲的“心出家”的范畴。“事出家”是指放下一切有为法，接着他还进一步说“理出家”则是连一切无为法也要放下，是在“事出家”的基础上更进一步，把佛法的一切根本精神、思想、智慧、菩萨行如“八正道”、“十方四无所畏”、“大慈大悲”、“佛法僧”等等都放下。

有为法不能执著，连无为法也要放下。正如《金刚经》所说，“法尚应舍，何况非法”，古今不知有多少修者依此偈而直彻心性。但又有多少迷人误以为什么修法都不要了，给自己的不精进找借口，其实连“有为法”尚且不明，就想着放下是妄谈。

众生皆有佛性，佛性是成佛的根本因，然众生虽有佛性，而没佛之知见，没有佛的见地，所以不能“见性”，“佛见”是无偏见，“众生见”是迷信，这两者的区别就在迷和悟。佛法为内学，不论是心理的、物理的、宇宙的、微尘的、生命的、物质的、有形的、无形的、过去、未来、现在的统统纳入心世界。傅大士此说是究竟法，目的正如维摩大士要破除的三种执著一样，不仅要破除凡夫心、声闻心，就连大乘佛法的根本精神菩萨心也要破除，我们要清楚这是针对执著在修行相、修行境界的修者来说的，不是对没有修的众生来说的。

傅大士接着又说：

或曰，既有出家，复有入家不？今略说入家：入遍寂家，入大动家，入现色身家，入无住家，若如是者，即是大乘。

不仅“出家”，傅大士提出了更为惊人的“入家”概念，这是其思想中独特的看法。他说，既然有“出家”也应有“入家”。什么是“入家”呢？入家就是“入遍寂家，入大动家，入现身色家，入无住家”。

这里可从两个角度来理解，一、回归本源即回归到本性清净的真如体一，无相不二。二、上述的“事出家”和“理出家”都达到后的自然状态就是入家，无须另有作为。

入家的样子是“遍寂”，即常乐我净；“大动”就是动即不动；“现色身”，现实生活中的自然状态；“无住”，超越三界，超越时空，无所住处。所以就是以出世之心带动入世之身，出世入世不二，与上面理出家事出家的道理一样，差别只在于分别与不分别、迷和悟、执著与不执著的差异。如果心里认为这是无为法，是真谛，沙门僧高于凡俗，这些已经是执著了，已经是有为了。靠修有为法要证得菩提，得到无为果是不可能的。

那么，真正的大乘是什么呢？傅大士总结说：

“大乘者，息一切攀缘有为诸结，修行四等六度，广济群生，怨亲平等，回向三菩提不证三菩提，修行一切法而离诸法相。是故，非世间非不世间，非涅槃非不涅槃，不缚不脱，永为三界父母，广济群生，尽未来际，是名大乘。”

这段话是傅大士对什么是大乘的一个总结，首先，做到“事出家”，“息一切攀缘有为诸结”，这属于修有为法。同时，修无为法，“修行四等六度，广济群生，怨亲平等，回向三菩提不证三菩提，修行一切法而离诸法相”。在此基础上，才进入了不二法门的境界。即进入“非世间非不世间，非涅槃非不涅槃，不缚不脱”的境界。在不二的境界下，来实践菩萨精神，永远地大慈大悲，救度众生，“永为三界父母”。这样就是真正的佛法说的大道、大乘。

这里的不二之法是从三个角度来讲述的。“非世间非不世间”一句是从空间上来谈的，也可以说僧俗不二。第二句“非涅槃非不涅槃”是从时间上来讲的。再下一句“不缚不脱”，是指意识状态的缚脱不二。

那么对傅大士的不二思想形成产生关键作用的僧肇法师，他为什么却出家了呢？就像惠能大师在《坛经》中多次强调修行不必出家，那为什么后来又出家呢？根据《高僧传》记载并结合当时的实际情况来看，僧肇法师出家的主要原因是受《维摩诘经》的影响，他对不二之法的领悟而出家。

僧肇法师，生于东晋孝武帝太元九年(公元384年)。幼时家贫，五六岁开始学习经典，十岁便代人抄书维生。他边抄书边自学，尤以老、庄为心要。白天、黑夜，就是梦里他也在诵《道德经》。此时僧肇年纪尚不满十二，但已诵满万遍《道德经》，大江南北的玄学世子，个个都知道他的大名，许多竞誉之辈，怀疑小小僧肇哪有什么真才实学，甚至有人千里负粮前来与他辩论。但小僧肇才思幽玄，应机挫锐，毫不流滞，使得京兆一带的宿儒和关外的俊秀，都为他的学识和辩才所折服，十三岁时，他名震京兆。

别人都羡慕他辩才无碍，少年得志，唯有他自己心里明白，老、庄玄理虽然奥妙，却不能引导人趋于精神解脱之境，而自感不足。及至后来，他在抄支谦所译《维摩诘经》时，始知众理之妙原在此，因发愿出家。后来师父罗什称他为“解空第一”，要知道罗什法师的般若之学，以空为根本，解空使僧肇法师对“空”的真正含义领悟透彻。他当年出家是因为《维摩》妙理，小僧肇产生过疑问，是不是佛法中还有更为殊胜的妙法？他希望进一步增长不二智慧，但是经历了三年多的时间，他在寺庙里将藏经阁中经书遍读一遍，发现维摩不二智慧已是佛法的最高智慧。

最后，他总结了一切佛法都脱不开《维摩》不二，因此他明白了看了三年佛经和没看一样，《维摩》始终是最殊胜的，他知道，他还不够圆满，如何进入不二之门，他不清楚，于是他下定了寻求明师指引的决心，可以指导他的大善知识唯有当世无二的鸠摩罗什三藏法师，罗什三藏之于僧肇是活生生的佛祖。

从今天的角度看僧肇法师从长安至罗什法师居留的姑臧距离约九百多公里，开车不过十几小时，但在当时，是不同国家，长安属秦，姑臧属后凉，没有得到允许偷出边境有可能会丢命的，僧肇法师十八岁动身，辗转年余，方才见到师父罗什。

公元413年，罗什法师圆寂，僧肇法师留下最后一篇《涅槃无名论》后随师父圆寂，时年三十一岁。关于法师的离世，有许多传说，灯录说僧肇法师是被秦主所杀，临刑时还说了四句偈，此不足为据，因为罗什法师灭寂后，他著《涅槃无名论》，论成，上秦主姚兴，姚兴大为赞许，即令缮写，分发子侄。另说法师疾病缠身，这也不足为据。禅门中更多数认为法师是自行随师而去，为什么这样呢？因为法师早已生死自由，从净土的角度说，罗什、僧肇师徒组成了一组净土，他十七岁只身去寻师求法，好似游子归家一样，师徒虽初次见面，又如同久别重逢一般。为了利众，他们可能无数次地乘愿再来我们这个娑婆世界，一次次重逢，又一次次分别，不断重组，这就是菩萨的慧命精神，他们都在不生不灭的大涅槃中，这便是"无尽灯"，禅门中这样的组合还有很多，读者有兴趣去读读禅门的各种灯录，其中如这般心心相印的师徒组合不胜枚举。

僧肇法师《肇论》各论的着重点发挥虽有所不同，但各论彼此之间都是有紧密关系的。首先他在《般若无知论》谈体用的关系，再作《物不迁论》，依即动即静谈体用一如，当时社会上老、庄盛行，罗什法师带来的般若思想与老、庄之学有相似之处，故魏晋时代的僧人许多是玄学化的佛者，他们般若、老、庄一起谈，在思想上基本不分彼此。如当时的王弼注《老子》，法汰、道安等谈般若，这些属于一个思想体系，都贵无贱有，而郭象、向秀注《庄子》，支遁谈般若，也是同一个思想体系，又都贵有贱无。僧肇法师认为这些主张都是偏执，是二见，知解和见地停留在相对的时空关系上，如阴阳、天地、有无，于是他作《物不迁论》令修者领悟时空可以超越之理，如果今天做了什么，明天只是今天的延续，这样的见地是无法证悟的。

在伴随师父译经的十年间，法师又发现出世间的僧人们易执"空"，于是法师再著《不真空论》,从立处皆真谈本体。

罗什法师圆寂时,留下“舌头”证法,这本是菩萨的善巧方便,但不幸的是,当时的迷人又开始执著在“舌头”的“色”上,从历史的演变上来看,如果不破除大家对空、色两边的执著,二百多年后的“中国禅”怎么诞生?于是,法师也相继入灭,著《涅槃无名论》留世破执。法的重点在弘法的人,“无尽灯”是心灯,师徒两人留下的心灯必须由人点燃。

在《物不迁论》中,法师说:

“寻夫不动之作,岂释动以求静?必求静于诸动。必求静于诸动,故虽动而常静。不释动以求静,故虽静而不离动。然则动静未始异,而惑者不同。”

这是说,静与动不是对立的,并不是要舍动后才能有静,而是可以在动中求静。也就是说,修者要在俗谛中悟真谛,其结论就是:动(世间)即是静(出世间)。

僧肇法师的出家并没有执著在出家相,他是为了寻求真理,为了佛法的传播,是出于菩萨的大悲精神,因此出家和法师强调的不执俗、不离俗的不二法门精神是一致的,惠能大师也同样继承了这一思想,《坛经》中更进一步宣扬超越宗教性的“无相戒”和“世间与出世间不二”的平等思想。

僧肇法师重视“八不中道”和“不二法门”之间的相互补充的关系,“不执俗”主要是从“八不中道”的角度说,破除错误观念(对幻有、现象、假相的执著),领悟诸法的本性(一切皆空),强调诸行无常、诸法无我等般若性空思想。

“不离俗”则是从“不二法门”的角度说，不离现实（社会、烦恼等意识状态）而得本性（出世间性、涅槃境界），重视自己存在的现实环境。总的来说，这两者目的一样，只是存在着思维形式上的差别。“不执俗”是指要放下对世俗的分别观念，因此“不执俗”而“不离俗”，又“不顺俗”。

“出家”的形式是释迦牟尼佛当年采取了印度传统的沙门修行制度，出家众与在家居士分开修行，但后世弟子们因此也产生了一些弊病，如以宣讲“苦集灭道”的四谛为佛法概要，以出世为涅槃之境，偏重在法相、出家修行相，出家者容易误认为自己处在修行的清净出世间，俯视世间凡人迷痴。

佛法的重点不是修身而是修心，执著出家的沙门相者身在出世间而心是分别妄想的世俗之心，在《维摩诘经》的“弟子品”里，维摩大士针对佛十大弟子的训话主要目的就是为了纠正这些分别心。其实，不离世间而证得涅槃，不离烦恼而得菩提，这比离俗出家修行要难得多。

僧肇法师正是看到这些难点，于是探索出一套合适的方法，这就是本迹不二之修证法门，他在《注维摩》中提出了具体的无为出家、不二禅观等不二三学（戒、定、慧）大乘菩萨修行法门，这些我们在后文有详细的阐述。

理解了上述所说，便可以契合到“但心清净，即是自性西方”了。

会诀 若欲修行 在家亦得

禅者修行时

这里说的“修行”是指要今生悟道成佛，不是指退转到“今生多做善事，来生修行成佛”这样的幻想中。

以悟道为目标的修者，没有在家和出家这两种身份的区别，因为，修行是修心，不在于身相。

“中国禅”说的出家是指心出家、事出家、理出家修行，这样修行的禅者里本来就包括了僧、俗两种身份。

颂曰：无生无死，了什么？

祖师云：

佛告罗睺罗：汝行诣维摩诘问疾。

罗睺罗白佛言：世尊！我不堪任诣彼问疾。

所以者何？忆念昔时，毗耶离诸长者子来诣我所，稽首作礼，问我言：“唯，罗睺罗！汝佛之子，舍转轮王位，出家为道。其出家者，有何等利？”

我即如法为说出家功德之利。时维摩诘来谓我言：“唯，罗睺罗！不应说出家功德之利。所以者何？无利无功德，是为出家。有为法者，可说有利有功德。夫出家者为无为法，无为法中无利无功德。罗睺罗！夫出家者，无彼无此，亦无中间，离六十二见，处于涅槃，智者所受，圣所行处，降伏众魔，度五道，净五眼，得五力，立五根；不恼于彼，离众杂恶，摧诸外道，超越假名，出淤泥，无系著，无我所，无所受，无扰乱，内怀喜，护彼意，随禅定，离众过。若能如是，是真出家。”

维摩诘语诸长者子：“汝等于正法中，宜共出家。所以者何？佛世难值。”

诸长者子言：“居士！我闻佛言，父母不听，不得出家。”

维摩诘言：“然。汝等便发阿耨多罗三藐三菩提心，是即出家，是即具足。”

——鸠摩罗什译《维摩诘经》

35.心平行直 定生红莲

经文

韦公又问：在家如何修行，愿为教授。

师言：吾与大众说无相颂，但依此修，常与吾同处无别。若不依此修，剃发出家，于道何益。

颂曰：

心平何劳持戒，行直何用修禅。

恩则孝养父母，义则上下相怜。

让则尊卑和睦，忍则众恶无喧。

若能钻木取火，淤泥定生红莲。

会论

学生一：惠能大师说法真是太有活力了，韦公问的也是大众关心的实际问题，在家怎么修的问题可能是每一位想修行的人都需要清楚的，大师一听这个问题，说那我给大家颂一段“无相颂”吧，大家回去后按照此法修行,如果心清净的话我就时时和大家在一起,这说法说得特别生动活泼。

学生二:是啊,咱们去哪儿能遇到惠能大师呢?梦里或者白日梦里应该见不着,只有清醒时的清净心里才能和大师相应。

学生五:当年释迦牟尼佛快涅槃的时候,大魔王波旬跟他说“佛啊,你就放心去吧,以后我会扮成你的弟子,穿着你的衣服,说你的法”,佛说“啊?你行!”如果我们智慧不够,怎么分辨遇到的是佛是魔?那么最简单的分辨方法就是看这个法是教人心内求法还是心外求法?内求的才是正法。

学生七:惠能大师说“心平何劳持戒”,这句话我在网上也经常看到,不过通常大家都在误解,以为心平静了就不会持戒了,我听了老师解释后才理解原来这个“平”是平等,心平等了就可以不用持戒:吃素、吃荤平等对待;出家、在家平等对待;有钱、没钱平等对待,这个时候才不需要持戒。那么是不是内求、外求也要平等对待呢?

悟义:释迦牟尼佛早年讲法讲:无常、苦、无我;即将涅槃时讲法讲:常、乐、我、净,看上去难道不矛盾吗?法无高下,人有利钝。

学生七:为什么佛说的法这么不一致呢?

悟义:日、月一致吗?日月不一致吗?

学生一:“行直何用修禅”?当我们能行“直”的时候才不用修禅。可这个“直”,现在大家最搞不清楚,普遍理解成鲁莽、直接、直性子、不转弯。

悟义:河流为什么都是走曲线?走弯路和走直路哪一个是自然界的常态?哪一个是非常态?常态是“直”,非常态才是“不直”呢!是故老子说:

"大成若缺,其用不弊。大盈若冲,其用不穷。大直若屈,大巧若拙,大辩若讷。静胜躁,寒胜热。清静为天下正。"

学生七:我近几年上了一些培训,现在发现不究竟的培训上得越多,越容易产生所知障。

学生六:我也觉得有些培训有问题,搞出两种精神迷药,一种叫"鸡汤",一种叫"鸡血"。通常国外的培训大多会以培养技能为主,但现在许多培训课大打激情牌,不断激发学员的"潜能",亲情啊、忏悔啊、拥抱啊,大哭大笑,疯疯癫癫的,其实这些是自我催眠,玩潜能、玩气场、玩生理感觉、玩身体刺激,不少学员激动得家也不要了,事业也不做了,我看了就害怕,这些是"鸡血";另一种就打温情牌,摘一堆古人哲语,抄几段情诗,配几张精美图片,反正看着舒服,人逐渐上瘾,活在理想世界里,看现实中的人个个面目可憎,俗不可耐,这种精神迷药叫"鸡汤"。

学生一:鸡血喝多了的人自我膨胀。

学生九:鸡汤喝多了的人眼高手低,关键是那些炖鸡汤的人,做出的汤自己又不喝,自己也不理解,稀里糊涂地把各位圣人的话拿过来断章取义一锅炖,专门哄人。

学生二:不管是鸡汤还是鸡血,人能被这些迷惑都是信仰缺乏所致。

悟义:您们说的这些现象基本特点是情绪操纵法,操纵的原理是"行为复制",这也是医学上"病毒"的基本特征。通过这些行为复制,大家很快忘了本来面目,像刷墙一样,不记得原来墙面的颜色了,于是产生潮流,思想、行为、举止、选择跟着潮流模式走,无辨别能力,无独立思考的能力。情绪本来像流水一样的，如果有人有意识地操纵，以后的临界点会越来越高，长此以往，人反而会变得麻木。

学生八："淤泥定生红莲"，是不是泥土越垢，莲花开得越艳？就像乱世出英雄，能在淤泥中出入不二的是大英雄。

悟义：通常意义的"英雄"，能打败别人却打不败自己，能打败自己的是"圣人"。

学生八：老师说过从圣入凡是"禅心"。

学生六：禅心是不是应该平静如水？

悟义：水并不平静啊，一切的静态都是缓慢的动态，生命的能源来自于在动态中保持静态的平衡。有些人静的时候气场稳定，这是静，有些人静的时候思想更乱，这是病态，用科学的话讲，一切物理、化学反应，都会趋向最低能量、最大乱度，也就是越来越混乱。生命能够"静"和"净"是违反这种趋向的，生命是个庞大的组织团体，宇宙万物也是组织团体，一切被组织起来的都是不稳定的，因此"乱"是常态，生命没有到达身"静"和心"净"的融合时，睡眠也是在"乱"中。正常情况下生命体内细胞组织的发展必须通过打乱，通过破坏，才能保持平衡，细胞如果不能破坏外界了，就只好自我破坏，这就叫死亡。细胞和生命的机理相似，只是死亡的时间有区别，世间法则下，生命体只要是活着就在破坏和自我破坏，这是成、住、坏、空的过程。正所谓道高一尺，魔高一丈，道为什么没有魔高？因为魔是低能，是乱，是破坏力，生命往低处走是规律，而出世间法是逆法，就是在魔道、恶道中向上一路修成佛道。

学生二：凡人为什么脱不开魔道、恶道？

悟义：因为散！能量不会集中，意识、行为、思想都是散乱的。大家仔细观察一下动物，猫抓老鼠时的集中，千钧一发的集中，集中才能出来能量。能量是厚积薄发的，集中难，散乱易，散乱散乱，一散必乱。

学生二：啊！我明白了，惠能大师说法其实是在释放能量，大师释放的能量我们要能接收才行，接收得了这种能量的时候这个禅法对自己才有用，能收到的时候大师才随时在身边。

学生八：我也明白了，惠能大师为什么留下肉身？这个肉身是信心，也是信息。大师的肉身舍利在南方这么潮湿闷热的地方一坐一千三百年，这不就是“淤泥定生红莲”吗？

会通

鸠摩罗什三藏法师是中国历史上最杰出的翻译家之一，法师从公元401年入长安至公元413年灭寂，十二年中，在弟子的帮助下，共译经74部，384卷。译文圆通流畅，典雅质朴，由此纠正了佛法传入中国后被人“格义”译经之局限，成为后世流传最广的佛法经典。

鸠摩罗什法师是龟兹国公主的儿子，七岁随母出家，初习小乘，无师自通妙谛，九岁受学于罽宾国名僧盘头达多，十二岁在疏勒国首次登坛讲经，少年得志，春风得意。

此时他博览群经，也遍学外道，精通五明诸论以及阴阳星算，各种外道莫不毕尽，后来他遇到莎车国王子苏摩，两人相见恨晚，罗什拜服苏摩才智绝伦远胜于已，于是弃小乘从大乘，依止苏摩参学大乘中观般若妙法。

这一时期的罗什有两个特点，一是精进求学，一心持戒；二是不仅精通大、小乘，而且就连外道也所涉无遗。不久，他归故国龟兹，在原属小乘地域的龟兹国，罗什广开大乘法筵。龟兹王为他建造金狮子座，上面铺着锦绣坐褥，每次升座讲法，西域诸王都云集来听，并长跪在法座前，让他踏着国王们的背登上法座讲经，以示尊荣。

二十岁时，他受具足戒，成为西域最精通经、律、论的三藏法师。

没想到的是，公元382年，前秦王苻坚听闻罗什法师深解法相，善明阴阳，是后学的宗师，于是派骁骑将军吕光带兵十万攻打龟兹，誓要得到罗什。

遇到十万秦军是龟兹的灾难，而遇到武夫吕光则是罗什坎坷人生的开始。吕光不信佛法，不尊圣者，灭了龟兹后强行将他与表妹关于密室，饮酒游戏。罗什非常不愿意，倍感痛苦，据《高僧传》记载：

"光既获什，未测其智量，见年齿尚少，乃凡人戏之，强妻以龟兹王女，什拒而不受，辞甚苦到。光曰：'道士之操，不踰先父，何可固辞。'乃饮以醇酒，同闭密室。什被逼既至，遂亏其节。或令骑牛及乘恶马，欲使堕落。"

龟兹被吕光灭了，但发兵攻打龟兹的前秦也在淝水之战中一战而败。无国可归的吕光移兵姑臧自立为王，罗什法师被吕光带在身边当巫师一样呼来喝去。但是为了有一天可以来东土弘法，法师委曲求全潜心在姑臧精学汉语，为入长安传法做足准备。

公元385年，姚兴即位后秦，横扫前秦、西秦，雄霸北方，国势大增。姚兴推崇儒学和佛法，后秦在他手里逐步发展成为十六国中经济和文化最发达的国家。公元401年5月，姚兴发兵姑臧，点名要鸠摩罗什，姑臧守军抵抗了四个多月后投降，10月底罗什带着刚过来姑臧不满一年的弟子僧肇动身奔赴长安。

当年12月20日罗什来到长安，随即带领千众僧俗弟子开始了译经大业。姚兴非常赏识他的才华，认为他这样"天下莫二"的奇才应为后人留下法种。于是赐他一群歌舞艺女，另住逍遥园，不住僧舍。《高僧传》记载：

"姚主常谓什曰：'大师聪明超悟，天下莫二，若一旦后世，何可使法种无嗣。'遂以妓女十人，逼令受之。自尔以来，不住僧坊，别立廨舍，供给丰盈。"

罗什入长安后过着与僧侣身份极度不符的日子，和十位夫人别居他处，依照戒律，他是破戒连连，但罗什法师却仍然深得众弟子的爱戴和尊敬。他讲佛经说法，才智过人，真正是得意忘言，得意忘象，说的句句是佛法真谛。

有人无法理解，这种破戒的行为是否算言行不一致？于是罗什法师演出一幕震惊古今的"罗什吞针"的大戏点化众人，法师能游戏神通，出入三昧，这样的人破戒未必是破戒，其中深意，非我等可妄测。神秘的现象尽管经常受到误解和贬抑，它却无可置疑地是一切宗教的核心；宗教信仰中的活力、庄严与稳定都是来自于神秘。没有它，则教义中的死后灵魂无以归属，宗教也就无别于世间道德规范。

但神秘有两种：一种是无可言说的境界，这种神秘是以个人为主体的体验，纯属私密的东西不应用来对外宣传，个人不可执著于此，他人更不必迷信于此。另一种则是人为制造的某种神秘气氛或现象，依附于某些工具、手段、技术、场地、情景来迷惑人的神秘化方法，这是“迷信”。

因此，不论何时，神秘被适时使用，用在个人方面，杜绝他人臆测时，此是个人境界，如有特异功能的人不少，这代表什么呢？只能和个人有关，但当宗教和信仰变得因循苟且，失去了其原始生命力时，神秘化现象被利用重视，用来拯救某些需要时，神秘变成某种公众行为、意识时，这就是危险信号了。

“中国禅”一直忽视或摒弃神秘现象，摒弃任何权威，因为害怕执著在这些名相背后的附加值，禅的最终权威在自心，而不是在自心之外。为了指月，需要手指，但若把手指当成了月亮，则必然会堕入无明。如果依赖神秘现象，依赖权威庄严，依赖仪式法事，依赖灌顶加持，依赖语言文字，这一切的依赖都会失去“禅”者的灵活、智慧、自由和真义。禅要面对的是具体的生活事实，而不是一切教条和神秘现象。禅者不在意是否真有什么神通现象存在，即使存在也是“迹”，不是“本”，只有慈悲、不二等大乘菩萨精神，才是根本真理，是不可思议之本。

其二为什么姚兴故意让罗什法师破戒，从某种角度看，这也推动了僧俗不二思想的传播。这些与罗什师徒重视《维摩诘经》是有很大关系的。

罗什法师对自己如何评价，他当时的思想如何，从下面这段话，可窥见一斑。《高僧传》中记载：“每至讲说，常先自说譬喻：如臭泥中生莲花，但採莲花，勿取臭泥也。”从这里，我们就能深刻理解什么是淤泥里生出的红莲，我们生活的五浊世界便是臭泥、淤泥，唯有臭泥里才能长出如此清丽绝美的红莲。《维摩诘经》说譬如高原陆地，不生莲花，卑污如淤泥，乃生此花，此花是红莲。

法师入寂时告众说：“……愿凡所宣译，传流后世，咸共弘通。今于众前发诚实誓，若所传无谬者，当使焚身之后，舌不燋烂。”众人在逍遥园依照法师家乡习惯以火焚尸，果然是“薪灭形碎，唯舌不灰”。

会诀 心平行直 定生红莲

禅者修行时

“心平”是指不二平等心；

“行直”是指不二正直行。

这样修行，禅者生命中一定生出红莲花，“红莲”是指净化圆满的生命体。

颂曰：无来无去，怕什么？

祖师云：

（宝积）因于市肆行，见一客人买猪肉，语屠家曰：精底割一斤来！

屠家放下刀,叉手曰:长史!那个不是精底?

师于此有省。

又一日出门,见人舁丧,歌郎振铃云:红轮决定沉西去,未委魂灵往那方?

幕下孝子哭曰:哀哀!

师忽身心踊跃,归举似马祖,祖印可之。

——《五灯会元》

36.菩提心觅 何外求玄

经文

苦口的是良药,逆耳必是忠言。

改过必生智慧,护短心内非贤。

日用常行饶益,成道非由施钱。

菩提只向心觅,何劳向外求玄。

听说依此修行,西方只在目前。

师复曰:“善知识!总须依偈修行,见取自性,直成佛道。时不相待,众人且散,吾归曹溪。众若有疑,却来相问。”时,刺史、官僚、在会善男信女,各得开悟,信受奉行。

会论

学生三:“苦口的是良药,逆耳必是忠言”这句话容易理解,良药苦口,忠言逆耳。当我们越自以为是时,越不喜欢听忠言,喜欢自欺、欺人、最后被人欺。

悟义:人的习惯是喜欢听顺耳的话,但顺耳的话往往是迷药。早西周末年,伯阳父就提出了“和实生物,同则不继”的观点,“和”能生万物,“同”则不能增益,只能止步不前。用他物融入另一物叫作“和”,因此而能丰富、生长、发展,并使万物并行不悖。如果用相同的东西补充相同的东西,那么就失去生命力了,同样,人如果只能听到一种声音,得到一种食物,见到一种光色,也就失去生长的能力了。万事万物保持活力和生命力的根本法则是“和”,即辩证的对立统一。万事万物皆因因缘和合而不断生成,不断丰富,不断发展,也就是“和”的不断展现,这是矛盾对立统一规律的不断展现,既是客观世界的自在过程,又是人的主观世界的能动过程。我们举例来说:土加土,还是土,水加水,还是水,只有量的增加,没有质的变化;土加水,则成泥,便可垒墙筑屋,再加火烧,则成各种陶器及砖瓦。迷人最不喜欢听光明正大的忠告、良言,不喜探究生命实相,偏好鬼鬼祟祟的谗言和挖人隐私的谣言,喜欢听甜言蜜语,喜欢亲近愚顽无知的俗人,各位看看自己是不是迷人?身边有多少迷人?

学生一:大家怕无聊,所以不断制造些新闻,靠刺激感觉在活着,更关键的是人人内心里几乎都不自信。

悟义:生命是一个成长的过程,如果说有什么必然的结局,就是死亡,因此,生命的每一步都没有什么必然的目的,人需要的是如何活好这个过程,能体会到的真切过程叫“当下”,其他的“过去”、“未来”、“现在”都是影子,“不自信”、“我不行”这是自我判断,是结论,只是内心的情绪、妄想、感觉,那是源于心慌,懂得这一点,不害怕失败,只要活着,就也没有什么叫

“失败”的这样东西,在“当下”中关注自己的成长,享受每个过程,这个过程怎么会无聊?会恐惧?会害怕?您们修禅后有多少人每天忙都忙不过来?读、写、解、契经典;打拳,打坐;站桩,拉筋;画画,写作;行脚,参悟……还会无聊吗?

学生七:我修禅后感觉一年过得真的好快啊!真正理解了时间是个伪命题,以前无聊时离不开手机、上网,每天就盼着下班去聚会,乱七八糟喝一通,闹一晚上,但一静下来就心慌。

悟义:您依赖聚会作为消遣,凡产生一个依赖的同时,内心会产生一种更深层的恐慌,您说喝酒能给您带来快乐,这种酒醉后的快感越深就越有依赖性,依赖其实说得好听,换个名字叫:“上瘾”。令人上瘾的不仅仅是毒品、药物,对情感、刺激、肉体、精神的依赖统统叫上瘾,快感越激烈,上瘾就越深,上瘾后人的心是空虚无聊的,需要尽快填充,用什么填?用快感填,否则就如坐针毡,并且大街上看到别人有相似行为,也会产生刺激,于是,人越来越依赖,越来越恐慌。

学生九:这么说,恋爱也是“上瘾”?

学生六:当然!事业、孩子都是依赖啊,名誉、成就不更是依赖?依赖就是瘾。

学生九:那怎么办?都放下不要?

学生六:谁说不要了?老师一直在说的是“不依赖”,不是不要!这是两码事。

悟义:放下不是“不要”,是另一种要!这种“要”的基础是:珍惜。会放下的人更懂得惜缘。在互不打扰、互相尊重的情况下彼此珍惜。凡所有求,凡能产生快感的,都会产生依赖。

学生八:修禅会上瘾吗?

悟义:如果追求外在修行之相、内在法乐、修行境界、外界认可、个人成就、福报福气、超度灭业等等,当然一样会产生依赖。如果根据"无念、无住、无相"的三无禅法修行,则不然。

学生五:"改过必生智慧,护短心内非贤",护短是指谁护短?

学生十:护自己的短。

学生三:护短肯定从自我开始,越和自己亲的,越想护短,尤其是对孩子,但因为没有智慧,护短是爱他还是害他就不知道了,我们现在的孩子越养越没礼貌,有智慧的人是不护短的,不护短是要帮他修正。

悟义:我记得看过一篇关于清代皇子们读书的记录,感到十分惊讶,皇子读书的时间是早晨5点至下午3点,每天十个小时,一年只有元旦、端阳、中秋、万寿、自寿五天假。除了读书,弓、马、拳等功夫并举,文武双全。因此我们可以理解为什么康熙、雍正、乾隆三帝可以创下"康乾盛世"。雍正帝就是个大禅师,我们可以发现与历代封建王朝相比,清代皇帝的整体文化修养比较高。"护短心内非贤"啊!

学生七:雍正帝是禅师?真是不可思议。

悟义:清朝皇室与佛法因缘颇深,世祖顺治常常将憨璞性聪、玉琳通琇等几位禅师请入内宫当面受教,他自称"痴道人",凡请禅师说法的御札都自称为"弟子某某",与师相见时,不令禅师称臣致拜。

学生七:清朝估计只有慈禧太后才自称“老佛爷”吧。

悟义:慈禧太后虽自称老佛爷,但和虚云老和尚也有一段因缘:光绪二十六年(公元1900年),八国联军侵略北京,慈禧太后携众逃至长安,庆亲王请虚云老和尚伴驾西行。当时长安城内,饿殍遍地,人吃死人。时,正值盛夏八月,尸体腐烂臭气熏天,免不了瘟疫流行。虚云老和尚怜悯众生,自愿在卧龙禅寺祈雪。有好心者私下劝阻:“众生业力不可违,万一乞雪不灵,你便有欺君之罪,不免砍头示众,这样岂不适得其反?”但虚云老和尚早将生死置之度外,老和尚的德望感召来了各地近千僧人。法会当日,虚云和尚结跏趺坐端坐法台七昼夜,至第七日上午,果然乌云密布,飘起了鹅毛大雪。大雪降后,僧尼们各自回寺。唯有虚云老和尚却仍然不起,他知道这么一点雪还不够,农作物生长、彻底消灭瘟疫还需要更多的雨雪,于是又七日,直到长安城内外千里冰封,万里雪飘。慈禧太后顶着鹅毛大雪,来到了卧龙禅寺,当“老佛爷”看到虚云老和尚在大雪中高坐法台、如如不动时,“老佛爷”感动得落下了眼泪,下轿跪在地上磕头礼拜。

学生七:伏天大雪!太神奇了。这下“老佛爷”该知道什么是真佛了。

悟义:平息了长安的瘟疫后,视名利如浮云的虚云老和尚隐居终南山。第二年隆冬即将至春节,老和尚独居南山茅棚,煮芋锅中,跏趺坐等待芋熟,不觉入禅定,到第二年正月,山中老友复成师等久不见老和尚的面,乃来贺年,见棚外虎迹遍满,进茅棚见老和尚禅坐,乃以磬请出坐,并问:“和尚吃饭没有?”答:“没有,正在煮芋,大概已经熟了。”打开锅盖一看,霉高寸许。复成师惊讶说:“你一坐就是半个多月!”于是二人再次烹雪煮芋饱食大笑而去。

学生一:真神人也!

悟义:虚老是大禅师! 一人身接五家法脉,中兴“中国禅”,不是什么“神人”。您们想知道的雍正帝胤禛为什么也是禅师? 雍正帝不仅通晓儒家经典,还善诗词、书画,尤其是他喜读内典,深通禅理,他多次在大内自己升堂说法,指导禅七,开导辟迷;并以帝王之尊,亲自编选《御选语录》,其内在精妙禅理远非泛泛涉猎者所能企及。历代帝王中,信佛崇佛之人不在少数,但像雍正这样在佛理上卓然成家者实属罕见。

学生八:我还以为清帝都修密教呢!

悟义:个人信仰和政治需要是两件事情,为了蒙古和藏地的稳定,给予藏地政教合一的大喇嘛特殊恩宠是必要的,康熙在位期间,对达赖、班禅、章嘉等大喇嘛多有敕封。

学生二:雍正帝怎么修禅的呢?

悟义:雍正少年时便曾雇人替自己出家,康熙十一年(公元1712年)春,雍正到柏林寺遇妙智禅师,相谈甚洽,遂产生随禅师修行的想法。是年正月二十日,他开始第一次打禅七,此是他初次参禅,一个多月后,他又开始第二次禅修,修至十四日,正经行时,忽出一身透汗,自觉与佛祖众生同一鼻孔出气。第三次修禅是第二年正月二十一日,这一年康熙五十二岁,此次禅修,雍正始得大自在。在《历代禅师后集后序》中,雍正追述了自己的参究因缘。

学生九:哈,这才是“日用常行饶益,成道非由施钱”。以皇帝之身尚需实修实证，我们更需要精进了。

会通

禅者不会起妨碍别人的心，佛、菩萨及历代的祖师也不会讲骗人的话。惠能大师这里说的句句都是大白话，句句都是心里话，现在的人喜欢自己跟自己过不去，所以修禅不成就被禅门挡住了、被阻碍了。祖师们的开示，虽然没有骗人，可是因为学习禅法的人，自己认错了方法和方向，所以在开示的一言一句之中求玄、求妙、求得、求失，自己所知障重，没有办法透过修行而开悟，于是常常听人讲公案语录看不懂，佛和祖师们的话前后矛盾，是骗人的。

“菩提只向心觅，何劳向外求玄”，好像自己是个盲人，从未见过太阳光，这其实是因为自己眼盲的缘故，不是因为太阳不存在，或者太阳有什么过失。禅者首先应该明白，必须离开文字相、语言相、分别相，于语言、文字相后面契合内涵，才能真正理解经文。

会诀 菩提心觅 何外求玄

禅者修行时

“心”是指生活中的平常心，这种心从广义上说，包括了世间的烦恼心和出世间的清净心，佛自人间成，不离世间觉；“玄”在心中，“玄”是指禅者的玄妙机缘，能悟道的契机，便是"禅机"。

颂曰：无始无终，留什么？

祖师云：

如今学道人，不悟此心体，便于心上生心，向外求佛，著相修行，皆是恶法，非菩提道。供养十方诸佛，不如供养一个无心道人，何故？无心者无一切心也。如如之体，内如木石不动不摇，外如虚空不塞不碍。无能所，无方所，无相貌，无得失，趋者不敢入此法，恐落空无栖泊处，故望崖而退。例皆广求知见，所以求知见者如毛，悟道者如角。文殊当理，普贤当行。理者真空无碍之理，行者离相无尽之行。观音当大慈，势至当大智。维摩者净名也，净者性也，名者相也，性相不异，故号净名。诸大菩萨所表者，人皆有之，不离一心，悟之即是。今学道人，不向自心中悟，乃于心外著相取境，皆与道背。

——黄檗希运禅师《传心法要》

定慧品第四

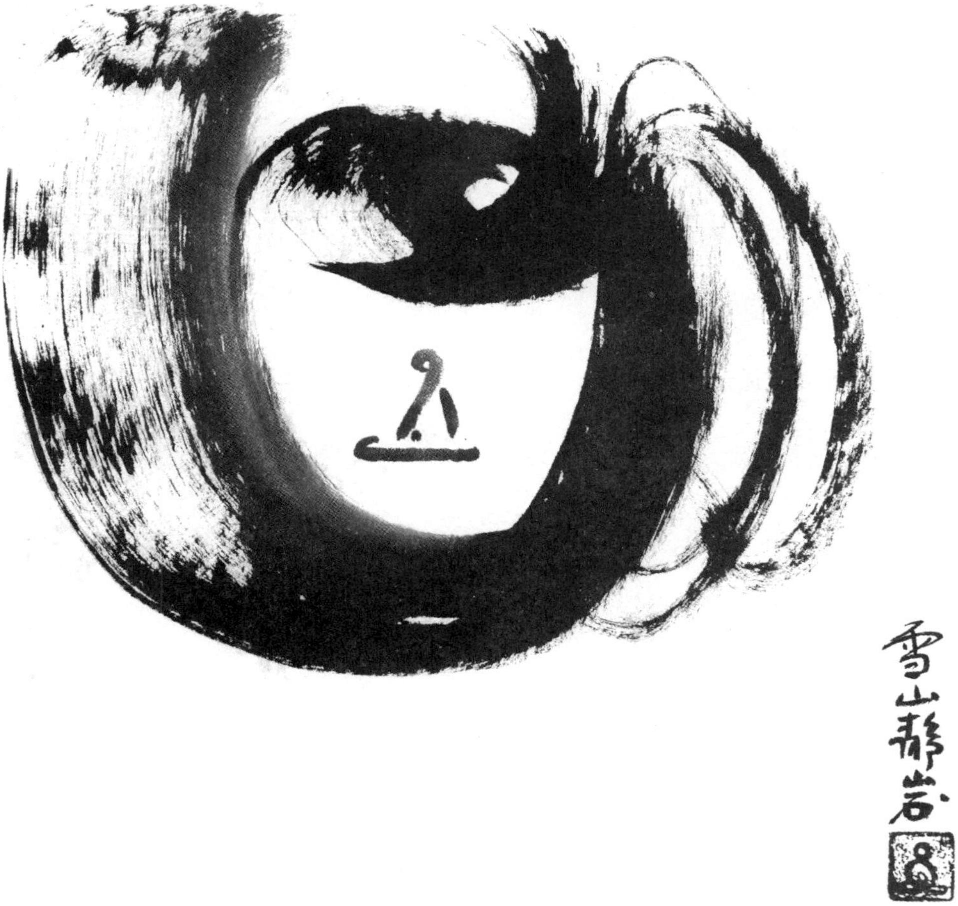

37.定是慧体 慧是定用

经文

师示众云：

善知识！我此法门，以定慧为本。

大众勿迷，言定慧别。

定慧一体，不是二。

定是慧体，慧是定用。

即慧之时定在慧，即定之时慧在定。

若识此义，即是定慧等学。

会论

学生三：生活中的"定"和"慧"应该怎么理解呢？

学生二：例如孩子掉到沟里，家长能忍着不拉，让孩子自己爬起来是"定"；教会他以后怎么观察不再失足，是"慧"。

学生一：伸手拉孩子多容易！拉完以后还觉得自己挺有成就感的，被人依赖是幸福的,但这幸福却多数由于自私和无知。

学生五:拉不拉要看当时的情况,这需要家长有智慧。教会孩子如何应对复杂的环境,智慧处世,培养孩子的独立精神,不轻易替他做决定,让他作为独立的人有尊严地生活,是教育的智慧。现在孩子无“慧”,主要由于家长自己既无“定”,也无“慧”,全凭主观臆断和跟着社会风气走,不懂取舍。因此不少名牌大学的学生,智商高,情商低,出来后不适应社会。

悟义:情商能测,情感能测吗?智商能测,智慧能测吗?能力能测,能量能测吗?学历能测,学力能测吗?潜力能测吗?未来能测吗?人心能测吗?如果都不能测,在意智商、情商的高、低有多大作用?

学生三:呵呵,我们讨论的是世间的“定”、“慧”。

悟义:修禅时想深入体会“禅”,体会惠能大师说的禅语,要学会离开世间的思维模式去思考问题,如果人以世间的思路、逻辑、分析、习惯、风格而想得出世间的能量,是幻想。必须切换频道,才能进入另一界面,好比开灯需要通电,通了电的灯就有发亮的作用,不通电的灯只是装饰。不跳出世间的自我局限,修禅终究还在学知识,这样学禅在生活中是帮不了什么忙的。

学生六:我深有体会,例如我在这里,每天发生的事情自己看着都觉得是理所当然的,看文字也一样,祖师们怎么说好像都对,根本发现不了问题,可是老师却总能发现问题,每个细节都没有放过,我一直苦恼为什么自己怎么就入不了微呢?我看她蹲在小狗旁边就知道狗狗今天不高兴,去了鸡笼就发现母鸡需要更多阳光,好像都能心心相印。为什么我总是不懂发现问题?

学生一:因为我们觉得一切都是理所当然的,从来没有想过,世界可能不是看到的这样。大家以后如果都没有疑心,人类肯定退化的,现在的人普遍缺乏疑心,这究竟是人类的进步,还是退化?

悟义:您们已经发现粗心是个问题了,就先从修口业开始,您们刚来时都喜欢聊天,聊那么多究竟想聊什么主题呢? 主要是闭了嘴就心慌,静不下来,拼命找话题。现在不少男人也说个不停,不仅见面说话聊,交友网站、手机信息一刻也不停。想要体会东方精髓,想要和"禅"相应,首先要学会静默,嘻嘻哈哈中能生出对法的恭敬心吗? 儒家修养也一样,谓君子"不可不深自警省,讷言敏行,以改故习之谬也"。 现在人几乎都不健康,可是每个人都认为健康和外界条件有关,和吃有关、和医生有关、和养生保健有关,很少人能认识到其实和自己的心有关、和无常的情绪有关、和爱心有关、和愿力有关、和行动力有关。现在生病习惯去医院看西医,西医是解剖+生物化学,生命体是极其复杂的组织系统,西医头痛医头脚痛医脚,如果找不到真正的病因,是难以根治疾病的,疾病只会以不同病态不断复发,这是工具问题,还是方法问题? 还是认识问题? 科学精神首先是怀疑精神,我们能强求实践来满足理论吗? 这就叫"削足适履"。现代人不懂得疑,不想动脑筋,习惯把问题交给专家,这种依赖的心本身就是心病的一种。

学生八:我们既发现不了问题,也不懂自己找答案。

悟义:想等着别人给出答案的人停留在初级水平;能自己先思考后再等待别人答案的,到了中级;可以经思考而试图形成自己的答案,就进一步了;能够有比较深入的理解并形成不止一个答案,并且可以比较别人的见解,就再高一级;如果能超越答案而考虑整体的逻辑性、合理性,就更高级了;但这些还是在高级技师范围,不能成为科学家、思想家,只有能在不断自我修证中形成自己独特的见解,有独立的思想体系并能将此思想落实到生活中,去运用、解决现实问题,这就是思想家了。

学生八:修证就是修行的原意吗?还有更高的境界吗?

悟义:是的,所谓修行就是不断修证和修正自己的身心,每个人都应该修行。儒家叫修身,修身则道立,道家叫修炼,禅门叫修行,同出而异名而已。要说更高的境界,法尚应舍,何况非法?禅者没有固定的思想体系,应机赴感,随取随用,即用即弃。

学生八:"中国禅"究竟有没有思想体系?

悟义:非要说体系,"中国禅"的体系可以叫"无体系"。道家也用"无"、"无为"、"无形"、"无状"、"无待"等否定词来形容他们的"无体系",禅、道之间的"无"的含义相近。老子说道:"人法地,地法天,天法道,道法自然。"故"天地以自然运,圣人以自然用",万物皆自然而然,惟其如此,以"无"为"无为"之用也,所以"天地万物,皆以无为为本",惟其无为,故能无不为;惟其无不为,故"无"乃"开物成务,无往而不存者也"。僧肇法师在其著述中多引用老子的话来表达自己的思想,其中引用得最明显的是"无为而无不为"的说法,他还进一步发挥出"无知而无不知"、"无生而无不生"、"无形而无不形"、"无在而无不在"等说法。宇宙万物只是迹相,这些迹相背后的"体系"是一个超越感观、不为时空所局限的本体,这个本体叫"道"、"禅"、"佛性”、“自性”，是无限、无时、无处不在的，天地间的一切理则和物质，皆由它而生，所以才“无系统”、“无体系”。悟此，方能打破一切差别相，便是真人、道人、禅者、佛。

学生九：老师，惠能大师说“我此法门，以定慧为本”。定慧为本不是体系吗？我不太理解这句话，觉得和第一品中的说法有矛盾，惠能大师说佛法是不二之法，不论禅定解脱，“不二之法”应是“无为”法，这里为什么又说定、慧为本？定、慧是有为还是无为？

悟义：普通修者见到“定”便理解为“禅定”，见到“慧”便理解为“解脱”，这样理解定、慧都是有为的，惠能大师说的是定慧等持，“等”特别重要！正常来说“法”是不等的，为什么不等？因为法一出生就有前、有后，有的宗派要先修定、后修慧；有的宗派则反之，先修慧、再修定，那么在惠能大师这里呢？他要求“等”！这个“等”的修法，就像正、负极会抵消一样，就是“无”了，就像四大性离，同等有力，又同等无力，终归于空一样道理，“定”和“慧”等是无为法，不“等”是有为，是“二”。

学生一：“等”是“一”，这个“一”是“无差别”。

悟义：“中国禅”重在实修实证，不在卖嘴巴功夫，您现在讲的是知识上的理解，禅要证悟如何无差别，而不是嘴巴上无差别，心中却依然有差别，这叫口是心非，身心分离。通常讲佛法重“禅定”和“解脱”，是讲佛法通过修持“禅定”而获得涅槃“解脱”之境，这种见解就落在了“断”、“常”二见中。禅门中“定慧”、“等”怎么理解呢？如南泉普愿禅师的语录云：“据说十地菩萨，住‘首楞严’三昧，得诸佛秘密法藏，自然得一切禅定解脱，神通妙用，至一切世界，普现全身，或示现成等正觉，转大法轮，入涅槃。使无量人毛孔，演一句经，无量劫其义不尽。教化无量千亿众生，得无生忍，尚唤作所知愚，极微细所知愚，与道全乖。大难！大难！珍重。”“等”是无一法从实法中取，无一法由实法可执，无一法有法相可观，“定”、“慧”、“等”是禅的“不二之法”，如执著在坐禅为定、入定为安、修定终得解脱者，是自生邪见，化醍醐为毒药，非祖师之过。

学生八：我明白了！如四大、五行、阴阳等等，这些都相生相克，互为母子，最后皆归于“无”。

悟义：这一品我们最重要的是理解“定慧”、“等”的重要性，如果修者“定”多“慧”少，则无明、愚痴；如果修者“慧”多“定”少，则我慢、邪见。可见，定慧不“等”，则不起正用。

会通

佛法有八万四千门，看上去眼花缭乱，修者究竟怎么修？从哪个门入？或采取哪一种法来教化众生？这取决于哪种法和修者最契合，最投缘。

其实无论我用怎样简单的方法解释定、慧，体、用等禅的智慧，大家听、看、理解都会感觉费解。这是由于我们现代人丢失了传统的思维方法。传统文化在形式上的容易恢复，服装、礼仪、手艺、表演、器具等，这些都不难，难的是灵性的丢失、价值观和思维方式的丢失，这些看不见，但是它无时无刻不在指导着人的行为，统领着人的思想。

人如果丢失了灵性，对传统的认识和理解就特别困难。我们现在人读不懂古人，看不懂经典，有两层原因：

一、字义搞不懂，古文有通假字，如惠能大师的“慧”和“惠”是通假字，还有同义字，如“学而优则仕”，“优”不是优秀，是“悠”，有空闲的意思；“仕”不仅是入仕做官，还可以做其他事。如果字意不明，则误导学习。

二、喜欢听结论，不重过程。这是投机心理在作祟，就像登山，您不一步步上到山顶，坐个缆车上山拍几张照片能有多少记忆呢？登山的过程，在汗流浃背中领悟山风、山景、山貌、植物、动物，人和天地山水相应，感受到山的能量对生命的净化，才是登山的目的，否则在家看照片岂非更省事？登山未必非要登顶，过程中的体悟更重要。

许多修禅的修者一入门听了几天，便感觉自己懂了，满口禅话，误以为心灵鸡汤是禅，堕入“文字禅”、“口头禅”、“八股禅”的陷阱。不自己实际证悟的知识永远是别人的道理。修禅、读经其实都不难，难在理念的转变上，古今价值观不同，古人重视生命的感受，今人重视炫耀和比较，看经典也认为古人啰嗦，《坛经》讲的道理不是很简单么，为什么翻来覆去重复个没完？我们不理解古人的思想，是因为我们自己的思维方式变化了。

今人习惯的是非此即彼的思维模式，而不理解，此和彼是可以转换的，不是绝对的。因为我们现在老想要清晰，好像什么事情都要讲清楚。用解析的方法想搞清楚。其实什么也没搞清楚，西医到今天连感冒的病因也没搞太清楚；人类发展至今，究竟人类从哪里来，到哪里去？如果进化而来，现在人是进化的终点吗？如果非进化而来，那么是怎么来的？

辩证的思维一个是用“时”，一个是用“中”来表达，一个事情是在一定的“时”、“中”是这样子，离开“时”就不这样了。另一个是把握平衡“中”的原则，体现出的就是和谐，所以我们的思维方式是要把握“时、中”的观念，不是用普遍适用性的观念，跟着潮流、跟着书本、跟着名人导向等带动自己的思维，我们要独立认识事物，好不是绝对的好，坏不是绝对的坏，好和坏在空间上是角度不同，在时间上有互相转化的可能，因此不能绝对化地轻易下结论。

由于近百年来习惯了西方的思维方法，现代人已经很难用“时、中”的思维方式去思考、理解问题，这也是为什么很难读懂东方经典，理解传统智慧的原因。

“定慧一体，不是二。定是慧体，慧是定用。即慧之时定在慧，即定之时慧在定”。定慧的体用关系，反映在人日常的“统万行”上，僧肇法师说：“统万行则以权智为主。”万变不离其宗，这是禅的“权智”。“权”不是权谋，是权宜、是方便。“智”不是聪明，是般若之智。动生智，定生慧，权智是动静等、定慧等。

“权智”，是能在日常生活中“统万行”的关键，否则就变成“禅”、“道”、“法”、“理”是一回事，日常的“万行”又是另一回事，变成口头在说禅，行为则顺俗。

《维摩诘经》中，维摩居士从“解”、“缚”和“方便”、“慧”方面来诠释何为“权智”。在“问疾品”中居士为文殊菩萨说什么叫“缠缚”？什么叫“解缚”？贪恋任何的愉悦，都是“缠缚”；能够随缘示现，以种种方便法门济度众生，就是菩萨的“解缚”。

如果不懂运用各种方便法去济度众生，而仅有智慧，是“缠缚”；如果既能善加运用各种方便法去济度众生，又具有智慧，则是“解缚”。反之，如果仅有方便法，而无智慧，这也是“缠缚”；如果既有智慧，又能运用各种方便法，则是“解缚”。从这里可以看到智慧和方便如鸟之双翼，缺一不可。“大众勿迷，言定慧别”。

有人问，为什么古语和现代人理解的意思完全不一样？要说误解的岂止这些？我看到不少广告修改成语、修改古德语录，真是心惊！这样下去大家逐渐都忘了本，禅门许多词汇已经被现代人理解得面目全非了，因此读经典哪里能顺利理解祖师意？例如“一丝不挂”出自《楞严经》，“一丝不挂，竿木随身”，本指修者“心无挂碍”，人没有牵挂的意思，现在指人不穿衣服；再如“天花乱坠”出自《维摩诘经》，维摩大士讲经时，天女散花供养殊胜妙法，现在却形容言谈虚妄；再如“面壁”本指达摩祖师壁观修法，现在却指面壁思过；还有“女大十八变”，出自《景德传灯录》，潭空禅师说龙女成佛有十八变的神通功夫；还有“家贼难防”，本指眼、耳、鼻、舌、身、意六根是内六贼，色、声、香、味、触、法六尘是外六贼，家贼即六根，指人最难防的是六根之欲带来的烦恼；最离谱的还有“伸手不见五指”，原出自《续灯录》，本意是悟道的人见一切事物，不加以主观的分别、判断，万物平等视之，现在大家怎么理解？

会诀 定是慧体 慧是定用

禅者修行时

进入出世间的门大致有两种:功夫门和智慧门。任何一个出世间门派都重视功夫和智慧,但有的门派主张先修智慧再修功夫,有的门派主张先修功夫再修智慧,“中国禅”主张功夫和智慧双修完全平等对待,没有前后,所以又叫:“不二中道禅”。

颂曰:无始无终,留什么?

祖师云:

尔时,文殊师利问维摩诘言:菩萨云何通达佛道?

维摩诘言:若菩萨行于非道,是为通达佛道。

又问:云何菩萨行于非道?

答曰:若菩萨行五无间,而无恼恚;至于地狱,无诸罪垢;至于畜生,无有无明骄慢等过;至于饿鬼,而具足功德;行色、无色界道,不以为胜;示行贪欲,离诸染著;示行嗔恚,于诸众生,无有恚碍;示行愚痴,而以智慧,调伏其心;示行悭贪,而舍内外所有,不惜身命;示行毁禁,而安住净戒,乃至小罪,犹怀大惧;示行嗔恚,而常慈忍;示行懈怠,而勤修功德;示行乱意,而常念定;示行愚痴，而通达世间、出世间慧；示行谄伪，而善方便，随诸经义；示行骄慢，而于众生，犹如桥梁；示行诸烦恼，而心常清净；示入于魔，而顺佛智慧，不随他教；示入声闻，而为众生，说未闻法；示入辟支佛，而成就大悲，教化众生；示入贫穷，而有宝手，功德无尽；示入形残，而具诸相好，以自庄严；示入下贱，而生佛种性中，具诸功德；示入羸劣丑陋，而得那罗延身，一切众生之所乐见；示入老病，而永断病根，超越死畏；示有资生，而恒观无常，实无所贪；示有妻妾婇女，而常远离五欲淤泥；现于讷钝，而成就辩才，总持无失；示入邪济，而以正济，度诸众生；现遍入诸道，而断其因缘；现于涅槃，而不断生死。文殊师利！菩萨能如是行于非道，是为通达佛道。

——鸠摩罗什译《维摩诘经》

38.心口俱善 定慧即等

经文

诸学道人，莫言先定发慧，先慧发定。

各别作此见者，法有二相。

口说善语，心中不善，空有定慧，定慧不等。

若心口俱善，内外一如，定慧即等。

会论

学生一：我这几天在回想自己的过去，主要有两个问题：一、不懂取舍，放不下。二、不坚持选择。该放下的都没放下，不该放下的又坚持不了。

学生九："至道无难，唯嫌拣择"。

悟义：心不敬时，法难契心。您谈到的这两个问题是大家普遍存在的问题：抉择方向和放下。抉择时靠智慧，不能凭感觉，感觉大多不准确。人在缺乏智慧时，容易冲动，被冲动带着抉择，这种抉择如果做多了反而更加令人没自信。因此，抉择是用正心、诚意、智慧、愿力来带动的，一旦做了就要坚持不懈,比如发了愿的要执著自己的愿。那么究竟要放下什么呢?是实施愿的方法、方便、成绩、名气……菩萨的大愿是自利利他、自觉觉他,这愿力是不会改变的,其他的一切方便法,包括名、利、势、权、位、财、色,也包括善恶、是非、正邪、先后、对错,都是要放下的。菩萨为了利益众生,示现各种法相,有穿戴珠宝的、有嬉皮笑脸的、有法相庄严的、也有怒目威武的,这些不是菩萨喜欢的模样,而是众生喜欢和需要的模样。不是所有菩萨都示现一样的法相,顺逆皆方便,菩萨的这些善相、恶相都不是真正的菩萨相,因此菩萨可以随时放下。普通人不懂这些都是不真实的,所以颠倒梦想,修行第一步需要“放下”杂念和妄想,但这需要内心有强大的正念、明利的智慧,本来就不容易,所以人才需要修行。

学生七:禅者也会有烦恼吗?

悟义:也有烦恼啊,但区别在于,禅者升起烦恼时能马上意识到,意识到后,会自我调节,自我转化。普通人常常无知无觉,不见烦恼起,却被烦恼戏。没有专门修行过的人,有些虽学过心理学,但还是心力不足,因此也能看到烦恼,却控制不住,转化不了。所以我们通过修行学会转化身、口、意,转化习气,慢慢积累心力,防止情绪对生命的干扰。

会通

很多事情,片面来看就会矛盾,从整体来看就能够通达。譬如盲人摸象,摸到的都是象的一部分,但盲人看不到全局,就执著于一点,各执己见,各说各理。明眼人站在高处，观全局，不偏见。

初入禅门之人，习气未尽，道心未固，故容易产生偏见，何为偏见？曰：“法有二相”，谓“有空”、“定慧”、“顿渐”、“真俗”……我们来看看龙树菩萨在《中论》上如何谈及法相：

“诸法无决定相，为度众生，或说一切实，或说一切不实，或说一切实不实，或说一切非实非不实。一切实者，推求诸法实性，皆入第一义。平等一相，所谓无相。如诸流异色异味，入于大海，则一色一味。”

又云：

“离有无二边故名为中道，是法无性故不得言有，亦无空故不得言无。若法有性相，则不待众缘而有，若不待众缘则无法，是故无有不空法。”

初入禅门时须时时“善护念”，护一念清净勿使动摇，勿使退转，勿为习气及偏见所侵蚀，法相是指“月”之手，非“月”本身。

会诀：心口俱善　定慧即等

禅者修行时

禅门的定慧没有先后，有先后次第即定慧不等。

颂曰：无前无后，争什么？

祖师云:

只为世人,性无坚固,口虽诵经,光明不生。外诵内行,光明齐等。内无坚固,定慧即亡。口诵心行,定慧均等。

——惠能大师《六祖金刚经注》

39.自悟修行 不在于诤

经文

自悟修行,不在于诤。

若诤先后,即同迷人。

不断胜负,却增我法,不离四相。

会论

学生三:我最近打坐眼前总是出现光影,有时候看到菩萨的影子,这是法相还是幻影?

学生八:"凡所有相,皆是虚妄"。

学生三:如果皆是虚妄,那么菩萨的报身、化身相也是虚妄的吗?

学生四:也是虚妄的。

悟义:打坐时如果眼睛、意识不动时能看什么?看见的光、影这些境界都是自己在妄动,睡着的时候为什么看不见东西?梦中的看见是真看见吗?还是妄想、妄动?初修者如果打坐时总有这些境界,可见是总在玩,心一刻也没有安静下来。要想睁眼、闭眼时不见幻相,无心即无影。

学生三:如何能做到?

悟义:只靠嘴巴说、看看书、听听课肯定做不到。

学生四:我以前打坐也是老见光影,后来见光影之后还能听到各种声音,有时如天籁一样,有时是低鸣,这是为什么呢?

悟义:佛、菩萨、祖师们说法时有时身体会放光,这并非卖弄神通,显瑞呈吉,这是圆满性德的自然流露,这佛性不仅佛有,众生也有。但佛、菩萨、祖师们放的光普通人见不到,只有内心清净的修者才能眼见佛光,往往一见即能心心相印,入到甚深法界。内心不清净的人,见的什么光、影,都是心内妄动的幻觉。所以,佛、菩萨、祖师的放光现瑞一般只有内心清净的人才能见,此见是心见,心地法眼上见,而非眼见。有些修者能先见佛光,后闻微妙之音。音在光后,文殊菩萨说:"此方真教体,清净在音闻。"楞严法会上,佛让文殊菩萨为婆娑世界众生选择哪一个法门最适合这个世间众生的根机,文殊菩萨选择的是《观世音菩萨耳根圆通章》,说明娑婆世界的众生六根之中耳根最利。

学生三:对!对!我们自己看经、读经,真的困难,可是听了法后再看经文就容易理解了。

学生一:十方世界的众生根性并不一样,好像香积国的人耳根就不行,他们舌根最利,请他们吃饭,一吃就容易开悟,所以这个国家以香饭为佛事。

学生七:哈哈,这个妙极,我这个吃货怎样才能去香积国?

悟义:香积国的人不是舌根最利,而是鼻根最利!您又在误导他人了！他们闻香气就能入定境，容易开悟，请他们吃饭，他们不是关心吃的东西味道如何，而是食物的香气能使他们入定。这是鼻根利，而非舌根利。您们现在可以自嘲说自己是吃货，这在古代是骂人的，人最宝贵的是灵性，故称万物之灵，什么生物以吃为全部爱好？估计在畜生道里容易找。

学生九：人自贬身家，自己不尊重自己，何谈别人尊重自己？何谈尊重他人？

悟义：不同世界众生的哪个根利，是不一定的，因地、因人、因时、因心、因能量而异，您的根器不够时，就算去了香积国也未必可以通过鼻根入定。佛、菩萨、祖师们是随缘度众，娑婆世界里既然众生耳根利，所以祖师们会不厌其烦地反复说法，会发出种种微妙音！

学生九：只有佛、菩萨、祖师们能放光吗？

悟义：人是发光生物体，人人都有光，能量越强的人光越持久，这个光不是太阳一样的亮光，本来光亮的地方不用光。祖师们放光有两种情况，一种是修行至甚深境界时的自然反应，另一种是为需要光明、寻求光明的人放的。有光的修者，自然光会从七窍、身体、每个毛孔里外放，这种放光可能很明亮，也可能仅是心光，直接照进对方内心，其实善知识们不仅放光，还时时放香。一般俗人身上气味很难闻，心地清净光明的人，身上气味是香的，因此修者如有福报能时时亲近大善知识，身心是自然被带动转化的，科学中称为“共振”。

学生一：虚云老和尚一年洗一次澡，衣服寒暑就那么一件，领子上油垢好深，可闻起来都是香的，这真是不可思议。

悟义:那是什么香?是五分法身香:戒、定、慧、解脱、解脱知见香,内心中真诚、清净、平等、正觉、慈悲,这样的性德自然流露,无处不在,不仅放光、放香,连居住的环境都会放光、放香,有道之人居住的地方叫道场。道场是活动的能量场,其中最先能让人感觉到的是气场,常人一进入,便会感觉气顺、舒服、放松、自在,那是因为"道场"内的气、光、香、磁和身心发生交感震动,肉眼虽然不见这种能量的转换变化,但是逐渐静下心来能感觉到。

学生二:凡人是依境转心,见性的人是心能转境,所以我们在气场强的地方修行,会有助于我们心转换。老师,那么观音法门究竟怎么修?

悟义:观音法门涵盖两则心要:内和外。往内,圆修智慧、净觉解脱,即自利;向外,普门示现,悲济救拔,即利他。

学生二:如何入门呢?

悟义:修观音法门主要有七种修法:1.《楞严经》"耳根圆通"法门;2.《心经》"照见五蕴皆空"法门;3.诵"唵嘛呢叭弥吽"六字真言;4.《法华经·普门品》的"持名"法门;5.《大悲心陀罗尼经》的"大悲咒";6.白衣大士神咒;7.《延命十句观音经》。

学生九:"准提咒"算观音法门吗?

悟义:准提菩萨就是观音菩萨,但它是另一体系的修持法。

学生二:这些修法哪一种更适合禅者修行?

悟义:因人而异,相对来说《楞严经》的"耳根圆通法门"和《心经》的"照见五蕴皆空法门",此两种修法直契佛智,更深细、微密。

会通

如何鉴别修者心中“定”和“慧”等不等?

惠能大师从“行人”的角度说:“口说善语,心中不善,空有定慧,定慧不等”;

从“理入”的角度说:“自悟修行,不在于诤。若诤先后,即同迷人。不断胜负,却增我法,不离四相”;

从“本体”的角度说:“勿迷言定、慧别”;

从“禅修”的角度说:“莫言先定发慧,先慧发定各别”

……

由此我们可以看到,惠能大师以当下一念为基础,将各种纷杂的名相都落实到了心、性上,“定”、“慧”之名是为了自觉而假立的,真正的“定”、“慧”在人心,是对人心任性合道不同状态的体现,“名虽有二,体本同一”。

学佛修道,不管净土、华严、天台……都要靠自觉,修禅也是一样。什么是自觉?就是个人智慧的成就。“自悟修行,不在于诤”。如果总是忙着辩论,琢磨,和他人争个高低上下,比较其他修法哪一种更殊胜,哪一种有问题等等,针对这些人,大师说得好:“若诤先后,即同迷人。不断胜负,却增我法,不离四相。”

“四相”是《金刚经》所说的我相、人相、众生相、寿者相。离四相需要有利刃,智慧是一把慧剑,能剖开缠心。“缠”我们前文已经解释了,一切众生被烦恼、欲望所“缠缚”,活在自铸的幻想“监狱”里。玄奘法师起了一个名,叫“缠眠”,法师把烦恼的作用叫“缠眠”,也叫“随眠”,所以唯识学称之为“随眠烦恼”。

烦恼它跟着人像个影子一样寸步不离，连睡觉都会跟着，比热恋中的恋人还形影不离。烦恼起源于“业”，由“业”推动了力，睡着了，它就在梦里等着，醒来后，它当然跟在左右，脱不掉，甩不开。当人一出生的时候，它就跟来了，以纵横交错之网将人紧紧锁住，谁能用自觉之慧剑，把“缠缚”之网破开了，就自在了。慧剑在哪里？就在你一念之间，是用“一念之慧锋”斩杀心贼。

会诀 自悟修行 不在于诤

禅者修行时

大部分禅修者，初入门禅修时，同修之间喜欢争论诸如修法、善恶、修行境界、实修效果等问题，忽略了修者的个人差异。有些人修行会先退步，而退步原是为向前，但由于同修们不懂，还喜欢乱评论，所以伤害对方的信心，此种以无智的“慈悲”伤害对方和修法的行为即是造业。由于习气使然，大部分人不容易改善爱评论、争论、讨论的行为，特别现代禅修者更难过这个关。但此关不过，现代禅门便被商业化，禅修道场成了培训公司，行脚是四处游山玩水，一起修行变成交友俱乐部，何谈自悟、自修、自证、自觉？

颂曰：无来无去，怕什么？

祖师云：

多言多虑，转不相应。绝言绝虑，无处不通。

——僧璨禅师《信心铭》

40.灯是光体 光是灯用

经文

善知识！定慧犹如何等？

犹如灯光，有灯即光，无灯即暗。

灯是光之体，光是灯之用。

名虽有二，体本同一。

此定慧法，亦复如是。

会论

学生一:这一段话，我理解是灯有了光后才有照明之用，定慧也是一样，光有定没有慧，或光有慧没有定，就像电灯没有插电，不作灯用。

学生三:很多人误以为“禅定”就是定，修得了禅定就发“慧”了。

学生五:佛当年修了“无想定”、“非想非非想定”，那是瑜伽、婆罗门修禅定的最高境界了，可也没悟道。

学生七:我们修禅，如果只学了些知识，生活中不起用，就像不发光的灯一样，是装饰品。

学生九：还有些人修禅得益了，只想自利而不利众，也是不发光的装饰灯。

学生十：我们如果自己不去实证禅理，也是装饰灯。

学生二：没有智慧的慈悲和没有慈悲的智慧都是装饰灯。

学生八：这两种，不仅是装饰灯，还往往有负作用。太多人误把同情心当慈悲，把聪明当智慧了。

学生十一：就像健康一样，一个人如果心病了，身体能健康吗？

悟义：不成人道，哪成禅道？

学生八：心不正的人，他活得越久，他越健康，被他伤害的人就越多。所以说上医治国，中医治人，下医治病。

学生三：上药养命，中药养性，下药养病。

悟义：大家是准备写对联吗？中国传统的中医不是口号，不是只治病的医学，而是生命成长系统，用现代科学的话说，是生命科学。中医与中国的哲学、思想、文化是一体的，我们现在用西医的思维去解释、学习、应用中医，将二者对比治疗效果，这就背离了中医之本了。曾国藩给他儿子的家书中写道，"治心病，以广大二字为要"，"治身病，以不药二字为要"。所谓不药是以修养为药、以日常生活中的良好习惯为药、以圣人语为药，以此来调适身心和谐。

学生一：禅者应该像一颗颗智慧种子，在社会上生根发芽。

悟义：一般人的想法是：我是种子，天地万物要来滋养我，要为我所用。但如果您能转化想法,不做有限的种子,而做滋养种子的阳光、空气、水,以一切众生为种子,以能为众生所用而存在时,您就是真正的禅者。

会通

世人因为不理解宇宙万物的实相,所以喜欢在观念、理论、名相里捉迷藏。这都是因为自性被无始以来的习气所熏染,执著妄想以为真实。好像一大群在沙漠中行走的人,饥肠辘辘,口干舌燥,突然看见天边的海市蜃楼,就误以为是彼岸,拼命地向目标奔走,殊不知那只是幻像。

同样,因为忙于名誉、财富、地位而忽略修身、心,因而无法摆脱妄想,无法在贪欲、嗔恚、愚痴等苦乐交替的泥潭中自拔,只有被动地在红尘里的各种现象中,在事物的成(生起)、住(存在)、坏(渐灭)、空(消逝)中迷失。当然,世人也试图用各种理论来解释现象,想寻找和把捉事物的各种性能和规律,但总是不能避免二见,堕入同和异、有和无、非有和非无、断和常等对立矛盾中,互相争执辩论。

事实上,尘色世间的一切事物,都如海市蜃楼,并非真有,当然也不是没有。又譬如迷人在梦中,经历了爱恨情仇、种种奇遇,人身在其中,或喜或悲,或惊或痛,等到醒了以后,还余味无穷地追梦、解梦,分析梦的预兆、有无,这种信梦为真的人,是聪明?还是愚昧?要知道见性的人,睡觉、禅定都是寤寐一如的,无论是睁眼还是闭眼,眼前、身后的事情,他都清晰,没有这种功夫,去分析海市蜃楼、南柯一梦的真假、预兆,岂非可笑?

同理，当人们被习气所骗，不理解尘世间的虚幻如梦，天天还在争执它的同异、有无、非有非无、断常法则的人，是聪明还是愚昧呢？这世间好像一幅白纸，本来就没有高下远近存在，因为心念给它画上了立体画，看起来就有高低不平的感觉了，好像带着眼镜看3D电影一样，是纸变了吗？是银幕变了吗？

我们如果将手中的火把快速旋转时，就能看到一个火圈，这只是火光在转动而已，火圈在哪里？有没有火圈存在过？有些人用自己的幻觉和错觉，再加上各种分析理论，研究出一套又一套法则，实在是自欺欺人。修者如果能够明了心念的不实，断除能摄受和所摄受的一切妄想，就不再会对事物产生偏见了，否则还是落在人、我、众生、寿者四相的执著里。

祖师们讲的法，各自有许多独立的理论，这些法是方便应化，是化身，是对应众生的戏论，并非法身。一切化身佛所说的语言、文字、理论，都是顺应了众生各自的希望，和各自的分别观念而产生作用。语言、文字的作用不是为了显示自性，自性是无法显示的，这好比是水中的树影，说它是影也可以，说它不是影也可以，说它是树形也有理，说它不是树形也有理。恰如洞山禅师睹影悟道时，偈云："切忌从他觅，迢迢与我疏。我今独自往，处处得逢渠；渠今正是我，我今不是渠。应须恁么会，方得契如如。"这里的"渠"是方言，是"他"，是指"法身"。

禅者的清净心如同明镜，随缘呈观一切色像，而镜子本身并无妄想，镜中的各种色像，可以说是色像，也可以说不是色像。你看见镜中的色像，和本来的原物是有差异的。又如庄子说的，风吹空谷而发出各种声音，这种声响并无固定性，因空间不同而风声不同，风其实并没有什么实际性的声音。

再如沙漠里的尘土，受太阳光热的反射，看上去川流浪涌，云起波兴，这当然不真，但也并非没有，只看自己当下的心如何了。人如果能够观清心念和心相，便可“照见五蕴皆空”，成大自在人了。

会诀 灯是光体 光是灯用

禅者修行时

“灯是光体，光是灯用”，就好像水和波、金和金器、太阳和阳光……可以分割吗?“定不离慧，慧不离定”是定慧双修的根本。

这句话狭义上是指身心双修；广义上是指人法双修，自他双修，烦恼菩提双修，生死涅槃双修。

颂曰：无前无后，争什么?

祖师云：

佛告诸菩萨：“有尽、无尽解脱法门，汝等当学。

“何谓为尽？谓有为法。何谓无尽？谓无为法。如菩萨者，不尽有为，不住无为。

“何谓不尽有为？谓不离大慈，不舍大悲；深发一切智心，而不忽忘；教化众生，终不厌倦；于四摄法，常念顺行；护持正法，不惜身命；种诸善根，无有疲厌。志常安住，方便回向；求法不懈，说法无吝；勤供诸佛。故入生死而无所畏；于诸荣辱，心无忧喜；不轻未学，敬学如佛；堕烦恼者，令发正念；于远离乐，不以为贵；不著己乐，庆于彼乐；在诸禅定，如地狱想；于生死中，如园观想；见来求者，为善师想；舍诸所有，具一切智想；见毁戒人，起救护想；诸波罗蜜，为父母想；道品之法，为眷属想。发行善根，无有齐限；以诸净国严饰之事，成己佛土；行无限施，具足相好；除一切恶，净身口意。生死无数劫，意而有勇；闻佛无量德，志而不倦。以智慧剑，破烦恼贼；出阴界入，荷负众生，永使解脱。以大精进，摧伏魔军，常求无念实相智慧，行少欲知足；而不舍世法；不坏威仪，而能随俗。起神通慧，引导众生，得念总持，所闻不忘。善别诸根，断众生疑；以乐说辩，演法无碍。净十善道，受天人福；修四无量，开梵天道。劝请说法，随喜赞善，得佛音声；身口意善，得佛威仪。深修善法，所行转胜；以大乘教，成菩萨僧；心无放逸，不失众善。行如此法，是名菩萨不尽有为。

“何谓菩萨不住无为？谓修学空，不以空为证；修学无相、无作，不以无相、无作为证；修学无起，不以无起为证。观于无常，而不厌善本；观世间苦，而不恶生死；观于无我，而诲人不倦；观于寂灭，而不永寂灭；观于远离，而身心修善；观无所归，而归趣善法；观于无生，而以生法荷负一切；观于无漏，而不断诸漏；观无所行，而以行法教化众生；观于空无，而不舍大悲；观正法位，而不随小乘；观诸法虚妄，无牢无人，无主无相，本愿未满，而不虚福德禅定智慧。修如此法，是名菩萨不住无为。

“又，具福德故，不住无为；具智慧故，不尽有为；大慈悲故，不住无为；满本愿故，不尽有为；集法药故，不住无为；随授药故，不尽有为；知众生病故，不住无为；灭众生病故，不尽有为。

“诸正士菩萨！已修此法，不尽有为，不住无为，是名尽、无尽解脱法门，汝等当学。”

——鸠摩罗什译《维摩诘经》

41.行住坐卧 常行直心

经文

师示众云：善知识，一行三昧者，于一切处行、住、坐、卧，常行一直心是也。

会论

学生二：什么叫"一行三昧"？

学生一：应该是指禅者时时都在定中，"一行"就是指行、住、坐、卧；"三昧"是禅定。

学生三："行也禅，坐也禅，语默动静体安然"。

悟义：凡对"禅"有些了解的，都能讲出几句"禅味"的偈颂来，您说说此语究竟什么含义？

学生三：什么时候都安然，都在禅定中。

悟义：提起"禅定"，您心中浮现的"禅定"是什么样的？

学生三：嗯，还是闭目坐禅的样子。

悟义：对啊！您嘴上说的和心里想的，不是一回事。嘴上在说时时定，究竟怎么个定法又不清楚，心里想坐禅是定，那不坐就不定了吗？

学生三：嗯，我还是“口头禅”。

悟义：“一行三昧”有几层含义：一、不生爱憎取舍心，观诸法平等、佛与众生平等、定慧等持，四相无差别。二、从“时间”上说于一切时、从“空间”上说于一切处，从“动静”上说于行、住、坐、卧之间，能保持一直心，直心是“禅”，直心是“自性道场”，直心是“自性净土”。三、内心中能、所俱亡，真、妄皆除。如《大智度论》中云：“一庄严三昧者，得是三昧，观诸法皆一，或一切法有相故一，或一切法无故一，或一切法空故一，如是等无量皆一”等。

会通

宋朝时蕲州五祖寺法演禅师，是白云守端禅师之法嗣。法演禅师三十五岁时学习《唯识》。

唯识学中有一大疑，曾经在西天竺引起外道对佛法的质疑。唯识学派认为：菩萨入道时，智与理冥，境与神会，不分能证、所证。当时，西天竺有外道曾就此观点，诘难道：“既不分能证、所证，却以何为证？”当时因为没有人能应对此问，故僧团遭到了外道的羞辱：寺院不让鸣钟击鼓，比丘们被勒令反披袈裟。直至玄奘大师来到天竺，大师只轻轻一句“如人饮水，冷暖自知”，便使僧团地位得到了恢复。

学到这一段时，法演禅师心中产生了疑问，于是便向给他讲经的法师请教:“冷暖可自知,但不知自知之理如何?”讲经法师无法回答,便说:欲明此事,当往南方,唯有寻佛心宗(禅)者请教。

法演禅师于是行脚游方,始遇恩师白云守端。自白云禅师那里得法后,法演禅师初住舒州四面山,后住蕲州黄梅山,五祖的东山禅寺(故称五祖法演),前后弘法四十余年。座下弟子有著名的“三佛”:即佛果克勤(圆悟克勤)、佛鉴慧懃、佛眼清远三位大禅师。(见拙作《茶密禅心——小玉檀郎篇》)

一次法演禅师上堂,讲了一则贼父教子的事情,喻禅门的教育法全靠自觉,禅门的“直心”是第一念“知见”,而非第二念的“所知见”。如果脑子里运行的已带着“自我”意识的“所知见”时,就不是“常行一直心”了。

没有经过专门修炼的人,搞不清自己的观念是怎么形成的,什么时间形成的?思想是从哪里来的?教育主要来自于家庭、学校和社会三方面。可惜的是,现代此三处教育几乎大同,家庭和学校多以谋生手段为教育目的,以成败论英雄,忽略了人性、个性的活力,在目的性极强的功利教育下,学人的创造力、想象力大大衰退。而社会教育主要在网络、媒体,大多数网络媒体以娱乐为主,吸引眼球,刺激消费,已经忽略了社会引导的教育功能。有两种方式可以使文化精神衰竭和枯萎,一是固化,二是娱乐化。当信仰变成了滑稽戏,当自修的人变成了有病,当思想成为了自己的监狱,当人逐渐迷失在本能里,这时候讲常行直心,有多少人能够理解?

法演禅师说到有一位有名的窃贼年纪大了,每天虽然带着儿子去偷窃,但他知道儿子还不行,住在自己思想的监狱里,于是他准备培养儿子自立。

古代窃贼入室不像现代小偷开门撬锁,他们比较有技术,进入大户人家是在地下挖窟窿。这一天，老贼带着儿子挖进一富户家，父子俩进到屋里，看到一个大衣柜，过去的衣柜很高，老贼把衣柜打开，叫儿子进去看看，儿子听话地进了衣柜，没想到老贼把柜门一关，从外面把儿子锁在衣柜里。锁了以后，他转身从窟窿里跑了出去，临走前还用一捆荆棘把窟窿口堵住了。

随后，老贼在院外高喊：有贼！有贼！赶快起来捉贼！儿子糊里糊涂被他爹锁在衣柜里，这下又听见他爹在外面高喊捉贼，心里急死了！！啊！这是要置我于死地吗？

这个时候，富户家闻声灯火齐亮，小贼在衣柜缝里看见，急得大汗淋漓，突然他听到有人进门，眼看走近衣柜了，突然，他急中生智，开始学老鼠叫。这家人正打着灯笼四处找贼，猛然听到柜子在响，丫头们就把柜门打开看。一打开柜门，小贼突地冲出来，一口气把灯笼吹熄，然后发疯似的推开人拼命往外跑。

当他跑到洞口时，见有一捆荆棘把洞堵得死死的，一时挪不开，眼看后面人将要追上来，这个时候，他看到洞旁边有个马桶，不远处又有一口井，井旁边有块石头，小贼忙把石头丢到井里，然后迅速将马桶里的东西倒了，也不管臭不臭，朝头上一罩，一下子就钻了进去。

后面的人追上来，左右不见人，晚上黑漆漆的，大家都听到水响，便以为小贼跳井了，想着还是回去清点一下。等人散了，小贼挪开荆棘，从窟窿里钻出来，心惊肉跳地回到家，看到他爹在房间里正喝酒呢，他咬牙切齿地问道："爹啊！您是想儿子死嘛！"

老贼笑眯眯地问他是怎么出来的，他把经过讲了一番，他爹说："好了，我的绝招已经传给你了。"

小贼在性命交关时，平时的思量、琢磨、分析都不管用，当下一念是"直心"，禅门的法是无法，必须自己去体悟。想要明白如何起用直心，离不开平日精进不怠的修行。

面对繁杂外境时心净为"定"，禅门的定不是固定，而是"因无所住"，因无所住的"定"为用时，"慧"为体。

面对繁杂外境时如何应机而动为"慧"，禅门的"慧"是"而生其心"，而生其心的"慧"为用时，"定"为体。此定、慧缺一不可，须臾不可分。

随缘应机的"直"心，没有普通人能看到的所谓"直"相，因此，直心绝不是鲁莽、直率之意，平时说话直来直去的人是自私的，因不顾忌对方感受而致，这不是禅门的常行直心。

万境自如如的"定"心，也没有普通人能想象的所谓"定"相。何为禅门的"定"？是以"慧"为体的"不定"，何为禅门的"慧"？是以"定"为体的"机用"。如大珠之走盘，以无门为法门。

会诀 行住坐卧 常行直心

禅者修行时

随时随地保持智慧显现心态，这是"善护念"，但如何护念呢？只有念头与本性契合时，自然而然会有智慧显现。

颂曰：无生无死，了什么？

祖师云：

问：为只坐用，行时亦得为用否？

答：今言用功者，不独言坐，乃至行住坐卧，所造运为一切时中，常用无闲，即名常住也。

——大珠慧海《顿悟入道要门论》

42.直心道场 直心净土

经文

净名经云:直心是道场,直心是净土。

莫心行谄曲,口但说直。

口说一行三昧,不行直心。

但行直心,于一切法勿有执著。

会论

学生四:《坛经》已经听了近一半了,我到现在才发现根本没有不变的真理。

悟义:真理是恒变,如何能给真理轻易下定论?真理是“常”还是“无常”?好像水常通流,“心不住法,道即通流”,通流是“常”,通流也是“无常”,好像风起云涌、波涛汹涌一样,每时每刻的既是“常”也是“无常”。“学”、“禅”、“道”本无滞,一滞就变成静态的理了,叫学理、禅理、道理。

学生八:经文是不是也是理?所以需要大善知识来通流?

悟义:“但行直心,于一切法勿有执著”,活泼泼的云、水是“禅”,一旦形成了乌云、白云、云朵、河水、湖水、一杯水就是看得见的法,法住了就是理,以理为“常”就容易教条。“禅”的妙理非关文字,而又不能脱离文字,自古以来,依修证而悟道者众,依经文、教理而悟者寡。

学生八:时代不同了,我们不能被自己的思想和文字绑架,一切都需要变化。

悟义:鸠摩罗什法师提倡得意忘言,我们学习《坛经》,要得的“意”是大师的人格品行、修为境界,这些是不可说的,所以叫“意”。意不可变,而得意忘相,得意忘形,得意忘言,这些相、形、言、法等等皆可变。

学生一:是否可以这么理解,我们在这里这些天,吃饭、睡觉、种地、听法,甚至洗衣服、发呆都可以是修禅?

学生九:哈哈,连上厕所也可以修禅吗?

悟义:如果您心中能时时保持清净时,无论做什么都在修禅。如您们嘴上说禅,却依然抱着侥幸和迷信的心,那么什么时候都不在修禅,是自欺。

学生十:为什么我们总心口不一?这并不是我们自愿的!我们也想说到做到,但情绪、杂念、妄想、执著都控制不住。

悟义:没有修行的人当然很难自控,就像孩子生下来不认字,需要专门学习一样。但有些人为什么修了多年还是身心分离、无法和谐?一是因为方法不对,身、口、意分开修了;二是因为自己不精进,不用心。

学生七:我认为不仅我们普通人,绝大部分科学家也处在身心分离状态。

悟义:现在的“科学家”多数是“技师”,“技师”是受过高等教育的人,职业是应用已知的技术和原理,处理已知的事物。真正的“科学家”则应是探寻真理的人,科学精神是怀疑精神,面对未知的事物,不断探索。科学家是在自然中能够发现并能够将凡人视为平常的事物用一种新的方式提出新的视角观察的人,而技师则是熟练地应用。真正的科学家、文人、画家、诗人都应该天生具有一种才能,所以这些人都不是普通人,不是正常思维方式。

学生七:现代多数人丧失了创造力。

悟义:古人学习多数是“为己”,今人学习多数是“为人”。荀子说,“为己之学,美其深也”,学习是为了不断完美自己,充实自己,将学到的知识结合在生活中体悟,这样才能产生生活的智慧,真正将知识落实到生活中、行动中,让自己深深受益。教育的目的是为让每一个受教者收获这一获得生活智慧的过程。三百年前,牛顿就发现白光其实不白,将太阳光照进三棱镜后,从棱镜另外一边出来的,是彩虹的颜色:红、橙、黄、绿、蓝、靛、紫,看似最简单的“白光”其实是复合光。这不就是真空含妙有吗?无不是没有,是含了万有,许多人因为在世间有了些成绩,贡高我慢,什么也不相信,总喜欢有颜色,给自己标举一些名誉、身份,要知道红光就只有红光,绿光只是绿光,什么都有的光是“无色”的。凡是眼睛看得到的色彩,“无色”的白光里都具足,就连眼睛看不到的,比如红外线、紫外线这些,白光里也有。

学生一:我们很难和井底的青蛙讨论天空的模样。

学生七:古德云“哀兵必胜”,“哀”不是哀伤,而是“谦虚谨慎”的含义,心大者才会哀啊。

会通

我们常常会误以为真理是说出来的，真理有办法说吗？为什么无法说？《楞伽经》中有一段关于语言、妄想的对话，我们一起来学习一下。

弥勒菩萨向佛请教：妄想究竟是怎样的？如果我们理解什么是妄想的境界，就能明白语言、文字、理论的真义和妙用。

佛答曰：语言、文字、理论有四种妄想境界：相言说、梦言说、过妄想计著言说、无始妄想言说。

什么是"相言说者"？由妄想、执著色相的分别心生成的言说。

什么是"梦言说者"？随睡梦所生的语言、文字、理论，等到梦醒时方知是梦语。

什么是"过妄想计著言说者"：痴迷在过去的爱、恨、情、仇，由过去所作的"业"而生的言说。

什么是"无始妄想言说者"：无始时来，执著种种文字戏论和烦恼种子等习气而生的言说。

菩萨听了，请佛再加以详细的说明。佛说：语言是由于人们借着头、胸、喉、鼻、唇、舌、龂、齿等生理机能的和合，发出的声音。

菩萨又问：语言和妄想的作用是相同的，还是不同的呢？

佛说：语言和妄想，既非同，也非不同。因为语言是藉由妄想产生，是妄想的产物，所以是相同的，但如果是相同的，语言却不能完全地表达想表达的含义，语言的作用只不过将妄想加以比较说明而已，是妄想的部分和延伸，所以说语言和妄想既同，又不同。

弥勒菩萨又问佛：语言本身是第一义吗？（“第一义”是形而上的真理，禅门视其为不可说）还是所说的内容可能是第一义呢？

佛说：语言本身不可能是“第一义”，所说的内容也不是“第一义”。为什么呢？因为“第一义”原是修者用语言想要指示的境界，并非语言本身。“第一义”是进入大智境界自觉自悟的，并非是口说的，语言、妄想本身，都是有生灭的，是以变易动摇、辗转互为因缘的，根本就没有自己的常性，所以怎么能够表示“第一义”呢？一切现象都没有自己的常性，因此，“第一义”是证得的，不是能用语言、文字、理论表达的。

会诀 直心道场 直心净土

禅者修行时

直心=道场=净土=物我不二禅境

直心是没有自欺、欺人的本来面目，是从诚恳心中显现的。

诚恳心是在修者谦虚、谦虚的行为意识中自然而然显现的。

为什么禅者要谦虚、谦虚呢？

第一层含义是空间的内外：表面上谦虚、内心不谦虚的是欺人。内心谦虚，但表面不谦虚的是傲气，禅者需要内外一致地谦虚。

第二层含义是时间的前后：修行没有得道时，求法的心要虔诚，内心中要谦虚求法，而得法后更要普行下心，禅者需要时时不离谦虚。

颂曰：无始无终，留什么？

祖师云：

菩萨随其直心，则能发行；随其发行，则得深心；随其深心，则意调伏；随其调伏，则如说行；随如说行，则能回向；随其回向，则有方便；随其方便，则成就众生；随成就众生，则佛土净；随佛土净，则说法净；随说法净，则智慧净；随智慧净，则其心净；随其心净，则一切功德净。是故，宝积！若菩萨欲得净土，当净其心；随其心净，则佛土净。

——鸠摩罗什译《维摩诘经》

直心是菩萨净土，菩萨成佛时，不谄众生来生其国；

深心是菩萨净土，菩萨成佛时，具足功德众生来生其国；

菩提心是菩萨净土，菩萨成佛时，大乘众生来生其国；

布施是菩萨净土，菩萨成佛时，一切能舍众生来生其国；

持戒是菩萨净土，菩萨成佛时，行十善道满愿众生来生其国；

忍辱是菩萨净土，菩萨成佛时，三十二相庄严众生来生其国；

精进是菩萨净土，菩萨成佛时，勤修一切功德众生来生其国；

禅定是菩萨净土，菩萨成佛时，摄心不乱众生来生其国；

智慧是菩萨净土，菩萨成佛时，正定众生来生其国；

四无量心是菩萨净土，菩萨成佛时，成就慈悲喜舍众生来生其国；

四摄法是菩萨净土，菩萨成佛时，解脱所摄众生来生其国；

方便是菩萨净土，菩萨成佛时，于一切法方便无碍众生来生其国；

三十七道品是菩萨净土，菩萨成佛时，念处、正勤、神足、根、力、觉、道众生来生其国；

回向心是菩萨净土，菩萨成佛时，得一切具足功德国土；

说除八难是菩萨净土，菩萨成佛时，国土无有三恶八难；

自守戒行不讥彼阙是菩萨净土，菩萨成佛时，国土无有犯禁之名；

十善是菩萨净土，菩萨成佛时，命不中夭，大富梵行，所言诚谛；常以软语，眷属不离，善和诤讼。言必饶益，不嫉不恚，正见众生来生其国。

——鸠摩罗什译《维摩诘经》

43.迷人著法 障道因缘

经文

迷人著法相，执一行三昧，直言常坐不动，妄不起心，即是一行三昧。作此解者，即同无情，却是障道因缘。

会论

学生一:《维摩诘经》直心是净土这一段经文，我越读越相应。

悟义:这里提出了一条到达心净的修行之路。菩萨由其直心而发愿行;由其愿行而得深厚道心;由其深厚道心而善调伏迷妄意念;能调伏内心则能如法实行;能实行则能将功德回向;能回向则行于大乘道而用善巧方便;能善巧方便，则能帮助众生成就菩提正道;因众生尽皆成道，秽土也成净土;随佛净土建立，说法也便清净;既有清净说法，便有清净心产生，也就有清净明慧的心;内心既然清净，一切功德无不清净。所以若要得佛国净土，应先净其心，心净则成就禅定;心净则众生净;心净则佛土净。僧肇法师在《注维摩》时说:"禅定之海深广无际，自非如来清净真心，无能度者。"

也就是说，心净即得禅定。

学生四："直言常坐不动，妄不起心，即是一行三昧"，这里说的就是我这个迷人，老以为坐着不动就是定和静。

学生三：我也一样，一直以为坐着不动就是修禅。学会双盘以后，每天算着双盘的时间，过了三小时就感觉自己很了不起了，常看不起初学。

学生一：我已经过了"三三九"了。

学生八：什么是"三三九"？

学生一：就是连续三天，每天三次三小时双盘。

学生八：过完以后能怎么样？

学生一：过完以后还是这么迷惑啊。

学生四：您是在修腿，我是在修嘴，都不是修禅。

悟义：修禅当然少不了修腿，炼习双盘、站桩、运气等功夫是修禅必不可少的，但千万不能著相，认为打坐就是修禅，或者进山里打坐就是修道。惠能大师说什么？"作此解者，即同无情，却是障道因缘"。本来的好事被自己障了，永明延寿禅师在《宗镜录》中说："劳形役思，丧力捐功。"什么意思呢？"劳形"，就是大家很辛苦地坐在那里开杂念运动会，表面上看着清静不说话，心里头热闹得很，一会背痛，一会腿麻，一会数息，一会观想，一会念经，一会背书，一会又想养生，一会又是气脉通不通……这名堂实在太多了！什么都修了，永明禅师说我看就是真正的法忘了修，所以形劳体苦！什么是"役思"？就是思想在服劳役，在替大脑这个老板打工，"三三九"那么辛苦地打坐，心里不知道在搞什么。下面"丧力"是白费了气力，"捐功"

就是以为坐几天就有功夫？功都被捐献给了杂念，功夫白白牺牲了。

学生五：为什么大家都这么执著在坐呢？肯定有什么道理吧？

悟义："坐"本无罪，障道有两种"法相"：一、迷在"常坐不动"，以为是"一行三昧"；二、误以为"妄不起心"叫清净，此"不起心"是障。

会通

清末、民国时，虚云老和尚中兴"中国禅"，在浑浊的乱世中掀起一股大清流，这股涤荡人心的清流中不乏大善知识，如太虚大师、弘一法师等，这里再介绍一位少为人知的真空禅师。

真空禅师出家前并不识字，曾师从法忠禅师，法忠禅师也不识字，十七岁在家种田插秧时突地就开悟了，当时适逢扬州高旻寺清通上座云游至此，法忠于是前往拜见，希师印可，清通上座见了他说，我几十年了，都还没有修到您这步田地呢！

明师难遇，真空禅师在法忠禅师座下修行渐入佳境，随后他先在清水寺仙人洞隐居七载，后住湖北随州艾家湾苦参，终于见性。悟道之后，他去云台寺闭关三年，保养圣胎。出关时别人见其被褥落满灰尘，动都没动过，方知禅师在关中三年"不倒单"。经过近二十年的磨砺，真空禅师终成禅门龙象。

后真空禅师去往北京弥勒院住持，其接引学人时尽显临济一门禅风，用霹雳手段度无量迷人，恶辣钳锤，为禅门百余年罕见。

禅师的说法及开示，绝不许人记录，后传戒法师追随而至，在禅堂担任堂主，十几年不出禅堂，并一直追随至禅师圆寂。弟子传觉，三十年代在武汉归元寺立化，昭显禅门生死自在。

1952年春，禅师安然坐化。北京弥勒院现已荡然无存，如今的西直门南小街，高楼栉比，车马喧嚣，是否还有人记得，有一位叱咤禅门的大禅师曾在此，高歌无声之曲，阐扬曹溪宗风呢？

会诀 迷人著法 障道因缘

禅者修行时

迷人有两种法著：迷信法著和相对法著。

“迷信法著”是指不知道自己正在修的法是不究竟的法，迷在庄严、神秘、好玩、价值、名气等外求的法上，浑浑噩噩地执著着。

“相对法著”是指明明自己正在修的是正法，明明已经遇到了明师、善法，只要坚持精进修行，必有成就。可是有些人习气使然，喜欢跟同修、朋友聊天，或者喜欢看各种杂书，心中没有自信时，常常迷惑和怀疑，心里患得患失地执著着。

颂曰：无前无后，争什么？

祖师云：

凡夫取境，道人取心，心境双忘，乃是真法。忘境犹易，忘心至难。人不敢忘心，恐落空无捞摸处。不知空本无空，唯一真法界耳。

——黄檗希运禅师《传心法要》

44.心不住法 道即通流

经文

善知识！道须通流，何以却滞？

心不住法，道即通流。心若住法，名为自缚。

若言常坐不动是，只如舍利弗，宴坐林中，却被维摩诘诃。

善知识！又有人教坐，看心观静，不动不起。从此置功，迷人不会，便执成颠，如此者众，如是相教，故知大错。

会论

学生一：我现在对“道须通流”有了进一步的理解，联想到中医方面，华佗、扁鹊这样的名医也未必能治咱们现代人的病，医道也是需要通流的，现代人和古代人是不一样的，体内的基因也进化了，吃的也不一样，我们吃这么复杂的食物，用这么复杂的调料，思想这么复杂多变，许多人吃各种保健品，这样的身体，古人怎么治？

学生二:我们现在还有转基因,古代哪有啊?

学生六:古代哪有这么多巨胖的人?身体巨胖的原因就是来自于西方的饮食、生活习惯。

学生四:超市里的半加工食品最催肥。

学生七:生活习惯也很重要,古人有几个晚上不睡觉的?现代人打游戏、看肥皂剧、喝酒聚会,一入夜就有精神了,所以现代人的病情看上和古代人差不多,但发病机理有很大区别。

学生一:所以不能一成不变照搬古方,"道需通流"。

学生九:我们学禅也不能照搬经文、公案,"道需通流"。

学生八:我们一直误以为是病毒、细菌引起了疾病,但其实和疾病、病毒没有直接关系,是和人体自身的抵抗力有关。哪里都有病毒,为什么不是所有人都生病呢?为什么老年人、孩子容易生病呢?为什么同样得病有的人却没有发作呢?为什么有的人可以自行修复呢?这都取决于自身的免疫能力。

学生一:是啊,我以前总认为社会是污染的,希望进山去修行。现在想想,就像疾病一样,如果自身免疫力强,抵抗力强,就不受社会影响。

学生八:遇到污染、疾病不恐惧是定,知道如何化解是慧。

学生十:平时能够克服欲望是定,如何化解欲望、引导欲望是慧。

学生二:咱们现代人的病怎么治?先得回到心里调,心坏了,身体也好不了。降伏了躁动的心,就能顺应环境和身体了。

学生六:不是降伏,是修整,修证。

学生二:呵呵,对,我们能降服的是"腿",修心需要"禅"。

学生一:"道、法、禅"一旦停住便如人入暗,法是见不到的,能见到的是法相和法理,所以道、法、禅是虚空一样通流的,"心若住法,名为自缚"。

悟义:《法华经》中有"观世音菩萨普门品",为什么名"普门"? 是因为观世音菩萨有三十二应身,十九类说法示众,所以叫"普门示现"。众生需要菩萨应以什么身得度,菩萨就现什么身。就如同佛当年示现的是佛身得度,惠能大师示现的是即身成佛。三十二应,没有一定的固相,《楞严经》上讲,"随众生心,应所知量",众生有感,祖师们就有应,但众生那么多,祖师们如果处处留情,处处有心来得及感和应吗? 所以有人常常会妄想,一方面怕佛、菩萨、祖师们太忙来不及应,一方面怕佛、菩萨、祖师们应错了对象。殊不知道佛、菩萨、祖师们是无心的,有心就有限,无心才能遍应,什么"八识"啊、"五十一心所"啊,这些统统无了,才能和十方众生感应道交。

学生一:什么是五十一心所?

悟义:修法中有色法、心法和心所法,心所法是唯识学精细的心理分析,现代西方心理学也逐渐想涉及佛学了。可以说西方科学更多接受了唯识学的精密体系。《成唯识论》中云"恒依心起,与心相应。系属于心,故名心所。如属我物,立我所名"。

学生一:那么我们是否不需要记这些名相?

悟义:禅心现前时,遍法界、尽虚空界乃自心、自性现前,本性是真心,真心有真也有妄,妄不离真,就像影子不是真的,但离不开真身。我们今天迷,迷在哪里? 把影子当作真的,以为那是自性。"道须通流,何以却滞"?

一迷就滞，一悟就通。

会通

“又有人教坐，看心观静，不动不起。从此置功，迷人不会，便执成颠，如此者众，如是相教，故知大错。”这一段再次谈到坐禅问题，想要通过坐禅来看心和观静，可见这个障道因缘何等误修人？

首先我们讨论一下“看心”问题：

一、心怎么看？心在哪里？胸里的心脏在佛法中叫“肉团心”，是器官，不是真“心”。

二、用什么看？有人说眼看，有人说心见。心之“见”不叫“看”，叫“观”。那么就是用“眼”看，什么眼能看心？《金刚经》中说有“五眼”。

有人说修者修成天眼，可用“天眼”看心。某些佛、菩萨的佛像中，可以看到两眼中间眉心处另开一眼的图像，但真实的人怎么可能会长出第三只眼？这第三只眼是象征性的“心眼”，“心眼”的意义有深有浅，浅的指普通人的思想活动，深的就是“五眼”了。

所谓“五眼”，是指修者对于事物现象、本质的体悟能量。眼为“心门”，既是智慧之门也是自性对外的窗口，眼器官的功能是能够明辨物象，但修行的层次越高，眼的作用范围就不仅仅停留在眼器官。

学过佛法的人都知道“六根”，会说“六根清净”，但“根”究竟是什么？却说不清楚，唯识学中把“根”分有两种：

一、浮尘根，又名扶尘根，或根依处，就是平常肉眼能见的眼器官乃至肉身。

二、胜义根，又名净色根，净色根与浮尘根有别。我们平常说的眼器官和耳器官等，只是浮尘根。各浮尘根的内部，尚有一种即西医所讲的微细眼神经、耳神经等，这些神经系统，由于也是由“四大”所造，还属于色法范围。五识的生起，要靠这些神经作用，而神经相状微细，其体清净，潜在浮尘根的根依处中的，虽是色法，但肉眼不能见，依佛法说，发了“天眼”能见身内的净色根。

以眼为例，眼能生出“眼识”，需要九种缘：1.根（浮尘、胜义根）；2.空（距离）；3.明（光线）；4.境；5.作意依；6.分别依；7.染净依；8.根本依（习气）；9.种子依（第八识）。这是“眼识”现行必须的缘。

五根有不同的所依缘，如耳识生起现行，不需要光线配合，所以少了“明”，只要八缘；而鼻、舌、身三识，生起现行，不需要光线和距离，少了“空”、“明”二缘，因此就只要七缘等。

肉眼能见的距离、范围相当有限，所依的缘分有九个之多，太小、太大、太远、太近均非肉眼所能见，或太过黑暗或强烈的光亮也非肉眼所能适应，由此可见肉眼的局限性。

佛法中“色”分三种，一种是“可见有对”，好比说颜色、长短、大小等；一种是“不可见有对”，好比说我们的眼根，自己无法看见；还有一种是“不可见无对”的，就是“无表色”。修者在深度禅定中能生“无表色”，但这只有自己修证才能体会。“无表色”是过去、现在“业”力种子的发现，不是科学仪器可以测验到的。

佛法中将定中能见“无表色”的眼叫“天眼”，发了“天眼”即可出入物质世界自在地观察，“天眼”不受距离、体积、光线三缘的限制，也不受遮隔隐藏或通透显露的限制，不需通过光影的反映，而是通过精神力的反射在作用。

通过修禅定的修法可得天眼，但禅者修禅定的目的，却不在于修天眼，许多外道修行的目的在于修神通，往往忽略了即使修得了天眼，也未必表示就是禅定。

发了“天眼”，还可预知未来将要发生的事件，为什么呢？因为任何事物的发生都有一定的因果关系，“菩萨畏因，众生畏果”，菩萨不会等着结果发生，而已知导致结果现象的力量早已形成。

“天眼”的能力越强，能见的未来越久远，能见的复杂变化越深入，甚至数、理、学、文、字、象、图也都不再是静态的，随着修者能量的不同，转静态学理为动态智慧的领悟力和精确度非常人所能想象。

但注意，什么是“精确度”？就是说明“天眼”并不可靠，只要一加入其他的因素，未来的事态未必会产生预期的结果。这好比下围棋，段数越高，所见棋目越多；段数越低，所见越少。万法因缘所生，缘变则变，所以即便成就“天眼”的禅者也绝不许有任何算命、预测之行为，不但不许执著天眼，更不鼓励修者为了预知未来而专修“天眼”。

除了肉眼、天眼外，佛法中尚有慧眼、法眼和佛眼。“慧眼”是更进一步能见十二因缘、生死流转的征象，能照见五蕴皆空。“慧眼”不是一般人说的

"慧眼识英雄"或者"独具慧眼",世人的"慧眼"是取舍的智慧,还有"我"的观念存在,佛法中的"慧眼"是无我、无执的。

"法眼"则是能见法空,法无自性,绝不是如一般人所说有法术的术士之眼,叫"法眼"。法术不过是一些神通或特异功能,这是佛法所不提倡的,佛法中的"法眼"能见法身遍一切处、遍一切时,非色、非无色,非有相、非无相,非非有相、非非无相。

随后的"佛眼"是修者开佛知见,明心见性,见性成佛,成佛之眼,便是"佛眼"。凡具足五眼之禅者,知人无我、法无我,人法不二,这时候,哪有什么"我"的心可看?哪有什么"我"的"清静"可观?作此见者,是为"迷人"。

会诀 心不住法 道即通流

禅者修行时

"道"、"禅"、"法"如虚空一般通流自在。

寻"道"的人,心是不自在的,因为,执著在"道"的真假和寻"道"上,这是在大脑里误把"道"保留成固定不变的观念了。

"心"=自心=禅修本人

"法"=修法=禅修之法

"道"=至道=禅修本质

心=法=道时,心不住法,随缘自在。

颂曰:无前无后,争什么?

祖师云：

问：从上来皆云即心是佛，未审即那个心是佛？

师云：你有几个心？

云：为复即凡心是佛，即圣心是佛？

师云：你何处有凡圣心耶？

云：即今三乘中说有凡圣，和尚何得言无？

师云：三乘中分明向你道凡圣心是妄，你今不解，反执为有，将空作实，岂不是妄。妄故迷心，汝但除却凡情圣境，心外更无别佛。

——黄檗希运禅师《传心法要》

45.迷人渐修 悟人顿契

经文

师示众云:

善知识! 本来正教,无有顿渐,人性自有利钝。

迷人渐修,悟人顿契。

自识本心,自见本性,即无差别,所以立顿渐之假名。

会论

学生四:“本来正教,无有顿渐,人性自有利钝”。难怪三祖僧璨大师说“至道无难”,不至道才真的难啊!

悟义:陆游词曰:“古人学问无遗力,少壮工夫老始成。纸上得来终觉浅,绝知此事要躬行。”至道如果仅仅停留在字上、纸上、嘴上是没用的。禅修包含了两方面,有体系的一面是理论系统、修法系统、文化系统等,另一面,是以无门为法门的个人领悟和体悟,这些是偶发性的,无法预测的,由于人的领悟能力有利钝，故因人而异有顿、渐之别。一旦禅的发展，停留在理论体系的讨论和建立，停留在已知的古人思想的文字解读，而在应用、应世、应时，在文化艺术，在未知领域的探索，在升华和赋予古代智慧的新生等方面缺乏建树，这些保守的做法是缺乏真正生命力的。

学生五：常听人说佛法就是“缘起性空”，然后就是十二缘起的名词解释，这些人其实还不如不懂。

悟义：缘怎么起？性怎么空？为什么有学派认为缘起于性空？为什么有学派认为缘起法界？认为性空的修者既然空了，又有谁知空？缘起以后因果是怎么互相衍变的？在缘起的哪个阶段开始修行最有效？如何入手？……

学生五：哈哈，确实不知道，我现在连“缘起性空”四个字也不敢乱说了。

悟义：学问如果仅仅停留在口耳上，看上去聪明伶俐，对答如流的，但真的遇到高手就麻烦了。当年香严禅师初见师父沩山时，沩山禅师问他：“我听说你在百丈先师处，问一答十，问十答百。今天我不问你的学业见解，不问经卷中的文句，我只问你：父母未生时，你是怎样的？”香严茫然。回到房中，把平时看过的书本从头到尾翻了一遍，始终找不到一句合适的答案，于是叹息：“画饼不能充饥啊！”

会通

《金刚经》中，佛云“须菩提，若有人言，如来若来若去、若坐若卧，是人不解我所说义。何以故,如来者,无所从来,亦无所从去,故名如来”。

“如来”有什么行为可以专门称之为“修行”吗?“如来”的什么行为不在“修行”呢?

“如来”有什么专门的“定”吗? 说如来“若坐”,是在“坐”中生“定”,那么如来不“坐”是不是就不在“定”中了呢? 如果有依赖来、去、坐、卧而生成“定”,就必然有“不定”。一切的依赖都是有漏的,不究竟的,但为何还有人不明白? 老是执著在现象上?“是人不解我所说义”,为何不解? 因为不用心。

《老子》云:“知人者智,自知者明。”自知比知人难得多,人自己看不清自己的习气、毛病、问题,所以人最大的敌人是自己的执著和妄想,惠能大师在这里进一步升华了老子有辨别性的“智”和“明”,大师讲的“自知”是“自识本心,自见本性,即无差别”,这是出世间的般若之智,是无分别智。

从万法的本性上来讲,法性没有独立的自性,一切法平等无别,正如《金刚经》云“是法平等,无有高下,是名阿耨多罗三藐三菩提。以无我、无人、无众生、无寿者,修一切善法,即得阿耨多罗三藐三菩提。须菩提! 所言善法者,如来说即非善法,是名善法”。故,“所以立顿渐之假名”。

什么是“假名”?《道德经》云“名可名,非常名”。一般认为,“名”是用来指称和反映客观实在的名称和概念,名、实之间既有统一性又有差别性。

僧肇法师在《肇论》中反复强调,以“名”求物,物无当“名”之实,“名”纯粹是主观的,不反映客观实在的内容。物之“名”都是人给予物的,而物是在不停地变化流转的,今日之物已非昨日之物,而人们还以同样的“名”来称呼它，以昨日之“相”来认识和看待它，停留在昨日的观念上，儒家的经典《大学》中，也强调了对万物“苟日新，日日新，又日新”的认识法，从动态的角度来强调万事万物的不断变化，所以说“名”不符实。

但僧肇法师的思想比普遍性的变易论可谓更上层楼，他接着讲，以物求“名”，也没有能够反映客观实在物的“名”。物无当“名”之实，则为非物；“名”无得物之功，则为“非名”；所以说“名”实无当，万物安在？

他用“名”和物的关系来论证名、实不当之理，其实主要目的是为了破除人们对常相、常名的执著，不是为了论证客观实在的“名”和“物”的关系。

因为，人迷惑而不能解脱的直接原因是自己意识中的分别观念，其中常而不变的成见是悟“禅”的障道因缘。僧肇法师的这些非凡见解对“中国禅”的思想有极其重要的影响，法师以“万物非真”为基础论证了“心生则种种法生，心灭则种种法灭”思想。无论是真相和俗相都是心中的假相而已，并不是真实存在这种实真和实俗的东西，千江有水千江月，月之相并非月本身。

惠能大师则继承和升华了罗什、僧肇师徒的不二思想，提出了不执著、无分别的“顿、渐”假名。物本来没有彼此之分，所谓彼物、此物，皆是人主观称谓的结果，你以此为此，以彼为彼，他以此为彼，以彼为此，可见彼、此莫定于一“名”，彼此的区别本来是没有的，彼此本非有，那么结论只有一个：本无彼物、此物，“名”是假名、假号，“物”是非真，万物的“假名”不真，故名“不真空”。

会诀 迷人渐修 悟人顿契

禅者修行时

迷人对悟道的理解,好像必须是拾阶而上,一步一步上去到达山顶,那么似乎修行必须是一步步领悟,按照佛法的修行步骤,如果一步步上,成佛需要三大阿僧祇劫这么长的时间。

在释迦牟尼佛时代,许多弟子是闻法而顿悟的,人为什么迷惑?是因为乌云蔽日,当一阵狂风吹散心头乌云时,天地山河一时俱见,所以认为必须一步步来的思想,是由于不了解修行的本质。这是在没有超越时空的心态中产生的迷惑,是对渐修法的误解。

"中国禅"修者需要领悟到了瞬间便可契合本性的道理,但因为本人习气或环境、方法等其他因素还没悟道时,需要精进修行以等顿契机缘。并不能认为只有通过渐修,才能一步步悟道,这一点特别重要!

量变会引起质变,但质变不一定发生在量变中。

颂曰:无前无后,争什么?

祖师云:

问:上上根人,顿悟自心,还假万行,助道熏修不?

答:圭峰禅师有四句料简:一、渐修顿悟,如伐树,片片渐斫,一时顿倒;二、顿修渐悟,如人学射,顿者箭箭直注意在的,渐者久久方中；三、渐修渐悟，如登九层之台，足履渐高，所见渐远；四、顿悟顿修，如染一綟丝，万条顿色。上四句多约证悟，惟顿悟渐修，此约解悟。如日顿出，霜露渐消。华严经说，初发心时，便成正觉。然后登地，次第修证。若未悟而修，非真修也。惟此顿悟渐修，既合佛乘，不违圆旨。如顿悟顿修，亦是多生渐修，今生顿熟。

——永明延寿禅师《万善同归集》

46.无念无相 无住为本

经文

善知识！我此法门，从上以来，先立无念为宗，无相为体，无住为本。

无相者，于相而离相。

无念者，于念而无念。

无住者，人之本性，于世间善恶好丑，乃至冤之与亲，言语触刺欺争之时，并将为空，不思酬害，念念之中，不思前境。若前念今念后念，念念相续不断，名为系缚。于诸法上，念念不住，即无缚也。此是以无住为本。

会论

学生一：老师，您常常讲到《肇论》，以前是"物不迁论"，前面又讲到"不真空论"，我听完课曾回家反复看《肇论》，但实在看不懂，怎么办？

悟义：随着您对“禅”的深入体悟，就会慢慢读懂和理解《肇论》在“中国禅”的重要性了。历代祖师读《肇论》悟道的不少，如石头希迁禅师，在草庵中看《肇论》至“会万物为己者，其唯圣人乎”时，拍案而起，后掩卷而坐，不觉进入梦中，梦见自己与惠能大师同乘一龟，游于深池之内。醒来之后，仔细推详：“灵龟者，智也。池者，性海也。吾与祖师同乘灵智，游性海矣。”遂挥笔著千古绝颂：《参同契》。

学生三：我古文功底尚可，也曾反复看过《肇论》，但不得要领。

悟义：《肇论》不是普通的古文，其根本精神是不二，也就是即体即用。首先《物不迁论》依即静即动，谈即体即用，这一篇奠定了理论体系的基础，刚才提到的《不真空论》是第二篇，谈名之不实，也就是谈体，第三篇《般若无知论》谈体、用关系。在参究时我们用心可以体悟到，僧肇法师重视物即不迁、不真则空这两条“诸行无常”、“诸法无我”基本佛理，大乘就是一辆巨大的车，此两条佛理如车之两轮，建立了基础。而“般若无知”是解脱方法，这是大乘这辆车的方向盘，当然还有行车的目的地，就是“涅槃”之境，因此第四篇是《涅槃无名论》。除此之外，大乘巨车也有发动机，这就是如何不执俗、又不离俗的现实问题，这辆大乘巨车的车名叫“不二”。

学生二：《肇论》是不是哲学和逻辑学类著作？

悟义：《肇论》中当然具足了现在哲学和逻辑学的各种问题：同异、真假、虚实、有无、存在和不存在的辩证关系，所以有人认为《肇论》是中国哲学类巨著，但这个理解还不够，从“禅”的角度讲，《肇论》中提倡的“终日道法，终日凡夫”，是后来“生活禅”的源头。

学生五:我们的理解有时比较片面。

悟义:受西方科学影响,我们对"知"的理解,局限在"知识"范畴。其实,"知"在东方的本意是"知性",包含了智慧和知识两部分,道与理并举。圭峰宗密禅师概括为:"知之一字,众妙之门。"这个"知"是指"知性"而非"知识"。禅的"知"是灵知,惠能大师说法是即知即智、即智即知的知与智的圆融,句句不离顿悟、不离自心,灵知是由认知而通达般若之智的过程,"禅"本来是融思辨与悟性于一体的,以知发智,以智证知,知、智互为依托,知之极致处即是智,智之显现即是知。《肇论》正是充分发挥了这种知、智合一的思想。

学生八:我们近些年把中医也体系化,在这"化"、那"化"中大多追求的是"知",而忽视了"智"。

悟义:西医的"知"是理论体系,本质上没有求智的欲望,故为说理之医学;传统中医重在以理证道,以道统理,以术载道,道理合一。因此,完全用西方的逻辑、科学、精密分析思维方法来取代东方思维方法是困难的。传统中医不是知识,它更接近于慧学。并非"医学"、"医术"或"医技"所能涵盖,其根本在"医道"。

学生三:把中医理解为格式化的知识体系或供熟练操作的术、技,实际是以西医之理解释中医之道。

学生八:怎么可以在不失中医内涵的前提下求得真知?确是中医的生存问题了。

学生六:中医也好、东方传统也好、禅也好,在现代文明下有一个罪名,就是现代人看不懂,所以这些不科学。

悟义:面对复杂多变的世界,西方也从以“还原论”思维取得炫目科学成就的惊讶中逐渐冷静下来,并不断开始反思。线性、简单性、分割性、静态性思维难以完全解决宇宙、生命的复杂问题也渐成共识。既然“还原论”思维不能完全认识复杂世界的所有层面,因此,以之作为判断一个学科或一种思维方式是否科学的标准,其不合理性就显而易见。因此中医,未来必然会成为主流西医之外的另一种科学形态,如果中医完全被西化,就如同瑜伽被健身化、太极被体操化一样,不伦不类的异化,就叫邯郸学步。此源于东方本土主体思想、文化的衰落及迷人不识本,而产生的对外来思想、文化、信仰的无知膜拜上。

会通

惠能大师在这里讲到了“中国禅”修行的修法要旨:“先立无念为宗,无相为体,无住为本。”

三无法门,是禅法的大秘密,我曾经在《茶密禅心》、《中国禅》等书中反复提及“三无法”,这里我们再做一些补充。

不少人看了这个修法就有几点疑惑:

一、“三无”法中又有“宗”,又有“体”,又有“本”,究竟哪个更重要?

其实“三无”本来是一回事,为了方便大家理解,大师把它分为三点来说。修禅和其他宗门有个最大的区别,就是没先后、没重点,咱们这本书,有四十几万字，但没有先后，从任何一处都可以开始参究，也没有哪个是重点，处处皆重点。有先后、有重点就不是“禅”了，便是有缚。我们翻开禅门祖师们的语录会发现，禅门说法都是平行的，并没有什么时间、空间、先后、内外。

二、“无”究竟是什么？从惠能大师得法偈的“本来无一物”中，我们就在不断正解“中国禅”中“无”一词的内涵：

（一）“无”是“清净”、是“毕竟空”。“空”本有三：指“我空”、“法空”和“俱空”。在部派佛教和原始佛教以前，只讲“我空”而不讲“法空”。大乘佛法中不仅讲“我空”、“法空”，龙树菩萨在《中论》中更强调要把“我空”和“法空”都空掉，这就是“俱空”，也就是连“空”也要空。圣人的心与“无”同体，所以说圣人“无心”，或心如虚空，这是“非心非佛”。

（二）“无”是能生诸法的心，诸法由心造。法是众生心，法的生灭，是心的生灭。诸法实相，就是众生的本来面目，或称本性、自性、佛性。见诸法实相，就是明心见性，这是“即心即佛”。

禅者的修行是先从迷转悟，谓之从凡入圣，入圣之后，圣人的生活，也无异于平常人的生活，再谓之从圣入凡，这就是“平常心是道”。所以禅者所做的事虽只是平常人所做的事，而其做此等事，又与平常人所做此等事不同。

庞居士偈云：“神通并妙用，担水及砍柴。”担水砍柴，穿衣吃饭，平常人做之，是平常事；禅者做之，即是神通妙用，因有此不同，所以禅者虽做平常人所做的事，而不受所谓生死轮回中的果报，百丈禅师曰禅者“不昧因果”

之理源于此。

因此禅者既不是圣人，也不是凡人。本来从圣入凡谓之“堕”，堕是堕落，也是超圣，超圣是“百尺竿头，更进一步”，终日不离一切事，却不被诸境惑，方是大自在人。过水而脚不湿，做事而不滞于事，成家而不黏在家，有情而非困于情。

不过不要以为这种境界是通过忍辱、精进、努力才能成就的，禅者于修行时如此，是出于努力；于明心见性时如此，则是不用努力，自然而然，自能如此。这并不是说，因为修行的人养成了一种习惯，所以不必努力，而是因为修行的人于成就时，顿悟“三无”，所以才自觉会如此。在此禅境中，山还是山，水还是水，生活还是生活，只是人已不是旧日的那个人了。

那么如何顿悟“三无法”呢？三无本不可说，但还是有迹可寻，于修时，“于念而无念”，念念不著于相时便是“无住”，而“无住”自然便“无相”，看似说三，其实是归于“无念”一法。

这一法叫“无念行”，是禅门的独特修法，《坛经》有关于“无念”的五层内涵：1.“无念者，于念而无念”；2.“念念之中，不思前境”；3.“于诸法上，念念不住”；4.“于诸境上，心不染；5.“无者，无二相，无诸尘劳之心；念者，念真如本性”。

由此可见，禅者的“无念”，哪一层也没有绝思绝想、无思无想、心中空空如也的意思。所以“若只百物不思，念尽除却，一念绝即死”。

说到“无念”，这个法不是大师自己发明的，源于《楞伽经》、《维摩诘经》，“无念”是相对“动念”来说的。“动念”的意思容易理解，“无念”究竟怎么“无”呢？

《维摩诘经》“入不二法门品”中，善宿菩萨说：“是动是念为二，不动则无念，无念即无分别，通达此者，是为入不二法门。”

对此，罗什法师在《注维摩》中道：“惑心微起，名为动。取相深著，名为念。始终为异耳。”法师认为，动就是心起，心动就会产生种种的想法，所以叫做惑心。“惑心微起”，是说心动之后，就会相应地去看、听、触摸，随之产生取相，这就叫做“动”。

心动就必然会取相，取相深著，称为“念”。“动”是始，“念”是终，“动”和“念”实际上是“始”和“终”的关系，所以说“始终为异耳”。

僧肇法师接着师父的论点再说：“情发为动，想我为念。”也就是说动、念虽为异，但究其根本是一致的。欲望的发生是“动”，而对万法的执著，对“我”的执著则是“念”。如果根本不动心，为“无念”，所以“不动则无念”。

“无念”并不是指没有念头，而是没有动和念的分别，对一切事物无有分别，所以“无念则无分别”。无分别是指对“相”的无分别，也可以说对一切“法相”无分别，也就不会取相、深执。如果能够理解这样的道理，便理解了不二之法。

会诀 无念无相 无住为本

禅者修行时

无念=在心中无分别的境界

无相=在心中无空间的境界

无住=在心中无时间的境界

禅修者,能体会无常,由此超越时空,契合本性。此乃“中国禅”修法的根本。

颂曰:无前无后,争什么?

祖师云:

问:此顿悟门,以何为宗,以何为旨,以何为体,以何为用?

答:无念为宗,妄心不起为旨,以清净为体,以智为用。

问:既言无念为宗,未审无念者,无何念?

答:无念者无邪念,非无正念、云何为邪念,云何名正念?

答:念有念无,即名邪念。不念有无,即名正念。念善念恶,名为邪念。不念善恶,名为正念。乃至苦乐,生灭取舍怨亲憎爱,并名邪念。不念苦乐等,即名正念。

——大珠慧海禅师《顿悟入道要门论》

无念者,一切处无心是,无一切境界,无余思求是,对诸境色,永无起动,是即无念。无念者,是名真念也。若以念为念者,即是邪念,非为正念。

——大珠慧海禅师《顿悟入道要门论》

47.不识法意 自迷不见

经文

善知识！外离一切相，名为无相。能离于相，即法体清净，此是以无相为体。

善知识！于诸境上，心不染，曰无念。

于自念上，常离诸境，不于境上生心。若只百物不思，念尽除却，一念绝即死，别处受生，是为大错。学道者思之，若不识法意，自错犹可，更劝他人。自迷不见，又谤佛经，所以立无念为宗。

会论

学生三：我一直误以为"无念"就是"无思想"。

学生一：佛十九岁离家，他先修了三年瑜伽，得了"无想定"，发现不究竟，然后"知非即舍"，惠能大师当然也不会让大家去修"无思想"。

学生四:谁能无思想?正常人只要活着就有想。

学生五:凡人不是有思想,而是有杂念!杂念不代表思想。

学生一:佛舍弃“无想定”后,又花了三年,修成了更深层的“非想非非想定”,这就不是没有思想,也不是没有知觉,是当时最高禅定功夫了,但佛还是“知非即舍”。如果佛没有这一次次地放下,怎么会有后来的悟道?

学生九:“无想定”和“非想非非想定”还是禅定,不是禅的“无念行”。

悟义:哪有这么多这定,那定?您们搞得这么复杂做什么?生死未了时有什么比生死更大的事?了生脱死后还有什么是大事?您成天迷迷糊糊、浑浑噩噩地生活,究竟是前途茫茫,还是后路茫茫?要活得明白,需先信,信不立,疑何生?疑不生,智何起?智不起,境何驭?到了最后是疑信两忘,两忘之间,“外离一切相”,离相之时,您又是谁?

会通

我们一定要理解惠能大师讲的这些不是道理,不是学问,不是知识,禅门的各种疑难杂症、百般不解的难题,只要能够一念回光,就众流归元,瞬间一通百通,这些困扰我们的难题如海边的石头,看上去巨大,可投入大海中,连个波纹都不见。禅法是提起即用,放下便休。

不少学人对禅法一知半解,就字论字,肤浅地讲经,大师在此再一次重申:“学道者思之,若不识法意,自错犹可,更劝他人。”知其然不知其所以然地讲经、说法不但误人子弟,而且是“自迷不见,又谤佛经”。

法绝对是不可乱讲的，因为自己见解不够，知识教得不圆满，会引着学人走多少弯路？如果以商业为目的，以出名为目的讲法，口才越好越影响学人的价值观、见解、行为、表现，名气越大越影响社会。自己不明白时，说的“法”越多、做的“事”越多则被其误导的人也越多。人为什么不认为自己迷呢？因为心中一旦形成对法的片面理解，再纠正就难了。而面对诸多崇拜法的学人，自我感觉良好，停不下来，如同爱吃者乍见美食。有些妙法，如同“不落因果”和“不昧因果”，一字之差，结果却天地悬隔，自迷之人说法乃谤经、谤法，虽属无意，却误人正信，实为“造业”。

会诀 不识法意 自迷不见

禅者修行时

禅修者如果执著在经典、文字上，很容易忽略修法的本意，结果越修越迷惑。所以，想要通过禅修获得安心自在，需跟大善知识灵活请教入门之法，不是随便听人讲讲，更不是听这人讲讲，那人又讲讲，似乎每个人都有道理，或者自己随便看看经典，似懂非懂就可以修的。“不识法意”时，自然“自迷不见”。

颂曰：无生无死，了什么？

祖师云：

至道无难，唯嫌拣择。但莫憎爱，洞然明白。

毫厘有差，天地悬隔。欲得现前，莫存顺逆。

违顺相争，是为心病。不识玄旨，徒劳念静。

——僧璨禅师《信心铭》

凡夫不见自性，妄识分别，自生高下：诸佛自高，众生自下。菩萨了悟人、法二空，上至诸佛，下至蝼蚁，皆有佛性，无所分别。故一切法皆平等，岂有高下也。

——惠能禅师《六祖金刚经注》

48.若有所得 妄说祸福

经文

善知识！云何立无念为宗？

只缘口说见性，迷人于境上有念，念上便起邪见。一切尘劳妄想，从此而生。自性本无一法可得，若有所得，妄说祸福，即是尘劳邪见。故此法门立无念为宗。

善知识！无者，无何事？念者，念何物？

无者：无二相，无诸尘劳之心。念者，念真如本性。真如即是念之体，念即是真如之用。真如自性起念，非眼耳鼻舌能念。真如有性，所以起念。真如若无，眼耳色声，当时即坏。

善知识！真如自性起念，六根虽有见闻觉知，不染万境，而真性常自在。故经云：能善分别诸法相，于第一义而不动。

会论

学生一：现代人喜欢说眼见为实，无念、无相、禅法，因为看不到，所以大家老是不相信和理解,怎么办?

悟义:您能看到风吗?您感觉风是什么形状呢?

学生一:看不到,只能通过风吹的物体判断风。

悟义:那么如果没有物体被风吹动时有没有风呢?风都看不到,还想看到"念"?看到"心"?"禅"?

学生三:尽管看不到,有人却执著在分析里。

悟义:您爱孩子吗?

学生三:当然。

悟义:请问爱在您身体的哪部分?心脑?还是肝肺?还是肠子?

学生五:主要是现代人习惯了确切数字。

悟义:生命是无限的,仅我们人类居住的地球而言,到目前为止,科学都没能说出地球生物种类的确切数字,更何谈对宇宙、生命实相的认识?眼见为实?我们的六根如果没有开发出来,只能感知到三维以内,仅限于人类生命层次较接近的生命,如动物、植物等,对于其他如石、土、水、桌、椅、冰箱、电视等无情物体,人们都误认为它们是无法感知的。其实,一切事物都有生命,连数字都有生命,当您的能量转化时,能感应到身边动物、植物、石头甚至文字、数字都是活的,都有生命,只是有些生命只有从属性而无主动性。生命的能量是可以随时互相影响和转化的,能量怎么计算确切数字?能计算出某人禅定的深度吗?现代科学研究的脑波范围能代表禅定深度吗?那仅仅是意念力的浅层范围,在心理学的情绪范围内,真正入到深层定境的修者不是动物冬眠低温状态,而是无脑波、无心跳、无呼吸，用仪器测得了吗？测出来的结果是死人。如果判断是死人，怎么定能量的确定位置？如何看能量的形状？生命的本质是能量，能量强度和物种、个体、共振有关，能量越大的生命其生命层次相对越高。众生虽然都具有共通的佛性，但因个体差异而又显现出不同的变化速度。能量越高，生命体越稳定，变化频率越慢；能量越低，则越不稳定，变化频率越快，显现出每一变化阶段的寿命越短。

学生五：如果现代可测算宇宙的中心有生物，这些生命的寿命是不是就是佛经中讲的无色界的超级生命？

悟义：无色界生命也还是在三界里，在四禅八定里，在佛证悟境界里，四禅八定还不是解脱正道。

学生四：无色界的生命体是实有的生命还是只是精神？

悟义：您提的问题本身就是问题：一、什么叫实有？二、什么叫生命？三、精神是独立于生命外的另一种形态吗？

学生四：有的时候，我真是不敢开口了，一说话就是错。

学生五：但是您不说话，怎么知道自己满脑子邪见？自己藏起来就安全了？

悟义：对“无色界”的生命体来说，不能因为我们看不到就认为他们不实有，我们感受不到那是因为色界和欲界的生命和他们不在同一个能量级别，不在一个维度上，同样，我们的实有对他们来讲，也是如影如像，如露如电。大家的能量级别不同，生活空间不同，时间不同，沟通不同，无法用同一个标准来分别什么叫“实有”。这些生命体的寿命很长，佛经中说足有两万大劫，银河系经历一次“成住坏空”为一大劫，我们现在听了好像天方夜谭，但是我们想想，我们体内的细胞生灭的速度有多快？有些细胞的100年不就等于我们人的亿万分之一秒吗？能量级别越低变化速度越快，您不是细胞，怎么知道细胞和细胞之间的关系？有无沟通？细胞的世界不是人能够想象的，人的寿命也是细胞无法想象的，对比细胞，人的百年寿命就足有两万大劫这么长。因此和无色界的生命体比，我们这个世界的生命速度也许就像细胞的生命速度一样可以忽略不计，时间不是绝对的，处在不同维度的星球、生命体时间完全不同，所以不要用这个世界的时间概念去判断什么，天外有天，站在另一个角度来看欲界天人乃至色界天人的所谓“永生”，简直就像玩笑！

学生七：无色界是宇宙的中心吗？

悟义：说宇宙有中心的人，是假定宇宙为有限大，假定了一个边界。如果没有边界，哪有什么中心？您设定了空间，才会有内外。如果一定说有边界，这个边界仅仅是人类现在可知的范围，可知之外是什么？用这种方法推理，其结论就是宇宙必定是无限大的，但这种推理方式是错的，因为宇宙空间不会是简单的三维欧氏空间。我们设想，如果人类还不会飞行，从二维空间角度说，我们就会发现地球是没有边界的，就像一只蚂蚁在足球上无论怎么费力爬，都会回到原点。现代物理学认为空间是弯曲的，如果一个宇宙飞船向一个方向一直飞，最后将会回到起点，因此没有边界。我们现在大脑里设定的这个有限大却没有边界的宇宙，和佛说的三千大千世界会是一回事吗？就好像地面爬行的动物认为地球是没有边界的一样，我们看不到“宇宙之外”的“宇宙”。

会通

人是怎么迷的？惠能大师说：“于境上有念。”生了妄念然后于此“念上便起邪见”，再之后“一切尘劳妄想，从此而生”。可见，人迷是源于邪见。

禅法说来说去，不离自性、心性，但自性、心性是本空的，只有空性才能生万法，这一点，我们在前文反复讨论和解释了，“自性本无一法可得，若有所得，妄说祸福，即是尘劳邪见”。

为什么自性“无一法可得”？因为法不是“得”来的，是本自具足的，譬如人无法说自己得了一双眼睛，得了一条腿，与生俱来的东西无法说“得”，只有从外界获取的，叫“得”。

“一无所得”是指，自性中能生万法，这一切都在自己的心中，不是通过外界、外人去得什么“万法”。

大慧菩萨曾问佛：佛有得阿耨多罗三藐三菩提吗？佛答道：佛没得阿耨多罗三藐三菩提。菩萨再问：佛没有阿耨多罗三藐三菩提吗？佛答：也不能这么说。

明白了什么是“得”，也就能看懂这段对话。佛没有从外面“得”菩提心，但不是说佛没有菩提心，《心经》说“无智亦无得”，也是佛二十二年讲般若法最后的结论，佛、菩萨、祖师们的这些大实话都不能在开始的时候讲，如果一开始讲“无智亦无得”，听法的人都跑光了，心里想都无智、无得了还听什么法？所以佛在讲完小乘、方等诸经后讲般若，惠能大师在般若品、决疑品讲完了之后讲无智无得，听法的人就明白了“无智”是圆满的究竟智慧，是无量的般若，对境即生，境过则无，如果心里头有个“智”，就有限了。

但因为佛说“无得”，有人又执著在“无得”；说“无念”，又执著在“无念”上，这又错了。心里头不可以有什么“无智亦无得”的念头，统统要离开，才是真的“无念”、“无智”、“无得”。禅门里的“无”，是无有智、无无智；无有得、无无得；无有念、无无念，“无”里面什么都有，离了有、无两边，那才真的叫“无”。

普通人忙于下结论，看书也粗心大意，看经典依文解义，看到“无得”，便理解什么都没有，什么都不要，如果都这样解释法，佛、菩萨、祖师们真是要看着我们流眼泪了。不二之法是两边不立，中道不存，清净心圆满显露，清净心里面有无量的智慧、无量的德性，这些是清净心里本来具足的，所以说“无智”、“无得”、“无念”、“无相”、“无住”。

“无者，无二相，无诸尘劳之心。念者，念真如本性”，又说“真如即是念之体，念即是真如之用”。可见真如和念是一体两面，见自性的人，念念清净，不见自性的迷人，念念妄想。

“真如自性起念，非眼耳鼻舌能念”、“真如有性，所以起念。真如若无，眼耳色声当时即坏”。这一段大师在讲“真如”。

“真如”是个重要的词语，我们前文已经说到，“真”是不假、“如”是不真，不真不假叫“真如”。

一切法的本来面目就是“真如”，看上去有，实际上空；看上去空，实际上又有。再进一步，真若不假，如则不倒，宇宙的实相就是“真如”，“真如”是绝对离不开自性的，所以自性就是“真如”，“真如”就是自性。

“真如”若无时，六根即不起用，眼耳色声当时即坏，这句话有两层含义：一、指植物人、被麻醉的病人，这些人六根虽没灭，但无法起用。二、指迷人，这些人六根虽能用，但不知用，六根的性能只停留在见、闻、觉、知的初级范围，连万分之一的功能都没有启动，所以不见真如本性的人，是不会启动自己能量的人。

物质由四大组成，而我们千万不要忽略了“空”是四大相通的基础。“四大”生“六根”，“六根”产“五蕴”，“五蕴”包含了心、色二法，归根还是“空”。见了性的禅者能够“照”、“见”五蕴皆空。在心法上的“照”是“于相而离相”、“于念而离念”，在色法上的“照”是“不住法、不住境、不住相”。

那么什么是“见”？“见”是通过“照”而认识到五蕴皆空，是基于五蕴皆空的觉察，“见”即包含了“认”，也包含了“识”。

由此，禅者不会因为执著和挂碍在万境的现象上而被环境所污染。而迷惑的人，其“五蕴”里装满了妄想执著，眼耳色声近于坏，被妄想带着游戏。

大师最后说“能善分别诸法相，于第一义而不动”，自性、真如对外境、万法了知而不加分别，本体从来就没有动过。自性不会因为悟道了而增加，不悟道就减少，是“在圣不增，在凡不减”的，无上心法没有次第，禅门不走次第的“因戒得定，因定发慧”的路径。定、慧本来一体，本来不二！

现在学禅的修者，因为不懂顿悟修法，以为讲“四禅八定”法，“冥想打坐”法就是禅修，简单来说，这是走了小乘南传或者瑜伽一脉的路径，不仅和惠能大师的曹溪禅风没关系，就是神秀大师的渐修法也不是这个路径。祖师们无论顿法、渐法都在讲悟！禅门经典上没有讲如何修！顿悟顿修，修是配合悟的过程，是自然而然的。

最后我们谈谈什么叫“于第一义而不动”？我们反复强调过“第一义”是不可说的。禅门的公案里为了“第一义”被祖师们打、骂的学人不计其数。有人问“祖师西来意”，有人问“摩尼珠”，有人问“父母未生时”……

唐朝有位居士名庞蕴，他曾谒见石头希迁，问道：“不与万法为侣者，是什么人？”“不与万法为侣”也是“第一义”。

老子云“道可道，非常道”，能“道”非“真道”，而是道之相。每个人说“道”都带着每个人自己的观念、角度，皆不是“第一义”。

“第一义”是随着修者境界不同而领悟不同的，所以石头禅师一听，立即用手掩他的嘴巴，庞居士似有所悟。

后来庞居士又去江西参见马大师，还是问：“不与万法为侣者，是什么人？”马大师可没石头禅师那么温柔，听了哈哈大笑，答道：“待汝一口吸尽西江水，即向汝道。”

在中唐、晚唐时期，以马大师和石头禅师为代表的一大批杰出禅师，以明快而贴近生活的禅法，把“禅”的根本精神以简单、纯真、自然的形式弘扬开来。从此，“禅”真正在中国生根发芽。宗密禅师在《圆觉经大疏钞》中提及马大师曰：“修禅者起心动念，弹指声咳，扬眉瞬目，所作所为皆是佛性全体之用，更无第三主宰，如面作多般饮食，一一皆面，佛性亦尔，全体贪嗔痴造善恶受苦乐，故一一皆性。”

我们在概论中提到唐玄宗曾亲自御注了《孝经》、《道德经》、《金刚经》，颁行“以儒治国，以道治身，以佛治心”的方略。我们现代社会的矛盾，主要是“人与自然的矛盾”，“人与人的矛盾”，“人与自身的矛盾”，儒、释、道三门，针对这三大矛盾，顺应自然，顺应昼夜，顺应时势，这是中国传统的真正智慧。而“中国禅”的诸位祖师们将此中国传统儒、释、道三家的密意，更加生活化、简单化、平凡化，在日常的言行、举止中统统表达无遗了。唐宋之际，中原大地的思想、文化、学问、政治、信仰、宗教等各方面莫不与禅门有千丝万缕之联系，祖师们对中国传统思想的贡献，巍巍然若壁立万仞，莫能瞻仰；滔滔然若万顷清流，怎可涯际？

即使到了蒙元帝国初期，禅门高第耶律楚材，也曾极力劝阻成吉思汗、窝阔台的粗蛮，将“中国禅”的法相总结为“以儒治国、以道治身、以佛治心”的治国方针。

现在说回庞居士这里，他于马大师言下顿悟玄旨，从前所残留的疑情一扫而光。开悟后，庞居士留在马大师座下继续参学，修证日趋高峻，机辩迅捷，为诸方之所仰慕。

离开马大师后，庞居士四处行脚，其所到之处，学人争相往复问酬，居士皆随机应响，为人解黏去缚。其机锋言辩，皆超出常规，令人难以捉摸。

有一天，庞居士来到一处讲肆，听某法师讲《金刚经》，当讲到“无我相、无人相”时，庞居士问道：“座主！既无我、无人，是谁讲？又谁听？”法师被问得哑口无言。

庞居士有个女儿叫灵照，她曾随大珠慧海禅师参禅，回家后跟着庞居士制作竹漉篱，做好后就拿到集上去卖，一家人靠这个维持生计。一日，老夫妻俩在室内讨论禅境，庞蕴说："难、难、难，十担麻油往树上摊。"

庞婆说："易、易、易，花草树木均现祖师意。"

正在屋檐下编笊篱的女儿灵照抚掌笑道："也不难，也不易，饥来吃饭困来眠。"庞蕴大笑，夸灵照甚得慧海师兄真传。

一日，庞居士与庞婆、儿子下地耕田，只有灵照在家。天近中午，一位禅僧风尘仆仆地过来敲门，灵照虽不认识，但一看就知道，来的是大名鼎鼎的丹霞天然禅师。

丹霞禅师见了灵照，问她："请问，庞居士在家吗？"

灵照天性顽皮，又听慧海禅师多次提起丹霞禅师，好不容易见到了，怎能就这么放过？所以，她面无表情，想看禅师如何应机。丹霞禅师却不知这小姑娘想和他斗禅机，见她不说话，就又问："请问，居士在吗？"

灵照一声不吭，"砰"地关了门回到房间里，丹霞禅师因此只好离开。不一会儿，庞居士和庞婆、儿子从田中回来，灵照眉飞色舞地将刚才的事儿叙述了一遍。庞居士问："丹霞大师呢？"

灵照得意地说："早走了，他都未能领悟我的禅机，不走干啥？"

居士苦笑着摇着头说："土涂牛身。"灵照一怔，不解地望着老爹。哥哥说："爹说你班门弄斧！故弄玄虚。"

可不是吗？牛身上本来就沾满了土，再往它身上抹多少土也显不出来。第二天，丹霞禅师又来了，见到了在门口一直等他的庞居士。丹霞禅师明明见到居士坐在那里，嘴里仍是那句话："请问，庞居士在吗？"

庞居士答："饥不择食。"

禅师又问："庞公在吗？"

"苍天，苍天。"庞居士边喊边走回家门。

"苍天，苍天。"丹霞禅师也边喊边离开了，千里迢迢而来，大师们见面就这两句。一位明知故问，一位答非所问；一位导以假名，一位复以名是空，空是空；一位又答之空不空，空也空……

禅师相见不为叙旧，只为证悟，互相已经心心相印，以悟境相契，来往行脚只为证心，如此心领神会，自然无需多言便可别去。

一边的灵照将这一幕看得真真切切，此时，她方知为何父亲说自己班门弄斧，自己斗的什么默言禅机，真是多此一举，浅薄可笑，也始知禅海之波澜壮阔。此后，她潜心修禅，再后随父与诸方禅师问答酬唱，机辩敏捷，终成一位真正的禅师。

会诀 若有所得 妄说祸福

禅者修行时

进入禅门的修者，修行至一定境界后，有些人会执著在禅修中产生的各种境界上，自乐自喜，自满自得，以为自己很有能量，这都是"有所得"的现象。

如果继续这样的话，不仅不会增长功夫、智慧，反而极易出现“增上慢”，乱讲什么“禅修有祸福”之诡辩，堕落在迷信的陷阱里。

颂曰：无来无去，怕什么？

祖师云：

众生之心，本无所住。因境来触，遂生其心。不知触境是空，将谓世法是实。便于境上住心，正犹猿猴捉月，病眼看花。一切万法，皆从心生。若悟真性，即无所住。无所住心，即是智慧，无诸烦恼。

——惠能禅师《六祖金刚经注》

悟义 编著

至宝坛经

（下）

文匯出版社

图书在版编目(CIP)数据

至宝坛经 : 全2册 / 悟义编著. — 上海 : 文汇出版社, 2015.10
ISBN 978-7-5496-1613-8

Ⅰ. ①至… Ⅱ. ①悟… Ⅲ. ①禅宗-佛经-中国-唐代②《六祖坛经》-研究 Ⅳ. ①B946.5

中国版本图书馆CIP数据核字(2016)第080582号

至宝坛经 下

著　　者 / 悟义
插　　画 / 雪山静岩
责任编辑 / 戴铮
校　　对 / 灵一　灵和　灵禧
策　　划 / 茶密学堂
装帧设计 / 张瑛

出 版 人 / 桂国强

出版发行 / 文匯出版社
上海市威海路755号
（邮政编码200041）
经　　销 / 全国新华书店
印刷装订 / 启东市人民印刷有限公司
版　　次 / 2016年5月第1版
印　　次 / 2020年5月第3次印刷
开　　本 / 787×1092 1/16
字　　数 / 260千字
印　　张 / 30.5
印　　数 / 5001-6000
书　　号 / ISBN 978-7-5496-1613-8
定　　价 / 120.00元(上下册)

本书经上海民族和宗教事务委员会审定

悟义老师

“中国禅”修养导师

主要著作：

禅养生系列：《茶密人生》、《茶密功夫》

禅文化系列：《茶密禅心》、《禅者的秘密·饮食》、
《禅者的秘密·禅茶》

禅与生命系列：《本能》、《生存》、《禅》

禅修系列：《莲花导引》(香港出版)、
《莲花太极》上下册(香港出版)

禅艺系列：《雪山静岩不二禅画释义》(香港出版)、
《不二禅颂》(香港出版)

“北大、复旦生活禅智慧”讲座光盘

禅法系列：《中国禅》、《至宝坛经》上下册

至宝坛经悟道诀

行由品第一

开缘说法　愿闻法要　菩提自性　本来清净

一闻经语　心即开悟　惟求作佛　不求余物

自性若迷　福何可救　本来无物　何处尘埃

求道之人　为法忘躯　善自护念　广度有情

不思善恶　本来面目　一十五载　随宜说法

风动幡动　仁者心动　智者了达　其性无二

般若品第二

心念般若　波罗蜜多　只缘心迷　不能自悟

般若智慧　不在口念　迷人口说　智者心行

前念迷凡　后念悟佛　如此修行　定成佛道

若无尘劳　智慧常现　自用智慧　不假文字

去来自由　通达无碍　大善知识　直示正路

发愿受持　终身不退　烦恼暗中　常生慧日

决疑品第三

造寺设斋　实无功德　功德在法　不在修福

见性是功　平等是德　　修性是功　修身是德

愿生西方　去此不远　　说远下根　说近上根

迷人念佛　悟人心净　　身中净土　便睹弥陀

佛性中作　莫身外求　　若欲修行　在家亦得

心平行直　定生红莲　　菩提心觅　何外求玄

定慧品第四

定是慧体　慧是定用　　心口俱善　定慧即等

自悟修行　不在于诤　　灯是光体　光是灯用

行住坐卧　常行直心　　直心道场　直心净土

迷人著法　障道因缘　　心不住法　道即通流

迷人渐修　悟人顿契　　无念无相　无住为本

不识法意　自迷不见　　若有所得　妄说祸福

坐禅品第五

此门坐禅　元不看心　　若言看心　心元是妄

若言看净　人性本净　　起心看净　却生净妄

作此见者　却被净缚　　迷人不动　与道违背

心念不起　自性不动　　离相为禅　不乱为定

心不乱者　是真定也　　外禅内定　是为禅定

菩萨本性　元自清净　　自修自行　自成佛道

忏悔品第六

诸善知识　皆共有缘　五分法香　各自内熏
无相忏悔　三业清净　忏其前愆　悔其后过
自性自度　是名真度　自性三宝　常自证明
三身如来　从自性生　性本清净　此名法身
念念圆明　此名报身　自性变化　此名化身
自悟自修　是真皈依　心除罪缘　自真忏悔

机缘品第七

诸佛妙理　非关文字　定慧等持　双修是正
心迷法转　心悟转法　性具三身　明成四智
法无四乘　人心等差　无上涅槃　圆明寂照
汝当化方　无令断绝　汝既如是　吾亦如是
因看维摩　发明心地　生死事大　如是如是
应用无碍　无不定时　达摩大师　正法眼藏

顿渐品第八

法即一种　见有迟疾　法无顿渐　人有利钝
一具臭骨　何为立功　自性起用　真戒定慧
应用随作　应用随答　正剑不邪　邪剑不正
吾久念汝　汝来何晚　柱杖打三　是痛不痛

二边生灭　自性不见　　心迷问路　心悟自见

吾有一物　无名无字　　实性立门　言下自见

护法品第九

密受忍法　传佛心印　　师表辞疾　愿终林麓

道由心悟　岂在坐也　　无所从来　亦无所去

一然千灯　明明无尽　　道无明暗　相待立名

烦恼菩提　无二无别　　无二之性　即是实性

不生不灭　性相如如　　本自无生　今亦不灭

湛然常寂　妙用恒沙　　托疾毗耶　谈不二法

付嘱品第十

说一切法　莫离自性　　一十八界　从性起用

无情五对　法相十二　　自性起用　此十九对

三十六对　贯一切法　　依法修行　无相法施

二道相因　生中道义　　能善分别　第一不动

一相一行　定证妙果　　有道者得　无心者通

自性真佛　无生无灭　　端坐迁化　普利群生

目 录
CONTENTS

下 册
坐禅品第五

忏悔品第六

机缘品第七

顿渐品第八

护法品第九

付嘱品第十

坐禅品第五

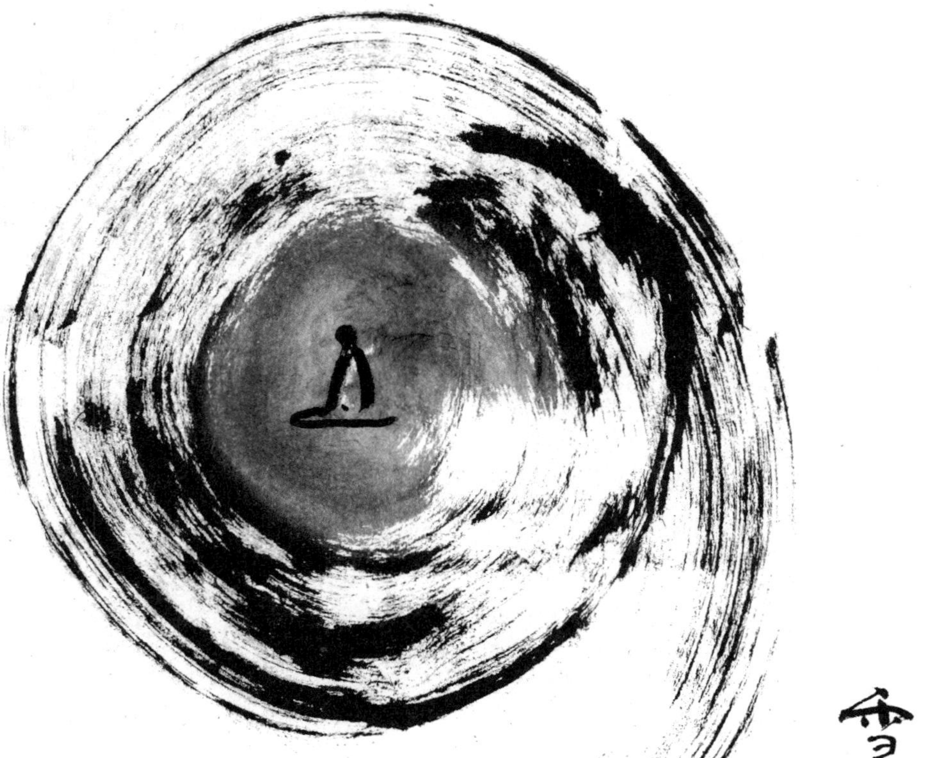

49.此门坐禅 元不看心

经文

此门坐禅，元不著心，亦不著净，亦不是不动。

会论

学生一：大慧宗杲禅师倡导的“看话头”修法，和北禅的“看心看净”都有一个“看”字，看是什么含义？两者之间有什么不同吗？

学生五：既然本来无一物，就是无物可“看”，话头不是物，心和净也不是物，但为什么都叫“看”？

学生九：这个“看”肯定不是眼看。

学生八：“看”是抓住。

学生一：您是指“抓”话头,还是连心和净一起抓？如果和眼没一点关系，为什么要叫“看”？

学生七：是用心眼看，“话头”是话前。话前是没说出来的内涵，用耳听、肉眼看都是看不到的。我认为有"抓"的意思在内,但肯定不是用手抓。

悟义:您们想了解什么是"看话头",首先要了解什么是"话头"?"话头"从字面理解是话之前,实际上是指迷云、乌云,挡住清净自性的那些云,通过"看"的修法把乌云吹散。那么"看"的含义也就出来了,"看"包括了"参","参"不是琢磨,琢磨是在字面上,是知识范围,是逻辑方式,"参"是用心聚集,聚集后怎么样?当然要抓,抓什么?抓闪电,抓灵光,以此灵光照见本来面目。抓的力量从哪来?从"参"的积累来。

学生七:这和止观禅法有什么不同?

悟义:禅门的禅法是定慧等持,"等"是禅的秘诀,绝不可偏废。通常修禅定必修止、观,但有些宗门重"止",这样容易落在昏沉里;有些则重"观",这样容易落在掉举里,就是躁动不安。昏沉与掉举,是修禅定或者说初入禅门时最常见的禅病。"看话头"法对治昏沉有特效,"默照禅"法对治掉举有特效,此两种禅法是宋时临济、曹洞给修者开出的法药,因修人的禅病而异。"观"强需用"止","止"多则需"观",止观应是并重的。

学生八:啊!我理解了,"看话头"主要在用"观"法,观看观看,用观法去看,所以叫"看话头"。

悟义:"观"有观照、观心等修法,"观照法"是自然而然的无为法,修无为法是契合本性的修法,照见五蕴皆空;"观心法"是拂尘看净的有为法,有为法是对治念头(大脑意识)的修法,此两法本是色不异空、空不异色的不二关系。如同用止、观一样,目的都为了观诸法皆空。

学生七:可否理解禅门的法都是对传?止观、定慧、色空这些无为、有为法,和太极一样,无论是阴中阳、阳中阴、阴中阴,阳中阳,实际上是此消彼长,保持动态平衡。

悟义:您算是快“看”到禅门了。“看”是方便说,因为大家容易理解,“看”含了三方面意思:一是“观”,用“观照”、“观心”二法;二是“看”时由于要参究,要厚积薄发,一鸣惊人,大动则生大智,但不能生识,也就是“看”要生佛的“知见”,不要生有分别的“所知见”,若有分别,则妄心生;三是要起“疑”,大疑大悟,小疑小悟,不疑不悟,疑是通往目的地的信息,所以一定要抓住疑,绝不放松。

学生一:“看心看净”的“看”,也有这三层含义吗?

悟义:“看心看净”的修法属于有为法,因为“心”和“净”不是“话头”,无法起疑。“话头”的修法主要为了集中能量抓疑,是先“破”,“破”了就能“照”,“照”空便“见性”。而“看心看净”是为了拂尘,拂的只是杂念,杂念如风一样,怎么拂?真心和妄心同是一心,否定此便是否定彼,压制此就是压制彼,如果暴力地强制压迫杂念,只会使杂念更多,我们如何能区别起心动念时,哪一个是真?哪一个是妄?有区别的心便是妄!修者唯一能做的便是起觉照,灵光可以照见诸法皆空时,还需要拂什么?看什么?

会通

“此门坐禅,元不看心,亦不看净,亦不是不动”。前文惠能大师一直在否定,这里终于开始正面讨论坐禅了,禅门坐不坐禅?当然坐!如果坐禅不重要，那么为什么惠能大师圆寂后，至今坐在南华寺？

那么怎么坐才和别法不同？就是不看心，不看净，也不是不动。“不是不动”这句话一般人比较难理解，正常人的生活是动还是不动？怎么能“不是不动”地坐呢？

如果坐禅有定相，这个坐就不是大师说的“坐”，禅修是将佛法落实到生活中的方方面面去，不能离日用。穿衣吃饭、行住坐卧、拉屎撒尿……禅者在生活中修行，事事有禅，时时有禅，处处有禅。对内“平常心是道”，对外“本分事接人”。什么叫本分事？本就是你现在在做什么，以后还是继续做你的事情，把自己该做的事做好了，就是在修禅。

如果把修禅，当作生活以外的另外一件事情，就是二法了。坐禅如果仅仅停留在“坐”相，不能落实到现实生活，那说明这个“坐”反而会障碍你，是障道因缘。为什么呢？因为如果脱离了生活才能清净，一到生活里就迷惑的“禅”没有用。

在生活中的禅心，就是“平常心”，什么叫平常？就是不特别，不招摇，不刻意，不标新立异。

会诀 此门坐禅 元不看心

禅者修行时

看心修法是一种虚幻境界。“心”大体有两种含义：本性和大脑意识。

本性是体，大脑意识带动的念头是用，念头是看不了本体的，因本体无相故。大脑意识带动的念头是不真实、无常变化、不断生灭的，所以是无法追求的，也是看不到的。

颂曰：无前无后，争什么？

祖师云：

师谓休曰：诸佛与一切众生，唯是一心，更无别法。此心无始已来，不曾生不曾灭，不青不黄，无形无相，不属有无，不记新旧，非长非短，非大非小，超过一切限量，名言踪迹对待，当体便是，动念即乖。犹如虚空，无有边际，不可测度。唯此一心即是佛，佛与众生更无别异。但是众生著相外求，求之转失。使佛觅佛，将心捉心，穷劫尽形终不能得。不知息念忘虑，佛自现前。此心即是佛，佛即是众生。为众生时此心不减，为诸佛时此心不添。乃至六度万行河沙功德，本自具足，不假修添。遇缘即施，缘息即寂。若不决定信此是佛，而欲著相修行以求功用，皆是妄想，与道相乖。此心即是佛，更无别佛，亦无别心。

——黄檗希运禅师《传心法要》

50.若言看心 心元是妄

经文

若言看心,心元是妄。

知心如幻,故无所看也。

会论

学生一:禅者的“平常”就是世间的“不平常”。

学生三:道是平凡的,所以是平常的,大道至简。

学生四:所以能称之为“禅者”的,都是平常人、平凡人、不急躁的人、不散乱的人、不颠倒梦想的人。

悟义:“平常心”有三层含义:一是“禅”的本质是平凡的、普通的。二是不离日常生活的是“禅”。三、对自己来讲,要以一种无分别的心态去修行,或者说我们要修行到一种无分别的心态。

学生三:怎么知道心中无分别?

悟义：试试看“八风”能否吹动自己的心啊！“八风”分四组：第一组叫“利”和“衰”，顺利是利，坎坷是衰；做什么事情又好又顺是利，做什么都失败是衰。第二组叫作“讥”和“称”，讥是讥笑、讽刺，称是称赞、赞扬。第三组叫“毁”和“誉”，这个程度比讥、称要深，毁是不仅讽刺，还诋毁，誉则是给你至高的荣誉，比赞扬更深了一层。第四组“苦”和“乐”。这大家都明白，亲人离别是苦，病痛折磨是苦，求之不得是苦，那么久别重逢、金榜题名、洞房花烛统统是春风得意的乐，这八种情况下，能否不影响情绪？此即平常心。

学生二：太难了！看来得首先修成无欲。

悟义：菩萨上求菩提、下度众生难道不是欲望吗？比丘是“乞士”，乞不是“求”吗？

学生三：平常心是有欲而不执在欲中，有乞而不执在乞中的心。可是我们怎么能修成这么不平常的“平常心”呢？

悟义：大乘修行有六度，如果正确理解了，就是在不平常中修得平常，第一组是“布施”、“持戒”，然后是“忍辱”、“精进”，最后是“禅定”、“智慧”。此六度修法修者有许多误解，以为六度法是度众生，其实六度是度自己的法。持戒能去害心，这个害心不仅害人，最重要的是我们常常自害而不知，不良的习气中，有多半是自伤、自害的。说到“忍辱”，大家通常以为是要忍住外界的苦难和羞辱，其实这又是误解，如果起了忍耐的心，这个心便是“嗔心”，不是忍辱心。哪里有压迫哪里就有反抗，硬生生地强迫自己忍耐，这种人为的克制是不长久的。“忍辱”不仅是对外能真心面对苦难和羞辱，重要的是在苦难和羞辱中不认为这是“苦”，不认为这种“苦”是不公平的，世事无常，智者明白不会有永远的“苦”和“难”，理解了这一点，就会对“苦难”、“羞辱”不动心，但这还是相对容易的，真正的“忍辱”是能忍住别人对自己的吹捧和奉承，老子说“宠辱不惊”。“宠”是抬高，“辱”是羞辱，“不惊”就是不动心。

学生七：为什么“精进”和“忍辱”是一组？

悟义：“精进”是内忍辱啊，忍住习气、惰性。菩萨、祖师们不是无欲、无待的，都是最有情的，从各种语录中可以看到禅门祖师们的老婆心，这些是禅门的“人之常情”。修行如果越修越“无情”就是背离了修行的根本，但祖师们的情是大情，大情和凡情的区别在于求、乞的时候，心是不动的，是无分别的。菩萨、祖师们心中没有施者，也没有受者，更没有所施的物，施者就是受者，而所施的物是法，法无自性，法本清净。他们不以自我为中心，不以别人的赞、毁为意，时时常带感恩心，感恩的心我们常常误解为别人为我做了什么所以要感恩，其实是我为别人做了什么，我也要感恩，感恩对方给了我一个种福田的机会，感恩对方成就了我，不分别到底是别人给我，还是我给别人。一切利他最终都会自利，所以施者就是受者，此时，“有欲”和“无欲”平等，这是平常心。

会通

“知心如幻”，心为什么如幻？因为心变化最快，又视之不见，听之不闻，循之不得，心的反应只有用心才能“感应”。

儒家说天地之间，只有一个“感应”而已，更有何事？有感必有应。能感的是心，能应的是念，由念而形，凡有动皆由感，感则必有应，所应之形复有感，所感之念复应形，所以循环不已也。

感通之理，是能量和物质的循环过程，是心和念的交应过程，是阴阳的交通过程。只是在感应、心念、阴阳之间，道家说还有个“三”，佛家说还有个“缘”，但无论怎么说，宇宙和生命的实相都是从“无”到“无”的过程。

理学大家周濂溪说：“二气交感，化生万物”，“五性感动，而善恶分，万事出矣”。儒家将太极当作宇宙万物的本质，太极生阴阳，阴阳生五行。阴阳就是太极生出来的二气，交互感应而产生万物。太极包含“诚”和“神”，因此：“寂然不动者诚也，感而遂通者神也。”由太极生神，由神的开发而生出人的知；由太极生气，由气的变合而生出形而下的万物。

神与气是万物形体的源头，诚则是性命的本源。气生万物，先要经过“变合”而成五行。四时运行、万物化生的作用，便是“感应”。

张载说：“上天之载，有感必通，圣人之为，得为而为之也。”圣人必须顺乎天理，当为而为。朱熹说：“阴阳之变化，万物之生成，情为之相通，事为之终始，一为感，则一为应，循环相代，所以不已也。”一切感应都是不真实的、生灭的，那么能感应的心，怎么看呢？惠能大师说道：“故无所看也。”

会诀 若言看心 心元是妄

禅者修行时

我们的心是真妄和合体，其中能分别的“心”是由妄想组成的，妄想就是颠倒梦想。所以，禅者修行时，“分别心”是远离的对象，不是寻找的、看的对象。

颂曰：无始无终，留什么？

祖师云：

归根得旨，随照失宗。须臾返照，胜却前空。

前空转变，皆由妄见。不用求真，唯须息见。

二见不住，慎勿追寻。才有是非，纷然失心。

二由一有，一亦莫守。一心不生，万法无咎。

无咎无法，不生不心。能随境灭，境逐能沉。

——僧璨禅师《信心铭》

51.若言看净 人性本净

经文

若言看净,人性本净。

由妄念故,盖覆真如。

但无妄想,性自清净。

会论

学生一:儒家和禅在人文精神的表现上有何区别?

悟义:从范围上说:儒家在伦常中,“禅”则跳出了伦常。从思维方法上说:儒家从肯定现实出发,然后对现实部分现象进行否定,但最后的目的是要建构一个肯定的道德规范、社会秩序。初期的佛、道皆从否定现实出发,认为现实污染、虚幻,然后又部分地肯定现实现象,但最后仍要破除掉对一切事物的执著,达到空、无的证悟。儒家和西方很多哲学的逻辑思维方式是从肯定到否定再到肯定,初期佛法、道则相反,是从否定到肯定再到否定，“禅”的思维方式是既不肯定，也不否定，因为无论肯定和否定都不究竟，逻辑中都存在反面命题，“禅”不要逻辑性，不要思辨能力，要的是没有反面命题的“大肯定”，就是“不二”。这种思维方式不是独立的，可以说是对原有其他人文、思想的互补。

学生三：老、庄的道，尤其是庄子的思想是不是和“禅”很接近？

悟义：人文学说的终极理想都是对现象自我的超越，这个基本点都是相同的，但具体实施超越方式、方法却不尽相同。儒家是感应、阴阳、五行、太极；道家有“三”，三是“无为而无不为”，也可以说是“无极”；惠能大师的禅法是不二之法，不二之法非空非有，即空即有，说“空”是针对自性说的，说“有”是针对现象说的。

学生四：各位祖师、圣人们之间的境界有区别吗？

悟义：当然人人不同，不过区别在于他们推动法的不同，不在于境界有高低。“法”是为了芸芸迷途众生开的药，孔子开的药是“中庸”，老子开的是“无为”，庄子开的是“逍遥”，维摩大士开的是“不二”，神秀大师开的是“勤拂尘”，惠能大师开的是“三无”，众生的病不同所以需要不同的药，但开药的人并无高低。所以说“一切贤圣皆以无为法而有差别”。

学生一：现代人通过哲学、宗教、艺术、文学、功夫、道德修养等也能超越自我吗？

悟义：当然！入道法门不同、先后不同、顿渐不同，这些都是因人而异的，但殊途同归。只不过现代人用现代的方法入道，较容易受西方传统影响，不太能体会“尽心、知性、知天”的东方传统和自性自度的彻悟境界。因此，用东方传统的方法更容易契合本性。

学生四：儒、释、道都以人本主义为主，人本主义是以人类为中心吗？

悟义：人本主义即人文精神，这是中国传统文化的核心，西方人为了突破“神”本，曾发生了几次改革，第一次是意大利文艺复兴，第二次是16世纪的宗教内部改革新教，第三次是启蒙运动，一批西方人来东方发现了中国传统，把中华文明传到了西方，找到了以人为主的文化，以此冲击“神本”，伏尔泰、狄德罗等人就在此列。但真正的“人本”并不是以人类为中心，而是天、地、人平等，天、地、人皆为万物之本。就好像禅的“三无法”中并无高低，无念、无住、无相如同万物由天生之，地养之，人成之，三者相为手足，合以成体，不可无一。

会通

“若言看净，人性本净”。一般来说，初入禅门坐禅时，会学习用调息法入静，初修时修者最容易昏沉和散乱，调息法对于克服这两种问题非常有效。初坐禅时，一心想放下杂念和妄念，可是刚坐下，脑袋里就会开杂念运动大会，这时用调息对治是一种好方法。

“息”与“心”有密切的关系，息从心生，“息”字从“自”而“心”，心一动就有气，气从鼻出就是息，因此调息可以克服心气浮动。调息法有两种常见的方法：一数息，一听息。

数息法是初修者常用的，在静坐时，心中默默数着呼吸的次数，开始于一，满数为十，从十回一，循环往复。如果修者忘了呼吸的次数，就说明心念外驰了，需要重新再数。

听息法通常被人一知半解地理解为用耳听呼吸，实际上正好相反，心静时呼吸细微，是不要让耳朵听到呼吸的声音，如果听到呼吸的声音，那就说明心念外驰了。所以听息实际上是用心去觉察、体悟，而非用耳听呼吸。

心无形，不能觉察是粗是细，但由心所化生的气息，虽无质而有迹，可以去体悟觉察。一旦发现迹粗就要使心清静，心清静则迹就细微，息也就自然细微了。

无论是数息还是听息，都是被动使心不散乱的方法，其他还有念佛、随息、唱颂等各种修法，都是助修者收敛心神的。这些修法皆是入门之方便，就像调息法无论怎么用，和念佛一样，静心才是目的。如果天天坐在那里数息，修禅可以转学会计专业了，天天坐着用心打算盘，能入得了“静”吗?

入了“静”也未必就“净”，“静”不是“净”，通过调息、念佛、磕头、念经等方法入静的修者要明白，这是通过有依赖法而暂时入的静，凡是依赖，产生的同时就会产生一份执著，所以进一步的禅修者必须脱离一切可依赖法，要理解调息不若调心的妙用。

真的调心时，哪有什么专门修法可以执著?“由妄念故，盖覆真如”，因此不见本性，见性首先须破执，“但无妄想，性自清净”。

会诀 若言看净 人性本净

禅者修行时

“性”是“自性”，“净”是清净心。这些是念头看不了的，想要看就是妄想，是颠倒梦想。如果在禅修中，看到自性清净心，这显现的是清净的假象，不是真正的自性清净心，是自己念头中产生出来的幻想，同样也是颠倒梦想。

颂曰：无生无死，了什么？

祖师云：

问：如何是修道？

师（马祖）云：道不属修，若言修得，修成还坏，即同声闻，若言不修，即同凡夫。

云：作何见解即得达道？

师云：自性本来具足，但于善恶事上不滞，唤作修道人，取善舍恶，观空入定，即属造作，更若向外驰求，转疏转远，但尽三界心量一念妄想，即是三界生死根本，但无一念即除生死根本，即得法王无上珍宝。

——《古尊宿语录》

52.起心看净 却生净妄

经文

起心看净，却生净妄。

妄无处所，看者是妄。

会论

学生一：老师，您书上写到坐禅时要注意双目微合，脊背打直，舌抵上腭，手结定印、肩颈放松等，以后我们坐时还需要继续注意吗？

悟义：当然，“七支坐法”和调息法一样，是坐禅的正确姿势，正坐能杜绝散乱和昏沉，但您们今后要理解真正坐禅：第一不限于坐，第二不限于时，第三不限于地，第四不限于相。打坐只是坐禅的一种，禅者行、住、坐、卧四威仪都是“坐禅”。入门时常常提醒大家是为了修正您们的习气和习惯，逐渐修正后不必时时心里念着该怎么做，就像吃饭时，您会老想着筷子该怎么拿吗？

学生三:什么叫调息时的“内观”?

悟义:普通人睁开眼睛向外看是顺视;调息时闭上眼睛向内看是逆视、反视,这是“内观”。修行法几乎都是逆法,例如肾精属水应该向下行、向外泄,这是正常的顺行;但修者炼气是不让肾精下泄而让它回转向上升,这样逆行,道家称“还精补脑”。一切修法,想得到常人不具备的能量,就得先具有极强的自控能力,这些有为法是修行入门时需要修的功课。

学生一:内观如何起观呢?

悟义:初期内观时意念集中在两眼当中与眼珠齐平之处,这里叫“天心”,也叫“眉心轮”,这是人的头部精华凝聚处。意念集中在此处,似观非观、似想非想,不死守,不拘泥,不执著。光就会自然而然地透进来,便可内观、内照、内视。当进入一定境界后,观法又有不同,就不再用意念集中法观了。必须要注意的是,一切出世间的修炼方法都是因人、因地、因时而异的,大家不能自己读了本介绍修炼方法的书,就开始自己修,每个人的体质、根器、感应度均不同,自己看不到自己的问题,有时出点境界会沾沾自喜,殊不知可能已入邪道了。因此没有明师指导,不要自己乱炼,就比如内观法,心血管疾病的人不能观“天心”,否则易致高血压、脑部问题;再比如有妇科疾病的女子和有肾、前列腺疾病的男子,不能观守下腹丹田位,否则女子易出现生理期紊乱、血崩,男子易导致遗精等疾病。

学生三:观想和冥想是一回事吗?

悟义:冥想为止、为定、为减;观想为动、为慧、为加。

学生一:观想冥想就是天台止观禅法吗?

悟义:调息、调心的修持方法有别。

学生七:禅门修定的方法和天台的止观、瑜伽的观想冥想有何不同?

悟义:定、慧、等。

会通

禅法之妙在顺其自然,“起心看净,却生净妄”。当一切都自然而然时,便知“妄无处所,看者是妄”。

颂曰:无生无死,了什么?

会诀 起心看净 却生净妄

禅者修行时

有时禅修者在定中,会看到自己认为瑞祥的征兆,如佛祖、菩萨、红光、如意珠等各种瑞相,也有人见鬼、见魔、见阴森可怕的环境,禅者自己没有见性时,见到的这些净、妄都是自己妄想形成的幻影,不真实。

祖师云:

佛与众生,唯止一心,更无差别。此心无始以来,无形无相,不曾生，不曾灭。当下便是，动念则乖。犹如虚空，无有边际。

——惠能禅师《六祖金刚经注》

53.作此见者 却被净缚

经文

净无形相，却立净相，言是工夫，作此见者，障自本性，却被净缚。

会论

学生一："静"不是"净"，书上常出现清静和清净二词，这究竟有什么不同呢？

悟义：首先我们先理解一下"清"字，清是："清，青也，去浊远秽色如青。"清净和清静，从字面上看，"清净"可以解释为"清洁纯净"，而"清静"可以解释为"恬静、安静和宁静"。"清净"不仅是佛法的专用词，原始的含义是指没有被污染、洁净的程度。后来儒家、道家喜用"清静"一词，儒家在《大学》中表达了"静"，"知止而后有定，定而后能静，静而后能安，安而后能虑，虑而后能得"，止后有定，定后生静，静后才能安、虑、得。"静"是其中的关键点。为什么道家也重"静"呢？因为道家认为"道"中本含有清和浊，静和动等对立统一的两方面，清静是本，浊动是流。清是浊的根源，静是动的基础。所以，老子曰："清静，为天下正"、"归根曰静"。这之后，"清净"逐渐变成佛法的专用词，用以区别儒、道的"清静"。

学生四：佛法常用"清净心"来表述无疑、无垢的净心。还有"清净识"指的是第九无垢识。"清净智"指的是无漏智。

悟义：禅者有多少心？禅法条条不离自心，诸如"菩提心"、"无相心"、"功德心"、"虚妄心"、"无为心"、"庄严佛土心"、"执著心"、"过去心"、"现在心"、"未来心"……这众多的心都是以"清净心"为基础的，诸心均在"清净心"中产生，诸法也都在"清净心"中生成，在"清净心"中淹灭。"净"比儒、道之"静"更进一步，就是不执著于俗念，不被尘垢污染，不被现象蒙蔽，于垢中一样"净"。之所以定名为"清净心"是相对于"虚妄心"而言的，"虚妄心"就是执著于"色、声、香、味、触、法"的心，六道轮回的心，外求的心。

学生八：道家的无为和禅门的三无有什么不同吗?

悟义：老子讲"生之蓄之，生而不有，为而不恃，长而不宰"的玄德就是无为心，清静为天下正，为生命正，以正做人，以正行事，以正修身，以正养命，无为是生命的正体。惠能大师讲"无念行"、"无住、无相心"也是"无为心"，佛心与道心本质是一心。

会通

"净无形相，却立净相"，净为什么没有形相？因为净性本空，空怎么看？

《维摩诘经》中云："垢净为二，见垢实性，则无净相，顺于灭相，是为入不二法门。"僧肇法师对此解释说："净生于垢，实性无垢，净何所净？"

"净"是相对"垢"来说的，如果能够见到垢的实性，就明白没有净这回事，一切的相都是无相，没有垢相和净相的实际相。

人之所以会立个"净"，是因为心里有个"垢"，而"垢"无非是人们的一种幻觉。一切事物的本性实际上都是清净的，好比泼一盆大便进水池，水池垢了吗？水池里的哪个水分子"垢"了？海纳百川，条条入海的河流哪一条是净的？从雪山上奔腾千里而来的水，经过几千里跋涉入海时，应该"垢"到极致了才对，那么，由这一条条垢水组成的大海是"垢"的吗？

"垢"入了本性是无垢的。净生于垢，而垢的实性是无垢，所以说净何所净？诸法的本性是空性，也就是诸法的本性就是实性，是清净的，垢、净的本性都是净。

如果能够认识到垢的实性，也就能明白净相是空，这样也就消除了对垢、净的分别。罗什法师曾用一个比喻来解释垢、净不二。他说："如洗秽物，至尽乃净，净则尽，尽则无净也"。就像洗一件脏衣服，等把它完全洗干净时，也就是"净"完全消散时，即"至净乃净，净则尽"。为什么呢？因为净是相对于脏而言，当脏不存在时，"净"也没有了作比的对象，也就不能成立了。

因此立个净相、言是功夫的修者，惠能大师说这是"障自本性，却被净缚"。

会诀 作此见者 却被净缚

禅者修行时

所谓的“净相”是在善恶、净垢等分别心中建立的，是误把自己大脑意识中的假相，当成实相，所以被“净”系缚。

颂曰：无始无终，留什么？

祖师云：

问：若心住净时，不是著净否？

答：得住净时，不作住净想，是不著净。

——大珠慧海禅师《顿悟入道要门论》

54.迷人不动 与道违背

经文

善知识！若修不动者，但见一切人时，不见人之是非善恶过患，即是自性不动。

善知识！迷人身虽不动，开口便说他人是非长短好恶，与道违背。若看心看净，即障道也。

会论

学生三：老子说："天下皆知美之为美，斯恶已。皆知善之为善，斯不善已"，以时尚、个人观点去评价善和美，这种观点是片面的。

学生四：没有什么美不美、善不善，道德、标准是相对的，就像情人眼里出西施，并且美不仅有社会性，美还有时间性，您眼中的西施在您心中能美多久？

学生一：我们如果用自己的标准去妄评他人是不负责任的。西方文化容易一分为二地思考，比如说以前是“神本”，经过近百年科学的发展，现在盛行的是物本和科学至上，这种非此即彼的思维，就容易偏激。我认为科学家也有宗教信仰，在他们身上科学和宗教也可以并行，何况是并无矛盾的禅和现代文明，当然可以相生。

悟义：对，一切文明均能起到互补作用。东西方文明完全可以有机融合，相生相悦，凡事不要轻易定量、定性，这样就不容易偏激。东方的智慧表现在整体关联上，人和物、神和人、科学和传统不对立，关联的智慧是一种动态的智慧，不是分割地、绝对化地去认识。就像现在的癌症，癌症不是敌人，是自己身体的一部分，所以中医对治恶症是调理，不是消灭，杀敌一千自损八百的方式不是东方传统的方式，健康和不健康的细胞可以共生而达到平衡。《孙子兵法》中说“上兵伐谋，其次伐交，其次伐兵，其下攻城”，打仗时不得不运用武力也是下策。修行同样如此，不是消灭杂念，而是共生、转化。智慧人生是不能丧失自我，不仅在神的面前、在物的面前、在寻找真理的科学方面都不能丧失自我，并且在找回自我的同时不自以为是，知晓自我是“无我”。此时人的主观能动性、灵活创造性随时迸发，这是在自性中发出的活生生的生命能量。

会通

什么是禅者的“自性不动”？即“不见人之是非善恶过患”，如果“开口便说他人是非长短好恶”，便是“与道违背”。

我们一直在说，修行从修“口业”开始，修“口业”不是平时不讲话，佛、菩萨、祖师们也会讲话，但他们怎么讲呢？他们讲十种语：

1.柔软语：常言善语、软语会使人放松。

2.甘露语：如甘露一样令对方躁动之心悉感清凉。

3.不诳语：不狂妄、不气势凌人地说话。

4.真实语：不妄语。

5.广大语：心量大事，不行小道。禅者说话必定志向广大，意义深远；不聊天、不论私，不做无谓的闲谈。

6.甚深语：对于根器好的学人，应机开示甚深法义，化导其顿契。

7.坚固语：说话必定以开示佛法为重点，说法无尽不动摇。

8.正直语：说话必定让受者感受到说法者的真心。

9.种种语：能适应各种变化而应机说法。

10.开悟一切众生语：依照一切众生的根器而说法。

如此，则是禅者真正的“无上微妙语”。

会诀 迷人不动 与道违背

禅者修行时

“不动”是指本性不动，并非身相不动。可是，迷人对“不动”容易产生误解，在外相上保持“身体”不动，好像枯木和石头一样，这是与道违背的。

颂曰：无始无终，留什么？

祖师云：

见性之人，自当穷究此理。若人空心静坐，百无所思，以为究竟，即著空相，断灭诸法。

——惠能大师《六祖金刚经注》

55.心念不起 自性不动

经文

师示众云:善知识!何名坐禅?

此法门中,无障无碍,外于一切善恶境界,心念不起,名为坐;内见自性不动,名为禅。

会论

学生一:前面一直在讲不动,现在终于开始正面回答什么是"坐禅"了。坐禅就是心念不起,自性不动。

学生三:坐的概念已经不仅仅停留在某一种相上了。

学生五:"此法门中,无障无碍",禅者都是自在人。

学生二:可是说起来容易,做起来好难啊!

学生四:再难不也有这么多祖师成就了吗?事在人为。

学生八:其实不仅是有那么多祖师成就了,我的体会是可能我一辈子不能悟道，达不到祖师们的境界，但我越修自己感觉内心越稳定，内心不慌乱了，一稳定许多事情就能看清楚。

学生五：我有同感，我太太一年前体检时查出了乳癌，要在以前我肯定慌乱，但现在我和她一起每天修行，打坐、读经、打拳、禅画，饮食有节，起居有时，她现在比原来看上去健康多了。我坚信通过修行可以提高人的自信、自愈能力，可能我一辈子都在去往觉悟的路上，但是在行走的过程中已经收获太多了。

悟义：能不依赖确实很难，但并非不能。

学生九：为什么修炼必须先炼腿？坐禅是腿、太极是腿、长拳短打莫不从炼腿开始。

悟义：您看婴儿生下来后在摇篮里天天蹬腿玩，双手运动得比腿少。少年时期依然爱跑、爱动，大部分人进中年后，就爱静不动，这是老化的表现，身体已经僵硬萎缩了，因此活力消减，越来越光说不动，生命力大衰。修炼时，所谓"息息归踵"就是必须使下肢有活力，腿脚弹力充足是生命力活跃的基础。生命力活跃了，能使人的气质发生根本变化，皮肤光洁、细腻，病痛减消，老子说：专气致柔，能婴儿乎？

会通

惠能大师讲的"心念不起"，不是要修者没有心念，否则是堕入"无记空"。马祖的悟道机缘便是活生生的坐禅障道事例，据《古尊宿语录》记载：

（怀让）一日将砖于庵前磨，马祖亦不顾。时既久，乃问曰："作什么？"师云："磨作镜。"马祖云："磨砖岂得成镜？"师云："磨砖既不成镜，坐禅岂能成佛？"祖乃离座云："如何即是？"师云："譬牛驾车，车若不行，打牛即是，打车即是？"又云："汝学坐禅，为学坐佛，若学坐禅，禅非坐卧；若学坐佛，佛非定相，于无住法不应取舍。汝若坐佛，即是杀佛；若执坐相，非达其理。"马祖闻斯示诲，豁然开悟。

我们在《中国禅》、《茶密禅心》两书中都曾引用过此段对话，这里再从另一个角度和读者们讨论一下。

这一段对话之所以重要，是因为它包含了禅修的特点、禅师接引学人的方法和悟道的机缘三方面内容。

通常我们认为禅师们接引学人都采取反面的方法，即反常法，是的，无论棒喝、机锋皆非常法，于是有些人就认为，禅门的"常"乃"非常"。

但是我们看看惠能大师并没有定法，《坛经》中教育学人的方法有些是常法，有些是非常法，这一品看上去一直在否定坐禅，下半段却开始正面肯定坐禅，可见绝不能给大师弄出个定法来，关于禅门的密法，是三科三十六对法，我们在第十品中会涉及。

禅法的重点在因人而教、因时而教、因地而教，禅师们传法先考虑对方的当下心情，抓住他的念头，尽量利用各种不同的手段，让他顿契自己的本来面目，因此并无一定之规，为什么会用非常法，是因为学人心中往往喜欢判断，下结论。超出常理的非常法是不走寻常路，但并没有因此就不用正常的教育法，"常"与"非常"并举，这种灵活性与其他宗派或世间的教育机构有极大的不同。

回到怀让禅师这里,他采取先让马祖对自己磨砖的异常的现象产生疑问,常理说一个人这么费劲地磨砖是不合理的,如果马祖一直专心在自己打坐、看心、守静、内求状态里,不起疑,怀让禅师怎么说法?所以开始必须让学人生疑。

从个人的角度来看,一切的外境都跟着自己的心转化,自己的心在哪儿感觉到的现象就在哪儿,这就是"心生则种种法生,心灭则种种法灭"。从佛法的角度来看,与佛法不二法门说最接近的度众生的实用方法,是禅师们的"因人说法",这与维摩大士看对象而示方便是一脉相同的。

初入禅门的修者最常见、最关键、最重要的问题是入门后"怎么修"。比如说,天台宗和禅门一样,均秉承了罗什法师所传的般若中观之法,但两门修行却各有下手处。天台修法从止、观入门,修时有详细的修持方法,因此修止观禅的人一步步很清楚怎么修。

在法相宗,学人先领会法相的义理,有层次性的阶段,不会产生修持方法上的疑问。而净土宗更是简单,诚心称念"阿弥陀佛"或某一菩萨名号,制心一处,心中向往着往生菩萨净土。

即便是神秀大师的修持方法,也有规律可循:"凝心入定,住心看净,起心外照,摄心内证。"

但是修顿悟法的修者,有不少人初入禅门思想上会混乱,因为几乎不见祖师在具体修的方法方面有正面指导,各种禅门语录如同中医的《黄帝内经》中没有具体治疗方案一样,以无门为法门,需要修者在禅海中自度、自证、自悟。

虽然至宋时，临济和曹洞两门分别产生了“看话头”和“默照禅”的修法，但是由于每位禅者对经典有自己的理解，许多人不能很好掌握怎么看，也不知应该采取什么具体的姿势来坐，坐后如何应对妄念等，这些都容易使心中没有正见的修者迷惑。

“中国禅”这种生活与禅观统一的定慧不二法门，其实比其他宗派的修禅难得多，其他宗派修法有次第、有前后、有依靠，唯独“中国禅”一无所得，禅者必须学会独立思考，形成独立认识，所以从修禅悟道的解脱论方面来看，《坛经》中多次提到这个法门是“最尊最上最第一”的法门，适合上上根器的修者，是有其道理的。

不过，看上去其他宗派修法有依靠，一步步来似乎比“禅”容易，更安全，更简单，其实不然，入门简单，走一段时间就会感觉停滞不前，往下走就没那么简单了。

而“禅”则相反，是入门难，一旦找到了入口，仿佛一步登天一样成就往往是快如闪电。至道无难，唯嫌拣择故。渐法修行中修因证果，要经历三大阿僧祇劫的时间才能成就，佛经中说的一大劫时间大约等同于太阳系的一次生灭，独禅门修证是“不历僧祇获法身”。两相比较，前者虽感觉安全简单，却要经千辛万苦，累生累世，无量修行，才有成佛的可能；后者则是无限风光在险峰，一念转了，识自本心、见自本性，立地成佛、顿至佛地。

怀让禅师在这里对马祖讲坐禅与成佛的关系，其最核心的关键是“佛非定相”，不要以为坐下来、止了静就叫“坐禅”。《坛经》说：“自性能含万法是大，万法在诸人性中。”若以有依赖的念经、坐禅、唱诵、磕头为修行，那么一入红尘，一起烦恼时，平日里修行的功夫往哪里去了呢？又从哪里跑回来呢？如果有一处不能用功，则处处都不能用功。

怀让禅师的禅法和僧肇法师在《注维摩》中阐明的“法无定相”说法，《金刚经》中的说法都是一脉相同的。“佛”怎么会有固定的样子？行住坐卧，语默动静，都是佛之相。那么，只能一坐不动地执著于“坐相”，枯坐着就想作佛，已经违背了佛法的根本。

会诀 心念不起 自性不动

禅者修行时

禅修者在精进修行时，大脑意识清净无分别，此时念头自然而然与“自性不动”相应。自性是本来不动的，因为不生不灭故，所以不动。

颂曰：无来无去，怕什么？

祖师云：

问：何者是精进？

师云：身心不起，是名第一牢疆精进。才起心向外求者，名为歌利王爱游猎去，心不外游即是忍辱仙人，身心俱无，即是佛道。

——黄檗希运禅师《宛陵录》

56.离相为禅 不乱为定

经文

善知识！何名禅定？

外离相为禅，内不乱为定。

外若著相，内心即乱。

外若离相，心即不乱。

会论

学生三：我一直以为“世间”就是我们住的这个世界，“出世间”是在另外的地方，神仙们住的仙界，香气缭绕的；或者说什么深山里的寺庙、佛堂才是。

学生一：这就著相了，佛、菩萨、祖师们都是出世间的圣人，但又都在这个世界上以人身成佛，救度众生。

学生十一：我们怎么知道对面那人是佛、菩萨、祖师？他们能演示神通吗?

悟义:在外表演的叫魔术。

学生八:“世间”和“出世间”应该怎么理解?

悟义:依中国传统来说,“世”是时间,“界”是空间,“世”含了从过去到现在,现在到未来的时间,在这一时间之内的人所居住的空间叫“世间“。什么是“出”? 就是胜出、超出的意思。佛法中由于没有连续不变的时间,佛法的“世”和“间”都是在不断变化的,那么出世间,就是能把握此变化。另外“世”还有蒙蔽的意思,指心头的乌云,一般人不明过去、现在、未来三世的实相,看不到本来面目,不明白人生的意义,糊糊涂涂地堕在无明里轮回受业,这种状态叫“世间”。怎样才能“出世”呢? 心内清净,入世不顺世,但莫憎爱,洞然明白,就叫“出世”。

会通

这一节还是在说“相”,如何离相是关键,心中有了正见,自然不执在“相”里,“外离相为禅,内不乱为定”。

看上去大师似乎在说禅定是由“外离相”和“内不乱”两部分组成,实际上却是一件事,是“外若著相,内心即乱。外若离相,心即不乱”。“定”的关键在离相。

谈到修行,一般人首先会遇到修行相和世间相的区分问题,而修行相则是表现在“出家”和“在家”相的分别。

释迦牟尼佛当年采纳了当时印度盛行的出家沙门制度来弘法，佛的本意是为了修佛的人可以比俗世人有更清净的修行环境和不受干扰的修行方式。而历史在不断地演变，不仅中国人的宗教观念、出家观念和古印度完全不同，如今的社会文明和两千多年前的古代社会文化、行为、思想、修行环境也已截然不同。

现代社会中，区别“在家”和“出家”的本来目的和意义，在很大程度上已经消失了。现在的许多寺院和道场里，人声鼎沸、嘻哈玩闹，弄姿摆拍，佛要金佛，香烧高香，这样的喧哗与嘈杂，早已不再是清修的修行场所。而以前大德们清修之地，多半成为名胜古迹，其中真正潜心修炼，一心证悟佛法实相之实修僧越来越少了。

修行本是万语不如一默，百动不如一静，一个清净、安静的修行环境有利于修身养性，培养来寺院信众的敬仰心。而对法的弘扬才是寺院的职责所在，可今天我们遗憾地发现，多数寺院已经变成旅游场所，逢年过节是最热闹的地方。当年祖师们都选了风水好的地方开山建寺，为的是修行的能量，没想到好山好水今天变成了旅游胜地。中国人喜欢热闹，随处喧哗，旁若无人惯了。于是乎，寺院中放着大喇叭、导游手里举着小喇叭、游人们彼此呼来喝去，这一派喧哗中何谈神圣性、庄严性？何谈佛门清净，法相庄严？正所谓宗教搭舞台，经济唱大戏，有些寺院的功能已经从传法变成了旅游文化和经济发展。

现在多数来寺院烧香、做法事、超度的信众们，不是来修行和学法的，而是在和佛、菩萨们做生意的，所谓祈祷就是花钱许愿，带着迷信心理，妄图升官发财、消业灭罪，这都已经背离了佛法最初教化众生、以人为本的根本精神。所以，现代社会在如何保持佛法根本精神的前提下，重新研究出如何引导当代信众的智信、正见、信仰、行为方式是尤为重要的。否则，佛法、禅法何在？

“中国禅”本是对佛法、佛教僧侣制度的大改革，其对居士的吸引力所在，除了禅观、禅理、禅修之外，在来往交际的仪式和观念上，很大程度上已经没有了僧、俗的差别。这种僧、俗不二的风格，对“禅”在中国落地生根，继而大规模发展有不可缺少的作用。

佛法的服务对象本应是芸芸迷途众生，而不是死去的亡灵，不是能帮人消业、灭罪。罪从心起，还从心灭。佛法、禅法的根本在于用一定的方法帮助信众用正法建立智慧的生命观。惠能大师说：“佛法在世间，不离世间觉，离世觅菩提，恰如求兔角。”离了人间现实社会，就没有什么佛法、禅法。我们要理解的是在古代社会政治环境下，“世间”与“出世间”明确二分是适应当时历史条件的，也是必要的。但在今天社会，佛法、禅法应该与时俱进，适应现代化社会的发展变化，我们根据大乘平等义说，学佛、成佛以及弘扬正法，救度众生，弘法的人无论是显“在家”与“出家”相都是平等的。如同维摩大士、胜鬘夫人、庞蕴、傅大士、裴休等诸位祖师皆显在家相，并均成就了深奥、圆满的究竟法门。若说大、小乘有什么不同，可以说：小乘本以“出家”为重，大乘则以“在家”身为多。考现存的大乘经典，菩萨多数以在家身为主，说法的菩萨不仅自己是在家菩萨，而且也是为了在家的受众说法。

向来学佛者，总觉得“出家”胜过“在家”，然从佛经、历史上来看，修为能超过出家众的在家居士，数不胜数。禅门三祖僧璨、六祖惠能大师受法时均是居士，再看晋时法显法师去印度时，见到华氏城的佛教，多亏了一位在家居士罗沃私婆迷（或作罗阅示）的助持。玄奘法师西行，先在北印度，跟从磔迦国的长寿婆罗门学中观；次到中印度，跟从胜军论师学瑜伽，这些在家大德不都是传授大乘佛法的龙象吗？

还有锡兰的达磨波罗长者，他的摩诃菩提会，成为复兴锡兰佛教的支柱。在家的佛弟子，也完全可以负起弘法重任，但这绝非说“在家”就比“出家”好，“在家”修行的佛弟子，对佛法的信念、愿力、见解、实行，是否能在滚滚红尘中不为境迷，入俗而不执俗才是关键。从根本上说，“在家”修行的难度更甚于“出家”。

佛陀圆寂后，弟子们适应当时的情形而建立了佛教，然在佛教发展中，尤其是佛法传入中国后，不仅佛法，即便大乘佛教也已倾向于在家为中心了。

藏地的一些宗派，喇嘛是可以娶妻生子的；在日本，亲鸾建立的真宗也是可以结婚的。明治维新以后，日本的各宗大多向真宗看齐，现在大部分日本和尚是有家室的，每天去寺庙是上下班制；在韩国，太古宗僧人也是同样可以娶妻结婚的，他们和日本一样，许多寺庙属于私产，父亲去世后作为遗产传给子孙。那么他们究竟算是出家和尚还是在家和尚呢？

中国历史上一直不乏弘扬佛法的在家人，如近代杨文会（仁山）先生，其弟子如谭嗣同、桂伯华、李证刚、黎端甫、蒯若木、孙少侯、梅撷芸等皆是鼎鼎大名的佛弟子。入民国后，尤以太虚与欧阳渐两位最为突出，诸公同为佛界之巨擘，对佛法在近代复兴产生了重大的影响。

再如袁焕仙居士，也是民国的宗门大德，他在成都设立“维摩精舍”，说法修禅，度化一方，他门下弟子众多，上首弟子便是南怀瑾先生。

小乘佛法中，修行需出家证阿罗汉果，在家不能得；而大乘佛法中一切是平等的。反之，佛在印度的示现出家相——丈六老比丘，是为了适应印度文明而权巧示现的，不是佛的真实相。

佛有三身：一是清净法身“毗卢遮那佛”，法身佛是“尽虚空遍法界”，无在无不在的，我们要注意佛的法身并非是显出家相的。二是圆满报身“卢舍那佛”，是诸惑皆净、智慧圆满之义，佛在菩提树下证道时，现了千丈卢舍那身，初演《华严经》。而凡人、小根器修者见的是“丈六老比丘”，这是佛的化身相，所谓“有眼不见卢舍佛，有耳不闻圆顿教”，也就是说没有大乘根性的修者，虽然在场听法，但如同目盲、失聪一样，听而不闻佛法妙义。

《中论》云“因缘所生法，我说即是空，亦为是假名，亦是中道义”，修者不仅仅要脱离生死、轮回、因果的污泥，就连涅槃、菩提等相也要放下，更不要说在家、出家的弘法相了。

僧肇法师提出“出家者，以去累为志，无为为心，以心无为，故所造众德，皆无为也”的“无为出家”说，也就是说只要心无为，那么就符合出家的根本。这种解释对出家众而言，在出家威仪和戒行的背后必须心内是无为、无著之境界；对在家众而言，不可因为自己在家就放松要求，而是要以无为之道相期，在家同样可臻无为。这种深入的解释，特别是对在家众修持的提升，极大地发展了中国居士弘法的影响力。

不以出家众为重，而说出家与在家平等，本是大乘佛法平等的特征之一。惠能大师重的“离一切相”，这不是他自己发明的，大乘佛法中本自具足。禅者一旦执著在高低、大小、先后等不平等的分别心中时，是修不了真正的“禅定”的。

会诀 离相为禅 不乱为定

禅者修行时

“离相”=离身相=离身相心=无相

“不乱”=离分别=离分别心=无念

无念故无相，无相故无住，无住故无念

颂曰：无前无后，争什么？

祖师云：

若世界实有，即是一合相。如来说一合相，即非一合相，是名一合相。须菩提，一合相者，即是不可说，但凡夫之人贪著其事。

——鸠摩罗什译《金刚经》

57.心不乱者 是真定也

经文

本性自净自定,只为见境思境即乱。

若见诸境心不乱者,是真定也。

会论

学生三:坐禅是代表性的修行法门之一,也是修行入门最常用的。

学生四:不仅入门,佛就是宴坐悟道的。

学生一:“宴坐”就是坐禅吗?

悟义:《维摩诘经》弟子品里,维摩大士针对舍利弗的宴坐之相曾说:“不必是坐,为宴坐也。”“不必”的意思不是完全否定坐,而是不一定非要这样坐。舍利弗的坐法,是求定的方法之一、工具之一,但如果认为只有这样的坐才是入定,就是禅病。

学生三：什么是正确的“宴坐”？

悟义：“不于三界现身意，是为宴坐；不起灭定而现诸威仪，是为宴坐；不舍道法而现凡夫事，是为宴坐；心不住内亦不在外，是为宴坐；于诸见不动而修行三十七品，是为宴坐；不断烦恼而入涅槃，是为宴坐。若能如是坐者，佛所印可”。这就是《维摩诘经》中关于坐禅的著名的六句话，大家最好背下来，时时牢记。

会通

关于宴坐的这六句著名的法语，我们来简单解释一下，以便于大家理解什么是“本性自净自定，只为见境思境即乱。若见诸境心不乱者，是真定也”。

一、“不于三界现身意，是为宴坐”，这是说身、心虽处在三界内，却不受三界的烦恼所束缚，能超越三界。佛说的三界包括了欲界、色界和无色界。欲界有种种欲望，且缺乏定心；通过修习禅定可以进入色界和无色界。

但修者修禅定不是必须离群独处，跑到深山穷谷之中，古洞石崖之下，让身体呆坐不动，这只是形式上的隐遁，回来人间又起烦恼。修者若真能身、心不受时、空的束缚，虽处在千万人之中，而心不动，这才是真正的“宴坐”。

“禅定”的本义是“思惟修”，是通过修意来转化杂念，从而使心进入专一的、安静的状态。舍利弗以为人间是烦恼的，要离开人间躲到林中去坐。所以他还会受到事、物的牵连，因此才有隐居山林的想法和需要，显现出宴坐的相，这是他没有达到大乘菩萨的不二境界，修行不完满之故。

二、“不起灭定而现诸威仪，是为宴坐”，这是指修者不仅只在“灭尽定”中，才能情想不生，妄念不起，而是要在行、住、坐、卧，一切日常摄化事业中，令这心寂然不动，不受任何外境的干扰，这才是真正的宴坐。

什么是“灭尽定”呢？禅定是由梵文翻译过来的，包含了止和观两种修法，初期修者在欲界里修禅定，其中一个目的就是要离欲界而进入四禅八定，乃至最终进入“灭尽定”。

佛当年修习瑜伽，曾证得“无想定”，但“灭尽定”和“无想定”不同，据永明禅师《宗镜录》所举，“灭尽定”与“无想定”有四种不同：1.“灭尽定”为佛、菩萨、罗汉所证出世间之定；“无想定”则为凡夫、外道所证世间之定。2.“灭尽定”者唯求出世功德；“无想定”者则求世间福德。3.“灭尽定”为无漏，不感三界生死果报；“无想定”则为有漏业，感无想天果报。4.“灭尽定”能灭除第六识，兼能灭第七识之染分，尚达不到第八识。而“无想定”仅灭除第六识分别之见，其他诸邪见尚未能断尽。

僧肇法师曾说小乘入“灭尽定”，其坐禅时形体好像枯木一样，坐在那一动不动，没有应用之能力。而菩萨入的是“实相涅槃”即“入实相定”，也就是把握诸法实相是自性空的。把握了实相、无相这样一个根本的道理就是入了实相定，不会对任何的东西生起执著，种种的智巧、欲求、分别、执著都没有，而且形体无所不在，顺机而作，哪里有一个什么东西要发生，菩萨马上就可以与之呼应。这样的一举一动，一进一退才是宴坐。举动进止，顺机而作，应会无方。永嘉玄觉禅师说“行亦禅、坐亦禅，语默动静体安然”即是此境。

三、“不舍道法而现凡夫事，是为宴坐”，“不舍道法”的含义很广泛，四禅八定、三十七道品都是道法，也就是菩萨能随缘，既从事一切世俗事，如娶妻生子，生活营谋，甚至琴棋嬉戏，但又不离道法，即道即俗，即动即静，直至真俗两忘，凡圣一如，才是真正的宴坐，才是终日凡夫，终日道法，两者不对立。

小乘佛法执著于生死与涅槃的不同，认为生死是凡夫事，所以要超越生死，去追求涅槃，把生死和涅槃看成两个事或者是对立的。老子说“和光同尘”，万物和自然需打成一片，不舍道法而现凡夫事是生活禅。

四、“心不住内亦不在外，是为宴坐”，维摩大士认为，不摄心内敛，亦不驰心外境，知现前一念心，原无体性，不在内、外、中间，自能寂然常静，内定无妨外化，外化亦不碍内定，内外一如，定动不异，是真正的宴坐。

通常修行初入门时，师父会要求禅修者摄心内敛，使心不外驰，不受外在的干扰。凡夫的心在外，圣贤的心住内，所以初入门时要求修者内求、内敛。

但如果要将心念去除在外，而求得住内，这是把在外和住内看成两个东西，还是一分为二的思维方式，还是执著，师说要内求的心只是禅者初入门的方便，真正的禅者是“心不住内，亦不在外”的宴坐。

不把外在看作是一种妨碍求道的东西，也不把住内看作是唯一求道的境界。身体本来就是幻宅，怎么住内呢？万物也是一种虚幻，怎么在外呢？

小乘人求心往内敛，是没有把在外和在内融会起来，不能够用不二之法去看待内外无别，总是想着去克服外在物役、境役而获得“自由”，禅者平等地看待内外。

五、“于诸见不动，而修行三十七品，是为宴坐”，小乘认为，人由于诸“见”而动，“见”动后，又认识到这是邪见和妄念，所以就想去掉它。维摩大士认为不必先求舍弃一切邪见，再来修三十七道品。若能悟知妄见不实，就是道了。这样无邪见可断，无道品可修，任运自然，才是真正的宴坐。如果看到“见”就起要去掉它的念头，实际上是让“见”束缚住了。

六、“不断烦恼而入涅槃，是为宴坐”，不断烦恼而入涅槃之境，才是如法的坐禅。

禅者不执著于真有烦恼可断，有涅槃可入。烦恼性空，涅槃也性空，怎么断一空入另一空?

如能不离烦恼，当下即是涅槃。一般来讲，烦恼与菩提相对，应看到“烦恼即是菩提”;涅槃跟生死相对，应“不断生死而入涅槃”，因为实际上生死与涅槃、烦恼与菩提，这两对是相连的。

僧肇法师在《注维摩》中曾强调烦恼真性就是涅槃，他说:“烦恼真性，即是涅槃，慧力强者，观烦恼即是入涅槃，不待断而后入也。”

慧力强大的人，能够观察到烦恼的真性是空，这就入了涅槃。一切烦恼都是自寻烦恼，人为什么会自寻烦恼? 就是因为错把虚妄不实看成真实的，因而产生了分别心，有了分别心就有了执著，于是烦恼就起来了。如果能够认识到烦恼真性是空，那么就不起分别，不起烦恼，就是涅槃。禅者如果离开烦恼，而另外去求一个清净心，那等于是脱掉一个枷锁，又去套上一个枷锁。

理解了以上六句关于坐禅的要点，这才是佛印证的大乘禅坐，诸法平等之坐，是真正的真俗不二坐禅。

会诀 心不乱者 是真定也

禅者修行时

“真定”=“真慧”

禅修成就关键在于“心不乱”，心不乱，自然而然显现智慧。

如何心不乱？人人不一样，因为人人当下心情不同故。

颂曰：无来无去，怕什么？

祖师云：

诸菩萨摩诃萨，应如是生清净心，不应住色生心，不应住声香味触法生心，应无所住而生其心。

——鸠摩罗什译《金刚经》

须菩提，如来说第一波罗蜜，即非第一波罗蜜，是名第一波罗蜜。

须菩提，忍辱波罗蜜，如来说非忍辱波罗蜜。

何以故？

须菩提，如我昔为歌利王割截身体，我于尔时，无我相，无人相，无众生相，无寿者相。何以故？我于往昔节节支解时，若有我相人相众生相寿者相，应生嗔恨。

须菩提，又念过去于五百世作忍辱仙人，于尔所世，无我相，无人相，无众生相，无寿者相。

是故须菩提，菩萨应离一切相，发阿耨多罗三藐三菩提心。不应住色生心，不应住声香味触法生心，应生无所住心。若心有住则为非住，是故佛说菩萨心不应住色布施。

须菩提，菩萨为利益一切众生，应如是布施。如来说一切诸相，即是非相。又说一切众生，即非众生。

须菩提，如来是真语者，实语者，如语者，不诳语者，不异语者。

须菩提，如来所得法，此法无实无虚。

须菩提，若菩萨心，住于法而行布施，如人入暗，则无所见。若菩萨心不住法而行布施，如人有目，日光明照，见种种色。

——鸠摩罗什译《金刚经》

58.外禅内定 是为禅定

经文

善知识！外离相即禅，内不乱即定。

外禅内定，是为禅定。

会论

学生一：我以后绝对不坐在那儿像木头一样，还以为自己在入定。

学生八：我刚修时，有法师告诉我只有静坐才能入定，否则不能内观、不能静心。

悟义：如果坐了才有定、静，才可以内观，那么不坐的时间就是不定？不静，无法内观了？

学生六：我平时挺忙的，但修禅后偶然一刹那之间，会碰到一种以前从没有过的心"空"，这种境界很难形容，有时听老师说法也会片刻感觉自己在宇宙中没着没落的，最近梦里也常有此种情况，似乎梦和清醒时的边界模糊了。我想如果我没修行时，心里肯定会恐怖，会怀疑自己脑子出问题了。可是现在我知道这是大宁静，心里特别清净，这一刻虽然心“空”，但实际上许多矛盾瞬间化为乌有，常常灵感迸发，真是无可思议。

悟义：“南台静坐一炉香，终日凝然万虑亡。不是息心除妄想，只缘无事可思量”。

会通

“外离相即禅，内不乱即定。外禅内定，是为禅定”。这句话看似简单，但实在是不简单。“禅”本是不二之法，前文讲到禅者无“内、外”之别，为何大师这里却说有内、外?

惠能大师不愧是六祖，针对坐禅这么一个大家认为既简单，又理所当然的修行方法，他能以一种独特的角度来解释“坐禅”和“禅定”。他先讲对外境无念是名为“坐”，在本性不乱是名为“禅”，这是指“外坐内禅”。

其次，他解释什么是“禅”、“定”，对外境没有分别相是名为“禅”，在内心不乱是名为“定”，这是指“外禅内定”。

从现象上来看，“禅”有“内”、“外”，但是，“坐”只有“外”相，“定”只是“内”念。因此，在“禅、定、坐”中的核心是“禅”。“禅”统一了“外坐”和“内定”，把“外身”和“内心”完全统一起来。

进一步，我们又可以理解：坐、禅、定是同义异名。因为“外于一切境界上念不起”与“外离相”是一样的意思，“见本性不乱”和“内不乱”也是相同的说法。

坐即是禅，禅即是定。这也可以说，“外于一切境界上念不起”的“坐”与“内不乱”的“定”不异，至此，大师将看似矛盾的内、外统一，即坐(外)、定(内)不二。

我们接着参究时可以发现，大师讲观照的念(用)和被观照的真如(体)其实是一个东西，不能用“念”来看“真如本性”。由此，“时时勤拂拭，莫使惹尘埃”的看心看净修法是不究竟的。

惠能大师在此否定了宗教仪式的根据、否定了打坐修禅的根据、也否定了渐修的根据，而再次重申了“顿悟成佛”思想，惠能大师的这种禅法完全符合“定慧体一不二”的“不二之法”。

我们翻阅前文，大师曾否定了佛法修行时“定慧为二”的传统，佛法传统修行方式是“先定后慧”，即首先修禅定，达到断绝见闻觉知的入定状态，然后发出来真正的智慧而获得解脱。初出山时，他对印宗法师说的“佛法是不二之法，不论禅定、解脱”，便是此意。

他认为，“定”和“慧”是不能分开说的，它们是精神的两面。“定”是“慧”的体，“慧”是“定”的用。自性虽然有“见闻觉知”的意识活动，但是没受到万境的污染，而自由自在。“定慧体一不二”思想，特别对“临济禅”有相当深刻的影响。临济禅后来弘扬的“看话头”修法，是不离意识而保持无杂念的禅定状态，这就是追求“平常心是道”的境界。

曹溪禅法在社会地位的转化，被社会普遍认可和接受，历史上公认是源于弟子神会的滑台无遮大会。神会禅师当时辩论，能赢的最关键作用之一，是《维摩诘经》中的不二宴坐禅观。

根据《菩提达摩南宗定是非论》记载：

远法师问："未审能禅师与秀禅师是同学不？"（神会）答："是"。又问："既是同学，教人同不同？"答言："不同"。又问："既是同学，何故不同。"答："今言不同者，为秀禅师教人'凝心入定，住心看净，起心外照，摄心内证。'缘此不同。"远法师问："何故能禅师不'凝心入定，住心看净，起心外照，摄心内证'？何者是能禅师行处？"和上答："此是调伏心。"远法师问："应不凝心入定，不住心看净，不起心外照，不摄心内证。"和上答："此是愚人法。离此调伏不调伏二法，即是能禅师行处。是故经（《维摩诘经》）云：'心不在内，亦不在外，是为宴坐。如此坐者，佛所印可。'从上六代已来，皆无有一人'凝心入定，住心看净，起心外照，摄心内证'。是以不同。"

通过此种论证，神会禅师明确无误地表明了神秀的禅法仍落于分别执著，而惠能禅法离一切分别执著，离"调伏不调伏"两边，离住心内、外两边，是不二之法，是符合大乘佛法根本精神的禅法。

这种引述，应战的崇远法师境地不够，一时当然无法领会，于是神会禅师再引"维摩诘不应诃舍利弗宴坐"而进一步呈述：

远法师问："如此教门，岂非是佛法？何故不许？"和上答："皆为顿渐不同，所以不许。我六代大师，一一皆言'单刀直入，直了见性'，不言阶渐。夫学道者须顿见佛性，渐修因缘，不离是生而得解脱。譬如其母，顿生其子，与乳渐养育，其子智慧，自然增长。顿悟见佛性者，亦复如是，智慧自然渐渐增长。所以不许。"远法师问禅师："嵩岳普寂禅师，东岳降魔藏禅师，此二大德皆教人坐禅,‘凝心入定,住心看净,起心外照,摄心内证’,指此以为教门。禅师今日何故说禅不教人坐,不教人‘凝心入定,住心看净,起心外照,摄心内证’?何名坐禅?”和上答:“若教人坐,‘凝心入定,住心看净,起心外照,摄心内证’者,此障菩提。今言坐者,念不起为坐;今言禅者,见本性为禅。所以不教人坐身住心入定。若指彼教门为是者,维摩诘不应诃舍利弗宴坐。”

会诀 外禅内定 是为禅定

禅者修行时

“外禅”是指外息诸缘,“内定”是指内心无喘。

这时代禅修者要放下的代表性外缘——手机、电脑的束缚。

这时代禅修者要净化的代表性内喘——呼吸、气脉的堵塞。

颂曰:无始无终,留什么?

祖师云:

须菩提,是法平等,无有高下,是名阿耨多罗三藐三菩提。

以无我无人无众生无寿者,修一切善法,即得阿耨多罗三藐三菩提。须菩提,所言善法者,如来说即非善法,是名善法。

——鸠摩罗什译《金刚经》

59.菩萨本性 元自清净

经文

菩萨戒经云:我本元自性清净。

会论

学生一:修行要专一,“一”在哪里?

学生五:“一”无所不在,没有固定处。

学生八:自性清净就是“一”?

学生九:“一”在“无”中生,“无”是“道”,所以“道”生“一”。

学生一:“无”是“空性”,是“无为”,所以专一不是要“定一”。

悟义:“一”如果“定”能在某处,就不是“一”,而是“二”了。

会通

什么是“我本元自性清净”? 本元的自性就是无造作、无取舍、无分别、无对立、无作意、无攀缘的平常心，是清净的，一切事物、环境、荣辱、苦乐都如幻、如梦、如露、如影的，能生灭的即非本元自性。

以“禅喝”接引学人著称的临济宗祖师义玄禅师，针对神秀大师的“看心看净禅”，曾说道：有一般瞎秃子，吃饱饭了，便坐禅观行，把捉念漏不令放起，厌喧求静是外道法。祖师云：“你若住心看静，举心外照，摄心内澄，凝心入定，如是之流，皆是造作。”

会诀 菩萨本性 元自清净

禅者修行时

菩萨是指上证菩提，下化众生，发了菩提心的修者。禅修的关键在于领悟本性，初入门禅修者需通过领悟“诸行无常”的道理，彻底认知自我生命的核心是不生不灭的本性。已入门禅修者需通过领悟“诸法无我”的道理，彻底相应自我本性与一切万物本性不二无差别。

颂曰：无前无后，争什么？

祖师云：

师（慧海）初至江西，参马祖。

祖问：从何处来？

曰：越州大云寺来。

祖曰:来此拟须何事?

曰:来求佛法。

祖曰:自家宝藏不顾,抛家散走作什么?我这里一物也无,求什么佛法。

师遂礼拜。问曰:阿那个是慧海自家宝藏?

师曰:即今问我者,是汝宝藏,一切具足,更无欠少,使用自在,何假向外求觅。师于言下大悟。

——《古尊宿语录》

60.自修自行 自成佛道

经文

善知识！于念念中，自见本性清净。

自修，自行，自成佛道。

会论

学生一："自见本性清净"，原来禅者的"见性"这么简单，"于念念中"，就可以见性。

学生三：我和您一样，以前一直没明白什么是"明心见性"，老想心怎么明？性怎么见？

学生四：这不说得很清楚了吗？只要是平常心、直心、真心，眼前自然没有乌云覆盖，这时候心就是明亮的，就是"明心"了。性怎么见？于念念中见。

学生五：念念中怎么见？

学生一：于念而无念，于念而离念，"无念行"就可以见性。

学生五:您书背得熟有什么用?怎么离念呢?

学生一:不执著便是离。

学生四:离还是二见,应该说不即不离。

学生七:禅法的终极就是明心见性,见性成佛,大师既然讲通过修“无念行”可以明心,明心即见性,下手处便在念上。

学生九:念是当下一念。当下是现在吗?

学生一:如果当下是现在,为什么还说现在心不可得?

悟义:当下的念一落地,我们一开口,一扬眉,一发生就成为过去,像镜中花、水中月,不可把捉,刹那刹那留不住,哪里有一个叫“现在”的东西?谁能拿出个“现在”给大家?我们抬头看到的太阳是8分钟以前的投影,月亮是1.3秒之前的投影,擦肩而过的人,都是3纳米秒以前的影像,我们能眼见的、感受的都是幻影和幻觉,现在是在觉知的当下中消逝的,所以人活在过去是挂碍,活在未来是妄想,活在现在是执著。

学生九:可是活在当下怎么活?

悟义:活在过去、未来、现在怎么活?是谁在活?是您体内无数的细胞活吗?您知道细胞刹那生灭速度有多快吗?还是体内能叫得上名字的脏腑、关节、组织在活?还是看不见的思想杂念在活?内在的既然搞不清,我们看看外表的,那个被称为老公、主任、老板、爸爸的身在替您活?还是银行里的存款、房子在替您活?内里既然找不到,外在又不可靠,那么您活在哪里?如果您不能活在过去、未来、现在,那么您是死人吗?您实际活的这一刹那,便是当下。

学生九：我们在这里体悟禅的智慧，个个心怀感恩，内心自由自在，我们就是一屋子活佛。

悟义：活在当下，当下解脱，当下成佛。明心“无所住”而生“平常心”。这个平常心不落三际，不住能、所，不落有、无。活在当下，而不执著在当下，黏在当下，当下是不可得的。那种期待天长地久，时光停滞，恋恋不舍的心就是执著。有什么可以留的？留能留在哪里？留的只是一个固执的幻想，多留一点幻想便多一份固执。“自修，自行，自成佛道”，成佛便在当下。

学生一：我记起袁焕仙居士的一首偈颂：“认取真空自不空，本来非异强称同。三轮体幻君休趁，一派圆成孰假工。有义可循皆剩法，依门得入是虚通。无端多事澄潭月，印出桃花倩软红”。

会通

这里提到了“成佛道”，什么是“成佛道”？有些修者认为是涅槃、不生不死，有些则认为得到佛、祖师们的印可、授记。如果这么理解“成佛道”，那么我们又会堕入另一种执著。

如前文提到，《维摩诘经》中，维摩大士问弥勒菩萨，您用何生去得佛的授记？弥勒菩萨无法回答。僧肇法师在《注维摩》中，提倡无为菩提、凡圣一如授记说，法师说：

过去生已灭，已灭法不可谓之生也。未来生未至，未至则无法，无法以何为生？现法流速不住，以何为生耶？若生灭一时，则二相俱坏；若生灭异时，则生时无灭；生时无灭，则法无三相；法无三相，则非有为也。若尽有三相，则有无穷之咎。此无生之说，亦备之诸论矣。三世既无生，于何而得记乎？

三世为什么无生？如果有过去生，过去生已灭，已经不存在，不可以说它还是有的；如果说有未来生，未来生还没来，怎么说它是生呢？如果说现在有生，现在生无住，一念落地即变过去，当下是念念不住，刹那生灭的，这就是“流速不住”。

生、灭是在同一时间里发生的，如果说刹那有生有灭，那么实际上这二相都不能成立，因为讲生就不能讲灭，讲灭就不能讲生，说现在是这一刹那生灭在一起，那究竟是生还是灭？所以生也不能成立，灭也不能成立，所以叫做“二相俱坏”。

也就是说，法没有三相（生、住异、灭）。法如果没有三相，那就不是有为法，反过来讲，如果诸法都有三相，它永远在那儿生和灭，那就没有尽头，到什么时候才可以确定它是生，就有无穷之咎。

僧肇法师说的无三相三世说，其实各种大乘佛典中都讲到过。那么，三世既然都没有，在哪里可以得到授记呢？又是谁在接受授记呢？在哪里、谁来授都搞不清楚，授记当然是不真实的。

既然连菩萨的授记都不真实，还有什么真实的“成佛道”之境可以执著？那么“成佛道”的境、相不真实，有没有“佛道”可成呢？如果没有佛道可成，佛、菩萨、诸位祖师们成就的又是什么道呢？您能说他们没有成道吗？

生命的意义便在于当下清净一念，除此一念之外，其他什么都无法把捉，如不通过自修、自行来证悟，听到的、背出来的全是大道理，说食不饱。

会诀 自修自行 自成佛道

禅者修行时

超越生死轮回的解脱修行是他人替代不了的，他人只能指路和提醒。修行全靠禅修者本人的最上根器能量。

如果禅修者认为现在自己的修心能量是下根器，那应该好好寻找适合自己的修行法门，帮助自己提升到中根器能量。

如果禅修者认为，现在自己的修心能量已经是中根器了，但再向上实属困难，那还是因为实修、实证的大信心和大愿力不够，需请明师指导，更上层楼。

颂曰：无始无终，留什么？

祖师云：

大道体宽，无易无难。小见狐疑，转急转迟。

执之失度，必入邪路。放之自然，体无去住。

任性合道，逍遥绝恼。系念乖真，昏沉不好。

不好劳神，何用疏亲。欲趣一乘，勿恶六尘。

六尘不恶，还同正觉。智者无为，愚人自缚。

——僧璨禅师《信心铭》

忏悔品第六

61.诸善知识 皆共有缘

经文

时，大师见广韶洎四方士庶，骈集山中听法，于是升座告众曰：来，诸善知识！此事须从自性中起。于一切时，念念自净其心，自修自行，见自己法身，见自心佛，自度自戒，始得不假到此。既从远来，一会于此，皆共有缘。

会论

学生七：为什么在惠能大师之前，中国的高僧大德们心中都认为印度的佛法比中国更高级？

学生三：那是当然的！佛法是天竺、西域来的高僧传进来的，他们是师父啊，没有前哪有后？

学生一：如果有前、后时间观念，先悟道的人就比后悟道的人高级吗？佛经中为什么写“一时”？不写某年某月？说明佛法没有前后，并且后来居上的大德很多。

学生九:佛法经过由小乘发展到大乘,从原始发展到部派的过程,以至到了龙树菩萨奠定中国大乘八宗的基础思想。但除了“禅”,哪一宗派依止的根本经典都是印度传来的,天台依《法华》,贤首依《华严》,律宗、三论、净土、唯识等等,都是依靠佛经立门的,这六宗称为“教”;唐密的胎藏界依《大日经》,金刚界依《金刚顶经》,称为“密”;只有“禅”独立称为“禅”。

悟义:佛生前讲法四十九年,最重要的有两套路径,一是人,一是法。人、法是不二的,人法不二才是真正的佛法。佛灭后,僧团变得以法为主,讲“四谛”、“缘起”、“三十七道品”,讲“西方净土”、讲“禅定”、“解脱”,这些都是在讲“法”,偏重在“法”上,法以教显,这个教不是佛教,而是经教,后来经教又转成了偏重“宗教”性上,因此弘法的经教、道场、僧众、庄严性、仪式性、戒律等宗教性就变得尤为重要了。而佛法中关于人性的部分逐渐被淡化,僧和人一分为二,变得凡人是愚昧的、俗世是污浊的、人生是苦难的,仿佛只有脱离了俗世才能去往极乐世界,脱离了人身才得到清净涅槃,或者必须得到有法力之人的加持才能安心自在,佛像越造越大,信众越来越迷,正法越来越难闻。

学生一:我能否认为,“中国禅”恢复了佛法中“人”的那一面?自始至终说法不离心、性。

悟义:佛教自成立后,在印度的主要作用是引导修行者如何从现实社会中解脱,修行团以出家众为主。而中国的环境和印度不同,中国是以在家为主的修行气氛,如果一味停留在深山老林、寺庙寺院里,在中国的生命力是有限的，帮助世人安心的作用也是有限的。中国从唐开始推动儒、释、道合一，在唐朝时三教的地位大致平等，甚至有一段时间是以佛为主。宋朝时，理学和禅是宋人精神思想的左右两翼，禅、儒并驾齐驱。到了明朝，虽说还是提倡三教合一，但实际以儒为主，明朝较为保守，闭关锁国，八股盛行，又将儒释道三家明确分工：儒家分管世间，出仕经世皆归儒家；道家管出世间的医学、武术、炼丹、修炼，延年益寿、长生不老之术盛行；佛法变成以佛教为主要推广形式，主要在出世间分管讲经、念经、超度、祈祷、放生等等。这样一分工，本来的佛法只剩下佛教为主要弘法形式，入世之责被极其弱化，这好比大鹏鸟先失一翼，又失一眼，实在是可惜。

学生三：我们今天已经很少能听到真法了，太多的事物和利益挂钩就难闻真言。

悟义：罗什法师将佛法中佛、法、僧三宝改成了佛、法、众三宝，这是大的变革，法师将“僧”变成了“众”，一字之差，天地悬隔！“众”是众生、是众人，即凡是心出家、能弘法的人就是佛宝，就是“僧”。惠能大师则进一步发挥，将佛法从印度的出世间为主拉回到了人间！将人人希望往生后才能去的净土，拉回到现实人生、当下的自性中！在惠能大师之前，中国的佛法、佛教必须去印度求法，印度佛界的地位比中国佛界高，而自惠能大师开始，属于中国的佛法和印度平等了，此即《坛经》何以称之为“经”的原因。

学生七：法不是没有高低的吗？为什么原来印度的法就高过中国的呢？

悟义：由于翻译问题，当时中国佛界对佛经的理解不全面。天台宗是中国第一个自己的佛教宗派，自天台开始，中国的佛教逐渐形成了自己的见解，智者大师的论述极其丰富，因此天台算是几乎和印度的佛法平等了，至少在天台宗僧人们心里逐渐开始产生平等心了。华严宗也有类似的情况，但虽然心里面感觉似乎平等了，但底气还是不足，为什么？因为根本宗经还是印度的。智者大师著作虽丰，如《摩诃止观》、《六妙法门》、《维摩经玄疏》、《法华经玄义》等，但都不能称为宗经。所以天台、华严二宗是被中国化的佛教，真正的中国佛教自惠能大师开始。

学生五：禅宗是真正意义的中国佛教吗？是因为禅宗的宗经是《坛经》吗？

悟义：禅门在五家七宗以后，外界习惯称禅门为禅宗，故称禅门为“宗门”，以此相对其他七宗统称“教下”。什么是教？佛说法四十九年，先说华严、再说阿含、方等、般若，最后说法华、涅槃，众生有八万四千烦恼病，故佛说八万四千法，所以立“三藏十二部”，这就是通常所说的“教”，是教化之意，非宗教之教。最后，佛在灵山会上拈花示众，以“宗”显明心见性之妙法，“宗”是万变不离宗，能见性就是，不需要断八万四千尘劳烦恼，需断尘劳烦恼的属于“教”。《坛经》讲“说通及心通”，“通”是通达无碍，“说”字不但包括言说，也包括佛法的各种方式的教学，“心通”就是“宗通”。但是大家一定要理解，“宗门”与“教下”是一不是二，《坛经》并没有脱离经、教，只是在经、教的基础上融合了中国传统智慧变革了、转化了、提升了，真正变成了中国本土的佛法——“禅”。

学生一：禅宗是以宗教弘扬禅法的一种形式吧？

悟义:对,禅本来不是宗教,在“禅”的弘法方式里,以宗派形式弘法的叫“禅宗”,无论是否有受戒剃度的形式,能以禅法悟道、见性,并弘扬禅的智慧、精神的统称为“禅者”。除此之外,还有以商业、文化、艺术、养生、建筑、服装等为主体的禅文化推动者,并有禅法修炼者、禅学者等等。

学生一:现在看来,“中国禅”的伟大就在于将佛法从重法、重僧、重教理、重形式的一面拉回到更加入世的一面了。

学生五:为什么禅更注重入世呢? 不是人法不二吗?

悟义:禅法是为了在世的、世间的人而出生的,佛为迷人说法,佛不为佛说法。同样,如果没有世间的芸芸众生,就不会有禅! 禅法不是为了超度死者下一世去哪个极乐世界、也不为讨论因果轮回而来,而是为了现实俗世内为欲望所困、焦虑不安、迷惑贪嗔的世人而来。为什么《坛经》不断批评坐禅、宗教性呢? 因为过于偏重法时,只有多讲人;当修者过于偏重坐时,只能讲坐之弊,其核心是不二的。

会通

佛自公元前六世纪创立佛法,向婆罗门教在意识形态里的垄断地位正式发起挑战,经过漫长的发展,佛圆寂后弟子们建立佛教,传播的范围也从中印度传遍了全印度及国外,现在成了世界性的宗教。

不少人误以为佛教从印度诞生,印度人就应该信佛教。其实现在印度的人主要信奉的是从婆罗门教变化成的印度教,比例约占总人口的八成多，有一成左右信奉伊斯兰教，其他少数人信奉基督教、锡克教等，佛教在印度现在大约只有不到百分之一的人信奉，并且在印度历史上，佛教曾经绝迹。

佛法、佛教在印度的发展过程中曾经过几度坎坷不平的道路(中印法难、北印法难、北印教难)。至公元五世纪无著、世亲两位菩萨以后，佛法从早期小乘进入到了中期大乘阶段，此时佛法发生了很大的变化，外表看来蓬勃发展，实际却局限在深奥的佛学范围内了。各种著作越来越具有浓厚的复杂哲学思辨气味，严重脱离社会人文。

即使是玄奘法师求学的、当时被称为“最高学府”的那烂陀寺对社会人文方面已经没有多大的影响了。由于玄奘法师的到来，不仅那烂陀寺，乃至整个印度的佛界又被注入了新的活力，从而在戒日王的帮助下，印度佛教出现了一个新高潮。

戒日王一开始并不信佛，他是个婆罗门教徒，奉行的宗教政策是对各种宗教一律平等，受到玄奘法师的感化后改信佛法，并对佛法的振兴做了很大的贡献。

玄奘法师在佛法、佛学、佛教的各方面成就是有目共睹的，但为什么法师的西行求法被千年传颂、《大唐西域记》流芳千古，而他创立的佛教宗派——法相唯识宗，却在二代后便衰了呢？原因即在于繁杂深奥的佛学脱离社会，并缺乏实修实证的大瑜伽士，将《瑜伽师地论》的实修境界传世。

“唯识”为什么不被世人接受呢？我们以玄奘法师成名的《真唯识量》来简单说明一下。

玄奘法师是公元七世纪末来印度的，西行求法十七年，法师先从磔迦国的长寿婆罗门学中观、胜军论师学瑜伽、戒贤三藏学习唯识，又从如来密、师子忍等诸法师学习了因明、声明。求学期间，屡次破除外道对佛法、佛学、佛教的挑战。最后在戒日王的护持下，法师作为论主在曲女城召开全印度的辩经大会，法师作《真唯识量》破小乘扬大乘，并宣示：若有一字无理而能破者，请斩首以谢。

这样经过十八天，没有一人敢发议论，十八国王于会后一并皈依法师。由此，玄奘法师被大乘人称为“大乘天”，小乘人称为“解脱天”，声威远震葱岭，名动西域及五印度。

名震天下的《真唯识量》即：

真故，极成色，不离于眼识，(宗)

自许初三摄，眼所不摄故，(因)

犹如眼识。(喻)

这是说，外部物质也就是“色”，离开眼识而不能称“色”。我们前文已经讲过眼识生起需九缘，唯识中，“识”有“相分”和“见分”两种，即所认识的对象和能认识的主体，外部物质的色是指“相分”。

“真故”是真理，“极成”是给色划定界限，由于佛法中大乘和小乘对“色”的含义理解不同，“极成”是指大家共同认可“色”。

“初三”是因明学的专用词，是指佛法的六根、六尘、六识十八界中的第一个组合，即“眼根”、“色”、“眼识”。“初三”本是含“色”在内，但小乘不承认唯识的“相分”，故法师说“自许”。“眼所不摄”的“眼”是指“眼根”，“色”和

“眼根”分别是由“眼识”所派生的“相分”和“见分”，两者是并列的，所以“眼根”不包摄“色”在内。最后的比喻：犹如“眼识”。

“真唯识量”的丰富内涵不是我们说的这么简单，展开论述至少也需要几十万字，例如“初三”怎么形成？彼此之间的关系？为何“眼根”不包摄“色”？除了“眼识”之外，还有哪些比量可以适用？……我们今天受限于篇幅，只是令读者简单了解一下。

但这被誉为“万世立量之正轨”的玄奘比量，真就没有反面命题了吗？同时代即有新罗国元晓大师，用因明的逻辑公式，反驳玄奘法师虽然摆脱了“不定”过，却犯了“相违决定”之过，故著《判比量论》。

再有新罗僧顺璟，著《决定相违不定量》再驳《真唯识量》，承认有独立于视觉（眼识）之外的物质（色和眼根）的存在，但由于当时玄奘法师已圆寂两年，弟子窥基法师见之，盛加赏赞。

无论玄奘法师的《真唯识量》是否有反面命题，法师的高深论点自然是精彩绝伦，我们今天要说的是，如此深奥的佛法是否脱开民众？成为小部分高僧、学者的专利，在当时处处大善知识的情况下尚且费解，更何况现代人？脱离了生活的佛法又有多少生命力呢？笔者此说绝无任何不崇敬玄奘法师的含义，法师的逻辑性天下无敌，求法精神空前绝后，法师对译经的贡献天人共睹，我们现在只是在讨论佛法的生活化、世间化的话题。

对于任何理论我们需要的是简化，“当下”便含了过去、未来、现在的全部信息和走向，一切全在当下。我们今天在反思的是，如果失去了民众基础，佛法还有多少生命力？禅在马祖大师后一步步倡导生活化、人间化、平实化，自宋以后，禅的风格却一步步去到了天上人间，诗文虽美，禅理虽妙，却是世人遥不可及之地。

自《坛经》可以看到，惠能大师苦口婆心，句句不离自性，佛法在世间、不离世间觉。现代人看《坛经》似乎觉得有些深奥，但在当时，《坛经》的语言属于大白话。

玄奘法师离开印度五十年左右，婆罗门教出了两位非比寻常的人物，一位是“弥曼沙派”的鸠摩利罗，造《吠陀真义评论》，云游全印度，四处找佛教徒辩论，无遇对手。第一佛学圣地“那烂陀寺”因无人能降伏他，只得关门做内室讲授。

另一位是“吠耘多派”的商羯罗，他承担起了弘扬婆罗门教的重任，在东、西、南、北四印度都建立了传道中心，也四处找人辩论，诸佛弟子中，无一人能胜。

在印度，辩输的一方结局是很惨的，有的必须改变信仰；有的自伤自残，挖眼砍舌，惨不忍睹；有的寺庙尽毁，僧侣尽散……在这个过程中，婆罗门教聪明地吸收了佛法中观的“性空”说，转成自己的“幻日”说，同时也吸收了真、俗二谛的立场，来完善他们的学理。

此时处于劣势的印度佛弟子在做什么呢？在婆罗门教复兴的大势下，由于缺乏辩才无碍的大德，也缺乏实际修持的功夫，他们不重视人才的培育、提高自身功夫智慧，有些人转用一些变相的手法来抗议，反而是造出了许多新的佛像来对抗，如忿怒金刚、多手多头的大威德金刚等，这些怒目威武的金刚，足踏大自在天，表示婆罗门教的佛、神祇，都被法力无边的金刚降伏，除此之外，还陆续引进了各种外道的神秘、原始的修持方法，这种结果反而将佛法拖入深渊。

佛当年在各种外道包围的环境里创立佛法，并在攻击声中迅速成长，佛圆寂后凡有大德住世，便佛法大兴，人能弘法，非法弘人！弘法之人的智愚与法运的隆衰，关系实在太大了。如果一味偏重烦琐的教理，不能付之实用，这理是脱离社会、高高在上的大道理，其结果在印度的教难中可见一斑。

从玄奘大师在印度留学的辩论经历来看，佛法在当时已常遭遇外道学者强有力的挑战了，表面辉煌的那烂陀寺暗藏致命危机，实际上玄奘大师到达时，其实在学、理、法的悬崖上已经属于苦苦支撑。近万人的队伍，由于缺乏智者，常被外道压制，玄奘大师多次助力破除外道挑衅，等到大师归唐后，印度商羯罗时代佛法、佛教、佛学变得不堪一击，逐渐沦为靠咒语消灾的原始信仰，而最终在印度步入灭亡。

商羯罗虽三十二岁就身亡了，但他给佛法、佛教、佛学在印度带来的打击是致命的。他把梵天一分为二，上梵下梵，称佛认识到的梵只是下梵，所以谈空说幻，而上梵是真实不虚的，是凡人难以认识的。也就是说释迦牟尼佛只是下梵的神之一，并没有真正觉悟。佛法在印度绝迹的主要原因就是后世缺乏如龙树、提婆、马鸣、世亲、无著这样的智者应世，以至于被婆罗门教逼至原始信仰的泥潭。

上梵的理念让婆罗门教处于理论上风，他们称佛为主神毗湿奴的第九化身，毗湿奴共有十个化身，前八个都是拯救世间的大英雄，第十个化身类似弥赛亚，进行末日善恶之战。唯独第九个化身是用错误理论误导迷人，让信众全部下地狱。于是在印度人眼中,修佛法要下地狱,谁还会感兴趣? 可悲的是这个称号让不少不明真相的中国佛弟子高兴,一厢情愿地认为印度教里也有佛,印度人也信佛,佛教和印度教实现了三教合一,完全不理解这个称号内的讥讽和嘲弄。

同期在中国,佛法、佛教在唐朝时达到顶峰,但一经唐武宗灭佛,短短几年时间,被朝廷扶持了几百年的各家教宗集体湮没,几乎再也没翻身。反而是简单的、平实的、深入民心的"中国禅"一枝独秀。

讲了以上诸多因缘,目的在于请各位务必不要再把佛法、佛教、佛学理解为无知、愚昧的念咒、驱鬼、消灾、避祸之类的原始土著信仰,惠能大师说:"此事须从自性中起。于一切时,念念自净其心,自修自行,见自己法身,见自心佛,自度自戒。"如果您如法修行,其实不必来宝林山听法,但是既然从大老远的地方来了,就是和"禅"有缘。

会诀 诸善知识 皆共有缘

禅者修行时

佛法最重视缘分,佛度有缘人,禅修者更需要善待各种缘分,尤其是同修之间的善缘。

狭义上同修:一位师父门下禅修者中,互相关心、互相警策的同修关系。

广义上同修:不仅一起修行的禅者,包括经典、环境、物品、人、动物等,和禅修者本人有关联的三世三界的一切。

祖师云：

尔时，毗耶离大城中，有长者名维摩诘，已曾供养无量诸佛，深植善本，得无生忍；辩才无碍，游戏神通，逮诸总持；获无所畏，降魔劳怨；入深法门，善于智度，通达方便，大愿成就；明了众生心之所趣，又能分别诸根利钝，久于佛道，心已纯淑，决定大乘；诸有所作，能善思量；住佛威仪，心大如海，诸佛咨嗟！弟子、释、梵、世主所敬。欲度人故，以善方便，居毗耶离；资财无量，摄诸贫民；奉戒清净，摄诸毁禁；以忍调行，摄诸恚怒；以大精进，摄诸懈怠；一心禅寂，摄诸乱意；以决定慧，摄诸无智。

虽为白衣，奉持沙门清净律行；虽处居家，不著三界；示有妻子，常修梵行；现有眷属，常乐远离；虽服宝饰，而以相好严身；虽复饮食，而以禅悦为味；若至博弈戏处，辄以度人；受诸异道，不毁正信；虽明世典，常乐佛法；一切见敬，为供养中最。

执持正法，摄诸长幼；一切治生谐偶，虽获俗利，不以喜悦；游诸四衢，饶益众生；入治正法，救护一切；入讲论处，导以大乘；入诸学堂，诱开童蒙；入诸淫舍，示欲之过；入诸酒肆，能立其志。

——鸠摩罗什译《维摩诘经》

62.五分法香 各自内熏

经文

今可各各胡跪，先为传自性五分法身香，次授无相忏悔，众胡跪。师曰：

一、戒香。即自心中，无非，无恶，无嫉妒，无贪嗔，无劫害，名戒香。

二、定香。即睹诸善恶境相，自心不乱，名定香。

三、慧香。自心无碍，常以智慧观照自性，不造诸恶，虽修众善，心不执著，敬上念下，矜恤孤贫，名慧香。

四、解脱香。即自心无所攀缘，不思善，不思恶，自在无碍，名解脱香。

五、解脱知见香。自心既无所攀缘善恶，不可沉空守寂，即须广学多闻，识自本心，达诸佛理，和光接物，无我无人，直至菩提，真性不易，名解脱知见香。

善知识！此香各自内熏，莫向外觅。

会论

学生二:现在有不少寺庙以做法事为主,我也曾做过,和尚念经念得有气无力,我感觉挺失望的。

学生八:也不是都这样,我曾见过常年在山中苦修的僧人。

学生一:修行应是一件不苦不乐的事情。如果长期苦修不得法,修炼保持在很紧张和痛苦的状态,这方向也不对。

学生五:我同意,我自己修行后,重点放在对外布施、对内持戒上,心量一步步打开了,我感觉自己很有进步。

学生七:可是许多人认为只有吃苦才是修行,不苦对不起“修行”两字。

学生一:所以才偏了么! 这些苦修的和那些修行了没几天、就认为自己了不起的,都属于邪见。

学生九:不仅仅是苦修,也有人在家里搞了个大佛堂,请了一堆菩萨、供品在家,其实供的是什么菩萨都搞不清楚,这也属于外道。

学生四:还有一些人爱放生,自己内心里的贪、嗔、痴都没有放,身边的亲人都不放过,被自己整天折磨的身体都不关心,放一堆鱼、虾、龟、鳖管什么用?

学生四:这些都因为无知和愚昧,源于要么迷信,要么不信。

学生九:不少人一边放生,一边继续造业。如果放生可以转业,阎王是不是要失业了?

学生七:靠自修而内心清净的当然是最上乘。但是又有多少人有这样的信心和机会呢？多数人只能依靠外相，跟着社会现象走。

悟义：不要这么悲观，社会是由人组成的，如果人人都迷惑，这个社会必然是迷惑的，多一个清醒的人，这个人就可以影响一批人，为什么不相信人的力量？星星之火，可以燎原，不要等着别人做了我才做，也不要管别人在做什么。自己修好了才能影响他人。我自己修行时间也不长，虽然跟我直接学习而受益的学生数量有限，但我相信从我身上受到启发开始注意自我修养的人、从我身上受到激励开始寻找人生意义的人、从我身上受到刺激开始反思过去的人不在少数，只不过每个人有每个人相应的法和不同的机缘。一个人真正变了，终能影响一大批人。

学生一：老师，您那么积极写书，是因为书是最好的传播渠道吧？

悟义：如果没有《坛经》传宗，曹溪禅法才有几个人受益？所以一方面通过最直接的方式影响身边人，对于不能亲见的有缘人，通过书籍等间接方式隔空、隔代传心灯是最佳方式了，不要怕光弱，一点微光就足以点燃下一盏灯了。

会通

在印度原始佛教时期，僧团中实行每半月一次说戒——即重申佛规定的僧团纪律，这个制度一直保存下来。直到今天，在南传佛教国家还可以看到，他们每月还会集合一次，举行布萨仪式。并且南传佛教的僧团还坚持了夏安居的制度，在出夏以后的第一天，僧众也要行忏悔仪。

忏悔，起先只被承认可以免除十恶不赦的提舍尼罪，进入大乘时期后，作为一般除罪法的忏悔，已经从其辅助持戒的手段，从以往的“说过忏悔”，也就是自我批评和坦白悔过，而且是一种否定的、负面的、抢救性的手段变成了正面的、推动性的、有利于禅定和直接导致三昧的修行法，也就是称佛名、礼拜、诵经以及禅定等等。

在中国，由于传统中本来就有祖先崇拜和祭天祀地的观念和仪式，还有更为悠久的萨满信仰和早期道教的影响，认为认罪思过可以沟通鬼神，这是最早的忏悔。

佛法传入后，其中忏悔法在中国也吸收了民间司空见惯的仪式，成为中国佛教的重要组成部分。中国佛教忏法体系的正式建立始于天台智者大师。至此，忏悔同大乘佛教的理观实践相结合，与此相应，佛界有了法华三昧忏仪、方等三昧忏法、观音忏法、金光明忏法四种仪轨。

在大众层面上，佛教的忏法则表现为民间的禳灾除难的种种宗教仪式。宋、元以后称作梁皇忏、水陆法会、放焰口等等。越往后，中国佛教中的忏仪越是深入民间，并演变为具有浓厚迷信色彩的习俗与轨仪。早期忏法，并未许诺或担保以前的罪再不受报。在忏悔仪轨被中国化以后，忏悔的功能就大大增加了，除罪的范围也相应扩大，忏悔被赋予了各种神奇作用。因此近代以来，它受到了诸多佛法、佛学、佛教界有识之士的痛斥。

从大乘上说，忏悔所强调的只是“罪无自性”，如《维摩诘经》云：“心垢故众生垢。心净故众生净。妄想是垢。无妄想是净。”其实世界上一切宗教都重视忏悔，每个宗教的忏悔方法不同，如天主教中神父在密室听教徒忏悔也是极其重要的。

《坛经》中，惠能大师说的“忏悔”和上述佛教仪轨不同，是“无相忏悔”。

“忏”是对过去所犯的罪业坦白承认，真心知道自己错在哪里；“悔”是保证以后绝不再犯。“忏”和“悔”是两层含义，首先是明白自己错在哪里，然后是痛改前非。

大师把重点放在各人的本分事上，强调说，在点香的时候，不要以为烧了几炷香就能得到法身，法身怎么得？用外面的烟来熏佛像，就能成佛吗？这么做只注重了外在的形式，不管用，必须上“真香”，熏自己的心才能真忏悔，这个“真香”就是“五分法身香”。

为什么对外上香不管用呢？您说佛在哪？佛是自觉者、悟道者，无住、无定相，佛性就是自性，那么您上香不给自己上，给谁上能管用呢？因此“此香各自内熏，莫向外觅”。忏悔这一件大事只需从“这里”开始，从自性中起，不向外求，“这里”是自性！“这里”是当下，是真正的开端，如果开错了头，毫厘有差，天地悬隔，一切就全偏了。

香给自己烧，这叫“自度”，一般寺庙传戒，只说“五分法身香”，大师说法是时时不离自性。

法身在哪？法身是无形、无相、无色、无味的，就是我们那个不生不灭的本体，法身只有证得，如何可以受香？要想证法身，必须具备“五分”：

第一戒香：没有嫉妒心、贪心、嗔心，这是戒香。

第二定香：对境不动心，万境自如如。

第三智慧香：常用智慧破无明，观照自性。广做功德，但心不执著在功德上。

第四解脱香：不攀缘，心若攀缘就是没有放下，总想着什么缘分是得不到解脱的。

第五是解脱知见香：即不执著在空、清净、涅槃、解脱上。

“和光接物，无我无人”，什么是“和光”呢？就是老子说的和光同尘，色类各有道，各自不相妨，你行你的路，我走我的道。什么是“接物”呢？即接引众机。因众生根器不同而说法、施法、行法、变法，为小乘人讲“四谛”；为菩萨行者讲“六度”；给辟支佛者讲“十二因缘”。大师在此处讲的法，既有和众生根器相应的内容，也令修者见到了另一扇门。

和光接物是不容易的，首先要能无我、无人才能和光接物，只要感觉自己的功德大，自己了不起，一有这思想，便连一微尘的和光都没有。如《金刚经》云：“灭度一切众生已，而无有一众生实灭度者。”无我、无人观自在；非空、非色见如来。所以大师说“直至菩提，真性不易”。

此“五分香”中戒、定、慧三学是“因”，而“解脱”和“解脱知见”是果。

戒、定、慧三学是佛法的基础，是成佛的因，“解脱”是精神上的自由自在，怎样才能得到“解脱”成自在人呢?就是因为“解脱知见”，脱离了所知见，升起了般若之智，也就是开悟。解脱知见是通往解脱的智慧。戒、定、慧、解脱、解脱知见这五分合起来，是佛的法身。

禅者守的“心戒”、“无相戒”，就自己的本性而言，起了邪见便等同于作恶业，守心戒的力量来自于心力，心力的力量来自于正见，有了正见的禅者所作、所为自然而然契合本性。一般的戒，是外戒，行为虽受到约束，但有些人心中却杂念纷争，就像黄梅山的僧团，为了衣法可以做出怎样胆大妄为的事情？难道这些不是受了戒的僧人吗？

会诀 五分法香 各自内熏

禅者修行时

首先进入到能和出世间的禅悦境界契合的状态，然后开始“无相忏悔”修行。禅门的无相忏悔方式与其他修行法门之间有区别，其他修行门派主张要想修行，必须先受戒、持戒。

受戒有两种含义：跟本门派祖师、佛或神发誓听话，举行仪式加入门派成为一员。

可是，“中国禅”主张要修行成道，应该先要自心清净，通过禅法来洗心。禅法是净化身心的善巧方便法，不是束缚修者的绳索。

颂曰：无来无去，怕什么？

祖师云：

时，维摩诘，语舍利弗等诸大声闻：仁者可食，如来甘露味饭，大悲所熏，无以限意食之，使不消也。有异声闻，念是饭少，而此大众人人当食。化菩萨曰：勿以声闻小德小智，称量如来无量福慧。四海有竭，此饭无尽。使一切人食，抟若须弥，乃至一劫，犹不能尽。所以者何？无尽戒、定、智慧、解脱、解脱知见功德具足者，所食之余，终不可尽。于是钵饭，悉饱众会，犹故不儩。其诸菩萨、声闻、天人，食此饭者，身安快乐，譬如一切乐庄严国诸菩萨也。又诸毛孔皆出妙香，亦如众香国土诸树之香。

尔时，维摩诘问众香菩萨：香积如来以何说法？彼菩萨曰：我土如来无文字说，但以众香令诸天人得入律行。菩萨各各坐香树下，闻斯妙香，即获一切德藏三昧。得是三昧者，菩萨所有功德皆悉具足。

——鸠摩罗什译《维摩诘经》

63.无相忏悔 三业清净

经文

今与汝等授无相忏悔，灭三世罪，令得三业清净。善知识！各随我语。

一时道：

弟子等，从前念、今念及后念，念念不被愚迷染，从前所有恶业愚迷等罪，悉皆忏悔，愿一时消灭，永不复起。

弟子等，从前念、今念及后念，念念不被骄诳染，从前所有恶业骄诳等罪，悉皆忏悔，愿一时消灭，永不复起。

弟子等，从前念、今念及后念，念念不被嫉妒染，从前所有恶业嫉妒等罪，悉皆忏悔，愿一时消灭，永不复起。

会论

学生五：因果律可以改变吗？“无相忏悔”为什么可以“灭三世罪，令得三业清净”?

学生六:如果念念清净,不被愚迷染,当然可以身、口、意三业清净。

学生九:生命究竟有没有轮回?

学生一:有轮回!但一定不是我们原来理解的那样,人死了有个灵魂在轮回,或者人死了,通过血缘在孩子身上传递叫轮回。

学生八:唯识学讲是第八识,也就是“业”在轮回。

学生一:这个观点不也有漏洞吗?都无我、无人、无常了,还有什么“业”的轮回?我理解能轮回是“念”。

悟义:因果是同时发生的,当下既是因也是果,不存在什么不能消的业,念念清净时,过去种种便可消。“业”既然是自己造的,为什么自己不能改?改不了是因为心不清净,熊熊灵光之火不够大,不足杀心贼。

会通

这里说到要想令到身、口、意三业清净,需从三点入手:愚迷、骄诳、嫉妒。

愚迷使人无知和短视;“骄”是骄傲,“诳”是妄语,目空一切,唯我独尊的样子为“骄诳”;“嫉妒”是错把不实当我所,老想抓取,看不得别人比自己好,心中会起破坏的心。

为什么人会行邪道?因为不明白生命的真相。一呼一吸,念念相续,是生命的真实行相。若对这个在一呼一吸间、在念念间不断重生的生命不能清醒认识，又焉能了生、老、病、死、爱别离、求不得、怨憎会、五阴炽盛八苦？心如何能在五浊恶世中保持清净呢？

呼吸是生灭，若呼而不吸，命即断；若吸而不呼，命亦断。是故命在呼吸间。识得生命，则识得道、禅、法。

阿难尊者曾说：若人生百岁，不见生灭机，不如生一日，认识生灭机，可以悟道、证果、了生死。什么是生灭机？即生灭中见不生灭。

达摩祖师云："一念回机，便同本得。"前念今念及后念，念念不被愚迷染、骄诳染、嫉妒染，念念不念烦恼，清净心便是生灭机。

见了性的禅者，明白有生有灭是"世间法"，不生不灭是"出世间法"，生亦灭灭亦灭，生灭灭已，寂灭现前是"大涅槃"。

离开生命哪里另有禅法可修？因此禅门的正法只说"度生"，而无"轮回转世"说。

轮回、因果说源于婆罗门教，婆罗门教的世界观是神本论，依据《吠陀经》，人生的遭遇、人世间一切的现象都是神的安排。梵天是万能的，主宰和创造一切，渺小的人类只有拜服在梵天脚下。

这种轮回、因果观认为一切阶级、生命的状态都是固定的，人应该安于自己的遭遇，服从等级安排，不少人受这种宿命论的影响而曲解佛法也有定命，有定性，有定业。真实佛法的世界观是缘起，否认神造万物说，认为人世间一切物质和现象的生起变化，皆由因缘所生，"此有故彼有，此灭故彼灭"，万物之间是相互依存的关系，舍此则一切宇宙、万物、诸法皆不存在。佛法是自作自受、自度自觉、自力更生的法，发扬人的价值，否认宿命、否认不变的阶级制度，主张众生平等。

因此惠能大师认为人只要心中真正忏悔，在业行上痛改前非，就可以改变因果。现代许多人由于不理解因果、轮回说的起源，误将婆罗门教的因果说当作是佛法的因果说。不少人以为自己是佛弟子，其实生活全部受到婆罗门教思想的影响而不知。

婆罗门教中原有六个门派，后世统称六派哲学。就因、果问题六派各有各的说法，争论不休，其中尤以数论派、胜论派、吠檀多派的观点为突出。

数论派主张“因中有果论”，认为不存在的东西是不能创造的，结果只能是潜藏于原因中。果必有因，就像种子长出果实一样，种子是果实的隐蔽状态，是因位，而果实是种子的显现状态，是果位。种子在未结出果实之前已包含了果实，所以说因中有果。

胜论派则正好相反，认为结果是由各个不同原因结合而产生，是各种要素的集合。原因与结果有着本质的区别，就像线和布、泥和罐的关系，结果在产生前并不潜藏于因中，结果不可以独立存在，而因可以独立存在，因而说因中无果。

吠檀多派认为世界的根本因是梵，梵是宇宙中一切事物的唯一本体。梵又分有形和无形，其本质一样，亦如瓶中的小虚空和瓶外的大虚空，即瓶中的小虚空与瓶外的大虚空本是一个东西，仅仅由于瓶子的限制，才显得不同。

佛当年部分吸收了婆罗门教的轮回、因果说，但他独树一帜，提出了以缘起论为根基的因果观。他认为世间任何事物都是各种要素和合缘起而成的，因、果是同时发生的，因本身也是缘起的，所以任何东西都没自性，果空，因也空，空才是事物的特性，一切都是缘起造成的。这种说法在当时是不同凡响的！是对婆罗门教因果说的超越。

除了因果观，佛也部分接纳了婆罗门教的“生死轮回”说，婆罗门教重视“灵魂”，认为人死后灵魂不灭，灵魂参加轮回，然后受报。婆罗门教的“轮回”理论看上去很完整，可以自圆其说，也容易传播，受到社会的广泛认同。但佛的“轮回”是“无我”的轮回，这就让有些人费解了，都“无我”了，究竟是谁在轮回，谁在受报呢？这个问题把纠结在经文字句上的佛弟子和学者们折磨得不轻，佛法是实证的法，自己不证，光从文字上理解当然是煞费思量。

据佛经记载，有弟子认为人死后有某种“识”不灭，这个“识”是轮回的主体，也是受报的对象。佛知道后狠狠批评了他：这是大妄语！‘我’即无常，怎么还会有个‘我识’永恒不灭呢？

后来的唯识学继承和发扬了这个“识”的论点，认为“第八识”在轮回，“第八识”就是“业”，是轮回的主体，禅门认为如果把人的轮回拴在“识”上，如何能观自在？何谈出入不二？

究竟有没有轮回？禅门认为轮不轮回又有什么关系呢？谁在轮回又有什么关系呢？过去已去，未来没来，纠结在过去和未来上，是自寻烦恼！这些问题不是用文字解决的，而是需要实证的，推论是推论不来的，否则叫坐而论道，佛法的真实不虚在于实证实修。

佛法看上去不像婆罗门教那样可以自圆其说，佛自己给自己设定了许多问题，例如：佛认为“我”是苦源，在“集谛”中提出了“因果轮回”说，根据这一理论，人们的行为都会有果报。所以要必须明了“无常”、“无我”以证灭苦之道。但既然无常、无我，还有什么苦集、因果、轮回、灭苦之道？佛临终又讲了和四谛论相反的“常、乐、我、净”，佛为什么这么前后矛盾呢？自圆其说岂非更简单？

我们前文已经讨论了过去心、未来心、现在心不可得，心念在刹那生灭，整个宇宙万物也是刹那生灭的，当我想这个东西是我的，刚有这样一种执著，起这么一个念头的时候，这个宇宙、事物已经变了样，我们接下来的第二念跟前面的第一念也已经不一样，究竟前面的念叫前念还是叫后念呢？我们要执著什么？能留住什么？宇宙万物如真实的电光闪了闪，什么是真实的电光呢？什么是不真实的电光呢？那么，究竟什么是真实的果报呢？

现在人多数有心理病、精神病，这都源于恐慌、紧张、不安，既看不破，也放不下，禅门的自性忏悔就是告诉大家，罪无自性，既从心生，还从心灭。

现在有许多实验，想证明人有轮回，有前生后世，有些人通过回忆，还有些人通过催眠来找前世的记忆。美国曾有人在医生的催眠下，看到自己曾有八十六次的轮回经历，时间跨度四五千年。那么千辛万苦地寻找自己的过去，证明有轮回、因果又能怎么样呢？八十六次转为人身的经历是苦还是乐？

没有智慧带动的人生，了解的过去越多，越产生执著，人能回到过去，能改变过去吗？脑子里去寻找那么多真假莫辨的记忆，对人的安心有帮助吗？那些四处寻求答案在证明自己的过去、以推测未来的人，是不能如实接受当下的，这是懦弱不是勇气。

有人说禅不也是参究“父母未生前是谁”这样的话头吗？禅要参究的不是父母未生前您的经历，而是要参自己的本来面目，这根本是两回事。

有没有真实的轮回、因果，都要回到当下的每一个行为、心念上，生命在一呼一吸间，当下能清净即过去清净，即现在、未来清净。内心种子里存在的意识是幻觉和幻影，人执著的幻影越多则越混乱，清净心中才能起正见，因此智者不仅不会主动去寻找什么过去，一切令人混乱、执著和疯狂的东西都是障道因缘。

心力是世界上最强大的力量，江本胜博士花了十年时间做了几万次的实验，用水结晶的实验给我们证明一切万物都可以由心来支配。《水知道答案》一书在全球掀起一个热潮，如果心力可以影响水结晶，能不能影响其他的矿物、植物、气候、未来、历史事件，以至于影响轮回、因果？那些通过催眠、幻术、药物而试图找到自己的所谓“过去”，脑袋里充斥着各种幻影的人，他们的心在被什么影响？什么是真相？真相即无相！我们的身体、细胞内百分之七十是水分，地球上百分之七十是海洋，地球和人和细胞一样就是一个生命，其大无外，其小无内，一微尘中一宇宙。未来的科学发展，如爱因斯坦所讲，真正发展到极处的时候必须朝着心的方向去发展，让人类从心上获得真正完全的解脱和自由。

现在人的病是心病，由于太紧张，世界变化太快，人越来越机器化、科学化、无情化，而非朝着人文方向发展，结局就是心越来越不安。心病还需心药医，每个水分子安定了，细胞就稳定了，生命就稳定了，大海稳定了，地球就稳定了。

清净心是简单的、平凡的、智慧的、包容的心，假如每个人都存着这么善良的、感恩的、平等的、能时时真正忏悔的心，这是优化生命的最大力量，也是宇宙、生命、世界最好的环保。

会诀 无相忏悔 三业清净

禅者修行时

身、口、意三业清净是禅修者的基本条件，如果三业不清净，谈不上禅修。“中国禅”说的三业清净是指当下三业清净，通过“无相忏悔”获得当下的清净。

颂曰：无始无终，留什么？

祖师云：

牛头庞法师问：忏悔罪得灭否？答：见无念者，业自不生。何计妄心而别有更欲忏悔灭之，灭即是生。

问曰：云何是生？答曰：生者即是于灭也。

——《神会禅师语录》

64.忏其前愆 悔其后过

经文

善知识！已上是为无相忏悔。云何名忏？云何名悔？

忏者，忏其前愆。从前所有恶业、愚迷、骄诳、嫉妒等罪，悉皆尽忏，永不复起，是名为忏。悔者，悔其后过。从今以后，所有恶业、愚迷、骄诳、嫉妒等罪，今已觉悟，悉皆永断，更不复作，是名为悔。故称忏悔。

凡夫愚迷，只知忏其前愆，不知悔其后过，以不悔故，前愆不灭，后过又生，前愆既不灭，后过复又生，何名忏悔？

会论

学生五：读到神会禅师说"减即是生"时，我心内一震，说得好！

悟义：四祖道信除了五祖弘忍外另传牛头宗一脉，牛头法融禅师有一首《心铭》，其中道"菩提本有，不须用守。烦恼本无，不须用除"。烦恼、罪业本空，只要明心，哪有什么外在的烦恼、罪业可以忏悔?“无相忏悔”是真心觉悟，如果不具足忏悔心、出离心、大悲心、菩提心，那么修禅只能是贪心，妄想修禅可以灭业消灾。神会禅师此语有两层含义：一是说妄想减罪消业的心即是生，生什么？生无明、生愚痴、生烦恼、生业。另一说减少妄想执著，即生欢喜、清净、智慧。

学生二：也就是说，发了真心，不做任何仪式，一样会立地成佛；没有真心，无论做多少仪式，烧多少香，根本还在自欺。

学生六：我本来还想去转山的，都说在神山转山可以消业。

学生一：想去还是去啊，当作旅游、徒步、锻炼、了解异域文化都不错啊！各宗派都有其方便说，心不执著做什么都可以。

学生六：可是不执著能有效果吗?

悟义：执著了就有效果吗？那叫被心念奴役。

学生九：为什么我们老崇拜别人的文化?

学生一：因为老妄想别人家的饭比自己的香。以前不还说美国的月亮都比中国圆吗?

悟义：喜欢和欣赏西方、异族文化要建立在自己具备独立意识的基础上，否则就会迷信和盲目崇拜，有些人到了凡事皆是别人好的地步，这些人如果有机会听听他崇拜的国家、区域的人对这些迷人的真实感受，估计会清醒一些。就像刚才您们说的，邻家的孩子就觉得您家比他家好，有智慧的大人是否心里感觉可笑呢？如果没有独立主体，无论人做了什么也是被人看不起的。不少人不知不觉成了文化的奴隶，这叫文化殖民，非常可怕。

学生九:究竟什么是文化?

悟义:文化可以从四个角度和层面来讲:价值观念、思维方法、生活方式、信仰习俗,前两者是无形的,但具有社会指导性,后两者是有形的,四者之间相互影响。就中国传统文化而言,近百年来,我们常常自己否定自己,所以,在恢复传统的精髓时要及时筛除混在一起的糟粕,把新思想的种子植入现代的土壤中,培育出新的生命。这既是困难的,更是必须的。

学生九:传统文化和现代化的目标和核心价值是相冲突的吗?

学生一:不少国家、民族对传统文化保护得很好,现代和传统并行不悖。如日本、韩国对传统文化的保护就做得很好。

悟义:日本人在明治维新时期一边吸收西方文化,一边推行阳明心学,提出"和魂洋才"的精神,就是学习西方的科技和才能,但不离日本文化的根本,日本人做到了。我们百年前新文化运动时也提出过一个类似的"中体西用"的学说,但是很快自我否定了,因为体、用是不可分割的。并且我们在价值观念上有很深的障碍,错把文化看成有优劣的问题,带着这种主观判断,而不注重文化差异的包容。很多中国人觉得中国历来是农业文明,西方是工业文明,工业文明一定比农业文明先进,对自己的传统否定过于剧烈。

学生二:文化没有优劣之分,就像人的手脚、肝胆一样,功能不同,怎么分优劣?不同文化的作用在于互补。

悟义:西方人看问题常常将事物一分为二,是非、彼此、对错、黑白、阶级清楚得很,但是中国传统文化一直是强调中庸、和谐、阴阳,重点是放在是非中间的转变，是和非不能截然分开，应彼此互含、转化。这和西方的思维方式是大相径庭的。

学生九：西方基督教有着强烈的、人有原罪的意识，人生下来即有罪。

学生二：因为亚当和夏娃偷吃了苹果。

悟义：西方是通过外在的力量，即上帝和法律来唤起人的内在醒悟，是救赎和他律文化，而中国，尤其是“中国禅”讲的是自救和自律。西方人靠法律和上帝约束社会稳定，而中国人向来靠自己，对得起良心、天地、祖先、子孙，儒家也讲人有四端之心，现在，我们既丢失了自己的根，也没有学到西方的精髓，所以我们的生活才变得越来越迷信。

学生三：信仰缺失？寺庙里逢年过节太热闹了！都成赶集了。

悟义：所谓信仰缺失，缺失的是什么？是“仰”，是敬畏！对自己、对他人、对真理、对修养、对长辈、对天地万物的敬畏。现代许多人对自己的人格也不自尊、自爱、自重，结果丧失了自信。恭敬心生一切法，信仰最终体现为敬畏心。凡有正信仰的人就不会有那么多的怪诞、无礼、愚痴、荒唐和僭越。

会通

“忏者，忏其前愆”、“悔者，悔其后过”。这句话看上去是有矛盾的，如：

一、什么叫“后过”？就是未来没有发生的事情，既然没有发生，如何悔？

二、“中国禅”中没有前后，速缓、来去等差别，“后过”是前面的事还是后面的事？

三、此处“悔其后过”似乎比“忏其前愆”更重要，“凡夫愚迷，只知忏其前愆，不知悔其后过，以不悔故，前愆不灭，后过又生，前愆既不灭，后过复又生，何名忏悔？”

“悔其后过”的真正含义，首先是恶在心中起，还在心中灭，光是嘴巴上讲是“口说无益”。为什么分出前后呢？不是大师心中有前、后，而是众生心中有前、后，此处是方便说。

我们的烦恼是发生在已发生的事件中，在过去中懊悔、遗憾、抱怨、纠结。有人说，我担心和烦恼的不是过去，而是未来，对未来的担心是源于过去积累的经验而产生的自我判断，所以，所谓的未来，实际上还是来自于过去的幻想，幻想的延续叫“未来”。纠结在烦恼和担心里叫“心结”。

人究竟有多少心结呢？这在佛法中叫“结使”，源于心中有见、思二惑。小乘立有“八十八结使”，大乘唯识立有“百十二结使”，真是“心有千千结”啊！

人有如此之多的心结，关键在“我执”，此等烦恼影响有情身心的正常清净，是障道因缘，故名“烦恼障”。“无相忏悔”法，针对修者打开心结特别关键，心结打开才能明心，心量才能广大，要知道一切恶业、善业、不善不恶业恒不离心。每个人一念一行都在作业，我们通常在有意无意间会伤害、妨碍、影响他人，成为作恶。

作恶不仅是杀人放火、奸淫盗抢，无意间的作恶更频繁，更是杀人不见血的刀，例如平时对孩子、爱人、父母、亲友的过于热情和冷漠，将自己的想法强加他人,限制他人的自由和发展;还有的人爱上了不该爱的人,破坏和影响别人家庭稳定;除了这些,还有对人造成伤害的各种不良习气,人其实每天都在自作恶,为了工作、名誉、地位、财富等等,这些都是我们需要"忏其前愆"的,"悔其后过"则不是嘴上说要改,然后找各种理由糊里糊涂混过去,而是真的永无再犯,这才是真忏悔。

会诀 忏其前愆 悔其后过

禅者修行时

禅修者的忏悔心态表现在谦虚的态度上,是与他人和环境和谐的良药。这时代禅修者退转的大部分原因是与他人或环境不和谐的缘故,当下是忏悔的关键,心中如有前、后的分别,即非真忏悔。

颂曰:无生无死,了什么?

祖师云:

稽首和南,十方诸佛、诸大菩萨众,弟子今作此论,恐不会圣心,愿赐忏悔;若会圣理,尽将迴施一切有情,愿于来世,尽得成佛。

——大珠慧海禅师《顿悟入道要门论》

65.自性自度 是名真度

经文

善知识！既忏悔已，与善知识发四弘誓愿。

各须用心正听：

自心众生无边誓愿度，自心烦恼无边誓愿断，自性法门无尽誓愿学，自性无上佛道誓愿成。

善知识！大家岂不道众生无边誓愿度，恁么道，且不是惠能度。

善知识！心中众生，所谓邪迷心、诳妄心、不善心、嫉妒心、恶毒心，如是等心，尽是众生。各须自性自度，是名真度。

何名自性自度？

即自心中邪见、烦恼、愚痴众生，将正见度。既有正见，使般若智打破愚痴迷妄众生，各各自度。邪来正度，迷来悟度，愚来智度，恶来善度，如是度者，名为真度。

又，烦恼无边誓愿断，将自性般若智除却虚妄思想心是也。

又，法门无尽誓愿学，须自见性，常行正法，是名真学。

又，无上佛道誓愿成，既常能下心，行于真正，离迷离觉，常生般若，除真除妄，即见佛性，即言下佛道成。

常念修行是愿力法。

会论

学生一：我要忏悔，我对女儿的教育是填鸭式教育，逼她学奥数、钢琴、芭蕾……现在我自己修禅了，又逼她背古文、学古琴、瑜伽，我控制欲太强了。

学生四：我要忏悔，我对母亲的唠叨太没有耐心，每次都不耐烦地打断她，很后悔。

学生八：何为孝顺？孔子说“色难”，给父母好脸色最难。不过我也要忏悔，不过是对自己忏悔，我对不起我的身体，胃溃疡有五六年了，我还常喝酒，说是为业务，其实都是借口，我自己也想喝。

学生十一：我要对老公忏悔，因为他赚钱没我多，我一直不尊重他。还查过他手机，有时在朋友面前不给他面子，我真是错了。

学生三：我的罪更深，大学时女友为我堕胎，后来父母反对就各自结婚了，但我们婚后藕断丝连，我现在感觉对不起老婆、孩子，也对不起她的家人。我有罪过！

学生五：淫业最重！继续这样下去您修禅有什么用？

学生一：佛曾说后世的人，无信仰，藐视鬼神，故到处会发生杀、淫、奸、盗之事，少义理、无慈心、不知惭愧，心想只要侥幸逃过阳法制裁就无事。社会的和谐、稳定仅靠法律制裁毕竟有限，有信仰的人做事不会没底线。有种忏悔叫“发露忏悔”，老师，我们这样算不算发露?

悟义:“发露忏悔”的修法出自《大智度论》，是人在大众前，述说自己所犯的种种过错和见不得人的行为，是敢于面对当事人认错，才叫发露。

学生一:能这么做的人，已经是大丈夫了。

悟义:世人多以为学佛、修禅是迷信。学佛、修禅实乃大丈夫事。

学生九:我有些不可启齿的问题，我只要一精进打坐，就有强烈性欲，并且晚上会梦遗，这算犯淫业吗?

悟义:这是气脉发动的现象，也是一个不必执著的过程。佛说法、制戒皆是因应利、钝不同的根器应机而有差异。据《摩诃僧祇律》记载，曾有四比丘梦中失精，便自疑悔。佛知道后告舍利弗，梦者虚妄不实，出精者，出不净也，梦中失精无罪。但是您要清楚，虽梦中行淫无罪，但醒了不能耽于梦境，要快速舍离，一旦耽于梦境，便是入邪。

会通

佛法、禅法的根本目的不是脱离人间，自身成佛，修行要的是以出世心行世间事，具有积极的入世精神。不少人以为佛、禅为出世间法，必须先皈依、受戒，必须在特定环境下才能修，而在普通人眼里，修行人就算不是剃头的和尚、尼姑，也不是正常人了，这是对佛、禅修行的极大误解。

佛说法四十九年究竟有何本怀大愿呢？当然不是为了某些人脱离五浊恶世得解脱，佛为了一大事因缘而出世，这大事便是令到众生开佛知见，觉悟醒悟。

可是，为什么佛讲的大、小乘法不少观点似乎不能自圆其说呢？我们现实生活中有没有这种矛盾的事物存在呢？有种药品夏天是草，冬天是虫，您说它是动物还是植物？水遇冷结为冰，遇热化汽，固体和气体是不是都是水呢？不同根器的修者能接受的法是不同的，因此佛法内在并不矛盾。

《法华经》方便品第二中，有这么一段对话：

尔时佛告舍利弗："止，止，不须复说。若说是事，一切世间诸天及人，皆当惊疑。"

舍利弗重白佛言："世尊，惟愿说之，惟愿说之。所以者何？是会无数百千万亿阿僧祇众生，曾见诸佛，诸根猛利，智慧明了，闻佛所说，则能敬信。"

尔时，舍利弗欲重宣此义，而说偈言：

"法王无上尊，惟说愿勿虑。是会无量众，有能敬信者。"

佛复止舍利弗："若说是事，一切世间天、人、阿修罗，皆当惊疑，增上慢比丘，将坠于大坑。"

尔时，世尊重说偈言：

"止止不须说，我法妙难思，诸增上慢者，闻必不敬信。"

尔时，舍利弗重白佛言："世尊，惟愿说之，惟愿说之。今此会中，如我等比，百千万亿，世世已曾从佛受化。如此人等，必能敬信，长夜安隐，多所饶益。"

佛不愿说究竟的大法，为什么呢？因为众生根器太低，不相信！惠能大师也多次提到禅法是有局限性的，根器低的人听了不但不信，还会谤法。但由于舍利弗殷勤、恳切地三请，佛终于开口宣说：

尔时，世尊告舍利弗："汝已殷勤三请，岂得不说。汝今谛听，善思念之，吾当为汝，分别解说。"

说此语时，会中有比丘、比丘尼、优婆塞、优婆夷五千人等，即从座起，礼佛而退。所以者何？此辈罪根深重及增上慢，未得谓得，未证谓证，有如此失，是以不住。世尊默然而不制止。

我们可以看到，连佛讲法尚有五千人当场退席，能闻深法而不惧的有几人？佛为何"止止不须说"？因为"我法妙难思"。越是深层的佛法喜欢思考分析、逻辑判断的人越难以理解的，但为什么在舍利弗三请后，佛又知难而行，开口说法了呢？因为佛的根本大愿！

人们都很熟悉佛诞生时自行七步，说过"天上地下，唯我独尊"。这句话，通常被人误解为佛在夸"自我"，佛说的"我"是"本我"，这个"本我"是本来面目，也就是说能见到本来面目的人是天上地下最尊贵的！

这是从"法"的角度讲的。但很少有人知道这句话下面跟的一句是："三界皆苦，吾当安之"。这句才正是佛之所以弃位出家、苦修忍辱、誓死证悟的本怀大愿。下面这句被忽略的话，是从"人"的角度讲的，因此佛法是人、法不二之法。

小乘的修行是证"我空"，不讲"法空"，大乘则强调"我"、"法"皆空，乃至"中国禅"认为诸法不离自性，自性中既有清净本性(空)又能生万法(有)，故空、有不异，即心即佛、非心非佛，清净和染污不二，出世和世间平等，众生是因位的佛、佛是果位的众生等等。

在实践方面，小乘一般追求即生能断除自身烦恼，以个人自我解脱为主，以离贪爱为根本，以灭尽身智为究竟，因此是出世的。大乘则认为，修证需要经过无数生死，历劫修行，以“摩诃般若波罗蜜多法”，得“阿耨多罗三藐三菩提”(无上正等正觉)，菩萨应以救脱众生为目标，因此是入世的。

“中国禅”则不认为有烦恼可断，有菩提可求，一切万法不离自心、自性，“禅”继承了大乘佛法中普度众生的精神，在大乘建立佛国净土的目标上，禅者寻找的是自性净土，自性四弘誓愿。即“自心众生无边誓愿度，自心烦恼无边誓愿断，自性法门无尽誓愿学，自性无上佛道誓愿成”。禅者度的是内众生，转的是自烦恼，在自性中生出济度众生的方便万法，在自性中成就无上佛道。禅的修行一切从自性出发，从修行、证悟角度讲“禅”是出世的，从度众、弘法角度讲“禅”是入世的，从持戒、忏悔、发愿角度讲，禅是无相的。

禅者的无相戒、悔、愿需要强大的自控能力和能量，时时不偏离佛的根本大愿，禅者的修法终极是悲智双运，诸佛、菩萨、祖师为了普救众生，可以舍弃一切，悲不离三界，智不入涅槃。

“禅”是人间法，但具体怎么自度和他度?“即自心中邪见烦恼愚痴众生，将正见度。既有正见，使般若智打破愚痴迷妄众生，各各自度。邪来正度，迷来悟度，愚来智度，恶来善度，如是度者，名为真度”，尽自己所学、所悟、所能救度众生是禅者修行的根本宗旨，能否为救度众生而放下名利、财富、权色、情欲、规范，是作为证菩提、成佛道的根本条件。

换句话说，以自我养生祛病、打通气脉发神通、以修行作为自我包装的手段、或躲进山后不愿入俗度生的人算不上“禅者”；背离了这个根本宗旨的禅修算不上“禅修”；不以化导学人走入社会弘法利生、不知应机说法、带着分别心不明禅法密意、没有实证实修的师者算不上“禅师”。

所谓大乘、小乘，区别在“乘”，“乘”是交通工具，是度众生去往彼岸的法船，修大乘法就必须度更多人，如果嘴巴上讲大乘，行为却是小乘，有什么用？现代有些小乘修者，在时刻关心众生，因此，修法虽是小乘，行为已是大乘，此二者的区别不在修法、持戒、服装、宗派、地区、经典上，就在于有无“大慈悲心”。谁心中不离普度众生，谁就是大乘。

“中国禅”的修者在大乘的基础上，更进一步强调万事不离自性中行愿，这主要集中体现在纠正修者修法的偏见、过于关注庄严仪式、过于外求佛祖保佑、过于执著在外相的各种行为、心态上。“自性四弘誓愿”便是禅者由悲心和慈心共同发起的大愿。

弘愿可以帮助修者巩固慈悲心，而弘愿的主要内容也就是令修者发起慈悲心。正因为如此，惠能大师把不离世间求出世间，不离世间法而行出世间法的理论做了最充分的发扬和最具体的实践。

有僧问大珠慧海禅师:“和尚修道，还用功否?”禅师回答说:“用功”。再问:“如何用功?”禅师说:“饥来吃饭，困来眠。”这不就是世间法吗？所以问者十分疑惑:“一切人总如是，同师用功否?”答说:“不同!”那么不同在哪里呢?慧海禅师接着说:“他吃饭时不肯吃饭，睡时不肯睡，所以不同也。”凡人吃饭时的“百种须索”，睡觉时的“千般计较”，与“饥来吃饭，困来眠”的不同，正是对于不离世间法而行出世间法的最好注释，也决定了禅法必然是生活的禅法。

会诀 自性自度 是名真度

禅者修行时

靠他力修行好比是婴儿或孩子，没有独立生活的能量，更谈不上帮助别人。靠自力修行好比是成人和智者，不仅能独立生活生存，也能帮助别人。所以说，禅者应是最上根器。

颂曰：无前无后，争什么？

祖师云：

四称法行，性净之理，目之为法。此理，众相斯空，无染、无著、无此、无彼。经云“法无众生，离众生垢故；法无有我，离我垢故。”智者若能信解此理，应当称法而行。法体无悭，于身命财，行檀舍施，心无吝惜。达解三空，不倚不著，但为去垢。称化众生，而不取相。此为自行，复能利他，亦能庄严菩提之道。檀施既尔，余五亦然，为除妄想，修行六度，而无所行，是为称法行。

——菩提达摩禅师《二入四行论》

66.自性三宝 常自证明

经文

善知识！今发四弘愿了，更与善知识授无相三归依戒。

善知识！归依觉，两足尊。归依正，离欲尊。归依净，众中尊。

从今日去，称觉为师，更不归依邪魔外道，以自性三宝常自证明。

劝善知识，归依自性三宝。

佛者，觉也。法者，正也。僧者，净也。

自心归依觉，邪迷不生，少欲知足，能离财色，名两足尊。

自心归依正，念念无邪见，以无邪见故，即无人我贡高，贪爱执著，名离欲尊。

自心归依净，一切尘劳爱欲境界，自性皆不染著，名众中尊。若修此行，是自归依。凡夫不会，从日至夜，受三皈戒。若言归依佛，佛在何处？若不见佛，凭何所归？言却成妄。善知识，各自观察，莫错用心。经文分明言自归依佛，不言归依他佛。自佛不归，无所依处。

今既自悟，各须归依自心三宝，内调心性，外敬他人，是自归依也。

会论

学生一：我有一次看见乖巧的女儿和她的同学一起用铅笔刀肢解了活生生的小鸟，小鸟被扯断翅膀，孩子们看着小鸟的痛苦却哈哈大笑，此时，我才知道什么是不寒而栗！现代的孩子们的心仿佛摇摆在天使和恶魔之间。

学生三：网络游戏是罪魁祸首之一，但您可以就此认为这些残酷对待鸟的孩子是恶人吗？

学生一：这种行为当然是“恶行”，但人不能简单定性为“恶人”。人心是随时变化的，一念成佛、一念成魔，一时的恶行是当下状态的释放，但关键在于，如果没有及时发现、制止并导向正路，就真的可怕了。我不寒而栗的原因是孩子们怎么可以这么冷漠？

学生四：在游戏里杀人和在梦里杀人不同，梦里还是无意识状态，人的心念由潜意识带动，而游戏则是在清醒状态下，玩杀人游戏是有果报的，这个果报就是现实和游戏的边界感逐渐降低，人的心会变得越来越冷漠无情。

学生三：但怎么制止？四处充斥着暴力游戏，家长叫停有什么用？监视和制止的效果不大，臭水沟如果堵起来，臭水会从其他地方溢出，我认为教育孩子只能疏，不能堵。

学生五：现代孩子很难和大人有心灵上的沟通，学校、家庭、社会教育皆以考试、经济、社会地位为主，孩子压力大，暴力游戏可以释放压力，但强刺激后的精神会更加萎靡，多数孩子就在虚拟世界、电子游戏里填补空虚和无聊，表现得越来越自私、自闭、暴力、急躁。

学生四：不仅孩子，难道现代成人就不暴力吗？现在好像都是一语不合，拳脚相加，每个人的食物都是炸药吗？

学生三：这和天天看负面新闻有关，生活真的有这么不堪吗？我不这么认为。我认为，人们把爱和善看成是理所应当的事情因而忽略了。媒体报导这些不吸引眼球，所以总是报导刺激的新闻，恨不得天天世界大战。

学生一：除了社会暴力外，我认为最常见的暴力是家庭冷暴力，家庭成员彼此视而不见，各忙各的，冷漠难道不是暴力？还有喋喋不休是不是暴力？

学生二：我们往往会错误地认为，和大人们的刑事或者经济案件相比，小孩子能犯多大事呢？其实如果心中起恶，孩子同样会十分残忍。

学生九：是不是有些人有遗传的邪恶基因存在？那么，跟那些生来就遗传有癌症基因的人一样，他们应该是无辜的，不需要为自己的邪恶承担责任的。

学生一：哪有什么遗传邪恶基因？荀子的"性本恶"是说遗传邪恶基因吗？如果是遗传基因通过教育能改善吗？我一直在思考的是，女儿的心魔从哪里来？一个温顺的小女孩会笑眯眯地有其骇人的残忍一面，这种心魔是她的一种真实存在，还是说只是一个暂时的入侵者？她究竟是这个心魔、邪恶力量的玩偶，还是说这心魔和邪恶力量其实就一直存在于她的心中？再或者说，这些恶行不过是其自身异化的一种表现？

学生八：对啊！我也很关心这种恐怖的力量是怎么来的？是逐渐形成的，还是突然变异的？究竟可不可控？带着这种心魔的人还是不是原来的自己？

学生九：什么是原来的自己？

学生四：如果真有什么入侵者，那也是苍蝇不叮无缝的蛋。

学生三：老是扬言要惩罚他人恶行的"正义"人士，自己就不邪恶吗？人往往是自己不清楚自己的恶行，误以为自己背后的是所谓"道德"。

学生五：想要理解全部，就必须看清和谅解全部。谅解不是编织各种理由去体谅恶行，而是要看清恶行产生的原因。

学生七：必须了解背后真正的"作恶者"，就是"体"，而不仅仅简单惩罚"行"。"行"如果造成了对他人的明显伤害当然必须付出代价，但许多恶行伤害的不在表面，这个代价怎么计算？不解决"体"，"恶行"还会持续。

悟义：善和恶其实就像每个人对味道的体察，再怎么争论也是各有各的观点。人是完全可以自治、自觉、自立的，如果只援引社会或者心理的因素来解释他们的所作所为，无异将人视为僵尸。自治、自觉、自我负责不是单纯地成为社会环境影响下的傀儡，而是人之所以为人、为万物之灵的关键所在。只有当人心中有大爱时，才有和谐社会，才能带来人与自然、他人良性的互动关系。注意大爱不是占有的、自私的、排他的爱，是包容的爱，是由真心里发出的，这种大爱不是丑陋、邪恶或不美好的对立面。

学生七：什么是一个真正善的人？

悟义：首先要理解什么是善心。如果说善心是从丑陋和邪恶中逐渐演变而成的，那么善心中一定也包含了邪恶、丑陋及残忍。我们如果对善的自觉性、独立性、自治性没有充分认识，而接受了某些权威的引领，善心实际上也就变异而不存在了。善心并不是乖顺，不是臣服于一种教条、观念、理想或形式，善心也无法透过别人而获得，无法通过教条或权威的认可而形成；它是一种内心的品格，是修养，是圆满的人生，从行为上说，是不妨碍他人，尊重他人，因而真正的善只能在不偏见的沃土里生长，善心其本质是一颗平常心。

会通

这里，惠能大师一口气说了十五个“归依”，“归依”原作“皈依”，是初入佛门的佛弟子首先遇到的情况。

通常情况下，大家把泥土、木雕、彩印、笔画、壁画的佛像恭敬如佛，开了光的称为“佛宝”，把三藏十二部经典，称为“法宝”，把受具足戒的僧人，称为“僧宝”。

有人把“皈”理解成“归”，如水归海，如客归家。“依”理解成依托、依靠，如子依母，如渡依舟，还有人认为拿到了“皈依证”，就表明自己是“归依”的居士了……这些理解是片面的，惠能大师在此说皈依是自皈依，人可以皈依的只有“自性三宝”，自皈依有谁可以证明吗？有什么宗派可以依靠吗？能给自性发“证书”的人是谁呢？

“皈”是由“白”、“反”二字组成，取反染成净的意思。“反”不是归附、依靠佛像、经书、僧侣、宗派来了生脱死，解脱苦难。“反”有两层含义：一是必须通过反常、反观，反视的修法，而返观自己本来清净的自性；二是回头，放下屠刀，立地成佛，叫“反”。

“白”也有两层含义：一是清净、纯洁；二是包含万有，如同前文我们讲到白光即是复合光。

可见，“行至水穷处，坐看云起时”是“皈依”，“蓦然回首，那人却在灯火阑珊处”是“皈依”，“一即一切，一切即一”是“皈依”，“照见五蕴皆空”是“皈依”……

“佛”的本义是觉者，觉能定在哪里吗？佛的法身无处不在，如来如去的“佛”怎么皈依呢，怎么如水归海呢？海有定处，觉无定相，怎么叫“如子归家”呢？家不是房子，有爱才是家，爱有定处吗？修行的宗门，有明师时，能指导修者走上寻找自性之途；无明师时，修者对着精美佛像、洋洋经书、某某大山门、大宗派皈依有用吗？因此大师说“经文分明言自皈依佛，不言皈依他佛。自佛不皈，无所依处”。

再次是“法”，法不是教条和经书，法的特点是无自性，随用随生，随用随弃的，教条和经书是死的“律”，不是活的“法”，活“法”怎么皈依呢？

最后是“僧”，何为“僧”？剃头、受戒的是形出家的“僧”，真正的“僧”是清净心的人，可是清净心怎么鉴别呢？

惠能大师说的“自性佛”是指人人自心本具的佛性；“自性法”是指应机的方便万法，不是指教条的法律、法轨和法事；“自性僧”是指人由清净心带动下的清净行，这才是禅门的“自性三宝”。因此，“佛者，觉也。法者，正也。僧者，净也”。

修者“皈依觉，两足尊”，佛是什么？是佛的觉、行圆满，“足”是满足的意思。两种圆满是最为尊贵的，第一种智慧圆满，第二种功德圆满，具足了智慧和功德这两种资粮的修者“邪迷不生，少欲知足，能离财色”。

“皈依正，离欲尊”，法是教化众生的方法，是行方便的智慧、应机的手段，要想行正法，就得离欲，把欲望统统放下，变成有愿、有情而离欲，不受欲望的摆布，这个人就是佛。

正法是自性里具足的，不是去求外面的。外面没有法，外面有的是烦恼、业障，法是从自性里面生出来的，离欲后在人间行方便，对境心不动就成佛。佛法修行里凡是自性清净心没有的，统统要放下，这才叫皈依法。“念念无邪见，以无邪见故，即无人我贡高，贪爱执著”。

“皈依净，众中尊”，真正的“僧”，常人一见，便受影响心生欢喜，自觉清净。心出家的人，于滚滚红尘中一尘不染，眼见色不染于色，耳闻声不染于声，色、声如果只欣赏，不占有，不控制，就不染。想占有和控制就被染著了，就会生出无明，无明开始缘起，于是在六道苦海中轮回，如果“一切尘劳爱欲境界，自性皆不染著”，是众生中第一尊。

禅门的皈依，是皈依自性三宝，不是皈依某个人、某个宗派。师者是法的载体，其慧命在于点燃一盏盏心灯，现在的听法者，他日必成为说法者，心灯是大愿在慧命精神中熊熊燃烧的火种，师者是点灯的人，是助修者心灯不灭的人。所以师者可以说“某人是我弟子”，但不能说“某人是皈依我的弟子”，这是妄自尊大、废公为私、可悲可叹的愚痴行为，我们时刻不能忘记“内调心性，外敬他人，是自归依也。”

会诀 自性三宝 常自证明

禅者修行时

“三宝”是指在解脱成道上需求的一切能量。禅修者自性中具有“三宝”能量，因此如夜路灯光一样，随时随地都能保证走正路，不会错路。

颂曰：无始无终，留什么？

祖师云：

佛法众为二，佛即是法，法即是众，是三宝皆无为相，与虚空等，一切法亦尔，能随此行者，是为入不二法门。

——鸠摩罗什译《维摩诘经》

67.三身如来 从自性生

经文

善知识！既归依自三宝竟，各各志心，吾与说一体三身自性佛，令汝等见三身，了然自悟自性。

总随我道：

于自色身归依清净法身佛，于自色身归依圆满报身佛，于自色身归依千百亿化身佛。

善知识！色身是舍宅，不可言归。向者三身佛，在自性中。

世人总有，为自心迷，不见内性，外觅三身如来，不见自身中有三身佛。汝等听说，令汝等于自身中见自性有三身佛。

此三身佛，从自性生，不从外得。

会论

学生四：如来的三身是一身还是三身？《华严经》中不是说佛的法身毗

卢遮那佛是莲华藏世界的教主，而“莲华藏世界”在北方天空吗？那儿只住佛和菩萨，所以是“佛国”。

学生一：大乘认为释迦牟尼佛有三种不同的“身”，例如有些寺里供奉着“三身佛”：中为佛的法身毗卢遮那佛，左为报身卢舍那佛，右为化身释迦牟尼佛，不过在禅门三身是一身。

学生五：好像除禅门外，大乘其他宗派都认为三身非一身，例如唯识宗就认为三身四智是各有各的“体”，“体”是不同的，所以要转识成智。

学生六：什么是四智？

学生五：佛具足的四种智慧，唯识宗认为眼、耳、鼻、舌、身前五识转化“成所作智”；“妙观察智”由第六识意识转化；“平等性智”由第七识末那识转化；“大圆镜智”是由第八识阿赖耶识转化。

学生六：“四智”分别有什么作用？

学生五：唯识宗认为“成所作智”令意志所到运行无碍；“妙观察智”能善于观察生命、宇宙的一切现象；“平等性智”无人我、法我的执著，没有了种种分别见；“大圆镜智”是最圆满的智慧，若有情、若无情，长空不碍白云飞，世间万物的实相皆同时于镜中显现。

学生六：怪不得经中说“四智”已经是“至矣、尽矣，不可以复加矣”。

悟义：许多人在禅门和唯识以及其他大乘对于三身、忏悔、戒律等不同说法上会犯迷糊，其实惠能大师是把天下至难至繁的事化为至简至易了，为纠结在经论中需要花费几十年的学子开出了一条阳光大道，禅门将忏悔弘愿、三身四智，佛国佛身一切全涵盖在自性中，心、佛、众生三无差别，全在一心，这是大师的伟大之处，也就是我们今天要再次推出《坛经》，希望现代人恢复禅的根本精神，从而帮助更多人安心自在的原因。

会通

我们讲了这么多“自性”、“自心”，又有人误解是要大家皈依自己的肉身、色身，“色身是舍宅，不可言归”，这点万不可搞错。什么是舍宅？就是有生灭的，不可靠的。将不生不灭的法身、精神皈依到可生灭的肉体上能行吗？这么理解的人，会变成注重肉体享乐，迷恋在肉体上，但“不言归”不是舍弃不要。

老子在《道德经》中云：“吾所以有大患者，为吾有身，及吾无身，吾有何患。故贵以身为天下，若可寄天下。爱以身为天下，若可托天下。”老子的话，表面上看和惠能大师此语相似，通常人只看到色身与受蕴的关系：受有苦受、乐受、不苦不乐受，能感受到这三种受，是因为色身的存在。如果仅仅是这样的话，处于乐受、不苦不乐受之时，即使色身还在，也不会有患、有苦了吗？或生于无色界的天人，眼、耳、鼻、舌、身五根俱灭，就无患、无苦了吗？

古印度的各种外道，基本上都以“无常即苦”为基本命题的，因此以追求脱世为解脱，将证得禅定认为常住不坏的涅槃，认为生于色、无色界天即是“涅槃”。因此，佛说：“一切法无常”、“涅槃中无一法可得”、“涅槃中有本际不灭”，也就是说四禅八定也是无常的；同时，不要以为涅槃中能够领受

“寂灭之乐”。

大乘菩萨和禅者发愿生生世世生于娑婆世界利众度生，那么，“贵以身为天下”、“爱以身为天下”，就是虽身无常有大患，也不可离。理解了这一句，也就理解了惠能大师不是要舍弃色身，而是让修者不要执著色身，这也是《维摩诘经》“不尽有为，不住无为”的含义。

“色”是我们感觉看得见、摸得着的对象，也是发神通、欲望得到满足的工具，“色”由四大组合而成，对应“色”的还有“土”，即存在的空间，这两样叫“色法”。

“色法”本是幻有，但众生最容易执著于此，比重视“心”还甚。离开了色身的感觉、色身存在的“土”，众生感觉无家可归，无有依托，虚无缥缈，茫然无措。

生命体中，我们往往受看不见的能量影响，例如说意识、气脉、思想、精神，这些难道不是实有吗？难道晚上看不见太阳，太阳就不存在吗？同样，自性、自心虽不可见，虽无法感觉，但真实存在，时刻在影响我们的念头、行为。

普通修者对三身佛的概念本来就似懂非懂的，鉴于此，惠能大师一针见血地提出了“自性三身佛”的说法。为什么？“为自心迷，不见内性，外觅三身如来，不见自身中有三身佛”，要知道三身佛在一身的含义，并不是三身佛住在色身里，“此三身佛，从自性生，不从外得”。三身佛虽从自性生，但不住，自性就像个宇宙，包含了无量的独立个体，不要幻想佛是实有的、不变的、会停留的。

弥勒菩萨说:分别是“识”,无分别是“智”,依“识”染,依“智”净,染有生死,净无诸佛。

“识”就是人在不断地分别,依据自己过去的记忆,产生各种幻想分别,就是活在过去,因此人对未来的判断同样是基于“过去”的经验而得。如果修行依分别心去修,那是染污、轮回、三界、五行、世间,我们要清楚地知道没有见性前,我们全都在依“识”生活。

“十八界”是由六根、六尘、六识组成,关于“根”我们前文已经讲了,六尘属于外境,为什么叫“尘”? 因为是有染的,有六样污染我们清净心的东西,所以叫“六尘”。

如果心不被这六样东西污染时,这六样东西还存在,不过名字变了,叫“性”。例如:色不染心时,叫“色性”,声不扰心时叫“声性”,味不刺鼻时叫“香性”,食不诱人时叫“味性”,身不起欲时叫“触性”,意不迷乱时叫“法性”。

由此可见,“六尘”和“六性”如同“识”和“智”一样,是一不是二,惠能大师屡屡说:“佛法是不二之法”,只缘众生迷悟不同。如何能“见性”? 离欲即见性,无分别即见性,平等即见性,平常心即见性。

六根、六识是幻有的,外面六尘也是幻有的,是心的投影中现的相。只要人不起心、不动念,就能成佛,得其正受,受是享受,这种享受不是俗世的欲乐,正常的享受叫“正受”。

现代人不知道什么是人的正常享受,主要因为太依赖外界的环境、物质、欲望、刺激来带动了。正常的人生,有身体健康的享受,有心灵清净的享受，饮食男女、睡觉吃饭的享受，最后是得好死的享受，这些统统是“正受”。可是被欲望奴役的人们却在饱受失眠、焦虑、身僵、气弱、反应力迟钝之苦，死前得重病简直痛苦不堪，这样的人生是“难受”的，不是“正受”的，皆因生活颠倒梦想所致。

人由于迷在欲望和妄想里，因而生起七情五欲。七情五欲都是不正常的享受，都叫“难受”，七情是：喜、怒、哀、乐、爱、恶、欲；五欲是：财、色、名、食、睡。

为什么这些叫“难受”？因为自性里没有，这些完全与烦恼相应。凡人由于不了解人生的真相，入戏太深，把假的当作真的，故此不得“正受”。“正受”不是无情，而是有情而不滞于情，身心清净的法悦是无法用语言来形容的，唯有修者自证。

谈到“三身”，就不能不谈“转识成智”，这是唯识宗重要的修法，玄奘法师在《八识规矩颂》说：“果中犹自不诠真”，就是说哪怕前五识转了，有了化身，并不等于可以诠释真如，只有等第六识转为妙观察智后，才能诠释真如，但哪怕第六识、第七识都转了，只不过是在因位中转了身而已，仍然未能证得法身，要证法身，必须是第八识转成大圆镜智后；连同报、化身一起转，“三身四智”才能彻底成就。

可见唯识宗认为“三身四智”是各有其体的，基于这一点，唯识认为众生不能全部成佛，众生有的是人天种子，有的是地狱、畜生种子，有的是缘觉种子，有的是菩萨种子，没有菩萨种子的是不能成佛的。所以，有的人因其种子不完满，“三身四智”也就不可能完满。

玄奘法师在那烂陀寺学习时，曾对师父戒贤三藏所传的这等级分别的成佛理论提出疑问，法师认为中国佛弟子们普遍接受了《涅槃经》中人人皆有佛性的观点，但三藏告诉他：你们支那人懂什么？这是根本大法，不容许有丝毫的修改。

玄奘法师回国后严守师法，译经也是一字不改，完全将印度的佛经原意搬回中国，这点和鸠摩罗什法师译经采用得意忘言的方法有大不同。法师的严谨性，天下无出其二。由于法师恪守印度深奥的学理，再因有等级差别，故而没有被中国佛界广泛接受，法师创始的法相唯识宗也在法师入寂后渐衰。

中国的天台、三论、华严这几大派都不承认唯识宗的这些说法，这几家宗派皆本罗什一脉的“中观”立宗，华严宗判教时，认为唯识学只是“大乘始教”，没有把它列入“大乘圆教”。

但我们绝对不能因此否认唯识学博大精深、逻辑严密的修证体系，这些亦非其他宗派所能比拟的。清末民国时期，唯识学再次大放异彩，杨文会居士一门中唯识大德辈出，如其法嗣欧阳竟无和熊十力师徒、再有章太炎、太虚大师，以及梁漱溟、韩清净和范古农对唯识学的传播都起到了重要作用。这是由于唯识学的精密体系、论证方法、思维模式和近代西方科学最接近，其中，欧阳竟无创办的支那内学院，是近代唯识学思想的核心所在。

在科学蓬勃发展的今天，无论是意识科学、生命科学、物理、生理和唯识学都有极大关联，但中观、唯识两脉千年来争执不断的这一大根本分歧也实际存在。

有些学者将“中国禅”也归入“中观”系中，这虽有一定道理，但不全面。诞生“中国禅”的法系有两条，一条源自罗什、僧肇师徒的“中观般若系”，另一条源于达摩祖师《楞伽经》法系，《楞伽经》也是唯识宗经之一，禅门主要代表经典里中观系经典《金刚经》讲缘起性空，而《涅槃经》讲缘起真如，如来藏中本来即空、有不二，互为补充。

因此，针对“转识成智”，惠能大师说：“大圆镜智性清净，平等性智心无病，妙观察智见非功，成所作智同圆镜。”禅门中没有离开自性的三身四智，所谓的转，禅门是转其名不转其实，什么叫不转其实呢？正如前文谈到，“念”是“真如”之用，“真如”是“念”之体。“识”和“智”是一不是二，是一体的两面，“识”是“智”的用，“智”是“识”的体。如果只认了用，就被这个用给缠绕了，要能认出它的体，依体起用，摄用归体，这就圆满了。

禅门中能转的只是“名言”，“名言”不是“实性”的，自体是动都没有动过的，无论转不转并没有变成另外一个什么东西，它是“不生不灭，不垢不净，不增不减”的，是体同而用异的。

真正理解禅门的这些语句一定要实修，不修而去谈禅说佛，只能在“名言”上转来转去，全是“口头禅”。大家听课、看书都容易，真正修行起来却是件苦恼的事情，因为身体这关不容易过，但也并非过不了。一旦决定想活出究竟无惑的人生，想走证道这条不平常的路，成就有独立思想、能观生命实相的智慧人生，没有遇到明师指导是极其容易跑偏方向的。

会诀 三身如来 从自性生

禅者修行时

自性清净,即三身清净。三身如来的根在自性,从自性上看三身无差别,通过这句禅诀的领悟,禅者修行时更不能执著在定中看见的各种瑞相、幻想了。

颂曰:无来无去,怕什么?

祖师云:

佛者,何也?盖穷理尽性大觉之称也。其道虚玄,固以妙绝常境,心不可以智知,形不以像测,同万物之为而居不为之域,处言数之内而止无言之乡,非有而不可为无,非无而不可为有,寂寞虚旷,物莫能测,不知所以名,故强谓之觉。其为至也,亦以极矣。

——僧肇法师《注维摩》

68.性本清净 此名法身

经文

何名清净法身佛？世人性本清净，万法从自性生。思量一切恶事，即生恶行。思量一切善事，即生善行。如是诸法在自性中。如天常清，日月常明。为浮云盖覆，上明下暗。忽遇风吹云散，上下俱明，万象皆现。世人性常浮游，如彼天云。

善知识！智如日，慧如月，智慧常明。于外着境，被妄念浮云盖覆自性，不得明朗。若遇善知识，闻真正法，自除迷妄，内外明彻，于自性中万法皆现。见性之人，亦复如是，此名清净法身佛。

善知识！自心归依自性，是归依真佛。自归依者，除却自性中不善心、嫉妒心、谄曲心、吾我心、诳妄心、轻人心、慢他心、邪见心、贡高心，及一切时中不善之行，常自见己过，不说他人好恶，是自归依。常须下心，普行恭敬，即是见性通达，更无滞碍，是自归依。

会论

学生七:为什么戒贤三藏称中国为支那?这是对中国的蔑称啊。

悟义:您误会了,“支那”一词最早见于佛经对梵语Cina的翻译。古代印度称中国为:cina,古希腊称中国为 Thinae ,拉丁语称中国为 Sina,这三种称呼同源,都源自于汉语中的“秦”。Cina是文明智慧之国之意,隋唐时的佛经、僧侣称中国为支那、真那、至那、震旦。玄奘法师在《大唐西域记》中说:“当此东北数万余里,印度所谓摩诃至那国是也。”

学生七:为什么日本人称中国为“支那”,也是源于佛经吗?

悟义:唐时,日本大规模派遣唐使来中国学习,“支那”一词便自然而然地传去日本,但我们要理解当时的“支那”这一称呼并没有贬义的成份。欧阳先生的佛学院不就称“支那内学院”吗?

学生七:那我们全都误会了。

悟义:章太炎先生在日本流亡期间,有人问他:“先生是清国哪省人?”他回答道:“余乃支那人,非清国人。”

学生一:因为我们自己不了解历史、文化,才不在自己这里找病根。就比如忏悔,这个世上哪有不“戴罪”的人?我们就会看到别人身上的问题,总是忽略自己。

悟义:迷人时时刻刻都在作业,时刻作,又时刻忘,有些人会因为害怕戒律、害怕忏悔而不敢信佛,不敢修禅,就好像不修禅、不信佛做了业反而能安心一样,这思路显然是有问题的。

学生四:究竟有哪些障道因缘?

悟义:业障、烦恼障、所知障和习气障。

学生四:业障是分白业和恶业吗?

悟义:从性质分可分为白业、恶业,从罪业角度有些宗派还将罪业细分为自性罪和佛制罪。凡是违反人性的,由身、口、意造作对他人形成伤害的恶业,都是自性罪,比如杀生、偷窃、奸淫、两舌等,无论有信仰者还是无信仰的人犯了这些都有罪。佛制罪又叫遮戒,但各个宗派对于这些问题都有争执,例如关于饮酒是属于自性罪还是佛制罪,就有不同的理解和认识。修行者在众说纷纭时需要的是自己独立的理解。佛在世时,制戒是灵活的,当时曾有一群渔民想要皈依,佛的弟子说,“你们每天都杀生,想要皈依怎么可能呢?”佛却慈悲地问:“你们能否于晚上不捕鱼不杀生?”渔民表示完全可以做到。佛就为他们制了“晚上不捕鱼不杀生”的戒律。佛制戒是为了导人向善,而非横加限制。关于“自性罪”的说法,一定不要误解为自性中产生的罪恶,或者说本质的罪恶,这种理解就偏向了西方的“原罪”,人的本质中怎么可能有罪业?就像刚才各位讨论的有什么邪恶基因存在,不仅人的本性中没有什么原罪,就是生下来有遗传癌症基因的也未必发病,关键在患者自身的免疫能力。

学生三:我不吃素有罪吗?需要忏悔吗?

悟义:佛没有规定佛弟子一定要吃素,但说了只能吃“五净肉”,即:不见杀,不闻杀声,不为我杀,自死,鸟残。吃素的行为本来是佛弟子自愿的行为,心中不断大悲心的种子故而吃素。目前,除了汉地寺庙,藏传佛教、南传佛教、日本、韩国的大部分佛教徒、佛弟子没有被要求必须吃素。

学生九:我还是想了解佛法中关于淫戒的说法。

悟义:小乘佛法中以淫戒为四根本戒之首。大乘中,《梵网经》以淫戒为十重罪之一;《瑜伽菩萨戒》虽然没有将淫戒列为重罪,但也只对在家菩萨有所宽容。为什么这么重淫戒呢?因为淫最易使人产生染著。但我们要知道,使人迷乱的是淫欲和淫行,不是淫性,淫性是人性的一种,人性本无善恶之分。说到淫戒,您如果被自私自利心带动,在淫欲的驱使下所做的当然是罪业,佛法中的方便不是随便,菩萨的悲心及善巧方便是功德资粮。我们内心应该明白一点,大、小乘佛法和禅法中表面上的互相违背之处,其内在的根本是圆融不二的。

学生一:可以这么认为吗?随着对佛法认识的一步步加深,自己修行境界的提高,自己有能力带动自己的行为不走偏,无私无我时,就是可以有选择性的“开遮”,达不到时,必须严格持戒。

悟义:佛法以教化众生为目的,其他一切都是围绕着这个目的而使用的方便法。对于自律能力差的初入门者,需要规定戒律帮助其转化习气,但对于已经见了性的菩萨、修者、禅者,具足了“开遮”的智慧,一举一动皆可由自己带动。所以如果刚入门的修者妄谈自己持“心戒”、“无相戒”,这是给自己的行为找借口。正人用邪法,邪法是正法;邪人用正法,正法是邪法。

学生五:如果我没有达到持“无相戒”的境界时,破戒了,做恶业了怎么办?能用“无相忏悔”法吗?

悟义：佛法里有各种忏悔罪业的妙法，但前提是您要真正信佛、学佛、修行，才能真正发现罪业本性空，如果自己不信、不学、不修妄图花钱消业免灾，妄图借助"无相"所以可以无修，那只能是妄想！"悔其后过"不是因为良心发现或者做了恶心里害怕而后悔，心存侥幸，而是心中发愿绝不再犯，并且愿意承担起应负的责任，如果这样发大愿，就是"无相忏悔"。

会通

"何名清净法身佛"？惠能大师说了两条：

一、"性本清净，万法从自性生。思量一切恶事，即生恶行。思量一切善事，即生善行"。也就是人平时心中如果念念常善，必然生善行，行为是念带动的现象，念是心的投影，心善了，行为必善。

二、"智如日，慧如月，智慧常明"。为什么本来该明的心却不明呢？因为"被妄念浮云盖覆自性，不得明朗"。如果发现了这个问题，迫切希望自身的智慧常明，怎么办呢？去寻找善知识化导见性，"若遇善知识，闻真正法，自除迷妄，内外明彻，于自性中万法皆现"。这种清净的心、念、行，名"清净法身佛"。

智慧为什么如日、月呢？因为智慧不是聪明，聪明是一种逻辑推理的能力，能处理硬性问题，譬如知识、科学等等。而智慧是一种心智上的特殊能量，能够使人深度理解、洞察事物的本质，拥有察觉实相并应机、应用的能力，它和智力、聪明不同，是生命的领悟能力。"智"从字面意思理解，是

“知”、“日”，是加法，是动、“日”是光明，光明是可以看见事物背后的，但看得见、摸得着的还是有形，故明的状态是“智”，智者可在光明中看无量变化的动量，但看还是形而下。

人的心能，光通过看有形是不够的，因此还需要无形的“慧”，“慧”是古字“扫”加“心”，不是指时时勤拂拭，而是放下欲念、杂念，使心清净，可以照见五蕴皆空。照是减法，是止，是静，是在静中照无形、无量事物变化的关系。这些变化关系就是“则”，也就是道、禅、法，因此“慧”是形而上。

“慧”的基础是知“止”，隋朝的文中子是中国历史上第一个在“止”上集大成者，也许大家不知道文中子的名字，但他门下的弟子就如雷贯耳了：魏徵、李靖、房玄龄……“止学”的核心精髓是“大智知止，小智惟谋，智有穷而道无尽哉”、“圣人不患智寡，患德之有失焉”、“ 谋人者成于智，亦丧于智也”、“ 智不及而谋大者毁，智无歇而谋远者逆”、“小人势不惠人也，趋之必祸焉”……这些真知灼见一语道破了在“知止”与“不止”之间，实是一道人生境界的分水岭，是智者与庸者的分界线。

“智”是能力，是聪明，是善于应对生命中的硬性问题。“慧”是境界，是在宇宙、万物、生命的纷杂中清净自在，是有应对生命中弹性问题的能量。

禅者时刻不离的是“慧命精神”，此种精神不仅仅是布施、持戒、忍辱、精进、禅定、智慧这六度，而代表了在曲折、变化的时间制变、通变、应变的能量，以般若智慧引领众生开悟脱迷的大悲心、大愤心、大信心、大愿力。

众生之迷在于一分为二看世界，好比一加一等于二这个标准答案正确吗？岂不知一份水加入一份火就未必等于二，可能等于零；如果加入时间概念，一个篮子里有一个苹果再加入另一个苹果，但是过了一个月不吃腐烂了就又是零；再例如一个智慧人，加上另一个的智慧人，就远远不止二，可如果一个聪明人加上另一个聪明人，答案可能是负数……因此，一加一等于无量变化。有了"慧命精神"的禅者，如隔空下盲棋，面前空无一物，胸中实有大千，一切曲折、变化了然于心，宇宙法则皆在心中运行无碍。

儒家说"止"、道家说"静"，曰"归根曰静"，由静乃定，定而无定曰"无所积"，"无所积"是"天道"，故庄子曰："天道运而无所积，故万物成；帝道运而无所积，故天下归；圣道运而无所积，故海内服。明于天，通于圣，六通四辟于帝王之德者，其自为也，昧然无不静者矣。圣人之静也，非曰静也善，故静也，万物无足以铙心者，故静也。水静则明烛须眉，大匠取法焉。水静犹明，而况精神！圣人之心静乎，天地之鉴也，万物之镜也。夫虚静恬淡，寂漠无为者，天地之平而道德之至，故帝王圣人休焉。休则虚，虚则实，实者伦矣。虚则静，静则动，动则得矣。"

这就是道家的核心："无为"，"无为"是如实观照万物而不生分别。怎么能"无为"？老子一语道破："为学日益，为道日损，损之又损，而至于无为，无为而无不为。"

学问、知识如从学习、阅读而得知者，此是"知识"。知识绝对不是越多越好的东西，逢多必少，例如吃多了就得生病，"反者道之动"，多会向着反面发展了，知识多而缺乏智慧的人易生邪见、所知障。

若知识是自己思考后产生，经由自己实际体悟而得的叫"智慧"，则越多越好，因为"知识"转为"智慧"后能"除却自性中不善心、嫉妒心、谄曲心、吾我心、诳妄心、轻人心、慢他心、邪见心、贡高心，及一切时中不善之行，常自见己过，不说他人好恶”。

佛、菩萨、祖师们皆有无量智慧、方便，那么有无量智慧的修者平时是什么表现呢？八个字：“常须下心，普行恭敬”，能做到这一点，即是“平常心”，即是“本分事”，即是“见性通达”，即是“万境自如如”，“更无滞碍，是自归依”。

会诀 性本清净 此名法身

禅者修行时

法身是指智慧，是与一切众生智慧相应的能量

“三宝”中的法，便是禅修中成就的法身

颂曰：无始无终，留什么？

祖师云：

问：方广经云：“五种法身：一实相法身，二功德法身，三法性法身，四应化法身，五虚空法身”，于自己身何者是？

答：知心不坏，是实相法身；知心含万象，是功德法身；知心无心，是法性法身；随根应说，是应化法身；知心无形不可得，是虚空法身。若了此义者，即知无证也。无得无证者，即是证佛法

法身;若有证有得以为证者,即邪见增上慢人也,名为外道。何以故?维摩经云:“舍利弗问天女曰,汝何所得,何所证辩,乃得如是。天女答曰:我无得无证乃得如是,若有得有证,即于佛法中为增上慢人也。”

——大珠慧海禅师《顿悟入道要门论》

法身无为而无不为,无不为故,现身有病;无为故,不堕有数。

法身无在而无不在,无在故,不在方;无不在故,不离方。

法身无生而无不生,无生故,恶趣门闭;无不生故,现身五道。

——僧肇法师《注维摩》

69.念念圆明 此名报身

经文

何名圆满报身？譬如一灯能除千年暗，一智能灭万年愚。

莫思向前，已过不可得。常思于后，念念圆明，自见本性。善恶虽殊，本性无二。无二之性，名为实性。于实性中，不染善恶，此名圆满报身佛。

自性起一念恶，灭万劫善因。自性起一念善，得恒沙恶尽。

直至无上菩提，念念自见，不失本念，名为报身。

会论

学生一："一灯能除千年暗，一智能灭万年愚"，真是妙不可言啊！

学生六：什么是高人？就是见地深入，眼界高远，高深到了无量时就成佛了，哈哈。我以前也是老在字面上打转，以为《坛经》翻翻就懂了，挺可笑的。

学生十一：以前有人告诉我，存《大藏经》会有天龙护法，所以我请了三套《龙藏》，三个房子里各放一套，不过是一个字也没看过。这次听《坛经》我才明白了，哪有什么天龙能给人护法？我呀，居然幻想天龙在我们家当保镖呢！

学生八：我以前感觉自己像个蚂蚁一样微小，自顾尚且不暇，哪有什么精力和能量去关心其他人？我能改变社会风气吗？但是我现在想法变了，如果人人自私，社会好不了，"一灯能除千年暗"，只要点亮就行。我愿意精进修行，尽快成就。我修行的过程里，我发现平时叛逆的儿子居然上网也少了，有时候居然还会跟我一起抄经，这个改变令我欣喜，我过去太爱妄下判断了，我愿意用生命去点亮身边一盏盏心灯。

学生七：我以前老是在琢磨修禅有什么用？既不能帮忙赚钱，也不能解决实际问题，我问了老师几次，可她总不正面回答我。现在修了两年，真的感到身心无比轻松自在，无用真的才是大用啊，现在我认为，真没有什么事比将修行融入生活更重要的事了。

会通

"报身"有三层含义：

一、除暗灭愚的智慧能量。不是天空中显现的瑞相、佛堂里端坐的庄严佛像叫报身。

二、三心不可得，"莫思向前，已过不可得"，那什么叫"常思于后"呢？"后"是指未来吗？此处的"后"大师是相对"前"说的，含义即"当下"。相对从前旧事、过去种种“当下”即是“后”。“念念圆明，自见本性。善恶虽殊，本性无二”。这个念念不息的清净心中善恶之行虽有殊，但善性和恶性的本性无二。接下来，更重要的是明白“无二之性，名为实性。于实性中，不染善恶”。善、恶，好、坏，对、错，是、非，高、低，前、后这些都不是实性，实性是不二的，在人为的标准和现象里，有善恶的分别，但在实性中，无二，理解这一点，“名圆满报身佛”。

三、无论积累了多少功德，如果“自性起一念恶，灭万劫善因。自性起一念善，得恒沙恶尽”。因此，人的功德报身不在行为上，不在现象上，而就在当下一念中显现，心中存恶，即使没有化作行为，也灭万劫善因，因此无相戒是最难修、最殊胜的。当修者时时保持清净的心念，自然行为处处见功德。“直至无上菩提，念念自见”，离开了当下一念，哪有什么过去、未来、现在？

会诀 念念圆明 此名报身

禅者修行时

报身是指功德，是与一切众生功德相应的能量。“不失本念”即“报身”。

颂曰：无前无后，争什么？

祖师云：

阿难白佛言：未曾有也。世尊！如此香饭，能作佛事。

佛言："如是！如是！阿难！或有佛土以佛光明而作佛事，有以诸菩萨而作佛事，有以佛所化人而作佛事，有以菩提树而作佛事，有以佛衣服、卧具而作佛事，有以饭食而作佛事，有以园林台观而作佛事，有以三十二相、八十随形好而作佛事，有以佛身而作佛事，有以虚空而作佛事。众生应以此缘，得入律行。有以梦、幻、影、响、镜中像、水中月、热时炎，如是等喻而作佛事，有以音声、语言、文字而作佛事，或有清净佛土，寂寞无言，无说无示，无识、无作、无为而作佛事。如是阿难！诸佛威仪进止，诸所施为，无非佛事。阿难！有此四魔，八万四千诸烦恼门，而诸众生为之疲劳，诸佛即以此法而作佛事，是名入一切诸佛法门"。

——鸠摩罗什译《维摩诘经》

阿难！诸佛色身、威相、种性、戒、定、智慧、解脱、解脱知见、力无所畏、不共之法、大慈、大悲、威仪所行，及其寿命，说法教化，成就众生，净佛国土，具诸佛法，悉皆同等。是故名为三藐三佛陀，名为多陀阿伽度，名为佛陀。阿难！若我广说此三句义，汝以劫寿，不能尽受；正使三千大千世界满中众生，皆如阿难多闻第一，得念总持，此诸人等，以劫之寿，亦不能受。如是，阿难！诸佛阿耨多罗三藐三菩提，无有限量，智慧辩才不可思议。

——鸠摩罗什译《维摩诘经》

70.自性变化 此名化身

经文

何名千百亿化身？若不思万法性本如空，一念思量，名为变化。

思量恶事，化为地狱；思量善事，化为天堂。毒害化为龙蛇，慈悲化为菩萨，智慧化为上界，愚痴化为下方。自性变化甚多，迷人不能省觉，念念起恶，常行恶道。回一念善，智慧即生。此名自性化身佛。

会论

学生三：明心见性中的"见性"是见了法身吗？修至六通具足，三身四智，三十二相，八十种好，就是证了报身圆满吗？至于千百万亿化身，是化身的成就吗？此三身可以同时成就吗？

学生一：有人说禅的祖师们，虽然不少人悟道见到了法身，但悟道不见得证得报、化身。而其他宗派修行则相反，是证了化身，也有少数人证了报身，却少有能证得法身的，所以说六祖以后三身成就的非常少。

学生五：我也听过这种说法，说是因为修报身成就太难，《法华经》、《华严经》上都说一切佛的报身，只有在色界成就，欲界中必须先转了色身，才能在色界成就报身。

悟义：三身是一身，禅门无此次第说，不过修行本没有什么统一的标准答案，不能去评论别人对不对，而是您修什么法，就按照此法修。法身是自性之体，报身是自性之相，化身是自性之用。五祖曾对惠能大师说："不见本性，学法无益。"有人说祖师们生死自由，只是法身成就的一个附带作用，只有灭寂时虹化的才是色身成就，那么释迦牟尼佛圆寂时虹化了吗？佛难道没有三身成就吗？如果报身、色身没有转，祖师们谈什么往来三界、生死自由？大师说："去来自由，无滞无碍，应用随作，应语随答，普见化身。"化身是智慧的显现。有些人平常被贪、嗔、痴迷了，现在又被戒、定、慧迷了，被坐禅迷了，被见性迷了，"觉性"本是来去自由。针对见性，大师还说："不离自性，即得自在神通，游戏三昧，是名见性。"见性是什么？不明白的人去十万八千里之外找，越找越远。不迷惑了，是无事人，无作人，自在无碍，就是游戏三昧，就是见性。

学生八："化身"究竟是什么意思？是孙悟空七十二变吗？

悟义：您这样理解还停留在民间故事里。何为"化身"？不是菩萨、祖师们像孙悟空一样拔根毫毛摇身一变，孙悟空再变也不过七十二变。禅师们应机说法的随机应变之法、身，以自心不变应万事万物之变，就是化身。

学生一：变化是"易"吗？

悟义：中国传统的《易经》有“三易”即：简易、变易、不易。“简易”是指大道至简，至道无难。如电脑的计算机语言只有“0”和“1”，但衍生出来了复杂的计算程序。中国传统智慧将最复杂的事物用最简单的符号如《易经》中的阴阳二爻来表示。“变易”是指世界上没有一样东西是一成不变的，宇宙万物是动态不平衡。“不易”是指在宇宙间万物皆变的前提下，能变出万象之物的本质不变，就是动态平衡，是相对的平衡。

学生一：世上的一切事物都是在变化中发展。

悟义：那么事物、现象因何变化？怎么变？变化有无规律？变化的依据？缘起性空的缘怎么起？无明怎么来？这些变化是由自己带动的，还是外界带动的？千变万化之中，能明白的有几人？因此真正懂“易”的人，绝不会卜卦。

学生一：什么是“化”？

悟义：变是因，化是果。如《易经》中说：“刚柔交错，天文也；文明以止，人文也。观乎天文以察时变，观乎人文以化成天下。”

学生一：什么是天文和人文？

悟义：宋明理学始祖程颐说得很清楚：“天文，天之理也；人文，人之道也。天文，谓日月星辰之错列，寒暑阴阳之代变，观其运行，以察四时之速改也。人文，人理之伦序，观人文以教化天下，天下成其礼俗，乃圣人用贲之道也。”而“人文”的根本是从人的角度来思考生命、思考存在的价值，理解人的本性、本源、和大自然的关系、和万物的关系、和他人的关系、和自己的关系，和神的关系。人文的特点是不判断，用智慧的思考来超越具体规范、人伦规则，超越有限存在。

会通

惠能大师说完法身、报身开始解释何名化身了。“若不思万法，性本如空”时谈不上化身。但如果“一念思量”，则开始变化。

由此可见，化身和什么相应？和念相应。那么怎么变化呢？“思量恶事，化为地狱。思量善事，化为天堂。毒害化为龙蛇，慈悲化为菩萨。智慧化为上界，愚痴化为下方。自性变化甚多，迷人不能省觉。念念起恶，常行恶道。回一念善，智慧即生。此名自性化身佛”。

这一段不难理解，因为一念思量了，念善则化为天堂，天堂是善的化身，念恶则化地狱，地狱是恶的化身，天堂、地狱全在心念里。同理，智慧化身是上界，愚痴化身是下方，这些上界的清净净土也不在西方极乐世界，只在心中。

禅法、三身不在寺刹里，也不在经典中，法乃存在于所有人的精神生命中，存在于个人自觉中。许多人轻视众生的痛苦，乃至轻视自己的痛苦，迷信、执著于宗派、经典、法统、外相中。大家想想，祖师们成就的佛、禅是形于外的吗？只有心才是自己的真正国王，众生同体，众生同心。众生因心的运作而喜、而忧。心是技巧高明的画工，它可以画出世间万物，能支配心者，即是心王。

会诀 自性变化 此名化身

禅者修行时

化身是指变化，化身是与一切众生变化相应的能量。罗什法师将“三宝”从“佛、法、僧”改为“佛、法、众”，“众”与“僧”同义，但含义更加广泛，是在世间利益众生的大善知识。无私弘法的大善知识便是祖师们的化身。

颂曰：无生无死，了什么？

祖师云：

各见世尊在其前，斯则神力不共法，
佛以一音演说法，众生随类各得解。
皆谓世尊同其语，斯则神力不共法，
佛以一音演说法，众生各各随所解。
普得受行获其利，斯则神力不共法。
佛以一音演说法，或有恐畏或欢喜，
或生厌离或断疑，斯则神力不共法。
稽首十力大精进，稽首已得无所畏，
稽首住于不共法，稽首一切大导师，
稽首能断众结缚，稽首已到于彼岸，

稽首能度诸世间，稽首永离生死道。

悉知众生来去相，善于诸法得解脱。

不著世间如莲华，常善入于空寂行。

达诸法相无罣碍，稽首如空无所依。

——鸠摩罗什译《维摩诘经》

71.自悟自修 是真皈依

经文

善知识！法身本具，念念自性自见，即是报身佛。

从报身思量，即是化身佛。

自悟自修自性功德，是真皈依。

皮肉是色身，色身是宅舍，不言皈依也。

但悟自性三身，即识自性佛。

会论

学生八：儒家重阴阳五行，可以理解儒家其实也不是现代人理解的那么僵化的儒家，当时也是重变化的吗？

悟义：儒家当然不是明以后教条的八股、僵化的礼教所能代表的，儒本奉"《周易》是群经之首"，是特别重变化的。孔子说"交臂非故"在讲人、事变化的速度，错肩而过时都亦非故人。但我们要明白，所谓"群经之首"是单就儒家而言，不是泛指诸子百家！譬如，道家的群经之首是《道德经》，禅门的群经之首是《坛经》。

学生一：《周易》被儒家当作其独家经典，为什么诸子百家竟然都默认了，没有人反对呢？

悟义：我们今天所见到的《周易》是孔子的作品，《易传》是孔门弟子作品。孔子在晚年几乎把所有的时间和精力都花在了《易》上面。孔子曰："易始于太极，太极分而为二，故生天地。天地有春秋冬夏之节，故生四时。四时各有阴阳刚柔之分，故生八卦。"我们前文也已经提到过儒家的太极说，太极是变中的"不变"。

学生一：儒家说人人有一太极。

悟义：宋明理学家接受了"华严"、"禅"的思想，如张载说："乾称父，坤称母"，"民吾同胞，物吾与也。天地之塞吾其体，天地之帅吾其性"，从中发挥出万物同属一气的观点，之后的程颐把张载的上述思想概括为"理一分殊"的重要命题，到了朱熹再一次融合了禅门"一即一切，一切即一"和"月印万江"的思想，把天地万物之理，说成太极。"理一分殊"就是太极包含万物之理，万物分别完整地体现整个太极，"人人有一太极，物物有一太极"。我们用现代说法来解释太极，就是：阴气是能量的变化，阳气是物质的聚散变化。

学生九：我一直以为"太极"就是太极拳，根本不知道和儒家有这么深的关系。

学生一："太极拳"这个名字是清朝才正式出现的，大家以前不也都一直以为"禅定"就是"禅"吗？

会通

什么是报身佛?“念念自性自见”即是,因为“法身本具”,只需要照见就可以。

什么是化身佛?“从报身思量”即是。

什么是真皈依?“自悟自修自性功德”即是。

什么是自性佛?“但悟自性三身”即是。

众生由于无始以来的受习不同,有人可以由观法之生、灭而悟得不二之法,有人或许因为推寻相之有、无而体证真如,有人则因证罪无自性而得法,有人察动与不动之根本而会寂玄冥,更有人闻艳诗悟道,有人听击竹契法,有人观自影见性,有人阅经而冥合,虽然个个途径不一,但所体会之道不异。

惠能大师从各种角度讲三身佛,讲无相法,皆因众生所禀受的习气不同,故要方便设种种不同教法。但种种不同教法的宗旨都是不二之法。

涅槃是什么呢,我就是涅槃;生死是什么呢,我就是生死;三身佛是什么呢? 我就是三身佛。

会诀 自悟自修 是真皈依

禅者修行时

“中国禅”修者修行时,心量与宇宙一样广大时才能顿契本性。

一切修行法门都重视以心传心的师徒相应,但强调“相应”这样的修法容易让修者忽略重点，因为抓不住依赖物而心慌。“中国禅”为了将那些迷惑在外相、法事、仪式的修者拔离苦海，禅师更需集中能量或喝、或棒、或逼、或诱，务使学人迷途知返，向死而生。

好像孩子犯错一样，无智的家长遇事就慌张、生气，没有智慧和定力来处理孩子犯错的根本原因，往往在现象上迷失，认为处理完就可以混过去了。长此以往，孩子的人生就会跟着本末倒置，不解决迷失、犯错的根本原因，孩子长大后也容易如父母般急躁地对待问题。

当然，恢复中国传统精髓的不止“中国禅”一门，佛法的其他宗派中也同样有不少明白正法的智者，只是有些师者自己修行时很清楚，但对弟子会心软，好像父母一样，总是感觉孩子还小，用方便法带进门。但用方便容易，甩方便太煎熬，有些愚痴的学人这过程中，由于自信不足而对师门产生怀疑，对师父产生误解，更有甚者出言谤法谤师，修行毕竟是个人的事情，因此不少师者不愿冒此风险，长此以往，大家就都习惯住在方便里，这就是大病了。

颂曰：无始无终，留什么？

祖师云：

佛告天帝：过去无量阿僧祇劫，时世有佛，号曰药王如来、应供、正遍知、明行足、善逝、世间解、无上士、调御丈夫、天人师、佛、世尊。世界名大庄严，劫名庄严，佛寿二十小劫，其声闻僧，三十六亿那由他，菩萨僧，有十二亿。天帝，是时有转轮圣王，名曰宝盖，七宝具足，主四天下。王有千子，端正勇健，能伏怨敌。

尔时宝盖，与其眷属，供养药王如来。施诸所安，至满五劫。过五劫已，告其千子：汝等亦当如我，以深心供养于佛。于是千子受父王命，供养药王如来，复满五劫，一切施安。其王一子，名曰月盖，独坐思惟：宁有供养殊过此者？以佛神力，空中有天曰：善男子，法之供养，胜诸供养。即问：何谓法之供养？天曰：汝可往问药王如来，当广为汝说法之供养。

即时，月盖王子行诣药王如来。稽首佛足，却住一面，白佛言：世尊，诸供养中，法供养胜，云何名为法之供养？佛言：善男子，法供养者，诸佛所说深经，一切世间，难信难受，微妙难见，清净无染，非但分别思惟之所能得。菩萨法藏所摄，陀罗尼印印之。至不退转，成就六度。善分别义，顺菩提法，众经之上。入大慈悲，离众魔事，及诸邪见，顺因缘法，无我、无人、无众生、无寿命，空、无相、无作、无起。能令众生，坐于道场，而转法轮，诸天、龙神、乾闼婆等，所共叹誉。能令众生入佛法藏，摄诸贤圣一切智慧。说众菩萨所行之道。依于诸法实相之义，明宣无常、苦、空、无我寂灭之法。能救一切毁禁众生。诸魔外道及贪著者，能使怖畏。诸佛贤圣所共称叹。背生死苦，示涅槃乐。

十方三世诸佛所说。若闻如是等经，信解受持读诵，以方便力，为诸众生分别解说，显示分明，守护法故，是名法之供养。

又于诸法，如说修行，随顺十二因缘，离诸邪见，得无生忍。决定无我，无有众生，而于因缘果报，无违无诤，离诸我所。依于义，不依语；依于智，不依识；依了义经，不依不了义经；依于法，不依人。随顺法相，无所入，无所归。无明毕竟灭故，诸行亦毕竟灭。乃至生毕竟灭故，老死亦毕竟灭。作如是观，十二因缘无有尽相。不复起相，是名最上法之供养。

——鸠摩罗什译《维摩诘经》

72.心除罪缘 自真忏悔

经文

吾有一无相颂,若能诵持,言下令汝积劫迷罪,一时消灭。颂曰:

迷人修福不修道,只言修福便是道。

布施供养福无边,心中三恶元来造。

拟将修福欲灭罪,后世得福罪还在。

但向心中除罪缘,各自性中真忏悔。

忽悟大乘真忏悔,除邪行正即无罪。

学道常于自性观,即与诸佛同一类。

吾祖惟传此顿法,普愿见性同一体。

若欲当来觅法身,离诸法相心中洗。

努力自见莫悠悠,后念忽绝一世休。

若悟大乘得见性,虔恭合掌至心求。

师言:"善知识!总须诵取,依此修行。言下见性,虽去吾千里,如常在吾边。于此言下不悟,即对面千里,何勤远来?珍重好去!”一众闻法,靡不开悟,欢喜奉行。

会论

学生四:我发现许多事情不一定要全明白再做,而是在做的过程中一步步提高领悟。我刚修禅时,老师一开口说话我听着就头晕,不知所云,但坚持下来,自己真是从里到外发生了翻天覆地的大变化,至于是哪一天变化的,真不知道。

学生二:对啊,就像用电脑、网络、开车,非得要先理解构造原理再使用吗?哪怕不明白何时转变、为什么转变以及转变的原理,但我相信只要如法修行,必然收获智慧人生。

学生一:您还在考虑收获,我听了《坛经》后连收获智慧人生的想法也没了,人生重在过程,而非结果。只要认真修,其他随缘自在吧!

学生五:我看过一个电影,讲一群人被人投放到一个大迷宫里,为了找到迷宫出口,牺牲了许多勇士,但最终有个人领着一些人逃出生天。但是逃出去后发现他们的命运只是从迷宫A转到了迷宫B。看完我和朋友就讨论,如果事先预知这样的结果,还会不会冒死逃离?朋友说,他不会冒险离开,我说我会。因为人生是过程,不是结果,人生的结果都是死,早一年和晚一年死有什么区别?为什么要将有限的人生局限在恐惧中?如果这样岂不是监狱里的犯人最安心?即使逃出去面临下一个迷宫,但至少我在努力，在成长，我的心态是阳光的、无畏的，我的心是自由的。

学生一：社会不就像一个个迷宫吗？祖师们的经典不就像地图吗？但按图索骥未必能出去，因为迷宫在不断地无规律地变化，祖师们的经典是破解迷宫的源代码，而不是简单的路线图。我们修行就是解读源代码。

学生八：社会的迷宫其实更可怕，因为看不见，纵横交错，有形无形，变化多端，绝大部分人不愿面对真相。

学生七：“迷人修福不修道，只言修福便是道”。大家喜欢沉浸在幻想里自我迷惑，这个世界什么都在变，唯独人的妄想执著不变。

悟义：您尽一切的力量，能阻止一朵花的凋谢吗？集所有的神通能阻止无常的来临吗？世间的无常是无法避免的。都说修禅最难，可为什么禅门中悟道者最多呢？惠能大师门下四十三位法嗣，马祖座下八十八位大善知识，其他宗门哪有这么兴旺？通过次第法修一步一步向上提升，看上去是安全的，但为什么悟道这么难？

学生一：我之前也修过其他法门，感觉到许多师父并没有按照弟子的根器来讲法，而是一味强调自己宗派、自己法的殊胜，结果弟子们都带着世俗心来修行，在意自己的师父多么有名，寺庙多大多庄严，有多少名人一起同修等等，因而轻视他人，贡高我慢。

悟义：“布施供养福无边，心中三恶元来造”。大家多多体会吧。

会通

一般人的概念中，人有生死变化，季有寒暑更替，万物皆在一条时间线上运动，因此生命有叠替、生死，以现在为中间，时间有过去和未来，真是这样吗？

惠能大师说“心动”，有些人又误解为“唯心主义”，在一千多年前，僧肇法师就认为这些常识之见是有问题的。法师说：“人命逝速，速于川流。是以声闻悟非常以成道，缘觉觉缘离以即真。苟万动而非化，岂寻化以阶道？覆寻圣言，微隐难测。若动而静，似去而留。”

“有物流动”之说本是“人之常情”，在佛法中叫“诸行无常”，小乘藉由此论确立“非常”的消极人生观，这是声闻否定论的基石之一，而中乘的缘觉修者是在觉悟“因缘”以契真。

这些观点，罗什法师称之为“般若初门”。这个世界到底是“常”还是“无常”？关于“无常”、“常”、“空”的关系，罗什法师在《注维摩》中多次谈道：

“无常是空之初相，将欲说空，故先说无常”；

“凡说空，则先说无常，无常则空之初门，初门则谓之无常，毕竟则谓之空，旨趣虽同，而以精粗为浅深者也”；

“出世间慧亦有深浅，无常则空，言初相，故先说无常，无常是出世间浅慧也”；

“无常是空之初门，破法不尽，名为不尽。若乃至一念不住，则无有生；

无有生，则生尽；生尽，则毕竟空，是名为尽也”。

由此可见，所谓“无常”是方便说法，是出世间的浅慧，是“空之初门”，是不究竟的，“毕竟空”才是“无常”的究竟义。

小乘的“诸行无常”最后应归为“毕竟空”，而“毕竟空”就是“一念不住，则无有生”，这就是禅的“无念”，心念不住，于念而离念时，一切所谓的因果、轮回、业报自己化解，故禅者可以“不昧因果”。

万物实相是不生不灭的，既然不生不灭，特性便是僧肇法师说的“若动而静，似去而留”，动即静，静即动，动静不二，有即无，无即有，有无不二。

这不二之法深化了对小乘“诸行无常”这一法印的理解。因此，《物不迁论》显然是对小乘“无常说”的一种清算，“若动而静，似去而留”这八个字是“物不迁”的核心。

那么连物、时间都不迁了，“法”有无移动呢？僧肇法师在《注维摩》中解释说：“天生万物，以人为贵，始终不改谓之人，故外道以人名神，谓始终不变。若法前后际断，则新新不同；新新不同，则无不变之者；无不变之者，则无复人矣。”

由此我们可以看到，“法”没有永恒不断的连续作用，同样也是刹那生灭的。也就是说，万物都没有一种永恒存在的性质。我们如果以古人的经典为法，以为能够永恒不断，也是一种妄想。

法是在不断生、不断灭的过程中延续，人是天生万物中最珍贵的。故人能弘法，非法弘人。我们不必为了曹溪禅风在宋元之后衰退而望古徒叹，今天的人心中早已具足了禅的花种，只待春的到来。

外道执著有一种可以始终不改称谓的人，称这样的人为“神”，宇宙、万物、人事瞬间生灭“新新不同，则无不变之者”，无不变，则无所谓的连续流动，这才是永不改的。

如《般若经》中须菩提问佛：“世尊，若一切法如梦、如声、如影、如焰、如幻、如化，众生在何处住？菩萨行六波罗蜜而拔出之？”

佛言：“须菩提，众生但住名相、虚妄、忆想、分别中，是故菩萨摩诃萨行般若波罗蜜，于名相、妄想中拔出众生。”佛接着再说：“须菩提，一切和合法皆是假名，以名取诸法，是故为名。一切有为法，但有名相，凡夫愚人于中生著。菩萨摩诃萨行般若波罗蜜，以方便力，故于名字中教令远离。作是言：诸众生是名，但有空名，虚妄忆想分别中生，汝等莫著虚妄、忆想，此事本末皆无，自性空故，智者所不著。如是须菩提，菩萨摩诃萨行般若波罗蜜，以方便力，故为众生说法。……是菩萨摩诃萨行般若波罗蜜，以方便故，教众生远离是相著。”

凡夫为什么著相呢？永明延寿禅师在《宗镜录》中说：“众生但住名相、虚妄、臆想、分别中，佛意一切法中，无决定实者。但凡夫虚妄故著。如人暗中见似人物，谓是实人。而生畏怖，又如恶狗临井，自吠其影，水中无狗，但有其相。而生恶心，投井而死，重生亦如是。四大和合，故名为身，因缘生识和合。故动作言语，凡夫人于中起人相生爱生恚，起罪业，堕三恶道。”

惠能大师在此传自性三皈依法、无相忏悔法、四弘誓愿法、无相戒法，这些方便法的根本皆起源于事物的本质是刹那变化，物不迁，无不变，没有外道所谓的“始终不变”的人和事。

一切事物的自性都存在于每个事物的现象中，现象的本性是在刹那变化的，尽管事物在现象上能不断延续，但是本性是不变的、不迁的，不增不减、不多不少、不垢不净的。

从现象相上来讲，每个人都是从幼年到少年到青年、中年、再到老年这么延续下来的，但本性来看，幼年、少年、青年只存在于当时那个时期，步入中年的人，从思想、细胞、状态各方面都已经不是以前那个人了。

所以僧肇法师言“性各住于一世”，也就是“前后际断”、“新新不同”，既然没有不变的延续的人、身体、法；那么哪里有延续不变的恐惧、欢喜、财富、名望、情绪、神灵、罪业、因果、业障、灵魂、轮回？既然罪无延续，为什么大师说“拟将修福欲灭罪，后世得福罪还在”呢？因为误将修福和灭罪等同，罪虽无延续，但延续的是人的罪心、罪行、妄念。

言及至此，各位便可领会：“依此修行，言下见性，虽去吾千里，如常在吾边。于此言下不悟，即对面千里，何勤远来？”

会诀 心除罪缘 自真忏悔

禅者修行时

禅者见性时显现的灵光，如闪电般一瞬间照亮山河大地，黑暗罪缘一时消灭，灵光是文殊菩萨手里的慧剑，故禅堂，也称“寻剑堂”。灭“业”的慧火是有温度差异的，大脑意识产生的能量和自性中产生的能量差异天地悬隔，大脑意识的温火是烧不尽“罪”、“业”的，因此需要累世累劫加热，而在般若悟性的灵光中这些“樯橹”便灰飞烟灭。

颂曰：无来无去，怕什么？

祖师云：

有二比丘犯律行，以为耻，不敢问佛，来问我言：唯，优波离！我等犯律，诚以为耻，不敢问佛，愿解疑悔，得免斯咎！

我即为其如法解说。时，维摩诘来谓我言：唯，优波离，无重增此二比丘罪！当直除灭，勿扰其心。所以者何？彼罪性不在内，不在外，不在中间，如佛所说。心垢故众生垢，心净故众生净。心亦不在内，不在外，不在中间，如其心然，罪垢亦然，诸法亦然，不出于如。如优波离，以心相得解脱时，宁有垢不？

我言：不也。

维摩诘言：一切众生，心相无垢，亦复如是。唯，优波离！妄想是垢，无妄想是净；颠倒是垢，无颠倒是净；取我是垢，不取我是净。优波离！一切法生灭不住，如幻如电，诸法不相待，乃至一念不住；诸法皆妄见，如梦如焰，如水中月，如镜中像，以妄想生。其知此者，是名奉律；其知此者，是名善解。

于是二比丘言：上智哉！是优波离所不能及，持律之上而不能说。

我答言：自舍如来，未有声闻及菩萨，能制其乐说之辩，其智慧明达，为若此也！

时二比丘疑悔即除，发阿耨多罗三藐三菩提心，作是愿言：令一切众生皆得是辩。

——鸠摩罗什译《维摩诘经》

机缘品第七

73.诸佛妙理 非关文字

经文

师自黄梅得法，回至韶州曹侯村，人无知者。

时，有儒士刘志略，礼遇甚厚。志略有姑为尼，名无尽藏，常诵大涅槃经。师暂听，即知妙义，遂为解说。尼乃执卷问字。师曰："字即不识，义即请问。"

尼曰："字尚不识，焉能会义？"

师曰："诸佛妙理，非关文字。"

尼惊异之，遍告里中耆德云："此是有道之士，宜请供养。"有魏武侯玄孙曹叔良及居民，竞来瞻礼。时，宝林古寺自隋末兵火，已废。遂于故基重建梵宇，延师居之，俄成宝坊。

师住九月余日，又为恶党寻逐，师乃遁于前山，被其纵火焚草木，师隐身挨入石中得免。石今有师趺坐膝痕，及衣布之纹，因名"避难石"。师忆五祖"怀会止藏"之嘱，遂行隐于二邑焉。

会论

学生一:我的问题就和无尽藏尼一样,看不起别人,“字尚不识,焉能会义”? 她把我心里想的说出来了。

悟义:您不要以为自己是博士就瞧不起别人,不要说古人了,近代大师们,陈寅恪先生是博士吗? 钱穆、梁漱溟、华罗庚等大师都只有中学毕业,难道这些大师们“不会义”? 不仅惠能大师一字不识,穆斯林教的创始人穆罕默德也是不识字的,人的悟性是本来就有的,人的本性是不增不减的,这些和知识多少、和文字、语言无关,学习重要的不是学历而是学力,学力是领悟力,就是悟性的表现。“欲学无上菩提,不得轻于初学。下下人有上上智,上上人有没意智。若轻人,即有无量无边罪。”

学生三:可惜“诸佛妙理,非关文字”被后世禅人改为“不立文字”,这含义就有大的变化了。

悟义:关于“不立”在第八品、第十品都有反复提到。《坛经》本身就是文字,并且其中引用了《维摩诘经》、《金刚经》、《法华经》、《梵网经》、《涅槃经》等诸经文,并没有摒弃佛经。后世禅人不少人一边强调不立,一边又在拼命立,我们在《大藏经》里可以看到,唐宋之后的禅门文字占了极大比例,这本身即是矛盾的。

学生五:“诸佛妙理,非关文字”,我认为还有观音法门的内涵。我们这个婆娑世界的众生从声音悟道比较容易,因此听闻佛法比较容易脱开文字枷锁,契合法性。

悟义：佛法中声音分为“有执受”和“无执受”两种。“有执受”如人、动物的身体所发之音声，是众生有情相续发出的声音；“无执受”则未被有情相续所摄持，如石头、木头、河流所发之声等等。“执”就是执著和相续心识之义。《坛经》中“一闻经语，心即开悟”和“诸佛妙理，非关文字”是闻声悟道法，既有观音菩萨耳根悟道的修法内涵，也包含了“道可道，非常道”，妙理不可说的含义。

学生一：因为耳根关不住，所以声音对我们这个婆娑世界的众生特别重要，对人的心理、生理都有很大影响。

悟义：我们以“眼、耳、鼻、舌、身、意”六根对应“色、声、香、味、触、法”此六尘或六性，大家不能绝对地认为声法特别重要，其他法就不重要。菩萨们入道法门不同，各个修法都能入道，关键看个人，您自己和什么法相应最关键。法是根据众生根器不同而设立，我们只能说声法对世人情绪有重要影响，如听闻说法令人欢喜，听到刺耳的恶口令人烦恼。

学生一：色法老师已经在前面介绍了，什么是“香法”？

悟义：由香入道之法，和鼻根修炼有关，鼻根的作用也能直接影响人的情绪，香法简单地说主要有四类：一、如檀香一样使人感到舒适、喜悦的“妙香”；二、刺鼻难受的“恶香”；三、可以滋养身体的“平等香”；四、无论对身体好与不好、香气的功能可以超越平常香、但实际对身体有损害的“不平等香”。具体香法修炼，以后再介绍。

学生三：什么是“味法”？

悟义：这是舌根入道法，简单来说有六种：甜、酸、辣、咸、涩、苦。

学生一:我很想知道“触法”有哪些?性欲属于触法吗?

悟义:佛说“触欲最深”,世人往往因为缺乏定力而耽于触欲不可拔,触是因触而感的修法,可分十一种,又可分为“因所触”和“果所触”。“因所触”就是我们说的“四大”,时间关系这些话题无法展开。其实不论哪种法,本、体皆具足四大之微尘,它的颜色、形状我们可以用眼睛和身体来感受,每个微尘在外境上都是真实存在的,当六根分部去执取它们时,微尘之间相互起作用,才对种种色、声、香、味、触产生了好与坏的分别感受。所以我们若认真修习,就能观照到根、境、识之间的关系和实相。

学生一:“十八界”和“五蕴”是什么关系?

悟义:“十八界”是指六根、六境、六识,“界”是各种相续中分出的种类,其中六境里意识的对境即是“法”,“蕴”是众多有实法积聚,小乘认为“蕴”聚集的是实法;大乘则认为“蕴”法并非实法,而是假立之存在;“处”是门,十二处即十二门,修法的特点是知道门在哪里了,才能进出。佛法认为任何一个生命体都是“五蕴”积聚的结果,“五蕴”是五个方面聚合在一起,就是色、受、想、行、识。生命体必然存在的物质构成因素是“色”,种种精神构成的因素就是受、想、行、识。“受”指人们的感觉,眼睛接受颜色、形状;耳朵接受声音;鼻子接受气味,这是一种精神活动。“想”是把这种感受到的感觉综合在一起,形成一个整体性的认识。“行”是通过形体把整体认识表达出来。“识”,是分辨。

学生一:“五蕴”积聚都有哪些法呢?

悟义:包含了“色法”、“心法”、“心所法”三种法。“色法”包括于色蕴之中，“心所法”包括在受、想、行三蕴之中，这里的“心法”即指识蕴。

学生一：看不见的微尘属于色法吗？

悟义：微尘也在色蕴中，佛法中所谓的“微尘”是指最小的物质，好像量子物理学里的“夸克”一样，可能比“夸克”还微小也不一定，但这些微尘尽管无形无相，再也不可分割，但它仍属于蕴聚的色法，比如单细胞可以克隆，现代科学中从全息到分形，无不在一步步证明一微尘同样具足了宇宙的全部信息，并且看不见的无形未必是真无形。

学生一：我们学习和了解这些，对生活有什么实际帮助呢？

悟义：做个明白人，保持独立的思想、敏锐的洞察力、万境如如的定力，有一份平常心面对无常的环境。您如果不明白，在人生的舞台上就会迷和执。明白后的人生一念万年、万年一念，虽人的肉身有局限，但心和天地同在，生命的质量、境界全然不同。

学生一：老师曾说修禅的过程包括了见地、修持、行愿三方面，刚才这些是属于见地方面吗？

悟义：此三者互相作用，不能分割。

会通

这一段我们需要理解两部分内容，首先是“诸佛妙理，非关文字”，再次是又出现了“恶党寻逐”，师因此被迫“遁于前山”，被恶人们“纵火焚草木”、“师隐身挨入石中得免”。

看到这里，我们不禁要想，大师离开黄梅已经这么多年了，为什么还有恶人苦苦寻逐？要知道此时神秀大师已经在湖北当阳的楞伽峰还俗闭关，这些恶人显然不是受神秀大师委托而来的，并且他们敢放火烧山，显然能不能拿回法衣已经不重要，他们现在要夺命！那么杀了惠能大师，谁是受益者？究竟是什么力量可以令到人丧心病狂至此？

会诀 诸佛妙理 非关文字

禅者修行时

想要领悟佛理，应该在进入“得意忘言”的角度上领悟和参究经典，这里非关“文字”的“文字”，包括了语言和表达意思的一切行为。

“非关”=无关。

“非关文字”是不要执著在语言、文字上的意思，不是否定文字的重要性，如果领悟到了这句的真正内涵，那么可以说非关文字=不立文字。

颂曰：无前无后，争什么？

祖师云：

吾早年来积学问，亦曾讨疏寻经论。

分别名相不知休，入海算沙徒自困。

却被如来问诃责，数他珍宝有何益。

从来蹭蹬觉虚行，多年枉作风尘客。

——永嘉禅师《证道歌》

问：金刚云："无法可说，是名说法"。其义云何？

答：般若体毕竟清净，无有一物可得，是名无法可说；即于般若空寂体中，具恒沙之用，即无事不知是名说法，故云无法可说，是名说法。

——大珠慧海禅师《顿悟入道要门论》

74.定慧等待 双修是正

经文

僧法海,韶州曲江人也。初参祖师,问曰:"'即心即佛',愿垂指谕。"

师曰:"前念不生即心,后念不灭即佛;成一切相即心,离一切相即佛。吾若具说,穷劫不尽。听吾偈曰:'即心名慧,即佛乃定;定慧等持,意中清净。 悟此法门,由汝习性;用本无生,双修是正。'"

法海言下大悟,以偈赞曰:

"即心元是佛,不悟而自屈;我知定慧因,双修离诸物。"

会论

学生三:我原来一直以为"即心即佛"是马祖说的,后来又以为是惠能大师说的,原来是佛经中本来就有。

学生一:大乘精神本来就是菩萨为众生的牺牲精神,佛法一向有"依自不依他”之说。当佛法中积极的因素被弱化和曲解后,民众以为佛教就是佛法的全部,并且佛教现在也变味了,太世俗化和迷信化,主要是具足定慧的高僧大德太少了。

学生五:我也是越来越感觉到了《坛经》肇始的思想风暴,日趋世俗化、功利化的佛教制度、仪轨等都在惠能大师振聋发聩的呼声下,被曹溪纯净的禅风涤荡。

学生一:这种变革使修者落实到当下的自性、本性。一切外在的修行方式、他力的拯救、神灵偶像的崇拜、义理繁琐的名相分析,都被大师用一种对人生命的关怀和体验所代替。我自己越修越感觉自己以前不是正常“人”,是机器,是盲人,是奴隶,是八股,现在我总算明白了什么叫“正受”,正常人应该有的享受,我们都失去了,必须找回来。

悟义:禅门没有对佛、菩萨的崇拜,对神通的追求,对永生不死的执著;对经教仪轨的迷信,禅门中对内关心禅者自身信心的坚定性和自觉性,对外关心迷途众生内在的解脱知见和如何帮助他们打开生命、心性,因此一切被宗教、文字、仪轨、事物、偏见的枷锁压抑的个性,在禅门中都得到了充分的肯定。惠能大师心中的“即心即佛”,不仅包含了人人有佛性,也启发人们:所谓的成佛,就是去找自己的“主人翁”。禅者面向社会、注重现实,活出了最真实的品格。惠能大师对修行方式的大变革在于他将原始佛教中单一强调苦行累修的解脱方法,转变为以智解顿悟为主的解脱方法,将佛教偏重出世的精神,拉回到世出世间不二。积极入世、不离大众才是禅者的根本精神。

学生八:佛教和其他宗教有什么不同?

悟义:一般讲,其他宗教是以情感信仰和依靠外在救世主的解救为特征的,我们要了解,佛教本应是以无神为纲要的,释迦牟尼佛是觉悟的人,不是神。除此之外,佛教还有其他宗教不具有的丰富而深刻的理论体系,这就是佛学,这些理论体系可以使修者在理性上把握外在现象世界和自我精神世界的本质,从而去妄求真。最后,佛教还有一套独特的实证实修体系,这也是其他宗教不具备的。为什么自唐始,“禅”在中国社会上大行其道呢?这与“禅”的生活化、脱离庄严的宗教性、最充分肯定唯有通过自觉、自证、自悟才能究竟解脱的理论和独特的修行方法有密切的关系。

会通

什么是“前念不生,后念不灭”?念念迁流,念怎么不生,又怎么不灭?为什么要前念不生?前念指的是什么?修者要不生的是什么?后念指的又是什么?修者要不灭的又是什么?

“前念不生”是“成一切相”吗?“成一切相”是“慧”吗?“即心”是“慧”,“慧”是“菩提”吗?

“后念不灭”是“离一切相”吗?“离一切相”是“定”吗?“即佛”是“定”,“定”是“涅槃”吗?

这些问题估计读者看了头会大,“诸佛妙理,非关文字”,如果沉迷在语言和文字里,是找不到“禅”的,语言文字、逻辑思维都是“禅”的戏论而已,因此,“吾若具说,穷劫不尽”。

那是不是大师就没有给修者一个找答案的视角呢? 非也非也。“悟此法门,由汝习性;用本无生,双修是正”,如果修者的心执著在“心”、“佛”上,就上了语言、文字、逻辑的当了,“心”、“佛”、“众生”三无差别。“即心元是佛”,即心即佛,非心亦非佛。禅门的“即心即佛”是心性一如,佛性平等,自信自立是修者的思想基础;“非心非佛”是妄念生死,迷悟一念,应无所住而生其心,是修者的解脱旨要。

会诀 定慧等持 双修是正

禅者修行时

等持=平等修持=双修

禅门修行时,定慧双修是不可有偏重的,禅定和智慧要平等对待。现代禅修者,大部分偏向于追求义理,误以为解了义理就能获得智慧,为什么不重修定呢? 因为身体跟不上。没有身体功夫、气脉功夫何谈禅定? 一方面没有明师指引,一方面又怕苦怕累,因此就普遍忽略实修。

少了实修的不是“禅法”,而是禅学,就像一杯水不能代表水性一样,定慧等持,双修是正。

颂曰:无生无死,了什么?

祖师云：

问：涅槃云，定多慧少，不离无明，定少慧多，增长邪见，定慧等故，即名解脱。其义如何？

答：对一切善恶，悉能分别，是慧；于所分别之处，不起爱憎，不随所染，是定，即是定慧等用也。

又问：无言无说，即名为定，正言说之时，得名定否？

答：今言定者，不论说与不说，常定。何以故？为用定性，言分别时，即言说分别亦定；若以空心观色时，即观色时亦空；若不观色，不说，不分别时，亦空；乃至见闻觉知，亦复如是。何以故？为自性空，即于一切处悉空，空即无著，无著即是等用，为菩萨常用如是等空之法得至究竟，故云定慧等者，即名解脱也。

——大珠慧海禅师《顿悟入道要门论》

75.心迷法转 心悟转法

经文

僧法达,洪州人,七岁出家,常诵法华经。来礼祖师,头不至地。祖诃曰:“礼不投地,何如不礼?汝心中必有一物,蕴习何事耶?”曰:“念法华经已及三千部。”

祖曰:“汝若念至万部,得其经意,不以为胜,则与吾偕行。汝今负此事业,都不知过。听吾偈曰:‘礼本折慢幢,头奚不至地;有我罪即生,忘功福无比’。”

师又曰:“汝名什么?”

曰:“法达。”

师曰:“汝名法达,何曾达法?”复说偈曰:“汝今名法达,勤诵未休歇;空诵但循声,明心号菩萨。汝今有缘故,吾今为汝说;但信佛无言,莲华从口发。”

达闻偈,悔谢曰:“而今而后,当谦恭一切。弟子诵法华经,未解经义，心常有疑。和尚智慧广大，愿略说经中义理。”

师曰：“法达！法即甚达，汝心不达；经本无疑，汝心自疑。汝念此经，以何为宗？”

达曰：“学人根性暗钝，从来但依文诵念，岂知宗趣！”

师曰：“吾不识文字，汝试取经诵一遍，吾当为汝解说。”

法达即高声念经，至“譬喻品”。

师曰：“止！此经元来以因缘出世为宗。纵说多种譬喻，亦无越于此。何者因缘？经云：‘诸佛世尊，唯以一大事因缘故，出现于世。’一大事者，佛之知见也。世人外迷著相，内迷著空。若能于相离相，于空离空，即是内外不迷。若悟此法，一念心开，是为开佛知见。佛，犹觉也；分为四门：开觉知见，示觉知见，悟觉知见，入觉知见。若闻开示，便能悟入，即觉知见，本来真性而得出现。汝慎勿错解经意，见他道开示悟入，自是佛之知见，我辈无分。若作此解，乃是谤经毁佛也。彼既是佛，已具知见，何用更开？汝今当信佛知见者，只汝自心，更无别佛。盖为一切众生，自蔽光明，贪爱尘境，外缘内扰，甘受驱驰，便劳他世尊，从三昧起，种种苦口，劝令寝息，莫向外求，与佛无二，故云‘开佛知见’。吾亦劝一切人，于自心中，常开佛之知见。世人心邪，愚迷造罪，口善心恶，贪嗔嫉妒，谄佞我慢，侵人害物，自开众生知见。若能正心，常生智慧，观照自心，止恶行善，是自开佛之知见。汝须念念开佛知见，勿开众生知见，开佛知见，即是出世。开众生知见，即是世间。汝若但劳劳执念，以为功课者，何异牦牛爱尾？”

达曰：“若然者，但得解义，不劳诵经耶？”

师曰：“经有何过，岂障汝念！只为迷悟在人，损益由己。口诵心行，即是转经；口诵心不行，即是被经转。听吾偈曰：心迷法华转，心悟转法华。诵经久不明，与义作仇家。无念念即正，有念念成邪。有无俱不计，长御白牛车。”

达闻偈，不觉悲泣，言下大悟，而告师曰：“法达从昔已来，实未曾转法华，乃被法华转。”

再启曰：“经云：诸大声闻乃至菩萨，皆尽思共度量，不能测佛智。今令凡夫但悟自心，便名佛之知见，自非上根，未免疑谤。又经说三车，羊鹿之车与白牛之车，如何区别？愿和尚再垂开示。”

师曰：“经意分明，汝自迷背。诸三乘人，不能测佛智者，患在度量也。饶伊尽思共推，转加悬远。佛本为凡夫说，不为佛说。此理若不肯信者，从他退席。殊不知坐却白牛车，更于门外觅三车。况经文明向汝道：‘唯一佛乘，无有余乘，若二若三，乃至无数方便，种种因缘、譬喻言词，是法皆为一佛乘故。’汝何不省！三车是假，为昔时故；一乘是实，为今时故。只教汝去假归实，归实之后，实亦无名。应知所有珍财，尽属于汝，由汝受用；更不作父想，亦不作子想，亦无用想，是名持法华经。从劫至劫，手不释卷，从昼至夜，无不念时也。”

达蒙启发，踊跃欢喜。以偈赞曰：“经诵三千部，曹溪一句亡。未明出世旨，宁歇累生狂？羊鹿牛权设，初中后善扬。谁知火宅内，元是法中王。”

师曰：“汝今后方可名念经僧也。”

达从此领玄旨，亦不辍诵经。

会论

学生一：修者念经、颂唱、诵佛的目的不能执著在文字、义理上，要用心。西方有句话说，用刀解剖关键的文字，字会流血，可见他们也认可文字是活的。如果不解其意，死记硬背，就死于句下了，但用此心，直了成佛。

学生三：法达明明前来礼拜六祖，行礼时却头不着地。大师一看就知道他有慢心，所以说他心中必有什么自以为了不起的事情。果然法达说：我诵《法华经》已经三千遍了！这不就是所知障吗？

学生一：三千遍确实已经了不起了，我连三遍都没读到，可大师说：你念经念到一万遍，如果能真正觉得自己没有什么了不起时，那就能和我并肩，不用行礼了，现在你这么自负，一点也不知道自己的可笑和轻慢。我想大师哪里是真的介意别人顶礼时头有没有点到地？此乃大师的善巧方便，是另一种慈悲显现，以前还误解大师怎么会介意这些呢！人家三千遍都不能自以为是，我这没到三遍的还常常自以为是，实在可笑啊！

学生七：大师接引学人真是寸步不让：你的名字叫法达，可曾通达妙法？直指人心，实在是直指人心！

学生四：法达也实在是大尴尬，他哪里见识过这种禅门机锋？

学生一：所以当他变得谦虚恭敬时，大师开始为他说法：佛法本来就通达，是你自心不能通达；经义本来无可疑问，是你自心起了疑惑。

学生三：我以前相信"打拳万遍，其义自现"，现在看来，和多少遍没关系，和是否用心有关。

学生一：这里再一次显现了什么叫"一闻经语，心即开悟"，大师闻后随即说出这部经是以"佛为一大事因缘出现于世"为旨趣，其他比喻、解说得再复杂也不会超越这个核心。这种干脆、利落的禅风，前无古人。

学生九：什么是佛为一大事因缘出现于世？

悟义：所谓一大事，就是佛的真知见。世间的人不是向外迷惑执著诸相，就是心内迷惑执著于空，如果能够于相远离一切相执，于空远离空执，这就是内、外皆不执不迷。一念之间心地豁然开朗，就是开佛知见。

学生六：但是，世间的人常常口说善言，心怀妄念，口是心非者众。

学生一：这就是众生知见，非佛知见。

悟义：能开启佛知见，就是出世间；停留在众生知见，就是在世间。和您身在何处无关，您看那些抢法衣、祖位的僧人，到底是心中是众生知见还是佛知见呢？心的境界和他是否受戒、剃度有什么关系呢？

学生三：我本来认为非关文字，所以就不要文字了，说不念经，于是就不看经了。可是,《坛经》也是文字,也是经啊！大师说:佛经的本身并没有障修者的诵念,是因为自执和自迷的缘故,不能把问题推到文字上面。觉悟在个人,受损或得益都由己不由经。口诵经文而心能行其义,就能转经;口诵经文而心不行其义,就是被经文所转了。

学生一:我从未曾转过经,一直在被经所转。

悟义:如果不开佛知见,凡人就被生活转、事业转、爱情转、名誉转、物质转、色相转、色身转……修者就被经教转、修法转、神通转、涅槃转……人人皆被名望、欲望等各种妄想转,颠倒梦想,永无了期。

会通

“汝若但劳劳执念,以为功课者,何异牦牛爱尾”? 何为“牦牛爱尾”?典出《法华经》方便品第二:“深著于五欲,如牦牛爱尾,以贪爱自蔽,盲瞑无所见。”

我们由此可见,法达既然熟读《法华》,惠能大师便以法华说法,以其人之道还治其人之身。自惠能大师开始,大禅师们常用此法,学人最熟悉什么,便用什么来导其入道。

修行人劳劳执念,以为自己在精进修行,好似牦牛特别爱自己的尾巴,若尾一缕挂着于树,即使看到猎人来杀它,它宁肯自己死掉,也要保护尾巴不受到损伤,愚人、迷人、痴人便是如此,生活中本末倒置。

“又经说三车,羊鹿牛车与白牛之车,如何区别?”什么是“三车”?《法华经》中有一则譬喻：有一位富甲天下的长者，有三个可爱的儿子。有一天，长者出门回家，近家时看到一团大的火球悬挂在自己的屋后，长者大惊：糟糕！三个儿子还在屋里呢！

危急中，长者赶忙叫仆从准备一辆鹿车，上面装满了新奇的玩具，仆人摇动铃铛，小儿子听到悦耳的铃铛，于是跑出烈火熊熊的房子开心地跳上鹿车。可另外两个儿子还是不动，长者于是又叫人另外准备了一辆放置了奇珍异宝的羊车，二儿子看到琳琅满目的宝贝，于是也舍离火宅爬上羊车。但是这些都诱惑不了成熟稳重的大儿子，长者只好又叫仆人准备一辆牛车，车上堆积了琉璃七宝，大儿子受此珍稀异宝吸引，才走出屋子一跃上牛车。

在长者的苦心孤诣安排下，三个儿子虽然逃离了烈火的吞噬，但是各人在自己的车上却忘我地玩耍起来，对于周遭的危险完全漠然不觉。长者担心大火继续燃烧，于是命令仆人把自己最心爱的大白牛车牵来，把人间难见的栴檀赤树、摩尼宝珠放在大白牛车上，儿子们看到旷世难得的珍宝，于是都转乘上了无与伦比的大白牛车。

可见三车是善巧方便，佛法三乘实乃一乘，《法华经》中，佛云："我为众生，以此譬喻，说一佛乘。汝等若能，信受是语，一切皆当，得成佛道。"芸芸众生是深陷无明火宅的孩子，佛视众生如子，见子危难，父亲如何能有一刻懈怠？佛慈悲住此娑婆世界，以无尽方便，平等度脱一切众生，无有疲厌。

然而众生贪念五欲，难以信解究竟离苦智慧，故佛投众生所好，以玩具、珍宝等放置在三车上，譬若声闻乘、缘觉乘、菩萨乘三乘以化解俗欲，诱引其出离火宅，最后以大白牛车接引至圆满佛乘，“等与大乘，不令有人独得灭度”，三乘归一乘，世出世间，游刃有余。众人的佛性是平等不二，不生不灭、不垢不净的，虽然累劫为欲望所烧，“但尽生死，而实不灭；今所应作，唯佛智慧”。一切法门皆当回向自性，自信自觉自悟，当下直至佛地。

我们的生活中充满无明的烈火，贪欲、嗔恨、愚昧的邪见、无知的迷信，时时逼煎着我们的身心，欲望的火宅便是地狱。而迷途众生在无常生死之前，仍然耽溺于危险的权力、物质的多少，看不到隐身其后的无形炼狱。欲使人眼盲、心盲。故维摩大士说：“欲令入佛道，先以欲钩牵。”为了让迷途众生逃离火宅，佛、菩萨、祖师们只好运用善巧方便，吸引众生的注意力，好比修禅的入门用养生、静坐、打拳、冥想，用经文、义理、戒律、仪轨，一切法相皆是为了指引修者登上大白牛车，得到人世最究竟无染的珍宝——自性的摩尼宝珠。

会诀 心迷法转 心悟转法

禅者修行时

世人的痛苦多是在跟着事相转，几乎一切都不是自己能做主的，因此常说“我也没办法”。

修者也有不少人的痛苦是跟着法相转，越修越变成庄严佛事、繁琐修法、深奥法相的奴隶。

此二者皆为主客颠倒，皆是因为失去了人法不二的平等心所致。

颂曰:无来无去,怕什么?

祖师云:

问:佛度众生否?

师云:实无众生如来度者,我尚不可得,非我何可得,佛与众生皆不可得。

云:现有三十二相及度众生,何得言无?

师云:凡所有相,皆是虚妄,若见诸相非相,即见如来。佛与众生,尽是汝作妄见,只为不识本心,谩作见解,才作佛见,便被佛障,作众生见,被众生障,作凡作圣作净作秽等见,尽成其障,障汝心故,总成轮转。

——黄檗希运禅师《宛陵录》

76.性具三身 明成四智

经文

僧智通，寿州安丰人，初看楞伽经，约千余遍，而不会三身四智。礼师求解其义。

师曰："三身者：清净法身，汝之性也；圆满报身，汝之智也；千百亿化身，汝之行也。若离本性，别说三身，即名有身无智。若悟三身无有自性，即明四智菩提。听吾偈曰：'自性具三身，发明成四智。不离见闻缘，超然登佛地。吾今为汝说，谛信永无迷。莫学驰求者，终日说菩提'。"

通再启曰："四智之义，可得闻乎？"

师曰："既会三身，便明四智，何更问耶？若离三身，别谈四智。此名有智无身，即此有智，还成无智。"

复说偈曰："大圆镜智性清净，平等性智心无病，妙观察智见非功，成所作智同圆镜。五八六七果因转，但用名言无实性，若于转处不留情，繁兴永处那伽定。”

通顿悟性智，遂呈偈曰：“三身元我体，四智本心明；身智融无碍，应物任随形。起修皆妄动，守住匪真精；妙旨因师晓，终亡染污名。”

会论

学生七：这些法师们太了不起！法达诵了三千遍《法华经》，《法华经》有六万九千多字，三千遍？得读多少年啊？这里智通法师也是一千遍《楞伽经》，我真是无地自容，以前看《坛经》也就翻翻，翻了感觉没什么难的，没什么特别的，太惭愧了！

学生八：他们不仅读，还抄！在台北和北京的故宫博物院存世的乾隆皇帝手抄的《法华经》，就不下三部。难道我们比皇帝还忙吗？我也惭愧啊！

学生一：《法华经》有几种版本？

悟义：《法华经》有三种版本，今天我们一致流通的是罗什法师的译本，大家知道罗什法师的翻译是得意忘言，有些人就怀疑他翻译的这些佛典，是否违背佛意。法师圆寂时谓弟子言，我留舌证法。果然在荼毗后，他的舌根卷成一卷，像什么呢？像红褐色的紫铜片，很薄、很轻，如果用金属去叩击它，可以发出像铜磬一样清脆的声音。

学生一：苏州灵岩山寺的法因法师是九十年代圆寂的，荼毗后的舌头也卷成了一个红褐色犹如紫铜的卷，佛法真的是不可思议啊！

学生四：为什么我们闻法顿悟叫“醍醐灌顶”？

悟义：《涅槃经》云：“善男子。譬如从牛出乳。从乳出酪。从酪出生稣。从生稣出熟稣。从熟稣出醍醐。醍醐最上。若有服者众病皆除。所有诸药悉入其中。”醍醐比喻最精炼、最圆满的正法。

学生五：这一段关于“三身四智”的说法，禅门和唯识的理解是否不同？唯识学认为三身是分开的，而禅门认为三身是一身。

学生一：其实大家普遍误认为三身是分开的，这一点很关键。佛法说四智，其实东西方的各个修养门派都在强调“智”的重要性，我想了解儒家的观点。

悟义：儒家也特别重视儒生的德性修养和智慧并行。儒家比较有代表性的观点是董仲舒对于五常的解释，他有许多独特的看法，他谈到“智”：“何谓之智？先言而后当。凡人欲舍行为，皆以其智先规而后为之……其规非者，其所为不得其事，其事不当，其行不遂，其名辱，害及其身，绝世无双，残类灭宗，亡国是也。故曰，莫急于智……智者见祸福远，其知利害蚤。物动而知其化，事兴而知其归，见始而知其终。……其言寡而足，约而喻，简而达，省而具，少而不可益，多而不可损。其动中伦，其言当务，如是者谓之智。”又说：“智者，知也，独见前闻，不惑于事。”这些说法对于形成后世儒家和国人的道德规范具有重要作用，佛法的“四智”范围要更深、更广。

学生七：为什么大师要回答各种学人的问题呢？禅不重语言、文字，他可以像维摩大士一样，一默如雷啊？

悟义：有一士人请教智藏禅师：有天堂地狱否？曰：有。再问：有佛、法、僧三宝否？曰：有。接着又问了很多问题，禅师全部回答“有”。那士人很不解，问：和尚这么说法对吗？师曰：你曾先见过哪位尊宿，然后再到我这里来的？答：我先参了径山和尚！师问：径山向你说了什么法？答：他和您不同，不管问什么总是答“无”。师问：你有妻子吗？答：有。师再问：径山有妻子吗？答：无。师笑道：径山道“无”即得。士人一愣之下大悟，躬身施礼而去。

学生一：哈哈！二位禅师真是慧剑杀贼啊，不过这也就是古代人，现代人可没这个求法心，要是听全“无”或全“有”时，没听完就该下结论了：这什么神经和尚？这话谁不会说？这禅有什么稀奇的？我发现我真的进步了，以前老师讲这些我听得头昏脑涨的，也喜欢下结论，像个法官一样给禅师们定性。现在却越听越如同触电般有感应。尤其是这句“径山道‘无’即得”，这就是禅机！妙不可言啊！

学生三：我明白了为什么禅门称语言为戏论。禅师们就像编剧和导演一样，看着人们执著在人生这出戏里迷惑，其实有也好、无也罢，三身也好，四智也罢，都是戏论，禅不是讨论出来的，大师说了，“既会三身，便明四智，何更问耶”？四智之义不可闻。

会通

这一段的重点讲讲大师的偈语：“大圆镜智性清净，平等性智心无病，妙观察智见非功，成所作智同圆镜，五八六七果因转，但用名言无实性。若于转处不留情，繁兴永处那伽定”。

我们可以看出大师虽一字不识，但心地法眼能见道，虽示现的法是“禅”，但对于天台、华严、法相诸宗，心中通达经教，这首偈中，唯识学多么繁杂的教理，大师说来既简单又明了！这就叫难者不会，会者不难。

唯识学讲的大圆镜智，就是大师说的自性清净。何谓“自性清净”？大珠慧海禅师解释：“心湛然空寂，圆明不动，即大圆镜智。”就好像水一尘不染时，可以从水面清清楚楚看到水底，叫作湛而寂。“圆”是圆满，“明”是光明，“湛然空寂，圆明不动”，因圆明而不动是禅修重要的原则，自性清净心即是大圆镜智。

所谓转第七末那识为平等性智。第七识的性质是执著，是人我执与法我执。只要有这两种执著，便是心病，就有烦恼常随，分别是我贪、我痴、我见、我慢，这是心的四大病，对治方法是平等性，以大慈悲心随顺一切众生，见一切相不执著时，第七识就转了。

第六识的作用是分别，如果能分别一切法而不执著，能在分别中得自在，这就是妙观察智，见一切相不分别时，第六识就转了。

前五识转做“成所作智”。“成”是成就，“作”是作为。为什么把前五识放在一起讨论呢？因为它们的功能都是对外境的，眼观色、耳闻声、鼻嗅香、舌尝味、身感触，这些都是根对境，第六识附着在前五识起作用。

第七识作为前六识的意根，支持第六识，变成分别同时加以执著，同时也支持前五识，看一切境界，同时执著。因此，六、七是修行转捩点，修行的下手处。只有把执著转掉，变成无所著、无所住；把分别心的第六识变成平等不分别，就转识成智了。因此我们要了解，五八六七果因转，转来转去，其实都是同一个如来藏性。

"但用名言无实性"，一切的识，无论前五还是第六、七、八识都空无自性。佛法是教化众生的法，不同根器的修者理解的义理深浅不同，因此才定出不同意识，本质上统统是如来藏性所映现出来的。所以，转的是名言，体是不生不灭的。达妄本空，知真本有，迷了叫识，悟了叫性，这些是一不是二。性识遍周法界，识就是性，性就是识，是平等不二的。所以，性的展现是智，转识成智就是转迷成悟，这些都是方便说。

什么叫"若于转处不留情"呢？如果在转识成智、转烦恼成菩提、转生死成涅槃时，加了一个"我"字，好比：我不执著！我转烦恼！我涅槃！这个就变成执著了，就叫作转处留情了。当有人对你讲：哎呀！这件事情你不要执著！你回答说：我不会执著！其实这就是执著！这是嘴巴说一套，心里想一套的表现，就叫转处留情。

所以如果在转识成智时，着一个"转"字，"情"就是念头，也就是留着个我转的念头，这就转不成了。如果在转识成智、转迷成悟、转染污成清净，不留任何"转"的念，就是染净一如、迷悟一如、境智一如、心境一如，不能分开心跟境、境跟智，迷和悟、污染和清净，否则就是二法。

"繁兴永处那伽定"，"繁兴"就是种种的境界，繁杂吵闹的地方，"那伽"义译为龙，禅者在行、住、坐、卧四威仪中，在滚滚红尘中，虽历净染多途而心常在定中，就如龙之静潜深渊，能现大变而不失定心，这叫做"龙定”。

通过这段经文我们要理解，禅和唯识看上去好像有矛盾，有些观点是对立的，但实际上二者相辅相成。一个是破相显性，一个是转识成智，完全可以相通。

我们修证佛法如果没有看到法的本质，背了多少经文，记住多少名相都没用。现在有些人要么把“禅”理解为很抽象、很玄虚，要么把唯识解释得很繁琐、很复杂，这些都是越学越纠缠在各种现象里。为什么会有这种认识？因为缺乏实修！法理都是在名相中理解，不是自己体会、领悟的。

“禅”一再强调言语道断，心行路绝，真正的理不是语言、文字所能表达的，也不是逻辑、分析所能知解的。但正是因为本质的东西无法说，就有人误认为“禅”是东方神秘主义。

“禅”本是出世间法不离世间，儒家叫“极高明而道中庸”，这即是儒生们反复强调的上学下达，知而能行，知行合一等等，也是中国传统智慧的重要特点之一。中国的传统智慧向来是不脱离现实，跟生活密切相关。

会诀 性具三身 明成四智

禅者修行时

禅修者明心见性而成就的三种身相和四种智慧。

从本性上看，三身不二，四智不二，就是本性清净的各种表现而已。

颂曰：无始无终，留什么？

祖师云：

无价珍，用无尽，利物应机终不吝。

三身四智体中圆，八解六通心地印。

——永嘉禅师《证道歌》

问：转八识，成四智，束四智，成三身，几个识共成一智，几个识独成一智？

答：眼耳鼻舌身，此五识共成成所作智，第六是意，独成妙观察智，第七心识，独成平等性智；第八含藏识，独成大圆镜智。

问：此四智为别为同？

答：体同名别。

问：体既同，云何名别？既随事立名，正一体之时，何者是大圆镜智？

答：湛然空寂，圆明不动，即大圆镜智，能对诸尘不起爱憎，即是二性空，二性空即平等性智，能入诸根境界，善能分别，不起乱想，而得自在，即是妙观察智；能令诸根随事应用，悉入正受，无二相者，即是成所作智。

问：束四智成三身者，几个智共成一身，几个智独成一身？

答：大圆镜智，独成法身，平等性智，独成报身，妙观察智与成所作智，共成化身。此三身亦假立名字分别，只令未解者看，若了此理，亦无三身应用。何以故？为体性无相，从无住本而立，亦无无住本。

——大珠慧海禅师《顿悟入道要门论》

77.法无四乘 人心等差

经文

僧智常,信州贵溪人,髫年出家,志求见性。

一日参礼,师问曰:“汝从何来,欲求何事?”

曰:“学人近往洪州白峰山礼大通和尚,蒙示见性成佛之义,未决狐疑。远来投礼,伏望和尚慈悲指示。”

师曰:“彼有何言句,汝试举看?”

曰:“智常到彼,凡经三月,未蒙示诲。为法切故,一夕独入丈室,请问如何是某甲本心本性?大通乃曰:‘汝见虚空否?’对曰:‘见!’彼曰:‘汝见虚空有相貌否?’对曰:‘虚空无形,有何相貌?’彼曰:‘汝之本性,犹如虚空,了无一物可见,是名正见;无一物可知,是名真知。无有青黄长短,但见本源清净,觉体圆明,即名见性成佛,亦名如来知见。’学人虽闻此说,犹未决了,乞和尚开示。”

师曰:“彼师所说,犹存见知,故令汝未了。吾今示汝一偈:不见一法存无见，大似浮云遮日面。不知一法守空知，还如太虚生闪电。此之知见瞥然兴，错认何曾解方便。汝当一念自知非，自己灵光常显现。”

常闻偈已，心意豁然，乃述偈曰：“无端起知见，著相求菩提，情存一念悟，宁越昔时迷。性觉源体，随照枉迁流，不入祖师室，茫然趣两头。”

智常一日问师曰：“佛说三乘法，又言最上乘，弟子未解，愿为教授。”

师曰：“汝观自本心，莫著外法相。法无四乘，人心自有等差。见闻转诵是小乘，悟法解义是中乘，依法修行是大乘。万法尽通，万法俱备，一切不染，离诸法相，一无所得，名最上乘。乘是行义，不在口争，汝须自修，莫问吾也。一切时中，自性自如。”

常礼谢，执侍终师之世。

会论

学生一：大通和尚说的话就是我理解的大乘佛法，所以读后颇为心惊，自以为是了多年，缺乏正见很害人。

学生五：沩山灵佑禅师曰：只贵子眼正，不说子行履。

悟义：您们误解这句话了，这句话是灵佑禅师问弟子仰山：《涅槃经》四十卷，多少是佛说？多少是魔说？仰山答：都是魔说。师曰：从今以后已经无人奈你何了！仰山曰：我想问问行履在什么处？此时灵佑禅师说：只贵子眼正，不说子行履。要知道说这句话时，灵佑禅师已经印可仰山禅师是见了性的，对于这个境界的禅师可以只贵子眼正，不说子行履。有些修者拿着这句话说理，说禅门师父不重弟子行履，这种理解是片面的。一切禅门的公案、语录都有当时的语境，不能断章取义。仰山禅师可以说《涅槃经》是魔说，因为他见了性，不是他狂妄自大，您要是这么说就是狂禅！没有这种修行境地的人往往容易执句、执理而不重修持，没有证悟时，就算理正亦与外道相去不远。如果进一步执理废事，以增上慢心对法，所悟之理，便与外道无二。

学生一：大通禅师说本性，犹如虚空，了无一物可见，是名正见。佛法中空不是没有，他这种观点是否属于"断见"。

悟义：佛法是本体一元，即体即用，体用无二的。所谓的"体"是"本性"，"本性"当然不是没有，也不是有，如果没有，何谈清净、生死和垢净？如果有，何谈不生不灭、不增不减？佛法以一切用为用，一切相为相，心、物假名为二，实乃其二有之用。所以不要以为身是物，是"有"；心是非物，是"空"、是"没有"、是"无"。三祖僧璨大师的《信心铭》中言，先要"二见不住"，然后是"二由一有，一亦莫守"。"二"是万法，"一"是心念尚未启动，念一动，法就生了，是非取舍、利害凡圣、美丑善恶等等都来了，于是"二"就有了。"一亦莫守"就是万法不守，心也不守。宋朝园头和尚问梁山禅师："家贼难防时如何?"家贼说的是烦恼心，梁山答："识得不为冤。"认清了烦恼心的由来，这个“家贼”就没有什么危害了。园头又接着问：“识得后如何?”梁山答：“贬向无生国里。”这是修行初始的功夫，看你面对烦恼的时候，能否把它收拾住，把这些烦恼统统空掉。园头紧追不舍，接着问：难道这个就是修行的安身立命处吗？梁山说：“死水不藏龙。”这就是说，把烦恼“贬向无生国”，不起一念，就是堕在顽空里啦，是没有生机的一潭死水，而开悟、解脱后的精神，却如蛟龙一般啊，园头接着问：“如何是活水里龙?”这是问开悟解脱后的境界究竟如何？梁山答：“兴波不作浪。”禅师们就是这样一种平和雍容的状态，没有什么超凡脱俗、与众不同的地方。由此可见大通和尚的“无一物可知，是名真知”。是落入了死水，又岂能“兴风不作浪”呢?

学生一：故此大师曰：“不见一法存无见，大似浮云遮日面。不知一法守空知，还如太虚生闪电。”大妙！大妙！

学生三：老师，您刚才说心物一元，又说体用无二。那么心是体还是用?

悟义：即体即用。

学生三：身心是体、用的关系吗?

悟义：人的生命与存在，是本体起用形成的一环。佛法常用海水比喻，如以海水喻体，以波浪喻生命之存在。此分段式的生命随顺因缘不断变迁，如车轮转个不停，称为轮回，但大家不要误解轮回真如车轮滚滚有什么固定的轨迹，轮回如海浪分分合合，不见其始，不见其终，此死彼生不是两端，未有先后，其生死之间，归纳立过去、未来、现在三世之假名。故禅门凡言时间皆无始无终，言空间则无量无边。生死如轮之旋转于时空之间，生之与死时刻交替，为生命之同期之变迁。如果说“体”，则天、地、人同根一“体”，而人之身、心皆为“用”。

会通

圭峰宗密禅师把“禅”分为五大类：外道禅、凡夫禅、小乘禅、大乘禅、最上乘禅。

“外道禅”就是不属于佛法的禅修，各种“禅”以及“禅定”法是其他的宗教、门派、修养、武术、养生界修行的共法。

“凡夫禅”就是普通的没有异端信仰的人以自利为目的的修禅。

惠能大师以前，“小乘禅”观在中国很盛行，此与传入中土的有关禅法方面的诸多佛经有直接关系。小乘禅主要是破我执、讲“我空”的，这叫“我空法不空”，只渡自己到彼岸去。佛灭度后一百多年，僧团内部由于对佛法的理解不同分裂成了二十个部派。分裂前我们称之为“原始佛教”，分裂后是“部派佛教”。部派中的一部分后来发展成了大乘，另一部分就被淘汰了；还有一部分跟大乘相对的上座部佛教现在还存在，主要在东南亚地区，包括我国云南的傣族地区。“小乘”的称呼其实有贬义，应该称作“南传”。

后汉时，初传安息太子安世高译的《安般守意经》，接着流传《修行道地经》、《达摩多罗禅经》、《坐禅三昧经》等，这些都属于小乘禅法。安世高译的《安般守意经》以安般为主，“安般”是安那般那之略，意为呼吸的入息出息。此经讲述通过数入息、出息使心意集中，进入禅观的方法和程序，此即小乘禅法中著名的“数息观”。

西晋竺法护译的《修行道地经》，通过禅观思悟佛法义理的修行方法。全经对修持禅法和禅观的内容做了系统的论述，对观察人身的五阴、十二因缘、数息、观想四大乃至六大、不净观、四谛观、三十七道品、四禅、修行果位等都有介绍，着重点仍是教人认识人生的无常、苦、无我、空，断除四颠倒的执著。

罗什法师也译有《坐禅三昧经》，此经以论述“五门禅”为重点。所谓五门禅是：对治贪欲淫欲的“不净观”，对治嗔恚的“慈悲观”，对治愚痴的“因缘观”，对治思觉偏多的“数息观”，对治多种烦恼、多罪的“念佛观”。

同期，佛陀跋陀罗法师应庐山慧远大师所请，译《达摩多罗禅经》，达摩多罗的禅法在小乘禅基础上加入了甚多大乘般若思想，他把五门禅融为一个整体，从色、受、想、行、识五阴的任何一阴，从地、水、火、风四大的任何一大，都可以进入禅观，思悟人生乃至宇宙的道理，领悟万有不生不灭、“诸法性空”的本质。

“大乘禅”是不但要破我执，也要破法执。如后汉支娄迦谶译出《佛说般舟三昧经》一卷，它是一部大乘禅观著作。“般舟”是梵文的音译，意为“佛立”，“佛现前”。经中说有一种叫作“般舟”的三昧，如果有人修持这种三昧，不仅可以在眼前看到“诸佛悉在前立”，而且可以得受一切佛法，达到最高的智慧迅速成佛。

天台智者大师即因由般舟三昧悟道，般舟三昧法是常行三昧，即在行中悟道的修法，行禅不是走路散步，是制心一处，是定中行。他在《摩诃止观》中云："夫欲登妙位，非行不阶，善解钻摇，醍醐可获。法华云：又见佛子修种种行以求佛道，行法众多，略言其四：一常坐、二常行、三半行半坐、四非行非坐。通称三昧者，调直定也。"智者大师根据行者的修行方式，宣说四种三昧帮助修者入菩萨位。

但惠能大师认为仅仅达到大乘禅还不够，因为大乘禅中对佛法还有不同的理解。因此曹溪的禅法称之为"最上乘禅"。自心本来清净，原来就没有任何烦恼，自心本来是无漏之心。在佛法中无漏与有漏相对，有漏常常指有烦恼，而无漏之心就是没有漏洞，没有烦恼，很圆满。无漏之心本来自足，众生和佛没有两样，只有能悟到这些，才是"最上乘禅"，后世称为"祖师禅"。

宗密禅师曾说："故三乘学人，欲求圣道必须修禅，离此无门，离此无路。"可见禅修的方法在佛法修证里特别重要，三乘修者都必须要修禅。相对于儒、道两家的治国与养身，佛法从根本上来讲是治心的，对治心毒。生命的烦恼和痛苦都来源于心毒，"八苦"缠绕，"三毒"攻心，认不清世界的本来面目。

那么究竟什么算惠能大师的"最上乘禅"呢？

惠能大师一上来就提到"见闻转诵"，这个境界已经脱离了外道、凡夫、小乘了，也就是说"最上乘禅"起步就建立在大乘的"念佛禅"基础上。

顿门中的中乘禅是"悟法解义"，能领悟佛法，把握佛法的意义，也不过只是对佛法表面意义的一种了解。

"依法修行"能按照正法修行，算是大乘禅。大师心中的"最上乘禅"是

“万法尽通，万法俱备，一切不染，离诸法相，一无所得”。这实质上是一种对佛法根本精神的全面把握。一般修行求解脱的人，大多以分别见设想有一个彼岸、菩提、涅槃在那儿，因此就想求得菩提、涅槃，到彼岸去。但是大乘《般若经》和《维摩诘经》诸经认为，一切法的实相都是空，色即是空，空即是色，即空即色，非色非空，强调不离烦恼而得菩提，不离生死而得涅槃，要在烦恼里求得菩提，在生死中证得涅槃。

“一无所得”是指求菩提没有得到菩提，求涅槃没有得到涅槃，一切无所著。我们可以看出，大师提到的“最上乘禅”和前三种禅相比，已有很大的改变。

神会禅师在《荷泽神会禅师语录》里进一步发挥了最上乘禅的思想，曰：“（有人）问（神会）曰：‘大乘、最上乘有何差别？’（神会）答曰：‘言大乘者，如菩萨行檀波罗蜜，观三事体空，乃至六波罗蜜，亦复如是，故名大乘。最上乘者，但见本自性空寂，即知三事本来自性空，更不复起观，乃至六度亦然，是名最上乘。’”

这是对“最上乘禅”较准确的把握，大乘禅要观，最上乘禅连观也不要。大乘禅要观察分析，最上乘禅则直接去把握，一切本来自性空寂。故此，如将尘埃和清净看成两物，还在二法中。

不少人在解释《坛经》时，往往会误解祖师意，认为惠能大师说自己的“禅”是最上乘的，最了不起，如果真这样理解的话，大师岂非法执，岂非在说法有高低？大师说法有四乘，乃因人心有等差，从法性来说，是法平等。就像从佛性来说，人人平等，但从现象来说，人有地位、年龄、性别、区域差异。因众生不同，推广才需要四乘法。

会诀 法无四乘 人心等差

禅者修行时

“人心”是指“直指人心”，就是禅者当下之心。

轮回是念念之间的轮回，念生念死，方生方死，有时前念和后念之间想法天地悬隔。所以，禅修者本人有时候契合上根器，可是一念可能变成下根器。

颂曰：无生无死，了什么？

祖师云：

礼部侍郎苏晋问：云何是“大乘”，何者是“最上乘”？

答曰：菩萨即“大乘”，佛即“最上乘”。

问曰：“大乘”“最上乘”，有何差别？

答曰：言“大乘”者，如菩萨行檀波罗蜜，观三事体空，乃至六波罗蜜，亦复如是，故名“大乘”。“最上乘”者，但见本自性空寂，即知三事本来自性空，更不复起观。乃至六度亦然，是名“最上乘”。

——《神会禅师语录》

又云：大乘、最上乘，其义云何？

答：大乘者，是菩萨乘；最上乘者，是佛乘。

又问云：何修而得此乘？

答：修菩萨乘者，即是大乘，证菩萨乘，更不起观，至无修处，湛然常寂，不增不减，名最上乘，即是佛乘也。

——大珠慧海禅师《顿悟入道要门论》

78.无上涅槃 圆明寂照

经文

僧志道，广州南海人也。请益曰："学人自出家，览涅槃经十载有余，未明大意，愿和尚垂诲。"

师曰："汝何处未明？"

曰："诸行无常，是生灭法；生灭灭已，寂灭为乐。于此疑惑。"

师曰："汝作么生疑？"

曰："一切众生皆有二身，谓色身法身也。色身无常，有生有灭；法身有常，无知无觉。经云：'生灭灭已，寂灭为乐'者，不审何身寂灭？何身受乐？若色身者，色身灭时，四大分散，全然是苦，苦不可言乐。若法身寂灭，即同草木瓦石，谁当受乐？又法性是生灭之体，五蕴是生灭之用；一体五用，生灭是常。生则从体起用，灭则摄用归体。若听更生，即有情之类，不断不灭。若不听更生，则永归寂灭，同于无情之物。如是，则一切诸法被涅槃之所禁伏，尚不得生，何乐之有?”

师曰:“汝是释子,何习外道断常邪见,而议最上乘法?据汝所说,即色身外别有法身,离生灭求于寂灭。又推涅槃常乐,言有身受用。斯乃执吝生死,耽著世乐。汝今当知佛为一切迷人,认五蕴和合为自体相,分别一切法为外尘相,好生恶死,念念迁流,不知梦幻虚假,枉受轮回,以常乐涅槃,翻为苦相,终日驰求。佛愍此故,乃示涅槃真乐,刹那无有生相,刹那无有灭相,更无生灭可灭,是则寂灭现前。当现前时,亦无现前之量,乃谓常乐。此乐无有受者,亦无不受者,岂有一体五用之名?何况更言涅槃禁伏诸法,令永不生,斯乃谤佛毁法。听吾偈曰:

‘无上大涅槃,圆明常寂照。凡愚谓之死,外道执为断。

诸求二乘人,目以为无作。尽属情所计,六十二见本。

妄立虚假名,何为真实义。惟有过量人,通达无取舍。

以知五蕴法,及以蕴中我。外现众色象,一一音声相。

平等如梦幻,不起凡圣见。不作涅槃解,二边三际断。

常应诸根用,而不起用想。分别一切法,不起分别想。

劫火烧海底,风鼓山相击。真常寂灭乐,涅槃相如是。

吾今强言说,令汝舍邪见。汝勿随言解,许汝知少分。’”

志道闻偈大悟,踊跃作礼而退。

会论

学生六:什么叫“断常邪见”?

悟义:例如有人说死后什么都不存在,一切消失,烟消云散了,这叫“断见”。又有人认为死之后,肉体不存在但精神长存,这种说法又分两种:一、虽然精神长存,但不必追究存在哪里、为何长存。二、因为生前的行为,死后有神灵、上帝审判,灵魂去天堂或地狱,人生前的行为、道德标准决定了死后灵魂的去向,这是宗教的说法,佛法中叫“常见”。龙树菩萨说“不断不常”就是离开断、常的二见。

学生一:怪不得禅门祖师从来不提灵魂说。

悟义:本无生,哪有死?如果被过去、未来、现在所缚,被因果、轮回、业报所缚,活生生的人已经是在渐死状态了。走路都怕踩死个蚂蚁,吃肉会杀生,难道吃花就不杀生吗?花难道没有生命吗?如果戒律、佛法变成了生活的束缚,怎么能随缘自在?怎么能好好地活在当下?有一颗平常心,平等对待每个生命,知因果而不昧因果,心中不断大悲种,就是对生命最好的报答。

学生九:我有时疑惑,为什么禅门的法和其他宗派有区别?

悟义:您是父母所生,和父母难道没区别吗?一切修心法都是殊途同归的。就像要去往同一个目的地,大家使用的交通工具不同,您有机缘坐飞机去纽约,他却坐船,他可能骑自行车也能到,如此而已。并且见性的禅者心中、眼中所思所见的世界,我们不可以用常人的心、眼去揣测。您可以用经文、教条、戒律去束缚佛吗？佛是制戒者，因为他觉悟了，我们看当年佛说法时，不是许多人嗤之以鼻吗？法会时当场退席的不少啊！天空真的空吗？就像黑夜真的黑吗？寂静时真的静吗？世人的六根是迟钝的，欲望越多就越钝化。感知能力不同，知见不同，世界当然不同。听法有疑惑属于“常”，马上给结论属于“断”；听法不疑惑也属于“常”，听法后批评其他法也属于“断”，究竟如何是好，需要每位修者用心参究。

学生一：佛示涅槃相，是不是并没有个什么状态叫“涅槃”？

悟义：我们的生命如同天空的云，出现了，又消失了。出现时我们说“生”，消失时我们说“死”，半中间我们说“中有”。但云有“生”这回事吗？它不过是一个形态，水蒸气升上天，慢慢浓集了，形成一个幻象，也就是一朵云，再随着温度变化又慢慢地消失了，我们看到便说云生云灭，云聚云散。就像佛示现的“涅槃”一样，“无上大涅槃，圆明常寂照。凡愚谓之死，外道执为断”，这些被凡愚、外道误解的“涅槃”，如果说没有，佛示现了；如果说有，在哪里？

会通

这一段很重要，也是修者常见的一些误解：志道法师是个大迷糊，一开口就是邪见，把色身和法身区别开了，“色身无常，有生有灭；法身有常，无知无觉”，接下来讲的诸多观点哪有不跟着错的？

谈到色身和法身的问题，我们要参究，究竟三身不在色身中还是三身就在色身中？如果三身不能分开，说什么色身无常，有生灭，法身有常，无知无觉呢？

再接下来，志道法师又问："不审何身寂灭？何身受乐？"关于"何身"的问题，我们在讲弥勒佛用何生受记时提到过，何身可受记同何身寂灭，此处不重复。

他接着又问："若色身者，色身灭时，四大分散，全然是苦，苦不可言乐。"四大分散必定苦吗？释迦牟尼佛涅槃时苦吗？佛涅槃是灭吗？惠能大师入寂时苦吗？千年端坐的肉身四大分散了吗？禅门各位祖师游戏人间，入寂时显出不同去相，他们会感觉苦吗？

紧接着，他又说："若法身寂灭，即同草木瓦石，谁当受乐？"这个邪见就更重！法身寂灭，如同草木瓦石？草木瓦石是无情众生，法身是无情众生吗？到这里，他还没完，接着说了一堆错上加错的话。我们前面说过，法性是体，五蕴是用，即体即用，体用不可分，志道法师却将体用一分为二，又将涅槃同于无情之物，同时推论一切诸法被无情涅槃所禁伏，涅槃的作用变成了禁伏诸法。最后结论是"尚不得生，何乐之有"？法性有生灭之体吗？没有体怎么生？怎么灭？一切体即一切用，强分之，那么究竟是法在用还是性在用？法性叫作用是性，作用之性如何分别出一体五用？……

惠能大师一听这个迷糊法师提出了诸多迷糊问题，大师开口便道："汝是释子，何习外道断常邪见，而议最上乘法？"这句骂得够重的，你是佛弟子啊！怎么有这么重的邪见呢？皆因为你"执吝生死，耽著世乐"之故。离身灭求寂灭，求得了吗？要知道佛为迷人说法，迷人皆因"好生恶死，念念迁流，不知梦幻虚假，枉受轮回，以常乐涅槃，翻为苦相，终日驰求。佛愍此故，乃示涅槃真乐”。

佛刚开始说法的时候，说苦、集、灭、道，涅槃时为什么又说常、乐、我、净呢？就像日月轮转，生命到底是苦还是乐，还是根本就不苦不乐？涅槃是相，相有身受吗？身受都是有生灭的，涅槃因为没有身受，所以是法身、法性，可以身受的都是妄觉。

五蕴和合是自体相，这就是“我相”；分别一切法为外尘相，就是“人相”、“众生相”；流于“我相”和“外尘相”之间的叫“寿者相”。整本《金刚经》都在说无我相、无人相、无众生相、无寿者相，也不知道志道法师这些年来苦修的是什么迷糊法！

“以常乐涅槃，翻为苦相”这句话什么意思？这叫“八倒”，以常、乐、我、净为中轴线，众生在左，修者在右：众生以无常为常；以苦为乐，众生的苦是“欲乐”，“世乐”；以四大、五蕴为我；以垢为净。这是俗世四颠倒，而修者呢？执著在另一边，也就是出世间四颠倒。众生迷这边，修者迷那边，全不知皆是颠倒梦想，这叫“八倒”，这些都不是中道。

有人说修者也是众生啊，但他和普通的众生不同，他理解、追求、执著的东西和普通人不一样，执在法空里就是从这个病态转到另一个病态。

欲成佛道需先成人道，成人不容易，每个没有觉悟的人其实都不算真正的人，是迷人、梦中人，失去了真正万物之灵的享受、思想，凡是不迷糊的那个人就是佛。

为了破八倒，佛立了这么一个叫涅槃真乐的相，其实这都是方便法。

所以“刹那无有生相，刹那无有灭相”，不生是“涅”，不灭是“槃”，你怎么样才能不生不灭呢？心无挂碍，无挂碍故无有恐怖，远离颠倒梦想，究竟涅槃。

“更无生灭可灭，是则寂灭现前，当现前时，亦无先前之量”，心中如果有量就有大小，有大小就有分别，有分别就是一分为二，你心里面只关注那点东西你的心就那么大一点。“唯有过量人，通达无取舍”。什么叫过量？一旦定了量就是“有”，只有过量才能超越时空，此时便通达无取舍。

“以知五蕴法，及以蕴中我”。要知道言下顿悟，不是传了什么知识而顿悟，是不知道什么时候、什么东西触动自己内心，突然之间就开悟。

天皇道悟禅师有个弟子叫龙潭，以前是卖烧饼的，他在寺庙门口卖烧饼，觉得天皇大禅师应该挺有本事的，就想供养禅师，他每天卖一百个烧饼，就供养十个给禅师。奇怪的是，禅师拿了十个烧饼以后，再从里面拿了一个，说也供养他。开始他没有明白，这十个烧饼都是我给你的，你从中取一个还给我，为什么说是供养我？

再后来，他觉得人生无常，就出家跟天皇禅师修行，他在禅师身边当了三年侍者，天皇禅师没有跟他说过一句法。有一天，龙潭终于忍不住了，对师父说，我跟了您三年，这么恭敬您，您好歹传我些什么大法啊！禅师说：我哪一天没有跟你说法？你把茶端来，我恭敬地接过来喝了，你天天供养我烧饼，我也天天供养你烧饼，我哪一天不是在跟你说法？龙潭于此言下大悟。

这就叫：“外现众色象，一一音声相，平等如梦幻，不起凡圣见；不作涅槃解，二边三际断”。说了这么多，各位不可执著在公案、语言里，“汝勿随言解，许汝知少分”。

会诀 无上涅槃 圆明寂照

禅者修行时

“中国禅”修者在明心见性的过程中，自觉进入无上涅槃禅境，无上涅槃禅境是圆明寂照的，是无为而无不为、无相而无不相、无知而无不知的大善知识境界。

颂曰：无始无终，留什么？

祖师云：

智度菩萨母，方便以为父，一切众导师，无不由是生。

法喜以为妻，慈悲心为女，善心诚实男，毕竟空寂舍。

弟子众尘劳，随意之所转，道品善知识，由是成正觉。

——鸠摩罗什译《维摩诘经》

79.汝当化方 无令断绝

经文

行思禅师,生吉州安城刘氏,闻曹溪法席盛化,径来参礼。

遂问曰:“当何所务,即不落阶级?”

师曰:“汝曾作什么来?”

曰:“圣谛亦不为。”

师曰:“落何阶级?”

曰:“圣谛尚不为,何阶级之有?”

师深器之,令思首众。一日,师谓曰:“汝当分化一方,无令断绝。”思既得法,遂回吉州青原山,弘法绍化。谥弘济禅师。

会论

学生十一:行思禅师是石头禅师的师父吧?

学生一:是的,行思禅师曹溪得法后,于江西吉安青原山净居寺弘法利生，他和怀让禅师两人为六祖座下弘传最盛的两支法脉。

悟义：行思禅师“闻曹溪法席盛化，径往参礼”时已出家十三载，二十四岁便挂锡宝林，入顿悟一门，此后随侍师父十五年，深得法要。

学生一：我去过青原山，也在禅师闭关的安隐峰下小坐了半日，禅师曾谓此地山青、水青、气青，实乃青之原。

悟义：“青”有青春、生气、活力、本来的含义，当年六祖座下龙象辈出，行思禅师能居首座之位，其修证境界，可想而知。公元713年，时年七十六岁的惠能大师，预感人寿将终，修行圆满，随即召行思禅师来到座前，对他说：“先师们传法脉都是衣和法同传，以衣钵表信，以法印心。我现在已经有了你们，何愁禅法不兴？我自接受了先师的衣法后，历尽坎坷，禅门后代弟子人才辈出，如传衣钵，争执必多，事端必起，因此，这衣就不再传了，如今我以法印心，你今后当分化一方，担负起弘法使命，莫使法脉断绝。”那一年，禅师才四十岁，他的禅风，一向以扑朔迷离著称。不过行思禅师座下徒众虽多，其法嗣却只有石头希迁禅师一人。

学生五：除了法嗣，为什么禅师语录、公案都少见？

悟义：确实很少，有一则比较常见的是有僧问禅师：“什么是佛法大意？”答：“庐陵米是什么价？”庐陵米与佛法有什么关系？禅语是活语，不是死句，禅师的禅语既是一柄剑，又是一个大铁馒头，让人无从下口，专用来对付那些喜欢东叮西咬的禅客。

学生一：为什么他的法嗣只有石头禅师一人？

悟义：石头禅师不负师望，禅风幽冥深邃，无影无迹，其后他门下出了曹洞、云门、法眼三大宗支。现今大家虽少有提到云门、法眼，但大名鼎鼎的少林便是曹洞一脉，苹果的创始人乔布斯也是在日本曹洞宗铃木俊隆禅师启发下受益。行思禅师法嗣虽只一人，但“众角虽多，一麟足矣”。

会通

达摩祖师东渡中国至五祖弘忍的禅观，是以四卷本《楞伽经》印心、主张“理入”和“行入”并重的如来藏清净禅观法门。

达摩祖师自称“南天竺一乘宗”，其将自己对教理的悟解和大乘禅学的实践相结合，但是从他们的主要著作：达摩祖师撰《二入四行论》、三祖僧璨撰《信心铭》、四祖道信撰《入道安心要方便法门》、五祖弘忍撰《最上乘论》等思想来看，他们都融会了大乘佛法的主要禅观精神，也包含了一些小乘的禅观修法，都是以不二精神来会通佛法的，自达摩至弘忍的禅观法门，后世称为“如来禅”。

五祖弘忍之后，因东山法门内部思想分歧，达摩禅系统出现分化，东山法门的神秀、玄赜等几位大师入宫成为国师，弘扬以循序渐进修行为特色的禅法；而惠能大师在南方另开一门，传授以顿悟为根本的禅法。表面上看渐修、顿悟对立，门人互相攻击，冲击到了整个盛唐的思想、修行界。人们将以神秀大师为代表的、活动于北方嵩洛地区的禅门称为“北禅”；又将惠能大师所创的，初期集中流传于南方的禅门称为“南禅”。实际上神秀、惠能两位大师的法和个人并无对立，这一点我们在前文已有论述。

《大般若经》中所举出之二十余种禅，依然是小乘禅观的各种禅定，若论根本皆非究竟，因此，以不立阶级、直了当下、见性成佛为宗旨的“最上乘禅”，唯有惠能大师创立的顿悟禅法。

不过顿悟一门里有什么坐禅不坐禅、打七不打七、看话头不看话头、公案不公案呢？只因世人根器愚钝，妄念多端，故祖师们以善巧方便法慈悲摄受，但如果只懂抱着方便、落在阶级里就是病了。

行思禅师初参六祖，答曰：“圣谛尚不为，何阶级之有！”这句话落地有声，何等豪迈！此为“丈夫自有冲天志，不向如来行中行”的境地，故此祖深器之。

宋朝以后，禅门内用功打坐的多、念佛的多，参话头却落在话尾的多。要知道当年大慧宗杲禅师创始“参话头”修法，实乃是看到禅客们抱着文字禅、枯木禅、口头禅、狂禅不放，情非得已所为之，为了给禅者一根拐杖。

参话头怎么参呢？例如最常见的是参“念佛者谁”？结果许多修者不明白参话头的意义，只是把“念佛者谁”这句话放在嘴里念来念去，变成了念话头，而不是在参话头。

参者参义，话头的功能在反照，反者返也，照者顾也，将我们习惯向外驰求的心返顾自性，返顾是用心眼观照，所以又叫“看话头”。“念佛者谁”其实就是一句话，这句话在未说的时候叫话头，一旦说出就成话尾了！

参话头就是要参这“谁”字未起时，究竟是怎样的。例如：你在修行时，有人问：“念佛者谁啊？”你答曰：“我呀！”再问：“念佛是你，你是口念，还是心念？若是口念，睡著时何以不念？若是心念，死了为何不念？”请问该怎么回答呢？

禅门的一切修法无论是坐禅、参话头、打七、为的是明心见性，见性成佛，此为圣谛，但“圣谛亦不为”。如果修者再以一个心去求圣谛，就是落在阶级里，头上安头了。要明白如果无为而参，任何一法都可以直了成佛。

如黄檗希运禅师说：“问：‘如何得不落阶级？’师云：‘终日喫饭，未曾咬著一粒米；终日行，未曾踏著一片地；与么时，无人我等相，终日不离一切事，不被诸境惑，方名自在人’。”这就是“中国禅”的生活禅观，日常生活与修禅统一是“中国禅”的根本精神。

会诀 汝当化方 无令断绝

禅者修行时

禅者都是一方宗师，虽每位禅者的境界有差别，但只要心中正见具足，坚定不移、精进不殆地用功修行，并行种种方便教化众生，其成就是早晚的事情。

这里惠能大师指的禅者——“汝”，是对一切禅者的统称。每位禅者也都具有开民智、利众生的慧命愿力，在自利的同时不忘利他。

颂曰：无来无去，怕什么？

祖师云：

问:触目菩提,举足皆道,何须别立事相道场。役念劳形,岂谐妙旨?答:道场有二:一理道场,二事道场。理道场者,周遍刹尘;事道场者,净地严饰。然因事显理,藉理成事。事虚揽理,无不理之事。理实应缘,无阂事之理。故即事明理,须假庄严,从俗入真,唯凭建立,为归敬之本,作策发之门,睹相严心,自他兼利。

——永明延寿禅师《万善同归集》

80.汝既如是 吾亦如是

经文

怀让禅师，金州杜氏子也。初谒嵩山安国师，安发之曹溪参叩。让至礼拜。

师曰："甚处来？"

曰："嵩山。"

师曰："什么物，恁么来？"

曰："说似一物即不中。"

师曰："还可修证否？"

曰："修证即不无，污染即不得。"

师曰："只此不污染，诸佛之所护念。汝既如是，吾亦如是。西天般若多罗谶：'汝足下出一马驹，踏杀天下人。'应在汝心，不须速说！"让豁然契会，遂执侍左右一十五载，日臻玄奥。后往南岳，大阐禅宗，敕谥大慧禅师。

会论

学生四："西天般若多罗谶：'汝足下出一马驹，踏杀天下人。'"马驹当然是指马大师，般若多罗大师是谁？

悟义：是禅西天二十七祖，达摩祖师的师父。关于马大师为何可以踏杀天下人，有兴趣的读者请参阅《中国禅》"行走江湖"篇。马大师在怀师处得道后回乡欲弘法，为什么欲回乡弘法呢？因为中国人有衣锦还乡的风俗。马大师得道后，也第一时间想回乡度亲人。《项羽本纪》中项羽曾说："富贵不还乡，犹锦衣夜行，谁知之者？"因此言项羽被人称为"沐猴而冠"。悟道之后的马大师，期望法乳广播，因此返乡，乡人初时不知马祖为何方神圣，夹道相迎，后有人认出马祖，哈哈笑说：我以为什么圣人，他不就是马簸箕的儿子吗？马大师幼时家贫，故以织簸箕为生，于是人们作鸟兽散，无人愿意听法，马大师十分感慨，言：得道莫还乡，还乡道不香。溪边老婆子，唤我儿时名。

学生一：得道不能还乡不仅是马大师，耶稣回到家乡布道时，人们也是惊讶地说：他不就是那个木匠的儿子吗？他的母亲不就是玛丽亚吗？雅各、约瑟，西门和犹大不都是他的弟弟吗？他的妹妹不是住在我们这里吗？家乡人根本不听他说法，耶稣也说：先知在自己的家乡是从不受人欢迎的。

悟义：为什么还乡道不香呢？因为人的嫉妒心，看到自己熟悉的人，就只记得他过去的样子、境界，商汤王把"苟日新，日日新，又日新"刻在每日入浴的澡缸上，这可不是在说身体洗澡，去除污垢，而是精神上的洗澡，如

《庄子》在"知北游"中所说的"澡雪而精神"。没有智慧的乡亲、故朋,在他们看来,这个得道的人无非就是他们所熟悉的过去外部特征的总和,仅此而已;他们习惯以己度人,认为这个人既然也是从大家一样的环境中诞生,就必定是和自己差不多,能有什么超常之处呢?即使这个人在外界得到了广泛的影响,他们也仍然固执地认为那是侥幸,或者外人不知道得道之人的过去、真相,如果那个人影响力继续扩大,他们又想,那人是大师和自己无关等等,心中抱着成见的人怎么能看到过去的马簸箕和马大师早已不是一人,大师往来之间气宇如王,牛行虎步,此种道行怎可以俗心度之?后,大师离乡往江西,大宏禅法,名动天下。《景德传灯录》记载:"让之一犹思之迁也,同源而异派。故禅法之盛始于二师。刘轲云:'江西主大寂,湖南主石头。往来憧憧不见二大士,为无知矣'"。

学生一:大寂就是马大师吧?

悟义:是的,唐宪宗元和年间马祖被谥为"大寂禅师",为何说马大师踏杀天下人?因其座下龙象辈出,《景德传灯录》记录马祖法嗣为一百三十八人。可以说由马祖建丛林,弟子百丈立清规开始,真正打开了"中国禅"的大门。

悟义:百丈禅师年轻时听闻马大师在江西阐化,倾心依附,不离左右侍奉师父六年,为马祖门下首座,其与大珠慧海、西堂智藏、南泉普愿三位同为马祖门下"四大士"。他曾云:"自古自今,佛只是人,人只是佛"、"佛只是去住自由,不同众生"、"佛是无著人,无求人,无依人",在当时,这些话已经足令那些迷信的佛教徒发昏了。马祖和百丈这一对师徒好似罗什、僧肇师徒这一对一样，纵览中国禅史，这些一对对的师徒都是彪炳史册的人物，由马祖和百丈师徒开始，禅进一步规范化、平等化了，在唐宋深受社会各界青睐，皈依禅门者也越来越多。

学生一：禅师对禅门的主要贡献是“百丈清规”的建立吧？

悟义：是的，他根据中国国情，并结合禅的特点，折衷印度大小乘戒律，制定了有别于印度戒律的“丛林清规”，这是载入中国通史的一件大事。百丈山上农田齐整，僧人出堂甚至比军队还庄严肃穆，令到无数名儒惊讶惭愧。细读清规，会发现禅师所界定的生活空间，是一个没有婚姻、没有私产、人际平等的生存环境。可以说，惠能大师创立了“中国禅”的核心精神；而宗义法理的传播，仗于马大师；禅门规范的制定，始于百丈。

学生七：我以前对“污染即不得”这句话一直不明白，既然污染不得了，为什么还要修证呢？刚才大家读经时我肚子不舒服，但心里想这么难得的机会不能错过，所以一直忍耐，但越忍越疼，突然一转念，肚子疼是真实的吗？听法是真实的吗？我何必和不真实的较劲呢？随其自生自灭就是了。一念及此，顿觉着心里一亮，肚子居然好多了，这中间我突然领悟了上面这句话的意思，只要不把这些虚幻的东西当作真实，不认贼作子就不被人间游戏，而能游戏人间了，能“知幻即离，不假方便”了。但是对于“修证即不无”这一句，我还不太理解。

悟义：这是说有些人虽然天天在修行，但这修行是事上修行，事相上有修有证；理体上没有，一尘不染，理事无碍，理事圆融；既不是执事废理，也不执理废事。也就是我们前面说的，无论用什么功夫修禅，不落阶级，无修而修，才是“修证即不无”。“染污即不得”是说禅者心底无私不被红尘所染着，就好像为什么刮大风、下大雨、台风、地震您不会暴怒呢？因为您没有把自然当作是“我”的，只要有了“我”的心，就会被“我”所染污，所以钱是我的、利是我的、地位是我的、房子是我的、孩子爱人是我的，这些“我”的东西就会引起您的烦恼，心中有了增减损益，心就不清净，心乱时岂能见道？

学生一：所以庄子说“天地有大美而不言，四时有明法而不议”。

悟义：身在自然中，无垢无净，无法可说，有尘而不染，就像我们修行时念佛不要被佛号染污了，参话头不要被话头染污了，打坐不要被坐相染污了。法本是修证即有、染污即无的。有尘而不染的清净心人人本具，为什么不见？因为乌云蔽日，心、眼被欲望、环境人为地污染。因此通过实修、实证吹散乌云，这个吹散的过程不是拂尘看心，“拂尘看心”这种理解认为尘是外来的，需要拂拭才能净。正法是包含了净和垢两面性的心本，心本是明的，那就不用拂去什么了，本身就不受污染，也没有所谓的清净可言。

会通

怀让禅师在去曹溪参访前先去了嵩山拜见安国师，安国师也是五祖弟子，他叫怀师到曹溪来参六祖。惠能大师一见他，便问：“从哪里来？”答曰：“从嵩山来。”禅师们问的您从哪里来可不是想了解您的老家，而是要明白来之前哪里受法、师承？或者行脚的过程，以便了解您的修行体系等。

怀师一说嵩山，惠能大师自然便知道是老安处来。以前若有某位禅师住山，山常因师而留名。山不在高，有龙则灵，这位嵩山老安禅师又名慧安，是五祖门下龙象，他当年赴黄梅山参访五祖时，年纪比师父大十几岁，故称“老安”。老安在黄梅二十多年不离五祖左右，祖入寂后，他去往终南山修行，唐高宗召请不赴，于是高宗为其造招提寺。

后老安入嵩山嵩岳寺弘禅，时称“老安禅”。武则天称帝后，曾一请再请，终于把他迎至长安。见面时武则天问他：“大师甲子多少?”老安说：“不记。”又问：“为什么不记呢?”答说：“死生之身，若循环无端，焉用记？何况此心流注，中间无闻无见。若有起灭，乃妄想耳。从初时至相灭时，亦只如此，何年月之可记焉?”

大师一听他是师兄老安处过来的，便问：什么东西？怎么来？这句话，乍听起来好像骂人一样，普通人心里会想禅师说话怎么这么不客气？这是由于不理解禅的机锋，就像惠能大师当年见五祖一样，禅门师徒见面往往如两刃相交，容不得半点喘息，境界高低当下立显。

怀师对得非常恰当：“说似一物即不中。”惠能大师问话单刀直入，问的是虚灵不昧的真心，无来无去的自性，怀师一听便答：您问的东西不是说出来的。

惠能大师再问：“还可修证否?”既然说不上来，那还需要修证吗？怀师这才说：“修证即不无，污染即不得。”这两句话在禅门很重要，说得极妙！因此大师马上赞许：很好，你到了这个境界，我也就在这个境界。这什么意思？便是心心相印了。怀师从此在宝林山朝夕奉侍师父十五年。之后，他奉师命到南岳衡山弘禅。

“中国禅”在惠能大师后，经神会、怀让、行思等禅师以及士大夫、居士的弘扬，在中唐时期逐渐进入百家争胜、异花竞放的繁荣发展阶段。其中，南岳怀让和青原行思两个法脉各领风骚，怀让传马祖道一，形成了以生活禅“平常心是道”为特色的禅观和禅风，史称“洪州禅”。百丈禅师之后分出两支，一支由黄檗希运传临济义玄，形成“临济宗”；一支由沩山灵佑传仰山慧寂，成为“沩仰宗”。

怀师的“修证即不无，染污即不得”由马大师进一步发挥为“道不用修，道不属修”的生活禅精神，人人都有佛性，佛在自心，不应当向身外求佛、求道。那么，不用修、不属修是否就否定修行了呢？如果还需要修行，应如何修行呢？马祖说：

道不用修，但莫污染。何为污染？但有生死心造作趣向，皆是污染。若欲直会其道，平常心是道。谓平常心无造作，无是非，无取舍，无断常，无凡无圣。经云：“非凡夫行，非圣贤行，是菩萨行。”只如今，行住坐卧，应机接物尽是道。道即是法界，乃至河沙妙用，不出法界。若不然者，云何言心地法门？

道不属修。若言修得，修成还坏，即同声闻；若言不修，即同凡夫。云：“作何见解即得达道？”云：“自性本来具足，但于善恶事上不滞，唤作修道人。取善舍恶，观空入定，即属造作。更若向外驰求，转疏转远。但尽三界心量，一念妄想，即是三界生死根本；但无一念，即除生死根本，即得法王无上珍宝。”

这里的“道”是指开佛知见，是觉悟之道，是自己解脱之道，是大乘佛法所奉的最高真理，是超言绝象的真如、法性、佛性，也就是惠能大师所说的“自性”、“本性”。

马祖禅师通常用“心”来说“道”，自性、本心是不必有意地修行和对治的，只要使它不受到“污染”就行了。什么叫“污染”？就是人为“造作”，即凡是有既定目标的追求或舍弃，如认为善的便去追求，认为恶的便予以舍弃，为此从事禅定、观空、取净，以及想成佛、想悟道，都属于对真如之心的污染。

那么，怎样能够体悟解脱之道呢？在保持“平常心”的状态下自然地体悟自性，达到解脱。所谓“平常心”，是在心中取消一切造作、是非、取舍、断常、凡圣等观念，取消所谓“妄想”，也就是惠能大师说的“一无所得”。

马大师这番话典出《维摩诘经》，意为虽身是凡夫，却不沉溺于情欲、取舍；虽为圣贤（菩萨），却不贪图涅槃而离弃众生，这是“菩萨行”，或“菩萨道”，是“中国禅”的不二境界。在这里，不难看出，所谓“道不用修”和“平常心是道”是有其特定含义的。不修，指的不是如同“凡夫”那样的不修行，而是在体认自性前提下，放弃取舍意向，自然而然地生活和修行；平常心，就是在这一过程中保持的“无造作”、“无所得”的自然心态。有人说“平常心”太难得，不是一般人可以有的，那么失去平常心、失去正常生活的人，能有“人”的正受吗？天天为外境、事物、情绪所奴役，是人的正常状态吗？何为人之“常”？何为“非常”？仁者自知。

另一角度讲，“平常心”是说心的“涉外”现象，是处身现实生活，从事教化等公众的情形下而不使“真如之心”染污的心境。如果能够达到“了心”

之境，即体认“即心是佛”，并且认识在在处处、一切事物无非是心的显现，懂得“平常心是道”，那么，也就在生活、修行等一切方面达到真正的自由了。据《景德传灯录》记载，马祖还说：“若了此心，乃可随时著衣吃饭，长养圣胎，任运过时，更有何事！”这就是他引用的《维摩诘经》中的“不尽有为”、“不住无为”所包含的内涵。

洪州刺史曾请教马祖曰：“弟子吃酒肉即是，不吃即是？”按照佛戒，居士应是“不饮酒”，不仅要“不杀生”还提倡吃素。马祖对此问没有明确答复，只是说：“若喫是中丞禄，不喫是中丞福。”这是马祖对士大夫灵活传法的一个例子，修禅的人虽未必全部能悟道，禅也不是要人全然改变一切生活习惯。禅的修行境界乃是由修者个人追求所决定。道理既然都明白，您又何必过来明知故问？

关于即心即佛，还有一段著名的对话：

问：“和尚为什么说即心即佛？”师曰：“为止小儿啼。”曰：“啼止时如何？”师曰：“非心非佛。”曰：“除此二种人来如何指示？”师曰：“向伊道不是物。”

马祖把应机说法比喻为“止小儿啼”。所谓“止啼”之说，不是马祖原创，典出《大宝积经》和《大涅槃经》。据《大宝积经》记载：“如以空拳诱小儿，示言有物令欢喜，开手拳空无所见，小儿于此复号啼。”据《大涅槃经》记载：“又婴儿行者，如彼婴儿啼哭之时，父母即以杨树黄叶而语之言，莫啼莫啼我与汝金。婴儿见已生真金想便止不啼，然此杨叶实非金也。”

佛当年常把他应机宣说佛法比喻为哄小孩时攥着空拳说里面有东西，

或手拿一枚黄叶说它是黄金，哄孩子莫哭。

马祖用这样的比喻来说明一切说教并非是终极真理，既然众生不知道自己生来具有与佛一样的本性，到处求法求道，在此情况下不妨告诉他们说“即心是佛”，引导他们产生自信，自修自悟。一旦入门，就应当告诉他们“非心非佛”。因为佛是不可局限于方位、场所的，否则，会出现认心为佛，或如同南泉普愿禅师所痛斥的有禅人“唤心作佛”一样。

在一般情况下，禅师们会告诉学人，佛不是物、不是神、不是经、不是理、不是教、不是戒、不是学……至于是什么，本来是用任何语言都难以表达的，因此才有“庭前柏子树”、“麻三斤”、“庐陵米什么价”、“一口饮尽西江水”、“喫茶去”……看似怪异的各种说法。

会诀 汝既如是 吾亦如是

禅者修行时

师徒之间心心相应，同修之间无不相应，心、佛与众生三无差别。

颂曰：无前无后，争什么?

祖师云：

问：初心入道，言行相扶，万善资熏，不无其理。果地究竟，大事已终，境智虚闲，何须众行乎？

答：果德佛位，毕竟无为。若无边行门，八相成道，皆是佛后普贤行收，任运常然，尽未来际。维摩经云："虽得佛道，转于法轮，入于涅槃，而不舍于菩萨之道，是菩萨行。"

——永明延寿禅师《万善同归集》

81.因看维摩 发明心地

经文

永嘉玄觉禅师，温州戴氏子，少习经论，精天台止观法门。因看维摩经，发明心地。偶师弟子玄策相访，与其剧谈，出言暗合诸祖。策云："仁者得法师谁？"

曰："我听方等经论，各有师承。后于维摩经，悟佛心宗，未有证明者。"

策云："威音王已前即得，威音王已后，无师自悟，尽是天然外道。"曰："愿仁者为我证据。"

策云："我言轻，曹溪有六祖大师，四方云集，并是受法者。若去，则与偕行。"

会论

学生五：我发现不少祖师、大德都是通过《维摩诘经》悟道的。

学生一:是的,《坛经》第一品就引用了《维摩诘经》的话:"即时豁然,还得本心。"

悟义:"即时豁然"是指"顿悟","还得本心"是指"见性"。这句话出自《维摩诘经》弟子品,是富楼那尊者在树下为诸新学说法时,维摩大士出现,谓尊者言:"唯,富楼那,先当入定观此人心,然后说法……时维摩诘即入三昧,令此比丘自识宿命,曾于五百佛所殖众德本,回向阿耨多罗三藐三菩提,即时豁然,还得本心。"这里,维摩大士认为,说法者要先观学者的心,看他的根器的利钝,因材施教,正确引导,才能使大根器者"即时豁然,还得本心"。僧肇法师在《注维摩》里,说:"大乘自法身以上,得无碍真心,心智寂然,未尝不定,以心常定,故能万事普照,不假推求,然后知也。小乘心有限碍,又不能常定。凡所观察,在定则见,出定不见。"按照僧肇法师的说法,有大根器的人,即自法身以上的大乘菩萨,虽在日常生活中,但"心常定"。这与惠能大师宣扬的"定慧体一不二"思想是一样的,并且惠能大师进一步将人的根器升华为迷则众生,悟则佛的不定、可转化形式,把长时间的"殖众德本",发展为"一念之间",这就完全否定了宿命论以及人在根器上的定命说。

学生一:《维摩诘经》中的顿悟法和惠能大师的顿悟法一样吗?

悟义:也同也不同,例如从身份上,维摩大士是东方妙喜净土的金粟如来,来到婆娑世界助佛陀弘法,而惠能大师是一字不识的草根,有天壤之别。再如惠能大师的净土是根植在自心、自性中,不离开自心而得净土,没有任何的佛国彼岸,这点和包括《维摩诘经》在内的大乘诸经还是有区别的。故此,惠能大师的顿悟法更加重视生活,重视人的自性,重视现实社会。

学生一:僧肇法师出家就是想寻找是否还有比维摩不二之法更殊胜的法,这种期望我可以理解被惠能大师实现了吗?

悟义:可以这么认为。惠能大师的伟大之处是在维摩的精神上进一步明确了何为禅门的净土。即对内表现为自性净土,这是从自利的角度讲的,心净则佛土净;对外表现为人间净土,这是从利他的角度讲的,自净则人间净。

学生三:什么是方等经论?

悟义:《涅槃经》云:“善男子,佛亦如是,从佛出生十二部经,从十二部经出修多罗,从修多罗出方等经,从方等经出般若波罗蜜,从般若波罗蜜出大涅槃。犹如醍醐,言醍醐者,喻于佛性,佛性者即是如来。善男子,以是义故,说言如来所有功德无量无边不可称计。”方等经论是指宣说大乘平等义之经典。

学生三:“般若波罗蜜多”即是“佛性”?

悟义:《涅槃经》师子吼菩萨品中佛言:“善男子,首楞严三昧者,有五种名:一者,首楞严三昧;二者,般若波罗蜜;三者,金刚三昧;四者,师子吼三昧;五者,佛性。随其所作处处得名。”可见,“般若波罗蜜”就是我们的本来面目,即众生佛性。

会通

惠能大师的许多思想得益于罗什、僧肇师徒的法脉传承,《维摩诘经》

也是罗什、僧肇师徒最重视的经典之一。《维摩诘经》博大精美，罗什法师结合了自身对佛法了义的切身体会与实践，于翻译时得意忘言。

古往今来对《维摩诘经》的讲说、注释、弘扬也就特别广泛，成实师、地论师、天台、禅门、三论宗的各位祖师对《维摩诘经》的注释有上百种之多。由于罗什法师是“三论宗”在中国的初祖，僧肇法师为其二祖，因此“三论宗”将此经与般若经同等看待。吉藏大师在谈论般若的权、实二智之时，是把它们放在《维摩诘经》中阐述并发挥的，他以实智、方便智解释《摩诃般若》，同样也是以实智、方便智解释《维摩诘经》，由此可见一斑。

罗什弟子“什门四杰”曾竞相注释《维摩诘经》，第一位注释的是僧肇，其后道生、道融、僧睿三位法师的注释继踵而至，罗什法师本人也破例亲自注释，后人将此五人注释合为一部，称为《维摩诘所说经注》，不过所采用的思想内容以罗什、僧肇为主，其他人的则很少。

那么为什么《维摩诘经》又称《净名经》呢？“维摩诘”梵语为“毗摩罗诘”，罗什、僧肇师徒将其另译成“净名”，什么是“净名”？黄檗希运禅师的《宛陵录》中有段话可以参考理解：

“净名默然，文殊赞叹云：‘是真入不二法门，’如何？”师（希运）云：“不二法门，即你本心也。说与不说，即有起灭，无言说时，无所显示，故文殊赞叹。”云：“净名不说，声有断灭否？”师云：“语即默，默即语，语默不二，故云声之实性亦无断灭，文殊本闻亦无断灭。所以如来常说，未曾有不说时；如来说即是法，法即是说，法说不二故；乃至报化二身，菩萨声闻，山河大地，水鸟树林，一时说法；所以语亦说，默亦说，终日说而未尝说。既若如是，但以默为本。”

这就是说，“净名”的默然是本心，本心就是不二之法，也是实性，罗什法师由于从“本心”立名，以“德”立名，故称“净名”。

除此之外，《维摩诘所说经》又称《不思议解脱法门经》，这是从人、法两个角度来命名的，以人命名指《维摩诘所说经》，以法命名指《不思议解脱经》，这是用人、法双题彰显平等不二之意。

称之为“净名”是因为有不可思议解脱之德，“净名”是以法释人，是辨明法起之因缘，法因人成，即不可思议解脱。

宣讲本经的有两个教化之主，一是佛，二是净名。如果题目只有“净名”，而没有不思议之法，那么本经只是“净名”说，没有佛说。如果说“不思议”，则是含了两位如来的共同教化，所以是人、法双题。

有人曾问，为什么他们都是“如来”?“如来”不是单指佛吗?

《维摩诘经》不二之法的核心是“如来”，如来非人名、非法名，是不来相而来，虽来而不至，亦不去相而去，虽去而不动，宛然从就，未始往来，故名：“如来”。

这一段中，玄策禅师对永嘉禅师说的话，我们在前文曾提及：“威音王已前即得，威音王已后，无师自悟，尽是天然外道。”禅门重师承，关于禅门师资的问题，明代云居戒显禅师有一本专著，名《禅门锻炼说》，此书仿孙子兵法体裁分十三篇，是他阐述禅师锻炼禅众方法的精心著作。自序云：

“佛法中据位者，治丛林如治国，用机法以锻禅众如用兵。拈花一着，兵法之祖。西天四七。东土二三，虽显理智，暗合孙吴。……嗣后黄檗（江西高安黄檗山希运)、临济(河北正定临济寺义玄)、睦州(浙江建德开元寺陈尊宿道明)、云门(广东乳源云门寺文偃)、汾阳(山西汾阳太平寺善昭)、慈明(湖南石霜山楚圆)诸老,虚实杀活,纯用兵机。迨乎妙喜(大慧宗杲),专握竹篦,大肆奇兵,得人最盛。五家建法,各立纲宗,韬略精严坚不可破,而兵法全矣。自元及明中叶,锻炼法废,寒灰枯木,坑陷杀人。幸天童悟老人提三尺法剑,开宗门疆土。三峰藏老人继之,恢复纲宗,重拈竹篦,而锻炼复行。灵隐(具德)本师复加通变,啐啄多方,五花八门,奇计错出,兵书益大备矣。余昔居板首,颇悟其法。卜静匡山,逼住欧阜(即云居山),空拳赤手,卒伍全无。乃不辞杜撰,创为随众经行敲击移换擒啄斩劈之法,一时大验。……遂不敢秘,著为锻炼之说,流布宗门。……岁次辛丑(公元1661年)住云居晦山戒显自识。"

《禅门锻炼说》十三篇的次第是:坚誓忍苦、辨器授话、入室搜刮、落堂开导、垂手锻炼、机权策发、奇巧回换、斩关开眼、研究纲宗、精严操履、磨治学业、简练才能、谨严付授。这十三篇是一部整理禅林的理论纲领,主要是针对当时禅门的流弊而提出的。

禅师曰末法时期,仍不得不用死法。能善用之,则死法中自有活法。所谓活法,就是辨禅众的机器,验期参学之浅深,然后示以话头。学者参禅如逆水行舟,不得人助力则退多进少,故得遇明师,入堂化导,最为急要!

参禅不可胡乱卜度,亦不可死守话头,真禅者应重视纲宗,依止师承,务彻古人堂奥。向上一路,千圣不传。故道眼未开,先令参究,以锻其解。大事即明,即令行履,以锻其行。道不在言,但非言无以显道;法不在学,但非学无以明法。参学二字，乃诸祖所立，自有次第。虽不可重学而弃参，亦不可单参而废学。由此可见，玄策禅师所言非虚，禅门师徒授受心法是极其慎重的，永嘉禅师一听，当即说："愿仁者为我证据。"

会诀 因看维摩 发明心地

禅者修行时

永嘉禅师是看《维摩诘经》悟道的，"中国禅"的不立文字是要有正见来看经，不要带着邪见来看。

颂曰：无来无去，怕什么？

祖师云：

于我无为，而惑者睹感照因谓之智，观应形则谓之身，觌玄籍便谓之言，见变动而谓之权。夫道之极者，岂可以形、言、权、智而语其神域哉！然群生长寝，非言莫晓，道不孤运，弘之由人。是以如来命文殊于异方，召维摩于他土，爰集毗耶，共弘斯道。

——僧肇法师《注维摩》

82.生死事大 如是如是

经文

觉遂同策来参。绕师三匝，振锡而立。

师曰："夫沙门者，具三千威仪，八万细行。大德自何方而来，生大我慢？"

觉曰："生死事大，无常迅速。"

师曰："何不体取无生，了无速乎？"

曰："体即无生，了本无速。"

师曰："如是！如是！"

玄觉方具威仪礼拜。须臾告辞。

师曰："返太速乎？"

曰："本自非动，岂有速耶？"

师曰："谁知非动？"

曰："仁者自生分别。"

师曰:“汝甚得无生之意。”

曰:“无生岂有意耶?”

师曰:“无意谁当分别?”

曰:“分别亦非意。”

师曰:“善哉! 少留一宿。”

时谓“一宿觉”。后著证道歌,盛行于世。谥曰无相大师,时称为真觉焉。

会论

学生八:我越修越感觉自己身上实在是许多以前看不到的毛病,但发现了毛病,自己却很开心,哈哈,这感觉真是玄妙无比!

学生三:师父印可弟子可以考试吗? 如果古代有个禅师证,可实在太难了!

悟义:禅门没有办法立个考题考试,心法是活法,用试卷难以表达,禅法无一定法可以示人,神通功夫、唱颂止观都不能代表禅,当然更包括茶、花、诗、画等文化表现了,您就算把《坛经》背得滚瓜烂熟,能超过法达法师吗? 他诵《法华》三千遍,还是被经转。禅要是住了,就是死禅了。“佛说一切法,为度一切心,我无一切心,何用一切法?”故禅门有杀人刀,还有斩妖剑,师者要能杀得死,亦要能救得活。

学生六:这就麻烦了,西方的教育方式是大规模复制和传播,把一切变成规范、规矩、规模，就容易大面积推广，如果按照禅门这种教育法，实在太慢了，不容易传播啊！

悟义：未必如此，如果“禅”是生活之外的另一种知识、学问，如果禅修必须依赖日常生活以外的深山道场、幽谷仙境，那么就像您说的，可能比较慢。盛唐之际，凡言禅者，皆本曹溪，为什么能做到这一点？因为，禅根本就不离生活，不是生活之外的教育和学问，禅法是根植在人心中，时时刻刻在指引智慧人生的明灯，如果说“禅法”看不见，那么禅文化可以融入在生活中，时时刻刻能享受、能传播、能欣赏、能升华。只要愿意在生活中做本分事、持平常心的人，统统都是禅者，是自在人。本分事是对外的心态，让人面对现实，不要回避；平常心是提醒人不要过于计较，过于人为增减失去自我，这是对内的修为。有了这内、外两点，便是修禅了，这和学问、地位、年龄无关。禅不是宗教，只要希望从禅门得到智慧人生的人，无论什么信仰、语言都可以成为平实的禅者，您说是在学校里专门学习的人多呢？还是能过平常朴实生活的人多呢？

会通

如永嘉禅师一般，读《维摩诘经》悟道的大德很多，除了前文屡次提及的僧肇法师，唐宋时王维、裴休、李商隐、白居易、王安石、苏轼、张商英等人都和《维摩诘经》大大有缘，并且都留下了相关的文字。

自从见到了玄策禅师，永嘉禅师便下决心从温州不远千里奔赴曹溪，希望惠能大师可以印可自己的成就。他来到宝林寺时直接进了禅堂，初见大师却不礼拜，只是绕着禅座走了三圈，然后将手里的锡杖振振，振毕，合掌而立。

这是很无礼的行为，惠能大师说："凡僧侣应具三千威仪，八万细行。你从何方而来，怎么如此傲慢？"

永嘉禅师答："无常迅速，生死只是刹那，哪有时间顾及礼仪小节？"

大师说："为什么不去体会无生，了悟生命本来就没有什么迅速不迅速呢？这样，哪里还有时间的快慢存在？"

答："我已体认自性，自性本就无生无死，既无生死，则无迟速可言。"大师听后，大为赞赏。得到认可后，永嘉禅师脱笠整衣，正式顶礼，拜后即欲辞行。

此时，大师见一众弟子并未能于刚才的快速对话中领悟，为使弟子们进一步契合禅旨，也为了使天下人更能起信于永嘉的悟证，所以又问道："你从温州远远地赶来，又立刻要回去，为什么这样匆促呢？"

永嘉禅师念念不离真心，应声答道："本性湛湛寂寂，本无来去动转，哪里有速与不速、来去匆匆之说？"

大师见他从体上答，便从用上起问："什么人知道动或者没有动呢？"

答："仁者自生分别！"这话和当年大师在法性寺说的"仁者心动"何其相似！都是个人自心中所生的分别而已！大师于是故意赞道："嗯，你的回答已经证明了你已得意于无生的旨要了。""无生岂有意？"永嘉禅师才不落圈套呢！

这句话是什么意思?“无生”是真空湛寂之性,言语道断,心行处灭,本性难道还有旨要可得?大师经此反问,抓住禅机,立即步步紧逼道:“无意谁当分别?”既然你说本性中没有旨要,那么是谁在分别有和没有呢?

这句话切中要害,永嘉禅师的回答马上从体而用,妙机顿露:“分别亦非意!”无生之体,离凡夫分别之意念,其性湛湛,但不是木头石头,它是感而遂通的灵妙禅心,虽随机起用,分别一切,又不随境转,是超情离见的。因此,无生无不生,无知无不知。

大师见他悟证甚深,往来对答时时不离自性,于是由衷地赞道:“善哉!善哉!”短短一刹那,两位大师的对答如电光石火般闪烁着慧光,由此可以更加领会曹溪禅风的直指人心,在言谈中一念回机,没有后世禅人那么多的转语闲谈。

永嘉禅师在动与不动、分别与无分别、意与无意、生与无生、速与缓等“中国禅”的关键点上,一一流露出见了性的悟者内心的般若之光,不仅惠能大师为之赞叹,千百年来的禅者,参究此段问答时也无不为之深深叹服。这次对话成就了“中国禅”史上的一段佳话,史称“一宿觉”。

在惠能大师的印可下,永嘉玄觉终成为一位不累于生死的大禅师,他所著的《永嘉证道歌》被人千古传诵,“游江海,涉山川,寻师访道为参禅,自从认得曹溪路,了知生死不相关。”这些都是禅者的心声!此后,他融会了天台和“中国禅”的精要,教化众生,一时法席兴盛,学者齐集禅阶问道。

会诀 生死事大 如是如是

禅者修行时

禅修目的就在于解脱生死。

对禅修者来说,解脱生死是最重要的。

解脱生死前,人生随时是苦;

解脱生死后,人生随缘自在。

颂曰:无前无后,争什么?

祖师云:

如者,万物一如,不起分别。犹如一月当空,千波现影。影有现灭,月实自如。

——惠能禅师《六祖金刚经注》

83.应用无碍 无不定时

经文

禅者智隍，初参五祖，自谓已得正受。庵居长坐，积二十年。师弟子玄策，游方至河朔，闻隍之名，造庵问云："汝在此作什么？"

隍曰："入定。"

策云："汝云入定，为有心入耶，无心入耶？若无心入者，一切无情草木瓦石，应合得定；若有心入者，一切有情含识之流，亦应得定。"隍曰："我正入定时，不见有有无之心。"

策云："不见有有无之心，即是常定，何有出入？若有出入，即非大定！"

隍无对。良久，问曰："师嗣谁耶？"

策云："我师曹溪六祖。"

隍云："六祖以何为禅定？"

策云："我师所说，妙湛圆寂，体用如如，五阴本空，六尘非有。不出不入，不定不乱。禅性无住，离住禅寂。禅性无生，离生禅想。心如虚空，亦无虚空之量。”

隍闻是说，径来谒师。

师问云：“仁者何来？”

隍具述前缘。

师云：“诚如所言，汝但心如虚空，不著空见，应用无碍，动静无心，凡圣情忘，能所俱泯，性相如如，无不定时也。”

隍于是大悟，二十年所得心，都无影响。其夜河北士庶闻空中有声云：“隍禅师今日得道！”隍后礼辞，复归河北，开化四众。

会论

学生四：智隍禅师“庵居长坐，积二十年”，是二十年不倒单吗？

学生一：是的。

学生四：哇！那已是神仙了。

学生一：禅门祖师不倒单的记录从初祖达摩开始，面壁九年当然是不倒单，三祖僧璨大师是树下立脱而化的，不倒单功夫出神入化，他弟子四祖道信，经典上记载他六十年摄心不寐，肋不至席。他曾说：“努力勤坐，坐为根本，能作三五年，得一口食塞饥，即闭门坐，莫读经，莫共人语。”

学生四：不倒单六十年？太不可思议了！

学生一：灯录记载，五祖弘忍十二岁开始跟在师父道信身边，《传法宝纪》说他"昼则混迹驱给，夜便坐摄至晓，未尝懈倦，精至累年"，这是说弘忍不爱讲话，白天勤于体力劳动，晚上专心禅定修炼，可见北禅一门重视坐禅是从五祖那里传承的。受四祖道信的影响，东山法门在五祖时，没有其他宗派重视读经，法门内将以《楞伽经》、《文殊般若经》为主的经典，转为《金刚经》、《维摩诘经》，《传法宝纪》说五祖"虽未视诸经论，闻皆心契"，这和惠能大师"一闻经语，心即开悟"如出一辙。并且五祖主张修者在山中静居修行。有人问他："学道何故不向城邑聚落，要在山居?"他回答说：大厦之材本出幽谷，不向人间有也，因其远离人故，不被刀斧损斫，一一长成大物后，乃堪为栋梁之用。故禅者需栖神幽谷，远避嚣尘，养性山中，长辞俗事，目前无物，心自安宁，从此道树花开，禅林果出也。可见五祖时的禅门修行，还是以在幽静的山间里坐禅、远离尘俗事务的干扰为主要修行方式的，这也是当时传统各个修行门派的普遍观点。

悟义：智隍禅师也是五祖弟子，在黄梅山他非常用功修习坐禅和禅定功夫，坐禅日久就以为自己得了深层禅定，五祖入寂后，他离开黄梅，又结庐自修了二十年。当玄策禅师游方至黄河北岸河朔一带，听到他的大名，专程来他的茅屋拜访，见他执著在坐禅中，故开声点化：如果定有出有入，就不是大定。入的时候是定，出了定，心又散乱了，这定有什么用？就像许多修行人平日里在山中感觉自己修行境界不错，一入红尘，便手忙脚乱、晕头转向，看什么都不顺眼，这哪里还谈得上"定"？

学生五：曹溪禅法真是佛法、佛教、修行界的伟大变革！

学生三:我发现这次又是玄策禅师出场,看来他是曹溪的宣传部长,专门负责对外游化的。

学生九:玄策禅师真了不起!他游化永嘉玄觉禅师时,是和天台宗八祖左溪玄朗法师一起去的,也唯有玄策禅师才能游化这么多高僧大德,这些大师无论是佛理、禅定可都是当时最高级别的了。看永嘉禅师和惠能大师的对答就知道这些大师的境界,居然都能一位位被玄策禅师说动,看来曹溪的宣传部长必须是维摩大士一样辩才无碍的人物!

学生一:辩才无碍是最了不起的能量了,三藏十二部信手拈来,随取随用,化繁为简,看禅师们对话都如此简明扼要,一句废话都没有,却都能言下悟道,反观我们现代人喜欢啰啰嗦嗦讲那么多,总是不切要害,真是惭愧。

学生四:怎么会"其夜河北士庶闻空中有声云:'隍禅师今日得道!'"这是在显神通吗?

学生九:真有"神通"吗?

悟义:遇到大善知识言下顿悟难道不是最大的神通?神通是用,本体其实都是虚妄不实的,有什么好执著有什么真假?今天有的境界,未必明天还有,没有证到漏尽通的修者,偶尔发个五通,未必是什么好事,智慧不够的人多半会因此跟着神通的境界流转,迷失自己修行的方向,堕入魔道、外道。

学生四:这就是佛法、禅门都不讲、不提倡神通的原因吗?

悟义:禅以正见为重心,是用正知、正见、正法引导世人找回安心,在禅的智慧引导下的是绝不会依靠什么不可靠的境界、法力、神灵、加持，唯有独立自主才能找到究竟的解脱。如果某位“大师”用神通做接引学人的手段，可能一时会门庭若市，但这种兴旺只有令到学人迷于神力、法力，迷于虚幻不实的他力而丧失自力和自觉，这种神秘化的教化方式是被禅门痛批的，这种方法只会误导学人更加迷信！从而错过了自觉、自证、自修的真正修行之道。

学生一：《指月录》中有段记载，黄檗希运禅师游天台，路遇一僧，于之言笑若旧相识。师视之，僧目光射人，于是偕行。值溪水暴涨，僧催师渡水，师曰：若渡请自渡。僧乃褰衣蹑波，若履平地。回首谓师曰：“速渡、速渡。”师曰：咄!这个自了汉，我若早知，当斫汝胫。其僧叹曰：汝真大乘法器，我所不及。言讫不见。

学生八：十八罗汉之首的宾头卢尊者，因显神通抢外道的钵，被佛痛斥，罚永住人间不得入涅槃。

悟义：我们无形而强大的心力、念力、信力、精进力、愿力加上了有形的活生生的身体，此尚不能永存，何况是由身心发出的某种不可靠境界？在没有见性之前此不过个人修行过程中身心偶尔发出来的某种幻变，在见性之后，这些雕虫小技如游戏也，维摩大士能游戏神通，便是此理。如果修者对内依赖于某种阶段性境界就是得了过去心，如果修者对外显示了或者宣扬自己的此种境界，而在宣扬后没有及时圆寂，因此宣扬、显示换取人的供养、崇拜，则是外道、魔道！

学生四：惠能大师也显现过神通啊！

悟义：大师每次显现神通都是在危难之际，他有四处宣扬吗？他有因为神通而不说正法吗？他有执著个人的神通境界吗？《坛经》中记载这些面时，也是大师入寂后。大师入寂后端坐千年不是神通是什么？神通不是靠人四处宣扬的。《五灯会元》上有一段关于洞山和云居师徒的记载，云居道膺禅师是洞山禅师的法嗣之一，当年奉师命在师父不远处结庵专修，每天早上下山食斋。有一次他连着十天都没来，洞山禅师就派弟子召他回来问什么情况，云居禅师高兴地说道："师父，现在每天都有天神为我送食！"洞山禅师一听，破口大骂道："我以为你是个人物，原来只是个如此庸俗之辈！"修行的人在深层定境中身心气场变化，报感可达人天法界是很自然、很正常的事，天神、动物供养之事屡见不鲜，没有什么可羡慕的。

学生一：当年牛头山法融禅师没有见到道信禅师前，一样是虎蟒护法、天鸟供食。

悟义：如果修者心中窃喜，则入坠外道，逐渐会灵光渐衰，气萎神弱，腋下腥臭、不安于道。禅者本应是"羚羊挂角"无迹可寻的，自己的精神活动对外需要收敛得没有一点痕迹。如果对天神、动物的供养都感到贪恋得意，认为自己了不起，那就落入了世俗的心态，与禅的境界相隔十万八千里了。

学生七：现代某些所谓的"师"，离具足感天动地的福报尚且遥不可及，就迷糊得好像自己真是神仙下凡一般。

学生三：还有些人偶尔有点真假的特异功能，便到处卖弄。

学生六：不倒单算功夫还是神通？

悟义：这是苦行的功德，如果没有见到心地，苦修苦行尽管难能可贵，但不是禅，只是帮助修禅的一种工具。《法华经》云："诸佛神通，智慧稀有。"

学生一：道家讲打通气脉，修者需通小周天；密教也讲要通三脉七轮，禅门看上去不理色身，不专修气脉，为什么有那么多禅师功夫智慧如此了得呢？

悟义：禅门是以直见本性为重点，凡事不离自性，自性清净了，神通妙有、功夫定力是自然来的，如《楞严经》云："性火真空，性空真火。"地、水、火、风也是一样不能离空，见了性的禅者一切皆应用自如、毫无阻碍。神通、功夫、智慧、般若都是自己本具的，不是对外找到的。如果人们现在不具有这些能力和能量，是因为没找到，程度不够，不是自己没有。禅门丛林中有规定，凡显弄神通迷惑学人的禅人，一经发现，立即放逐，赶出禅门丛林。正法眼藏。因为这种正知正见，才能够保持正法，没有流入魔道、外道的迷信中。

会通

这一段的重中之重在于"应用无碍，动静无心，凡圣情忘，能所俱泯，性相如如，无不定时也"。

此语的关键是：一、定无出入，如有出入则不定；二、本迹不二、体用不二方可无不定时。

《维摩诘经》中维摩大士也曾表现出"借座灯王"、"请饭香土"、"手接大千”、“室包乾象”等种种神通，此皆是“迹”，不是为了宣扬维摩大士的神通力，而是为了破除执著相。不思议的“迹”是“本”所现的象，“迹”与“本”是相对的，“迹”也可以说是“本”所显现出来的用或功能。

一般认为，《维摩诘经》的根本精神是不二之法，但是不二的具体化和核心表现本迹不二，却没有受到人们的重视。其实，《维摩诘经》特别是僧肇法师的《注维摩》对本迹不二是相当重视并有阐发的，因为《注维摩》的《序言》中，僧肇已经重点谈到“非本无以垂迹，非迹无以显本，本迹虽殊，而不思议一”的本迹不二思想。

迹和本是不能够截然分开的，深奥的法理之门不太容易进入，圣人所教化的众生领悟佛法的根器不一样，所以要从两个方面讲解、说明、加以阐发。如果没有本，也就不会有迹出现。入定是迹，心定是本。

“非本无以垂迹”，“垂”是降的意思，显现之义。反过来，“非迹无以显本”，没有这样一些不可思议的现象，也不可能显现出这样不可思议的本。所以“本”是从意义上来讲的，“迹”是从现象上来讲的，但“万物虽殊，然性本常一”。既然性本常一，那么为什么不能时时在定中，而将定人为地划分出什么入定和出定呢？如果说有什么不可思议，不可思议的不仅仅是迹，本、迹常一，本和迹都是不可思议的。

哲学和宗教思维的根本出发点就是对本质（近似于“本”）和现象（近似于“迹”）的区分，以及对本质的重视和追求。但是佛法或者说佛教发展到一定阶段后，就出现了过分地执著于出家、禅定等方面而脱离世俗社会、工作事业、日常作为的现象。在这样情况下，“禅”的核心就进一步落实在本迹不二上。

正是有了本迹不二，才有了将禅定和行、住、坐、卧平等不二看待的不二禅观，才有了时时在定中的“能所俱泯，性相如如”；也正是有了本迹不二，才顺理有将出家和在家平等不二看待的无为出家。

我们可以把本迹不二思想进一步推延到菩提是本、烦恼是迹，涅槃是本、生死是迹，般若是本、禅定是迹等不二思想。从概念的含义来看，菩提和涅槃、烦恼和生死、禅定和般若都是光与影一样，不二的关系。从修行的角度来看，如何理解这些本迹，就产生了不同的修证的法。

例如对于菩提和烦恼的关系，部派佛教几乎理解为“离烦恼而得菩提”，因此产生断烦恼才能得菩提的说法，这也可以说，离开了生死的轮回才能进入涅槃的境界。反过来讲，如果自己还留着烦恼，那就不能证入涅槃，因此小乘佛教主张修行的终极目标是“灰身灭智”的无余涅槃境界。

而《坛经》是成就自性的净土，不离现实人间环境而证得菩提，不离时空而时时在定中，当然这主要是从阐述说法角度说的，说到需得意忘象、得意忘言领悟的根本精神，就无象、无言可求了。

会诀 应用无碍 无不定时

禅者修行时

随时显现自性智慧，因此随时都能应用无碍。

自性智慧显现离不开禅定，所以随时随地都是禅定状态。

颂曰：无始无终，留什么？

祖师云：

是以圣人虚其心而实其照，终日知而未尝知也。故能默耀韬光，虚心玄鉴，闭智塞聪，而独觉冥冥者矣。

圣智无知而无所不知，无为而无所不为。般若可虚而照，真谛可亡而知，万动可即而静，圣应可无而为。斯则不知而自知，不为而自为矣。

夫圣心者，微妙无相，不可为有；用之弥勤，不可为无。不可为无，故圣智存焉；不可为有，故名教绝焉。是以言知不为知，欲以通其鉴；不知非不知，欲以辨其相。辨相不为无，通鉴不为有。非有，故知而无知；非无，故无知而知。是以知即无知，无知即知。无以言异，而异于圣心也。

——僧肇法师《肇论》

84.达摩大师 正法眼藏

经文

一僧问师云:“黄梅意旨,甚么人得?”

师云:“会佛法人得。”

僧云:“和尚还得否?”

师云:“我不会佛法。”

师一日欲濯所授之衣,而无美泉。因至寺后五里许,见山林郁茂,瑞气盘旋,师振锡卓地,泉应手而出。积以为池,乃跪膝浣衣石上。忽有一僧来礼拜,云:“方辩是西蜀人。昨于南天竺国,见达摩大师,嘱方辩速往唐土:‘吾传大迦叶正法眼藏,及僧伽梨,见传六代,于韶州曹溪,汝去瞻礼。’方辩远来,愿见我师传来衣钵。”

师乃出示。次问上人攻何事业?曰:“善塑。”

师正色曰:“汝试塑看。”

辩罔措。

过数日,塑就真相,可高七寸,曲尽其妙。

师笑曰:“汝只解塑性,不解佛性。”

师舒手摩方辩顶。曰:“永为人天福田。”师仍以衣酬之。辩取衣分为三:一披塑像,一自留,一用棕裹瘗地中。誓曰:“后得此衣,乃吾出世,住持于此,重建殿宇。”

有僧举卧轮禅师偈曰:“卧轮有伎俩,能断百思想。对境心不起,菩提日日长。”

师闻之,曰:“此偈未明心地。若依而行之,是加系缚。因示一偈曰:‘惠能没伎俩,不断百思想;对境心数起,菩提作么长?’”

会论

学生五:要不是前面已经讲了“神通”的问题,我还会惊叹方辩法师怎么一天时间从南天竺到宝林山?

学生七:达摩祖师的“只履西归”,看来所言不虚。

学生一:要我说“只履西归”是虚,能一天来到曹溪也是虚。

学生三:方辩法师的境界只是塑匠,大师说他“只解塑性,不解佛性”,想想我们现代处处可见的那么多“艺术家”、“大师”,感觉有些滑稽。

学生一:匠是模仿,是在已知领域中熟悉运用,大家和大师是在未知领域中独立创新。我们看许多法师、经师、讲师、律师只是在佛经、佛教、戒律等已知领域中熟练运用,并无自己的创见和领悟。

学生四:儒家也有“记问之学,不足以为人师”之说,读死书的人不配为师,真是先见之明。现在有些学者把能背诵多少古人的文章当作“学问”,以此自居“权威”,从来没有在哪方面表现出一点属于自己的东西,更谈不上创造性。

悟义:如果你只是听得多、看得多、记得很多,不是从自性生出,全是从外面学来的,这叫“记问之学”。禅门师者必须真正有修、有证。有修有证就是要把学的理论切实修证,变成自己的,如果不能落实,那还是知识,不是禅,这一点非常重要。

学生四:为什么方辩不解佛性,大师还“舒手摩方辩顶。曰:永为人天福田。”

悟义:伟大的作品皆出自于作者宏远的眼界和豁达的胸襟,如果缺少了这两点便是还不够,方辩在接到试塑的任务后“罔措”,其作品的境界自然还是不够的,因此大师说他只解塑性,不解佛性。艺术是作者个人修养、境界、情趣的体现,用塑的方式表现出来佛性,也是佛法的情趣化、生活化。塑像,禅应是塑的核心,塑是禅的表现。就塑像本身来说,无禅之塑没有生命力。作品如果是活生生的,观者会觉得有趣味会欣赏。而塑者在塑像的过程中能否解禅,就看你对于周围的事物能否欣赏。懂得欣赏生活艺术的人,心会和天界神仙一样自由、圆满。知者看相,慧者觉心。大师看到精美的塑像时说,“永为人天福田”,福田是世间法,功德是出世间法,也就是说方辩法师还是停留在造福田的境界里，但也已经很好了。

学生六：福田有真、善、美，真、善、美在禅门中怎么理解呢？

悟义：在世间法来说，真、善、美非常好，导人向善，但真、善、美是人定的价值，有社会和时间、区域和习俗的局限性，不是事物的本来面目。因此从出世间法来讲，需要从离开主观意识、社会意识而言。事物浑然无别，善恶、真伪、美丑在本性的角度无别。人性本来是多元的，需求、理解、标准也是多方面的。世间的生活是有所为而为，受时间、环境、空间的限制；而生命也可以无所为而为，这是超越时间、环境、空间的。在有所为而为的生活中，人局限于时空、环境；在无所为而为的生命活动中，人是心的主宰。

会通

世界上任何一种文化都有“有形”和“无形”两个层面，或者说有“物质”和“精神”两个层面，可称为“末”和“本”，“用”和“体”或者“艺”和“道”、“塑性”和“佛性”。这两者之间本是统一而不可分，不过，“求道”应是技者的根本旨归。

惠能大师要方辩塑像的任务是明道、行道、传道，其人生境界也应以求法、悟法、证法为根本。塑像应以“载道”为内涵，由于佛性看不见、摸不着，只能心领神会，不能通过语言、形象、声音来传达。而塑像是可见、可触的、可感知、可操作的。

我们在日常生活中有形、有象的各方面，都属于显像和现象，我们在生活层面享受显像和现象的成果，但这些往往更多地迷惑人。比如食物越来越丰富，人们吃得越来越精细，用各种复合品、调料来刺激和满足口腹之欲，这样究竟是好是坏？生命是因和而生，但过犹不及，任何的过度都不对。

同样一切艺术、文化、习俗如果过于引诱我们的眼、耳、鼻、舌、身、意，导致影响到我们的情绪，这同样也是“不和”。因此，古时候的艺术、文化都避免刺激，古人制乐是用来制内情，防止内部情感没有方向地过分发展。所以古琴、箫的声音都很小，为什么？因为弹虽在指，声却在意，听不以耳而以心。曲最重要的不是悦耳，而是移内情。奏以清净之音，听以纯洁之心。奏者、听者，一同移情归正，这才是传统艺术的精华与追求。中国传统文化强调“术”一定要在“道”的统摄下面，否则就会走偏。

现代社会“术”大行其道，眼花缭乱的各种“术”如果缺乏道为载体，对人的反面影响极大，会在商业刺激、感官的欲望带动下激发消费，这些偏离的“道”之“术”，会影响人们的观念和情绪，乃至社会稳定。

文化、艺术应该是正情的，而不是重情的，其根本目的在于导情归正，把人们的情引导到正，而非刺激的方向。塑像、绘画、书法、歌唱、戏剧、舞蹈等等，莫不如是。

《论语》曰：“志于道，据于德，依于仁，游于艺。”立志是第一位的，术若无道则没有灵性。艺如不升至道，只是技艺。方辩法师的塑像如果没有佛性，就只能停留在技艺的范围，而不能启发人思考。同样，一件作品，有了灵性的生命力，就能在人们欣赏的过程中，让欣赏者进入再创造。

雕塑是现代禅文化的一种。禅者通过各种文化形式或画、或花、或弓、或剑、或拳、或茶、或唱颂、或琴箫、或建筑、或园林、或饮食……表现出自己当下的胸怀、见地和禅境，胸中丘壑，一点一划，一扬眉一抬手，无不入心，其中异想天开、机锋转语，绝不拘泥常规。因此，禅文化的作品无不笔简意足，意境空阔，清脱纯净，在脱尘境界的作品中，体现了禅者直指本心的痛快和卓尔不群的风骨。

文化的各种表现可以将禅者当下这颗生生不息的禅心通过某种形式复活，让这"以心传心"之心法借作品代代相承，点亮有缘者之心灯，除此之外，别无他求。正信、正情的文化源于自信，能创造出有灵性的作品，源于创造者需要具足一颗活泼泼的禅心。

会诀 达摩大师 正法眼藏

禅者修行时

达摩祖师传授的禅法是正法眼藏。

达摩大师=人

正法眼藏=法

正=心内求法的人为正

法=人心中摩尼宝珠就是自身的无尽法宝

眼=觉者的心眼

藏=蕴藏的三藏

人法不二，禅修者相应人法不二禅境，你就是达摩大师，也就是正法眼藏。

颂曰：无生无死，了什么？

祖师云：

自达摩大师到中国，唯说一心，唯传一法，以佛传佛，不说余佛，以法传法，不说余法。法即不可说之法，佛即不可取之佛，乃是本源清净心也。唯此一事实，余二则非真。般若为慧，此慧即无相本心也。凡夫不趣道，唯恣六情，乃行六道。学道人一念计生死，即落魔道；一念起诸见，即落外道；见有生，趣其灭，即落声闻道；不见有生，唯见有灭，即落缘觉道；法本不生，今亦无灭，不起二见，不厌不忻，一切诸法唯是一心，然后乃为佛乘也。

——黄檗希运禅师《传心法要》

顿渐品第八

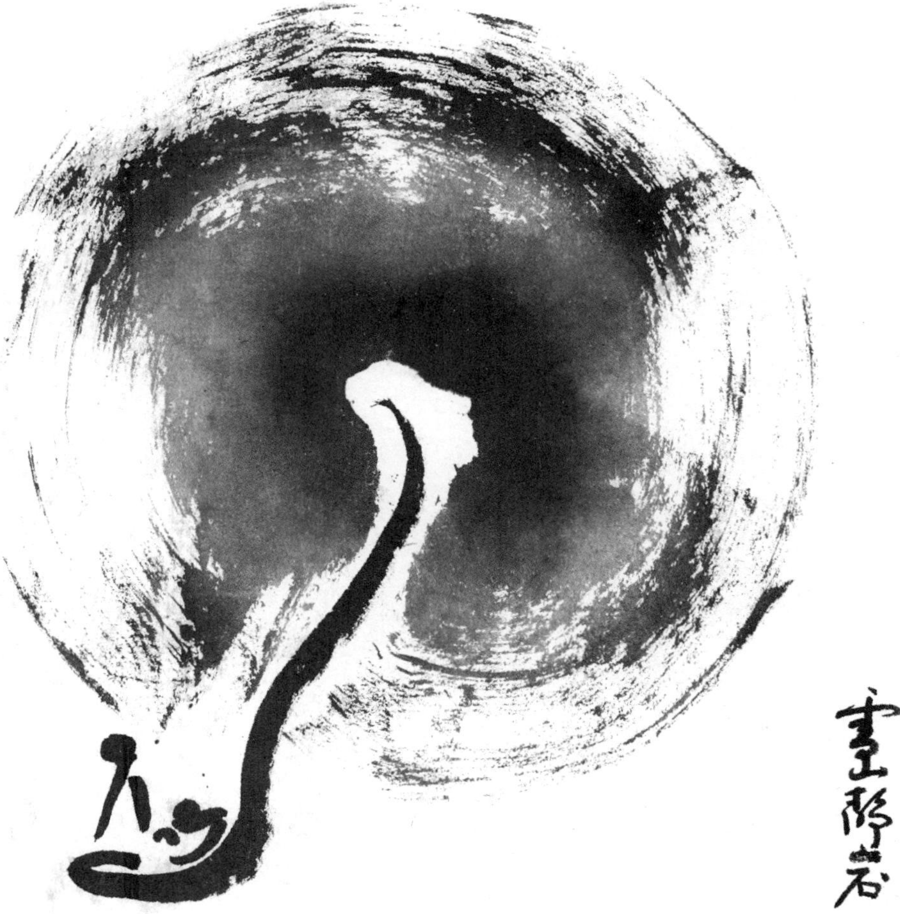

85.法即一种 见有迟疾

经文

时,祖师居曹溪宝林,神秀大师在荆南玉泉寺。

于时两宗盛化,人皆称南能北秀,故有南北二宗顿渐之分,而学者莫知宗趣。

师谓众曰:法本一宗,人有南北,法即一种,见有迟疾。

会论

学生一:两宗弟子们争来争去,无非在争究竟谁是正统。

学生四:我不明白这有什么好争的?没有法衣,北宗不也出了三位国师吗?何苦不肯放过别人呢?惠能大师在边外之地传法,何曾去过他们的地盘?

学生一:是啊,大家各驻一方,各弘各的法多好?

悟义:草木无根是活不了的。人也要有根,人的根在哪里?

学生五:人老先老脚,在腿脚?

学生一:在下丹田?

学生十一:生殖器叫命根,在生殖器?

学生八:在大脑?

学生七:在心?

悟义:人有天、地、人三根,人的天根不在身体而在头顶上,虚空是人身体的养分,是泥土,这是人与万物不同之处。老子说归根曰静,是指归于虚空。但许多人误解道家的根在大脑。

学生一:啊! 怪不得说"还精补脑"。

悟义:天根是神之根。道家认为在虚空,瑜伽系也认为在头顶上方,不过也有修者认为天根是气脉,这些没有固定说法;天根之外有地根,中国人称为"类",在世人眼中狭义讲是:君、祖、师一"类",泛论说"天、地"也是地根。在修者眼中地根是法脉,也就是传承的根据。在世人眼中"人根"在会阴区,是生殖器,而不是修者认为人根是丹田,是精气发动的起点。那么北宗的弟子们为什么不放过惠能大师呢? 因为法根不正故,不是怕大师进京弘法,而是法根不正再威风也心不安。

学生一:惠能大师心中有根吗?

悟义:大师心中根是自性,说法句句不离自性,即是不脱根本。但自性有什么具体位置、具体形象吗?

学生一:为什么神秀大师就不像弟子们一样心不安,不怕法根不正?

悟义:神秀大师是见性之人,哪里会在意什么根不根?所谓见性,是明白了法是缘起的,明白法无自性的,就像云有根吗?根如果立了便是住法,只有威不够、信不足、理不正的人,才需要摆出庄严、根据、依靠、仪轨、信物来证明。达摩祖师初来时,才需要法衣表证,自惠能大师始,不再有确定之物,此后禅门,依《坛经》印心,如果大家只是把《坛经》简单理解成一本书,一些文字,一番道理,这是不解禅法真实义。

会通

这里首先我们要先了解什么是"法"和"法门"?

"法"就是针对不同根器的学人而生出来的各种方便应用,因此"法不孤起,仗境方生;道不虚行,遇缘即应"。

什么是"法门"呢?僧肇法师在《注维摩》入不二法门品中解释"法门"说:"言为世则谓之法,众圣所由谓之门。"也就是说,一种理论或体系成为世人所共同遵守的法则或规则,就称之为"法";"门"是指成圣、成贤、成佛都要经过的道路或方法。"法门"是修者转迷成悟、转识成智所必经的道路和方法,每位修者都有自己相应的修法,故有八万四千法门之说。

修者在汪洋大海中找对自己相应的"法门"非常重要!"法门"没有高低上下,就像道路一样,从A至B点,可以走高速,可以走国道,可以坐船,也可以步行。有人说上高速多快啊！可是大家全部挤入高速，堵得水泄不通时，高速还快吗？欲速则不达，只有适合自己的才是最好的。如果您目前没有发心求道，修禅只在追求养生、自利、神通、文化、有趣、义理这些境界时，“最上乘”法和您就未必相应。

惠能大师的“法本一宗，人有南北，法即一种，见有迟疾”的说法中体现的是不二圆融的思想核心。

会诀 法即一种 见有迟疾

禅者修行时

“法即一种”=是法平等，无有高下

“见”=见“性”能量

人人都有佛性，人人的佛性之间无有差别。

佛性=法性=自性

颂曰：无前无后，争什么？

祖师云：

问：人法本空，身心自离，既无能作，谁行众善乎？

答：涅槃经云：虽本自空，亦由菩萨修空见空。又狮子吼菩萨言:世尊!众生五阴,空无所有,谁有受教,修习道者?佛言:善男子,一切众生,皆有念心、慧心、发心、勤精进心、信心、定心,如是等法,虽念念灭,犹故相似,相续不断,故名修道。乃至如灯,虽念念灭,而有光明,除破暗冥。念等诸法,亦复如是。如众生食,虽念念灭,亦能令饥者而得饱满。譬如上药,虽念念灭,亦能愈病。日月光明,虽念念灭,亦能增长草木树林。善男子,汝言念念灭,云何增长者,心不断故,名为增长。

——永明延寿禅师《万善同归集》

86.法无顿渐 人有利钝

经文

何名顿渐？法无顿渐，人有利钝，故名顿渐。

会论

学生三：我现在越来越容易理解经文了。

悟义：顿法非惠能大师首创，例如道生法师曾有“顿悟成佛”说，华严宗的李通玄、智俨法师也有“一念相应”、“一念成佛”说，但首先这些所谓的“顿悟”说和禅的“大顿悟”是有区别的，而以顿悟为解脱的根本法门，并言“唯传顿教法”的，则自惠能、神会师徒始。

学生一：为什么说自此两位大师始？为何专门提到神会禅师？

悟义：在惠能大师灭寂后，顿和渐的争讼硝烟四起，神会大师不惧个人安危独战群雄，单举顿门大旗，此时正值国家经历了七年半安史之乱的重创，曹溪门下诸位禅师皆在山中修行，因此，冒着生命危险将顿法带入二京弘扬的，是神会禅师。

学生一：神会禅师推行的顿法和惠能大师有区别吗？

悟义：他一方面继承和发扬了曹溪的顿悟说，一方面他又将顿悟细分了十一个方面，这一点和师父惠能见解有区别。

学生一：啊？顿悟还有十一个方面？

悟义：据敦煌本《神会语录》记载："曰……事须理智兼释，谓之顿悟。

并不由阶渐，自然是顿悟义。

自心从本以来空寂者，是顿悟。

即心无所得者为顿悟。

即心是道为顿悟。

即心无所住为顿悟。

存法悟心，心无所得，是顿悟。

知一切法是一切法为顿悟。

闻说空不著空，即不取不空，是顿悟。

闻说我不著我，即不取无我，是顿悟。

不舍生死而入涅槃，是顿悟。"此十一顿悟义即给后世学者进一步理解顿悟提供了入门的钥匙，从另一方面来说，也和曹溪直指人心的顿法有区别了。

会通

惠能大师在《坛经》中曾多次说道:"善知识,法无顿渐,人有利钝。迷即渐劝,悟人顿修"、"人自两种,法无不同。迷悟有殊,见有迟疾"。"教即无顿渐,迷悟有迟疾"……

我们可以清楚看到,大师老婆心切,一说再说佛法是平等无二的,本无顿、渐之分,因众生根机的利钝而暂立顿、渐两门。到了神会禅师时,对此问题的解释似与师父稍有不同,他在强调"人有利钝"的同时,又特别强调"教有顿渐"。

惠能大师反复强调"教"、"法"是"无顿渐"和"无不同"的,只突出了人有利钝和人之见有迟疾,反映了大师心中对法的理解是平等无二的,不同的人推动不同的法门,目的是为了接引不同根器的众生。法是缘起而生的,因无所住而生心法,您能认为彩云比白云更高级吗?您能认为冰比云低级吗?冰云无高下,水态有不同。

那么为什么神会禅师分出了顿教、渐教呢?后世许多批评神会禅师的人,都以此论将禅师说成是知解宗徒。我们可否从另一方面理解,因为当时北宗势力和影响实在太大,在两位大师入灭后,北宗门人势力熏天,成为南宗顿悟法门传播的巨大障碍。神会禅师此时必须过分强调法和教都有"顿渐"之分,以此抑制北宗。就像惠能大师在《坛经》中严厉批评坐禅一样,并非坐禅不好,而是在用"对法"破执。

我们看《坛经》有没有一点形式主义的味道？真正的佛法是不用装样子的，有些人满口佛话，满身佛气，搞出来许多说法和形式，只会引起旁人的反感。故老子说“祸兮福之所倚,福兮祸之所伏。孰知其极？其无正也。正复为奇,善复为妖。人之迷”。做什么事情不要太正了，自我感觉正到了极点时，就是歪！

坐禅就坐禅，非要执著在坐禅的坐相，执著在坐后的空净，还说是拂尘看心，这就是歪了，是禅病。为什么连做人也不能做得太正呢?“正复为奇，善复为妖”，一个东西偏了，要把它扶正，扶得过分了，又偏向了另一边，所以修人欲成佛道必先成人道，人都没有做好，学些稀奇古怪的法术、咒语干什么？学不出来神通，倒是学成了神经，神经和神通本是亲兄弟，这就叫“善复为妖”。

乾光法师曾向神会禅师请教：“常闻禅师说法与天下不同，佛法一种，何不同?”禅师说：“若是佛法，元亦无别，为今日觉者各见浅深有别，所以言道不同。”

这里明确地提到了“言道”的不同，亦即立教宗旨和设立法门的不同。由此可见，要领会禅师们的说话，万不可断章取义，一定要结合时间、空间、人物等多角度参究。神会禅师有意强调顿门、顿法、顿教以此对抗北宗的压迫，我们不能拿当时的危急情况下说的只言片语来定性定论。

会诀 法无顿渐 人有利钝

禅者修行时

“法无顿渐”=在法性上没有快慢之别，禅法对一切人、一切众生平等不二，可是禅修者每个人的理解力、领悟力和心力有利、钝之别。

这里的利和钝和社会上说的聪明和笨不同。

利和钝是指对禅法(=道法、佛法)领悟的能量不同；聪明和笨是指对社会现象认知的能量不同。

颂曰：无生无死，了什么？

祖师云：

问：一切凡夫常在于定，何须数息入观，而无绳自缚乎？

答：若法性三昧，何人不具？若论究竟定门，唯佛方备。等觉菩萨尚乃不知，散心凡夫岂容测度？故文殊云：“譬如人学射，从粗至细，后乃所发皆中。我亦如是，初学三昧，谛缘一境，后入无心三昧，始一切时中常与定俱。所以不净假观，数息妙门，是入甘露之津，出生死之径。”故龙树祖师云：“观佛十力中，二力最大。因业力故，入生死；因定力故，出生死。”

——永明延寿禅师《万善同归集》

87.一具臭骨 何为立功

经文

然秀之徒众，往往讥南宗祖师，不识一字，有何所长？

秀曰："他得无师之智，深悟上乘，吾不如也。且吾师五祖，亲传衣法，岂徒然哉？吾恨不能远去亲近，虚受国恩。汝等诸人毋滞于此，可往曹溪参决。"

一日，命门人志诚曰："汝聪明多智，可为吾到曹溪听法。若有所闻，尽心记取，还为吾说。"

志诚禀命至曹溪，随众参请，不言来处。时祖师告众曰："今有盗法之人，潜在此会。"

志诚即出礼拜，具陈其事。师曰："汝从玉泉来，应是细作。"

对曰："不是。"

师曰："何得不是？"

对曰："未说即是，说了不是。"

师曰："汝师若为示众？"对曰："常指诲大众，住心观静，长坐不卧。"

师曰："住心观静，是病非禅。长坐拘身，于理何益？听吾偈曰：生来坐不卧，死去卧不坐；一具臭骨头，何为立功课？"

会论

学生八：北宗门人"往往讥南宗祖师，不识一字，有何所长"，这话听着真憋气，不识一字难道就不能成为一方祖师？

学生十一：别这么说人家，我们自己口业最不清净。

学生四：我见过一位师父，有人问话若有关修行，则正面开示；若非关修行，则闭口不答，其实修行人无论在家、出家，能守住口业则成功一半。

学生一："口业"是修行中最难克服的业力，也是最大的障道因缘，道场不得清净、同修不和多半源于乱评论、乱传言。

学生四：神秀大师何等胸襟？说："他得无师之智，深悟上乘，吾不如也。且吾师五祖，亲传衣法，岂徒然哉？吾恨不能远去亲近，虚受国恩。汝等诸人毋滞于此，可往曹溪参决。"就这一句话，称他为大师毫不为过。

学生六：他这么大度，为何还要派弟子去曹溪偷法？

学生一：他不是派人去偷法，而是因为自己无法亲身前往听法，有求法心，所以派了最聪明多智的弟子去参习，回来好转述给他听。

学生六:没想到弟子一去就投诚了,志诚禅师后来一直没离开过曹溪。

学生一:这也是人之常情,修行人为了求法命都可以不要,见到正法后转换师门是无可非议的。

学生六:答应回来的不回,这是不是有点不义? 不是应该"言必信,行必果"吗?

悟义:您们又误读孔子了,"言必信,行必果"出自《论语》,原文是:"子贡问曰:'何如斯可谓之士矣?'子曰:'行己有耻,使于四方,不辱君命,可谓上矣。'曰:'敢问其次。'曰:'宗族称孝焉,乡党称弟焉。'曰:'敢问其次。'曰:'言必信,行必果,硁硁然小人哉! 抑亦可以为次矣。'"子贡问师父:怎样才可以称得上是士? 孔子答:做事有羞耻心,出使外国能很好地完成国君的使命。这样的人可以称得上是士了。子贡再问:次一等的呢? 孔子答曰:孝顺父母、尊敬兄长。子贡最后问:再次一等的呢? 答:说话一定守信,做事一定有结果的,这些是浅薄固执的小人! 或许也可以算是再次一等的士吧。

学生六:啊? 这解读方向完全不同啊! 惭愧!

悟义:孟子亦道:"大人者,言不必信,行不必果,惟义所在。"义不是哥们义气,义是"适宜"、"时宜"、"大义"、"大信"。故,志诚禅师一心求法,这种向法之心并无任何对不起神秀大师的,此后他一直在曹溪精进修行,作为惠能大师入寂时受法的大弟子之一,可见他并非是这山望着那山高、朝秦暮楚的小人,因此不要拿世俗心去揣度禅师心。

学生九：为什么大师会说：“今有盗法之人，潜在此会。”大师也会在意别人偷法吗？

悟义：您这种想法还是以世俗心揣度禅心，法是被大师藏在怀里的什么宝物吗？禅法在自心中，师父是指路人，是唤醒您的人，心怎么偷？大师说有人盗法、有细作，都是故意让志诚禅师不要混在人群中偷偷听法，心怀鬼胎偷听和站出来光明正大地听法，一个是小心，一个是大心，结果是截然不同的。心生则种种法生，偷偷摸摸的小心里能生出什么正法？故此刺激他站出来。志诚禅师果然是大丈夫，挺身而出，对曰：“未说即是，说了不是。”话一出口，心已见光明。

会通

北宗的修法有一定规律可循：“凝心入定，住心看净，起心外照，摄心内证。”这种规律性修法会使修者感觉有依靠，仿佛能见到禅之门。其实数息、止观、念佛、念经、话头、默照等修法都一样，不外乎建立个体系，给修者一根登山的拐杖，仿佛感觉自己有了依靠。但这些方法在“最尊最上最第一”的顿门里就不适用了，这好像小孩子总要脱离学步车才能学会自己走，修顿法的皆是上上根器之人，哪有老害怕孩子摔跤不敢放手的家长？可怜的是许多迷人身已长大，心却停在学步车里。

曹溪生活和禅观统一的定慧不二法，其实比北宗以及其他任何宗派的修法都难得多，其核心是修者必须先建立自信，勇敢甩掉学步车，例如怀让禅师谓马祖“佛非定相”，僧肇法师在《注维摩》中阐明的“法无定相”，都是一样的说法。

“佛”有什么固定的样子吗？有固定的住所吗？行、住、坐、卧，语、默、动、静，无非都是佛之相。那么，单一地“住心观静”便“是病非禅”，已经背离了佛的本来面目。

惠能大师所说的佛是自心，除此之外，没有天界的“佛”。也就是说，离开了自心，就无成佛的可能。时时刻刻日常生活中的灵明自心，就是法身。

大珠慧海禅师的悟道机缘比较有代表性，在《大珠禅师语录》有如下记载：

师（慧海）初至江西，参马祖。祖问：“从何处来？”曰：“越州大云寺来。”祖曰：“来此拟须何事？”曰：“来求佛法。”祖曰：“自家宝藏不顾，抛家散走作什么，我这里一物也无，求什么佛法。”师遂礼拜。问曰：“阿那个是慧海自家宝藏？”祖曰：“即今问我者，是汝宝藏，一切具足，更无欠少，使用自在，何假向外求觅。”师于言下大悟。

在这里，可以发现和顿悟有关的有三方面：地点、求法目的、宝藏（自心）。

“地点”是指当下时、空的环境，包括在此环境内的人物，这是悟道的外在的条件。

“求法目的”是指想要悟道成佛的大决心，因为有人想要求法，所以佛法存在，这里所说的佛法包括一切法，也包括一切皆空、实相般若等真理。

“宝藏”是自心，也指求佛的主体。

一般来说，自心的含义是指从本性上显现出来的与事物相应的精神意识和内心的分别意识。但是“中国禅”所说的自心不仅包括一般意义上所讲的自心含义，还包括本性（佛性、真如、法性），在某种意义上，还包括一切与自己相应的内外能量。

惠能大师和马祖强调的心内求法，看上去这与佛经“心不在内，不在外，也不在中间”的说法是有矛盾的。那么，大师们为什么这么说呢？这其实与当时环境下佛教内部生活与修行禅观有直接关系。

佛法传入中国，经过南北朝的发展以及隋朝和盛唐，从经济上、思想上、社会地位上皆已达到顶峰，特别是在梁武帝和武则天的支持下，各大宗派以天台宗为始相继形成，各宗派寺产盛丰，经济条件已经很充足了，同时这就产生了一些负面作用。比如，在僧团内部，许多僧人心中已经产生了佛与众生有差别、僧和世间众生有差别的认识，他们心中的佛是外在庄严的三十二相好的宏伟佛像，而不是真正的诸法平等的无分别之觉性佛。

惠能大师至大珠慧海禅师时期这种现象已经开始普遍，更不要说现代社会了，当时大师们为了破除这种弊病，刻意强调内求，并非大师们心中内、外有别。

从佛法的本质上来看，“禅”主张平等一如，无所分别，不执著无为法，也不执著有为法，真俗不二，但从引导众生的角度来看，原始佛教、部派佛教、大乘佛教、当今佛教都采取与当时、当地适合的方便说法和修法。

在现实环境下，现代禅者更需要采取现代人接受的方式方法来释

"禅"，说"禅"、修"禅"，古时候需要宗教性来弘法，现代社会宗教性已经相对弱化，大家更需要的是生活中的智慧，如果停留在宗教的外衣下，或者抱着公案、经教、仪式、修法不变，禅只是一潭死水。

有些人则去日本学习了茶道、花道、香道、坐禅等仪式，认为这就是"禅"，还有人学了一堆密咒、医术等等。以此定义禅密、禅医、禅养生的，也同样以偏概全。

"中国禅"根本无有定法，佛与自心是统一的，不执著在任何外在的庄严佛事、佛像、佛经，也不执著在各种门派所提倡的各种法门。因时而变、因地而变、因人而变、因境而变的才是佛、法、僧不二、自性三宝不二、三身不二、戒定慧不二……

《五灯会元》中有这样一段记载：一次，灵默禅师拜谒石头禅师，问："一言相契即住，不契即去。"石头踞坐头也不抬，根本不理，灵默禅师便行，石头禅师见他转身离去，即召曰："和尚！"灵默闻声回头，石头斥曰："从生至死只这般，你回头转脑作什么？"灵默禅师于此言下大悟。

偈曰："生来坐不卧，死去卧不坐；一具臭骨头，何为立功课？"

会诀 一具臭骨 何为立功

禅者修行时

禅修者肉体上和所有人一样，都要经历生老病死的无常过程，谁也避免不了时空的束缚，但从自性上看，一百年长寿或一千岁长生不老，也不如契合本性时的那一念，修者对生命的长短，越随缘越自在。

颂曰：无始无终，留什么？

祖师云：

学道人莫疑四大为身。四大无我，我亦无主，故知此身无我亦无主。五阴为心，五阴无我亦无主，故知此心无我亦无主。六根六尘六识和合生灭亦复如是。十八界既空，一切皆空。唯有本心荡然清净。有识食，有智食。四大之身，饥疮为患，随顺给养，不生贪著，谓之智食。恣情取味，妄生分别，唯求适口，不生厌离，谓之识食。

——黄檗希运禅师《传心法要》

88.自性起用 真戒定慧

经文

志诚再拜曰：弟子在秀大师处，学道九年，不得契悟，今闻和尚一说，便契本心。弟子生死事大，和尚大慈，更为教示。

师云：吾闻汝师教示学人戒定慧法，未审汝师说戒定慧行相如何，与吾说看。

诚曰：秀大师说：诸恶莫作名为戒，诸善奉行名为慧，自净其意名为定。彼说如此。未审和尚以何法诲人？

师曰：吾若言有法与人，即为诳汝，但且随方解缚，假名三昧。如汝师所说戒定慧，实不可思议。吾所见戒定慧又别。

志诚曰：戒定慧只合一种，如何更别？

师曰：

汝师戒定慧接大乘人，吾戒定慧接最上乘人。悟解不同，见有迟疾。汝听吾说，与彼同否？吾所说法，不离自性。离体说法，名为相说，自性常迷。须知一切万法，皆从自性起用，是真戒定慧法。

会论

学生七：志诚禅师已经修禅九年，可见其内心坚定求法的精神。我们现代人惭愧啊！有人学了九天就认为自己懂了，会认为禅有什么？就是明心见性、随缘自在么！还有人今年瑜伽，明年念咒，什么时髦学什么，其实什么也没明白。

悟义：法是在简单重复的过程中向上一路的，用科学讲叫“迭代运动”。迭代是运动的一种过程，其普遍表现形态就是经过一遍遍地重复运动，使事物结构发生渐变。如海浪冲刷大石头、锯子锯大树都是迭代运动。由于简单多次重复的运动过程能够达到单次运动无法达到的效果。其实生物的进化也广泛运用着迭代运动过程，系统功能突变也是迭代运动产生的。最终我们发现我们处在一个迭代运动包围的世界。修禅也是一样，绝非有计划性、可测量、可预算地成长，而是人生就这么简单地、不知不觉地发生着蜕变。

学生一：这样不是渐法吗？

悟义：质变源于量变，但量变一定引起质变吗？

学生四：我现在常去登山，虽然爬山很累，但时刻能感受山风、景致、鸟语、花香，很放松舒适，想想以前图省事坐缆车上山，到了山顶拍照留念就下来了，基本没什么记忆。

学生三：那么麻烦干吗？上网看看图片就可以了，更省力。

学生一：许多人修行是叶公好龙，看别人身心变化大，家庭关系改善，情绪稳定就羡慕，轮到自己时要么耍小聪明，要么不专心，左顾右盼，比来比去的，这些都是世智辩聪。

悟义：因为不明“生死事大”，生死心不切！总有侥幸心理，等到了生死关时，多数人就开始迷信，迷信医学、法术、轮回、神鬼等等，殊不知，能救自己的只有自己！人生如果没有智慧，已发生过的错误一定还会再次发生，世间没有任何事物是可以侥幸逃脱的。

学生七：怎么样可以了生死呢？发神通可以吗？

学生一：外道都有五通——天眼、天耳、他心、神足、宿命，但他们也不能了生死，有所取著的人是了不了生死的。有所祈求，心里便烦恼依旧，纵然五通齐发也不能了。

悟义：究竟讲来，禅门没有生死。本性本来就不生，无生何谈死？没有什么生死，还有什么贪、嗔、痴、慢、疑呢？还有什么戒、定、慧呢？但这些光从理论上知道没有用，纸上得来终觉浅，绝知此事要躬行。生死之谜、宇宙之谜、轮回之谜等等生命之谜，圆满觉知宇宙实相的大智慧，必须通过实修开悟证得，明心见性后无所不知，知而不知。此所谓：“高高山顶立，深深海底行。”儒家说“极高明而道中庸”，于生死之道，儒、释、道可谓殊途同归，凡有修养之士，观其临生死患难之际，皆从容不迫，坐脱立亡于指顾之间，禅门大德哪一个不是出世遁融山林，入世而成人物的？

会通

有学人读了这段经文，感慨说遇到明师多么重要！一边是“学道九年，不得契悟”，另一边是“今闻和尚一说，便契本心”。同样一个人，遇到明师不同，明法的速度竟有天地之别。

这么理解不公平，如果没有神秀大师九年之功，未必有曹溪一说、便契本心的一刹那。神秀大师算不算明师呢？我们不能落入普通的知解范围内参究禅法、禅师。

神秀大师推动的法适合的是大乘修者，可能并不适合如志诚禅师这般最上根器修者，并且志诚禅师也可能并非一入门就是最上根器之人，他是如何转化的呢？谁帮他转化的呢？因为有了最上根器才有求法曹溪言下顿悟的一天，我们不能武断地认为神秀大师就不是明师。

宋朝时有位比丘尼名玄机，常在大日山石窟中坐禅。有一天忽然想：“法性湛然深妙，原本没有来去之相，我这样厌恶喧哗而趋于定寂，是否通达法性呢？”于是她动身寻访著名的雪峰禅师求教。禅师初见她，问：“什么地方来？”答：“大日山。”又问：“日出了没有？”答：“日出雪峰便化。”再问：“你叫什么名字？”答：“玄机。”再问：“玄机每天织多少？”答：“寸丝不挂。”问到这里，有人或许以为这位玄机比丘尼和雪峰禅师似乎不相上下，玄机好像颇能领会禅门的机锋，回答得很有禅味。雪峰禅师见她如此，笑笑便不再说话，于是玄机“礼拜而退”，告辞回身走到门口时，禅师突然大声说：“你的袈裟拖在地上啦！”玄机忙回头看，禅师哈哈笑道：“好一个寸丝不挂！”玄机大惭而退。光会说禅话是捷辩，一句“好一个寸丝不挂”，那才是禅师应机灵活的禅机！

禅师是否是明师，在于能灵活把握各个禅机，我们可否理解因为志诚禅师此时的根器已经是最上根器了，神秀大师故此打发他去曹溪“偷法”，而惠能大师和神秀大师心心相印，一个送来，一个便收下。

我们再看，这里惠能大师问志诚禅师学习的戒、定、慧的行相是什么？佛法本用“戒、定、慧”三学对治“贪、嗔、痴”三毒，以戒助定，戒，能防非止恶，定，能一心不乱，慧，能简择性相。最初的佛法中以戒学为定慧二学的基础，故先说戒学。如心已定，如日当空，智慧光明遍照万象，所以能知世间一切生灭法相，出生无漏智慧，能尽众苦根本，但是各个宗门对于“戒、定、慧”的行相又各有不同。

神秀大师以《法句经》释三学，他的修法忠实继承了道信和弘忍东山法门的见地，当年弘忍大师曾赞叹道：“东山之法，尽在秀矣”。我们要知道惠能大师虽得五祖传法，但其推广的法并不全是东山一脉，他是越空直接契合了佛陀当年以人为本的根本精神。故，大师对志诚禅师解释了不同的法，他说：“吾所说法，不离自性。离体说法，名为相说，自性常迷。须知一切万法，皆从自性起用，是真戒定慧法。”

会诀 自性起用 真戒定慧

禅者修行时

禅修者念头是从自性中起用的是智慧，念念显现智慧的禅修才是真正的戒、定、慧。

颂曰：无来无去，怕什么？

祖师云：

问：三学等用，何者是三学？云何是等用？

答：三学者，戒定慧是也。

问：其义云何是戒定慧？

答：清净无染是戒；知心不动，对境寂然，是定。知心不动时，不生不动想，知心清净时，不生清净想，乃至善恶皆能分别，于中无染得自在者，是名为慧也。若知戒定慧体俱不可得时即无分别者，即同一体，是名三学等用。

——大珠慧海禅师《顿悟入道要门论》

89.应用随作 应用随答

经文

听吾偈曰："心地无非自性戒，心地无痴自性慧，心地无乱自性定，不增不减自金刚，身去身来本三昧。"

诚闻偈，悔谢，乃呈一偈曰："五蕴幻身，幻何究竟？回趣真如，法还不净。"师然之。

复语诚曰："汝师戒定慧，劝小根智人；吾戒定慧，劝大根智人。若悟自性，亦不立菩提涅槃，亦不立解脱知见；无一法可得，方能建立万法。若解此意，亦名佛身，亦名菩提涅槃，亦名解脱知见。见性之人，立亦得，不立亦得。去来自由，无滞无碍。应用随作，应语随答，普见化身，不离自性，即得自在神通，游戏三昧，是名见性。"

志诚再启师曰："如何是不立义？"

师曰："自性无非、无痴、无乱，念念般若观照，常离法相，自由自在，纵横尽得，有何可立？自性自悟，顿悟顿修，亦无渐次，所以不立一切法。诸法寂灭，有何次第？”

志诚礼拜，愿为执侍，朝夕不懈。

会论

学生一：前面大师一直在否定，这里终于肯定地告诉大家了：“心地无非自性戒，心地无痴自性慧，心地无乱自性定，不增不减自金刚，身去身来本三昧。”说得太妙了！

学生五：志诚禅师也了不起，一听便悟，他说“五蕴幻身，幻何究竟？回趣真如，法还不净。”是不是明白了净和不净不二？明白了真如本无净、垢之别？

悟义：对，他的见地到了，所以才“师然之”，印可了他。大家一直不太理解究竟什么是“见性”，下面这段话，大师从几个角度讲述了“见性”：

一、心中不立菩提、涅槃之相，不立解脱、解脱知见之见，心无所住而生万法。

二、若解此意后，在语言文字游戏中叫什么名都无所谓了。

三、此时一切行、相是立亦得，不立亦得。

四、此时身心来去自由，游戏神通，往来无碍，得大自在。

有此四点，便名“见性”，可见，“见性”也是方便说。

会通

世人最喜欢立！立个见解、立个名相，立些仪轨，总怕别人不知道自己的境界及成就。待到初入禅门，师父首先告知要只破不立！一立就住了，一住就停，于是学人心中想“不立”，其实这又是“立”了一个“不立”。

真正见性的禅者是“立亦得，不立亦得”的，能于立中不立，这就是无立无不立，有些人不理解这种境界，其实不要说心念，便是功夫亦可于立中不立。

杨露禅先生以杨氏太极独步天下，年轻时曾称颂武林。一次，杨先生悉贵客到访，他笑容满面地迎了出门，双方把晤后，客言来时匆忙准备不周，敬呈小小礼物尚祈笑纳！说着，亲热地拉过杨先生的手，将藏于袖中的一只麻雀悄悄地塞入其手掌。杨先生一触见是麻雀，开始一怔，然立即明白对方来意，于是不慌不忙地举掌，托着麻雀，以欣赏的目光称赞雀儿可爱。

小麻雀本来活蹦乱跳，可在杨先生掌上就像孙悟空脱不开如来佛掌一样，一个劲地扑棱着翅膀，却如被磁铁吸住，吱喳乱叫欲飞不得。为什么呢？原来鸟儿要飞，两脚必须均衡地在着力点上蹬起，利用反弹力奋扑翅膀才能起飞。杨先生的掌中无处借力，每当麻雀蹬腿欲飞，却是无处借力，蹬力在杨先生掌中瞬间化为乌有！这是于力而不离力，就像禅门中于念而不离念，于相不离相，“立也可，不立也可”，也是“惠能没伎俩，不断百思想；对境心数起，菩提作么长”之境。如何达到此境？师曰：“自性无非、无痴、无乱；念念般若观照，常离法相，自由自在。”

“念念般若观照，常离法相，自由自在”，这是“不立”。自性从来没有什么戒、定、慧；也没有愚痴、智慧，自性没有分别判断，大师接着说：“纵横尽得，有何可立。”念念觉照当中，有什么可立的呢？有什么不可立的呢？

“禅”不是在事、相上立个修行相，“自性自悟，顿悟顿修，亦无渐次，所以不立一切法”。自性不自己悟，难道还去找个他人帮忙悟吗？小根器的人不理解为什么可以顿悟，就像一灯能除千年暗，这不就是顿悟吗？他们固执在每天用功行持才能成佛，难道开灯后房间是一点点亮的吗？无有贪、嗔、痴，何用戒、定、慧？这就叫顿修顿悟，当下便是。

禅门“立”是因为人人妄想执著不同，因人而立的。如果修了最上乘法，还需要“立”个什么不变的法吗？对境生心，生心就生法。故此“诸法寂灭，有何次第”？诸法是寂灭相，生生灭灭的现象有什么可立的呢？今天你念了一万遍经，磕了一千个大头，等到了明天，早已过去，一去无回。不停地计算，“我”念了多少经，磕了多少大头，是妄执。一切的现象都是妄想的造作，造作的不同，就是次第分别，在真如本性中无有此现象。

《坛经》中的每一句禅机，皆可收可放，可杀可活，宽阔空灵，意味无穷。如人用思维的方式做哲学式的分析往往不知所云，用小聪明、用灵感来捕捉往往不明所以。祖师们常常以“非常”破“常”，说一些不近佛理的话，其本来就是思维的陷阱，如果禅者没有敢于破固有观念的心力，陷在语言文字里面是出不来的。

会诀 应用随作 应用随答

禅者修行时

“应”=相应

“用”=智慧

禅修者与智慧相应时，随缘而作，随缘而说，都是与禅法相应，事事利众。

颂曰：无生无死，了什么？

祖师云：

僧问：如何得合道？

师（马祖）曰：我早不合道。

问：如何是西来意？

师便打，曰：我若不打汝，诸方笑我也。

——《古尊宿语录》

90.正剑不邪 邪剑不正

经文

僧志彻,江西人,本姓张,名行昌,少任侠。

自南北分化,二宗主虽亡彼我,而徒侣竞起爱憎。

时,北宗门人,自立秀师为第六祖,而忌祖师传衣为天下闻,乃嘱行昌来刺师。

师心通,预知其事,即置金十两于座间。

时夜暮,行昌入祖室,将欲加害,师舒颈就之,行昌挥刃者三,悉无所损。

师曰:正剑不邪,邪剑不正。只负汝金,不负汝命。

行昌惊仆,久而方苏,求哀悔过,即愿出家。

师遂与金,言:汝且去,恐徒众翻害于汝。汝可他日易形而来,吾当摄受。

会论

学生一:北宗门人真是胡闹！神秀大师曾几次真心向朝廷推荐师弟惠能,言师父传法衣于他,这是何等心胸！绝不怕自己的国师地位被人抢走,可是弟子们却如此不肖,一次次派人行刺,北宗三代而衰,这些弟子们这么不争气能不衰吗?

学生三:行昌为了银子杀人,那不成了杀手了？为什么还叫他侠客?

悟义:大家熟悉了古代游族、武侠,通常大家认为“事了拂衣去,不留声与名”的洒脱、义气之人就叫侠客。岂不知中国传统是爱好和平的,“武”字怎么写,“止戈”为武,戈是武器,止是停止。那么“侠”字怎么写？左边一个“人”,右边一个“夹”,武功越高越要谦虚,越不能趾高气扬,要尊师重道,扶危济贫,屈己待人,助人为乐,戒骄戒淫。止戈为武,夹人为侠,不仅仅光是“十步杀一人,千里不留行”的叫侠客,老子说:“功成、名遂、身退、天之道”。学养越深,武功越高,则越谦虚,麦穗越成熟越低头,武德比武功重要,这才是中国传统智慧。

学生二:少林寺的武僧们以武传禅,他们的武功是达摩祖师留下的吗?

悟义:达摩祖师虽具足禅定、智慧,但要说现代少林的武术和他有什么联系也是有些勉强。说少林功夫源自稠禅师,倒是更有依据。少林寺建于北魏太和二十年(公元496年),稠禅师的年代正值北魏孝文帝时期,史书记载稠禅师“横踏壁行”、“跃首至梁”、“以杖驱虎”，是一位定慧具足的宗师。稠禅师三十三岁到少林寺拜跋陀为师学习佛法。跋陀又名佛陀，是印度人，禅定功夫了得，是著名的小乘高僧，也是少林寺的创立者和第一位寺主，北魏孝文帝时来中国传播佛教，深受孝文帝敬重。跋陀曾称赞稠禅师“葱岭以东，禅学之最”。同样来自印度的高僧达摩和跋陀，所传播的大乘和小乘并非一系，达摩祖师离开嵩岳时少林寺尚未建成，所谓达摩传武少林的说法有待商榷。为少林尚武之风扎下根基的，应该是这位起身可跃过高塔、持杖可驱猛兽、双手可拎千斤石狮的二祖稠禅师。

学生一：为什么行昌收钱杀人，也称“侠”？

悟义：能“放下屠刀，立地成佛”之人，不是“侠”是什么？

学生九：我也感觉行昌的本质是善良的，但他为何会收钱杀人呢？

悟义：如果北宗某位大师找他，说有位恶人在南方冒充六祖，祸害百姓。普通人哪懂什么是正法？还不是他们怎么说，行昌就怎么信？心存“正义”的他，必定要抱打不平南下灭贼的。所以我们可以想象当时的行昌身上一定充满了“正义”，浑身“正能量”，抱着为民除害的心不辞劳苦来到曹溪。我们许多人都有“天生正义”的心态，感觉自己是正义的化身，这都是因为迷惑和偏执，你的“正”可能是他的“邪”，越“正”越容易被利用，正邪本来就是角度问题。因此，不少人缺乏智慧，被所谓的“正”绑架了，从“善”出发行“恶”之事。

会通

自南、北两宗分化，虽神秀、惠能两位大师彼此心内不存偏见，然门人弟子，尤其是北宗弟子们却不甘罢休。北宗虽一时势力熏天，但门人们不懂共存之道，其结果是短短几十年后，便“凡言禅者，皆本曹溪”。

时北宗“已自立秀师为第六祖，而忌祖师传衣为天下闻，乃嘱行昌来刺师”。北宗诸师继承了达摩祖师楞伽一系的思想传统，其心性思想不仅以真心为本体，且以泯除妄心而返归真心为修禅门径。因此，从心性角度，可以用四个字概括就是“守本真心”，这恰恰也是五祖《最上乘论》所反复强调的，北宗实际上是围绕着这一核心而展开的。诸师固守东山以真心为本体的立场。如《最上乘论》所说：“修道之本体，须识当身，心本来清净，不生不灭，自性圆满清净之心”，这是北宗区别于南宗的关键。

南宗的特征是时时不离自心本体、自性清净与“三无”。虽然北宗与南宗都在说“自心”，但二者对其却赋予了迥然不同的含义。南宗的核心是将“心”与“性”合一而用“自心”，即：本心、妄心、直心、法性、自性、自本性、真如本性、本觉性、佛性、净性，自心与自性统一是南宗最重要的思想。

据《传法宝纪》记载，神秀大师“后随迁适，潜为白衣”，也就是大师离开黄梅山后曾一度还俗隐居十年，他受了五祖什么秘嘱需要还俗才能修行什么功法，这些都不为世人所知。神秀大师入寂前付嘱的弟子有普寂、敬贤、义福、惠福四位禅师。据《景德传灯录》记载，大师的弟子中还有五台山巨方、河中府中条山智封、兖州降魔藏、寿州道树、淮南都梁山全植等16位禅师。

神秀大师灭后，北宗以普寂禅师为领袖，普寂禅师当时是三帝国师。他以七祖自诩，受到朝廷尊崇，声势显赫。义福、敬贤、惠福等三位禅师则以长安、洛阳为中心，当时洛阳、长安等北方地区皆宗北门，这种情况其实是到马大师出世后，北宗的地位才被真正动摇的。

北宗门人忌讳惠能大师得了东山衣法，必欲除之而后快，于是花重金雇行昌来曹溪杀祖。行昌在当时由于武功高强，人称"飞猫"，其行踪诡异，人莫能知。哪知惠能大师早已预知有人来刺杀，于当夜遣散侍者，准备了十两金子放在桌上等人来。

到了晚上，行昌潜入内室，见大师端坐禅床，挥刀便砍，大师一动不动伸出脖子让他砍，行昌用尽力气连砍三刀，大师毫发无损。这时候，大师才说话，曰："正剑不邪，邪剑不正。只负汝金，不负汝命。"

自黄梅受法以来，要砍六祖头的何止行昌一人，大师说你如果心不正，手里拿的剑就是邪剑，邪不胜正，你虽有宝剑，亦不能奈我何。我只欠你十两金子，可是我并不欠你的命。行昌从来没想到会有这种事情，当即吓昏过去，醒来后向禅师哀求悔过，愿意随禅师修行。

会诀　正剑不邪　邪剑不正

禅者修行时

"正剑"=从清净自性中显现的智慧；

"邪剑"=从大脑意识中产生的杂念。

显现智慧的禅修是不会走偏的；

杂念琢磨的禅修是不会走正的。

祖师云：

(怀让)一日将砖于庵前磨,马祖亦不顾。

时既久,乃问曰:作什么?

师云:磨作镜。

马祖云:磨砖岂得成镜?

师云:磨砖既不成镜,坐禅岂能成佛?

祖乃离座云:如何即是?

师云:譬牛驾车,车若不行,打牛即是,打车即是?

又云:汝学坐禅,为学坐佛,若学坐禅,禅非坐卧;若学坐佛,佛非定相,于无住法不应取舍。汝若坐佛,即是杀佛;若执坐相,非达其理。马祖闻斯示诲,豁然开悟。

——《古尊宿语录》

91.吾久念汝 汝来何晚

经文

行昌禀旨宵遁，后投僧出家，具戒精进。

一日，忆师之言，远来礼觐。师曰："吾久念汝，汝来何晚？"

曰："昨蒙和尚舍罪，今虽出家苦行，终难报德，其惟传法度生乎！弟子常览涅槃经，未晓'常'、'无常'义，乞和尚慈悲，略为解说。"

师曰："无常者，即佛性也；有常者，即一切善恶诸法分别心也。"

曰："和尚所说，大违经文。"

师曰："吾传佛心印，安敢违于佛经？"

曰："经说佛性是常，和尚却言无常；善恶之法乃至菩提心，皆是无常，和尚却言是常，此即相违，令学人转加疑惑。"

师曰："涅槃经，吾昔听尼无尽藏读诵一遍，便为讲说，无一字一义不合经文。乃至为汝，终无二说。"

曰:“学人识量浅昧,愿和尚委曲开示。”

师曰:“汝知否?佛性若常,更说什么善恶诸法、乃至穷劫无有一人发菩提心者?故吾说无常,正是佛说真常之道也。又,一切诸法若无常者,即物物皆有自性,容受生死,而真常性有不遍之处。故吾说常者,正是佛说真无常义。佛比为凡夫外道执于邪常,诸二乘人于常计无常,共成八倒。故于涅槃了义教中,破彼偏见,而显说真常真乐真我真净。汝今依言背义,以断灭无常,及确定死常,而错解佛之圆妙最后微言,纵览千遍,有何所益?”

行昌忽然大悟,说偈曰:“因守无常心,佛说有常性;不知方便者,犹春池拾砾。我今不施功,佛性而现前;非师相授与,我亦无所得。”

师曰:“汝今彻也,宜名‘志彻’。”

彻礼谢而退。

会论

学生一:当我读到“吾久念汝,汝来何晚?”这一句时,真正被触动了,被大师的真情感动!这可是一个杀他的刺客啊!他却久念不忘,如慈母记挂孩子,这孩子在外面有没有犯糊涂做傻事?修行还有什么地方不明白的?……我就在想,为什么以前读《坛经》这些词句就跳过去了,而现在我能数次被经文打动？看着想流泪。

悟义：因为禅就是生命本身。您被触动和感动，是一个生命对另一个生命的唤醒。我们今天的教育方式，总在不断地强调知识，没有教学人怎么样对生命、对身边的事物有感受，更别说感受得精准，感受到可以进入那个事物中，和他融为一体。这种“感而遂通”的能力是儒家讲的感应力，当你开始体悟到身边发生的不可思议、无法言说的能量在涌动，并心存敬畏与感恩时，你的慧心在苏醒中，而当你对周遭一切发生都感到理所当然，以自己知识丰富、科技先进或深居高位而不可一世时，你的慧心还在沉睡中。

学生一：太对了，学校里只有知识的建构、组织、分析、思考、思辨、逻辑、论据，可是，生命的感觉到底在哪里？没有人讲。我有一次在韩国看电影，放映前的一则公益广告打动了我，那是一首很美的诗文，配着动人的柔软的音乐，我虽然看不懂韩文，但仿佛立即感受到了广告所要表达的爱。我就想，唐宋的人们多幸福啊！幸福的人、自由的人才能在动荡的岁月中依然写出美妙的诗文来表达情感。

悟义：中国传统文化中一向没有专门的哲学家，喻哲于诗，每个大文人都具有深刻的哲学、思想性，比如“古人不见今时月，今月曾经照古人”这些文句，哪一句不充满了哲理，又充满了鲜活的情感？生命为什么需要柔软的文字，需要善言？“一言以蔽之，曰：思无邪”。

学生八：我儿子在美院读书，他们会画花，却不懂如何好好地看花，好好地倾听花开的声音，如何让花在笔里复活。

悟义:现代人对于呈现在眼前的花,态度可以是实用的、科学的、朦胧的。其实一样东西的所谓美或丑,只是个人的观点,体现出你的角度、看法。换一个人、换一个角度,这个标准就变化了。比如说"吾久念汝,汝来何晚?"这句话用心读就会被打动,可是有人可能反而会理解,我都告诉你早点过来找我,你怎么这么没信用? 到现在才来,温热的一句话就直接被冰冻了,因此同是一件事、同一句话、同一朵花,心不同,理解就不同,想法也就变成了多种。我们生活中到处都有许多美好的事情,为什么人看不见呢? 有美的心,会审美的眼才能见到美,你如果也想见到花的真正美,就得把植物学的实用的态度丢开,把商业的经济态度丢开,把养生学的药用价值丢开……直接进入花心去看花。

学生一:我们应该把知识放下,把对错、是非、真假放下,才能明其内涵。

悟义:文、史、哲是人文学科,本应是生命的学问,可如果学人读一本经典,眼里只有校对、历史或者形而上、真假、对错,这些对生活和生命有什么帮助呢? 今天我们为什么在这里学《坛经》? 是为了获得禅的智慧,慢慢产生一种洞见实相的能力,所以这些和版本真假、形而上学的理论、绕口的名相统统沾不上边! 我们绝不能离开生命,去"客观"地谈许多跟生命不相干的问题。千百年来,诸如《坛经》等经典之所以能留传下来,是因为后人不断地受到禅智慧的启发,不断地被这些活的文字打动,能被打动的是契合人性的,是和我们的生命相应的。

学生九：中国传统一直是特别注意情感沟通的、注重亲情和家庭的，以前邻里之间多和睦？现在开始人情味越来越被商业味取代了，现在朋友之间也充满利益，到处是广告，商业无处不在。

悟义：有情、人性化是人类最宝贵的传统，现代人变得越来越现实和利益导向，中国传统向来关注现实，这种现实不是实用主义和唯利是图，而是倡导自觉，中国的现实是实践，而不是思辨哲学，因此中国传统中的宗教、哲学，文化、艺术是一体的。

会通

大家读不懂这一段的原因，是大部分人都和志彻禅师持相同观点，针对这种心态，师曰："无常者，即佛性也；有常者，即一切善恶诸法分别心也。"志彻禅师果然大惑不解，认为此说是与佛经相违。

那么大师为什么这么说呢，是他不懂佛经？还是他故意在破志彻的执著？此处要换个角度去理解。

佛法略说有两种，即有为法和无为法。有为法的特性是无常、苦、空、无我；无为法的特性是常乐我净，寂灭不动，故又叫佛性、涅槃。修行者较容易在心中产生有为是无常、无为是常的执著，并想扫除有为法而追求无为之境的观念，这是把这两种法对立起来看待，结果违背了佛法的本意。

从不二的角度看，常即无常，烦恼即菩提，烦恼和菩提如果不是一体两面的，怎么能发生转变？就像水虽有三态，但只是状态不同而已，“故吾说无常，正是佛说真常之道也”。

禅者应以平等心来对待诸法，诸法的本性没有有为法和无为法的差别，也就是常和无常是一样的，有为法与无为法不二。我们说两则大珠慧海禅师的应机对答可见“中国禅”之禅风玄妙：

有僧问大珠禅师：“如何得大涅槃？”禅师答：“不造生死业。”僧又问：“如何是生死业？”禅师说：“求大涅槃，是生死业。舍垢取净，是生死业。有得有证，是生死业。不脱对治门，是生死业。”僧又问：“怎么样才能得到解脱？”答：“本自无缚，不用求解。直用直行，是无等等。”僧赞说：“禅师如和尚者，实在稀有！”

有三藏法师问大珠：“真如有变易吗？”答：“有变易。”法师说：“禅师错了。”禅师随即反问：“有真如吗？”法师答：“有。”禅师说：“要是没有变易，决定是个凡僧。善知识者，能回三毒为三聚净戒，回六识为六神通，回烦恼作菩提，回无明为大智。真如要是没有变易，三藏真是个自然外道啊。”三藏法师不解地问：“要是这样的话，真如就有变易了。”禅师说：“若执真如有变易，也是外道。”法师更糊涂了，问：“禅师刚才说真如有变易，如今又说不变易，如何才对呢？”禅师说：“若了了见性的人，如摩尼珠现色，说变也行，说不变也行。若不见性的人，听说真如变易，便作变易解会，说不变易，便作不变易解会。”三藏法师于是叹道：“此番总算知道南宗深不可测。”

“佛比为凡夫外道执于邪常，诸二乘人于常计无常，共成八倒。故于涅槃了义教中，破彼偏见，而显说真常真乐真我真净。”如果修者真的执著在有一个什么常态，那么就是邪常、死常，因不解涅槃了义、佛的圆妙微言故，如果这么修法、读书，“纵览千遍，有何所益”？

会诀 吾久念汝 汝来何晚

禅者修行时

师徒之间是“道情”，道情=修行的殊胜因缘。

道情（圣情）是俗情（凡情）的相对说法，虽然在一起，可是互相不缠绕，不约束。道情的基础是彼此间利益众生的菩萨心，殊胜智慧菩萨心中产生的善巧方便心。如果自己智慧不殊胜的人，好为人师，当最容易出现的是将道情很快变成俗情。

颂曰：无始无终，留什么？

祖师云：

问：云何是凡情，云何是圣情？

答：若起二性，即是凡情；二性空故，即是圣情。

——大珠慧海禅师《顿悟入道要门论》

92.柱杖打三 是痛不痛

经文

有一童子，名神会，襄阳高氏子。

年十三，自玉泉来参礼。

师曰：知识远来艰辛，还将得本来否？若有本则合识主，试说看。

会曰：以无住为本，见即是主。

师曰：这沙弥争合取次语。

会乃问曰：和尚坐禅，还见不见？

师以柱杖打三下，云：吾打汝痛不痛？

对曰：亦痛亦不痛。

师曰：吾亦见亦不见。

神会问：如何是亦见亦不见？

师云：吾之所见，常见自心过愆，不见他人是非好恶。是以亦见亦不见。汝言亦痛亦不痛如何？汝若不痛，同其木石；若痛，则同凡夫，即起恚恨。

会论

学生八：神会小师总算出场了，可惜一上来就班门弄斧。

学生一："自玉泉来参礼"，难道他是跟神秀大师修禅？

悟义：是，神会禅师自幼学习五经，熟读老、庄，史载"讽诵群经、易如反掌"。后来，他投当阳玉泉寺神秀禅师座下学法，再后他效善财童子行脚参问，直至南下曹溪，终归顿悟法门。

学生四：这个小神会好厉害！从北宗门出，最后灭了北宗！

悟义：灭六国者非秦也，是六国也。一个法门的兴盛和推动的人有直接关系，神会禅师虽给予了北宗巨大的打击，能比北宗弟子多年对惠能大师的打击更凶猛吗？禅师没有灭北宗，谁也不能灭了谁，他仅仅是著《显宗记》，定南、北顿渐两门，"南顿北渐"之名由是而起。

学生一：惠能大师说顿悟顿修，我学习《神会和尚语录》时发现禅师多次提到顿悟渐修，这点和师父见解似乎有所不同。

悟义："中国禅"是顿悟渐修与顿修顿悟的不二法门，不同说法是因为针对不同学人。自《坛经》始，大师所说的法，所走的路线，受达摩一脉《楞伽经》的影响似乎已不多见，反而是罗什、僧肇师徒的般若、佛性论被反复提及，惠能大师的禅法内涵和罗什、僧肇师徒息息相关。例如，《坛经》与四祖道信的《入道安心要方便门》，都曾引用《文殊说般若经》的"一行三昧"，虽名称一致，但两者间的理解却不相同。特别是被神秀大师继承的四祖的"念佛禅"和五祖的"守本真心"，都主张"守一"与"守心"，这些是被《坛经》批评的内容，看心看净是迷人不悟，障自本性，《坛经》主张"于一切时中，行住坐卧，常行直心"便是"一行三昧"，乃是将禅法用于日常生活之中，而不限于坐禅之时，惠能大师之法虽精深玄妙，但实际运用却极简单，这也正是现代各行各业的人，乐意接受而又容易学习的最生活、最实际的禅法。

会通

惠能大师对于来参学的人都相当尊重，但这种尊重的表现方式不是假客气。如果学人有增上慢，大师会当即喝骂，毫不留情。喝骂便是对自大的人最好的尊重。

小神会年纪虽小，却被大师尊为"知识"，可见大师并没有因为年幼而看轻他，但也没有因为年幼而放过他。一见面大师便单刀直入"你从老远很辛苦到我这里来，能见得本来面目否"？什么是本来面目？就是灵明觉知的本性。如果你能见得本来面目，就应当认识主人，那么请试说说看。

小神会便说："我以无住为本，见就是主。"说的似乎不错，不过这话只能唬外行，唬不了大师，因为这不是他自己的见地。就像有人问何为佛法大意？我曾见有学人随口答："缘起性空"。这个回答并不是他自己证得的，是书上说的。缘起性空，缘是怎么起的？性为何空？怎么空？空究竟是什么？没有就是空吗？空可见吗？定是空吗？为何性空便能缘起？性不空可以缘起吗？缘起后怎么变化？变化的起点在哪里？怎么转化？……

小神会天资聪慧，在神秀大师那里听法听得多，因此一开口便很有禅味。大师岂能上他的当？说道："你个小沙弥，怎么可以这样随便说话？"哪知刚批评完，这调皮孩子就反问："和尚坐禅，还见不见？"神秀一门都爱坐禅，所以他理所当然地以为惠能大师也应该如此，那么他想知道这位和尚坐禅时见不见本性呢？

由此可见小神会说话、判断多么草率，取别人的境界、外相、言语来提问实属无知，这下不骂了，直接挨棍子吧！"师以柱杖打三下，云：吾打汝痛不痛？"要知道大师的柱杖是禅杖！不是拐杖！打三下，你说痛不痛？

哪知固执的小神会继续玩口头禅："亦痛亦不痛"。小小年纪禅腔禅调的，大师慈悲心切，于是说："吾亦见亦不见"。终于有这孩子不能理解和套用的问答了，只好问："如何是亦见亦不见？"大师这才不绕圈子了："吾之所见，常见自心过愆，不见他人是非好恶。是以亦见亦不见。汝言亦痛亦不痛如何？汝若不痛，同其木石；若痛，则同凡夫，即起恚恨。"

打若不痛，那么人与木头有什么两样？打若说痛，那么你就是凡夫，起了嗔恚心。小神会在曹溪玩戏论，大师的这番责备已经很重，但他毕竟不是普通孩子，立即忏悔知道自己错了。其实这不能怪他，这么年幼能独自参访大善知识已属不易，并且他一定是个聪明伶俐、勤奋好学、可爱机灵的小沙弥，难怪大师心生欢喜，后来对他相当器重，培养成了曹溪龙象，荣耀师门，显宗利众。

会诀 柱杖打三 是痛不痛

禅者修行时

导师采取语言说法，修者先用大脑意识来分别接受修法。

导师采取棒喝打骂，修者先用感官反应来分别接受修法。

释迦牟尼佛几乎都采取语言说法形式，从惠能大师开始，禅法有了多种教育法，采取棒、喝、打、骂法，电闪雷鸣的机锋转语来指导学人。但我们要明白，这些法是非常法，一位禅师一生教化学生的几十年期间，使用非常法的概率是很少的，平时也是多采用正常语言、文字说法。只是这些特别的教育法被记录下来，大家见多了就以为多。

颂曰：无来无去，怕什么？

祖师云：

彼诸菩萨问维摩诘：今世尊释迦牟尼以何说法？维摩诘言：此土众生刚强难化，故佛为说刚强之语以调伏之。言：是地狱，是畜生，是饿鬼，是诸难处，是愚人生处。是身邪行，是身邪行报；是口邪行，是口邪行报；是意邪行，是意邪行报；是杀生，是杀生报；是不与取，是不与取报；是邪淫，是邪淫报；是妄语，是妄语报；是两舌，是两舌报；是恶口，是恶口报；是无义语，是无义语报；是贪嫉，是贪嫉报；是嗔恼，是嗔恼报；是邪见，是邪见报；是悭吝，是悭吝报；是毁戒，是毁戒报；是嗔恚，是嗔恚报；是懈怠，是懈怠报；是乱意，是乱意报；是愚痴，是愚痴报；是结戒，是持戒，是犯戒；是应作，是不应作；是障碍，是不障碍；是得罪，是离罪；是净，是垢；是有漏，是无漏；是邪道，是正道；是有为，是无为；是世间，是涅槃。以难化之人，心如猿猴，故以若干种法制御其心，乃可调伏。

——鸠摩罗什译《维摩诘经》

93.二边生灭 自性不见

经文

汝向前,见不见是二边,痛不痛是生灭。汝自性且不见,敢尔弄人。

神会礼拜悔谢。

会论

学生七:神会大师为什么卖度牒?此事一直被后世人批评。

学生一:“皮之不存,毛将焉附”?当时之危急不是后世人可以想象的。

学生四:我很佩服大师的精神!他一个人在北宗地盘里孤军奋战多不容易。那些说风凉话的人,危急时不知道躲在哪里呢!

悟义:度牒自南北朝始见,那时候称“凭由”,又称“祠部牒”,因安史之乱,国家岌岌可危,大师四方凑款以慰军旅灭贼之用,卖度牒也是筹款的方法之一。南宗能在北方站住脚和神会大师的坚定弘法密不可分。他七十八岁高龄入住东都荷泽寺,每月作坛场为人说法,由于他的弘传,南宗在洛阳逐渐广为人知。天宝十二年(公元753年)北宗门人普寂禅师的弟子御史卢奕上书,诬陷神会聚徒企图不利朝廷。唐玄宗大怒,即召他赴京,神会大师坦然面君,据理直言,最后被流放,他以八十多岁的高龄虽过着贬逐的生活,但却心系国难。公元755年,安禄山举兵,安史之乱全面爆发,此时副元帅郭子仪带兵征讨,因为军饷缺乏,通令全国郡府各置戒坛度僧,收取一定的税钱以助军需。这时诬奏他的卢奕已被贼所杀,神会大师尚谪居荆州,众议请他出来主持设坛度僧,于是他才回到洛阳。这一年,他已经八十九岁,但他义不容辞当即临时创立寺院,所有度僧的收入全部支援军费,对于唐军收复两京起了一定的作用。安禄山之乱平定以后,肃宗诏他入内供养,公元760年,大师寂于洛阳荷泽寺,谥真宗大师。

学生一:神会大师创始的荷泽宗是于四祖宗密那里断的法脉吗?

悟义:荷泽一系传了一百多年,至宗密大师时被华严所并,在神会大师晚年荷泽一系是大宗,显赫无比。神会大师为南宗做了两件大事:一是由郭子仪出面,请为达摩祖师立谥。二是由广州节度使启奏,请六祖袈裟入大内供养。从此,确立了惠能大师及其一脉禅法在历史上的地位。宗密大师在《圆觉经大疏钞》、《禅门师资承袭图》中说,神会大师入寂后三十九年,德宗皇帝敕命皇太子:“楷定禅门宗旨,遂立神会禅师为第七祖。”

会通

“见不见是二边，痛不痛是生灭”。这句话怎么理解？有见、有不见是二边，立了见、不见就是二法，那么痛不痛仅用诸法如幻、生灭无常来解释也不究竟。比如：愿望落空，就会有痛苦感，爱人背叛，心会痛，心痛和身痛，本质是一样的，人如果所执不得，就痛苦了。所以，痛与不痛和身心的状态密切相关，有时候明明身体很痛，但心明的人不感觉身痛，好比二祖慧可，受难偈曰：“四大本无我，五蕴也是空，将头临白刃，犹如斩春风！”痛不痛从神经系统、身体感受上来说，是暂时发生的事实，但对自性来说，对于见性的禅者来说，没有见与不见二边、生灭二义、痛与不痛二相之说。

会诀 二边生灭 自性不见

禅者修行时

古代人的语言习惯，常常有“是”和“不是”中间的说法，并不是完全定断和定性的说法。而现代人的语言习惯，基本上都要求明确，必须在“是”还是“不是”中做个选择，这样就自然会判断非“是”即“非”，不是“这个”就是“那个”。

所以，跟古人相比，现代人更难通过语言领悟“得意忘言”的境界，现代禅修者也几乎偏向于二边之一，因此很难领会禅之境。

颂曰：无生无死，了什么？

祖师云：

问：云何是中道？

答：无中间，亦无二边，即中道也。

问：云何是二边？

答：为有彼心，有此心，即是二边。

问：云何名彼心此心？

答：外缚声色，名为彼心，内起妄念，名为此心，若于外不染色，即名无彼心，内不生妄念，即名无此心，此非二边也。心既无二边，中亦何有哉，得如是者，即名中道，真如来道；如来道者，即一切觉人解脱也。

——大珠慧海禅师《顿悟入道要门论》

94.心迷问路 心悟自见

经文

师又曰:

汝若心迷不见,问善知识觅路。

汝若心悟,即自见性,依法修行。

汝自迷不见自心,却来问吾见与不见。吾见自知,岂代汝迷?

汝若自见,亦不代吾迷,何不自知自见,乃问吾见与不见?

神会再礼百余拜,求谢过愆。

服勤给侍,不离左右。

会论

学生六:这段可以明确看到大师提到的善知识的指路作用,别指望师父可以替您修行、加持、消灾、转运。

悟义:从世间的角度来说,韩愈已经总结了:“师者,所以传道授业解惑也。” 传道、授业、解惑是教育的综合的过程，是三者并列而行而非有前后次第的。“传道”是弘扬教育的精神，就是德为先，没有德性的学人是不可成才的。“授业”是指传授技能，使学人将道应用于生活、适应社会的各种技术和知识。“解惑”是指帮助建立学人的人生观、价值观、生命观，面对社会、生活中各种困顿、迷惑，师者指点迷津。

学生一：禅门的师者不仅是传道、授业、解惑吗？

悟义：禅门的师者更重要的是帮助学人契合本性，见性不是知识层面的事情，要将学人的许多世间观念重新梳理，不立所知见，才能见到宇宙、生命实相。

会通

这段经文不难理解，“汝自迷不见自心，却来问吾见与不见。吾见自知，岂代汝迷？”迷与不迷只和自己有关，和在什么深山里修行、和谁一起同修、见了哪位出名的师父、去了什么殊胜的历史名迹、家里收藏了多少法器、放了多少鱼虾龟鳖……统统无关。

禅门师徒之间传禅之密靠的是心心相印，达摩祖师在五乳峰一坐九年，外人看是傻坐，禅门知道这就是密法。这密法不是写在秘笈里的，而是遍及天地宇宙的大秘密，唯有虚其心者得。惠能大师说“汝若返照，密在汝边”，自己心中本来样样具备，“达摩老祖一字无，全凭心意下功夫”。“心意”是什么？是五蕴吗？不是，心意是拈花微笑，是师徒之间的心心相印，意意相通。“拈花微笑千古迷，以心印心法门立。气贯虹身印通关，无字文诀祖师意”。

会诀 心迷问路 心悟自见

禅者修行时

禅者修行时如果自己感觉有什么不清楚，随时需要找明师请教，万不可自以为是，混过去。

那么禅者如何知道自己心迷？心迷的代表现象：不安、恐惧、焦虑、烦躁、情绪容易激动、有时昏沉无力、内心有约束感等等。

颂曰：无来无去，怕什么？

祖师云：

心者，何也？惑相所生。

行者，何也？造用之名。

夫有形必有影，有相必有心，无形故无影，无相故无心。然则心随事转，行因用起，见法生灭，故心有生灭；悟法无生，则心无生灭。

——僧肇法师《注维摩》

95.吾有一物 无名无字

经文

一日，师告众曰："吾有一物，无头无尾，无名无字，无背无面，诸人还识否？"

神会出曰："是诸佛之本源，神会之佛性。"

师曰："向汝道无名无字，汝便唤作本源佛性。汝向去有把茆盖头，也只成个知解宗徒。"

祖师灭后，会入京洛，大弘曹溪顿教，著《显宗记》，盛行于世，是为荷泽禅师。

会论

学生三：我现在发现要想在禅门混日子，真是比登天还难。

学生四：对，我数次修禅时想逃之夭夭，以前参加过几次商业禅修，误以为那就是修禅了，现在才知道原来一直在游泳池游泳，进了这波涛汹涌的大海才发现自己多么可笑。

学生一:我也参加过禅修,不过不是商业的,而是去寺庙修。打过几次禅七,每天跟着僧人们早课、坐禅、跑香,身体好了些,不过对禅还是没理解,听法师讲法感觉云里雾里的。虽然我现在也不能算理解,不过至少清楚方向了,不会不知所措。

学生九:我刚来时特别不习惯,老师看上去仙女一样,又温柔又亲切,没想到变脸比翻书还快,一转眼就从和风细雨变成怒目金刚,开始可吓坏我了。可是事后一想,现在能找到愿意骂自己的老师太难了,混过去,你好我好大家好这样多简单?

会通

这一次,小神会又在玩自作聪明的游戏了,什么诸佛之本源,神会之佛性,结果被骂“知解宗徒”也是预料中事。

宋时有一对著名的师徒,创立“话头禅”的大慧宗杲禅师,他是圆悟克勤禅师之法嗣。大慧禅师接引学人,常举竹篦直指对方心口逼问:“唤作竹篦则触,不唤作竹篦则背。不得下语,不得无语,速道!速道!”他一面竹篦指胸,一面话头快速直逼,几乎没人能在如此雷霆暴喝下逃出他的圈套。如果换成当时的小神会来到大慧门下,估计就不仅仅被骂,而是直接被打了。

大慧的禅风向来凌厉,师父奉诏住云居山时,他前往探望。到达的第二天，克勤禅师便请他充当首座。当时克勤座下龙象辈出，谁也没想到空了那么久的首座之位就这么给了大慧，座下僧众不知大慧禅师境界，颇有不平之心。一日，禅师奉师命上堂说法，大弟子昭觉禅师从众中走出，手指大慧眉心，大声逼问道："眉间挂剑时如何？"大慧禅师动也不动，淡然道："血溅梵天！"由此可见，曹溪门下的禅师都是何等豪迈？惠能大师当年对待小神会真可算耐心之极了。

会诀 吾有一物 无名无字

禅者修行时

师父让学人表达"本性"是什么，其实是一种考试，为了观察修者境界。

本来常清净=本来无一物

颂曰：无前无后，争什么？

祖师云：

无为大道者，离于言说。何谓离言说：说者无示、听者无闻、学者无得。何谓说无示、听无闻、学无得？

答曰："说者无方故无示，听者无受故无闻，学者无取故无得。"

——《傅大士传录》

96.实性立门 言下自见

经文

师见诸宗难问,咸起恶心,多集座下,愍而谓曰:“学道之人,一切善念恶念,应当尽除。无名可名,名于自性;无二之性,是名实性。于实性上建立一切教门,言下便须自见。”诸人闻说,总皆作礼,请事为师。

会论

学生四:什么叫“诸宗难问,咸起恶心”?

学生二:就是彼此争高低上下,往来争讼,恶语相加,大师看不下去了,所以召集大家说:“学道之人,一切善念恶念,应当尽除。”

学生一:这些统统是禅病。

悟义:禅病不是一般的病,是心病,世人心病是昏沉和掉举,这还好办,通常学修止观法可以暂时对治。但修者的心病就难了,修中的诸多障道因缘，如邪知邪见、虚妄执著和不正确的用功方法等都比较难治。禅病的具体表现虽然千差万别，但根本的病因却不外如下几种：一、远离中道，落入二边。妄立二边，取一舍一，不能圆融，偏执过度，不肯回头。二、抱着方便不放手，执药成病。三、心有所得，求玄求妙。以有所得心，求无所得法，便免不了要追求文字知解，追求奇特神异。若不肯回头，沉溺于其中，定入文字障和五阴魔窟中。四、心不平常，欲求速效。五、信心不坚，患得患失。除此之外，还有一种"禅癌症"，叫增上慢。什么叫增上慢？是有点本事的人都有些傲气，这就是慢心，后来又加上各种因缘，使得此慢心的作用发挥得更加淋漓尽致，这叫增上慢，是最难愈的！通常不少学问好、聪明、博学的人，以及在各领域有些成就的人，最容易得增上慢。随着学问、地位、名气越大，慢心必然随之增加。古德说"学足以济其奸"，也就是这些人不学还好，学问越多越助长其作恶。我们看秦桧、严嵩、和珅的学问好不好？他们头脑聪明，本领之大有几人能比？还有一些博学之士，修禅没几天，一说他就懂了，其实什么也不明白，而且批评别人，这个禅病最难治，灯录上那些逍遥自在，呵佛骂祖的祖师们哪一位不是见了性的大德，哪一位不是心怀众生的菩萨，哪一位不具足了法门无量誓愿成的大愤心，哪一位不能游戏神通、坐脱立亡？生死都不能自由时，有什么资格增上慢？生死如果可以自由时，还会有什么增上慢？慢心的反面是谦虚，是绝对的谦虚再谦虚，就是老子所讲的"虚怀若谷"。

会通

"无二之性，是名实性。"这是禅的根本，偏离了无二之性，便是外道，便是禅病。

首先修禅不能落在文字知解里，以心意识、以分别心用功，沉溺于思维理解，玩弄语言名相，这叫"文字禅"、"口头禅"、"葛藤禅"。经曰："佛是众生药，有众生病即用；无众生病用药，即药返为病，甚于有病者。"

其次修禅不可沉迷在坐相上，此称之为"枯木禅"。看心看净，常坐不动，如前文大通禅师就落在此病中。

不可枯坐，但还不可落入"任运无修之病"中，有些人修禅说什么佛性本自具足，不修不证，碌碌无为，不遵戒律，未证言证，我们要牢记怀让禅师的话"修证即不无"。当然还不可落入妄言无因果之病，此又称"野狐禅"，假言空理，拨无因果，虚头不实，脚不点地。

此外还有一种是以现量境界为心地法门之病，修时执现量境界为究竟，不肯放舍，此病最迷惑人，亦极难透过，于现量境界停滞不前的修者多不胜数，如前文的卧轮禅师犯的就是这种病，《金刚经》云，"法尚应舍，何况非法"，病去药除，现量不可得。

不过要知道，"现量境界"和"现量直观"是有区别的。"现量直观"是就能观之智而言，以无分别心为用，远离思维计度，分析判断。"现量境界"则是就所观之境而言，如住在一念不生的空明之境上，不能于生灭法中自在无碍。在修中，分别意识一停止，修者即可以体验到现量境，但是，这种境界是不究竟的，真正的般若智，不是住在空明之顽空，也不是不分别，是不立所知见，“善能分别诸法相，于第一义而不动”。

最后再讲讲清净病，有些人觉得社会繁杂，想躲进深山，这是住在染净两边中的净边，欲舍染求净、舍恶趣善，宇宙间任何东西“孤阳不生，孤阴不长。”单阴独阳是不能有成就的，必须均衡，否则是得不了道的。万物未生以前是混沌，是“○”，它代表完整完满的一切，完满是寂然不动的。

禅门讲的“悟道”和道家讲的“得道”，不是“一阴一阳之谓道”的“道”，而是无阴无阳、不动不静、无是无非、无善无恶、无垢无净的不二，也就是道体性。

除此之外，还有修者迷在外道的神鬼妖怪里，不务真修实证，把一些虚浮不实的东西当真，这些都是在自误误人，禅乃平实法，何为平实？就是不古怪，很平常、很自然、很平凡，“于实性上建立一切教门，言下便须自见”。

会诀 实性立门 言下自见

禅者修行时

自性=空性，已入门禅修者乐意接受的说法。

自性=实性，将入门禅修者容易接受的说法。

“吾有一物”和“实性立门”是禅门呼应说法。

颂曰:无生无死,了什么?

祖师云:

唯,迦旃延!无以生灭心行说实相法。

迦旃延!诸法毕竟不生不灭,是无常义;

五受阴洞达空无所起,是苦义;

诸法究竟无所有,是空义;

于我无我而不二,是无我义;

法本不然,今则无灭,是寂灭义。

——鸠摩罗什译《维摩诘经》

弹指圆成八万门,刹那灭却三祇劫。

——永嘉禅师《证道歌》

护法品第九

97.密受忍法 传佛心印

经文

神龙元年上元日，则天中宗诏云：

朕请安秀二师宫中供养，万机之暇，每究一乘。

二师推让云：南方有能禅师，密受忍大师衣法，传佛心印，可请彼问。

会论

学生四：安、秀两位国师是神秀大师和嵩山老安吗？

学生一：是。

学生四：两位大师心胸好宽广啊！

学生一：从另一个角度也证明了惠能大师黄梅受衣法，是五祖门下各位大弟子都承认的事实，大家对惠能大师六祖之位是没有异议的，有异议的是这些大师们不争气的门人弟子。

悟义：这一段，我们需要注意两个特殊的历史时间点："神龙元年"和"上元日"。唐高宗是公元683年12月驾崩的，中宗李显是武则天的第三子，性格柔弱，于同月继位，即位后，则天被尊为皇太后。中宗虽政事皆取决于武则天，但他重用皇后韦氏的内戚，欲以韦父元贞为侍中(宰相职)，并曾对反对此议的人言："我以天下给韦元贞，也无不可，难道还吝惜一侍中吗？"武则天听后自然大怒，自己千辛万苦得到的江山，儿子竟如此随意，于是立即将继位才三十六天的中宗废为庐陵王，贬出长安。母子一别十五年，公元699年，年岁已高的武则天把他重新召回，再次立为太子。公元705年，武则天改年号为"神龙"，这一年她八十二岁了，疾病缠身。正月二十二，以张柬之为首的大臣们乘她病重发动政变，杀了她宠信的张易之、张昌宗兄弟，拥太子复位，同年十二月，被软禁的武则天去世。我们从这段历史中可以看到，"上元日"是正月十五，距离政变仅剩七天了，武则天病重，以她的睿智虽然不知七天后政变，但山雨欲来风满楼，她在这个危机时下诏请安、秀二师入宫，所谓"万机之暇，每究一乘"，武则天此时会是想和太子一起带病参究佛法吗？而安、秀二师于皇帝重病时，居然齐云：南方有惠能大师被五祖"密受衣法，传佛心印"。可见，此时所要究的绝对不是普通的法，大家想，两位大师常在宫中出入，平时说的法还少吗？为什么今天就不能说了？非要请南方的师弟来参究？我们可以想象一下，智慧如武则天临此大难时，想求法、尤其是求正法的迫切之情。

学生一：她一生笃信佛法，帮助多家佛教宗派立宗，为什么临终病危之时求于禅法?

悟义:武则天一生对佛法的译经、建寺、造像等方面均有很大贡献。特别是她在永昌二年(公元690年)七月,下诏改僧道名次,一举破除了唐朝定道教为国教的前例,将佛教改列在道教之上。但是佛教的僧人,凡涉及了政治就并非那么单纯了,例如华严宗的法藏贤首大师,武则天曾帮他立宗,他也曾奉武则天之命协助退契丹军。神龙元年,张柬之发动的政变里,法藏大师也是积极参与的,史书上记载他"内弘法力,外赞皇猷"。形势稳定后,中宗赏功,让他连升三品,法藏大师再三谢绝,遂转赐其弟康宝藏。中宗还曾下诏表扬法藏大师道:"传无尽之灯,光照暗境;挥智慧之剑,降伏魔怨。凶徒叛逆,预识机兆,诚恳自衷,每有陈奏,奸回既殄,功效居多。"我们相信法藏大师参与政变是为了推翻武周政权恢复李唐天下,但历史真的无法判断谁对谁错,站在任何一方的角度,他们都认为自己是"正义"的。武则天是多面的,她一生的功过只有留在历史的长河中,就像她给自己留下的"无字碑"。身处红尘的修者,唯有以不二圆融之心,才能不陷两边。我们看到此时身处漩涡核心的安、秀二位大师在示弱,惠能大师虽在边方,但智慧示疾,可见大师们彼此的心心相印。

学生一:政变后安、秀二位国师如何了?

悟义:神秀大师于神龙二年(公元706年)二月廿八坐化,中宗为之辍朝五日。老安禅师不久辞归,于景龙三年(公元709年)三月初三,吩咐弟子道:"我入灭后,你们将我放置于树林内,待野火焚之。"三月初八,一百廿八岁的老安禅师入灭，弟子们遵嘱将遗体放置树林，果起野火自焚，获舍利八十多粒，内有五粒大的舍利，送入宫中供养。老安禅师灭后第二年（公元710年），优柔寡断的中宗被皇后韦氏和女儿安乐公主毒杀，终年五十五岁。真可谓："回首向来萧瑟处，归去，也无风雨也无晴。"

会通

密受忍法 传佛心印

"我"点亮了他的心灯，

如太阳一样闪亮的心灯，

照亮他漆黑夜里独行的路。

并不是所有在暗夜里独行的人都会感到恐慌，

只有依恋自己影子的人，

只有和自己影子相伴的人，

才会不安。

如铁自生锈，生锈自腐蚀。

无生法忍，

自除锈腐，

自见光明。

谁？点燃了"我"的心灯？

从此，“我”和他，

就像一根根彼此间隔却从不分离的琴弦。

自然而然，

心心相印。

会诀 密受忍法 传佛心印

禅者修行时，

“密受忍法”=密法，佛心印=不可思议，不可思议密法即“心密”。

“中国禅”的特点：外在朴素、朴实、平常，内在却包含了十方世界一切不可思议的能量。

“禅”包容一切法，出生一切法，其中各种双修法就是例证，如：

禅净双修：以禅为主的净土修行；

禅密双修：以禅为主的密法修行；

禅教双修：以禅为主的教理修行。

颂曰：无前无后，争什么？

祖师云：

问：妄能障自心，未审而今以何遣妄？

师云：起妄遣妄亦成妄，妄本无根，只因分别而有，你但于凡圣两处情尽，自然无妄，更拟若为遣它，都不得有纤毫依执，名为我舍两臂必当得佛。

云：既无依执，当何相承？

师云：以心传心。

云：若心相传，云何言心亦无？

师云：不得一法，名为传心，若了此心，即是无心无法。

云：若无心无法，云何名传？

师云：汝闻道传心，将谓有所得也。所以祖师云，认得心性时，可说不思议，了了无所得，得时不说知，此事若教汝会，何堪也。

问：六祖不会经书，何得传衣为祖？秀上座是五百人首座，为教授师，讲得三十二本经论，云何不传衣？

师云：为他有心，是有为法，所修所证，将为是也，所以五祖付六祖，六祖当时只是默契得，密受如来甚深意，所以付法与他。汝不见道：法本法无法，无法法亦法，今付无法时，法法何曾法。若会此意，方名出家儿，方好修行，若不信，云何明上座走来大庾岭头寻六祖。六祖便问：汝来求何事，为求衣，为求法？明上座云：不为衣来，但为法来。六祖云：汝且暂时敛念，善恶都莫思量，明乃禀语。六祖云：不思善，不思恶，正当与么时，还我明上座父母未生时面目来。明于言下忽然默契，便礼拜云：如人饮水，冷暖自知。某甲在五祖会中，枉用三十年功夫，今日方省前非。六祖云：如是，到此之时，方知祖师西来，直指人心见性成佛，不在言说。岂不见阿难问迦叶云：世尊传金襕外，别传何物？迦叶召阿难，阿难应诺。迦叶云：倒却门前刹竿著。此便是祖师之标榜也；甚深阿难三十年为侍者，只为多闻智慧，被佛诃云：汝千日学慧，不如一日学道，若不学道，滴水难消。

——黄檗希运禅师《传心法要》

98.师表辞疾 愿终林麓

经文

今遣内侍薛简，驰诏迎请。愿师慈念，速赴上京。师上表辞疾，愿终林麓。

会论

学生六：老师怎么突然像念诗一样说话？听不懂。

学生七：咱们慢慢用心体会吧。

学生一：诗是静态的音乐，音乐是动态的诗，老师在抚摸我们的灵性。

学生三：您也在念诗吧？您们说的话，我一句都记不住怎么办？

悟义：唐代宗时候的宰相杜鸿渐，有一次与无住禅师论禅。其时，刚好庭前树上有只乌鸦在叫，禅师问："您是否听到乌鸦声？"答道："听到了。"不一会儿，乌鸦飞走了，又问："您是否听到乌鸦声？答："听不到了。"禅师说："我现在还可以听到乌鸦声。"杜相国感到十分惊讶，问："乌鸦已经飞走好久了，为什么您还听到乌鸦声呢？”禅师道：“有闻无闻，非关闻性，本来不生，何曾有灭？有声之时，是声尘自生，无声之时，是声尘自灭，而此闻性，不随声生，不随声灭；悟此闻性，则免声尘之所转，当知声是无常，声无生灭，故乌鸦有去来，而吾人闻性则无去来。”

学生一：我明白了，太空虽是无声的，但闻性是不生不灭的，不受制于传递声音媒介的有无，因而心性的传递非关闻性，心心相印中传递的闻性是不通过声尘之所转的，闻性无去来。这位无住禅师是谁？说得真好！

悟义：他先师从老安禅师弟子陈楚璋居士学老安禅，陈居士时人称其为维摩化身，后从惠能大师的弟子神会禅师、次山明和尚学过南传顿法，最后为新罗无相禅师法嗣。无住禅师创立“保唐禅”。宗密大师在《禅源诸诠集都序》中把唐代禅门分为十家：“谓江西（洪州）、荷泽、北秀、南侁（也作诜）、牛头、石头、保唐、宣什及稠那（稠禅）、天台等”，无住禅法的特点是南、北两宗的融会，既不离南禅的“无念”，又不舍北禅的“息妄”，当时如无住禅师般试图兼并两法的甚众，可惜禅师门下后继乏人，故兴也匆匆，衰也匆匆。

学生一：什么是闻性？

悟义：观世音菩萨是以耳根圆通法入道的，眼睛虽有能看的作用，但如果受到障碍就看不见了，口与鼻的作用也同眼睛一样，有一定的局限。身体需要接触，才发生感触的觉受作用，整个身心的六根，除了耳根的闻性外，其他的功能都是有局限的，因此耳根的闻性最容易通达清净自性境地。声音的性能，在有声的时候，就有响动作用的动相。无声的时候，是寂静无音的静相。能闻的自性,闻到有声的响动,就叫作有,闻到无声可闻的静境,就叫作无。在无声的静境里,虽然叫作无闻,但是能闻寂静无声的自性,并不是绝对地灭了。闻性如果远离生灭的两种作用,便可证到自性真实常存。因此修者如果不追逐声音的动、静二相,只返闻那个能闻功能的自性,日久功深,就脱离动静有无的声音羁绊。倘使能闻的自性,与声音的动静有无脱离了关系,返回本然清净的根源,那就是耳根一源,返还本原了。这就是为什么惠能大师可以一闻经语,心即开悟的道理,返本还原的修者,一切六根的幻有妄动会同时自然消除。这时候本觉的自性就圆满清净了,圆满清净到极点,自性的光明就能照见五蕴皆空,观照到五蕴在自性光明中寂然不动,那么这个世间的万事万物,便犹如在一场大梦之中穿梭了。

会通

师表辞疾 愿终林麓

您知道百花为什么美吗?

因为齐放时,它们不模仿,

每一朵花都有自己独立的世界。

您知道百花为什么美吗?

因为绽放时,它们不攀比,

每一朵花都只为自己盛开。

您知道百花为什么美吗?

因为美丽时,它们不抱怨,

它们欢喜地等待着采花的蜜蜂来汲取自己的花蜜。

您知道百花为什么美吗?

因为花开时,它们不焦虑,

每一朵花都不会为了即将到来的凋零而恐惧。

不模仿、不攀比、不抱怨,不焦虑,

因而,百花各有各的美。

您知不知道,“师”是“我”,

“表”是“她”。

“辞”是“我”辞,

“疾”是“她”疾。

“她”虽是万乘之主,

但“她”身心皆病,

天下也在“病”中,

“我”因而也“病”了。

“愿”是“她”,

会“终”的,还是“她”,

而“我”，会在哪里“始”？能在哪里“终”？

你知道“林麓”是哪里吗？

不是“我”脚下这片美丽的山林，

不是“我”肉身不腐、千年端坐的禅堂，

它是一切众生、是百花齐放、是无尽岁月、是盏盏心灯……

会诀 师表辞疾 愿终林麓

禅者修行时

明了因缘，看透法缘，超然名利，朴素培根，滋养后学。

颂曰：无来无去，怕什么？

祖师云：

存众生，则乖空义；存空义，则舍众生。

善通法相，虚空其怀，终日化众生，终日不乖空也。

即有而无，故能起无相，即无而有，故能不舍。

不舍，故万法兼备，起无，故美恶齐旨也。

作，谓造作生死也。为彼受生者，非作生而受生也。

是以大士受生，常起无作。

——僧肇法师《注维摩》

99.道由心悟 岂在坐也

经文

薛简曰:

京城禅德皆云,欲得会道,必须坐禅习定。

若不因禅定而得解脱者,未之有也。

未审师所说法如何?

师曰:道由心悟,岂在坐也。

会论

学生三:这位薛内官问的问题很有水准!

学生一:唐代修禅已经蔚然成风,据《高僧传》等文献记载,修禅的著名文人有:韩愈、柳宗元、李白、杜甫、白居易、王维、颜真卿、杜鸿渐、王勃、权德舆、裴休、刘禹锡、李翱等,不一而足。

学生九:唐代士大夫或参禅、或打坐、或隐修、或究理,常和禅师往来亲近。王维因心慕维摩居士，故自号“摩诘”，在道光禅师“十年座下，俯伏受教”。

学生一：唐朝为惠能大师写碑文的有三位大文豪，首先就是王维受神会禅师之请作碑，再柳宗元作第二碑，最后是刘禹锡又书一碑。这些碑文充分体现了惠能大师和曹溪禅法在当时的社会地位和特点。

学生四：为什么唐、宋的儒生都喜欢修禅？

悟义：唐代大禅师辈出，这些禅师不仅对世间法，琴棋书画、文理数术、诸子百家都通晓，其对儒生们向往的不可思议的出世间法，更是见地非凡。当时的大儒生是世间最顶级的知识分子，他们通过和禅师的交往、参学、皈依禅门得以在世间修身养性、怡情净心的基础上，领悟禅的奥秘，了生脱死，在世俗的环境下也能逍遥自在地生活。因此，唐宋之际，在禅师们慧命精神和学养的双重影响下，许多士大夫纷纷投奔活泼泼、火辣辣的禅门，成为唐宋思想、文化领域中一道靓丽的风景，他们从“禅”中得到了精神的慰藉，另一方面，他们在优美的诗歌、散文中运用禅理，阐释自己修禅的感悟，大大推动了禅门的发展。宋朝时，儒家也引入了心性之学，由此诞生了新儒家，即盛极一时的宋明理学。

会通

道由心悟　岂在坐也

春天为何而来？

又将去往何方?

初看时,

春天只是春天,

再回味,

心中没有春天的人,春天来了他也不在,

心中有春天的人,他就会成为春天。

“道”是什么? 是春天吗? 是“我”吗?

“心悟”是“心无”吗?

“心无”是一切众生心吗? 众生心是春天吗?

“坐”?

花是“坐”在春天里吗?

如果“春天”已成寒冬,

“花”还在吗? 它来过吗? 它走了吗?

它为什么开? 它又去了哪里?

我们看到的是花,还是花的影子?

而影子,并不会成为花。

会诀 道由心悟 岂在坐也

禅者修行时

形坐心不坐——不执著坐相;形坐心也坐——已执著坐相。

生命与道相应的是心,不是肉体,心无形象,道岂有相?

颂曰:无生无死,了什么?

祖师云:

尔时,长者维摩诘,自念:寝疾于床,世尊大慈,宁不垂愍?

佛知其意,即告舍利弗:汝行诣维摩诘问疾。

舍利弗白佛言:世尊!我不堪任诣彼问疾。所以者何?忆念我昔,曾于林中宴坐树下,时维摩诘来谓我言:

唯,舍利弗!不必是坐为宴坐也。

夫宴坐者,不于三界现身意,是为宴坐;

不起灭定而现诸威仪,是为宴坐;

不舍道法而现凡夫事,是为宴坐;

心不住内亦不在外,是为宴坐;

于诸见不动,而修行三十七道品,是为宴坐;

不断烦恼而入涅槃,是为宴坐。

若能如是坐者，佛所印可。

——鸠摩罗什译《维摩诘经》

夫法身之宴坐，形神俱灭，道绝常境，视听所不及，岂复现身于三界，修意而为定哉？

舍利弗犹有世报生身及世报意根，故以人间为烦扰，而宴坐林下，未能形神无迹，故致斯呵。

——僧肇法师《注维摩》

100.无所从来 亦无所去

经文

经云:“若言如来若坐若卧,是行邪道。”

何故?

无所从来,亦无所去。

无生无灭,是如来清净禅。

诸法空寂,是如来清净坐。

究竟无证,岂况坐耶?

会论

学生一:“若言如来若坐若卧,是行邪道”,这句话我必须牢记。

学生三:我父亲去世得早,妈妈退休后就开始信佛,抱怨少了,情绪好了,我挺高兴的,可是不久新问题来了,她喜欢佛像,家里堆得哪都是,这些佛像她不许人碰,时刻对着佛像念叨,着了魔一样,弄得我们回家坐立不安的。

学生一:佛祖真有灵也该被烦死了,这么多众生,先顾谁啊?

悟义:有了相的就不是“佛”,佛没有“相”。佛经上说,有一次佛上忉利天为母亲说法,弟子们想念他,就用檀香木刻了一个佛像,佛回来后看到自己的像,他拿着像问道:“究竟你是我,还是我是你?”人现在能思想能记忆的身心,这一念,有时间、有空间吗?各位请好好体会:“无所从来,亦无所去。无生无灭,是如来清净禅。诸法空寂,是如来清净坐。究竟无证,岂况坐耶?”

会通

无所从来 亦无所去

若来已更不来,

若去已更不去。

来者无所来,

去者无所去

所可见者,更不可见。

所谓“活着”,是指什么?

是忙忙碌碌的一生?

那只是肉体的生存;

只是天地间的一粒微尘;

微尘不曾生，也不会灭；

没有来，也不曾去；

此刻，你虽坐在这里，

但每个瞬间都在变化，不会停留。

你是你吗？你不是你吗？

会诀 无所从来 亦无所去

禅者修行时

自性是不生不灭、无来无去的。

禅者修的是心，即自心。惠能大师说：自性=自身佛性，自身=生命的一切行为和现象，自心=自身心地，心地=心海。

心地和佛性关系：月印千江=“一月普现一切水，一切水月一月摄”。

颂曰：无生无死，了什么？

祖师云：

时维摩诘言：善来，文殊师利！不来相而来，不见相而见。

文殊师利言：如是！居士！若来已，更不来；若去已，更不去。所以者何？来者无所从来，去者无所至，所可见者，更不可见。

——鸠摩罗什译《维摩诘经》

101.一然千灯 明明无尽

经文

简曰:

弟子回京,主上必问。

愿师慈悲,指示心要,传奏两宫及京城学道者。

譬如一灯然百千灯,冥者皆明,明明无尽。

会论

学生五:“一灯然百千灯,冥者皆明,明明无尽”。就是《维摩诘经》中维摩大士跟魔界天女传的“无尽灯”吧!

学生一:禅门以灯火之无尽喻教化之无尽,师者以一灯燃百千灯,光明终不尽,故称“无尽灯”。我在日本学习时曾见到临济宗白隐禅师高足,以画“圆相”图著称的东岭圆慈禅师写的《宗门无尽灯论》一书,次第阐示禅门修行之无尽法。

悟义：能无尽的是心灯，心灯怎么次第点燃？要燃就燃了，这心灯可以师徒之间当面点燃，也可以隔代点燃，就如惠能大师圆寂了一千三百年，但《坛经》这盏心灯不正在照亮我们人生的路吗？

会通

一然千灯　明明无尽

所以，

尽管我的心可以在宇宙间翱翔，

我也不会丢下你在人间独自受苦，

我一定要回来找你，

化作春泥更护花，

我就在你心里，

静静地，注视着你。

我和“你”，

不分彼此，唇齿相依，

我们有同一颗心，

生活在同根的天地里，

我们有同一颗心，

当我看到你受苦时，

我和你一样地疼。

你的心也曾如我一样清澈透明，

我和你唯有回到原来的清澈透明，

才能彼此相通，

灯灯无尽。

会诀 一然千灯 明明无尽

禅者修行时

禅者都带有利他的慧命精神，灯是慧，即慧光，是智慧发出的光明。

肉眼看到的是色光，心眼看到的是慧光。

想过随缘自在人生的人，生命都需要有慧光的能量。

颂曰：无前无后，争什么？

祖师云：

尔时，维摩诘语诸女言：魔以汝等与我，今汝皆当发阿耨多罗三藐三菩提心。

即随所应而为说法，令发道意。

复言：汝等已发道意，有法乐可以自娱，不应复乐五欲乐也。

天女即问:何谓法乐?

答言:乐常信佛,乐欲听法,乐供养众,乐离五欲;乐观五阴如怨贼,乐观四大如毒蛇,乐观内入如空聚;乐随护道意,乐饶益众生,乐敬养师;乐广行施,乐坚持戒,乐忍辱柔和,乐勤集善根,乐禅定不乱,乐离垢明慧;乐广菩提心,乐降伏众魔,乐断诸烦恼,乐净佛国土,乐成就相好故,修诸功德,乐庄严道场;乐闻深法不畏;乐三脱门,不乐非时;乐近同学,乐于非同学中,心无恚碍;乐将护恶知识,乐亲近善知识;乐心喜清净,乐修无量道品之法,是为菩萨法乐。

于是波旬告诸女言:我欲与汝俱还天宫。

诸女言:以我等与此居士,有法乐,我等甚乐,不复乐五欲乐也。

魔言:居士可舍此女?一切所有施于彼者,是为菩萨。

维摩诘言:我已舍矣!汝便将去,令一切众生得法愿具足。

于是诸女问维摩诘:我等云何,止于魔宫?

维摩诘言:诸姊!有法门名无尽灯,汝等当学。无尽灯者,譬如一灯,然百千灯,冥者皆明,明终不尽。如是诸姊!夫一菩萨开导百千众生,令发阿耨多罗三藐三菩提心,于其道意亦不灭尽,随所说法,而自增益一切善法,是名无尽灯也。

——鸠摩罗什译《维摩诘经》

102.道无明暗 相待立名

经文

师云：

道无明暗，明暗是代谢之义。

明明无尽，亦是有尽，相待立名。

故净名经云：法无有比，无相待故。

会论

学生四：所谓明和暗是相对的，你认为暗的，有些生物觉得明。

学生三：通常我们都认为明暗是彼此对立的。

悟义：明暗不仅是相对关系，关键是能互相转化的。太明就是暗，强光下什么也看不见。古人说用晦而明，藏明于暗，说无尽，实有尽；说有尽，实无尽，无尽和有尽是相待而立故，是“相待立名”。

学生四：什么是“法无有比，无相待故”？

悟义:《维摩诘经》是《坛经》的重要法源之一,其中“法无高下”、“法无自性”、“三际托空”等观点在《维摩诘经》中有详细说明,此语是维摩大士对目犍连尊者说法:“法无众生,离众生垢故。法无有我,离我垢故。法无寿命,离生死故。法无有人,前后际断故。法常寂然,灭诸相故。法离于相,无所缘故。法无名字,言语断故。法无有说,离觉观故。法无形相,如虚空故。法无戏论,毕竟空故。法无我所,离我所故。法无分别,离诸识故。法无有比,无相待故。法不属因,不在缘故。法同法性,入诸法故。法随于如,无所随故。法住实际,诸边不动故。法无动摇,不依六尘故。法无去来,常不住故……夫说法者,无说无示。其听法者,无闻无得。譬如幻士,为幻人说法,当建是意而为说法。”这些含义我们前文都曾讨论过,请大家多参究。

会通

道无明暗　相待立名

会诀　道无明暗　相待立名

禅者修行时

在时、空现实环境上有“明”和“暗”等相对现象存在,道是超越时空的,修者如果局限在时、空范围内无法真正领会和理解，只有心中契合了人法不二的禅境，心就自然而然与道相应。

颂曰：无生无死，了什么？

祖师云：

佛法有二种：一者有；二者空。

若常在有，则累于想著；若常观空，则舍于善本。

若空有迭用，则不设二过，犹日月代用，万物以成。

有无迭用，佛法之常。

——僧肇法师《注维摩》

104.烦恼菩提 无二无别

经文

简曰：明喻智慧，暗喻烦恼。修道之人，倘不以智慧照破烦恼，无始生死，凭何出离？

师曰：烦恼即是菩提，无二无别。若以智慧照破烦恼者，此是二乘见解，羊鹿等机。上智大根，悉不如是。

会论

学生七：薛内官说的是大家普遍的认识："明喻智慧，暗喻烦恼"。要从烦恼中出离，必须先断烦恼根。

学生一：有谁能先断了暗根吗？暗根断不了，烦恼根怎么断？

学生七：道高一尺，魔高一丈，哪里有不暗的世界？光明中本来就包含有暗根。

悟义：唐代大诗人李白自号"青莲居士"，他有诗云："青莲居士谪仙人，酒肆藏名三十春。湖州司马何须问，金粟如来是后身。”他为何自称“青莲”？自谓金粟如来也就是维摩大士是其后身?“青莲”的典故出自《维摩诘经》佛国品中长者子宝积对佛的赞誉：“目净修广如青莲”。以青莲比喻佛眼清净如莲，莲花是佛花，李白以此自喻自己虽嗜酒好文，却能如维摩大士一般出入人间不二，独具佛的青莲之眼，又具莲花出淤泥而不染之莲性，傲立独行于虚空，这是诗人的情怀和向往。他还有一首禅诗写得也甚妙：“我寻青莲宇，独往谢城阙。霖清东林钟，水白虎溪月。天香生虚空，天乐鸣不歇。宴坐寂不动，大千入毫发。湛然冥真心，旷劫断出没”。“宴坐”不仅仅是静坐，是当时唐宋文士、士大夫、修者修禅生活中的重要组成部分。宴坐的核心就是维摩大士所说：不于三界现身意，不起灭定而现诸威仪，不舍道法而现凡夫事，心不住内亦不在外，於诸见不动而修行三十七品、不断烦恼而入涅槃。此六点，也就是大师说的不必以智慧照破烦恼，就像人睡着了和清醒时是一个人，“烦恼即是菩提，无二无别”。

会通

烦恼菩提　无二无别

会诀 烦恼菩提 无二无别

禅者修行时

如果断除了烦恼，才能成就菩提，那活着的人是无法解脱成佛的。因为，自身生命体就是烦恼集合而组成，是故，“中国禅”强调，烦恼即是菩提，菩提与烦恼不二。

颂曰：无始无终，留什么？

祖师云：

犹诲以平等也。

夫若能齐是非，一好丑者，虽复上同如来，不以为尊，下等六师，不以为卑。

何则？天地一指，万物一观。邪正虽殊，其性不二。岂有如来独尊，而六师独卑乎？

烦恼真性，即是涅槃。慧力强者，观烦恼即是入涅槃，不待断而后入也。

——僧肇法师《注维摩》

104.无二之性 即是实性

经文

简曰:如何是大乘见解?

师曰:

明与无明,凡夫见二。

智者了达,其性无二。

无二之性,即是实性。

会论

学生一:关于明暗,老子说:“明道若昧,进道若退”。和“反者道之动,弱者道之用”一样,真正的明道看上去似乎是黯淡的,真正的近道看上去是好像退化一样。这一点我深有体会,修禅刚开始我都有点心虚,怎么感觉越修越退化?半年后逐渐体会了“退步”的好处。

悟义:您刚修禅时特别喜欢给自己和别人下结论,老子言“自是者不彰，自见者不明"，您那时心中执见横生，何能心胸宽广虚无而契悟禅法？何能明达于本来无见而无所不见之禅？"知见无见，斯即涅槃"，故真明于道者，心中必不执存我见，如明镜空灵无住，念念迁流，浑无人我、是非、曲直之分别，而一切皆于法尔本然中悉得其宜，此为"不思而得，不勉而中"，老子谓之"绝圣弃智"，庄子谓之"堕肢体，黜聪明"，惠能大师谓之"不思善恶"。故曰："手把青秧插满田，低头便见水中天；心地清净方为道，退步原来是向前。"行有不得时先反求诸己，能如此，火中定生红莲！

会通

无二之性　即是实性

会诀　无二之性　即是实性

禅者修行时

所以，禅者应把烦恼和菩提平等对待，不要讨厌心中生起的烦恼，也不要盲目地追求菩提清净。修行时，如碰到烦恼，那时应该看清烦恼之性，不要被烦恼搞得昏沉散乱。

颂曰：无前无后，争什么？

祖师云：

绝学无为闲道人，不除妄想不求真。

无明实性即佛性，幻化空身即法身。

——永嘉禅师《证道歌》

云：既是学不得，为什么道归源性无二，方便有多门，如之何？

师云：归源性无二者，无明实性，即诸佛性。方便有多门者，声闻人见无明生，见无明灭；缘觉人但见无明灭，不见无明生，念念证寂灭；诸佛见众生终日生而无生，终日灭而无灭，无生无灭，即大乘果。

——黄檗希运禅师《宛陵录》

105.不生不灭 性相如如

经文

实性者，处凡愚而不减，在贤圣而不增，住烦恼而不乱，居禅定而不寂。不断不常，不来不去，不在中间及其内外。不生不灭，性相如如，常住不迁，名之曰道。

会论

学生八：在凡不减，在圣不增，住烦恼不乱，居禅定不寂，这什么境界？神仙啊！

学生一：这不是神仙境界，神仙是只有在仙界里逍遥，七仙女下了凡界一样迷乱。您刚才说的是真正人的境界！人本来面目就是不增减损益，不被烦恼扰乱的。这些平常人的正常境界叫“正受”，我们成天昏沉不安的是精神病境界。

学生三：我们差不多都有精神病，不过精神病不是神经病，不要搞错了，哈哈。

学生一：如果天天想发神通，就差不多也要神经了。

悟义："不断不常，不来不去，不在中间及其内外"，这是龙树菩萨的八不中道义，我们前文介绍过惠能大师的不二和八不中道的区别，这里不重复了。缘起法的根本是：凡是因缘而合、而散的，都不是实在的、不是永恒不变的，所以是假有的，没有主体性。那么"实性"是什么？实有自性，是不能分割、浑然一体、不能分析的，那叫"一合相"。但是佛法没有真实的一合相，因为一切法都是缘起，微尘是这样，世界是这样，人事更是这样，都是缘起。活的生命没有任何一刹那不变，最能体现迁流变化的、体现无常的，是我们平时最执著的身体和身体感受！佛法是依世俗的假名施设而说，缘起假名的和合似一，其实不是真的有个什么"一"。"一合相"同样是假名，也没有什么实体可得，离开一微尘，不可能有世界，哪里有"一合相"？世人习性深重，听法表面上似乎都懂，可是一碰到利害关系，就迷糊，都变成实在的法了。这需要实修来证法，否则永远是道理，事情一来就被妄见所蔽，妄生贪着。外道修行时老师会告诉你，有一个真的不变自性在，有一个清净的佛性能返照；有一个灵魂在轮回，有一个梵天可以合一……所以大师说啊："不生不灭，性相如如，常住不迁，名之曰道。"

会通

不生不灭　性相如如

我明明来过，为何说如来？

我明明走了，为何说如去？

我明明出生，为何称不生？

我明明将会死去，为何称不灭？

明明本性不见，为何说见性？

明明现象存在，为何说如如？

会诀　不生不灭　性相如如

禅者修行时

与本性契合时，进入不生不灭的禅境，那时，出世间本性和世间心相，如如不二。

颂曰：无来无去，怕什么？

祖师云:

问:如如者云何?

答:如如是不动义,心真如故,名如如也。是知过去诸佛行此行,亦得成道;现在佛行此行,亦得成道;未来佛行此行,亦得成道。三世所修,证道无异,故名如如也。维摩经云:诸佛亦如也。至于弥勒,亦如也;乃至一切众生,悉皆如也。何以故?为佛性不断,有性故也。

问:经云,不生不灭,何法不生,何法不灭?

答:不善不生,善法不灭。

问:何者善,何者不善?

答:不善者是染漏心,善法者是无染漏心,但无染无漏,即是不善不生;得无染无漏时,即清净圆明,湛然常寂,毕竟不迁,是名善法不灭也,此即是不生不灭。

——大珠慧海禅师《顿悟入道要门论》

106.本自无生 今亦不灭

经文

简曰:师说不生不灭,何异外道?

师曰:外道所说不生不灭者,将灭止生,以生显灭,灭犹不灭,生说不生。我说不生不灭者,本自无生,今亦不灭,所以不同外道。

会论

学生七:外道也说“不生不灭”?

学生一:是啊! 印度六师外道讲“神我不灭”,“神我”是指灵魂。

学生八:我学佛一直以来就以为灵魂轮回是佛说的,看来要认识清楚佛法的实相,绝对不能人云亦云。

悟义:惠能大师这几句话答得实在高明。外道说法脱不了相对的境界,如同阴阳、物理学的相对论,外道讲的“不生不灭”是指生灭为两端,灭来止生,生来显灭;有生有灭是属于相对的概念,相对法是生灭法,不是究竟法。而大师说的不生不灭,不是相对的,生不是相对灭而生的。自性本无生,哪里有灭?外道没有超越相对,凡超越相对的才是真正的禅法,未能超越相对的还停留在世间法范围。

会通

本自无生　今亦不灭

清晨的荷叶上,

自然聚集了一颗颗清凉的露珠,

越聚越多,

成了一汪清澈的甘露池,

忽然一阵风,

摇曳不定的荷叶毫不留情地将甘露倾泻而出。

是荷叶无情,还是风无情?

舍弃如此晶莹剔透的甘露?

原来,

荷叶只承载自己可以承受的负担,

一旦超载,便自然放下,

重新再来。

甘露有生吗？甘露有灭吗？

生命亦然。

会诀 本自无生 今亦不灭

禅者修行时

肉体生命是明明存在生死变化的，而肉体生命的核心——自性是不生不灭的：肉体生命出生时，自性没有出生变化，因此肉体生命死亡时，自性没有死去的现象。禅者要成就的是和不生不灭的自性契合，不是追求成就长生不老的肉体。

颂曰：无生无死，了什么？

祖师云：

灭者，灭生耳。若悟无生，灭何所灭？此即无生法忍也。此菩萨因观生灭以悟道，故说己所解为不二法门也。下皆类尔，万法云云，离真皆名二，故以不二为言。

——僧肇法师《注维摩》

107.湛然常寂 妙用恒沙

经文

汝若欲知心要，但一切善恶都莫思量，自然得入清净心体，湛然常寂，妙用恒沙。

会论

学生六："莫思量"的意思，我以前总是误解为别想那么多，要凭直觉做事，现在才发现不对。

学生七：我以前也是误以为在讲直觉。

悟义：西塔禅师是仰山慧寂的弟子，到北方参临济禅师，回来后师父问他去哪儿了？他说参临济去了。问："你回来干什么？"答："看师父。"问："看我像不像一头驴？"答："我看不像佛。"问："那像什么？"答："若真像个什么，那与驴又有什么区别？"这一句让仰山大师大吃一惊，印证他说："凡圣两忘，情尽体露，你以后可以开门了。”以后仰山禅师逢人便说西塔已是肉身佛。如果西塔禅师和师父的往来对答有思量，能瞒过仰山禅师的慧眼吗？仰山禅师何等人物？耽源禅师传他六代祖师九十六（一说九十七）幅圆相图，他看了一眼便烧了，见了性的禅师，哪一个不是屠夫手段，菩萨心肠，敢跟他玩口头禅，能一脚踢飞你。因此西塔禅师和师父对话绝无思量，思量即凡情，便不得圣解。只有丢开所有的分别思维，才能说出他这番话。前文小神会见惠能大师时一开口说的全是死语，背出来的禅语，不是自己见解，如果落在概念和名相里，非自己证悟的就只有死句，不是曹溪门里出来的大丈夫。这一门中须“入清净心体”，行事、语言都是活泼泼地，此为“湛然常寂，妙用恒沙”。

会通

湛然常寂　妙用恒沙

我问你，

有什么可以一直陪伴你过完这一生？

你说，有！

有湛然常寂的天空，有皎洁明亮的月光，

还有徐徐微风和朵朵白云，

为什么，

你不说你最爱的人，

可爱的宝宝，亲密的爱人？

哦，你也知道他们都不能成为永恒，

你也知道财富和名望如浮云一样无常。

那么，什么是人心的永恒？

你望着我，肯定地说：

有情……

情的作用是爱，

可是，我们不会爱，

多数时候，

我们误将情作用在“恨”上，

还有时候，我们用“爱”在杀爱。

爱应是永恒的“有情”，

就像菩萨爱众生，

这恒沙般玄妙的爱，

如天空，如月光，如微风，如白云，

只要生命存在，

爱就不曾离开。

会诀 湛然常寂 妙用恒沙

禅者修行时

自性常清净,与肉体的生死变化无关,即永恒寂静。

自性常清净,所以自性对一切法、一切人都有神妙作用,永恒的妙用。

颂曰:无生无死,了什么?

祖师云:

夫圣智无知,而万品俱照;

法身无象,而殊形并应;

至韵无言,而玄籍弥布;

冥权无谋,而动与事会。

故能统济群方,开物成务,利见天下。

——僧肇法师《注维摩》

108.托疾毗耶 谈不二法

经文

简蒙指教，豁然大悟。礼辞归阙，表奏师语。

其年九月三日，有诏奖谕师曰："师辞老疾，为朕修道，国之福田。师若净名，托疾毗耶，阐扬大乘，传诸佛心，谈不二法。薛简传师指授如来知见，朕积善余庆，宿种善根，值师出世，顿悟上乘，感荷师恩，顶戴无已。"

并奉磨衲袈裟，及水晶钵，敕韶州刺史修饰寺宇，赐师旧居为国恩寺。

会论

学生六："其年九月三日"这时候下诏书的应该是中宗了吧？

学生一：是的，诏书写得大妙，"师若净名"，这是说惠能大师如同维摩大士一样啊！接下来“托疾毗耶，阐扬大乘，传诸佛心，谈不二法”，统统源自《维摩诘经》，看来唐代《维摩诘经》真是深入人心啊！

学生四：可是为什么接着说“积善余庆，宿种善根”，又绕回到梁武帝境界了？谈因果、善恶、报应？

悟义：如果没有前半段铺垫，直接谈“积善余庆，宿种善根”确实是在世间法的境界内，但有了前面维摩不二思想的确立，后面这么说则更加现实化、中国化、生活化，这才是真正理解了惠能大师的禅法，“顿悟上乘”法要了。

会通

托疾毗耶　谈不二法

“毗耶”是维摩大士居住和度化众生的地方，也是印度六大城之一，这里和佛陀亦有很深的缘分。

佛陀19岁离家后，曾在这里寻访阿罗逻仙人第一次修学禅定。隔了十几年，毗耶离城大瘟疫，长老们去摩揭陀国请悟道后的佛陀救护，佛陀于是第二次来到此地。当地人深感佛恩，在此为佛陀建了两处精舍。佛一生中最重要的讲法精舍有五处，分别是王舍城的竹林精舍和灵鹫山、舍卫国的祇树给孤独长者园，还有便是这里的猕猴池和庵摩罗园。

庵摩罗园是一个叫庵摩罗的名妓受佛陀教化后出家修得正果，她献出当地最美的园子为佛陀建精舍，即庵摩罗园精舍。

《维摩诘经》便是佛陀和维摩大士两位如来，在毗耶离城讲的。佛陀最后一次来这里已八十岁，他带领弟子从灵鹫山过来时身有重病，在这里他度过整个雨季，然后带着弟子们继续出发，到达拘尸那伽的一条河边，佛洗了澡，然后在两棵菩提树之间的绳床上吉祥卧，入灭前还收了半夜到访的婆罗门学者须跋陀为最后的弟子。后来八王分佛舍利，毗耶离城也分得一份，当地人建佛舍利塔作为纪念。现代印度人根据玄奘法师《大唐西域记》的记载，找到了这个舍利塔和猕猴池精舍。

这里的"毗耶"不仅指两千多年前佛陀和维摩大士说法、生活的城市，它也是今天的纽约、巴黎、上海、香港……是鱼龙混杂的社会，是生离死别的舞台，是硝烟滚滚的战场，是跌宕起伏的人生，是出淤泥而不染的一个个人间净土，是以出世心做人间事的自性净土……

"疾"，最有情的是菩萨，闻声救难，智慧度一切苦厄，但世人万不可把菩萨当作救命稻草，菩萨们只示现生命究竟的灭苦之道，而不是替你生活，充当你消灾避祸的门神。《维摩诘经》经中，维摩示疾度化众生；佛陀也示现老相、病相和最终的涅槃相，这里《坛经》中惠能大师向皇帝示疾拒绝北上，这些都是菩萨们度化不同众生时示现的方便不同。

"疾"是所有人类，不分地位、年龄、种族都会遭遇的苦难，于叫天不应、唤地不灵时，人所能想到的必是后悔和求救，佛、菩萨、祖师们是大医王，不治已病治未病，面对迷路的众生之疾提前示以不同的方便。

众生的"疾"主要有两种，乃心疾和身疾，心疾之本在是非，身疾之本在垢净。凡有分别心的地方就不免有是非，有是非的地方就是心的地狱。凡有垢净存在的地方，其身必然有疾。

“托”，谁托？是维摩大士还是惠能大师托？为何“托”？祖师们藉由托“疾”来教化众生什么实相呢？有疾首先是因为身心不和谐，心有是非，身有垢净怎么和谐？人在语言、文字里迷失了自我，成天身不由己地生活在别人的嘴巴里、眼睛里、评论里，在无明愚痴中无法自拔。

一个迷失自我的人，就是身心不和谐的病人，以“小我”为中心看待周遭一切的时候，“我”与环境、与社会是割裂的，“我”与“对象”有矛盾引起家庭、社会的不安，“我”与自己还是有矛盾从而不自信、自知、自立、自觉。当人成天生活在各种矛盾中，思想与情感如过山车一般高低起伏，以点看待面，“点”在“面”的包围下，表现出孤独与压迫，颠倒与妄想，执著与贪痴，内心无法安宁，成为情绪、流言、环境、信息、物质、权力、名誉、责任、语言、文字的奴仆，美其名曰“顺其自然”。

祖师们示疾，就是从身入手，以逆向思维法，教化众生从假我认识真我，从有我认识无我，从无常认识常，从有限认识无限，从变化认识永恒，从生死认识涅槃，从现象认识本质；“君子当悟本，本立而道生”。悟道的禅者并非人们想象的因其对生命、宇宙本体的认知与把握而无所不知，无所不能，不吃不睡，不病不老。洞见实相后，大彻大悟非但不是神通广大，反而是大智若愚，大音希声。

“不二法”，《坛经》从惠能大师开口第一句话“菩提自性，本来清净”开始，句句不离自性，不离不二之法。但是，今天的人读不懂《坛经》，古文和白话文的语境差异是一方面，社会的变迁导致思想的变化是另一面，不同时期需要和当时相应的禅法。

惠能大师于公元713年圆寂，近六百年后宗宝本《坛经》面世，为什么这个版本会取代当时其他的流行本，作为《坛经》的正统本流传了七百年呢？有观点认为因为宗宝大师是光孝禅寺（法性寺）的住持，惠能大师在此讲了"仁者心动"而正式出山弘法。

可是唐宋之际禅门出过多少位高僧？法性寺又曾出过多少位大德？为什么偏偏在元灭南宋后十二年，在公元1291年这个时间点上，宗宝本面世呢？我们可否换个思路来理解一下，由于元朝是中国历史上首次完全以杀伐的武力强行建立的王朝，它的建立方式使得传统的"得民心者得天下"、"仁者无敌"的道德信念在社会产生了消极影响，使人们都迷信和崇尚武力和暴行。

连年的战乱使社会结构、经济、文化、人们的信仰、信念、标准等遭到了毁灭性的打击。据各方面统计，南宋时中国人口有一亿二千万，由于蒙古人的原因直接或间接导致了近五千万中国人的消失，也就是接近一半人口死于战乱。元朝建国后，统治者将国人分为四等，汉人在各方面都受到了不公正待遇，另一方面由于统治阶级游牧民族本身的文明和汉文明不同，这就产生了文明的逆淘汰。

另一方面，西藏密宗随蒙元帝国军事统治力量的推展，普遍渗入内地，密教在元朝拥有宗教的特权，汉传佛教因此都受到极大的斫丧，几至一蹶不振，此时只有“禅”在丛林制度的羽翼下，一息尚存。宗宝大师在此社会大动乱之际，在文明面临逆淘汰的危难之时，结合当时存世各本所长重新编辑《坛经》，自称“嗣祖比丘”，以新本再次启发世人修禅的信心，引导修者修行的方向，大师智慧地将新本《坛经》结合了几个古本的内容，以“禅”的无我、无畏、人本、不二精神与当时动乱的社会环境相应。

七百年后的今天，现代人、现代社会由科学文明一统江山，来自东方的“禅”，对于无论是神本、物本、科学本还是无神论者都是大有裨益的，“不二”智慧对于现代社会是极有效的补充，避免一个强势文明对另一些弱化文明的殖民，避免极端，避免短视，避免宗教冲突。

在今天这个更新换代的现代环境中，在世界上能够令到西方了解中国传统智慧，令到国人重新认识“中国禅”，重新点燃无疆域、无宗教性、无种族、无语言的《坛经》的光芒，是每一位禅者的慧命。笔者在这几年梳理、修证禅门不二之法的过程中，获益最多的是自己，我终于能抛开世俗的成见，以不二之心来契合禅境，这便是重生。

若对于这本书的一些看法，读者们能提出不同的见解，那是无比欢迎的。如果因此能引起更多国家的人，从另一些角度体悟“中国禅”，我便完成了抛砖引玉的任务，因为笔者的目的主要就是令到“中国禅”的心灯不灭，让“中国禅”在东方、西方能成为人类精神生活的一部分。

最后来讲讲这个“谈”。“谈”不仅是单方面的说，而是彼此的互动，是沟通。谈什么？谈不二法。

谈不二法便是法供养，几乎所有的大乘经典中都会专门提到一切供养中以法供养为最，《金刚经》中佛一再说，甚至于以大千世界七宝布施，都比不上为人说四句偈。四句偈是法供养，法供养便是法布施，法布施的功德绝对不是世间财布施的福德能够相比的。为什么？因为法布施能帮助众生开悟，帮助众生证果，这是财布施根本涉及不到的层面。

法供养最重要的是什么？信、受、奉、行，每一本大乘经典的结尾均是“皆大欢喜，信受奉行”这八个字，此八个字便是法布施，大众欢喜是法布施，依法信受奉行是法供养；自己发菩提心，自己见性并供养他人见性之法，这是最殊胜的供养和布施了。

那么法供养怎么供？有人去印经书，印了许多《楞严经》、《法华经》、《楞伽经》、《阿弥陀经》等各种经典派送给大众，这算法供养吗？要明白所谓供养的重点在养，养什么？要养法。如果您用心做的供养大家不看、不修、不在意，拿回家随手一放，您能算养了法吗？或者即使看了也不理解，越看越糊涂，自己糊涂还教别人，这叫“胡说八道”，以前来中国传佛法的都是胡人，他们讲的法中国人不信，就称胡说，胡人讲的法是“八正道”，故称之为“胡说八道”。

就像人说话的重点不在说的人说了什么，而在受的人记住了多少，那么供养的作用便在于受者受了多少，家里有经书的人不看不算养，看了不解还是不算养，看了乱解释就是罪过！

因此,"谈"是令到受者信受奉行的方便,一般修者在自己尚不能具备"谈"法的能量时,将您自己正在修的法,自己已经受益的法和书籍,供养给认识或不认识的有缘众生,这是最好的法供养。等到自己修至一定境界,不迷惑、不为境转、不著"相"时,此时听法者就变成了说法者,除了供养修法和本门书籍外,可以并行加入自己相应的"谈"法,以自己擅长的风格利益众生。

会诀 托疾毗耶 谈不二法

禅者修行时

要明白惠能大师如同维摩大士,维摩大士的神通智慧不亚于佛。

禅者要用平等心看待祖师:惠能大师、维摩大士、释迦牟尼佛不二。

颂曰:无前无后,争什么?

祖师云:

要急相应,唯言不二。

不二皆同,无不包容。

十方智者,皆入此宗。

——僧璨禅师《信心铭》

付嘱品第十

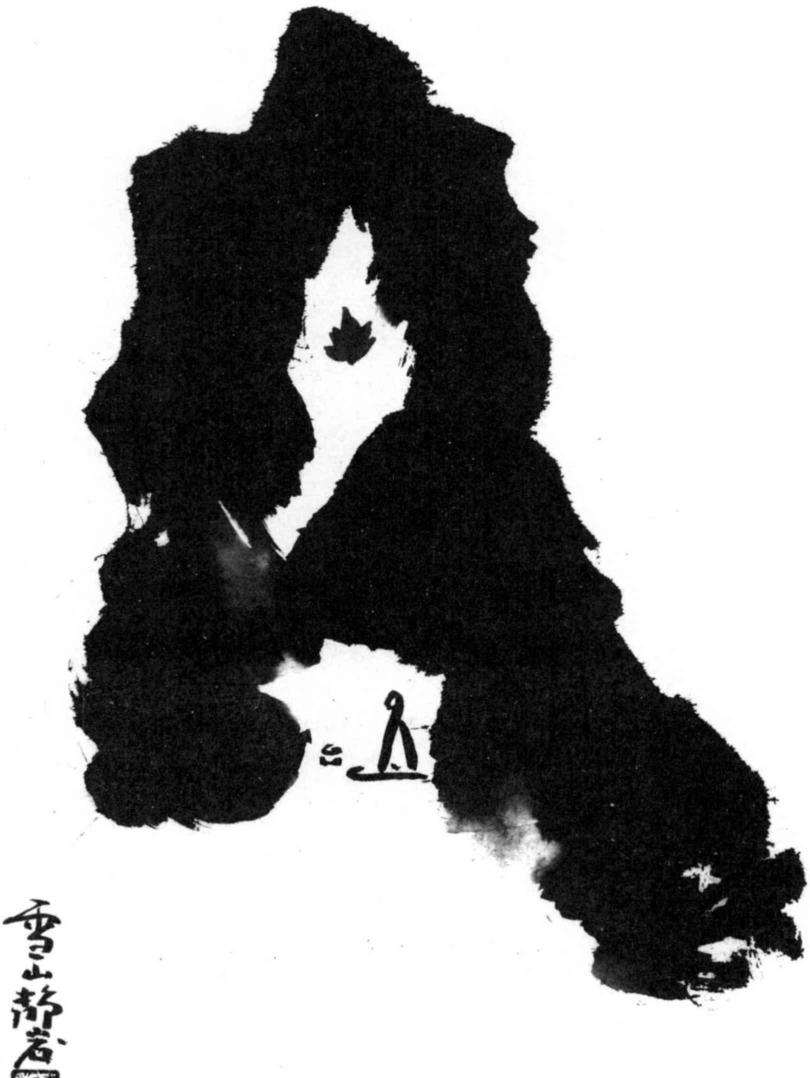

109.说一切法 莫离自性

经文

师，一日，唤门人法海、志诚、法达、神会、智常、智通、志彻、志道、法珍、法如等，曰："汝等不同余人，吾灭度后，各为一方师。吾今教汝说法，不失本宗。先须举三科法门，动用三十六对。出没即离两边，说一切法，莫离自性。忽有人问汝法，出语尽双，皆取对法，来去相因，究竟三法尽除，更无去处。"

会通

传法弟子：

惠能大师自知即将圆寂了，便唤来常随弟子传法，不过读者们千万不要以为曹溪一脉的法只传了这十大弟子。

大师在宝林说法三十七年，开"中国禅"一脉，《坛经》也记载大师法嗣四十三人，灯录中记载受大师立传者十九人。各位大师们曹溪得法后，各化一方，其中青原行思和南岳怀让两脉弘传最盛，之后南岳一系衍化出临济、沩仰两家，青原一系发展为曹洞、云门、法眼三家，五家法流，结果自成。

荷泽神会独闯两京，直入北宗门户，著《显宗记》定顿渐二门；奉惠能大师法衣入大内，为六祖正名。

曹溪法海集录《坛经》，将大师三十七年说法精华编辑成书，并亲请大师印可此集录，大师阅后言道："吾于大梵寺说法，以至于今，抄录流行，目曰法宝坛经。汝等守护，递相传授，度诸群生。但依此说，是名正法。今为汝等说法，不付其衣。"《六祖坛经》为后世禅门，心印传宗之法宝。

南阳慧忠被肃宗、代宗礼为国师，僧俗弟子逾万人。

以"一宿觉"悟道闻名于世的永嘉玄觉，留《永嘉证道歌》传世，《证道歌》意境深远，雅俗共赏，千百年来，度人无量。

除这些大师外，在曹溪浸润的禅门子弟有"三五千人，说不可尽"，曹溪禅法可谓成就无数众生。

"汝"，大师说"汝等"，并不仅仅指列出名字的这十大弟子，佛经中，佛说法也说"汝"，汝不是指"你"，有多层含义：

一、师者说法一般都是为请法者说，如《金刚经》是须菩提尊者请法，佛为须菩提尊者说法；大师入寂前弟子们请法，故为汝等说法。

二、除了请法的弟子，也包含了在场的侍者等一切人。

三、除了人之外，在场的众生如猫、狗、老鼠、蚂蚁、鸟雀等动物，门前的大树、花草等植物也是"汝等"。

四、除了在场的众生外，三界能相应禅法的众生，包括不在场的和禅法相应的修者、弟子门人、愿闻法要的僧尼道俗以及天人、神鬼、精灵等。

五、除了现在三界众生外，过去、未来存在的一切和禅法相应的众生，包括过去的心念、佛、菩萨、祖师等等，统统都是“汝”。

“不同余人”，人究竟有什么不同？每个人的根器不同、爱好不同、境界不同、求法的心不同、悟性不同等等，但此时大师所言的“不同”指的是每位大师未来利益众生的能量不同，曹溪一门的禅者皆是上上根器之人，因此，这里不存在谁的根器更好，只存在发挥出来利众的能量不同，不同的不是谁比谁强，而是能量发挥途径上的区别。

“各为一方师”，禅门中今天的受法者必是他日的说法者，也就是说，瑜伽、道家、南传等其他修法中也在修习禅定功夫的、以自利养生为修禅目的的，这些不能算禅者。禅门的一方师应该怎样弘法利生呢？禅门各本经典上，通常只有道理而并无实际应用方法，因此，我们将古时候禅门的道场或禅堂、现代禅门称“学堂”的部分实修要点在这里和有缘人分享。这些不是普通的学理，更和看风水无关，这里我们会分十二个方面来帮助禅者建立人间净土，自利利他。

首先要注意，禅门为什么是“各为一方师”呢？许多宗派喜欢师兄弟们集合在一起，人多力量大多好？这些是把在修的法作为花种的方法，花在大家精心培育下盛开，可是禅不是花种，禅是心灯，是光明，禅门第一要务是育人，不是壮大门派；不在名气财富，如果有师者本末倒置地为个人名气、门派发展而不重视培养学人，这个师就不是禅之师。禅门中以人为至宝！纵观禅史，由于马大师一生育才，座下百余位大善知识各为一方师，才有万法归禅的那一天。历史上有多少盛极一时的门派、天下皆知的名师，为什么不少一代而亡了呢？就是颠倒了本末，忽略了禅是光明，而不是个别的花种，禅之师是为了给予一切众生的原始能量而存在，不是为了个人价值、个别门派、个别学人受益的发展而存在，心怀天下，不二皆同，此为禅师之根本，离本即离禅。

学人在禅法中受益得师父印可成为一方之师后，"一花一世界，一叶一菩提"，每位师者根据自己的愿力、弘法的方便建立自己的人间净土。这净土，从个人角度讲叫自性净土，以社会角度讲，叫人间净土。要知道不同气场、想法、愿力、能量的师兄弟们集合在一起，1+1未必等于2，有时候反而等于零甚至是负数，在众口难调下，师者很难形成自己独特的风格和能量，每位师者都应形成自己独特的禅风，应独立接引有缘人。

我们可以见到灯录中记载的各位禅门祖师，彼此之间不是矛盾关系，神秀大师和惠能大师也是彼此心照，师者各住一山弘法利生，如果见来的学人的根器和自己未必相应，便告诉他去拜访其他相应的师者，以此互通有无。

"不失本宗"，既然是法平等，法无高下，为什么这里还要特别强调"不失本宗"呢？这一点对于现代人其实更重要，现代人无论在文化、信仰、见解、学问等方面普遍缺乏独立意识，没有形成思想主体，这就容易跟风、跟潮流，心被时尚、时髦、传言、娱乐、好玩等摇曳的社会现象带着，在环境的波浪中高低起伏。

每个地域、民族、国家、时间点都有不同的文化、文明，人应该在不失自我的情况下，平等对待各种思想，不同民族、不同区域的人应该彼此充分尊重和欣赏，在尊重的前提下人才会不失本体，避免盲目崇拜，只有不失本宗、本体、独立的人，才能够得到彼此间真正的互相尊重，可惜的是，现代有些地方成为他族、他国、他方的文化、文明的殖民地；有些人盲目崇拜异域的物本、神本、科学本，这些是迷失本宗的心、行。

修禅的学人也一样，有些人没修几天，看了几本书就感觉自己明白了，其实连禅门在哪都不知道，可笑地把一堆中医、道术、瑜伽、密咒混在禅修里，看上去五彩缤纷煞是好看，但这有什么用？哪一门其实都属于一知半解。法无高下，真正的禅者自禅法成就后自然通达万法，当然其他修法也有自本宗成就后通达万法的修者。但一切成就者都是在不失本宗的前提下才能圆满的！无论您修什么，都需要专心，一门深熏。禅本是汪洋大海一般，有自己丰富的修法、功夫、见解、理论。终惠能大师一生，也没有加别的味道进禅门，难道他不知道如禅定止观、五明六通、瑜伽冥想等修法吗？所以，大师在入寂前再次阐明了禅的慧命精神的来源，即“一即一切，一切即一”，以一法可通万法的重要性。因此从法的角度讲，法无高下，但针对不同根器的学人需要不同的法，但从个人修行和师者指路的角度讲，必须专修一法！就像开车不能同时开两辆车，走路无法同时走两条路一样。想要到达一个目的地，必须通过一条路、一种工具才能到达！

那么如何知道现在的修法是否和自己相应呢？就像鞋子舒不舒服只有脚知道，您现在正在修的法是否对自己身心有帮助，修后是感觉释怀和轻松了，还是感觉和原来差不多？甚至更纠结和烦恼？如果发现自己觉察力、精进力、耐受力、慈悲力、心力、定力等都有明显提高，这就是相应。本宗的说法不是指法的本体，而是指法相，一切外在能显现出来的都是法相，例如修的方法、文化、气氛、音乐、书籍等等，修者须在相应本宗法相的气氛内修习，直至成就。为什么修法必须需要法相呢？因为禅法是自性起用，自性须在肉体上起用，人只有一个肉体，自性成就能脱开肉体吗？而肉体有时空的局限性，因此，离不开法相。

“三科法门，三十六对”。这是师者接引学人的善巧方便，也是惠能大师教学的方法和根据，我们后文会有介绍。

“出没即离两边，说一切法，莫离自性”。我们看灯录中记载的各位禅师语录可以发现，禅师和学人的对话方式有时几乎不近人情，有时又是答非所问，有时简直不知所云，有时却是以问答问，有时是两刃相交，直指人心……几乎没有哪个宗门师徒之间会如禅门一般多姿多彩，可是这些禅风千万不能看了几本灯录之后乱用。禅师接引学人的方法有自己的特点，例如赵州的喫茶去、石头的我也不会、马祖的一口饮尽西江水、还有天龙一指禅、云门饼、德山棒、临济喝等等，看上去这些谁学不会啊？如果没见性的学人东施效颦，是不解其意。

首先我们要理解禅师们为什么这么说话呢？因为学人迷在二见，常常一开口即偏向一边，为了破其二见，师者只好用极端的方式导向另一边。但往往是经过禅师一拉一打，学人马上又偏去了另一边，在两边游荡，看上去他们从偏这边到偏那边有先后的区别，可是从内心的角度看，偏见无论左右都是同时的，没有先后。为何会偏左偏右？因为心不契合本性，便在两边徘徊，在语言游戏里打转，这种情况下，即使学人很认真地参究经典、修炼功夫也同样是处在身心失衡状态。这就是禅门为何首重导其正见的原因。

"说一切法，莫离自性"，是师者接引。需从自己自性的角度看这些禅病，要明白这些往来于极端的二见思想的心、行是没有先后的，那么，如何破其执呢？关键在师心是否平等上，如果看待迷惑的学人和自己是平等的，他的迷和自己的不迷只是一体两面，用此平等心对待，用平等心破执、说法才能不离自性。在这个平等心中生出来的唱念做打、嬉笑怒骂、喫茶吃饼、默言止语才是禅门的特有教育法，如果不是平等视之，则师者自己同样处在二见中，内心有高和低、你和我、对和错、迷和不迷、有说法者和受法者，有作为师者在传授的法，这样是失去禅门中道不二的。没有平等心的禅师只能模仿前人的言谈举止，师者唯有自见性，才能说法时内心平等，这样的心法才是真正能打开学人迷宫大门的慧剑。

"出语尽双，皆取对法，来去相因，究竟三法尽除，更无去处"。出语尽双还是说如何破除语言上的先后，什么是尽双法？三十六对法是也！怎样尽双呢？来去相因！

世人看来、去是相对的，有来才有去，去了就不在了，必须等下次来，这就是二见。就像因果，初级理解是先因再果，果为因生；进一步理解因果是因中有果，果中有因，因果互为转化，但这还是在相对法中，不是禅。禅的因果是同时的，生死是同时的，迷悟也是同时的，没有先后，一切皆因，一切皆果，超越相对的因果，但超越的含义是在原有基础上向上一路，并没有否定原有的基础。

“中国禅”是生活禅，来去相因，就是超越时空，心灯隔代、隔空相传，一切皆凡，一切皆圣，即凡即圣，非凡非圣，就好像色空不二一样，来去相因就是“空亦空”。

有人看了糊涂，空还怎么再空？概因佛法中小乘、中乘法讲缘起性空，修者不明空的究竟之境，我们来看看罗什法师门下解空第一的僧肇法师在《注维摩》中怎么说：

如、法性、真际，此三空同一实耳。但因观有深浅，故别立三名。始见法实，如远见树，知定是树，名为如；见法转深，如近见树，知是何木，名为法性；穷尽法实，如尽知树根、茎、枝叶之数，名为实际。此三未始非树，因见为异耳，所说真法，同此三空也。入诸法者，诸法殊相，谁能遍入？遍入诸法者，其唯法性乎！

因为人观察空的深浅不同，所以分别用三个假名加以描述“空”的三境。“如”是最初的感受，初看法相就好像远远地看到树，知道这是树，这就叫做“如”,佛法中也叫真如,也称如来、如去等概念,实际上就是整体性或者笼统的观。慢慢对于法的实相有了比较深刻的了解,这好像走到近处看这棵树,知道这树是一种什么样的树,这就称为“法性”。那么,再进一步对于空的各方面都了解得很透彻,就好像我们完全知道这个树的根、茎、枝叶都一清二楚,可以说是对空透彻的把握。

“道”离人们遥远吗?任何事物都是道!佛、菩萨、祖师距离人们遥远吗?他们如来如去,随时都可以显现出神妙作用,这是圣与人事不二的道理。现世社会、滚滚红尘是建立净土的基础,无形而无不形的圣人(法性、真、本)就是我们心中的自性。在“空亦空”时,“究竟三法尽除,更无去处”,什么是三法?就是三际托空,无说法者,无受法者,无往来的法;无过去、未来、现在心;无念、无住、无相……三法尽除时,无一法可说,无一法不说,更无去处,便是无说无不说,无为无不为。

学堂撮要之一:学堂选址

现代社会禅门的“师者”并非单指接引学人的老师,家长是孩子效法的师者,领导是团队和下属的师者,每个人都会影响身边的人,每个人也是自己最好的老师,因此,这里的师者是每一位发自利利他心的禅者。

禅门的“学堂”是一切学人自修和帮助他人修习、提高修养、修复身心平衡的场地。因此,根据个人条件每个人的家中、办公室、别墅、会所、茶馆、瑜伽房、山庄都可以将部分场地或全部转成禅修学堂。

道场的重要性不在场，而在道，同样学堂的重要性在“学”不在“堂”！任何有求学的精神、内容、方法的人的地方都可以是学堂，这和场地的大小无关，《维摩诘经》中维摩大士和文殊菩萨论法的方丈室才多大？那是维摩大士接引菩萨的学堂！因此，学堂无论是在深山幽谷，还是在熙熙攘攘的闹市，有学的地方便是真正的人间净土。

可是既然是重“学”，何必也要讲选址呢？因为需要和学堂师者的气场相应！和自己气场相应的地方有事半功倍之效。有人问这和风水有关系吗？其实禅门哪一位禅师不会看风水、转风水？但又有哪一位禅师替别人看过、转过风水？为什么呢？请自己体会。

沩山禅师原是师父百丈座下负责伙食的典座。一次，百丈禅师的好友苦行僧司马头陀从湖南来到百丈山，见面后说：“湖南有一座大沩山，是开山弘法的好地方，足以承担一千五百修行人在那里修行。”禅师说：“好，那我过去。”

答：“那不是您住山弘法的地方。”

问：“为什么？”

答：“因为大师是骨人，那里是肉山，和您不相应。”

问：“我的弟子中谁能住持那座山？”

答：“请让我先看看。”

禅师让侍者把首座华林觉请来，问头陀：“他怎么样？”

头陀摇头说:“不行。”

于是,又把典座灵佑请来,头陀一看便说:“就是他了。”

看了这一段对话,有人或许疑惑,什么叫骨人,肉山? 怎么从来没听风水师说过? 另外为什么头陀一见华林觉禅师便知不行,一见灵佑禅师便说是他了? 这是算命吗? 显然不是,为什么禅门的师者见人好像一眼透视速度比医院里X光扫描还快?

这就是气的显现,人体的气可化为质,有能量的禅师看人,不是用眼睛看,而是用心感受对方的气场和气质。师者驻地、讲学地注重和天、日、月、星、地、动植物、气候以及他人之间的相应关系,每个人都有和自己相应的气场,随着师者能量的提高,这种能量场会从不自觉到自觉地产生和外力之间的引力波作用,类似星系的旋涡能量场一样,我们从风和气的角度讲这叫气场,从地的角度讲叫磁场,从时空的角度叫玄空造化场等。何为“造化”?“造”是创造,每一个缘起都是各种因素集合创造的,“化”是变化,万事万物时时刻刻都在变化中,天、地、人相应时产生特定的作用、风气,时刻随着能量变化而变化,即所谓天人交感、感而遂通。因此不是看上去优美、舒适的环境都和师者的气场、状态、磁力相应,选择学堂的场地首先要了解自己的状态。

古代的道场选在山里,是因为古时候人修行通常是放下世俗来专修,而现代人则不同,更需要在都市、红尘中修学。因此学堂选址就更重要了,都市里的声污染、光污染、气污染、装修污染等影响因素很多,这些都是需要注意的。世间人在都市中选址会在意地理位置、交通方便、升值潜力、社区档次、购物便捷等外在因素,在山中选地则重视山的名气,这一点和古人不同。古代禅师选山修行和这些名气、位置、交通等统统无关,只关心山和地的能量是否和自己相应,这些是对身心直接有影响作用的因素。

过去风水师看山,会站在山对面看整体山脉走向,然后拿着罗盘看方位,而禅门不是这样,禅者看山看地,心中不存偏见,站在哪个角度,无论从局部还是从整体,都能感受当地、当时,以及山气过去、未来的变化,因为和看学人一样,不能用眼看,而是用心观,能不迷于外在的形象,才能体会天地交感的灵气变化。

有人说既然禅重在自性,自性本无来去,无所不在,需要什么气场呢?学堂是师者自住自修、学人色身转化的地方,在没有见性之前,谁也脱不开肉身的局限。那么是肉身和周围气场在相应吗?也对也不对。

人的生命由灵、气、物三部分组成,三部分的修习都和气场有一定的关系,但这里的灵不是灵魂而是灵性,灵性属于心的范畴,而气属于身的范畴。气又分三种:灵气、气脉、气血,许多人不懂什么是灵气,生命体神气活现的气便是灵气,能见自性的人就灵气具足,本性被迷、乌云障道时灵气便黯淡,您看婴儿的眼睛,为什么灵气十足呢?因为气脉通畅、心地纯净,无污染。因此我们要明白,气脉是天生通畅的,随着年龄增加、心里的杂念增加、固执的东西越多,气脉就不通了,灵气也就逐渐消失了。灵气黯淡的人,何谈和天地沟通?何谈气场?何谈转业造化?

有人不解,气脉是什么?气脉和中医学中的气血不同,中医学认为气与血各有其不同作用而又相互依存，以营养脏器组织，维持生命活动。但气血的气是身体的热气，是推动血流的力量，这属于世间法范畴，气脉则是出世间修行的功夫能量，和灵气、灵性直接相关，修行的人在身体方面修的是气脉，不是气血。

现代人普遍喜欢用大脑意识带动生活，因而缺乏运动，几乎都坐不正，坐不正是气脉不通，人的生命活动是由大脑来指挥的，大脑通过脊柱，通过脊腔里的六十二根神经组织来指挥生命活动。身正能气通，气通能意静，意静能神活，神活能净气，气净则灵气生。思想静不下来，弯腰驼背是重要障碍，您看真正修行的人，哪有腰背不直的？

气脉通了，气血就自然通畅，师者选址中需要关注的是气场的变化，这不是被动地接受天地之气，而是主动在相应的气场内通气，也就是行、住、坐、卧时师者能将身上的窍门、窍点和天地间相应之气、磁、电、光沟通，这相当于身体“信号放大器”，此种感应不但包括了天气、地气，还有人气。

这些气的沟通即心心相印，不仅在师徒间相印，也包含了人和天地、人与他人之间的心通，但此法在禅门是“千圣不传”，为什么不传？因为“非人”传不了，非人不是指鬼怪或畜生，而是德性不好的学人。

选择了和自己相应的气场，如何和天、地、人沟通呢？每个人身体内凡是骨头连接的地方，都是和外界气场交通的地方，不过关节即是通气处，也是藏污纳垢处，修行法是使关节内要修出足够“空间”，否则如果淤堵了许多寒湿，外界再好的气场您也沟通不了。这些通气处，不但有和外界的相应功能，还有接受功能、发射功能，就是能发“气”，所以不要以为只有丹田能发气，通气的禅者，周身上下无不可以发功、用功，人身无处不丹田。

用中医的“穴位说”，无法解释出世间的气脉、窍门、窍位，经络学和出世间气脉说是有相当大差别的。穴位是人体经络里面的小发电站，相当于人的生物发电站，生物电在穴位里产生然后沿着经络运行，影响人体的生化反应，它有一定运行周期，大约每昼夜运行五十二圈，所以中医里用点、击、拍、按、摩、灸等法来激活生物电，调理气血，而气脉则与人体产生激素的腺体有关。

选择和自己相应的场地，禅者修时能时时刻刻和天气相应、和地的磁场相应，因为地是有脉络走向的。世间风水讲的阴宅、阳宅、龙穴、祖坟等都是在找地磁场，但现代社会地下挖了那么多管道，早就不能简单地用罗盘找地磁场了，并且禅者和地磁相应不仅是找出活的地脉，还要接地气滋养身心，地气和天气不同，天气是动能，地气是静能，那么怎么打开身心接天、地气呢？笔者在禅与生命三书、《莲花禅修》中有介绍，此处不再赘述。

最后讲讲人气，现代人都不太开心，为什么不开心？因为不知道生命的意义！赚钱能成为生命的意义吗？上市是生命的意义吗？嫁人是生命意义吗？孩子是生命意义吗？名誉是生命的意义吗？不明白生命意义的人能开心吗？物质刺激下的高兴不是开心，开心是打开心扉，不恐慌、不计较、不抱怨、不生气，开心的人才能接到人气，人与其他生命体交流，必须是不以功利为目的，才能放松、开心、舒心，才能接人气。成天愁眉不展的人，不知不觉两眉之间长出烦恼线，再继续苦着脸，两眉间就长出悬针纹了，像竖立着的匕首，直插鼻梁，头悬利剑的人能接到人的和合之气吗？

学堂选址之所以重要，是因为人脱不开生活的空间。气场相应的地方一定是师者住此时能心生慈悲欢喜，而来的学人也该和这种欢喜相应。师者不要在乎来的人有多少、有没有社会地位、学历的高低等等，而是应该注意学人有没有诚恳心，有没有学力，和禅法是否有缘，有没有自利利他的愿力，有了这样心的人才会有人气的互动。

最后，师者选址还需要注意来去相因。学堂既然是利众的地方，有来必有去，有来相就有去相，现代人仅注意来相，不明白什么是去相，佛示生灭的涅槃相是去相；惠能大师留千年肉身是去相，无数祖师们坐化、立化、留舍利统统是显去相，去相和法的生命力相关。来去相因才是不二。智慧的师者在选学堂时，不是走一步看一步。

会诀 说一切法 莫离自性

禅者修行时

"自性"是禅者修行时的核心点，一切禅修的行为从自性中起用皆是正法。初入门的禅修者，时刻要提醒自己，大脑里时刻不能离自性概念；已入门的禅修者，要时刻返照自己，念念是否离自性；禅门的师者要时刻注意，行住坐卧，说一切法，莫离平等自性。

颂曰：无来无去，怕什么？

祖师云:

一性圆通一切性,
一法遍含一切法。
一月普现一切水,
一切水月一月摄。

——永嘉禅师《证道歌》

问:如何是见性?

师云:性即是见,见即是性,不可以性更见性,闻即是性,不可以性更闻性。只你作性见能闻能见性,便有一异法生,他分明道所可见者,不可更见。你云何头上更著头,他分明道如盘中散珠,大者大圆,小者小圆,各各不相知,各各不相碍,起时不言我起,灭时不言我灭,所以四生六道,未有不如时。且众生不见佛,佛不见众生,四果不见四向,四向不见四果,三贤十圣不见等妙二觉,等妙二觉不见三贤十圣,乃至水不见火,火不见水,地不见风,风不见地,众生不入法界,佛不出法界。所以法性无去来,无能所见,既如此,因什么道我见我闻,于善知识处得契悟,善知识与我说法,请佛出世与众生说法。迦旃延只为以生灭心传实相法,被净名呵责。分明道一切法本来无缚,何用解他;本来不染,何用净他。故云实相如是，岂可说乎。汝今衹成是非心，染净心，学得一知一解，绕天下行，见人便拟定当取，谁有心眼，谁强谁弱，若也如此，天地悬殊，更说什么见性。

——黄檗希运禅师《宛陵录》

110.一十八界 从性起用

经文

三科法门者，阴、界、入也。

阴是五阴，色、受、想、行、识是也。入是十二入，外六尘：色、声、香、味、触、法，内六门：眼、耳、鼻、舌、身、意是也。界是十八界，六尘、六门、六识是也。

自性能含万法，名含藏识。

若起思量，即是转识。

生六识，出六门，见六尘，如是一十八界，皆从自性起用。

自性若邪，起十八邪；自性若正，起十八正。

若恶用即众生用，善用即佛用。

用由何等，由自性有。

会通

这一段开始讲三科法门，三科是五阴、十八界、十二入，是有为法的总括，一切有为法不出"蕴、界、入"三门。关于五蕴、十八界、十二入我们在前文多次提及，此处不再重复。这里我们解读一下大师说的三科的作用。

修者如果仅从唯识学的名词解释中理解三科是不够的，要明白唯识讲蕴、界、入之间的关系，关键也在修证上，修行境地不够时，这些都是学理、知识。大师说的三科法不重解释、分析，是告诉弟子们三科是时刻作用在禅者心理、精神中的相应状态。

什么是相应？我们前文讲到人与人、与环境都要相应，相应指的是不同个体所在同一时空中互相起作用，比如三脚架的三只脚互相支撑，这种互相依靠是相应。但是许多人都误认为相应是善，彼此相应了就好，这种理解是二见，相应未必会向着一个方向变化，未必会向着您希望的方向发展，不要误以为相应了就善。

一般相应因、相应果是心与心所之间的一种关系，如同毒药和酒放在一起会互相起作用，相应成毒酒。同理，心与心所，比如智慧与烦恼相应，这时如果慧力不够，就会被贪心、嗔心及其他心与心所染污，心所与智慧之间互相起相应作用，通常向下的魔力更大，更容易。这在化学实验中称为平衡移动原理。一切平衡都是动态平衡，如果改变影响平衡的一个因素，平衡就向能够减弱这种改变的方向移动，以抗衡该改变。这种平衡是力的作用，由此，相续中如果慧力不够则烦恼力得以增长，以相应方式增长烦恼。

比如人的眼睛看见一块宝石，宝石是外尘、外境，眼器官对宝石加上增上缘的眼根，心中便开始作意，然后在相续中生起贪心：宝石如果是我的该多好？此时宝石和眼睛、心相续的贪心相互起作用，宝石起到使贪心增长的作用。世人迷恋的名誉、地位、财富、美色、健康，出世修者执著的功夫、智慧统统都可能是宝石。如果是见了性的禅者，内心一无所得，一无所执，由于其无贪心，对上述这些不会生起想归为自己所有的念头，这就是没有以相应方式增长烦恼。否则，越有能量、越有价值的宝石，和贪心相应的烦恼便越大。

三科法门对精神的作用可分为主体、客体和作用通路，主体是六识，客体是六尘，通路是六门，禅者和三科法相应的关键是在六识的转化上，六识代表一切唯心造的“心”，禅门说的一念成佛、一念成魔的一念，便是当下的“心”，也就是六识时刻反映的现象。

例如六识中的眼识，因看宝石，生眼色，再生眼受，眼想，眼行，最后生眼识，有学者认为，五蕴中的色指的是六门，不属于六识，除了色之外，受、想、行、识才是六识范畴。但是“中国禅”却认为，色也是在六识里，为什么五蕴又称五阴？是因为自我的执著，即色，执著在内外色法与我有关联；受，执为我所感；想，能安立名言而执著；行，即执著行善、正义、正法；识，将六识执著为我。

“中国禅”在此基础上更强调心心相印的三科法互相作用，可以说不仅大脑意识，包括吃饭、睡觉等一切生活行为，甚至使用的物件都受到心心相印的直接作用，即便是宇宙、万物、过去、未来都存在禅者心中，这些印心的起用是不脱开自性的。

只有生出天地与我共生的大心，才能转化自私、自利、自我的凡心，才能不执著在日常行为、物体的归属上，禅的修行即是将小根器转化成上上根器，契合本性时心中有天地，此时的一举一动、一言一行，皆从自性起用，不离自性，所以自性能生万法，这是大师说的"含藏识"。

凡是没有契合本性的言行举止、念头思想都是"思量"，禅法是思量即不中用，拟思即乖，"若起思量，即是转识。生六识，出六门，见六尘，如是一十八界，皆从自性起用"。

由此可见，自性起用是关键，因此三科法门既是有为法，也是无为法，都在于自性起用。前文提到相应不见得全往善的一面发展，这就是"自性若邪，起十八邪；自性若正，起十八正。若恶用即众生用，善用即佛用"。善用靠的是禅者的功夫、智慧，"用由何等，由自性有"。

学堂撮要之二：学堂布置

选好了学堂的地址，便要开始着手学堂的内装。有些人问是否可以参照寺院的禅堂来建设学堂？学堂虽然也有坐禅、行禅等修习方法，但并没有任何宗教性的庄严仪式、仪轨、法事、祈祷。禅门的学堂是不分信仰、种族、年龄、爱好都可以在此参究禅门功夫、提高禅门智慧的地方，装修的作用是发挥实用性来帮助修习，没有什么固定模式可以参考。由于内装和布置涉及的内容较多，我们这里只能列举个别注意点，以后如有机缘再详细和读者们沟通。

(一)静坐房

学堂除了一起学习的讲堂，最重要的地方就是静坐房了，静坐房古代称“禅堂”。日本人将禅堂和日常生活融会贯通创造出了和室建筑，唐朝时日本遣唐使、韩国僧人把禅堂风格带回本国，日本、韩国人至今还保留着唐人席地而坐的生活习惯，逐渐演变成现在的日、韩禅文化传统风格建筑。

唐以前，中国人日常起居都是盘腿坐，连皇帝也是盘腿坐，不过后面多了条扶手，可以靠一下腰。自元朝后，我们改坐胡椅，胡椅设计得很精美，一开始，这种坐法只是在西域流行，后来中原的使节往来西域，便将这种椅子带回，做生意的人大力向国人推荐，说这个东西好，起坐方便，感觉华贵舒适。这样就打破了唐以前席地而坐时的安稳，慢慢有钱人习惯了这种高高在上的感觉。上效下行，没钱的人也愿意坐胡椅，然后有了扶手，后来还有了躺椅，再后来被西方文明研发出更柔软舒适的沙发。

于是，中华大地席地而坐的生活习惯随之改变，人们不再适应打坐了，因此腿脚越来越僵硬，身体越来越阻塞。这种半躺的坐相，使人无法端正身心，看起来坐着很轻松，实际内心是散乱的。禅法本是生活之法，学堂的布置要从恢复席地而坐的健康生活模式开始,让人们在生活细节中修行。

除了随处席地而坐的生活方式,学堂最好具备专门静坐的房间,为什么呢? 因为专修的静坐房有稳定的气场,便于人修习禅定,稳定的气场帮助稳定慌乱的精神。如果是见性的禅者,其平常日用,皆在道中行,哪里不是道场? 当然用不着专修地,也不是绝非坐才能静。禅堂、静坐房是为初、中级修者用功而设的。

静坐房宜小不宜大,要注意修者静坐时正、背、侧面不能受风的原理,房间布置时需要注意空气对流与坐时位置的关系。房内不能使用空调,如果有条件天花板可以高一些,这样空气循环可以更好。

坐禅先要晓得善调身心,若不善调,小则害病,大则着魔,实在可惜!行香坐香跑香等等方便,用意都在调身心,此外调身心的方法有很多,并不局限在行坐跑上。

由于静坐房是禅者参禅打坐的场所,为了使禅者集中心念,不分散注意力,所以布置须保持简、减、俭的原则。但是有些地方采用全封闭的形式,也不设窗户,以为这样坐禅者就不会被窗外的景物所扰乱,令到修者好好地在心地上做功夫,这种被动做法,往往使房间内空气没有流通。坐禅时禅者最易排出污浊之气,这些浊气无法及时消散,反而于人不利。我们要雅致而不人为,简约而不简单,流通而不流动。

如果现成的场地过大怎么办? 注意打坐时禅者的背和墙的距离要在两米以内,禅者背面最好有墙,墙体须高过修者头部;侧面离墙或遮挡物的距离也要在两米以内，遮挡物尽量高过肩。修者正前方可以保留三至五米的空间。

坐禅时最好结跏趺坐，不能双盘的，也要自然正坐，不需将腰刻意挺起，否则火气上升，口臭气顶，又不能弯腰垂头，否则容易昏沉；尤其不要背靠墙。坐时会阴、百会成一直线，双膝着地成一个稳定的等边三角形，而身体的两侧和前后又是两个等边三角形，三个三角形构成一个稳定的塔形的坐姿，这种坐姿帮助人精神的清晰和身体气脉运行。

坐禅中遭遇的境界很多，只要你不去执著它，便碍不到你，见怪不怪，其怪自败。用功也切忌急迫，觉心中烦躁时，便下座放松，想修功夫的心也放下，否则日积月累，便会变成性躁易怒。坐时遇着或见着什么善、恶，佛、魔，光影陆离的境界，不要管它，也不要害怕或心生欢喜。《楞严经》云："不作圣心，名善境界，若作圣解，即受群邪。"

（二）佛像

我见到许多修者误以为禅堂是佛堂，殊不知最初禅堂里只有字、画，没有佛像。一般理解寺院的禅堂既然是禅宗丛林的中心，应该是最富于佛教色彩的场所。但事实上，禅门里完全没有宗教的神秘和迷信，禅门是以自修自证自悟为宗旨，不需要依靠佛祖、佛像，"心、佛、众生，三无差别"。禅堂的坐禅修习是为了修者觉悟自己的本来面目，道在目前，不向外求。宋以后，因为禅净双修盛行的关系，渐渐寺院的禅堂中间有了佛龛，供奉药师佛或毗卢佛，有的禅堂中还设有祖师像，供奉迦叶尊者或达摩祖师。

虽然修禅是要摆脱一切依靠，不能著相，但有些修念佛禅的修者可以在静坐时，在正前方设置自己心念的佛菩萨像，助观想修行。佛像和自己正面相对时，佛眼需略高过修者坐禅时的眼位。但须注意，修炼念佛禅时，佛、菩萨像不能太多、太杂，一佛代表万佛，您和哪尊佛相应便观想哪一佛，念佛是心念不是口念，心念一佛之号，心和佛在念念间的感应最重要，眼观佛像、心念佛号入静后，发现心一散乱马上睁眼观佛，制心一处念佛，修念佛禅最重要在信心、虔诚心、恭敬心的感发，不在圣像的多少和像本身。所以，是否开光、什么材质、什么年代这些并不重要。

静坐专修房内最好不会客、谈笑、宴饮，专供自己或同修一起坐禅用。如果原供有关公、妈祖、土地、祖先等神像或其他宗派佛像，应尽量转移，莫作无用功。

(三)助缘

古时禅师自驻地，禅堂、法堂内常备有禅画，禅师以禅画抒发其胸怀和境界。最早的禅画没有具体的、固定的形象，基本不是画佛、菩萨、祖师像，而是当下的胸怀、见地和禅境，胸中丘壑，寥寥几笔，一点一划，无不入心，其中异想天开、机锋转语，绝不拘泥常规俗礼。唐宋以来禅师们的字画开创出了中国书画的新天地，其特点是简练、自然，禅画不画名山大川、繁峦复岭、花鸟鱼虾、一叶扁舟等写实境界，由于摒弃了细节的刻画，禅画直入无为之境，此方称之为禅画。自唐代王维开始，开启了真正意义上的禅画，到了宋代，禅画更进一步笔简意足，意境空阔，清脱纯净，在脱尘境界的简远笔墨开示中，体现了直指本心的平实和禅者卓尔不群、笑傲江湖的铮铮风骨。

现代修禅的修者也可以和禅师们一样，选取平实的禅画来作为修行的助缘。但这些也只是助缘，不是什么法力加持，以艺载道的禅画是悟道、修道的桥梁。为什么需要助呢？什么是修行？就是修正自己的不良习气、习惯、偏见，修的过程需要和最真实、活泼的动态能量相遇，禅画是禅师用心点燃修者之心的途径。为什么画不能具象呢？如果落入山水花鸟、一叶扁舟中，人们容易落入某种境界中，执在想象的静中，心是偏在一边的，而画佛像、祖师像，又容易使人落入崇拜和迷信，这些皆偏离了禅画的不二中道的内涵。

(四)材料

学堂要避免使用石材、玻璃等寒气重的建材，装饰以有生命、会呼吸的原木为佳。

此外，许多人受到风水师的影响，在意方位，其实现代城市周围有那么多的高压线、立交桥，空中有那么多WIFI、无线电，地下又埋有许多管道，城市里有那么多高楼大厦，天地中的气、磁、电的作用已经大大被弱化和改变了，因此，拿着罗盘看磁场、看风水这些用古代方式看场地的，已经不适合现代人了，也没有什么水晶、神像可以消灾避祸、转风水，修者不要迷信。

学堂的门窗建议设在修者常坐位置的侧面，不要在正前或正后方，这是由于气场对流对身体的影响，不是因为方位的原因，所以门窗朝什么方向都是可以的，如果有些有条件的修者，能避开城市在深山里想用古人的风格修建学堂，此时，或许会涉及山脉走向、阴阳气场、气候草木和自己是否相应，大山的能量怎么吸收等问题，最好去寻找真正修行的明师请教。

（五）人法

“中国禅”将佛、法、僧三宝归为自性三宝，自性生万法，因此禅门中法宝是自性起用法，佛、僧也在自性法中，禅门的法是活生生的，人法不二。

一切自性起用法中，最有能量的法宝是在世的大善知识，修者能遇到相应的导师是最幸运的事情；对于没有遇到导师的修者来说，需要寻找一本自己修行的根本经典，经典是静态的法宝，禅门弟子的根本经典便是《坛经》。

对于既没有遇到导师，也没有找到自己修行经典的修者来说，先确定自己究竟是准备修禅，还是修道、修净土、修止观、修瑜伽、修密？否则是四处凑热闹。如果确定通过修禅来进入修行之路，那么和禅相关的佛经、语录便是法宝，先选出和自己相应的经典来自修自学。

有人说这么多佛经、语录，怎么选啊？修禅的学人可参考笔者《中国禅》一书的三个附录，有禅门经典的详细介绍。许多初学者不解，为什么有这么多佛经？本本都说自己是最殊胜的，究竟哪本最殊胜？应该说，哪本和您自己相应，哪本就是最殊胜的法。凡修行法门无非两种，一种是从法界摄色身，一种是从色身透法界。如《华严经》即从法界摄色身，《楞严经》是从色身透法界，那么本书多次提及的《维摩诘经》和《坛经》呢？惠能大师的不二之法是法界和色身等、止观等、定慧等，因此大家选择时需要清晰所选经典的阐述角度。不过通过经典求法的话，即便是悟了也只是在解悟范围，离证悟还差得远。

禅修时如果已有导师指路的，平时出入的地方全部单一摆置相关经典，切忌混乱。在修行时，心心相印的能量最大，单一、重复才有能量，如果修观想法时，可以将带有导师信息的物品放在静坐时的正前方进入观想，感受彼此心能的传递。

没有导师的修者，可以将自己的所依经典随身携带，平时修行时放在自己手边，随取随用。

没有导师和所依经典的修者，可以将诸多相关经典、语录放在房间的书架上作为自用物品之一。最好不要乱看书，看杂书，这样只能越看越乱，学了一堆知识，却无法消化吸收。修法都是方便法，其目的是为了帮助初入门者契合各种不同的能量，等到慢慢契合了，就要舍得丢掉入门的方便，自立、自觉、自悟禅道。

会诀 一十八界 从性起用

禅者修行时

禅修者生命意识，对外沟通时通过的门，称“门”或“根”；一切意识综合归纳分为六种，六种意识活动，称六识；与六识相应的六种外境，叫六境或六尘；六识与六尘沟通通路，称六根或六门。

“中国禅”认为，不仅主观意识的六识，还包括通路和外境，这一切都是自性中起用的，这些道理一句话称为：一切唯心造。性在心中，心在生命中。

颂曰：无前无后，争什么？

祖师云：

一日，随侍马祖，路行次闻野鸭声。

马祖云：什么声？

师（怀海）云：野鸭声。

良久，马祖云：适来声向什么处去。

师云：飞过去。

马祖回头将师鼻便搊，师作痛声。

马祖云：又道飞过去。

师于言下有省。

——《古尊宿语录》

111.无情五对 法相十二

经文

对法:

外境无情五对:天与地对,日与月对,明与暗对,阴与阳对,水与火对。此是五对也。

法相语言十二对:语与法对,有与无对,有色与无色对,有相与无相对,有漏与无漏对,色与空对,动与静对,清与浊对,凡与圣对,僧与俗对,老与少对,大与小对。此是十二对也。

会通

"法"的含义我们前文已经反复讨论了,那什么叫"对"呢?注意不是对立,不是相对,而是不舍弃自己的本体,同时现前诸法自性。这里"对"是现前通达之义;"法"指不舍弃自性的实相,即是万法的实相。一切万法的本来实相通过一种方式能够完全真正通达，叫“对法”。

何为外境无情五对？此属于色蕴范围，以天对地，日对月，明对暗，阴对阳，水对火五对代表一切无情众生的对法。

什么是“无情”，通常有情就是有感情，无情是没有感情起伏的现象，如树木花石、日月水火是无情众生，但无情是真“无情”吗？水知道答案的科学实验已经证明，水有感情，能和人相印，所谓有情跟无情是一不是二，是无法分开的。弥勒菩萨曾和佛对话，说一弹指有三十二亿百千念，念念成形，形皆有识，形即色，只要是色，就有受、想、行、识。色含有圆满的色受想行识，具足五蕴。观世音菩萨的法眼能看到这个小的现象当体皆空，叫五蕴皆空，“凡所有相，皆是虚妄”。

精神里头有物质，物质里头有精神，精神跟物质不能独立、不能分开，它是一体。因此这里用无情五对来表达宇宙万物，此五对中，禅者最关键、最重要的是“水对火”。

接下来是法相语言十二对，什么是法相？法有法相和事相两面，比如人的法相是知言解意；人的事相就是男人、女人等。再比如受蕴，“蕴”意为聚合，分别念依靠外境和自己的心识，因缘聚合，而产生感受，所以叫受蕴。其从本体上分有苦受、乐受、舍受；若以从属来分，意识分为意苦受与意乐受，根识也有苦受和乐受等。

受蕴的法相：心依靠自力而体验自对境的差别。受蕴的事相，有苦、乐、不苦不乐三种，如感受外境的美丽，在心中产生快乐；感受外境的粗恶在心中产生痛苦;平等的外境,则在心中产生等舍的感觉。

这里的十二个不二对法除了第一个外,大师以有对无,有色对无色,有相对无相,有漏对无漏,色对空,动对静,清对浊,凡对圣,僧对俗,老对少,大对小,概括了法相的各方面。

第一对则是禅门最关键的,即"以语对法",人的法相是知言解意,一切法相皆从语言文字中出来,人的幻想、妄念都从语言中生出,要想悟道、见本来面目,必须心空,心空就必须脱开语言文字的困扰,因此法相和语言对,修禅初期首重止语,适当的止语方能清净,我们的杂心、妄念、分别心哪有那么容易断得了的,那么只好先修止语,人平不语,水平不流。然后到了了了常知、言不可及的时候,恰说明以默照心、以默越语的境界,这就不是仅仅止语那么简单的了,修者须对外境摄受不动心,否则,觉受飞动还是在法相中,超越法相、语言是身心阻隔了外物与自我的觉受以后所兴起的境界,它不再躁动,也不再挂碍,而达到平常、本分的状态。

学堂撮要之三:学堂饮食

人的饮食结构有固体、液体、气体之分,以固体为例,同样的饮食,人在心情好时,感觉幸福时,吃什么都容易吸收,对身体有帮助,可是心情郁闷,或者对食物没什么感觉时,再好的东西也不会很好相应,很好吸收。一个时刻处于紧张状态下的人,是很难吸收到天地间固食、液食、气食的不可思议能量的。

修者在学堂修习时首先要适应，多喝茶静心，再次要体会自己和什么样的食物相应，有些人吃素是养生，有些人却需要一定的肉食来帮助身体的力气。

修者的饮食要注意清淡，节食少睡，多食和动荤可产生浊气，使腹部胀满，气堵上逆，难以进入静定。下午四点后不食晚饭，如食之过多过饱，不仅难以入定，而且会有反作用。为何还要要求少睡？其实人的大脑，每天只需要休息很短的时间即可维持生存之需，睡眠时间过多，胡思乱想、做梦耗气，修行一段时间的修者会修炼子时功，初修者可以后半夜一觉醒后即起身打坐，不要贪睡。其实不贪食、睡本身就在修定，不贪图世间享受是修行的第一步。其他注意点，请读者参阅《禅者的秘密·饮食》、《禅者的秘密·禅茶》两书。

会诀 无情五对 法相十二

禅者修行时

为了开导禅修者，禅师们多采取的自然现象的相对概念，有天地、日月、明暗、阴阳、水火五种，叫“无情五对”，这都是禅修者日常生活中最多相应的自然现象。

惠能大师再提“法相语言”相关的十二种对法，色空、动静、凡圣等都是禅修者心中随时需要体会相应的法相语言概念。

颂曰:无来无去,怕什么?

祖师云:

齐寺主问曰:云何是大乘?答曰:小乘是。

又问曰:今问大乘,因何言小乘是?答:因有小故,而始立大,若其无小,大从何生。今言大者,乃是小家之大,今言大乘者,空无所有,即不可言大小。犹如虚空,虚空无限量,不可言无限量;虚空无边,不可言无边;大乘亦尔。

——《神会禅师语录》

112.自性起用 此十九对

经文

自性起用十九对：长与短对，邪与正对，痴与慧对，愚与智对，乱与定对，慈与毒对，戒与非对，直与曲对，实与虚对，险与平对，烦恼与菩提对，常与无常对，悲与害对，喜与嗔对，舍与悭对，进与退对，生与灭对，法身与色身对，化身与报身对。此是十九对也。

会通

惠能大师的法念念不离自性，最后传三十六对法留世，其中自性起用十九对是重中之重！但自性是看不到的，本自具足的，本来清净的，不生不灭的，怎么能起用呢？就像您怎么将变化莫测的云起用呢？因此我们要理解：自性=佛性=本性=真如=自心=清净心=佛=即心即佛=菩提=涅槃，除此之外，自性=烦恼=无明=妄念=贪嗔痴慢疑。那么，清净=烦恼吗？烦恼=菩提吗？自性=无明吗？这就不对了！为什么呢？因为不可能同时出现！不能同时起用！自性起用要么清净，要么烦恼，自心中全部具足这一体两面。也就是说自性的起用可以是菩提也可以是烦恼，这两面是心的体现只是不可能同时体现。说到这里，许多人一直在问，修心究竟怎么修？这下可以摸到踪迹了。

一切众生平等，佛的自性不比我们多，我们也不比佛少，所以佛常常用大海比喻，自性像大海叫性海。我们每个人呢？每个人是海水里的一个水泡。出现水泡的时候，好像每个水泡不一样，可是水泡如果破掉，水从来没有离开过大海。大海是自性，就是本体，本体是一没有二，遍法界、尽虚空都是一体。

禅门常说“识得一，万事毕”，这个一就是自性，是真心，千言万语、无量法门到最后都归自性，万法归一，最后连这个一的念头都没有，这就是“空亦空”，如果还有一个一在，那还是起心动念，还是迷，不是真的一。真的一，是圆满的回归自性，我们的物质（身体）跟遍法界、尽虚空的物质融成一体，我们的受想行识，就是精神意念，科学家讲的信息场，跟遍法界、尽虚空的信息场融成一片。

所以见了性的禅者，心地清净，时刻可以和遍法界、尽虚空的一切众生和自己内心发生的自然、心理、物质的波动契合，就像看桌子上的东西一样看得清清楚楚，不会混在一起，这就是自性起用。

那么，初入门的禅者怎么理解这十九对呢？初修者脱不开相对的观念，这十九对看上去是二分的，例如长和短对，初修者取长，长是修行的增长、成长，短则是消耗、减少；邪与正对时取正，正为心内求法，不迷信；戒与非对时取戒，戒是自律；直与曲对时取直，直是直心、真心，曲是人为造作、不真实的。实与虚对时取实，实是实修、实证，虚是指空谈玄理；险与平对时取平，平是平常，险是魔障；悲与害对取悲，悲是大悲、拔苦之心；进与退对时，取进，进是精进；生与灭对时，取灭，灭是知止、是净化，修门通常从否定开始：如此等等是初修者在十九对法时的取对。

但一定要记住这些是初修时的取对，进入一定禅境后，禅者绝不可有取对，自性起用十九对要不二等观。但这里惠能大师传受法弟子的，却不是这个意思，因为这些弟子皆是上上根器，通常引导初修者的方便是“诸恶莫作，众善奉行”，把他们往做善事的方向引导，进一步的修者明白不二皆同的道理，明白善恶乃相对产生，心中已无是非取舍，那么大师是怎么引导上上根器的弟子的呢？

上上根器的学人，境界已破初关，但如果还执著在相对法、慈悲、善恶的境界时，他是无法进入深层禅境的。因此师者需打破他的固有观念，如大师用对法谓志彻禅师何为“常”、“无常”之说，便是此理。自性起用的十九对法主要是针对接引上上根器学人悟道，针对根器不到、悟性还不够的学人，师者需用相对法引导，即讲阴阳、太极辩证相对之理，针对初修者，则劝其行善，慢慢转化他的行为、习气为上。根器虽分很多层次，但都是不二的，学人悟性打开时可能顿至佛地。

学堂撮要之四：学堂服装

（一）衣

学人日常着装应注意穿宽松飘逸的衣服，衣服不宜紧身，材质不能选僵硬的、不透风的、化纤的以及易发出声音的材质，这些都会影响修炼时的舒适度，摩擦声不仅影响自己静心，也会影响同修。

舒适、保暖的服装以棉质为佳，棉质服装无异味、无异响，最好是袖摆宽大，随修习的动作摆动衣袖，衣袖随风轻拂肌肤，使肌肤在修炼时时刻保持苏醒状态。此外通常修炼时会发热出汗，好的棉质服装也容易吸汗、吸反射光。

选择服装尽量避免红、黑等刺激性颜色，一般以柔和的浅色、单色为佳，单色帮助精神更专注，花团锦绣的服装容易使人分散注意力。

（二）盖

修者静坐时要注意，无论在室内还是室外修，空气凉爽时，关节处、骨缝处在打开状态下容易进寒气，我们要注意保护好这些容易进风寒的部位，如打坐时双膝内弯，膝关节是开放的，特别容易进风，必须记得要有三盖：

下盖是用薄毯子包裹下盘和后腰。我们运气修炼时要保持上盘(头部)清凉,下盘(腰腹和双腿)温暖。

头盖是在野外或寒冷环境中打坐时,需要有头盖,头盖不仅包头,最好可以将颈椎、后胸一起覆盖。

披盖是夜晚或野外环境中,以及准备三小时以上长时间静坐时的全身披盖。

(三)垫

垫子分两种:首先是蒲团,蒲团不宜过软,否则坐时不平衡,也不能太硬,否则坐久臀部不通气。另外蒲团的大小以宽过修者的双膝为佳,避免下方的寒气侵入。

由于初修者腰背难以保持端直,臀部有肉下陷通常会低过膝盖,所以需要在后臀垫一个垫子。后面略高、前面低的坐姿,腰杆自然能够挺起来,此时两膝盖和会阴窍形成三角支点,尾骨悬空时,自然将中心前移到会阴窍这里来了。

初修者可以准备几个两厘米高的垫子,注意不能垫得太高,一般情况下,初坐时可以垫两个垫子,修习一段时间后,修者会慢慢越坐越直,这样可以减少一个垫子。

用垫子将尾骨悬空成半圆形,气血容易畅通。初修者如果平坐,尾骨就折叠起来,呈九十度,气血就不容易上升。上身的重量一定不是整个都落在臀部，而是落在胯关节和双膝的三角支撑上，这些对于初坐禅的人虽重要，但对于长期坐禅的人是不存在这些问题的，可以不需要垫。

想要伏心须先伏腿，有人说打坐的垫子高低很重要吗？是的，如果修者后边尾闾穴、后脊梁不畅通，坐久了能量一足，气上行不了，憋在下面，就会产生生理欲望，为什么有些初修者一坐就有强烈性欲呢？因为气不通！那为什么有的初修者再怎么坐都不产生性欲呢？因为气不生！为什么清净心的修者怎么坐也不产生性欲呢？是因为能量能转而上行，憋在下面不通的人才想发泄，如果想不让能量从下边漏掉，就要让能量有通路往上走，这需要化导而非强制。欲望要化导不是断除，死水不藏龙，气脉顺通后，淫性转为佛性，烦恼转为菩提，因此一切要顺通不要强压，这很关键。

会诀 自性起用 此十九对

禅者修行时

在禅者修行时，心中不断地产生分别的邪正、愚智、乱定、烦恼菩提、常无常、生灭等共十九种对法，这三种对法中，禅门最关键的是自性起用十九对法。“无情五对”是在生活中自然而然相应，可以说是禅者存在的自然空间和时间，“法相语言”十二对法主要是探讨禅道时提醒学人领悟的概念，而“自性起用”对法是禅者时刻都不离的作用，像念头和呼吸一样，时刻都围绕着“自性起用”。

祖师云:

真法师问:云何是常义?

答:无常是常义。

又问:今问常义,何故答无常是常义?

答:因有无常,而始说常;若无无常,亦无常义。以是义故,得称为常。

——《神会禅师语录》

113.三十六对 贯一切法

经文

师言：

此三十六对法，若解用，即通贯一切经法，出入即离两边。

会通

什么是离两边法？《顿悟入道要门论》中有人问大珠慧海禅师："什么是中道？"禅师答："无中间，亦无二边，这是中道。"又问："何谓二边？"答："有彼心、有此心，即是二边。"问："何谓彼心此心？"答："外，被五欲六尘缠缚，叫做彼心。内，常起一切妄念，叫做此心。彼心、此心是二边。外，不为五欲六尘所染，叫做无彼心；内，不生妄念，叫做无此心。彼心此心都无，这叫做非二边、无二边。心既然两边都没有，中道在哪里？"

两边不立，中道不存，这便是"即道贯一切经法，出入即离两边"，禅师说法最重要的即是说一切法总不离自性，但这种方法不是学来的，而是修来的，一定要从实修、实证中出来才行。如果只想通过学知识是学不会的，为什么？因为有二心，在二边中怎么也学不会。

有人听了三十六对就迷在三十六对里，以为三十六对是相对法，相对法是二法，佛法是不二之法，大师出山时即说了解脱禅定是二法，唯有一乘法，无二亦无三才是佛法。佛法、禅法是一，如果二了就不叫佛、禅。用禅心看三十六对，任何一对都是不二，法法皆是不二，此为入不二法门，这才叫做“解用”。是禅门的大彻大悟，悟了之后起无量大用，无方无圆、无内无外、无证无得、无前无后、无生无灭、无来无往、无量无边。

学堂撮要之五：学堂音乐

在学堂禅修时，自然谐和的音乐也属于助缘，音乐本身就是心灵的按摩师，乐曲发出的振动波可以和天地大宇宙以及人体小宇宙发生共振，激发人体内在的个人禀赋及自性中具足的清净慈悲，同时可以链接天地的信息波，使人产生源源不绝的灵感及智慧。

音乐对人体脑波也有影响，可以帮助入静，但是从反面来说，这也像一把双刃剑，如果选错了音乐也能使人烦躁不安。我常见大家误以为舒缓的音乐就能使人更专注，心境更平衡，感受到与自然融为一体。这就是失眠的人好比吃安眠药入睡感觉很舒服，很快就会上瘾，如果依赖舒缓的音乐时，听到其他声音会反感、讨厌，这同样是失去中道的。

禅门的音乐以禅颂、禅箫为佳。

禅颂是禅者发自丹田、内心的真音、丹音，颂能启动和激发身体内在各种机能，帮助气血、气脉运行，颂唱的同时也要凝神谛听，凝神谛听的秘诀是体会气的微妙变化，然后感到变化像种子那样落入内心的土壤。禅颂不仅训练了心的专注，还启发了舌、耳、气、息的能量，并且不仅自己受益，同样任何听见禅颂的同修或生物都可以得到音的滋养。正如身体需要营养，禅颂是心灵的营养，颂音抚摸着心灵，可以激发、净化、调整、平衡心灵的不安，拆除假我的防护圈，扩展觉知力，激发潜能，转化潜意识中的恐惧、愤怒、妒嫉、贪欲、不良习惯的死结和死角，释放并升华封闭在内心的情感。

禅者在掌握了禅颂后，可以进入禅箫修炼，禅颂和禅箫一如月光的温柔，于心中洒下清凉的波浪，熄灭燥热的欲火；一如太阳明亮，于世间撒下金色的光明，照亮迷茫的前程。如同李翱赠药山禅师诗曰："选得幽居惬野情，终年无送亦无迎。有时直上孤峰顶，月下披云啸一声。"

和禅音相关的禅箫是什么呢？禅箫不是洞箫，它近似宋朝传去日本的尺八，禅箫之音低回幽冥，如同金庸《射雕英雄传》中，亦正亦邪、武功盖世的东邪黄药师桃花岛试剑亭上的对联"桃花影落飞神剑，碧海潮生按玉箫"。华山论剑，东邪、西毒、南帝、北丐、中神通，个个身怀绝技，唯有黄药师，未见其人，先闻箫音，仙风道骨，惊为天人。

箫音内敛、清幽、古朴、飘逸、清虚，有一种远在深山、若入幽谷的空明。苏轼的《前赤壁赋》云："客有吹洞箫者，依歌而和之。其声呜呜然，如怨如慕，如泣如诉；余音袅袅，不绝如缕；舞幽壑之潜蛟，泣孤舟之嫠妇。”

禅门的箫是炼气功夫，可以帮助打开堵塞的中脉，也可藉由禅箫修习调息。无论是禅颂或禅箫，都是禅门的音波功夫。和其他门派武功中的音波功不同的是，禅门的音波不是令到人心烦意乱的音频刺激法，而恰恰相反，是让修者的心更加柔软、慈悲、喜悦、充实、平静、安心的心灵净化法。

除此自修的功夫外，学堂如何选择禅修的音乐呢？

1.不要使用流行歌曲，流行歌曲往往能引起情绪的起伏，能导致学人情绪化，另外能使人产生某种记忆的音乐也要避免使用。尽量选择乐器演奏而非人声唱念，乐器要避免现代电子音乐、交响乐，避免大声。

2.避免太有节奏感的、过分民族化的音乐，这些都是容易引起情绪化的声音，有些学人喜欢用节奏帮自己专注于呼吸，但这只是初修时的依赖，跟着音乐练呼吸是练不了真正呼吸法的。

3.避免咒语、祈祷、宗教类音乐。

4.在学人适应禅修后，尽量不用音乐带动修行。

会诀 三十六对 贯一切法

禅者修行时

三十六种对法，不仅是禅师开导学人时使用，禅修者在打禅中也能用此法引导修途。“中国禅”修者，修中产生的一切现象，时时不离三十六对法，便能保持不二中道的定慧等持禅境。

颂曰：无生无死，了什么？

祖师云：

万法之生，必从缘起，缘起生法，多少不同。

极其少者，要从二缘，若有一缘生，未之闻也。

然则有之缘起，极于二法，二法既废，则入于玄境，亦云二法门摄一切法门。

——僧肇法师《注维摩》

114.依法修行 无相法施

经文

自性动用，共人言语，外于相离相，内于空离空。

若全著相，即长邪见；若全执空，即长无明。

执空之人有谤经，直言不用文字。既云不用文字，人亦不合语言，只此语言，便是文字之相。又云：直道不立文字，即此不立两字，亦是文字。见人所说，便即谤他言著文字。

汝等须知，自迷犹可，又谤佛经。不要谤经，罪障无数。

若著相于外，而作法求真，或广立道场，说有无之过患，如是之人，累劫不可见性。

但听依法修行，又莫百物不思，而于道性窒碍。

若听说不修，令人反生邪念。

但依法修行，无住相法施。汝等若悟，依此说，依此用，依此行，依此作，即不失本宗。

会通

这一段经文，我们可分两段来理解，首先大师用了否定法，从“若全著相，即长邪见……若听说不修，令人反生邪念”。

大师即将入寂，这里毫不留情，否定了内、外两种病根，即外著相，内著空。著相增长邪见，著空痴长无明。

内著空的人，说禅不立文字，不用看经，也不听教，还说不用文字，既然不用文字，那为什么还说话？说话也是文字相啊！我们前面已经讨论过禅的正法是“非关文字”，不是“不立文字”，说什么“直指人心，不立文字”，难道这八个字不是文字？这些人自己迷糊，不解佛法真实义，见别人说法，还谤别人“著文字相”。所以大师教诫：自己迷，那还罢了！如果再要谤经、谤师、谤法，这个罪就重了！

还有一些人病根出在外著相，心不清净，还四处大兴土木，广立道场、大办庄严法事，天天说有说无，其实这些和禅有什么关系？和明心见性有什么关系？这两种都是修禅的病，大师在此一语道破。

依法修行不是什么都不想。什么都不想，就内著空，道性就起障碍，就不通。所谓修行，“修”是修正，“行”是行为，修正身心的习气。如果闻法而不修，认为人人既有佛性，我就是佛，因此就不要修了，认为反正禅门随缘自在，所以随便怎么样都可以了……这些是邪知邪见。由此可见，大师对宋以后流行的空禅、狂禅、野狐禅、口头禅、文字禅、枯木禅等流弊，都预先提醒了。

那么这些都不对，什么是禅的正道呢？就是“依法修行，无住相法施”。何为无住相法施？便是“自性动用，共人言语，外于相离相，内于空离空”，这是指导我们修行正法的纲领。

大师一生所得的法要就在这里，无住相不是停止，“无住”是应无所住，法施是而生其心，也是“外于相离相，内于空离空”。

在自性动用的对法中，“动”是发起，“用”是作用，也就是在日常生活中不离本宗发起作用，利益众生，教化众生。这些都是脱不开言说和文字的，所以，与人言语，落笔成文都有能做到于相离相，不著相，于空离空，不著空。

一般人离空就著相，离相就著空，空与有总是执著一端。凡夫爱执有，修人爱执空，这都是病根，是学佛修禅的邪见，只有不失去不二的宗旨，才能真正地随缘自在。

学堂撮要之六：学堂光线

对于禅修的学人来说，光线的明暗是修习中不可忽略的环节，一般情况下，光线对于初修者静定的保持、健康的恢复有很大影响。

“中国禅”的顿悟法是灵光，如同闪电一样的大光明顿照心体，蔽日之乌云随之消散，百丈禅师上堂法语云：“灵光独耀，迥脱根尘。体露真常，不拘文字。心性无染，本自圆成。但离妄缘，即如如佛”。除此见性的光明外，禅门月印千江、心心相印的“印”也是光明。

光为什么重要？因为身体的每个细胞皆和大脑意识相关，其中眼睛是第一心门，静坐时光线的明暗就直接影响了念头，如果静坐房很暗，地上有一捆绳子，坐久了就会有人幻想那是蛇，杯弓蛇影，越想越惊，这是习惯的思维形态而引起的执著，静坐时修者在外界干扰减少后，内心的自扰就会加倍发生，如果在黑暗中修人能认出那是一条绳子而不是蛇，他便能从幻想中解脱，但通常人心中如果认定是蛇就想逃走，如果他没有证实到那不是蛇，即使逃走了，蛇的影子也被他带走，一直藏在心里和他游戏。同理来看，如果人证到本质时，蛇也就自己不存在，这就需要心中有灵光来照亮黑暗的环境。

通常情况下，容易昏沉的修者，静坐房要保持通风和略感清凉，光线不宜太暗，引用一些自然光，避免引起幻觉。而对于散乱（掉举）的修者，光则要相对暗一些，帮助他消减杂念，尽快入静。

静坐室的光线以油灯、蜡烛为上，电灯次之。不过不纯净的油灯和蜡烛会有烟，这对修者的呼吸道不利。通常师者会配备多种可调节光源，根据每次静坐的人数、温度、湿度、坐者的身心情况、坐的时间来选择不同相应的光线，帮助修者静定。

对于有一定境界的禅者来说，外在光线的明暗不是大问题，通常我们建议进入到一定境界的禅者要自修，尽量避免和初修者一起。我们见到有些人在静坐时会突然身体发亮，其实这是偶发的自性心光作用。其实每个生物都是发光体。凡发光之体，谓之光能，凡物皆在发光，因光波振动不同而使长短、明暗程度不同，所以发出种种颜色不同。气脉没通的人自性光黯淡，气往下沉；而畅通的修者心如虚空时，偶尔会在修行时发出清亮的光，这种偶发现象万不可自以为或被他人以为是什么神通。

我们可以见到的自然光，有红、橙、黄、绿、青、蓝、紫，这些是光之色相，即光波振动所变现。自然光之光能，是本体功能显现，与力俱生，含照万有，日月星辰等皆是发光体，其力尽时，光亦消散，修者身心亦复如此。光之在人，曰神、曰灵、曰明，心意识生起念力时，即有光之放射，只不过普通肉眼无法见。而眼之与心有互通作用，故心如虚空者目光炯炯，心邪则目邪，人老则目昏，修行深厚的人，能照见五蕴皆空，这就是光之作用。

修者在静坐过程中，有人可以眼见菩萨、祖师，见种种魔光、瑞相，此皆因定力不够而致的幻相，不可执著而被幻觉、错觉所转，走火入魔。《楞严经》云："见见之时，见非是见，见犹离见，非见所及。"自性能发光，有时可见，但体性之光，本自无声、无相，非现代科学仪器可见，此名常寂光，亦名法身光。

普通的明暗之光以光波振动不同，而生种种光色，天地受此光明滋养而万物生，光体因力而动，因动放光，因光育质，力尽时即消灭归于自然之光，自然光则返于空之体性。生灭灭已，这是宇宙生生不息，运行流转的明暗代谢。

每个人身体的实相就是空和明，光本身是空的，可是它的五彩缤纷又是明的。此即《心经》曰“色不异空，空不异色；色即是空，空即是色”啊！

会诀 依法修行 无相法施

禅者修行时

所谓的“依法不依人”，要理解法不是经教，而是活生生的，例如以道情来开导学生的导师，其所有的语言棒喝、一切教法都属于“法”。

佛法强调的布施为二：法布施和物布施。“中国禅”更加重视法布施，帮助学人“自性起用”无相禅修的开示、演讲、写作、书籍、宣传、基金、护法等统统属于法布施之列。

祖师云：

须菩提，菩萨于法，应无所住行于布施。所谓不住色布施，不住声香味触法布施。

须菩提，菩萨应如是布施，不住于相。何以故？若菩萨不住相布施，其福德不可思量。

——鸠摩罗什译《金刚经》

问:此门从何而入?

答:从檀波罗蜜入。

问:佛说六波罗蜜,是菩萨行,何故独说檀波罗蜜,云何具足而得入也?

答:迷人不解,五度皆因檀度生,但修檀度,即六度悉皆具足。

问:何因缘故,名为檀度?

答:檀者名为布施。

问:布施何物?

答:布施却二性。

问:云何是二性?

答:布施却善恶性,布施却有无性,爱憎性,空不空性,定不定性,净不净性,一切悉皆施却,即得二性空。若得二性空时,亦得作二性空想,亦不得作念有施想,即是真行檀波罗蜜。

——大珠慧海禅师《顿悟入道要门论》

115.二道相因 生中道义

经文

若有人问汝义，问"有"将"无"对，问"无"将"有"对，问"凡"以"圣"对，问"圣"以"凡"对。

二道相因，生中道义。

如一问一对，余问一依此作，即不失理也。

设有人问，何名为暗？答云：明是因，暗是缘，明没即暗，以明显暗，以暗显明，来去相因，成中道义。

余问悉皆如此。汝等于后传法，依此转相教授，勿失宗旨。

会通

"二道相因，生中道义"。何为二道？三十六对每一对都包含了二道，问"有"对"无"，这不是相对，不是对立，而是破法，问"有"的人是执"有"，那么用“无”去破；如果马上执“无”了，再改用“有”破执。师者心中有和无是不二的，直到学人心中最终“生中道义”。

此处的相因，不是因果的因，而是因缘，学人执有，师者说无，学人问圣，师者道凡，如此相因，缘起缘灭，“来去相因，成中道义”，此即“不失理也”。

但要注意这绝不是让师者时刻与学生唱反调，中道是实性。师者的目的是引导学生开悟，不是为了唱反调，故此，师者的一切言说、行为举止，不是没事聊天玩，皆为不离自性称性而说，这才是真实的大慈大悲。

《大智度论》云："常是一边，断灭是一边，离是二边行中道，是为般若波罗蜜。"所以，有、无是互为因缘而显现的。“两边不立，中道也没有”就能生中道，这才是般若波罗蜜。懂得这个意思，你才能看禅门语录，理解禅师们的语境。古时的禅师们，尤其灯录上留下公案、语录的禅师、学人几乎都是上上根器，越针对上根器，师者的言说往往一针见血，说者单刀直入，闻者顿契本心，这是禅的味道。哪里需要那么多啰啰唆唆，喋喋不休、反反复复的念、说、讲、解？可惜现代社会这种根器的修者太少了，大多数要么喜欢在禅理里面打转，要么就在坐禅中发昏，逼得师者只好啰啰唆唆，这是退化的表现。只有根器越低的修者，越需要师者反复提醒，说一次似乎明白点，不说又马上退转，常被社会、习气污染，这是现代人的遗憾。

因此现代的师者更需要慈悲心，需要时时指引学人如何正确对待公案、语录，如何理解祖师一问一答的奥妙，明白往来义趣之所在，避免执著公案语录的学人心生误解。

大师这里付嘱弟子们“依此转相教授，勿失宗旨”，是指针对上上根器的修者，已经入了禅门并有求法精神的禅者，用此对法提升学人悟性，如果根器不够的学人枉用此法，有人会因为自己不懂故而谤法、曲解、谣传，有些人还会知其然不知其所以然地误导他人修学。

学堂撮要之七：学堂温度

一般来说，人体在室内感觉最舒适的温度是15℃—18℃为宜，如果室内空气不流通，且室内气温超过25℃以上时，人体就开始从外界吸收热量，就会有热的感觉。若气温超过35℃，这时人体的汗腺开始启动，通过微微涔汗散发积蓄的体温，心跳加快，血液循环加速，如果再热就会感到头昏脑涨，全身不适和疲劳，有昏昏欲睡的感觉。

现代人的病多数从温度失衡开始，例如夏天开空调，冬天开暖气，自身温控能力越来越差，人体要按照自然的规律，身体每天保持有一点微汗状态是最健康的，长期贪凉会得冷气病。现代人不流汗，是因为毛孔多半已经闭塞了，这是大问题。人的身体有阴阳，夏天身体里面反而是寒的，胃寒就爱喝冷饮，内湿就更爱吃酸辣，因此修者要将受了湿寒的身体恢复平衡，必须反其道而行。

反修的方法有多种，寒重用热法，火大用泻法，以助身体气血生发，经络运行。此外，要记住夏天不能对着冷气直吹，吃喝尽量是热的，夏天觉得热，是因为身体受大气的影响，体能的温度向外发散，表皮上感觉很热，内在却是寒的。那么觉得热怎么办？多开窗透气，学堂温度尽量保持在18℃-24℃左右，也不能因为天热就忘了打坐要盖腿。

有人说印度人修行不是坐卧树下吗？为什么他们不盖腿？要知道首先中国的气候和炎热的印度不同；其次功夫不同，许多瑜伽士和闭关的大修行人在冰雪中直接入定，他们气脉已通，当然不在意冷热，初修者要跟他们一样，就要准备住院了。

气脉通了的修者有将性能化热、化光的修法，变欲火为慧光，但这些绝对不是初修者可以模仿的。初修静坐功夫的人，能不怕热不畏寒就已经很好了。修者认真打坐、运气会有大量的排汗排毒现象，促进血液循环和新陈代谢，这对于降火和排湿寒都极为有效。因此学堂常常保持空气的新鲜和对流，使室内维持适宜的温度是很重要的。

会诀 二道相因 生中道义

禅者修行时

互相结因是师徒之间心心相因，那自然而然显现出中道义。

禅修道场内在具有三种场：气场、法场、性场

颂曰：无前无后，争什么？

祖师云：

不生亦不灭，不常亦不断，不一亦不异，不来亦不出。

能说是因缘，善灭诸戏论，我稽首礼佛，诸说中第一。

——龙树菩萨《中论》

庐山法师问：何者是中道义？

答曰：边义即是。

问：今问中道义，何故答边义是？

答曰：今言中道者，要因边义立；若其不立边，中道亦不立。

——《神会禅师语录》

问：何者是中道义？

答：边义是。

问：今问中道，因何答边义是？

答：边因中立，中因边生，本若无边，中从何有；今言中者，因边始有故；知中之与边，相因而立，悉是无常，色受想行识，亦复如是。

——大珠慧海禅师《顿悟入道要门论》

116.能善分别 第一不动

经文

师于太极元年壬子延和七月，命门人往新州国恩寺建塔，仍令促工。次年夏末落成。七月一日，集徒众曰：

吾至八月，欲离世间。汝等有疑，早须相问，为汝破疑，令汝迷尽。吾若去后，无人教汝。

法海等闻，悉皆涕泣；惟有神会，神情不动，亦无涕泣。师云：神会小师，却得善不善等，毁誉不动，哀乐不生，余者不得。数年山中，竟修何道？汝今悲泣，为忧阿谁？若忧吾不知去处，吾自知去处，吾若不知去处，终不预报于汝。汝等悲泣，盖为不知吾去处；若知吾去处，即不合悲泣。法性本无生灭去来，汝等尽坐，吾与汝说一偈，名曰真假动静偈。汝等诵取此偈，与吾意同；依此修行，不失宗旨。

众僧作礼，请师作偈。偈曰：

一切无有真，不以见于真；若见于真者，是见尽非真。

若能自有真，离假即心真；自心不离假，无真何处真？

有情即解动，无情即不动；若修不动行，同无情不动。

若觅真不动，动上有不动；不动是不动，无情无佛种。

能善分别相，第一义不动；但作如此见，即是真如用。

报诸学道人，努力须用意；莫于大乘门，却执生死智。

若言下相应，即共论佛义；若实不相应，合掌令欢喜。

此宗本无诤，诤即失道意；执逆诤法门，自性入生死。

时，徒众闻说偈已，普皆作礼。并体师意，各各摄心，依法修行，更不敢诤。乃知大师不久住世，法海上座，再拜问曰："和尚入灭之后，衣法当付何人？"

师曰：吾于大梵寺说法，以至于今，抄录流行，目曰《法宝坛经》，汝等守护，递相传授，度诸群生。但依此说，是名正法。今为汝等说法，不付其衣。盖为汝等信根淳熟，决定无疑，堪任大事。然据先祖达摩大师，付授偈意，衣不合传。偈曰：

吾本来兹土，传法救迷情；一华开五叶，结果自然成。

会通

这一段经文比较长，我们分几部分讨论：

一、话别。

太极元年壬子七月初一，这是公元712年，太极是唐朝睿宗的年号，元年壬子年，在这一年当中曾经有三次改元。五月改元为延和，七月睿宗传位给太子李隆基，就是唐明皇，八月时，明皇又改元为：先天。

在唐明皇继位的这个月份大师和弟子们话别，灯录中提前和弟子们话别的禅师不少，但，提前一个多月话别的比较稀有。通常情况下，都是提前几天，最长半月交代后事。那么，为什么要提前一个多月话别呢？经文中有一句大师老婆心切的话："吾若去后，无人教汝"啊！大师说法三十七年，居然在临别之际，殷殷切切地慈悲心自然流露，令弟子们惭愧，故法海等不免闻言唏嘘。

二、去处

"惟有神会，神情不动"。为何神会禅师不若师兄们一般涕泣呢？大师嘉许道，因为他已善和不善等观、生和死等观、在和不在等观，自然"毁誉不动，哀乐不生"。如果还有毁誉和哀乐的心就还是二见，还是八风一吹心就乱跑。

"若忧吾不知去处，吾自知去处，吾若不知去处，终不预报于汝"。常有人不理解，为什么佛陀、祖师们也会圆寂，长久住世多好？有这种疑惑的人是不明佛法真实义，佛法、禅法是人的法，成的是人道，为的是教化世间活着的人！如果祖师们长久住世不圆寂，则个个都是神不是人，神在人间传的还是人法吗？被迷信、崇拜的心带着的法还能称之为“以人为本”吗？大师无生无死，无来无去，入寂的是肉体，“汝等悲泣，盖为不知吾去处。”大师去了哪里？“法性本无生灭去来”，大师一腔柔情似水，千百年来端坐在曹溪，慈悲地滋养着他深爱着的土地和人民。

三、真假动静

真假动静偈是说宇宙万物的实相，一共有三层含义：第一层说真假，以假来显真；第二层讲动静，唯有真正的不动才是真实的作用；第三层讲无诤和相应。

大师出山时即讲“仁者心动”，入寂前还是讲动静，动相即生死，静相即涅槃；动相即去来，不动相即如来。大师真离开了吗？何者为真？何者为假？我们感觉大师圆寂了，肉体圆寂这是一个事实，但这个事实是怎么形成认识的？认识的就是真相吗？眼见就为实吗？

现象就像梦境和流水一样，境过不留痕，昨天在哪里？过去的刹那在哪里？现象有真的吗？那么如果不重虚幻的现象而重事物的合理性，合理性就是真吗？合理性本身并无内容，所以亦无真、假。

我们心中的认识来自于成见，一切的事物，都首先被成见所过滤，根本就没有什么叫真相，“一切无有真”，因此外见相而离相，“若见于真者，是见尽非真”。

修者如果能放下心中成见、对现象的执著，还有所谓合理性的思考，能以般若观照万物，我们的心性就能复归于至真的本来面目。见本来面目者，即能离假，能离假的自性，就是佛性。

“自心不离假，无真何处真。”自性起用，知幻即离，起用即能离假，处处皆是真，起用即是发菩提心，若不能知幻离假，就被一切相所取、所染而不能离假，所谓“不用求真，唯需息妄”；息妄即归真，即见本来面目。

众生之所以是众生，就是因为有情、识、感觉，懂得思考、活动，乃至于觉悟。“有情即解动，无情则不动”。所谓的不动不是真的如草木瓦砾一般不动，而是“若觅真不动，动上有不动；不动是不动，无情无佛种”。如果真如草木一般，是无佛种的。何为善分别相？即是开佛知见，了知自性不动，一切言行自自性起用，方为“第一义不动”。

四、无诤相应

《坛经》从始至终都在告诉修者，走顿悟一门的最上乘禅并非所有人都可以相应的，要根据修者的根器。上上根器的学人在师者指引下豁然明白，顿契不二之法，佛门有八万四千个法门，不二法门即是第一法门，又是终极法门；对于暂时根器不够，还没有领会不二智慧的学人，只要其内心坚定具足求法精神，不怀疑，不放弃，也能终成禅道，利益众生。

那么对于那些不能如法修行、深解妙义的人怎么办呢?“若言下相应，即共论佛义；若实不相应，合掌令欢喜。”何为共论佛义？不是有缘人一起辩经、玄谈！而是心心相印的人们共同弘法利生，为众生论佛真实义，导其见性。何为合掌令欢喜？如果言下不契，他人暂时未能理解禅法，便欢喜分别，不要争执和辩论，这里的合掌不仅是礼貌，也是平等心带动下的谦虚谦虚，各有各方便，互道欢喜。

现代人喜欢争论，要知道“此宗本无诤，诤即失道意”；法无高下，殊途同归，若“执逆诤法门，自性入生死”。禅法是无生法，也就是说执著在争论正、逆中时，已经不是禅法了，这一点，特别要注意。

五、开花结果

为什么惠能大师会最终提及“一花五叶”偈呢？其内在的含义请读者们尝试自参。

这里我们参究一下“吾本来兹土，传法救迷情”，此处的“吾”指的是说法三十七年的这个肉身相，“本”指的是本来面目，一用一体，一相一行，一质一本，大师化身来到这方土地上，为什么呢？为传见性法，出世破邪宗，因此是救“迷情”，就是给有情的迷路人指路啊！不要误解禅义。

禅是有情来下种，有情是菩萨的根本，菩萨有情而不迷于情，迷于情了便是凡夫，会迷的情包括亲情、人情、爱情、友情、情分、情义、仇恨、怨恨、报复……情无善、恶，一迷就苦，有人说难道亲情、爱情、人情也不要吗？不是不要！而是不迷！过犹不及，过分耽于情的人不是有情，而是滥情，滥情是己所欲和己所不欲都希望强施于人！这些迷情不是爱，是控制欲，是自私，许多人自己没有实现的抱负要孩子完成，爱慕虚荣逼着家人出人头地等，这些都是滥情、迷情。

学堂撮要之八:学堂气味

修习禅法就像弹琴,琴弦过紧了会断,过松了弹不出声音,身心需要和谐相处,不偏不倚,而这沟通身心的桥梁是“呼吸”。

胎儿出生后用一声大哭向世界公告新生命的诞生,生命最初是呼吸,临终最后也还是呼吸,东方修养法不管是儒、释、道、瑜伽、气功等,无论哪一家都是从呼吸入手进入修门。

佛在世时亲传的两大甘露法之一,叫“安那般那”。“安那”是入息意,“般那”是出息意,后来天台宗智者大师将“安那般那”演化成了“天台六妙门”。凡修习禅定、止观禅法、观想冥想的修者,莫不从调息入手。

正常人们说的呼吸范围是口鼻吸入的气味范围,我们叫“口鼻呼吸”,这个范围的大小和鼻子是否通畅以及呼吸方式有关。会呼吸的人,胸腹能量足可以吸入更多的新鲜空气,而身体差不会呼吸的人,一般是胸式呼吸或咽喉呼吸。

除此之外,眼根相应的气味范围,我们称“眼呼吸”。我们都知道望梅止渴,当你看见远远的树上有青青的梅子,好像感觉舌下生津,然后好像梅子的酸味就在眼前;这比口鼻呼吸范围更远。这个呼吸的途径是由眼根产生气味的意识,再由意识带动呼吸。

那么口鼻呼吸和眼呼吸有什么不同呢？不同在于反应途径和速度。口鼻是直接呼吸，因此鼻根和气味产生反应时，五根同时启动，口水也是立即反应的，而眼呼吸虽然范围更远，但由于多了意识传导这个中间过程，鼻根和其余四根在大脑意识的指挥下再发生反应，这种眼呼吸在想阴和受阴的五阴修炼范围。例如你看到远方是污浊的厕所，会感到臭味，全身不舒服，这些是意识带给你分别反应，而如果你就在恶臭的厕所里，鼻根直接反应臭味，捂住鼻子就可以了，没有那么多全身反应。

为什么学堂的气味重要呢？因为现代人眼、耳都可以通过仪器加大敏感度，可以说眼、耳功能都在人为地进化，反而是鼻子由于长期受到浊气的刺激，越来越钝化。初入禅门的修者，没几个鼻子是通畅的，因此禅法里，入门时特别注意鼻根修炼法，鼻根的敏感度恢复了，头、颈部气血会跟着反应，大脑也容易恢复清晰状态。鼻子通了，修者才有基础进入第三层"意根相应的气味范围"，也叫"心呼吸"。

会这种呼吸的修者可以闭目静定感受和天地宇宙相应，感受各种奇楠灵木，日月星辰，可以充分和万物的灵气契合，将这些灵气专心带入体内帮助净化我们身心，活跃心肺，提高生命整体活力。尤其是现代生活在大城市污染空气里的人，如果能保持每天几分钟"心呼吸"，就能极大地提高心肺能量。

心呼吸是在定中的呼吸，有人问一定要静坐才能入定吗？整本《坛经》都在说自性生万法，生活禅行、住、坐、卧皆在定中，这和瑜伽士们在山中苦修的修法不同。

我们要清楚，定中的修者气场完全和常人不同，例如古代苦修的禅者常在深山入定，古时候山中野兽横行，为什么修行人不怕呢？因为定中的人气场特别，心呼吸时天地万物都能沟通，野兽都是有灵性的，不敢也不会伤害这些人。

“中国禅”强调的是生活禅，那么就更难了，要求修者吃饭、睡觉、工作、恋爱都要在定中，这种具足定力的人的气场虽然看不见，但在和他人接触时，用心体会即能感受到禅者明显的不同。

“顺成人，逆成仙”，出世间法的许多修法是逆法，不走寻常路，以求得常人不具备的功夫、定力、智慧和能量。禅者更需将定慧等持的功夫应用在日常生活，可以说在生活中将人体的潜能开发，修行人老而常青，逆龄生长。

但是需要注意的是，由于禅修入门即调息，打开了鼻根，修者很快即嗅觉敏锐，以前老化、麻木的嗅觉神经回到了年轻状态，此时可以闻到各种味道，最强烈的反应是身边的人味道变化了，以前不知道人味是什么，现在突然发现有人腥臭酸腐、有人口臭燥热、有人清香幽雅。

有修行的师者会根据不同的体味感应到对方身心当下的状态，但有些修行不够的初修者就因此起分别心，讨厌别人身上因为脏腑老化而发出来的恶臭，讨厌世间的各种污浊气味，这些都是不可取的。

大家想想自己以前不臭吗？自己是怎么转化的呢？师者在说别人病

相时，心中是不离自性的，平等的，常怀慈悲，其戏言和狂言都为了直指学人问题所在，并非讨厌他人。如果有人修行境地不够，鹦鹉学舌地对他人指手画脚，带着分别心自以为是仙女、仙童，俯视世人凡夫俗子，其实这是本人出了毛病！

人间本来就污浊，自己没有修行时不觉污浊，自己修行不够才不能转污浊为净土，并非他人有病，有病的是说别人有病的人。

学堂内，师者带领学人集体修炼时，往往是学人排出体内浊气、病气最快的方式，尤其是在气场好的地方，跟着定力强的师父修行，学人能最快速度净化身心，交换能量。有定力的禅者，要有菩萨一样的大悲心和出淤泥而不染的功夫，道高一尺魔高一丈，在污浊中自我也能更快提高，修行不够时要注意清浊交替，反复循环向上，当心无清无浊时，便不二皆同，无不包容。

会诀 能善分别 第一不动

禅者修行时

禅者，心和性相应时，方如如不动，心和相相应时，始能善分别。

禅者的心，时刻都应内如如不动，外能善分别。

颂曰：无来无去，怕什么？

祖师云：

一切诸法，如幻化相，汝今不应有所惧也。

所以者何？一切言说，不离是相；至于智者，不著文字，故无所惧。

何以故？文字性离，无有文字，是则解脱；解脱相者，则诸法也。

——鸠摩罗什译《维摩诘经》

117.一相一行 定证妙果

经文

师复曰：诸善知识！汝等各各净心，听吾说法。若欲成就种智，须达一相三昧，一行三昧。若于一切处而不住相，于彼相中不生憎爱，亦无取舍，不念利益成坏等事，安闲恬静，虚融澹泊，此名一相三昧。若于一切处，行住坐卧，纯一直心，不动道场，真成净土，此名一行三昧。若人具二三昧，如地有种，含藏长养，成熟其实，一相一行，亦复如是。

我今说法，犹如时雨，普润大地。汝等佛性，譬诸种子，遇兹沾洽，悉皆发生。承吾旨者，决获菩提；依吾行者，定证妙果。听吾偈曰：

心地含诸种，普雨悉皆萌，顿悟华情已，菩提果自成。

师说偈已，曰：其法无二，其心亦然。其道清净，亦无诸相。汝等慎勿观静，及空其心。此心本净，无可取舍，各自努力，随缘好去。

尔时徒众作礼而退。

会通

这段经文的重点在一相和一行的“三昧”。

“三昧”通常被理解为定，形容修者如如不动，在六根对外接触六尘时，不起心、不动念、不分别、不执著；又常被解释为“正受”，即正常人的享受，源于世人的心为境所转，已经失去正常的享受，修者了了分明，其心清净如大圆镜。禅门中的“三昧”不仅包含这两层含义，除了如如不动的定、了了分明的慧，还有一个“等”，定、慧、等方为“三昧”。

那么禅的三昧怎么表现呢？从内在角度看，从静的角度看，从自利的角度，从时间角度看，叫“一相三昧”，其重点就在于一切时不住相，于相而不住相的念念清净心。

从外在角度看、从动的角度看、从利他的角度看、从空间角度看，叫“一行三昧”，其重点在菩萨行，菩萨行的道场是不动道场。修者不管什么境界时，心不为境所转，纯一真诚。那么这个心就是直心，直心是道场，就是如来不动道场，是最真实净土。维摩大士说欲得净土，当净其心，随其心净，则佛土净。若心清净，所在之处皆是净土。此便是“于一切处，行住坐卧，纯一直心，不动道场，真成净土”。

若禅者具足了此一相一行，内外皆备、定慧等持的三昧，具足菩萨心、行、道，则“如地有种，含藏长养，成熟其实”，一切都会自然而然地果实成熟。

大师临别弟子时，说了一相一行，再次叮咛一相一行虽有内外、动静、时空的不同现象，但本质是不二的，“其法无二，其心亦然。其道清净，亦无诸相”。

最后有一句重要的话大家容易放过，所谓“各自努力，随缘好去”，这可不是客气话，大师在说什么呢？禅者时刻精进修行是各自努力！这是个人的事情，不能依赖，有人依赖环境，环境不好修不了；有人依赖老师，老师不在时就偷懒；有人依赖同修，没有人一起修就不认真；有人则依赖天气，不是嫌太热就是怨太冷；有人依赖时间，不是太忙就是太乱……反正总有借口，所谓努力是根据六度的持戒、布施、忍辱、精进来说的，这四点是修者时刻不能以任何借口而松懈的。

那么什么叫“随缘好去”呢？时刻的精进下定力、洞见力、信力、愿力、心力、念力一切力都会提高，命由已造，当更改命运的“力”足以转“业力”时，就结果自然成了，此时才能自在地随缘好去，才叫真正的随缘自在。

学堂撮要之九:学堂清规

在学堂修习的学人可以分为三个阶段:

(一)初修阶段

这个阶段的学人由于刚开始接触禅,以修正自己的不良习气和色身转化为主。此时为了和禅门相应会有两条根本清规:即发心和谦虚。

除了这两条根本清规外,为了修正不良习气,还有一些根据不同个人的方便清规,如有贪吃习惯的人常常暴饮暴食,应从节食开始修;爱说话的人常常身不由己,喜欢闲聊、爱说传言、习惯否定他人,这些习气都会不自觉地妨碍他人修习,因此应从止语、少言开始修;平时忙乱的人作息时间紊乱,应从定时功课开始修;有些人当惯了老大爱下结论、爱批评别人,则应从服务他人开始修。

修禅的目的在于改善自己的行为、举止,打开局限的思想,色身转化,健康年轻,这个时代凡是在修禅的都是善良的、有修养追求的、有慈悲心的、品德良好的人士,但自己固有的习气、毛病自己很难看清楚,因此需要特定的环境和老师。

(二)入门阶段

已经经过一段时间的适应和修行后,不少学人领悟到了一定的禅境,在禅海中游刃有余,此时的修者已经逐渐从初修阶段的做善事、调理身体、打坐学习等修法中提升，此时的清规就是：自利利他。

自利和利他并行是菩萨行，以自利如法修行，以利他功德社会，这是入门后禅者的根本清规。

（三）慧命精神

有些修者在修行的过程中点燃了自己的慧命精神，顿见本来面目，也有人虽然没有达到这种境界，但自我感觉到慧力日增，在功夫、智慧增长的过程中，每位上上根器的禅者清规不同，禅门的无相戒究竟如何自制、自开，如何帮助自己和他人修行，请找与自己相应的明师请教，师徒心心相印中，心法会自然显现。

会诀 一相一行 定证妙果

禅者修行时

禅者，通过一相三昧，利众修行

禅者，通过一行三昧，自利修行

利众不离自利，自利不离利众

利众即是自利，自利即是利众

颂曰：无前无后，争什么？

祖师云:

云:今正悟时,佛在何处?

师云:问从何来,觉从何起,语默动静一切声色尽是佛事,何处觅佛?不可更头上安头,嘴上加嘴。但莫生异见,山是山,水是水,僧是僧,俗是俗,山河大地日月星辰,总不出汝心。三千世界,都来是汝个自己,何处有许多般。心外无法,满目青山,虚空世界,皎皎地无丝发许与汝作见解。所以,一切声色是佛之慧目。法不孤起,仗境方生。为物之故,有其多智。终日说何曾说,终日闻何曾闻。所以释迦四十九年说,未曾说著一字。

——黄檗希运禅师《宛陵录》

118.有道者得 无心者通

经文

大师七月八日，忽谓门人曰：吾欲归新州，汝等速理舟楫。

大众哀留甚坚。师曰：诸佛出现，犹示涅槃，有来必去，理亦常然。吾此形骸，归必有所。

众曰：师从此去，早晚可回？

师曰：叶落归根，来时无口。

又问曰：正法眼藏，传付何人？

师曰：有道者得，无心者通。

又问：后莫有难否？

师曰：吾灭后五六年，当有一人来取吾首。听吾谶记曰：头上养亲，口里须餐；遇满之难，杨柳为官。又云：吾去七十年，有二菩萨，从东方来，一出家，一在家，同时兴化，建立吾宗；缔缉伽蓝，昌隆法嗣。问曰：未知从上佛祖应现已来，传授几代？愿垂开示。

师云：古佛应世，已无数量，不可计也。今以七佛为始，过去庄严劫：毗婆尸佛、尸弃佛、毗舍浮佛。今贤劫：拘留孙佛、拘那含牟尼佛、迦叶佛、释迦文佛，是为七佛。

释迦文佛首传摩诃迦叶尊者，第二阿难尊者，第三商那和修尊者，第四优波毱多尊者，第五提多迦尊者，第六弥遮迦尊者，第七婆须蜜多尊者，第八佛驮难提尊者，第九伏驮蜜多尊者，第十胁尊者，十一富那夜奢尊者，十二马鸣大士，十三迦毗摩罗尊者，十四龙树大士，十五迦那提婆尊者，十六罗睺罗多尊者，十七僧伽难提尊者，十八伽耶舍多尊者，十九鸠摩罗多尊者，二十阇耶多尊者，二十一婆修盘头尊者，二十二摩拏罗尊者，二十三鹤勒那尊者，二十四师子尊者，二十五婆舍斯多尊者，二十六不如蜜多尊者，二十七般若多罗尊者，二十八菩提达摩尊者，二十九慧可大师，三十僧璨大师，三十一道信大师，三十二弘忍大师，惠能是为三十三祖。从上诸祖，各有禀承。汝等向后递代流传，毋令乖误。

会通

大师从七月一日昭告即将入寂，至七月八日欲归新州，仅仅七天便要离开，门人弟子自是万般不舍，怕大师不回，于是便担心地问询道：师父早晚可回?

师答“叶落归根,来时无口”。这句话说得真是太好了！不过也特别容易被人误解为:我老了,就要圆寂了,所以要归根故里,以为这是“叶落归根”。大师这样的禅者心中什么是他的根?“落”和“来”又是禅的对法,这是告诉弟子们本始不二,本与始是一不是二,落即是来,这些是禅的机锋,上上根器的人为何常常一闻法语便能开悟,而根器不够的人听了也不知所云呢?

何为根?从肉身角度理解,大师出生在新州,现在要回到老家去,从法的角度理解,法根在黄梅山,对大师来说,法根难道不是根吗?法根难道不比肉身根更重要吗?那他为什么不回黄梅呢?因此我们要理解这些说法都是从世间现象的角度说的。大师说法三十七年,句句不离自性,一切法都是从自性起用,他的根是自性,一切万法都是自性变现起用的,从迹显本,从用归体,是真正的“叶落归根”。

什么是“来时无口”呢?这是对弟子们问早晚可回的回答,还回来吗?肯定回来！这个回来不是回来圆寂,而是一定会乘愿再来这个世界！这个世界是有遗憾的,所以才需要菩萨回来,菩萨是最有情的,怎么能放下迷情的众生而不回呢?当然回！必须回！只是,回来不是敲锣打鼓地宣告大家,我惠能回来啦！或者入寂前告诉弟子我回来会显什么身相?会在哪里转世,来生会为众生做什么事情?禅门这些都是“无口”,不会说的,留待有缘人印心。

门人弟子们又问:“正法眼藏传付何人”。此时大师说了一句振聋发聩的话:"有道者得,无心者通"。请诸位特别注意,什么是有道者?光曹溪禅门的修者有道吗?北禅渐修法无得道者吗?华严、天台、净土、律宗、密宗、道家、瑜伽无得道者吗?甚至西方无得道者吗?十方世界处处都有得道者,正法眼藏不是惠能大师的私藏宝贝!更不是什么武功秘笈,凡得道者,皆可和正法眼藏相应。此处大师再次打破了门派、宗教、种族、性别、区域、时间的各种限制,凡得道者,皆可与禅相应。

什么是"无心"?无造作心、妄想心、分别心、攀缘心,禅者一无所得的心便是"无心",有心就落在生灭中,无心便和佛相通,为什么佛说自己没有说法呢?因为这个说法是建立在无心里的,所以说就是无说,无说就是说,说跟无说全与无心相应,这个便是心通,请修者自己细细体悟。

学堂撮要之十:学堂用功

学堂的学人用功,分为有为、无为两种,一般初修者需要有为法来带动。

初修时最常见的情况就是修心容易退转,修着修着忘却了初心,因此,每天坚持定时的用功尤其重要。一般我们建议初修者根据自己的情况,每日早课用功一小时左右,千万不要误解用功就是打坐、打拳、站桩、导引等身体修炼,每位修者的早课无论是一小时还是半小时,功夫和智慧要均等。其实在初期,提高正见、修习智慧比修身体更重要,只有正知、正见具足,心才不容易退转,如果局限在身体修炼,是特别容易找借口偷懒的。

那么智慧修法怎么修呢？读书！"中国禅"的禅修者根本经典是《坛经》，每天早课有一半以上的时间参究、朗读《坛经》，有人说读不懂怎么办？虽然现在读不懂，读透了就自然懂，如果实在困难，可以读和您相应的其他禅门书籍，但不是随便翻翻，要把一本书真正读透了，再读第二本，随便翻翻不如不读。如果感觉朗读会影响家人休息，可以改心读，每天早课保持二十分钟或半小时的参究经典是尤为重要的。

如果早上时间紧张，可以改晚上，如果晚上也有应酬，就自己抽时间，一个人想做一件事，总能找到方法，如果不想做一件事，也总能找到理由，关键还是在修者的心。

如果一个人做一件事情总是缺乏坚持，被身边的传言、事情、环境带着走，这种人特别容易自暴自弃，因此，这个时代的初修者需要同修互相鼓励，同修之间不是以聊天、讲学为目的，而是互相监督，督促不要退转初心，帮助他人提升从而返照自己，这是同修间的功德。

对于已入门的修者，如果已经脱离对同修的依赖时，尽量选择自修，自修自悟是最容易提升功夫、智慧的。修者如果已经可以在自修时一心不乱，身心清净，这时磨砺自己的最好方法就是回到初修者中，和他们喝茶，看他们时进时退，患得患失的修行路，在他们中磨炼自己的修行。通常情况下，迷人时刻想的是：我修禅有什么收获？谁能帮助我？而菩萨心的禅者时刻需要想的是：他修禅有什么收获？我能帮助谁？这是禅者和迷人的区别。

禅是生活的禅法，自修虽是提高功夫智慧的办法，但深入到平常生活中，深入到混乱境界中，能在他人的自私心中继续保持清净心、利他心，那么您就可以进入无为的精进修行了。

对于已点燃慧命精神的禅者，便可以作为师者弘法利生了，如果第二阶段还没有通过，自己慧力不够时，很容易被负能量强的人带着背转，看着众生迷惑还会跟着着急上火，还会被智慧不够的慈悲心带着做傻事。因此，没有通过第二关的禅者，弘法的最好方式是法布施本门书籍，不要说法，只和他人谈自己的心得体悟，"所有世间乐，悉从利他生，一切世间苦，咸由自利成"，由自心真诚发出的真语是最感人的法布施。

会诀 有道者得 无心者通

禅者修行时

有道=无心=有道无心禅者，能会利众自在。

得=通

外通内得=外通流，内证得

颂曰：无始无终，留什么？

祖师云：

佛与一切众生，唯是一心，更无别法。此心无始已来，不曾生不曾灭，不青不黄，无形无相，不属有无……超过一切限量名言踪迹对待，当体即是，动念即乖。犹如虚空，无有边际，不可测度。唯此一心即是佛，佛与众生更无别异。但是众生著相外求，求之转失……不知息念忘虑，佛自现前。

——黄檗希运禅师《传心法要》

119.自性真佛 无生无灭

经文

大师先天二年癸丑岁，八月初三日(是年十二月改元开元)，于国恩寺斋罢，谓诸徒众曰："汝等各依位坐，吾与汝别。"

法海白言："和尚留何教法，令后代迷人得见佛性?"

师言："汝等谛听，后代迷人，若识众生，即是佛性；若不识众生，万劫觅佛难逢。吾今教汝识自心众生，见自心佛性。欲求见佛，但识众生，只为众生迷佛，非是佛迷众生。自性若悟，众生是佛；自性若迷，佛是众生。自性平等，众生是佛；自性邪险，佛是众生。汝等心若险曲，即佛在众生中。一念平直，即是众生成佛。我心自有佛，自佛是真佛。自若无佛心，何处求真佛? 汝等自心是佛，更莫狐疑。外无一物而能建立，皆是本心生万种法。故经云：心生，种种法生；心灭，种种法灭。

"吾今留一偈，与汝等别，名自性真佛偈。后代之人，识此偈意，自见本心，自成佛道。

偈曰：

“真如自性是真佛，邪见三毒是魔王。邪迷之时魔在舍，正见之时佛在堂。性中邪见三毒生，即是魔王来住舍。正见自除三毒心，魔变成佛真无假。法身报身及化身，三身本来是一身。若向性中能自见，即是成佛菩提因。本从化身生净性，净性常在化身中。性使化身行正道，当来圆满真无穷。淫性本是净性因，除淫即是净性身。性中各自离五欲，见性刹那即是真。今生若遇顿教门，忽悟自性见世尊。若欲修行觅作佛，不知何处拟求真？若能心中自见真，有真即是成佛因。不见自性外觅佛，起心总是大痴人。顿教法门今已留，救度世人须自修，报汝当来学道者，不作此见大悠悠。”

师说偈已，告曰：“汝等好住，吾灭度后，莫作世情悲泣雨泪，受人吊问，身著孝服，非吾弟子，亦非正法。但识自本心，见自本性，无动无静，无生无灭，无去无来，无是无非，无住无往。恐汝等心迷，不会吾意，今再嘱汝，令汝见性。吾灭度后，依此修行，如吾在日。若违吾教，纵吾在世，亦无有益。”

复说偈曰：

“兀兀不修善，腾腾不造恶，寂寂断见闻，荡荡心无著。”

会通

这一段经文是惠能大师端坐迁化当天最后的法语，真正的付嘱，曾听到有人说《坛经》容易理解，翻来覆去讲自性，或者说禅就一个字："悟"。是的，大道至简，大师的法语句句不离自性，不离自悟，但为什么说《坛经》容易理解的人却只是口头知道自性，自己不见性呢？知易行难，禅的根本在于对法不偏见，不要认为《坛经》和说天书一样难以理解，也不要轻易说自己就理解了禅法。抱着谦虚、恭敬的真心，在实修实证中一遍遍反复体悟大师的苦口婆心，每次才有不同的感悟，开佛知见。

这最后的法语和之前三十七年所说法相比，有什么特点呢？我们从三方面一起讨论一下：

一、这里，大师提出一个自心众生的说法不要忽略过去。众生大家都明白，不是佛、菩萨、见性的祖师就是众生了。什么叫自心众生？什么叫"后代迷人，若识众生，即是佛性；若不识众生，万劫觅佛难逢"？难道迷人是因为不识众生吗？为什么身为众生又不识众生呢？因为众生不清楚何为自心众生和自心佛性。众生性即自心中邪见、成见、偏见、妄见等等，这些偏离正道的认识像监狱一样迷住了我们的自性，因此自性无法起用，因此"欲求见佛，但识众生"，自己认识清楚了自己的监狱，看清楚了围墙并拆除了监狱，便自见佛、见性，便可以自性起用，如《涅槃经》云："见佛性不名众生，不见佛性是名众生"。为什么不见？谁迷了谁？要搞清楚，"只为众生迷佛，非是佛迷众生”。人是因为被众生性所困，内在的自心佛性便不见，迷是自迷，悟也要自悟，“自性若悟，众生是佛；自性若迷，佛是众生”。因此，这里说明了一个根本的法要，即人必须站在人、站在众生的角度去破除监狱，而不能站在佛、菩萨、见性祖师的角度去破除监狱！什么意思呢？如果世人不在自己的角度看问题，而是成天希望去佛国净土、幻想极乐世界、追求出世间清净的话，是永远不见佛、不见性的！大师又一次把禅拉回到人间，以众生为本，以人为本，以现实为本，不愿见自心，不拆除自心的监狱，却妄想见天堂佛国，可能吗？故：“汝等自心是佛，更莫狐疑。外无一物而能建立，皆是本心生万种法。故经云：心生种种法生，心灭种种法灭。”

二、从自心众生角度说完自心是佛，大师便念了一首自性真佛偈，这是从什么角度讲自性呢？是从三身的角度。这里提到一个很重要的实相，修者总是认为佛在清净法身、庄严报身中，大师明确地说“本从化身生净性，净性常在化身中”。

净性就是自性、本性、佛性，这些是从化身出来的，化身才能自性起用，法身、报身能起用吗？“性使化身行正道，当来圆满真无穷”。例如释迦牟尼佛是化身示现，婆娑世界的众生修的是生灭法，故化身菩萨示现生灭的入涅槃，惠能大师入寂也是一样，是化身中性起用行正道。但这起用的净性、自性、佛性中包含一切法，这里面本没有五欲。

那么五欲从哪来的呢？因为五尘里面有味，这个味能够引发、迷惑、颠倒众生的欲念，所以叫作五欲。这个五欲就是能牵引人，勾引人入魔的境界，但这欲望是需要断除吗？不是断，而是观其实相，大师说“淫性本是净性因，除淫即是净性身”。

淫性即是净性因，又是净性的障道因缘，如《楞严经》中佛言：“阿难，云何摄心，我名为戒。若诸世界，六道众生，其心不淫，则不随其生死相续。汝修三昧，本出尘劳，淫心不除，尘不可出，纵有多智，禅定现前，如不断淫，必落魔道。上品魔王，中品魔民，下品魔女，彼等诸魔，亦有徒众，各各自谓，成无上道。我灭度后，末法之中，多此魔民，炽盛世间，广行贪淫。为善知识，令诸众生，落爱见坑，失菩提路。汝教世人，修三摩地，先断心淫，是名如来。先佛世尊，第一决定，清净明诲。是故阿难，若不断淫，修禅定者，如蒸砂石，欲其成饭，经百千劫，只名热砂。何以故，此非饭本，砂石成故。汝以淫身，求佛妙果，纵得妙悟，皆是淫根，根本成淫，轮转三途，必不能出。”

僧肇法师也曾说过：“断淫怒痴，声闻也；淫怒痴俱，凡夫也；大士观淫怒痴即是涅槃，故不断不俱。”禅者不是要断除淫怒痴，而是能观淫怒痴的实相，悟缘起性空的真理，惠能大师和僧肇法师的不二法一脉相承，淫怒痴皆是佛性，佛性与涅槃与自性与烦恼与贪嗔痴，是不即不离、不断不俱的不二关系。即是一体两面，便是需要转化，一个人的淫心如果没有转，纵得妙悟，也是枉然，因为本不对。玄道在于妙悟，妙悟在于即真，即真就是要在自心里消除对立，将淫心转佛心，“顿教法门今已留，救度世人须自修，报汝当来学道者，不作此见大悠悠”。

三、说法毕，大师为后世禅者留下了最后一首重要的偈："兀兀不修善，腾腾不造恶，寂寂断见闻，荡荡心无著。"

"兀兀"是如如不动，怎样才能如如不动？因为了了分明！了知何为"善"？真善是不动！老子说"天下皆知善，斯不善矣"；"善者不多，多者不善"；"善者善之，不善者亦善之"。大师也曾说"不思善、不思恶"；天道之善，在于利而不害；人道之善，在于为而弗争，故不动为善。

"腾腾"是自由自在，自由自在和造恶有什么关系呢？如果一个人的自由是建立在妨害别人的基础上，就是造恶，自由的基础是自律、自觉、自知、自明，如果滥用自由，就会妨害别人。那么自在呢？只有在般若智慧的带动下，心无挂碍，无挂碍故，无有恐怖，远离颠倒梦想，这才能得大自在。可见自由不造恶在于不妨碍他人，自在不造恶在于不妄想自害。

"寂寂"是清净，"荡荡"是平等，大师最后两句话即告诉弟子们，他三十七年其实无一法可说，断见闻是无见无闻，心无著是心不住法。如《金刚经》云："须菩提，汝勿谓如来作是念，我当有所说法，莫作是念。何以故，若人言，如来有所说法，即为谤佛，不能解我所说故。须菩提，说法者，无法可说，是名说法。"

学堂撮要之十一：学堂交融

（一）人与事

学人修习的原因是先找回自己，即人与“吾我”的内在沟通。除此，学堂是个公开环境，人与事的交融也极其重要，这些事包括：布置中包含了现代、古代元素的交融；东西方文化元素交融；世人喜多繁彩、修者喜简俭减爱好的交融等，还有动、植物和人的交融；气味的交融；温湿度的交融；不同语言、习惯的交融等等。

凡一切交融都存在相生、相克的变化规律，儒家自董仲舒开始兼并阴阳说，提出宇宙由十种成分组成：天、地、阴、阳，五行的木、火、土、金、水，最后是人，其中五行的交融关系是“比相生而间相胜”，又以木、火、金、水各主管四季的一季，四方的一方。如木主管东方和春季，火主管南方和夏季，金主管西方和秋季，水主管北方和冬季，土主管中央并且扶助木、火、金、水。

四时变换则用阴阳来解释，阴阳的盛衰遵循固定的轨道，如阴初盛的时候，它就去扶东方木，形成春。阳全盛的时候，它就去南方扶火，形成夏。但是根据物极必反的宇宙规律，盛极必衰。阳盛极而衰的时候，阴就到西方扶金形成秋。阴极盛的时候，它到北方扶水，形成冬。阴盛极而衰，阳同时开始盛，于是又有新的循环。至于佛法中有生理、物理、心理方面的四大、五大、七大之说，例如人生病的主要原因在于四大不调，此处由于篇幅关系，无法展开详细讨论。这些原理皆在讲天地中灵活的变化规律，不是世俗的风水书中可以学到的。为什么呢？因为世俗的风水是看静态气场，这容易看，对照古书可以推算，但一旦加入了时间性和变化性，动态的能量、气场变化，世间法很难推测，而学人修时的气场、能量变化最大，因此大家要明晰气场。能量不是固定性的,不是一成不变的。

学堂如果能善用天地万物的相生相克之理,会事半功倍。善用就是在交融中注意将相生的方面尽量扩大,相克的方面尽量减少,这里的问题是,学人的气场、体质、爱好、相应物品个个不同,和他相生的可能和她相克,这怎么处理呢?这里说的相生是以和学堂的堂主个人相生为原则!

也就是说,要避免和堂主气场不相应的人、事、物,每个人都有自己相应的气场、频率,如果不相应便是相克了,相克的人、事多了,化解修行相生出来的能量场。因此,彼此相应特别重要。那么,堂主如何知道懵懂的初修者和自己是否相应呢?当然修行能量越强就越快清楚,暂时能量不够时就看您见到对方有没有心生欢喜,能否生出怜惜、爱护、慈悲的心?

(二)人与人

通常情况下,修行最大的妨碍是不知不觉地伤害同修,其中感受几乎都是由不自觉的语言、行为引发的,尤其是现代禅修者比古代同修更容易引发矛盾,本来同修之间是应该互相鼓励的,但往往大家由于各自的习气不改,不懂得何为互相尊重,不懂保持距离,无意间伤害了对方,结果用不了多久变成敌人一样,这还修什么修呢?因此,同修之间必须遵守戒律。

首先是说话,要分出说话时间和止语时间,如劳动、喝茶、对方需要帮助时大家可以说话,但要尽量减少高谈阔论,吹牛点评,多讲善语;而在各自用功、静坐修炼、参究学习、吃饭睡觉、情绪波动时就必须止语。

为什么吃饭时不能聊天呢？因为吃饭时说话很伤身，一方面影响消化吸收，一方面由于食不知味，吃不到食物本身的甘甜，会不知饱胀，长此以往就会喜欢刺激性的食物，伤害身体。

其次要注意声音的妨碍。初修时耳根没有打开，对声音不敏感，修行至一定阶段，尤其是静坐时，不少修者连房间里灰尘的声音、空间里的声波、各种细微的声音都能听到，但是初修者坐不住，老爱动，衣服的摩擦声会对同修有影响。并且大多数人走路不懂提气走，啪嗒啪嗒地走路声音很响，说话也不懂低音，连放个东西都很大声，这都是不懂自我控制的行为，随时在制造各种扰人的噪音。修者要时刻提醒自己注意，勿扰他人，生活禅是在生活的方方面面提高个人修养水平，人成则佛成。

最后，要说说气味。同修要注意个人不要使用刺激性的气味，例如香水和香气重的化妆品，我们说过，修行中第一打开的是鼻根，各种味道都会被放大，你的香可能就是他的臭。

还有是静坐时有人打嗝、放屁，要减少这种情况最重要的是节制饮食，通常学堂过午不食，但难免有人吃多，一修炼就会引起胃肠反应。另一方面，有些人虽然很注意节食，但还是会在坐时不自觉地嗳气、放屁，这本来是气血通畅的好现象，静坐时腹中无食的情况下嗳气放屁是中宫的胃气要通，普通人由于长期饮食不当，食道、胃肠都是堵塞的，静坐能帮忙打开中宫，胃气通了，身体气血能周流，胃气上行是嗳气，下行通顺了肠子里的废气，自然要排出去。

有些修炼的地方说嗳气和放屁是漏元气,因此修者拼命忍着不嗳、不放,这是很危险的事情。废气不排,身体怎么净化呢?但是不是所有气都能嗳能放呢?也未必,如果七天以上断食,或气脉功夫已经达到相当境界时,这时候的通气是很难得的,不能乱放。修者自己处在什么水平自己知道,所以不能胡来,身体的自然反应不要强忍,但这会给同修造成干扰,需要大家彼此包容。

但本人要牢记,对于自己妨碍他人修习的行为在止语静坐结束后一定要向大家道歉!千万不要以为自己不是故意的,别人能理解,因此不在意。人与人相处的不满都是积少成多的,多细心、多谦虚、多体贴对方,才是真正的修养。

当用心观察时,您才能知道对方对自己有没有难受,有没有不舒服,有没有反感,如果自己的行为引起对方的不适,这时需要考虑怎么样才能不妨碍对方。最好的方式是互相分开一段时间,各自自修。

(三)人与法

每个法都有显示出来的法相,人、事、环境需要和正在修的法相应,才能相生,例如修念佛禅的人,心中相应的法是阿弥陀佛,西方极乐净土,那么时时需要和阿弥陀佛相应,心中完全皈依净土世界才能和净土相应,如果心中产生有没有净土和心、佛、众生平等不二的念头时,就是自己在做主,是口是心非,这样修不管用。

同样情况，修顿悟禅的禅者是念念不离自性的，靠自性、自度、自觉、自登佛地。那么如果突然见到佛、菩萨、祖师显现，要既不欢喜，也不执著才对。否则就失去了一切平等的不二心，也是在做自己做主的无用功。

“中国禅”的禅者，如果见到魔境、恶魔时，遇到大挫折、大险境时，如果吓得手足无措，赶紧念佛号，心里想着佛、菩萨、神灵快来庇护保佑我吧，虽没有做法事、放生、念咒等行为，但心中渴望佛、菩萨、神灵为自己消灾避祸，这就是下根器的心，带着这种心的修者不适合修顿悟法，应适时改修念佛禅，找自己相应的菩萨依靠。

如果禅者见到魔境、身处险境时，虽心里明白这是幻觉，但还是不停地发抖、慌张、害怕，无法入眠，不能放松，这是中根器的心，此时应找自己相应的经典仔细参究，反复契合后，一定程度上提高了见地后再修。

如果禅者见到魔境、身处险境时，心里不仅清楚这是虚妄不实的假象，同时能产生慈悲、包容心，但生理上还是有出汗等紧张反应，这是上根器的菩萨心，应该更加精进修行，尽快提高禅定、智慧。

如果见到魔境、身处险境时，可以像维摩大士一样游戏魔王，视魔界为佛国，心中平等无二时，这是上上根器的心，也是和最上乘禅相应的修者。虽然，人有不同根器的心，但心是会变化的，这些根器只是当下的心的显现，有决心的修者不会因为自己根器不够就自暴自弃，而是在清楚后下大决心改变，一念成佛，一念成魔，在明师指导下坚定不移地从自我局限中破墙而出。

人与法交融的地点是学堂，这里是个能量聚集地，十方世界的佛、菩萨、祖师、神灵的能量都会在修行场地内交融，学堂气场、气氛、能量交换越活跃，十方世界的无穷能量就越聚集。能量是看不到的，就像人的心一样，人是微小的，宇宙是广大的，但一即一切，一切即一，重重无尽，不二一体。自性和宇宙，此如离波浪无水，离水无波浪，水与波浪固然无碍，而水和水，波浪和波浪，并皆无碍。

会诀 自性真佛 无生无灭

禅者修行时

修者智慧越增长，就越净化习气，自然而然显现自性真佛。

颂曰：无生无死，了什么？

祖师云：

此灵觉性，无始已来，与虚空同寿，未曾生未曾灭，未曾有未曾无，未曾秽未曾净，未曾喧未曾寂，未曾少未曾老；无方所无内外，无数量无形相，无色象无音声；不可觅不可求，不可以智慧识，不可以言语取，不可以境物会，不可以功用到。诸佛菩萨与一切蠢动含灵，同此大涅槃性。性即是心，心即是佛，佛即是法。一念离真，皆为妄想。不可以心更求于心，不可以佛更求于佛，不可以法更求于法。故学道人直下无心，默契而已。拟心即差，以心传心，此为正见。

——黄檗希运禅师《传心法要》

120.端坐迁化 善利群生

经文

师说偈已，端坐至三更，忽谓门人曰：吾行矣！奄然迁化。

于时异香满室，白虹属地，林木变白，禽兽哀鸣。十一月，广、韶、新三郡官僚，洎门人僧俗，争迎真身，莫决所之。乃焚香祷曰：香烟指处，师所归焉。

时香烟直贯曹溪。十一月十三日，迁神龛并所传衣钵而回。次年七月二十五日出龛，弟子方辩以香泥上之。门人忆念取首之记，遂先以铁叶漆布，固护师颈入塔；忽于塔内白光出现，直上冲天，三日始散。韶州奏闻，奉敕立碑，纪师道行。

师春秋七十有六，年二十四传衣，三十九祝发，说法利生，三十七载。得旨嗣法者四十三人，悟道超凡者莫知其数。达摩所传信衣，中宗赐磨衲宝钵，及方辩塑师真相，并道具等，主塔侍者尸之，永镇宝林道场。留传坛经，以显宗旨，兴隆三宝，普利群生者。

会通

八月三日说偈毕，是夜三更，惠能大师端坐奄然迁化。

首先我们来理解这段经文讲的“争迎真身”是什么含义，何为真身？乃端坐迁化时留下的化身，这个真身和三个地方有关系，一个就是大师受戒出家的广州法性寺，一个是大师三十七年弘法的曹溪宝林寺，还有一个是故乡新州国恩寺，三个地方争执不下。除了这三个地方外，还有门人僧俗都想请大师的真身供奉，真身是什么？是大师的表法化身，大家争着迎请真身为什么？为了弘法。

看到这里，我们想起了大师受法后离开黄梅山时，各地也争着抢法衣，那时候争是为了名位；现在争，是为了弘法，各方虽争执不已，无法协调，但也是善意而为，因此最终以香烟指处，为师化身所归。

至第二年七月，也就是大师入寂十一个月后，众人请大师真身出龛，弟子方辩为真身上了香泥。

此时我们要注意：佛法历史上坐化的菩萨、祖师数不胜数，入寂时能“异香满室，白虹属地，林木变白，禽兽哀鸣”的也不乏其人，留下化身不腐的大有人在，至于禅门或其他宗派祖师入灭时自化虹光，或发三昧真火自焚的现象也时有所闻。但是入寂近一年后，并以香泥覆盖真身的祖师，尚能“白光出现，直上冲天，三日始散”现大光明，并能保持三日！这是绝无仅有的！

要知道佛光、虹光如同天际的彩虹一般都历时不长，这种能直上冲天并保持三日的大光明，需要多大的能量？更何况是在灭寂一年后！有人说全身覆盖香泥会有什么妨碍呢？如果在您打坐时全身涂满泥巴，您就知道有什么妨碍了。

这种惊天动地、不可思议的能量，是大师庄严报身所显，而这种惊人的报身能量显现，在儒、释、道三教中，甚至印度的婆罗门修行界、瑜伽界、西方各界的千年来的真实记录中，都是闻所未闻的！堪比释迦牟尼佛的大涅槃。

经文在结束时提到："留传坛经，以显宗旨，兴隆三宝，普利群生者。"这句话大家容易忽略，这是什么含义呢？《坛经》集录了大师三十七年说法的精华，是集大师的心法大成的经典，这不是一本普通的书，是无论中文、藏文、梵文、巴利文等等万千佛经中最简单直接、最生活平实、最契合中国、最生动形象、最深入浅出的经典之一。如果仅从中国传统思想和佛法结合的角度看，《坛经》是唯一的，是当之无愧的中华瑰宝！

一切修行最终是法身成就，端坐迁化，大师的法身在哪里？便融在《坛经》里，来时无口，那么，便化作清风细雨来吧，化作阳光明月来吧，化为妈妈的微笑来吧，化为天地万物来吧……大师是真语者、不妄语者、实语者，最终显现出化、报、法三身实乃一身，真实不虚。

禅者参究《坛经》时，当体会到"圆同太虚，无欠无余"之玄妙。当自身能量一步步提高，当能感受到时空可以被超越时，便能一步步和大师法身的能量契合，所谓一念万年，万年一念，大师又何曾离开？

学堂撮要之十二：学堂精神

忽见莲花开，芳泽遍灵台。

酽茶三两碗，禅心印花来。

会诀 端坐迁化 普利群生

禅者修行时

每个人的生命都由几十兆微小的生命构成，每天细胞生死川流不息。禅者修行时要看到每个生命细胞死亡时候的痛苦和分离现象，与人的生死别离并无差别。

禅修者，如果对待每一个生命都平等不二，明白亲人之间的生离死别，和世间一切的生离死别都一样，才能真正体会无常。

颂曰：

无来无去，怕什么？

无始无终，留什么？

无前无后，争什么？

无生无死，了什么？

祖师云：

凡人临欲终时，但观五蕴皆空，四大无我，真心无相，不去不来。生时性亦不来，死时性亦不去，湛然圆寂，心境一如。但能如是直下顿了，不为三世所拘系，便是出世人也。切不得有分毫趣向，若见善相诸佛来迎，及种种现前，亦无心随去；若见恶相种种现前，亦无心怖畏，但自忘心，同于法界，便得自在，此即是要节也。

——黄檗希运禅师《传心法要》

忽見蓮花開
芳澤遍靈臺
釅茶三兩碗
禪心向花來